【제6판】

청소년복지론

홍봉선 · 남미애

KNOWLEDGE COMMUNITY 공동체

2025년 개정판 발간사

오늘 우리나라 청소년은 행복할까?

기성세대는 밤낮없이 일하며, 자신들의 고된 삶이 다음 세대에 대물림되지 않기를 바란다. 때로는 자신이 누리지 못한 풍요와 여유를 누리는 청소년을 부러워하며, "요즘 세상은 참 좋아졌다"고 위로하기도 한다.

그러나 우리 청소년들이 직면한 지금의 현실은 결코 만만치 않다. 인구절벽, 경제의 불확실성과 고용시장의 급격한 변화, 5G와 같은 초연결사회의 도래, 기후변화와 환경문제 등 급변하면서도 복잡한 환경 속에 놓여 있다. 특히 우리 공동체의 신뢰 기반을 뒤흔든 대통령 계엄 및 탄핵 정국은 청소년의 삶에도 깊고 큰 파장을 일으킬 것으로 예상된다. 이는 청소년들로 하여금 민주주의, 정의, 인권, 시민권에 대해 더 많은 관심과 질문을 갖게 하는 계기가 될 것이다. 실제로 촛불집회 현장이나 SNS 등 다양한 채널을 통해 사회 문제에 대한 의견을 표출하는 청소년들이 증가하고 있다.

이러한 변화는 청소년복지에도 중요한 시사점을 제공한다. 민주주의는 청소년복지 실현을 위한 사회적 · 정치적 기반이며, 청소년복지는 민주주의의 질을 높이는 든든한 토대이기도 하다. 청소년복지를 실현하는 과정에서 민주주의 원칙과 청소년 참여의 중요성에 대한 인식이 더욱 확장되어야 한다. 한강의 『소년이 온다』에서처럼, 말할 수 없었던 이들이 말할 수 있고 기억되지 못했던 삶이 존중받을 수 있어야 한다. 이미 오래전부터 본 책에서 강조해 온 청소년의 권리, 청소년 참여, 청소년 중심적 시각 및 접근 방식이 이러한 논의를 더욱 심화하고 확장하는 데 조금이나마 보탬이 되었다면, 그보다 더 기쁜 일은 없을 것이다.

이번 제6판에서는 청소년복지 각론 부분을 중점적으로 수정, 보완하였다. 각 장의 목차를 가능한 한 전체적으로 통일하고자 하였다. 각 주제별로 청소년복지 실태와 대책으로 대별하였다. 청소년복지 실태에서는 주제별로 청소년을 위한 사회적 지원체계의 현황과 문제점을 살펴보았다. 이는 각 주제별에 따른 다양한 청소년복지 기관 및 서비스 등을 보다 알기 쉽고 체계적으로 이해하기를 바라는 마음에서 재구성한 것이다. 사회적 지원체계의 현황에는 관련 법, 정책, 제도, 기관 및 서비스 중심으로 최근 자료를 제시하였으며 문제점에서는 각 주제별 청소년복지의 문제점을 알기 쉽게 정리해서 제시하였다. 그 밖에도 전체적으로 제5판 이후 변화된 내용을 수정하고 관련 통계자료를 업데이트 하였으며 어색하거나 중복된 설명을 삭제하거나 교정하였다.

처음 개정판을 준비할 때는 전체적으로 오래된 통계나 자료는 과감히 삭제해서 책의 분량을 줄이고자 하였다. 그러나 분량은 그다지 줄어들지 않았고 여전히 부족한 부분이 많다. 앞으로도 계속 보완할 것을 약속드린다. 끝으로 제6판까지 아낌없이 지원해 주신 공동체 가족 여러분께 진심으로 감사드린다.

2025년 6월

저자 일동

2018년 개정판 발간사

2013년 개정판을 내고 난 뒤 얼마 되지 않은 듯하지만 국내 · 외적으로는 많은 변화들이 이루어졌고 또한 현재도 진행 중입니다. 청소년은 환경과 끊임없이 상호작용하기 때문에 청소년을 둘러싼 환경의 변화는 청소년에게 지대한 영향을 미칠 수 있습니다. 세계적으로는 엄청난 속도로 다가오는 제4차 산업혁명의 시대가 열렸고 그 영향력은 청소년의 생활이나 청소년을 둘러싼 환경에 긍정적, 부정적으로 작용할 것으로 예상됩니다.

더불어 국내에서는 고령화사회, 사회양극화 및 청년실업 문제 등으로 청소년의 미래가 밝지만은 않습니다. 특히 세월호 사건, 최순실 국정농단 등 우리 사회의 굵직굵직한 사건들에 청소년이 다각적인 방법으로 자기 목소리를 내고 더 나은 사회 변화를 위해 참여를 하기도 하고 새로운 문화를 창출하기도 합니다.

그러나 아직도 청소년은 우리 사회의 소수자이자 주변인입니다. 한 국가의 민주주의를 가늠하는 척도는 얼마나 많은 사람들에게 선거권이 주어지느냐와 밀접히 관련 있다고 합니다. 최근 선거권 연령을 낮추자는 제안이 야당 및 사회단체에서 제안되고 있지만 아직도 여전히 청소년에게 연령차별의 장벽은 높기만 합니다. 기본소득이나 청년수당 등이 제안되고 있지만 가장 혜택을 받지 못하고 있는 청소년은 주목받지 못합니다.

그동안 청소년복지에서 크고 작은 변화가 있었습니다. 제5차 청소년육성계획이 시작되었고 학교 밖 청소년이 제도권 내에서 지원을 받을 수 있도록 학교 밖 청소년 지원에 대한 법과 조직이 만들어졌습니다. 가출청소년이라는 용어보다는 가정 밖 청소년으로 사용하라는 인권위원회의 권유가 있었습니다. 학교폭력 문제가 심각해지면서 따돌림과 학교폭력을 분리해서 다루는 것에서 벗어나 따돌림 문제를 학교폭력에 포함시켜 다루게 되었습니다. 본 개정에서는 이러한 내용을 수정, 보완하고자 하였습니다. 가장 크게 수정한 부분은 각론의 학교폭력청소년, 학교 밖 청소년, 청소년인터넷 과다사용 부분이고 나머지 장에서는 최근 자료를 추가하였습니다. 그 외 설명이 많은 부분을 줄이고 내용을 보다 쉽게 이해하도록 문장을 수정하였습니다. 구체적인 내용을 설명하면 아래와 같습니다.

1장 청소년의 이해에서는 청소년과 관련된 용어 정리를 조금 더 구체적으로 설명하였고 청소년기의 특성 중 뇌발달과 관련된 내용을 추가하였습니다.

3장 청소년복지의 실천방법에서는 이전 책에서 포함되었던 합리적, 정서적, 행동적 치료와 해결중심 상담을 삭제하였습니다. 이들 내용은 사회복지실천기술론 과목에서 중요하게 다루고 있기 때문에 이 책에서 삭제해도 좋을 것이라고 판단하였기 때문입니다. 또한 부록으로 제시되었던 사례도 삭제하였습니다.

6장 청소년수련활동에서는 청소년수련시설 현황을 새롭게 추가하였고 청소년수련활동에서 개선되어야 할 부분을 보충하였습니다.

9장 청소년관련법과 행정체계에서는 우리나라 청소년정책의 변천과정을 한눈에 알 수 있도록 그림을 추가하였으며 1차에서 4차까지의 청소년육성계획을 정리해서 제시하였고 5차 청소년육성계획을 새롭게 추가하였습니다. 또한 수정된 청소년담당 기구표 및 업무내용을 담았습니다.

10장 청소년복지의 과제와 전망에서는 청소년권리 부분에서 우리나라 청소년권리의 변화과정에 대한 간단한 설명과 향후 청소년권리 증진을 위해 제도적 차원의 노력에 대한 내용을 추가하였습니다. 또한 청소년참여 부분에서는 최근 우리나라에서 청소년정책에서 청소년참여를 위해 추진하고 있는 정책과 사업 내용을 소개하였습니다.

12장 가정 밖 청소년 문제는 기존의 가출청소년이라는 용어가 집을 나간 사실에 초점을 두고 청소년이 처한 현재 상황을 간과한다는 점, 가출청소년이라는 용어가 사람들로 하여금 무의식적으로 비행에 초점을 맞추도록 한다는 비판 등을 받아들여 가정 밖 청소년으로 명칭을 변경해 사용하였습니다. 또한 가정 밖 청소년에 대한 최근 자료를 보충하였습니다.

13장 학교폭력 청소년 문제는 종전까지 학교폭력 청소년과 집단따돌림을 별개의 장에서 다룬 것에서 탈피하여 법과 일관성 있게 학교폭력 청소년과 집단따돌림 청소년을 합쳐 하나의 장으로 다루었습니다. 또한 학교폭력 청소년에 대한 여러 가지 지원정책 및 사업을 추가해서 소개하였습니다.

14장 학교 밖 청소년 문제는 법 제정 이후 변화된 사회적 지원실태과 지원방안에 대한 내용을 전면 수정해서 제시하였습니다.

15장 약물남용 청소년 문제는 약물남용에 대한 최근 조사자료를 추가해서 수록하였습니다.

16장 청소년 성착취피해 문제는 성착취피해 청소년 위탁교육센터인 위기청소년교육센터 내용을 수정, 보완하였습니다.

17장 청소년 인터넷 과다사용 문제는 청소년 인터넷 과다사용의 실태와 대책을 전면 수정 보완하였습니다.

그 외 인용된 논문이나 보고서, 단행본 중 다소 오래된 자료들이 있지만 그대로 둔 것이 많습니다. 그것은 청소년 관련 자료들이 새롭게 생산, 보고되지 않는 이유도 있고 현재 상황과 크게 다르지 않다고 판단되는 내용도 있기 때문입니다. 책 개정과 관련해 짧은 시간임에도 불구하고 최선을 대해 도와주신 공동체 김동훈 사장님을 비롯한 편집부 직원들에게도 진심으로 감사의 인사를 드립니다. 더불어 고단한 사회에서도 용기와 희망을 잃지 않고 더 나은 미래와 사회를 위해 준비하고 노력하는 이 시대의 청소년과 어제의 청소년, 미래의 청소년에게 박수를 보냅니다.

2018년 1월 저자

2013년 개정판 발간사

2년 가까이 보건복지부에서 담당해왔던 청소년 업무가 올 2010년 3월 19일부로 여성가족부로 이관되었다. 국가적 차원의 청소년 업무는 그동안 내무부－국무총리실－문교부－국무총리실－체육(청소년)부－문광부와 국무총리실 청소년보호위원회－국가청소년위원회－보건복지가족부－여성가족부로의 아주 많은 변화를 겪었다. 중앙부처의 이러한 잦은 이전은 지방정부에도 영향을 미쳐 중앙 못지않은 담당과의 변화를 겪거나 현재도 겪고 있다. 이는 청소년 업무의 종합적 성격에 기인하는 바가 크다고 할 수 있으나 청소년복지의 정체성에 일정 수준의 혼란을 야기하는 바가 적지 않다. 특히 이번의 청소년 업무의 이전은 그동안 아동 · 청소년계의 오랜 숙원이었던 아동 · 청소년 통합의 무산 혹은 아동과 청소년의 분리를 공식화한 것으로 받아들여져 아쉬움이 크다.

그 탓에 관련 단체나 학계의 불만이 모두 해소되지는 못했지만 수많은 토론을 거쳐 마련된 아동 · 청소년통합 3법인 아동 · 청소년기본법, 아동 · 청소년복지법, 아동 · 청소년활동진흥법 시안이 중대한 사정변경 사항이 없는 데도 불구하고 하루아침에 무력화되었다. 따라서 이들 3법과 아동청소년 통합서비스 전달체계를 중심으로 작년에 개정했던 이 책을 올해 1년 만에 다시 환원한 것이 이 개정판의 주 내용이다. 그리고 이왕에 개정할 수밖에 없다면 작년에 미처 손을 보지 못한 부분과 1년 만에 또 변화된 부분을 수용하여 전체적으로 업데이트하였다.

마지막으로 이번의 정부조직법 일부 변경을 통한 아동과 청소년의 업무분리는 전 정부시절의 국가청소년위원회의 청소년 업무와 당시의 여성가족부의 보육업무 그리고 보건복지부의 아동업무를 현 정부 들어 보건복지가족부로의 통합을 하였다가 다시 분열시키는 결과 외에 특별한 소득이 없다는 것이 저자의 기본적 시각이다. 따라서 언젠가 또 다시 아동과 청소년이 한 부서에서 다루어질 것이라는 기대를 접고 있지 않다. 나아가 보육, 아동, 청소년 그리고 가족이 모두 한 부서에서 종합적으로 다루어질 것이라는 희망을 갖고 있다. 따라서 위의 3법과 본문에서도 일부 다루고 있는 아동청소년 통합 전달체계가 언젠가 우리 사회에서 빛을 볼 것이라는 믿음을 저버리지 않고 있다. 그래서 이번에 삭제한 3법과 통합전달체계를 버리지 않고 저자의 DB 한켠에 소중하게 보관할 것이다.

작년에 이어 1년 만에 또 다시 시도된 개정이라 별도의 개정판 발간사로 하지 않고 작년 개정판 발간사의 날짜를 바꾸고 본 글을 추가하는 것으로 대신하고자 한다.

올해 2009년은 우리나라에서 청소년정책이 실시된 이후 가장 큰 변화를 겪는 한 해로 기억될 것으로 생각된다. 오랜 세월 동안 부처를 달리하여 시행되어 오던 아동과 청소년 정책이 보건복지가족부로 2008년부터 통합 시행되어 왔고, 올 2009년 상반기에 관련법인 아동 · 청소년기본법, 아동 · 청소년복지법, 아동 · 청소년활동진흥법 등 아동 · 청소년 관련 주요 3법이 확정될 것으로 예측되기 때문이다. 그동안도 나이의 중복으로 인하여 아동과 청소년 정책이 완벽하게 구분된 것은 아니었다. 영유아복지법에 의해 6세 이하를 보육정책, 아동복지법에 의해 18세 미만을 아동정책 그리고 청소년기본법에 의해 9~24세까지를 청소년정책의 연령층으로 삼았었다. 때문에 6세 이전까지는 보육과 아동정책에 동시에 포함되었고 9~17세까지는 아동과 청소년정책에 모두 대상이 될 수 있었다. 곧 확정될 아동 · 청소년관련법에서도 아동과 청소년의 나이를 기존의 법에서 제시한 것과 마찬가지로 구분은 하고 있으나 정책과 행정 그리고 관련법이 하나로 통합되고 중앙과 지방의 모든 행정조직에서 아동과 청소년이 일원화되었다. 전술하였듯이 오랜 세월 동안 아동과 청소년은 분리하여 다른 부처에서 다루어왔고 학술적으로도 사춘기 이전의 나이로서 자아정체감 확립과 성적 성숙이 일어나기 이전의 연령층인 아동기와 자아정체감이 형성되기 시작하고, 성적 성숙이 왕성하게 일어나는 청소년기는 그 접근방식과 복지서비스의 내용에 있어서 사뭇 다를 수밖에 없기 때문에 당분간은 상당한 혼란이 야기될 것으로 생각된다. 그러나 비슷한 연령, 특히 출생 후부터 청소년기에 이르는 시간대까지 같은 부처에서 일관성 있게 정책과 행정을 펴는 장점도 있을 것으로 기대된다. 청소년복지를 다룸에 있어 작금의 시기는 극심한 변화기인 것은 틀림없으나 아동청소년의 통합의 공과나 이득과 손실을 논하기에는 적절한 시간이 아니므로 여기서는 논의를 삼가고자 한다.

다만, 개정판을 구성하면서 한 가지 분명하게 밝히고자 하는 것은 아동과 청소년의 관련법이 통합되고 국가 및 지방 차원의 정책 및 행정이 일원화되었다고 하더라도, 학문적 차원에서 아동복지와 청소년복지를 통합하는 것은 불가능에 가까울 뿐만 아니라 바람직하지도 않다는 게 저자들의 확고한 견해이다. 그 이유는 이미 밝혔지만 다시 한 번 강조하자면, 주로 우리나라 초등학교 연령층인 아동과 중·고등 연령층인 청소년은 인간 발달단계를 고려하면 함께 다룰 수 있는 공통점보다 본문에서도 언급되지만 심리적, 정서적, 사회적 측면에서 그 차이점이 워낙 커서 접근방식과 서비스 내용을 판이하게 다르게 적용해야 하기 때문이다.

2012년 8월 시행 청소년복지지원법의 개정에 따라 한국청소년상담원이 한국청소년상담복지개발원으로, 시·도 및 시·군·구 청소년상담지원센터가 청소년상담복지센터로 명칭을 변경하는 등의 청소년복지사업의 지원체계의 변동을 반영하였다.

아울러 기왕에 개정판 작업을 하지 않을 수 없어 수치 등 고칠 수 있는 모든 것을 업데이트하고 교정작업도 수행하였다. 이 과정에서 신라대학교 사회복지학과 석사를 졸업하고 부산광역시청소년종합센터에 근무하고 있는 이조경 선생의 도움이 매우 컸다. 지면을 빌어 감사함을 전한다. 책 출간 및 개정과 관련하여 최선을 다해주시는 도서출판 공동체 김동훈 사장님을 비롯한 임직원 여러분들에게도 고마움을 전한다.

2013년 1월 저자
2010년 8월 저자
2009년 2월 저자

초판 머리말

흔히 우리는 청소년을 미래의 주역이라고 말한다. 이는 청소년을 보호하고 지도 · 교육하는데 있어서 그리고 그들을 위한 정책을 강구함에 있어서 백년대계를 세우는 정성스런 마음으로 과학적인 접근이 행해져야 한다는 당위성을 일컫는 말의 다름이 아니다.

그러나 우리 사회의 일각에서는 청소년은 미래의 주역이니까 현재는 보조자로서 조용히 내일을 준비하면서 순종하기를 요구하는 분위기가 있다. 특히 우리나라는 오랜 가부장적 폐습으로 인하여 많은 영역에서 성(gender) 차별뿐만 아니라 연령차별이 별다른 저항 없이 자행되고 있다. 따라서 청소년과 관련된 법과 제도에도 청소년보호라는 미명 아래 청소년을 규제하고 청소년의 사회 전반에의 참여와 활동을 가로막는 경우가 허다하다.

즉, 우리 사회에서는 청소년들이 가지고 있는 여러 가지 능력과 장점을 찾아 자극하고 사회발전에의 원동력으로 활용하기보다는 그들이 가지고 있는 여러 가지 불합리적 요소와 단점 등을 강조함으로써 청소년을 불안정하고 미숙한 존재로 인식되게 하였고, 이로 인해 청소년은 청소년의 복지나 권리 옹호보다는 통제의 대상으로 쉽게 간주되어 왔다.

그러나 이 사회를 구성하고 있는 존재들을 남녀로 구분하고 연령에 따라 절단하고 주로 사회발전에의 기여도에 따라 그 경중을 따지고 차별화하는 것은 비이성적 태도이며 반사회복지적 가치의 실천으로 판단된다. 오히려 성차와 연령에 따른 독특성을 과학적 이해를 바탕으로 개별화하여 처우하는 것이 바람직할 것이다.

주지하듯이 청소년기는 인간의 발달 중 다른 발달단계와 구별되는 독립된 발달단계로서 특별한 관심과 이해, 지원이 필요한 시기이다. 청소년복지는 현 사회의 구성원인 청소년을 객관적으로 이해하고, 그들의 권리와 복지 증진을 위해 과학적이고 체계적이며 전문적으로 접근하는 사회복지의 한 분야이다. 그러나 불행하게도 청소년복지의 실천은 모든 사회복지 현장에서 양적·질적인 면에서 가장 낙후되어 온 것이 사실이다. 그것은 청소년복지가 대상을 중심으로 분류한 사회복지실천 중에서도 상대적으로 보다 높은 실천성과 전문성을 요구한다는 것과 무관하지 않다고 본다.

사회복지가 결국은 인간의 삶의 질을 높이기 위한 모든 관련 제도와 실제 활동이라고 한다면 인간의 삶의 질의 상당 부분은 자신의 평생의 사고와 행동의 기준이 되는 가치관 내지는 세계관이 주로 형성되는 청소년 시기에 결정될 개연성이 가장 높다. 따라서 사회복지의 실천성과 전문성이 청소년에게 집중될 필요가 강력히 제기된다.

이 책은 청소년복지의 정체성 확립이라는 목표를 추구하면서 다음과 같은 두 가지 바람을 갖고 집필하였다. 하나는 청소년복지를 공부하고자 하는 학생들에게 청소년과 청소년복지에 관련된 지식과 기법, 프로그램, 행정 및 정책을 총망라하여 수록한 지침서를 제공하고자 하였다. 또 하나는 청소년복지를 실천하고 있는 사회복지사를 비롯하여 청소년 관련 현장에서 수고를 아끼지 않고 있는 청소년지도사, 행정가, 자원봉사자들이 실천현장에서 부딪히는 어려움을 해소하는 데 조금이라도 도움이 되기 위해 실제적인 부분을 강조하려고 하였다.

그러나 처음의 각오와 다짐은 탈고를 앞두고 있는 현 시점에서 상당한 망설임과 부끄러움이 앞선다. 이 책을 집필한 두 사람은 적지 않은 시간 동안 청소년에 대한 연구를 나름대로 해왔고, 특히 10년 정도 사회복지실천 현장에서 그것도 대부분을 청소년복지 실천 현장에서 근무한 경험이 있다. 그리고 그 경험이 청소년복지라는 저서를 집필하도록 용기를 주었음을 부인할 수는 없다. 그러나 그럼에도 불구하고 이 책은 많은 부분에서 한계를 가지고 있다. 분량 면에서도 욕심을 부리지 않았나 하는 생각도 들고, 특히 그동안에 썼던 논문을 재정리한 것이 많다 보니 이 책을 읽는 모든 독자가 쉽게 읽고 이해할 수 있는 쉬운 용어의 선택과 해설이 부족했음을 느낀다. 저자들의 무능력과 아직은 턱없이 부족한 경험 때문이라고 생각한다. 변명 같지만 이 부분은 독자 여러분들의 관심 어린 애정과 뜨거운 질책으로 상당 부분 보완이 될 수 있으리라고 본다. 겸허히 수용하고 정성을 다하여 반영할 것을 약속드린다.

이 책은 총 6부 24장으로 구성되어 있다.

제1부는 청소년의 이해이다. 청소년의 건강한 삶을 위한 제도적·실천적 접근인 청소년복지가 제대로 실효를 거두기 위해서는 청소년에 대한 과학적이고 체계적인 이해가 선행되어야 한다. 이를 위해 청소년의 개념, 청소년기의 일반적인 특성을 살펴보고 청소년 발달을 설명하고 있는 다양한 이론들을 통해 청소년에 대한 통합적이고 과학적인 이해를 돕고자 하였다.

제2부는 청소년복지의 개념과 발전과정을 다루었다. 지금까지 청소년에 대한 접근이 아동복지와 혼동되게 적용되어 온 점에서 벗어나 청소년복지학의 정체성이 확립되어야 한다는 관점에서 청소년복지의 개념을 정의하고 청소년복지가 어떤 의의를 가지는지, 또한 우리나라 청소년복지가 어떻게 성장·발전해 왔는지를 통해 우리나라 청소년복지의 특성을 이해하고 더 나아가 향후 우리나라 청소년복지의 미래를 예측해 보고자 하였다.

제3부는 청소년복지의 실천과 주요 활동을 다루었다. 일반 청소년과 요보호청소년을 포함하여 사전·사후적 차원에서 그들의 삶의 질을 높이고 건강한 가치관 형성에 도움을 줄 수 있는 청소년 개별상담, 청소년 집단상담, 청소년 자원봉사활동, 청소년수련활동 중심으로 각 접근법의 이론과 실제를 제시하였다.

제4부는 청소년문제별 이해와 대책이다. 청소년과 관련된 문제 중 최근 우리 사회에서 사회적으로 이슈화되고 있는 청소년의 성문제, 시설보호청소년문제, 가출청소년문제, 학교폭력청소년문제, 집단따돌림문제, 중퇴청소년문제, 약물남용청소년문제, 매매춘청소년문제, 비행청소년문제 등을 선별하여 각 문제별 개념과 원인, 청소년들의 당면문제와 욕구, 실태와 대책을 살펴보고자 한다. 특히 청소년문제에 대한 이해와 접근에 있어 종전의 통제, 처벌적 관점에서 벗어나 청소년들이 가해자인 동시에 피해자, 문제유발자인 동시에 희생자, 사회적 약자라는 보호적·발달적 관점에서 청소년의 욕구와 당면문제를 이해하고 특히 청소년의 건강한 성장을 돕는 환경의 개입과 지원에 더 많은 초점을 두고자 하였다.

제5부는 청소년관련법과 행정체계를 다루었다. 청소년관련법에서는 청소년의 기본 권리를 보장하고 있는 헌법을 비롯하여 청소년관계법의 모법이라고 할 수 있는 청소년기본법, 소년법, 청소년보호법 등에 대해 내용과 문제점 그리고 개선방향을 살펴보고자 하였다. 또한 청소년정책과 행정에 있어서는 청소년정책과 행정이 일반정책이나 행정과 구별되는 점은 무엇이며 또한 어떠한 원칙하에 수립되고 집행되어

야 하는지, 현재 우리나라의 실태와 문제점, 향후 방향 등을 모색하고자 하였다.

제6부는 청소년복지의 과제와 전망을 제시하였다. 여기서는 결론을 대신하여 우리나라 청소년복지의 과제와 발전방향을 다음과 같은 측면에서 제시하고자 하였다. 하나는 청소년문제의 근원이자 청소년성장의 핵심인 청소년의 성과 관련하여 청소년의 성적 주체성 문제에 대해 제시하였다. 그 다음으로는 현재 사회 구성원인 청소년이 자신의 권리를 부당하게 침해받거나 소외, 학대받지 아니하고 자신들의 권익을 보호받고 사회로부터 존중받으면서 주체적인 삶을 살아갈 수 있도록 하기 위한 방안으로 청소년의 권리와 청소년참여문제를 다루었다.

그리고 이 책이 발간될 수 있기까지는 많은 사람들의 도움이 있었다. 우선 저자들에게 오랜 세월 동안 청소년복지실천에 대한 학문적 애정을 갖도록 끊임없이 지도해 주고 실천경험을 갖도록 기회를 주셨던 저자들의 지도교수인 부산대학교의 문선화 교수님과 류기형 교수님께 감사를 드린다. 또한 이 책의 교정을 위해 무더운 한여름 땀을 흘리며 수고를 아끼지 않았던 부산광역시 청소년종합상담실의 박수민 선생님과 부산광역시 청소년쉼터의 김정희 선생님께도 감사를 드린다. 박수민 선생님은 실무 경험도 많으면서 여러 대학에서 청소년복지를 강의하고 있기 때문에 도움은 단순히 교정에 그친 것이 아니었다.

마지막으로 이 책의 화룡점정의 시점에서 특별하게 생각나는 분들이 계신다. 저자들이 이 책을 쓸 수 있도록 한 가장 원초적 자극은 저자들이 청소년상담실에 근무하면서 만났던 수많은 청소년과 그들의 부모님 그리고 그들이 보여주었던 feedback이었다. 이 책을 마감하면서 그들에 대한 고마움을 전하지 않을 수 없고 다시 한 번 그들의 건강한 삶을 기원한다.

2000년 7월 저자

차 례

■ 2025년 개정판 발간사_ 3
■ 2018년 개정판 발간사_ 5
■ 2013년 개정판 발간사_ 8
■ 초판 머리말_ 11

제1부 청소년복지 총론

제1장 청소년의 이해 — 23

1. 청소년의 개념과 특성 ······ 23
    1) 청소년의 개념_ 23
    2) 청소년기의 특성_ 26
2. 청소년 발달의 이론적 접근 ······ 32
    1) 생물학적 이론_ 32
    2) 정신분석 이론_ 34
    3) 심리사회적 발달 이론_ 36
    4) 인지 발달 이론_ 39
    5) 사회학습 이론_ 40
    6) 인본주의 이론_ 42
    7) 생태학적 이론_ 43
    8) 임파워먼트모델_ 44
3. 청소년과 환경 ······ 46
    1) 가 정_ 46
    2) 지역사회_ 47
    3) 학 교_ 48
    4) 교우관계_ 50
    5) 대중매체_ 51

제2장 청소년복지의 개념과 발전과정 — 53

1. 청소년복지의 개념과 의의 ······ 53
    1) 청소년복지의 개념_ 53
    2) 청소년복지의 의의_ 55
2. 청소년복지의 발전과정 ······ 56
    1) 청소년복지의 맹아기(광복 이후~1961년)_ 56
    2) 청소년복지의 도입기(1962~1987년)_ 57
    3) 청소년복지의 전개기(1988년~현재)_ 59

3. 청소년복지의 특성 ······ 60
1) 청소년복지의 목표_ 61
2) 청소년복지의 구체적 내용_ 61
3) 청소년복지의 개입전략_ 63

제3장 청소년복지의 실천방법 Ⅰ : 청소년 개별상담 ······ 67

1. 청소년 개별상담의 개념과 목표 ······ 67
2. 청소년 개별상담의 이론과 기법 ······ 70
1) 인간 중심 상담_ 71
2) 형태주의 상담_ 78
3) 현실치료_ 84
3. 청소년 개별상담의 개입과정과 전략 ······ 90
1) 청소년 개별상담의 개입과정_ 90
2) 청소년 개별상담의 개입전략_ 95
4. 청소년 개별상담의 실제 ······ 97
1) 인테이크_ 98
2) 사 정_ 100

제4장 청소년복지의 실천방법 Ⅱ : 청소년 집단상담 ······ 103

1. 청소년 집단상담의 개념과 의의 ······ 103
1) 청소년 집단상담의 개념_ 103
2) 청소년 집단상담의 의의_ 106
2. 청소년 집단상담의 구성 ······ 108
1) 청소년상담가_ 108
2) 집 단_ 111
3) 집단 구성원_ 113
3. 청소년 집단상담의 과정 ······ 115
1) 준비 단계_ 116
2) 시작 단계_ 119
3) 작업 단계_ 123
4) 종결 단계_ 128
4. 청소년 집단상담의 실제 ······ 129
1) 프로그램 구성의 제 원칙_ 129
2) 프로그램의 과정 및 내용_ 131

제5장 청소년복지의 실천방법 Ⅲ : 청소년 자원봉사활동 ······ 135

1. 청소년 자원봉사활동의 개념과 의의 ······ 136
1) 청소년 자원봉사활동의 개념_ 136
2) 청소년 자원봉사활동의 필요성_ 138
2. 청소년 자원봉사활동의 유형과 영역 ······ 141
3. 청소년 자원봉사활동의 구성 ······ 143
1) 추진체계_ 143
2) 관리체계_ 146
3) 지원체계_ 149
4. 청소년 자원봉사활동의 실제 ······ 151

제6장 청소년복지의 실천방법 Ⅳ : 청소년수련활동 155

1. 청소년수련활동의 개념 155
2. 청소년수련활동의 의의와 효과 158
3. 청소년수련활동의 구성 161
   1) 청소년지도자_ 161 2) 청소년수련시설_ 164
   3) 청소년수련거리_ 165
4. 청소년수련활동의 실제 169

제7장 청소년복지의 실천방법 Ⅴ : 청소년문화활동 171

1. 청소년문화의 개념과 관점 172
   1) 청소년문화의 개념_ 172 2) 청소년문화의 관점_ 173
2. 청소년문화권과 문화복지의 의의 174
   1) 청소년문화권_ 174 2) 청소년문화복지의 개념과 의의_ 176
3. 청소년문화활동의 구성 179
4. 청소년문화활동의 실제 185

제8장 청소년비행론 187

1. 청소년비행의 개념과 유형 187
   1) 청소년비행의 개념_ 187 2) 청소년비행의 유형_ 191
2. 청소년비행의 원인에 관한 이론 192
   1) 생물학적 관점_ 192 2) 심리학적 관점_ 193
   3) 사회학적 관점_ 195

제9장 청소년관련법과 행정체계 205

1. 청소년관련법 205
   1) 헌 법_ 207 2) 청소년헌장_ 207
   3) 청소년기본법_ 209 4) 청소년보호법_ 211
   5) 아동·청소년의 성보호에 관한 법률_ 215
   6) 청소년복지지원법_ 217 7) 청소년활동진흥법_ 218
2. 청소년정책 219
   1) 청소년정책의 개념과 의의_ 220 2) 청소년정책의 내용 및 특성_ 222
3. 청소년행정 224
   1) 청소년행정의 개념과 원칙_ 225 2) 청소년행정의 전달체계_ 229
   3) 청소년 서비스 전달체계_ 231

제10장 청소년복지의 과제와 전망 233

1. 성적 주체로서의 청소년 233
   1) 청소년기의 성행동과 성주체성에 대한 이해_ 234
   2) 청소년 성행동에 대한 논쟁_ 237
   3) 청소년의 성주체성 확립이 갖는 사회적 함의_ 243
2. 청소년권리 247
   1) 청소년권리에 대한 관점_ 247
   2) 청소년권리의 발달과정_ 249
   3) 청소년권리의 내용_ 251
   4) 청소년권리 증진의 방향_ 253
3. 청소년참여 256
   1) 청소년참여의 개념과 의의_ 256
   2) 청소년참여의 발달과정_ 258
   3) 청소년참여의 유형_ 260
   4) 향후 청소년참여의 방향_ 264

제2부 청소년복지 각론

제11장 시설보호 청소년 273

1. 시설보호와 청소년 273
   1) 시설보호의 개념 및 유형_ 273
   2) 청소년의 시설보호_ 276
2. 시설보호 청소년의 특성과 당면문제 279
   1) 개인적 측면_ 279
   2) 환경적 측면_ 281
3. 시설보호 청소년에 대한 청소년복지 실태 283
   1) 시설보호 청소년을 위한 사회적 지원체계의 현황_ 283
   2) 시설보호 청소년을 위한 사회적 지원체계의 문제점_ 285
4. 시설보호 청소년에 대한 청소년복지 대책 287
   1) 제도적 차원_ 287
   2) 실천적 차원_ 289

제12장 가정 밖 청소년 293

1. 가출과 청소년 293
   1) 가출의 개념 및 유형_ 293
   2) 가출의 원인_ 298
2. 가정 밖 청소년의 특성과 당면문제 300
   1) 가정 밖 청소년의 욕구 및 특성_ 301
   2) 가정 밖 청소년에 대한 관점_ 306
3. 가정 밖 청소년에 대한 청소년복지 실태 308
   1) 가정 밖 청소년을 위한 사회적 지원체계의 현황_ 308
   2) 가정 밖 청소년을 위한 사회적 지원체계의 문제점_ 311
4. 가정 밖 청소년에 대한 청소년복지 대책 312
   1) 제도적 차원_ 312
   2) 실천적 차원_ 316

제13장 학교폭력 청소년 ―― 323

1. 학교폭력과 청소년 …… 324
   1) 학교폭력의 개념과 유형_ 324
   2) 학교폭력의 원인_ 326
2. 학교폭력 청소년의 특성과 당면문제 …… 332
   1) 가해청소년_ 333
   2) 피해청소년_ 337
   3) 주변인청소년_ 339
3. 학교폭력 청소년에 대한 청소년복지 실태 …… 341
   1) 학교폭력 청소년을 위한 사회적 지원체계의 현황_ 341
   2) 학교폭력 청소년을 위한 사회적 지원체계의 문제점_ 345
4. 학교폭력 청소년에 대한 청소년복지 대책 …… 347
   1) 기본 방향_ 347
   2) 제도적 차원_ 348
   3) 실천적 차원_ 353

제14장 학교 밖 청소년 ―― 365

1. 학업중단과 청소년 …… 366
   1) 학교 밖 청소년의 개념과 유형_ 366
   2) 학교 밖 청소년의 원인_ 368
2. 학교 밖 청소년의 특성과 당면문제 …… 370
   1) 학교 밖 청소년의 욕구과 특성_ 370
   2) 학교 밖 청소년 지원이 갖는 의의_ 375
3. 학교 밖 청소년에 대한 청소년복지 실태 …… 377
   1) 학교 밖 청소년을 위한 사회적 지원체계의 현황_ 377
   2) 학교 밖 청소년을 위한 사회적 지원체계의 문제점_ 383
4. 학교 밖 청소년에 대한 청소년복지 대책 …… 384
   1) 기본 방향_ 384
   2) 제도적 차원_ 387
   3) 실천적 차원_ 391

제15장 약물남용 청소년 ―― 399

1. 약물남용과 청소년 …… 399
   1) 약물남용의 개념과 종류_ 399
   2) 약물이 청소년에게 미치는 영향_ 405
   3) 약물남용의 원인_ 407
2. 약물남용 청소년의 특성과 당면문제 …… 410
   1) 개인적 특성_ 411
   2) 환경적 특성_ 414
3. 약물남용 청소년에 대한 청소년복지 실태 …… 416
   1) 약물남용 청소년을 위한 사회지원체계의 현황_ 416
   2) 약물남용 청소년을 위한 사회지원체계의 문제점_ 420
4. 약물남용 청소년에 대한 청소년복지 대책 …… 422
   1) 제도적 차원_ 422
   2) 실천적 차원_ 424

제16장 성착취피해 청소년 — 427

1. 성착취와 청소년 ····· 427
   1) 성착취의 개념과 유형_ 427
   2) 성착취피해의 원인 _ 430
2. 성착취피해 청소년의 특성과 당면문제 ····· 431
   1) 성착취피해 청소년의 욕구와 특성_ 431
   2) 성착취피해 청소년 지원이 갖는 의의_ 437
3. 성착취피해 청소년에 대한 청소년복지 실태 ····· 439
   1) 성착취피해 청소년을 위한 사회적 지원체계의 현황_ 439
   2) 성착취피해 청소년을 위한 사회적 지원체계의 문제점_ 443
4. 성착취피해 청소년에 대한 청소년복지 대책 ····· 445
   1) 제도적 차원_ 445
   2) 실천적 차원_ 449

제17장 인터넷 과다사용 청소년 — 455

1. 인터넷 과다사용과 청소년 ····· 455
   1) 인터넷 과다사용의 개념과 유형_ 455
   2) 인터넷 과다사용의 원인_ 459
2. 인터넷 과다사용 청소년의 특성과 당면문제 ····· 462
   1) 개인적 특성_ 462
   2) 환경적 특성_ 466
3. 인터넷 과다사용 청소년에 대한 청소년복지 실태 ····· 469
   1) 인터넷 과다사용 청소년을 위한 사회적 지원체계의 현황_ 469
   2) 인터넷 과다사용 청소년을 위한 사회적 지원체계의 문제점 _ 475
4. 인터넷 과다사용 청소년에 대한 청소년복지 대책 ····· 477
   1) 기본 방향_ 477
   2) 제도적 차원_ 477
   3) 실천적 차원_ 480

■ 찾아보기_ 488

제1부 청소년복지 총론

제1장 청소년의 이해
제2장 청소년복지의 개념과 발전과정
제3장 청소년복지의 실천방법 Ⅰ : 청소년 개별상담
제4장 청소년복지의 실천방법 Ⅱ : 청소년 집단상담
제5장 청소년복지의 실천방법 Ⅲ : 청소년 자원봉사활동
제6장 청소년복지의 실천방법 Ⅳ : 청소년수련활동
제7장 청소년복지의 실천방법 Ⅴ : 청소년문화활동
제8장 청소년비행론
제9장 청소년관련법과 행정체계
제10장 청소년복지의 과제와 전망

Chapter 01

청소년의 이해

청소년의 건강한 삶을 위한 제도적 · 실천적 접근인 청소년복지가 제대로 실효를 거두기 위해서는 청소년에 대한 과학적이고 체계적인 이해가 선행되어야 한다. 이를 위한 필수작업으로 청소년의 개념을 제시함으로써 아동복지와 구별되는 청소년복지의 정체성을 확립하기 위한 기본 토대를 마련하고, 그 다음으로 청소년기의 일반적인 특성들을 살펴보고자 한다.

또한 청소년 발달을 설명하고 있는 다양한 이론들을 살펴봄으로써 각 이론들이 주장하고 있는 청소년에 대한 독특한 관점을 알아보고 과학적인 이해를 돕고자 한다. 그리고 청소년을 둘러싼 외부환경이 청소년에게 어떠한 영향을 미치는가를 가정, 학교, 지역사회, 대중매체로 나누어 살펴보고자 한다.

1. 청소년의 개념과 특성

1) 청소년의 개념

역사적으로 청소년이라는 용어가 등장하기 시작한 것은 그리 오래지 않다. 농경사회에서는 어른 아니면 아이였고 청소년이라는 개념은 존재하지도 않았다. 그러나 산업혁명과 의무교육의 등장은 인간의 발달단계에서 청소년기를 고유한 발달시기로 인식하게 하는 데 결정적인 영향을 미쳤다. 산업화는 교육받은 노동력을 필요로 하였으며 특히 학교교육의 의무화는 청소년들이 교육기간 동안 노동시장에 유입되지 않고 경제활동에서 제외되는 특권을 주었는데, 이러한 요인들이 본격적으로 청소년기를 인식하게 하는 계기가 되었다.

청소년의 개념은 사회, 문화, 시대적 상황에 따라 상이하게 정의되고 있다. 사회·문화적 배경에 따라 청소년기는 짧을 수도, 길 수도 있고 심지어 존재하지 않을 수도 있다. 청소년기가 뚜렷하게 존재하지 않는 문화나 사회에서는 아동이 그 사회의 고유한 통과의례(rite of passage)를 거치면 성인으로 받아들여졌다. 예를 들어, 몇몇 원시문화에서의 사냥의식이나 할례의식, 과거 우리나라의 성인식 등이 여기에 해당된다. 반면에 현대 사회에서는 고등교육으로 인한 재학기간의 연장, 직업훈련 기간의 연장 등으로 인하여 청소년기가 점점 길어지고 있는 것이 보편적인 현상이다.

청소년이라는 용어를 보다 명확히 이해하기 위해 사전적 의미, 신체적 특성에 따른 구분, 법률적 정의 등을 함께 살펴볼 필요가 있다. 먼저 사전적 의미를 살펴보면 우리나라 국어사전에는 청소년을 청년과 소년을 아울러 이르는 말이라고 정의되어 있다. 즉, 청년과 소년을 함께 포함하는 말로 볼 수 있다. 국어사전에 의하면 청년은 신체적·정신적으로 한창 성장하거나 무르익은 시기에 있는 사람을 뜻하며 소년은 아직 완전히 성숙하지 아니한 어린 사내아이라고 정의하고 있다. 결과적으로 우리나라 국어사전에 정의된 개념을 정리해 보면 청소년이라는 용어는 신체적·정신적으로 한창 성장하고 있거나 무르익은 사람까지를 포괄하는 매우 광범위한 개념으로 정의됨을 알 수 있다.

반면 영어에는 청소년과 관련된 용어로 'youth', 'juvenile', 'adolescence' 등을 사용하고 있다(주경필, 2015 : 193). 이를 우리나라 학계에서 청소년 혹은 청년으로 혼용해서 사용하고 있다. 일본의 경우, 청소년(青少年)이라는 명칭 대신 아동, 청년으로 나누어 정책을 시행하고 있고 90개 국가(사회)가 정책 대상 연령을 30대로 확장하면서 국제적으로 'youth'라는 용어를 청소년이라기보다는 청년에 가까운 용어로 사용하고 있는 추세이다(김정숙 외, 2015 : 17).

다음으로 청소년기에 나타나는 신체적 특성(월경, 사정의 시작)으로 청소년기를 구분하는 경우이다. 이것은 청소년기를 구분하는 가장 일반적인 방법이지만 개인에게 나타나는 신체적인 징후들이나 사춘기의 특성이 나타나는 시기가 사람에 따라 각각 상이하기 때문에 보편적인 기준으로 삼기에는 한계가 있다. 더욱이 청소년기가 언제 끝나는지는 더욱 분명치 않다. 이는 사춘기에 나타나는 신체적 특성으로 청소년의 시작은 쉽게 알 수 있다고 하더라도, 청소년기가 끝나는 시점은 신체적인 징후로 판단되기보다는 그 사회에서의 역할기대를 충족시키고 책임질 수 있는 시점으로 간주되기 때문이다.

청소년기를 구분하는 또 다른 방법은 연령에 의한 구분이다. 1985년 UN에서 공식으로 규정한 청소년(young people)의 개념은 '15세부터 24세 사이의 집단'이다. 또 UN 사무국이 UN 회원국 및 비정부단체들을 상대로 조사한 설문 결과에는 하한연령을 7세부터 잡는 나라(1개국)도 있고, 상한연령도 30세(10개국), 35세(4개국)까지 각양각색으로 나타난 것으로 되어 있다(이봉철, 1992 : 111). 우리나라의 경우 법의 성격에 따라 청소년의 연령이 다소 상이하게 규정되고 있었다. 청소년기본법에 명시되어 있는 청소년은 '9세 이상 24세 이하인 사람'이며, 민법에서는 '19세'를 성년이라고 규정하고 있다. 또한 청소년보호법에서는 '19세 미만'을 청소년으로 규정하고 있다. 뿐만 아니라 아동복지법에서는 아동을 '18세 미만'으로 규정하고 있으며, 선거법상의 선거연령은 '18세 이상'으로 개정하였다. 마찬가지로 소년법에서도 소년을 '19세 미만'으로 개정하였다. 이것은 그동안 우리나라에서 성인을 20세 이상부터 인정하던 것을 한 살 낮추어 19세부터 인정한다는 것을 의미한다.

최근에는 청년문제의 대두로 인해 청년의 연령범위도 매우 광범위해지고 있다. 청년고용촉진 특별법에서는 '취업을 원하는 사람으로서 대통령령으로 정하는 15세 이상 29세 이하인 사람'과 '공공기관과 지방공기업이 청년 미취업자를 고용하는 경우에는 15세 이상 34세 이하인 사람'을 청년이라고 한다. 이 밖에도 최근 선행연구들에서는 19~39세까지를 청년기로 보고자 하는 견해가 다수를 차지하고 있다(김기헌 외, 2016; 김영미, 2016; 유정호 · 조민효, 2016). 이상에서 본 바와 같이 우리나라의 경우 아동, 청소년, 청년의 개념 및 연령 범위가 혼재되어 있음을 알 수 있다.

우리나라 청소년의 연령기준

- 민법상 성인은 19세부터임. 부모의 동의가 있다면 결혼은 18세부터 가능
- 흡연·음주·성인 영상물 시청은 19세부터 가능(청소년보호법)
  19세 미만의 청소년에게 음주, 흡연, 성인 영상물을 제공하는 것은 불법
- 투표는 19세부터 가능(선거법)
- 자동차 운전면허는 18세부터, 오토바이 면허는 16세부터 가능(도로교통법)
- 13세 미만과의 성관계는 미성년자의제강간죄(형법)
  18세 미만과의 성관계는 성희롱 등 성적 학대 행위(아동복지법)
- 청소년이 법에 저촉되는 행위를 하면 소년법의 적용을 받음
  소년법상 소년은 19세 미만
  10세에서 19세 미만의 청소년이 범죄를 저지르면 형법이 아닌 보호처분 대상(소년법)
  14세 미만은 범죄를 저질러도 처벌이 면제됨(형사미성년자에 해당됨)

이 책에서는 청소년 연령을 청소년의 신체 · 생리 · 심리 · 정서적인 특징이 강하게 나타남으로써 아동과는 확연한 발달 특성상의 차이를 보이는 시기인 12~13세부터 그리고 그러한 특징이 사회적 역할로 인하여 상당 부분 완화되는 대학생 전의 연령까지의 청소년에 한정하고자 한다. 즉, 우리나라 초등학교 5, 6학년부터 중 · 고등학생의 연령층에 해당되는 집단에 초점을 두고자 한다.

2) 청소년기의 특성

청소년기는 부모의 보호가 절대적으로 필요한 아동기에서 성인기로 이행하는 과도기에 해당된다. 이 시기는 의존적인 아동기와 독립적인 성인기의 심리적 특성을 함께 공유하여 아동도 성인도 아닌 양 집단 사이에 존재하는 주변인(marginal person)으로서의 특질을 갖는 시기라는 점에서, 인간에게 있어 다른 어떤 발달단계보다도 중요성을 많이 내포하고 있다. 청소년은 건전하고 밝은 심성으로 바람직하게 자랄 수 있는 가능성과 잘못 성장할 수 있는 가능성의 양면성을 동시에 지니고 있다. 그러기에 청소년기는 제2의 탄생기, 부적응 시기, 제2의 반항기, 고민 · 고통의 시기, 초조 · 불안의 갈등시기, 행동의 중용이 없는 시기, 질풍노도와 같은 어려운 시기라고 불린다(양석호, 1991 : 460-461).

청소년기는 인생에서 단순히 스쳐가는 하나의 과정이 아니라 독특한 요구와 도전을 함축하는 시기이기 때문에 특별한 관심을 필요로 한다. 특히 산업사회에서 기술

이 고도화되고 사회구조가 복잡해질수록 직업과 사회적 역할 수행에 필요한 준비기로서의 청소년기가 길어지게 된다(한국청소년연구원, 1993 : 1). 청소년기가 길어진다는 것은 단순히 시간의 길고 짧음의 문제로만 끝나는 것이 아니라, 그로 인한 경제적 부담은 물론 청소년들로 하여금 사회역할 구조에 흡수되지 못함으로써 갖는 소외감, 사회·심리적 독립성과 자율성을 제약받음으로써 갖는 좌절감, 불만 등을 낳는 결과를 빚어낸다. 뿐만 아니라, 사회구조가 복잡해지고 개인별 직업과 사회적 역할이 다양해지면서 이 시기 동안 겪는 청소년의 욕구와 갈등 또한 다양해지고 있다.

구체적으로 청소년기의 특성을 신체·생리적 특성, 인지적 특성, 정서적 특성, 사회적 특성으로 세분화해서 살펴보면 다음과 같다.

(1) 신체·생리적 특성

청소년 시기에 나타나는 신체·생리적 변화로는 첫째, 호르몬의 변화이다. 청소년기는 그 어떤 시기보다도 안드로겐(androgen, 남성 호르몬)과 에스트로겐(estrogen, 여성 호르몬)이 왕성하게 분비되는 시기이다. 이러한 호르몬들은 청소년들의 신체·생리적 발달에 중요한 역할을 하는데, 예를 들면 남자는 외부 생식기의 발달, 신장의 증가, 목소리의 변화가 일어나고, 여자의 경우는 가슴과 자궁의 발달, 뼈대의 변화 등 제2차 성징이 나타난다.

둘째, 신장과 체중의 증가이다. 청소년기는 유아기 이후 인간의 발달단계에서 가장 왕성한 신체적 발육이 일어나는 시기로서 남녀 모두 신장과 체중이 급격히 증가한다.

셋째, 성적 측면에서의 성숙이다. 1차적으로 남녀를 구분하는 1차 성징은 청소년기 이전에 부분적으로 완성되지만, 청소년기에는 성인과 같은 생식능력을 갖게 될 뿐 아니라 생식과는 직접적인 관련이 없지만 남녀를 구분하는 데 중요한 요인인 2차 성징들이 나타나게 된다. 따라서 남자의 경우 음낭이 나타나고 고환이 자라면서 체모가 나타나고 정자의 사정이 이루어지며, 여자의 경우 내부의 성기관(2개의 난소, 나팔관, 자궁, 질)이 성장하면서 월경이 시작되고 유두가 발달하며 음모가 자라게 된다. 한마디로 청소년기는 신체적으로는 거의 성인과 같은 체격을 갖추고 남녀 모두가 성과 관련하여 성인의 역할이 가능하다.

넷째, 뇌 발달과 구조의 변화이다. 청소년기에 시작되는 뇌의 변화는 청소년의 인지, 행동에 영향을 미친다. 과거 학자들은 뇌 세포의 증식과 발달은 생후 첫 18개월까지만 일어난다고 생각하였고 따라서 청소년의 뇌는 성인과 동일하다고 생각해 왔다. 최근 뇌과학의 발달로 청소년의 뇌에 대한 연구가 활발해지면서 청소년의 뇌활동이나 구조가 아동이나 성인의 뇌와 다르다는 것이 보고되고 있다.

청소년의 뇌활동을 연구한 학자들에 따르면 청소년들은 정서가 개입된 의사결정을 할 때 전두엽이 낮게 활성화되고 편도체가 높게 활성화되는 데 반해 성인들은 이와는 상반된다는 것이다. 전두엽은 생각하고 판단하는 뇌로 정서와 충동을 통제하고 옳고 그름을 판단하는 처리과정이 일어나는 곳이다. 반면 편도체는 동물적 감각에 따른 본능적 반응과 관련된 곳이다. 따라서 전두엽의 활동 저하는 행동과 정서에 대한 낮은 통제력으로 이어질 수 있으며, 편도체의 활동 과잉은 높은 수준의 정서적 각성과 반사행동적인 의사결정으로 이어질 수 있다. 결과적으로 청소년의 뇌에는 성인처럼 이성적으로 사고할 수 있는 장치가 아직 구비되어 있지 않다는 것이다(강수정 역, 2004 재인용).

그 밖에도 뇌 영상기법을 사용하여 뇌의 구조를 연구한 학자들에 따르면 전두엽의 발달은 청소년기뿐만 아니라 20대 초반까지도 진행된다고 하였다(강수정 역, 2004 재인용). 결과적으로 청소년의 뇌는 완성된 것이 아니라 계속 리모델링 중이라는 것이다. 이처럼 뇌가 변화과정 중에 있다는 사실은 문제행동을 하는 청소년들이라 할지라도 교육과 환경적 지원을 통해 변화할 가능성이 높다는 것을 시사한다.

이러한 신체·생리적 특성은 청소년에게 다음과 같은 영향을 미친다. 첫째, 유아기나 아동기에 비해 청소년기는 자신의 신체 변화에 대해 자각을 하게 되므로 자신의 신체에 관심이 많다.

둘째, 자신의 신체 변화와 친구들의 변화 정도를 비교함으로써 자신의 신체 발달이 정상적인지 아닌지를 고민하게 되고 심지어는 신체적 열등감을 갖기도 한다. 이렇게 청소년이 자신의 신체를 어떻게 평가하는가는 청소년의 성격이나 자아존중감, 대인관계 형성에 중요한 변수로 작용한다. 예를 들어, 비만이나 작은 키는 청소년들의 가장 심각한 고민거리 중의 하나이다.

셋째, 성호르몬의 분비는 성적 욕구의 발달을 동반하며 성적 욕구는 죄의식과 충동조절의 문제를 초래한다. 청소년들이 성에 관심을 가지거나 성적 욕구를 갖는 것은 성호르몬의 분비가 왕성해지는 청소년기에 지극히 자연스러운 현상이다. 그러나 상당수의 청소년들은 성적 욕구를 가지고 있는 것에 대해 심리적인 불안감이나 수치심, 죄책감 등 부정적인 정서를 가지고 있으며, 특히 성적 충동을 제대로 조절하지 못해 계획되지 않은 임신, 근친상간, 이상성행위, 성폭행 등의 문제를 야기하기도 한다.

(2) 인지적 특성

Piaget의 이론에 따르면, 청소년기는 형식적 조작기에 해당된다(이춘재 외, 1988). 이 시기는 눈앞의 현실세계를 뛰어넘어 자신이 경험해 보지 못한 이상이나 가능성의 세계, 추상적인 것에 대한 사고가 발달하게 된다. 또한 조합적 사고가 발달하여 어떤 문제에 직면하였을 때 여러 가지 요인들을 고려하여 논리적이고 체계적으로 문제해결을 시도한다. 이러한 인지 발달은 청소년의 심리와 행동에 다음과 같은 영향을 미친다.

첫째, 자아정체감(self identity)이 형성, 발전하는 동시에 정체감 형성의 위기를 경험한다. 자아정체감은 전 생애에서 인간이 획득해야 할 발달과업인 동시에 청소년기의 중요한 과업이다. 그것은 개인이 가지고 있는 다양한 지위와 역할 또는 시간의 경과에 관계없이 연속되고 일관된 모습을 갖는 것으로, 내가 보는 나와 타인의 눈에 비치는 내가 조화감을 이루어야 하며 이 세상에서 유일한 존재라는 실존의식을 의미한다.

자아정체감의 형성은 자신과 타인에게 신뢰감을 주고, 정신적 안정감을 주며, 삶의 가치를 명료화하게 한다. 논리적이고 추상적인 사고 발달에 따라 자신이 누구인가 하는 근원적인 의문을 갖고 자신과 자신을 둘러싼 환경과의 상호작용을 통해 자신의 정체감을 찾기 시작한다. 그러나 정체감 형성에 따른 위기를 극복하지 못하는 경우에는 자신을 있는 그대로 수용하지 못하고 미래의 전망에 대하여 불안해지며 이에 대처할 자신의 잠재력에 자신을 갖지 못하게 된다. 이에 자신에게 부과되는 역할로부터 도피하거나 때로는 반발함으로써 자신의 갈등을 해소하려 한다(정영윤, 1992 : 48).

둘째, 자기중심적이다. 청소년기의 지아중신성은 가상청중(imaginary audience)과 개인적 우화(personal fable)라는 개념에서 잘 나타난다. 가상청중이란 청소년기에 나타나는 과장된 자의식을 반영하는 개념으로 자신이 타인의 집중적인 관심과 주의의 대상이 되고 있다고 생각하는 것을 말한다. 개인적 우화란 청소년이 자신을 특별한 존재로 여기는 경향을 의미한다. 즉, 아무도 자신의 경험이나 감정을 진실로 이해하지 못하고 있다고 생각하거나 자신은 특별한 사람이기 때문에 위험으로부터 안전하다고 생각하는 경우이다(김진숙 외, 1998). 예를 들어, 청소년들이 성관계를 할 때 자신에게는 임신 문제가 생기지 않을 거라고 임신의 위험에서 자신을 제외시키는 행위가 여기에 해당된다.

셋째, 도덕성의 발달이다. 청소년기의 도덕적 사고와 행동은 아동기와는 질적으로 다르며 그들의 인지적 성숙과 사회환경적 역할 변화에 의해 크게 영향을 받게 된다. 청소년기의 도덕성 발달 특성은 Kohlberg의 도덕성 퇴행문제, 도덕적 상대주의 개념, Gilligan의 대인지향적 도덕성 이론에 의해 설명된다.

먼저 도덕성 퇴행은 청소년기의 최고 과업인 자아정체감의 혼미로 인하여 청소년들이 사회적 규범과 법률을 절대적 도덕률로 받아들이고 이를 준수하던 단계(4단계)에서 사회적 구속을 벗어나기 위하여 규범을 배척하는 단계(2단계)로 이행하게 된다는 것이다(표 1-5 참고). 특히 Kohlberg는 이것이 구조적인 후퇴가 아니라 더욱 고단계의 도덕수준으로 발전해 나가기 위한 이행과정이라고 해석하고 있다. 도덕적 상대주의란 모든 사람들이 준수해야 할 객관적이며 보편타당한 도덕률을 부정하고 개인적이며 주관적인 관점에서 도덕성을 판단하는 것을 의미한다(송명자, 1995). Gilligan은 인간관계에서 보살핌, 책임, 애착, 희생 등을 강조하는 대인지향적 도덕성 이론을 강조하면서, 특히 청소년기에는 자기이익 지향보다는 타인을 배려하고 책임지려는 이타적인 부분이 크게 발달함을 강조하고 있다(한상철, 1999 : 124-128).

넷째, 사회적 이해력이 발달함으로써 자신이 경험하지 않았더라도 상대방이 가지고 있는 감정이나 느낌을 정확하게 파악하게 되고, 더 나아가 상대방의 감정이나 느낌을 그대로 느끼기도 한다. 따라서 사회적 상호작용이 활발하게 된다.

(3) 정서적 특성

청소년기는 급격한 신체 발달과 더불어 사회적으로 요구되는 과다한 과업으로 인해 정서적으로 불안정한 상태이다. 청소년기에 보이는 정서적 특성과 이러한 특성이 청소년의 심리와 행동에 미치는 영향들은 다음과 같다.

첫째, 감정의 기복이 심하고 예민하다. 사소한 일에 예민하고 쉽게 우울하며 낙담에 빠진다. 화를 잘 내기도 하고 불안정하게 보인다.

둘째, 수줍음이 많다. 지나치게 남을 의식하기 때문에 마음과 행동이 자유롭지 못하고, 특히 이성 앞에서 부끄러움을 많이 느낀다. 그러나 종종 수줍음을 감추기 위해 겉으로는 과장된 행동을 보이기도 한다.

셋째, 열성적이며 호기심과 모방성이 강하다. 어떤 일에 쉽게 흥분하며 현실감을 잃고 곧잘 열중해서 그 일에 빠진다. 또한 자신의 관심사를 가정에서 지역사회로 확대시키기 시작함으로써 귀가시간이 늦고 외출이 잦으며, 특히 우상을 만들어 맹목적으로 추종하는 경향도 있다.

(4) 사회적 특성

청소년기는 부모로부터 분리되고자 하는 시기로서 부모와의 관계에서 잦은 갈등이 일어나고 동성친구나 이성친구 등 또래집단에 몰두한다. 구체적으로 살펴보면 다음과 같다.

첫째, 부모로부터 개별화되고자 한다. 개별화란 청소년이 부모와 정서적인 유대를 지속하면서 자신을 부모와는 다른 독특한 한 사람의 인격체로 인식하고 경험해 가는 심리적인 과정이다. 이러한 영향으로 애착대상이 부모에서 친구들로 바뀌며 부모와는 상이한 가치관이나 생각들을 하게 되고 그것을 내면화하게 된다. 이런 청소년들의 개별화 노력은 성인으로 독립하는 데 있어 절대적으로 필요한 요소이다. 그러나 부모들이 이러한 과정을 자연스러운 성장과정으로 인정하지 않고 부모에 대한 도전이나 반항으로 인식할 때 부모와 자녀 간의 갈등이 증폭될 수 있다.

둘째, 동성이나 이성친구 등 또래집단(peer group)에 몰입한다. 청소년 이전 시기부터 또래관계는 유지되어 오지만 청소년기에 들어서는 그 이전과는 구별되게 서로 간에 심리적으로 관여하는 정도가 매우 깊어지고 비밀을 털어놓을 수 있는 친밀한 관계를 형성한다. 이처럼 비슷한 발달단계에서 비슷한 경험을 하고 있는 또래와의 관계는 청소년으로 하여금 자신의 정체감을 형성하고 유지하는 데 필요한 심리적·사회적 지지를 얻게 한다. 이 시기에 또래친구들로부터 충분한 심리적·사회적 지지를 받지 못하면 부정적인 자아상의 확립은 물론 사회적 거부와 배척의 감정 또는 고립감을 갖게 되기도 한다.

이상에서 청소년기의 일반적인 발달 특성을 살펴보았다. 그러나 이러한 발달은 개인차가 클 뿐 아니라 또한 개개인에 있어서도 여러 측면에서의 발달이 동일한 수준과 속도로 일어나지 않는다는 점을 유의해야 한다. 따라서 이상에서 언급한 일반적인 발달 특성만으로 청소년의 개개인을 이해하기에는 제한적이며 이러한 보편적인 특성을 토대로 하면서도 청소년 개개인의 독특한 경험과 개별성을 고려하는 것이 필요하다.

2. 청소년 발달의 이론적 접근

청소년기에는 여러 가지 변화가 다양한 영역에서 나타나기 때문에 이를 설명하는 이론적 관점 역시 매우 다양하다. 청소년 발달에 관한 이론들은 왜 청소년들이 그러한 행동이나 심리적 특성을 갖는지에 대한 이유를 설명할 뿐 아니라 더 나아가 청소년들의 행동이나 심리적 특성을 예측하는 데 유용하다. 청소년기의 발달에 대한 이론으로는 생물학적 이론, 정신분석 이론, 심리사회적 발달 이론, 인지 발달 이론, 사회학습 이론, 인본주의 이론, 생태학적 이론, 임파워먼트모델 등이 있는데, 그 내용을 살펴보면 다음과 같다.

1) 생물학적 이론

생물학적 이론들은 주로 청소년기의 신체적인 변화에 초점을 맞추고 있다. 청소년기에 나타나는 여러 가지 신체적 변화(목소리가 굵어지고, 수염이 난다든지)는 아동이 청소년기로 진입하였음을 알게 하는 가시적이고 명확한 지표이다. 주변 사람들은 이러한 신체적 변화를 통해 아동이 청소년이 되었음을 인식하게 되고, 청소년 스스로도 이제는 어린아이가 아니라고 생각한다. 자기 상(image)에 대한 이러한 변화는 청소년으로 하여금 보다 어른스러운 행동 등 과거와는 다른 행동을 하도록 만들며 타인들에게도 과거와 다르게 자신을 대해줄 것을 원하게 한다.

청소년 발달에서 생물학적 요인을 강조한 학자로는 Hall, Gesell 등이 있다. 먼저 Hall은 청년 심리학의 아버지로 Darwin의 진화론을 토대로 하여 청소년기의 발달에 대한 이론을 세우고 미국 십대 청소년들의 생활에 대한 조사를 토대로 『청소년기(Adolescence)』라는 저서를 펴냈다(박희경, 1998 : 30). 특히 그는 인간 발달이 생물학적 요인(유전자)에 의해 결정되며 이러한 발달의 패턴은 인류의 발달역사를 재현한다는 재현이론(recapitulation theory)을 주장하고 있는데 그 내용은 〈표 1-1〉과 같다(임영식, 1999 : 53-86).

〈표 1-1〉 Hall의 재현이론

발달단계	발달적 특징
유아기 (infancy)	0~4세 : 유아가 동물적이고 원시적인 발달을 재현하는 시기
아동기 (children)	5~7세 : 아동의 술래잡기나 장난감 총 놀이는 과거 인류의 동굴생활과 수렵, 어획활동을 재현하는 것
청소년 전기 (youth)	8~14세 : 인류가 인간으로서의 특성과 야만적인 특성을 동시에 가지고 있었던 시기로, 아동이 야영시대의 삶을 재현하는 시기이며, 이 시기에는 연습과 훈련을 통하여 읽고, 쓰고, 말하는 기술을 획득함
청소년 후기 (adolescence)	15~25세 : 인류가 야만적인 생활에서 문명시대로 접어드는 시기, 제2의 탄생기, 급진적이고 변화가 많으며 안정적이지 못함
성인기 (adulthood)	인류의 문명적인 생활

출처 : 임영식(1999 : 63).

즉, 인류의 발달이 원시적이고 야만적인 문화에서 지금의 문명사회로 발달해 왔듯이, 개인의 발달도 원시적인 유아기에서부터 청소년기를 거쳐 성인기로 발달한다는 것이다. 그중에서도 Hall은 청소년기가 신체적 · 인지적 · 정서적 · 사회적 변화와 성장이 일어나는 독특하고 중요한 시기라고 주장하면서, 14세를 기준으로 청소년 전기와 후기로 구분하고 있다.

또한 Hall은 청소년기의 극단적인 정서 변화를 '모순적 경향성'이라는 용어로 설명하였다. 이것에는 활력/ 열의 대 무관심/ 지루함, 명랑함/ 웃음 대 우울/ 청승, 허영/ 허풍 대 멸시/ 비하, 민감함 대 무감각함, 연약함 대 야만성 등이 해당된다. 그는 청소년기가 역사적으로 급격한 문명화 변화를 다시 겪게 되는 시기로 혼란이 불가피하다고 생각하였다(박희경 외, 1998 : 30). 기본적으로 그는 청소년의 행동들이 다른 발달단계와는 구별되는 청소년기만의 독특한 특성에 의해 야기된다고 믿고 있기 때문에, 이러한 행동을 부정적으로 볼 것이 아니라 성인들이 인내와 관용적 태도를 견지하는 것이 필수적이라고 하였다. 이러한 그의 생각은 YMCA나 보이스카우트와 같은 성인의 지원을 받는 청소년조직의 탄생과 발전에 크게 기여하였다.

그러나 Hall의 이론은 청소년의 발달에 있어 생물학적 요인을 너무나 과도하게 강조하면서 가족의 영향, 친구의 영향과 같은 환경적 요인을 과소평가하였다는 점에서 비판받고 있다. 또한 그는 청소년기가 질풍노도의 시기이므로 이 시기의 혼란은 불가피한 것이라고 주장하였지만, 청소년기가 다른 발달시기에 비해 특별히 혼란스럽지 않다고 반박하는 연구도 있다. 예를 들어, 청소년기의 지능, 정서의 안정성, 성격 등에 관한 연구들에 따르면 청소년기에 급작스러운 변화가 발생하는 것이 아니라, 점진적인 발달이 일어난다는 것이다(임영식, 1999 : 64-65 재인용). 그럼에도 불구하고 청소년기가 신체적 · 인지적 · 정서적 · 사회적 변화와 성장이 일어나는 독특하고 중요한 시기라는 주장은 많은 후속연구에서도 계속해서 제기되었다.

Gesell은 Rousseau처럼 발달은 생물학적 시간표에 따라 나타난다고 보았다. 그는 각 개인의 발달 속도와 시기는 차이가 나지만, 발달의 순서는 모든 사람에게 동일하기 때문에 새로운 행동이나 능력이 언제 나타날 것인가는 이미 결정되어 있다고 보았다. Gesell은 환경적 영향을 전혀 무시하지는 않았지만, 환경적 영향이 내재적인 발달, 즉 생물학적 성숙을 넘어설 수는 없다고 보았다. 청소년의 발달에서 생물학적 요인의 강조는 Hall의 견해와 일치하지만, Gesell은 Hall처럼 청소년기를 반드시 여러 문제를 일으키는 질풍노도의 시기로만 생각하지는 않았다(임영식, 1999 : 64-65).

이상에서 본 바와 같이 생물학적 입장은 청소년기의 생물학적 특성으로 인해 청소년기가 다른 발달단계와는 차별되는 성격을 가진다는 점을 주장하고 있고 이러한 주장은 청소년기를 중요하고 독특한 시기라고 인정하는 데 크게 공헌하였다. 그러나 청소년기가 급진적이고 변화가 많은 질풍노도의 시기라는 관점은 청소년들이 문제를 일으키는 부정적인 존재라는 점보다는 청소년 시기가 다른 시기에 비해 어려움이 많을 수 있으므로 더 많은 사랑과 관심으로 지원해야 한다는 당위성을 제공하는 것으로 해석되어야 한다.

2) 정신분석 이론

Freud는 인간의 발달단계를 심리 · 성적 에너지가 집중되는 신체 부위에 따라 구강기, 항문기, 남근기, 잠복기, 생식기의 5단계로 구분하였다. 그에 따르면 이러한 성적 에너지는 신체의 특정 부위에 자리 잡고 그 특정 부위에서 만족을 추구하게 되는데, 만족을 추구하는 특정 부위는 연령에 따라 변화하며 리비도가 지향해서 충족을 추구하는 대상도 연령에 따라 변화한다고 하였다(표 1-2 참고). 그중 5단계인 생식기(genital stage : 12세 이후)가 청소년기에 해당하는 시기이다. 다만 Freud는 남근기 이전 단계에서 이미 성격 형성에 중요한 모든 것이 결정된다고 간주하였기 때문에 청소년기에 대해서는 덜 강조하였다.

〈표 1-2〉 Freud의 성격 발달 5단계

단 계	연 령	특 징
구강기 (oral)	출생~약 1세	성적인 에너지가 입 주변에 집중되는 시기로 영아는 빨고, 삼키고, 깨물면서 만족을 얻음. 영아는 다른 사람과 분화되지 않은 상태이므로 어머니에게 의존적임
항문기 (anal)	약 1~3세	배설물을 보유하고 배설하는 것으로 만족을 얻음 영아는 처음으로 본능적 충동을 외부로부터 통제받는 경험을 하게 됨
남근기 (phallic)	약 3~6세	자신의 성기에 관심을 갖기 시작하며, 남아는 오이디푸스 콤플렉스, 여아는 엘렉트라 콤플렉스를 경험함
잠복기 (latent)	약 6~11세	성적인 에너지가 특별히 한정된 곳이 없고 성적인 힘도 잠복되어 있는 시기로 동성친구나 외부세계에 대한 관심이 집중되는 시기
생식기 (genital)	12세 이후~ 성인기 이전까지	어른의 형태와 같은 성 만족에 관심을 갖고 타인인 이성으로부터 성적인 만족을 얻으려고 하는 시기

반면 Freud의 딸인 Anna Freud는 이를 보완하여 청소년기의 정신분석적 설명에 주력하였다. 그녀에 따르면 청소년 시기는 기본적으로 내적 갈등(internal conflict), 심적 불균형(psychic disequilibrium), 엉뚱한 행동(erratic behavior)이 지배하는 시기로서, 청소년은 한편으로는 우주의 중심을 자신과 동일시할 정도로 아주 자기중심적인 면을 지니고 있는가 하면, 다른 한편으로는 자기희생과 헌신을 보이는 면이 있다는 것이다. 청소년은 열정적인 사랑의 관계를 쉽게 맺기도 하지만 쉽게 깨기도 하며, 이기적이고 물질지향적이기도 하지만 때로는 고고한 이상에 탐닉하기도 한다는 것이다. 또한 청소년은 남에 대해 전혀 고려하지 않지만 때로는 자기의 상한 감정에 대하여 무척 분노하기도 하며 가벼운 낙천주의와 극단적인 염세주의 사이를 왔다갔다 한다는 것이다.

Anna Freud는 청소년들이 이러한 자기갈등적이고 모순적인 행동을 보이는 것이 청소년기에 일어나는 성적(性的)인 성숙에 따르는 내적인 갈등과 심적인 불균형에 기인한다고 본다. 즉, 청소년기의 자기모순적 행동은 본능적인 생리적 변화에 기인하기 때문에 청소년 자신도 통제하기가 결코 쉽지 않다는 것이다. 또한 발달단계상 잠복기에 균형을 이루었다가 사춘기와 더불어 초자아와 원초아 간의 깨진 균형을 회복하려는 것이 청년기의 주요 문제라고 보았다. 특히 청소년기에는 잠재된 오이디푸스 콤플렉스(Oedipus complex)와 엘렉트라 콤플렉스(Electra complex)가 무의식적인 공포를 갖게 하여 청년기에 강한 불안을 갖는다. 이러한 불안과 갈등, 죄의식에서 벗어나기 위해 방어기제(defense mechanism)를 사용하거나 이성과의 애정적인 관계를 추구하게 된다(박희경 외, 1998 : 31). 즉, 사회적으로 용인될 수 없는 가족에 대한 성적인 열망에 대한 방어로서 이성친구와의 친밀감을 추구하게 된다는 것이다.

3) 심리사회적 발달 이론

Sullivan, Erikson, Marcia와 같은 심리사회적(psychosocial) 발달 이론가들은 유기체에게 중요한 생활사건과 그 사건의 발생시기, 타인과의 관계, 문화적인 특성 등과 같은 심리사회적 요인이 인간의 발달에 중요한 영향을 미친다고 주장한다.

Sullivan에 따르면 인간의 발달단계에 따라 대인관계 욕구가 변화한다고 보고 유아기부터 후기 청소년기까지 6단계로 구분하여 상호작용의 욕구에 대해 설명하였다(표 1-3 참고). 특히 청소년기 발달에 있어 다른 정신분석 이론가들이 부모-자녀 관계에 집중한 것과 달리 친구관계가 중요한 역할을 한다고 강조하였다.

〈표 1-3〉 Sullivan의 발달 이론

발달시기	연 령	대인관계 욕구
유아기 (infancy)	출생에서 2~3세까지	사람들과의 접촉욕구, 양육자로부터 사랑받고 싶은 욕구
아동기 (childhood)	6~7세까지	자신들의 놀이에 성인이 참여하기를 바라며, 성인을 바라는 행동을 주로 함
소년/ 소녀기 (juvenile era)	8~10세까지	또래 놀이친구를 얻고자 하고 또래집단에 수용되고자 하는 욕구
전청년기 (preadolescence)	12~14세까지	동성친구를 갖고자 하는 욕구

청년 초기 (early adolescence)	17~18세까지	성적 접촉 욕구, 이성친구와의 친밀 욕구
청년 후기 (late adolescence)	성인기까지	성인사회에의 통합 욕구

출처 : 박희경 외(1998 : 162).

특히 4단계인 전청년기에는 친밀감의 욕구가 증가하면서 동성의 친구와 단짝관계를 형성하고 우정을 돈독히 해나가지만, 5단계인 청년 초기에 접어들면서는 이성을 향한 친밀감의 욕구로 발전하게 되고 이성친구와 애정적인 관계를 형성하게 된다는 것이다. 이렇게 청년기의 대인관계 과업이 성공적으로 다루어질 때 청소년들은 친밀감과 성욕을 건강하게 다루는 능력을 갖추어 가며 청년 후기로 진입하게 된다.

Erikson은 인간의 발달단계를 8단계로 구분하고, 각 발달단계마다 해결해야 할 중요한 발달과업과 위기가 있는데(표 1-4 참고), 이러한 과업과 위기를 성공적으로 달성할 때 개인은 건강한 발달을 할 수 있다고 주장하였다(이춘재 외, 1988 : 110-122).

〈표 1-4〉 Erikson의 발달단계

발달 과업 대 발달 위기	연 령	설 명
1. 신뢰 대 불신	유아기 (출생~1.5세)	유아는 양육자에 대한 1차적 사랑, 신뢰관계를 형성하거나 불신감을 발달시킨다.
2. 자율성 대 수치, 의심	초기 아동기 (1.5~3세)	아동의 에너지는 걷기, 잡기, 괄약근 통제를 포함한 발달을 한다. 아동은 통제를 학습하지만 잘 이루어지지 않게 되면 수치심과 의심을 발달시키게 된다.
3. 주도성 대 죄책감	학령 전기 (3~5세)	아동은 계속해서 더 적극적이고 주도적이 되지만 너무 강력하면 죄책감을 가질 수 있다.
4. 근면성 대 열등감	학령기 (5~12세)	아동은 새로운 기술을 학습하는 요구를 잘 처리하지만 그렇지 않게 되면 열등감, 실패, 그리고 무능의 위험을 가질 수 있다.
5. 자아정체감 대 정체 혼미	청소년기 (12~18세)	십대는 직업, 성역할, 정치, 종교에서의 정체성을 획득한다.
6. 친밀감 대 고립감	초기 성인기 (18~25세)	성인 초기는 친밀한 관계를 발달시키지 않으면 고립의 감정을 겪게 된다.
7. 생산성 대 자기침체성	성인기 (25~65세)	각 성인은 다음 세대를 만족시키고 지지하는 방법을 찾아야 한다.
8. 자아통합 대 절망감	노년기 (65세 이후)	최고점에 이른 사람은 있는 그대로의 자신을 수용하고 충족감을 가진다.

출처 : 박희경 외(1998 : 36).

특히 Erikson은 청소년기가 자아정체감을 형성하는 결정적 시기라고 보고 있다. 청소년 때 경험하는 관계들에 의해 자아정체감을 형성하게 되는데, 만약 청소년기에 자아정체감 위기를 성공적으로 극복하지 못한다면 부적절한 자아를 갖게 되어 일탈이나 비행과 같은 부적응적 행동을 보일 수 있으며, 건강한 성인으로의 성장도 어렵다고 본다. 그러나 그는 생물학적 이론이나 정신분석 이론처럼 청소년기가 다른 발달시기에 비해 특별히 혼란과 스트레스가 많은 시기라고 보지 않았다. 인간의 경우 어떤 발달단계를 거친다고 해도 매 단계마다 극복해야 할 위기와 과업이 있다고 보았다.

Erikson의 이론이 Freud 이론과 구별되는 점은 첫째, 인간의 발달은 부분적으로는 생물학적 요인에 의해 영향을 받지만 사회적·문화적 요인과 같이 심리사회적 요소가 더 큰 영향을 미친다고 본다. 둘째, Freud가 무의식에 의해 인간의 행동이 결정된다고 보는 데 반해, Erikson은 무의식이 의식세계를 전적으로 지배하지는 않는다는 것이다. 셋째, Freud가 인간의 기본적인 성격 형성은 생후 5년 이내에 다 완성된다는 결정론적인 시각을 갖는 데 반해, Erikson은 인간의 발달이 전 생애를 걸쳐 행해진다고 보았다.

Marcia는 Erikson의 자아정체감에 대한 개념을 보완해 청소년기에 형성된 자아정체감은 변하지 않는 것이 아니라 성인기에도 변화될 수 있다고 보았다. 그는 각 개인의 자아정체감 상태를 두 가지 차원, 즉 위기(crisis)와 관여(commitment)에 따라 정체감 성취(identity achievement), 정체감 유실(identity foreclosure), 정체감 유예(identity moratorium), 정체감 혼미(identity diffusion)의 네 가지 유형으로 구분하고 있다(김애순·윤 진, 1988 : 54-56).

정체감 성취는 자신의 가치, 진로, 신념을 형성하기 위해 많은 노력을 하여 지금 현재 정체감에 대한 위기를 극복한 상태이다. 심리적으로 건강하며, 성취동기, 도덕추론, 친밀감 등에 있어서 높은 수준을 보이며 많은 문제에 대해 스스로 결정할 수 있는 능력이 있는 상태이다. 정체감 유실은 자신에게 중요한 문제에 스스로 탐구나 고민을 하지 않고 타인의 결정이나 가치를 수용한 경우를 말한다. 정체감 유예는 자신의 정체감을 아직 형성하지는 못했지만 이를 위해 많은 노력을 하고 있는 상태이다. 반면 정체감 혼미는 자신의 문제에 대해 탐구나 결정도 하지 않았으며, 이러한 문제에 대해 아무런 관심도 없는 가장 부정적인 상태이다(임영식, 1999 : 70-71).

4) 인지 발달 이론

정신분석 이론이 무의식을 강조한다면, 인지 발달 이론에서는 청소년의 의식 또는 사고를 강조한다. 대표적인 인지 발달 이론가인 Piaget(1952)는 인간은 특정한 인지적 발달 경향성을 가지고 태어나지만, 친구 · 성인 등과 같은 사회적 환경과의 상호작용을 어떻게 하느냐에 따라 지적 능력에 차이가 난다고 하였다. 또 인지 발달단계가 감각 운동기(sensorimotor stage : 0~2세), 전조작기(preoperational stage : 2~7세), 구체적 조작기(concrete operational stage : 7~12세), 형식적 조작기(formal operational stage : 13세 이후)로 구성되어 있고, 각 단계는 지적 구조(structure)에서 질적으로 차이가 나며 모든 사람이 동일한 발달단계를 거친다고 주장하였다.

Piaget에 따르면, 청소년기에 해당되는 형식적 조작기는 구체적 조작기와는 달리 문제해결에 있어 과거 · 현재 · 미래를 모두 이용할 수 있고 추상적이고 논리적인 사고뿐만 아니라 상대적이고 다차원적인 사고도 가능하다. 또한 이 시기의 청소년들은 자신이 누구인가 하는 근본적인 존재에 대한 의문을 갖기도 하고 부모와 자신을 분리해서 생각하기도 하며 부모와는 다른 의견을 주장하기도 한다는 것이다.

Kohlberg는 인간의 도덕 추론능력의 발달은 인지적 발달과 관련되어 있기 때문에 도덕 발달도 단계적이며, 이러한 발달 순서는 모든 사람과 모든 문화에서 동일하게 나타난다고 생각하였다. 〈표 1-5〉에서처럼 그는 도덕 추론 단계를 전인습적(pre-conventional), 인습적(conventional), 후인습적(post-conventional) 수준의 3수준으로 구분하고, 각 수준을 다시 두 단계로 세분하여 총 6단계로 구분하였다(김애순 · 윤 진, 1997 : 29-31).

전인습적 수준은 행위의 결과가 가져오는 보상이나 처벌에 의해 옳고 그름을 판단하는 수준이다. 행동의 의도보다는 결과를 중요하게 고려하며 자신이나 타인의 욕구를 충족시키는 것이 옳다고 생각한다. 인습적 수준은 사회적 기대와 규칙을 중요한 판단근거로 사용하며, 올바른 일이란 사회적 질서를 유지하는 것이라고 생각한다. 후인습적 단계는 도덕적 가치와 원리에 초점을 맞추면서도 개인의 권리를 존중한다. 법이나 규칙은 개인의 자유를 규제하는 것이 아니라 극대화하기 위해 제정된 것이기 때문에 사회적 약속은 대다수의 이익을 위해 변화될 수 있다고 생각한다.

〈표 1-5〉 Kohlberg의 도덕 발달수준

• **제1수준 : 전인습적 도덕성(pre-conventional morality)** 관습, 습관, 규정, 법규 등 사회가 정한 최소한의 규칙보다는 처벌이나 권위, 욕구가 도덕적 행동의 이유가 되는 수준이다. 제1단계 : 복종과 처벌 지향 제2단계 : 상대적 쾌락주의
• **제2수준 : 인습적 도덕성(conventional morality)** 사회가 정한 관습, 덕목, 법규, 규정에 따라 행동을 하려는 수준이다. 제3단계 : 착한 사람 지향 제4단계 : 법과 질서 지향
• **제3수준 : 후인습적 도덕성(post-conventional morality)** 법을 보다 유동적으로 파악한다. 즉, 법이란 사람들이 화목하게 살아가기 위해 공동체가 동의한 장치이며 상호 동의와 민주적인 절차를 통해서 변경시킬 수 있다고 생각한다. 제5단계 : 사회계약적 법률 지향 제6단계 : 보편적 윤리적 원리 지향

출처 : 김애순 · 윤 진(1997 : 29-30).

Kohlberg에 따르면, 도덕 발달은 청소년기를 지나 성인기까지 지속되는데, 모든 사람이 후인습적 수준에 이르는 것이 아니라 대부분의 성인은 인습적 수준에 머물러 있다고 한다. 이는 개인이 현재의 도덕적 추론방식을 반성할 충분한 기회를 제공받지 못했기 때문이므로 교육이나 지도자의 역할이 중요하다고 생각하였다.

5) 사회학습 이론

청소년의 발달을 설명하는 데에 있어 사회 · 문화적 맥락을 강조한 사람들로는 크게 Mead, Benedict와 같은 문화인류학자들과 Bandura와 같은 학습 이론가들이 있다. Mead는 청소년 발달에 관한 이론을 제시하지는 않았지만, 문화적 요인이 청소년기 발달에 매우 중요하다고 주장하면서 청소년의 행동을 이해하기 위해서는 청소년이 속한 문화적 · 사회적 제도에 대한 이해가 선행되어야 한다고 하였다.

Benedict는 서구 산업사회와 원시사회에서의 청소년 발달의 차이점을 토대로 청소년 발달을 이론화하였다. 그에 따르면, 서구 사회에서는 청소년들을 초기 청년기까지는 아이 취급을 하다가 이 시기 이후에는 느닷없이 성인 취급을 하고 성인처럼 행동할 것을 기대한다는 것이다. 반면에 대다수의 원시 문화에서는 이 과정이 훨씬 더 점진적으로 나타난다는 것이다. 이처럼 서구 산업사회는 아동기와 청년기에 성적 역할, 책임감, 지배성 등의 차원에서 성인기에 대한 준비를 시키지 않다가 갑자기

이들을 성인으로 대우하게 된다고 하였다. 즉, 준비 없이 부부관계를 맺고 자식을 낳으면서 가족에 대한 부양의 책임과 가족을 이끄는 역할을 제대로 수행하기를 기대한다고 비판했다(박희경 외, 1998 : 32-33). Benedict는 산업화된 서구 문화권의 경우 아동의 행동과 성인의 행동 간의 상당한 불연속성이 존재하기 때문에, 아동이 성인으로 되기 위해 새로운 행동에 대한 충분한 교육이 전제되어야 한다고 하였다.

Watson, Skinner 등과 같은 전통적인 학습 이론가들은 인간의 행동은 자극과 반응의 결합과 반응 결과(즉, 어떤 반응에 대한 결과가 보상 또는 처벌을 주는가)에 의해 형성된다고 보고 있다. 이것은 인간이 특정 반응에 대해 보상을 받을수록 차후 그러한 행동을 할 가능성이 높다고 보는 것으로 후세대들로부터 지나치게 기계론적이라는 비판을 받았다.

Bandura와 같은 사회학습 이론가들은 자극-반응이라는 전통적 학습 이론의 관점과 더불어 모방 또는 관찰학습의 중요성을 강조하고 있다. 즉, 인간은 자극에 반응하는 것 이외에도 타인의 사고, 행동, 느낌을 모방하고 모델링함으로써 자신의 사고, 행동, 느낌을 형성한다는 것이다. 문화적 요인(예를 들어, 타인의 기대, 규범, 행동 등)이 개인의 바람직한 행동에 대해 직접적으로 강화를 주며, 사회적으로 적절한 행동에 대한 모델을 제공함으로써 개인 유기체의 사회적 발달에 영향을 미친다는 것이다(임영식, 1999 : 73-74).

사회학습 이론은 전술한 다른 이론들과는 달리 인간의 행동은 사회적이고 상황적인 맥락에 의해 결정되므로 인간 발달을 획일화된 단계로 구분할 수 없다고 본다. 또한 다른 이론들이 각 발달단계마다 상이한 심리적 과정이 일어난다고 보는 데 반해, 사회학습 이론에서는 유아, 아동, 청소년, 성인은 모두 동일한 심리과정을 갖는다고 가정한다.

사회학습 이론의 기본 가정과 개념은 청소년 발달에 중요한 점을 시사하고 있다(임영식, 1999 : 76-77). 첫째, 청소년기가 반드시 안정적이지 못한 혼란의 시기는 아니라는 것이다. 왜냐하면 청소년기뿐만 아니라 모든 발달시기의 심리적 과정이 동일하며, 인간 발달의 많은 부분은 개인과 가족 그리고 환경의 영향을 받기 때문이다. 규범에서 벗어난 일탈적인 행동을 보이는 것은 소수의 청소년들이고 다수의 청소년들은 비교적 조화로운 발달을 한다는 것이다. 둘째, 청소년의 발달은 문화적 조건화와 사회적 기대에 의해 많은 영향을 받는다. 즉, 청소년들의 발달은 초기 아동기의 학습경험과 부모의 양육방법에 의해 많은 영향을 받는다는 것이다. 따라서 청소년의 발달은 부모나 교사 그리고 또래친구와 같은 주변 사람의 행동을 관찰하고 모방하며, 이들이 청소년에게 어떠한 행동을 기대하느냐에 따라 달라질 수 있다.

6) 인본주의 이론

인본주의 이론에서는 인간을 원래 선하며, 적절한 환경이 주어지면 자신의 잠재능력을 실현하려는 경향성이 있다고 가정한다. 이러한 인간관은 인간의 본능과 갈등, 무의식을 중요시하는 정신분석 이론이나 인간을 수동적이며 환경의 지배를 강하게 받는 존재라고 인식하는 행동주의적 관점(학습이론)과는 확연한 차이가 있다.

인본주의적인 관점의 대표적인 학자로는 Maslow와 Rogers를 들 수 있다. Maslow에 따르면, 인간은 욕구(need)를 가지고 태어나며 이러한 욕구를 충족하기 위해 행동한다고 가정한다. 인간의 욕구를 생리적 욕구, 안전의 욕구, 애정과 소속의 욕구, 자존심의 욕구, 자아실현의 욕구로 구분하고 각 욕구들에는 위계가 있다고 보았다. 즉, 기본적 욕구의 충족이 이루어져야 복잡한 욕구의 충족에 관심을 갖게 되고 상위 욕구들을 달성할 수 있다. 예를 들어, 배고픔에 시달리는 사람은 다른 사람에게 자신이 존경받고 있는지 아닌지에 별로 관심을 갖지 않는다는 것이다.

인간의 욕구는 결핍 욕구(deficiency needs), 존재 욕구(being needs), 성장 욕구(growth needs)로 구분할 수 있다. 결핍 욕구는 욕구가 충족되는 만큼 그 욕구에의 갈망이 감소하지만, 존재 욕구는 욕구가 충족될수록 그 욕구에의 갈망이 더욱 증가한다. 예를 들어, 신체적 욕구의 하나인 음식에 대한 욕구는 배고픔이 해소되거나 배가 부른 다음에는 그 욕구가 감소되거나 사라지지만, 심미적 욕구의 하나인 음악에 대한 욕구는 음악을 좋아하고 즐길수록 음악이 주는 기쁨을 더욱더 즐기게 된다는 것이다(박희경 외, 1998 : 34).

Rogers는 인간에 대한 부정적이고 파괴적인 관점에서 이어지는 기존 이론과 달리 인간은 근본적으로 자기실현을 취하려는 동기와 스스로 자신의 문제를 해결하고 이해할 수 있는 능력을 가지고 있다는 관점에서 출발한다. 마찬가지로 청소년 역시 이러한 잠재력을 가지고 있다고 본다. 또한 현재 있는 그대로의 자기 모습인 실제 자아와 자기가 되고 싶은 모습인 이상적 자아와의 차이가 적절할 때 이상적인 자아가

되기 위한 노력을 기울이지만, 두 자아 간의 격차가 너무 커지면 오히려 부적응적인 문제를 유발한다고 하였다. 특히 청소년기 자아는 아동기의 경험과 주변의 의미 있는 타인들(significant others)과의 경험에 의해 많은 영향을 받기 때문에 주변의 부모, 교사, 친구와 얼마나 긍정적인 경험을 하였느냐가 건강한 성장에 중요한 요인이 된다고 하였다.

7) 생태학적 이론

생태학적(ecological) 이론은 유전적 요소, 가정의 역사, 사회경제적 수준, 가정생활의 질, 인종·문화적인 배경 등과 같은 가능한 모든 요인들이 청소년의 발달과 관련된다고 본다. 여기에서는 생태학적 이론들 중 대표적 이론인 Bronfenbrenner의 이론을 중심으로 살펴보고자 한다. Bronfenbrenner의 생태학적 접근은 인간 전 생애를 포함하지만, 특히 청소년 발달에 중요한 시사점을 제공하고 있다. 그는 미시체계(microsystem), 중간체계(mesosystem), 외체계(exosystem), 거시체계(macrosystem), 시간체계(chronosystem)의 다섯 가지의 환경적 체계가 서로 상호작용하여 발달에 영향을 미친다고 주장한다.

미시체계란 한 사람이 어떤 주어진 공간에서 직접적으로 경험하는 대인관계, 역할 혹은 행동 등의 형태를 의미한다. 즉, 얼굴을 맞대고 경험하는 관계를 말한다. 예를 들면, 자주 만나 상호작용하는 가족관계, 친구와의 관계, 교사와의 관계 등을 말한다. 중간체계는 미시적 체계들이 서로 겹치는 부분에 의해서 생기는 대인관계를 의미한다. 예를 들어, 청소년의 학교생활의 경험과 가정생활 경험이 만나서 만들어지는 경험을 말한다. 즉, 청소년들은 가정 내에서 갖는 습관이나 경험을 학교에서 행하고 반대로 학교에서 하는 행동들을 집에서 하기도 한다.

외체계는 직접 경험하지는 않지만 한 사람의 경험에 영향을 미치는 사회적 구조를 말한다. 예를 들면, 청소년들에게 아버지의 직장은 외적 체계로 존재한다. 아버지가 직장에서 불쾌한 일을 경험하면 이러한 경험은 청소년에게 영향을 미치게 된다. 이 외에도 청소년정책 및 제도, 대중매체 등이 포함된다.

거시체계는 사회문화적 규범과 같은 신념들이 해당된다. 전체 국민들이 공유하고 있는 신념이나 생각들을 의미한다. 이러한 네 가지 차원의 체계들은 각기 따로 존재하는 것이 아니라 서로 상호작용을 해서 영향을 미치게 된다(이옥주 외, 1996 : 165-169).

시간체계는 시간(전 생애)에 걸쳐 일어나는 변화와 사회, 역사적인 환경을 의미한다. 즉, 어떤 사건의 효과가 시간적 경과에 따라 변화되며, 동일한 사건에 대해서도 시대에 따라 그 의미와 해석이 달라질 수 있다. 예를 들어, 부모의 이혼이 아동에게 미치는 부정적인 영향은 이혼 첫 해에 가장 클 수 있다. 이전 사회에서는 이혼은 절대 안 되는 것이었지만 요즘 사회에서는 개인의 선택의 하나로 받아들여지고 있다.

8) 임파워먼트모델

임파워먼트(empowerment)모델은 클라이언트가 잠재력이 있는 존엄한 인간이고 자원이며 자신의 삶을 통제할 수 있는 역량이 있다고 보는 관점이다. 이 모델은 20세기에 들어서면서 미국의 시민권 운동, 흑인민권운동, 저항운동, 노동운동, 시민권리단체 등의 활발한 활동과 더불어 사회복지실천현장에서 일반체계 이론, 생태체계 이론, 강점관점 등이 통합되면서 등장한 새로운 모델이다. 초기에는 빈곤지역의 소외되고 억압받는 계층을 대상으로 행해지다 최근에는 다양한 클라이언트 집단에 맞는 실천모델로 개발되고 있다. 특히 에이즈집단, 가정폭력피해자, 청소년집단에 효과적이라고 보고된다.

이 모델은 생태체계적 관점, 강점관점에 근거한다. 생태체계적 관점은 생태학과 일반체계 이론의 개념을 통합한 것으로, 인간과 환경은 지속적으로 상호작용하면서 서로 영향을 미치고 상호 적응하고 상호 교류하는 호혜적 관계라는 전제에 기초한다. 따라서 클라이언트가 가진 어떤 문제도 클라이언트와 환경 간의 상호작용에 의한 산물이지 클라이언트 개인의 책임은 아니라고 하며 개인의 부적응적 행동은 환경 안에서 자원을 조정하면 얼마든지 바꿀 수 있다고 본다.

강점관점은 클라이언트를 강점과 재능, 자원이 있는 독특한 존재로 본다. 따라서 클라이언트의 다양성을 존중하고 문제를 도전, 전환점, 성장을 위한 기회로 본다. 이는 클라이언트를 증상이 있는 사람으로 보고 개입의 초점을 클라이언트의 병리적 문제에 두고 전문가에게 많은 힘을 부여한 의료적 모델과는 상반된 접근방법이다.

임파워먼트모델이란 개인 · 사회적 요인으로 인해 무력감을 경험하고 권리를 상실한 사람들에게 개인과 집단, 지역사회 수준에서 개입하여 클라이언트로 하여금 자신과 환경에 대한 내·외적 통제력을 획득하도록 돕는 사회복지의 개입방법, 과정, 결과, 목적, 기술로 이해할 수 있다(오혜경, 1997). 이 모델은 전술한 이론 및 관점에 영향을 받아 클라이언트를 경험과 역량을 가진 파트너로 보고 클라이언트의 강점에 초점을 두며 클라이언트의 참여와 자기결정권을 중시한다. 또한 클라이언트가 자신의 삶과 상황에 대해 좀 더 많은 통제력을 가질 수 있도록 하기 위해 의미 있는 선택과 가치 있는 선택을 할 수 있도록 돕는 데 초점을 둔다(엄명용 외, 2004 : 151).

Gutierrez(1990)는 임파워먼트가 개인적, 대인적 그리고 제도적 차원에서 일어난다고 간주한다. 즉, 클라이언트가 자신의 권한을 개발하고 타인에게 영향력을 미칠 수 있는 능력을 개발하며 타인과의 공조로 사회적 제도에 변화를 일으킬 수 있는 능력을 개발하는 과정이다. 개인적 수준에서 임파워먼트를 형성하여 내부의 힘을 찾아 동기를 보강하게 되면 심리적인 안정감과 자아존중감을 유지시켜 개인이 변화를 일으키게 되고, 이러한 변화는 문제해결과 자기방향성을 증진시키는 대인관계나 환경과의 상호작용 능력을 발전시켜 결국은 개인에게 영향을 주는 사회구조의 변화를 가져올 수 있게 된다는 것이다(김희성, 2004 : 137).

임파워먼트가 발휘되기 위해서는 우선적으로 자기효능감을 향상시키고 집단의식을 개발하고 자기비난을 경감하며 변화를 도모하는 데 있어 개인적 책임을 인식하는 등과 같은 심리적 변화가 중요하다(엄명용 외, 2004 : 151). 더불어 클라이언트가 문제라고 정의한 것을 수용하고 그 다음으로 현존하는 클라이언트의 강점을 발견, 강화시키고 필요한 구체적인 기술을 가르치고, 더 나아가 자원을 동원하고 클라이언트의 권익을 옹호하는 것이 필요하다. 결과적으로 청소년의 임파워먼트는 무기력해져 있는 청소년이 자신의 내적 가능성을 발견하고 삶에 대한 내부적 통제와 외부적 환경에 대한 통제력을 얻음과 동시에 문제해결을 위한 파워를 습득함으로써 주체로서의 권리를 회복하는 것이라 할 수 있다.

청소년에게 임파워먼트모델을 적용함에 있어서는 먼저 청소년들로 하여금 자신을 문제아 또는 미숙한 사람이라고 하는 생각에서 벗어나 자신의 삶에서 만족감과 의미를 지속해서 발견할 수 있는 능력이 있는 사람이라는 인식을 갖게 하는 것이 필요하다. 또한 의, 식, 주와 같은 기본적인 욕구를 충족시키는 것과 더불어 주거, 교통, 쇼핑, 일자리 구하기, 은행 이용 등 주류문화에 대해 가르치고 자신의 권리에 대해 알려주며 건강, 교육, 법률, 행정기관 등 사회기관 및 프로그램, 자원에 대해 알 수 있게 한다. 학교나 지역사회 등 중요한 의사결정과정에 참여할 수 있도록 실질적인 참여를 보장한다. 더불어 청소년을 위한 지지망의 발달을 촉진시키거나 지지집단과 연계하는 방법, 지역사회와 연계하여 지역사회자원을 발굴, 개발, 조직화하고 옹호하는 활동 등을 할 수 있다.

3. 청소년과 환경

청소년을 이해하고 효율적으로 지원하기 위해서는 전술한 바와 같이 청소년이라는 시기에 발생하는 피할 수 없는 신체·생리적 특성 및 심리·사회적 특성에 대한 이해와 더불어 그들의 현재의 행동에 영향을 미치고 있는 환경에 대한 이해가 필수적이다. 청소년기는 아동기와는 달리 환경과의 상호작용이 양적·질적으로 급격히 증가하지만 성인처럼 스스로 환경을 통제하고 조절하기보다는 환경으로부터 절대적인 영향을 받는다는 점에서 청소년을 둘러싼 환경에 대한 이해는 매우 중요하다.

건강한 환경은 청소년들이 건강하게 성장할 필수적인 에너지를 공급해 주기도 하지만 건강하지 못한 환경은 청소년에게 치명적인 해를 끼침으로써 삶의 질에 부정적인 영향을 미치기도 한다. 여기서는 청소년에게 영향을 미치는 환경 중 가정, 지역사회, 학교, 교우관계, 대중매체에 대해 살펴보고자 한다.

1) 가 정

모든 인간은 가정에서 태어나고 가정에서 자라나며 가정생활에서 가장 큰 영향을 받으면서 성장하게 된다. 그러므로 청소년의 삶은 제1차 사회화기관인 가정의 영향을 가장 크게 받는다. 따라서 가족 구성원, 가정환경, 가정 분위기 등과 부모의 교육, 부모가 자녀를 대하는 태도 등은 청소년에게 중대한 영향을 준다.

청소년들이 어떤 가치관과 도덕관을 갖는지는 그가 태어난 가정에 의해 크게 영향을 받는다. 그러므로 부모의 민주적인 가족관계, 성실, 근면한 생활태도, 창의적이며 미래지향적인 가치관은 청소년의 성장을 건전하게 하는 반면, 권위적이고 억압적인 행동, 불성실한 생활태도, 현실지향적 · 금전만능적 가치관은 청소년의 가치관을 혼란스럽게 하고 부적응을 심화시킨다(권이종, 1996 : 435). 가정에서 청소년의 인격이 존중되고 신뢰를 받으면 청소년은 건전하게 육성된다.

보다 구체적으로 가정의 기능을 요약하면 다음과 같다(이옥분, 1994 : 244). 첫째, 가정은 청소년에게 만족을 주어 안정성의 기반이 된다. 둘째, 가정은 청소년의 능력을 계발하고 발달시키는 장소이다. 셋째, 가정은 청소년의 인격대우를 충족시켜 줌으로써 사회적 인격의 기반을 만들어 준다. 넷째, 가족과의 인간관계에서 청소년은 자기중심적 행동만을 해서는 안 된다는 것을 알고 언제나 나 아닌 다른 사람과의 관계 안에서 행동해야 한다는 사실을 학습한다. 다섯째, 청소년은 가족 내의 상호작용을 통해서 교육받을 수 있는 편리한 수단, 즉 언어 같은 것을 학습하여 획득한다. 여섯째, 가정 내에서 청소년은 지배, 복종, 협동, 대립, 경쟁 등 사회에서의 인간관계를 체험하고 보다 광범위한 사회생활에 대한 준비를 하게 된다. 일곱째, 청소년은 가정에서의 경험을 통해서 사회생활에 필요한 습관, 예의, 태도 등을 학습한다.

2) 지역사회

청소년의 인격형성에는 청소년이 일상생활을 영위하고 있는 가정, 학교 및 지역사회가 중요하게 작용한다. 특히 청소년복지에 있어 지역사회는 다음과 같은 이유에서 중요하다.

첫째, 지역사회는 청소년들에게 있어 구체적인 생활의 원천적 거점이다. 지역사회는 사람이 태어나서 성인이 될 때까지는 물론 전 생애를 통하여 가장 직접적이고 실체적인 생활의 장소이고 인간형성의 장소이다. 지역사회는 바로 그들이 주민들과의 다양한 사회적 상호작용 속에서 성장 · 발달하는 준거환경이다(한국청소년연구원, 1989 : 35-36). 특히 청소년문제의 확산은 지역사회의 유해한 사회문화적 환경, 분위기와 밀접한 관계가 있으므로 지역사회의 책임이 더 강조되고 있으며 지역사회와의 연계와 협력의 필요성이 한층 대두된다.

둘째, 지역사회는 청소년의 교육의 장이 될 뿐 아니라 지역사회에 존재하는 모든 물질적 · 문화적 · 인간적 자원은 청소년을 위한 교육적 자원이다. 즉, 시역사회는 곧 청소년들의 관습과 태도, 가치의식을 길러주는 교사의 역할을 하고 있으며 지역사회의 형태 및 문화가 학교교육의 성격을 결정한다.

셋째, 지역사회에는 청소년에게 유용한 자원들이 잠재되어 있다. 청소년복지가 성공적으로 이루어지기 위해서는 국가의 과감한 재정적 지원과 정책 추진과 더불어 지역사회에 산재된 자원의 발견, 조직화, 관리를 통해 청소년복지 서비스의 효과를 높일 수 있다. 특히 지역주민의 자발적인 참여를 이끌어 냄으로써 청소년에 대한 주민의 관심과 책임을 고양시킬 뿐 아니라 청소년과 기성세대의 갭을 메울 수 있다.

넷째, 지역사회는 중앙정부가 작성한 정책의 효과가 구체적으로 발생하는 전선(front line)이다. 아무리 질적으로 좋고, 양적으로 많은 정책과 수단이 제공된다 하더라도 그 실현성이 보장될 현장으로서의 지역사회가 그 수용태세를 갖추지 못하거나 수준 미달이라면 그 정책은 사실상 무용한 것이나 다름없는 노릇이다(이철위, 1991 : 493). 특히 본격적인 지방자치의 실시에 따라 지역사회에서의 청소년 육성에 대한 주민들의 요구가 증대될 것으로 예상된다. 청소년기본법 제1장 제1조의 '목적' 규정에서는 청소년 육성에 관하여 가정, 사회, 국가와 더불어 지방자치단체의 책임을 분명하게 명시함으로써 청소년정책의 수립 및 집행에 있어 지방행정체계의 역할과 비중을 강화시켰다(한국청소년연구원, 1992 : 2).

정리하면, 지역사회는 각종 복지시책이나 서비스 등이 실현되는 곳일 뿐 아니라 현재 사회 구성원인 청소년의 사회참여가 발휘되는 곳이기도 하여 청소년의 삶의 질에 중요한 영향을 미침을 알 수 있다.

3) 학 교

학교는 가정으로부터 교육기능의 전담을 부여받은 유일하게 형식화된 곳으로 청소년들은 학교생활을 통해서 자신의 장래를 설계하고 진로를 결정하게 된다. 그리고 수면시간을 제외한 하루 중 거의 대부분의 시간을 학교에서 보내고 있다. 그만큼 청소년들에게 있어서 학교가 차지하는 비중이 크며 많은 영향을 미치고 있다. 더욱이 사회가 점점 복잡해짐에 따라 학문적 기술뿐만 아니라 중요한 비인식적 능력(자기 자신의 일과 삶의 계획을 효과적으로 경영하고 책임질 수 있는 능력을 포함)의 발달에 대한 부담까지도 점차 학교가 떠맡게 되는 현 시점에서 그 중요성은 말할 것도 없다.

그럼에도 불구하고 이미 오래전부터 학교의 문제점들이 제기되어 왔고 이는 여전히 공존한다. 학교와 관련해 제기되는 문제점을 정리하면 다음과 같다(대한교육연합회, 1986 : 84-86).

첫째, 성적 제일주의의 가치가 지배하고 있으며 입시 중심의 주입식 교육으로 청소년들에 대한 전인적인 교육은 뒷전이 될 수밖에 없으며 건전한 인간 육성을 위한 생활교육과 인격완성과는 거리가 멀다는 것이다.

둘째, 성적 중심의 경쟁은 이기주의의 사고를 불러일으켰을 뿐만 아니라 경쟁에서 뒤진 청소년들은 좌절감과 패배감을 경험함으로써 부정적 자아개념의 형성으로 인해 비행의 가능성을 높여 학교교육이 오히려 청소년문제를 제기하는 결과를 초래한 면도 없지 않았다는 것이다.

셋째, 교사와의 상호작용에서의 문제이다. 일부 교사에 의해 자행되고 있는 학생에 대한 비인간적인 처우 문제 등은 한창 예민한 청소년에게는 씻을 수 없는 치욕적인 경험과 상처가 되어 교사에 대한 분노와 공격심을 낳게 한다. 이러한 분노와 공격심을 교사에게 표출할 수 없는 청소년들은 이를 자신에게 돌려 자신감 상실, 우울, 심지어는 자살기도를 하는 한편, 상대적으로 힘이 약한 친구들을 폭언·폭행함으로써 자신의 분노를 표출하기도 하여 학교폭력 문제를 야기하기도 한다.

학교는 비행과 관련된 문제해결뿐 아니라 청소년의 육성과 지도에 중요한 역할을 할 수 있는 풍부한 자원과 능력이 있는 곳이다. 특히 대다수의 청소년들이 학생임을 고려할 때 적절한 학교의 기능과 역할은 우리나라와 같이 청소년복지가 열악한 실정에서 청소년의 인권이 보장되고 청소년복지가 제도화되는 출발점이자 전환점의 계기를 제공해 줄 수 있다.

학교는 더 이상 학생의 교육적 기능만을 전담하는 사회제도가 아니라, 이들의 기본적 삶과 복지를 향상시키는 사회복지적 기능도 수행한다. 학교가 학업 향상과 진로지도에 중점을 두는 교육적 기능만으로는 학생들의 잠재력과 능력을 개발시키는 데에 한계가 있으며 모든 학생의 기본적 교육권을 보장해 주지 못한다.

학생의 기본적 교육권은 학교에서 수업을 받을 수 있는 학습의 권리뿐만 아니라, 학교와 집을 오갈 수 있는 통학의 권리, 학습에 필요한 준비물을 보장받을 수 있는 권리, 학교에서 생활하는 동안에 점심을 제공받는 급식의 권리, 자신의 능력과 장애에 따라 개별화된 교육을 받을 수 있는 특수교육의 권리 등을 모두 포함하여야 한다. 따라서 학생 개인이나 가정이 위와 같은 교육의 권리를 보장받지 못할 때 지역사회와 국가는 학교의 사회복지적 기능을 강화하여 이들 학생의 교육권을 보장해 주도록 노력하여야 한다(김기환, 1999). 이를 위한 방안으로 학교에 사회복지적 기능을 수행하는 학교사회복지가 신속히 제도화되어야 한다.

4) 교우관계

아동기나 청소년기에 있어 교우관계가 미치는 영향은 매우 크다. 특히 청소년기는 가족과의 상호작용이 급격히 줄어드는 반면에, 친구가 차지하는 영향이 양적 · 질적으로 증가할 뿐 아니라 청소년기의 적응과 사회적 발달에 절대적이라는 점에서 아동기와는 구별된다. 청소년기에 교우관계가 미치는 중요성과 그 의의를 살펴보면 다음과 같다.

첫째, 정서적 지지를 제공한다. 생리적 · 신체적 · 사회적 변화로 인하여 불안정을 경험하는 청소년들은 비슷한 과정을 경험하고 있는 또래집단을 통해 심리적 안정과 지지를 얻을 뿐 아니라 또래집단과의 지지, 격려, 상호작용을 통해 자신이 가치 있는 사람이라는 긍정적인 자아존중감을 갖게 한다.

둘째, 가정 외 세계에 대한 다양한 정보 제공과 지식, 기술 습득의 기회를 제공한다. 또래집단은 가정에서 얻지 못하는 여러 가지 지식과 정보를 제공하고 성인기로 발전해 가는 과정에서 필요한 사회적 기술과 전략을 습득하게 함으로써 가족으로부터 독립하도록 돕는 데 이바지한다.

셋째, 물리적 지원을 한다. 친구관계는 기꺼이 시간을 같이 보내고 필요한 자원과 도움을 제공하는 등의 물리적 지원의 기능을 갖는다.

이렇듯 청소년에게서 또래의 영향은 직 · 간접적으로뿐 아니라 긍정적 또는 부정적 부분 등 다차원적으로 작용한다. 교우관계는 각자의 청소년들이 그 영향을 얼마나 기꺼이 받아들이려고 하는가에 따라 크게 차별화된다. 또한 청소년기 우정의 질과 또래집단에서의 수용감은 자기존중감뿐 아니라 심리사회적으로 긍정적인 파급효과를 가지지만, 반면에 집단에서 소외되면 비행, 음주, 우울감, 고독감, 사회적 불만족 등의 여러 가지 문제가 초래된다.

5) 대중매체

오늘날 대중매체가 청소년의 생활 속에 깊이 잠식해 있다는 사실을 감안할 때 대중매체는 특히 가치교육에 관한 한 가정이나 학교보다 더 큰 영향을 미치고 있다는 것을 부인하기 어렵다. 신문, TV, 영화 등 전통적인 매체는 물론 스마트폰, 인터넷 SNS, 포털사이트, 온라인 동영상 플랫폼 등 새로운 매체들이 청소년들의 삶에 깊숙이 작용하고 있다.

각 매스미디어 간의 경쟁적 격류 속에서 매스컴은 광고 수입의 증대, 판로의 확장을 노린 나머지 극단적인 상업주의에 빠지게 되고 그 결과 선정적인 자극은 감수성이 예민한 청소년들에게 부정적인 영향을 미치고 있다. 그래서 매스미디어 속의 범죄적 · 폭력적 내용들이 이른바 '범죄학교'일 수 있고 또한 '방아쇠 효과'를 가져올 수 있다.

폭력적이고 범죄적인 내용에 많이 접촉하는 청소년일수록 비행을 많이 일으키고 있다는 사실이다. 외국의 한 조사에 의하면, 범죄를 일으킨 사람들이 범죄영화를 더욱 좋아하며, 신문의 범죄기사는 범죄수법을 가르쳐 준다고 한다. 매스컴은 청소년의 문화를 창조하고 변화시키는 데 상당한 긍정적인 작용을 하기도 하지만, 여러 가지 악조건과 연결되기 쉽고 비행의 준비상태에 놓인 자에게는 비행수단이나 기술을 시사하거나 비행화를 촉진하는 작용을 할 수도 있다.

참고문헌

강수정 역(2004). 십대들의 뇌에서는 무슨 일이 벌어지고 있나?. 해나무 출판사.

권이종(1996). 청소년학 개론. 교육과학사.

김기헌 · 하형석 · 신인철(2016). 청년 사회·경제 실태 및 정책방안 연구 I. 한국청소년정책연구원.

김기환(1999). "사회복지관의 학교사회사업 성과와 발전 방향". 학교사회사업학. 학교사회사업학회.

김애순 · 윤 진(1997). 청년기 갈등과 자기이해. 중앙적성출판사.

김영미(2016). "계층화된 젊음 : 일, 가족형성에서 나타나는 청년기 기회불평등". 사회과학논집, 47(2), 27-52.

김정숙 · 김기헌 · 황세영 · 최선화(2015). 동북아 청소년정책 국제비교연구. 한국청소년정책연구원.

김희성(2002). "청소년의 임파워먼트 측정에 관한 연구". 한국아동복지학, 14.

_____(2004). "빈곤가정 청소년의 자립준비에 대한 임파워먼트의 매개효과 연구". 한국사회복지학, 56(3), 135-157.

대한교육연합회(1986). 청소년행동성향에 관한 연구.

박희경 외(1998). 현대 청년심리학. 학문사.

송명자(1995). 발달심리학. 학지사.

양석호(1991). "청소년 건전 육성을 위한 지역사회의 역할". 밝은 사회 건전한 청소년. 체육청소년부.

엄명용 · 노충래 · 김용석(2004). 사회복지실천기술의 이해. 학지사.

오혜경(1997). "사회사업실천에 있어서 세력화(Empowerment)에 관한 연구". 사회복지리뷰, 2, 21-70.

유정호 · 조민효(2016). "한국 청년세대의 신뢰 · 갈등과 복지의식 유형에 관한 연구 - 잠재집단분석과 다항로지스틱 회귀분석을 통하여". 한국사회와 행정연구, 27(1), 171-207.

이봉철(1992). "인권, 청소년 그리고 청소년권". 청소년의 권리와 사회적 불평등. 한국청소년연구원.

이옥분(1994). "청소년지도자의 역할과 과제". 청소년의 이해와 지도자의 역할. 문화체육부.

이옥주 · 김유숙 · 김용태(1996). 청소년가족상담. 청소년대화의 광장.

이철위(1991). "청소년건전육성을 위한 지역사회참여 방안". 밝은 사회 건전한 청소년. 체육청소년부.

이춘재 외(1988). 청년심리학. 중앙적성출판사.

임영식(1999). "청소년 발달의 이론적 접근". 청소년학 총론. 한국청소년학회.

정영윤(1992). "심리학분야에서의 청소년연구 동향과 과제". 청소년연구의 동향과 과제. 한국청소년연구원.

주경필(2015). "성인도래기의 개념정립을 통한 국내청년복지정책에 대한 소고". 청소년복지연구, 17(1), 189-213.

한국청소년연구원(1989). 지역중심 청소년육성 모형개발을 위한 실태조사 연구.

_____________(1992). 지방자치제하 청소년 행정체계의 활성화 방안.

_____________(1993). 외국의 청소년복지정책연구.

한상철(1999). "심리적 특성의 발달". 청소년학총론. 한국청소년학회.

한준상(1989). 청소년문제와 학교교육. 연세대학교 출판부.

Piaget, J.(1952). *The Origins of Intelligence in Children*. New York : International Universities Press.

Chapter 02

청소년복지의 개념과 발전과정

우리나라에서 청소년복지에 대한 본격적인 연구가 행해진 것은 최근이다. 지금까지 청소년복지는 아동복지의 연장선으로 사용되거나 아동복지와 혼동되게 사용되어 왔다. 따라서 청소년복지학의 학문적인 정체성을 확립해 나가는 것이 급선무라고 할 수 있다. 이를 위한 노력의 일환으로 선행연구의 검토를 통해 청소년복지의 개념을 이해하고 청소년복지가 어떤 의의를 가지는지를 살펴보고자 한다. 또한 우리나라 청소년복지가 어떻게 성장 · 발전되어 왔으며, 현재는 어떠한 단계에 와 있는지 과거와 현재를 분석해 봄으로써 우리나라 청소년복지의 특성을 도출하고 더 나아가 향후 우리나라 청소년복지가 지향해야 할 방향을 모색해 보고자 한다.

1. 청소년복지의 개념과 의의

1) 청소년복지의 개념

우리나라에서 청소년에 대한 사회적 · 학문적 인식이 제기되기 시작한 것은 상당히 최근이며, 청소년에 대한 사회적 책임을 강조하는 청소년복지가 제기된 것도 불과 얼마 되지 않았다. 청소년복지라는 개념도 명확히 정립되지 못하고 아동 · 청소년복지, 청소년복지, 청소년정책, 청소년복지정책, 청소년육성정책, 청소년복지활동 등으로 혼용해 왔다. 또한 청소년복지정책과 사업의 경우에도 아동복지의 연장선으로 간주되어, 아동관계법이나 아동복지제도 등에 의존해서 서비스와 프로그램이 제공되어 왔다. 그러나 앞 장에서 전술한 바와 같이 아동과 청소년들은 심리적 · 신체적 특징도 엄격히 다를 뿐만 아니라 욕구나 필요로 하는 서비스가 다르고 그들이 당면한 문제나 수행해야 할 과업도 상이하다. 특히 최근 가출, 약물남용, 학교폭력, 청소년 매매춘, 자살 등의 다양한 청소년문제들은, 청소년기의 일반적 특성은 물론 청소년의 개별적인 욕구와 그들이 처한 상황을 총체적으로 고려한 보다 과학적이고 체계적이며 전문적인 관점과 접근을 필요로 하고 있다.

청소년복지의 개념은 청소년이 누구이며 어떠한 특징을 가지고 있느냐에 대한 관점, 국가의 전반적인 복지수준 그리고 청소년정책의 방향에 따라 달라질 수 있다. 지금까지 연구된 청소년복지의 개념을 살펴보면 다음과 같다.

장인협과 오정수(1984 : 14)는 청소년복지를 아동복지와 구분하지 않고 아동 · 청소년복지라고 혼합해서 사용하고 있다. 그들에 따르면 아동 · 청소년복지란 사회 구성원으로서 아동과 청소년의 기본적인 욕구를 충족시키고 건전한 성장과 발달을 도모하기 위하여 여러 가지 활동을 가능케 하는 공적인 방법과 절차라고 정의하고 있다. 반면 조흥식(1992)은 청소년복지정책을 청소년 및 그 가족의 복지를 위하여 국가가 행하는 사회복지정책으로 정의하고 있다.

김성이(1993 : 6)에 따르면, 청소년복지는 가정이나 사회로부터 버려지거나 적응하지 못하는 청소년들뿐만 아니라, 모든 청소년들의 안녕에 관심을 가져야 한다고 전제하고 청소년복지활동을 청소년들의 기본적 욕구를 충족케 하고, 정신적 · 정서적 · 신체적으로 최상의 발달을 기하기 위해서 청소년 자신들에게 직접적으로 또는 가정이나 사회를 통해 간접적으로 제공되는 모든 사회제도적 · 전문적 활동이라고 정의하였다.

송정부(1991 : 565)는 청소년복지란 청소년의 생존권이 보장되어 사회적으로 편안히 잘 지내는 상태가 될 수 있어야 한다고 설명하면서, 청소년복지의 개념을 청소년이 사회생활을 유지, 발전시킬 수 있도록 작용하는 제도 · 정책 · 행위의 체계라고 정의하고 있다. 또한 한국청소년개발원(1994 : 6)에서는 청소년복지활동을 청소년들의 기본적인 욕구를 충족케 하고, 정신적 · 정서적 · 신체적으로 최상의 발달을 기하기 위해서 청소년 자신들에게 직접적으로 또는 가정이나 사회를 통해 간접적으로 제공되는 모든 사회제도적 · 전문적 활동이라고 정의하고 있다.

이상의 정의를 종합해 볼 때, 청소년복지는 대상집단이 요보호청소년 등 특정 집단에 국한되는 것이 아니라 일반 청소년 및 청소년의 생활에 가장 직접적인 영향을 미치는 가족까지 포함하기도 하고, 청소년에 대한 직접적 서비스뿐 아니라 간접적으로 제공되는 모든 정책과 제도를 포함하는 광범위한 개념임을 알 수 있다. 따라서 이 책에서는 청소년복지의 개념을 아동복지와 구별되는 독립된 사회복지 분야 중의 하나로서, 청소년의 기본적 욕구의 충족과 건강한 성장 · 발달의 촉진은 물론 청소년이 현재 사회 구성원의 한 사람으로서 주체적인 삶을 영위하도록 하고, 더 나아가 청소년을 둘러싼 환경이 청소년의 성장을 돕기 위해 최적의 기능을 발휘할 수 있도록 청소년과 가정, 사회를 통해 직 · 간접적으로 제공되는 모든 사회정책과 관련 제도 및 전문적 활동으로 정의하고자 한다.

2) 청소년복지의 의의

우리나라에서 청소년에 대한 사회적 책임이 인식되어 청소년복지가 국가적 차원에서 정책적으로 다루어지게 된 것은 1990년 이후라고 할 수 있다. 이와 같이 국가가 정책적으로 청소년에 대해 관심을 두지 않으면 안 되게 된 것은 다음과 같은 요인들이 크게 작용하였다(한국청소년개발원, 1992 : 1).

첫째, 인구학적 측면에서 볼 때, 청소년 인구가 한국 사회 구성원의 1/3을 점하고 있다는 단순분석에 의해서도 청소년 인구가 주요한 사회적 집단으로 될 가능성이 크다. 둘째, 인적 자원의 개발을 통해서 국제 경쟁력을 확보해야 할 한국 사회에서는 차세대의 주역이 될 청소년들을 어떻게 육성하느냐가 미래 사회를 대비하는 데 있어 주요 관건이 되기 때문이다. 셋째, 인생 주기의 측면에서 볼 때, 현대 사회의 삶의 조건은 과거 그 어느 때보다도 청소년기가 장기화되었기 때문에 청소년 인구의 관심, 이해, 요구가 사회의 모든 부문과 제 측면에 확대 반영되고 있으며, 한국 사회가 안고 있는 문제들이 직 · 간접적으로 청소년과 결부되고 있는 성향이 점차 두드러지고 있기 때문이다.

이처럼 청소년복지에 대해 국가가 직접 정책적으로 개입하게 된 배경에는 전술한 정책적 요인 외에도 청소년을 둘러싼 환경이 지나치게 열악할 뿐 아니라 복합적으로 얽혀 있는 각종 사회문제들로 인하여 청소년의 보호와 육성이 단순한 부모의 책임만으로는 감당할 수 없으며 보다 조직적이고 통합적이며 강력한 접근이 필요하였기 때문이다.

청소년복지는 국가나 사회가 청소년복지에 대한 책임을 인식하고 청소년복지 증진에 적극적이고 주도적으로 개입함으로써, 청소년들로 하여금 가정적 · 사회적 위험요소로부터 보호받으면서 자신들의 과업이나 문제를 원만하게 해결할 수 있도록 도울 뿐 아니라 그들의 잠재능력을 최대한 발휘하여 자아실현은 물론 책임 있고 건강한 사회 구성원으로 기능할 수 있도록 돕는 데 그 의의가 있다.

2. 청소년복지의 발전과정

산업사회의 도래로 인해 청소년기에 대한 인식이 새롭게 대두되면서 청소년정책과 함께 청소년복지에 대한 관심이 점진적으로 증대되고 있다. 이처럼 산업사회의 산물로서 등장하게 된 청소년복지는 각 나라의 문화적 환경, 정치 · 경제적 상황에 따라 다양하게 발전해 왔다. 우리나라에서 청소년복지가 어떻게 발전되어 왔는지에 대해 이용교(1999 : 284-290)는 크게 3단계로 구분하고 있다. 이 절에서는 이용교가 제시한 발전단계를 토대로 우리나라 청소년복지의 변천과정을 살펴보고자 한다.

1) 청소년복지의 맹아기(광복 이후~1961년)

이 시기는 광복 후부터 아동복리법과 미성년자보호법이 제정된 1961년까지에 해당된다. 그 당시 사회복지는 조선구호령과 몇 개의 미군정 법령 및 그 처무준칙에 따라서 사회복지 영역이나 대상에 대한 구분 없이 절박한 상황에서 생존만을 목적으로 하는 긴급구호적 성격을 강하게 띠었다. 또한 그 대상도 65세 이상의 무의탁 노인, 6세 이하의 아동을 부양하는 여자(모), 13세 이하의 아동, 불치의 병으로 신음하는 사람, 요보호 임산부, 심신장애인 등에 한정되었으며, 그중에서 청소년은 배제되어 있었다. 그럼에도 불구하고 아동시설의 인가, 18세 미만 아동 노동의 보호, 20세 미만 비행청소년의 보호 등이 행해졌는데 이러한 조치는 장차 청소년복지의 형성에 기초가 되었다. 그 내용을 살펴보면 다음과 같다.

첫째, 아동시설의 인가이다. 전쟁 후 전쟁고아 등 긴급구호 대상자의 증가에 대한 대책으로 정부는 아동시설을 인가시설로 하고 지원과 감독을 강화하였다. 이로 인하여 아동시설이 영아원, 육아원, 감화원 등으로 구분되어 정체감을 형성하게 되었으며 청소년은 아동의 연장선에서 보호되었다.

둘째, 18세 미만 아동 노동의 보호이다. 미군정의 '아동노동법규'(1946)의 제정에 따라 상공업체 고용 금지(14세 미만), 중공업체 또는 유해업체 종사 금지(16세 미만), 위험 직종 또는 유해 직종 종사 금지(18세 미만) 그리고 1일 노동시간의 제한(16세 미만 8시간 이내) 등이 규정되었다. 이것은 비록 아동이라는 용어를 사용하고 있지만, 18세 미만 근로청소년을 보호하기 위한 최초의 규정이라는 점에서 의의가 있다.

셋째, 20세 미만 비행소년의 보호이다. 반사회적인 성향을 가진 20세 미만 소년의 생활 환경 조정과 성행 교정을 위해 보호처분을 행하고, 형사처분에 있어 특별조치를 하기 위한 소년법(1958)이 제정되었다.

요약하면, 이 시기에는 최저의 생활보장 등 보호의 대상에 있어서는 아동에만 한정함으로써 청소년은 제외시킨 데 반해 일종의 통제수단으로 간주되는 소년법에서는 청소년이 적용대상이 되었다. 이는 청소년이 생존권을 보호받는 보호와 지원의 대상에서는 성인과 같이 취급하여 제외되는 데 반해, 사회통제에 있어서는 성인과는 다르게 다루어 기본적인 권리가 침해되거나 불이득을 받을 수 있는 여지가 높았음을 알 수 있다. 즉, 이 시기는 청소년의 권리나 복지라는 인식보다는 긴급구호의 방편이나 사회안정이라는 목표에 더 많은 초점이 주어졌음을 알 수 있다.

2) 청소년복지의 도입기(1962~1987년)

이 시기는 아동복리법이 시행된 1962년부터 청소년육성법이 제정된 1987년까지에 해당된다. 미성년자보호법과 아동복리법(1961)의 제정은 우리나라에서 청소년복지의 도입을 시작하게 되는 계기를 마련해 주었다. 이 밖에도 근로청소년, 장애청소년 등 요보호청소년에 대한 복지사업이 행해졌다. 그 내용을 살펴보면 다음과 같다.

첫째, 아동복리법의 제정으로 18세 미만 요보호아동의 보호가 행해졌다. 아동복리법은 요보호아동의 연령을 기존의 13세 이하에서 18세 미만으로 조정하여 일부 청소년까지 대상을 확대시켰을 뿐 아니라 아동복지에 대한 국가의 책임을 명시했다는 점에서 의의가 크다. 청소년복지의 측면에서 보면 대다수의 청소년들은 서비스에서 제외되었기 때문에 그 적용범위가 매우 한정됨을 알 수 있다. 또한 청소년의 특성이나 욕구에 대한 고려보다는 아동의 연장선에서 서비스나 정책이 행해졌고 기본적인 생존권의 보장에 치우쳤음을 알 수 있다.

둘째, 장애청소년 복지사업의 실시이다. 1977년에 제정된 특수교육진흥법으로 인하여 장애청소년들이 국·공립 특수교육기관에 취학하거나 사립 교육기관 중 의무교육과정에 취학할 경우 무상교육을 받을 수 있도록 되었다. 그 후 심신장애자복지법이 제정되고 보건사회부에 전담부서인 재활과가 설치되었다. 이러한 제도적 노력은 다른 계층의 청소년보다 소외되고 열악한 대상인 장애청소년을 정책대상으로 간주하였다는 점에서는 의의가 크다. 그러나 실제 행해진 서비스의 내용이나 질적인 측면에서는 장애청소년의 욕구를 충족시키는 데 매우 미흡하였다.

셋째, 미성년자보호법의 제정으로 미성년자의 보호와 선도가 행해졌다. 이 법은 미성년자(만 20세 미만)의 흡연, 음주, 기타 선량한 풍속을 해하는 행위를 금지하고, 미성년자의 보호에 필요한 사항을 규정함으로써 미성년자의 건강보호와 선도를 도모하고자 하는 목적으로 제정되었다. 그러나 통제, 처벌 위주의 법집행으로 인해 청소년의 보호와 선도보다는 청소년이라는 지위로 인해 성인과 다른 불이득을 받고 비행청소년으로 낙인찍히는 등 청소년의 인권이 침해되는 부작용이 초래되기도 하였다.

넷째, 근로청소년을 위한 복지사업이다. 일반학교에 야간 특별학급을 설치하거나 산업체 부설학교 등을 개설함으로써 여러 가지 이유로 인해 학업기회를 박탈당한 근로청소년에게 교육기회가 확대되었다. 또한 근로청소년을 위하여 근로청소년회관의 건립, 근로청소년 임대아파트의 건립 등이 시작되었다. 한마디로 저렴하면서도 교육받은 노동력의 양성과 확보라는 면을 강조하였지만 청소년의 교육권이나 여가권, 주거권 등은 중요하게 고려되지 못했다.

다섯째, 청소년보호를 위한 중앙기구인 청소년보호대책위원회가 설치되었다. 명목상으로는 정부가 청소년을 정책대상으로 인식하였다고 볼 수 있었다. 그러나 이 위원회의 설치로 인하여 오히려 정부가 청소년의 보호와 육성에 대한 책임을 위원회에 전가시킴으로써 청소년복지의 발전을 지연시키는 결과를 초래하였다는 비판도 크다.

3) 청소년복지의 전개기(1988년~현재)

이 시기는 청소년육성법의 제정 이후 현재까지에 해당된다. 1987년 청소년정책을 위한 본격적인 근거법으로 청소년육성법이 제정되었고, 1991년에는 청소년육성법을 전면 개정한 청소년기본법이 제정되면서 청소년을 위한 기본 법제와 조직을 갖추게 되었다. 또한 청소년헌장의 제정(1990), 개정(1998), 청소년보호법의 실시 등 다양한 법과 제도가 정비되기 시작하였는데 구체적인 내용은 다음과 같다.

첫째, 청소년정책의 대상을 명확히 하고, 청소년복지가 국가의 책임이라는 것을 분명히 하여 정책적 차원에서 다루게 되었다는 것이다. 청소년육성법과 기본법의 제정으로 청소년을 9세부터 24세로 분명히 하였다. 또한 청소년이 사회 구성원으로서 정당하게 대우받고 권익을 보장받으며, 스스로 생각하고 자유롭게 활동할 수 있도록 하는 한편 미래 사회의 주역으로서 국가와 사회가 필요로 하는 건전한 민주시민으로 자랄 수 있도록 청소년의 성장을 위한 가정과 사회가 그 책임을 수행할 수 있게 하는 데 필요한 법적 · 제도적 장치와 재원을 마련하는 책임을 국가와 지방자치단체에 부여하였다.

둘째, 청소년정책을 수행할 조직과 기구를 정비하였다. 청소년정책에 관한 국가의무를 수행하기 위한 정책을 심의기구와 청소년육성에 관한 국가 및 지방자치단체의 업무를 총괄하는 부서를 둠으로써 청소년 서비스전달체계를 갖추고 책임행정이 이루어지도록 시도하였다.

셋째, 청소년헌장을 통해 청소년의 권리와 책임을 규정하였다. 의무사항이 아닌 선언적인 의미이지만 청소년에 관련한 정책과 제도의 방향성, 청소년에 대한 인권의 보장, 청소년이 사회에 대해 갖는 책임과 권리 등을 명시함으로써 청소년의 권익을 옹호하고 보장하는 데 근거를 제시해 주고 있다.

넷째, 청소년복지를 청소년정책 중의 한 분야로 인정하게 되었다. 청소년육성은 청소년복지를 포함한 청소년수련활동, 청소년교류활동, 청소년복지, 청소년환경, 청소년문화, 청소년비행선도, 청소년상담 등의 7가지 영역으로 구성되었다. 청소년기본법에서는 청소년육성이 청소년복지의 증진을 통해서 이루어진다는 것을 명시하고는 있지만, 청소년복지에 관한 규정이 매우 비약하게 규정되어 있어 청소년복지를 실현할 수 있는 구체적인 토대를 형성하지 못하였다.

다섯째, 성장과정에 있는 청소년을 각종 유해한 사회환경으로부터 보호·구제하기 위해 법과 조직이 설치되었다. 청소년의 삶의 질을 저해하는 유해환경에 대해서는 엄격히 규제하기 위해 청소년보호법이 만들어졌다. 또한 청소년을 보호하기 위한 각종 시책을 독립적으로 추진하기 위하여 여성가족부 장관 소속하에 합의제 행정기관으로서 청소년보호위원회를 설치하여 청소년보호위원회의 행정처분 권한으로 검사 및 조사권, 수거, 파기명령권, 시정명령권 등을 부여하였다.

여섯째, 교육보호의 제도화이다. 생활보호법의 개정(1982)으로 기존의 생계보호, 의료보호, 해산보호, 장제보호에 교육보호와 자활보호가 추가됨으로써 빈곤청소년들이 실질적인 혜택을 받았다. 기존에 의무교육이 실시되고 있다고는 하지만 그 수준이 미흡하여 실제적인 도움을 제공하는 데 한계가 있었는데 교육보호를 위한 지원을 제도화함으로써 빈곤청소년들의 교육권을 확대시켰다고 할 수 있다.

3. 청소년복지의 특성

청소년복지는 사회복지의 한 분야로서 청소년의 복지 증진을 목적으로 국가를 비롯한 사회 구성원 전체가 행하는 접근이다. 따라서 청소년복지는 사회복지의 기본이념이나 가치, 방법 등을 그대로 이어받지만 청소년기의 특성과 청소년이라는 계층에 초점을 둠으로써 다른 분야와는 차별되는 독특성을 갖는다. 청소년복지가 다른 사회복지 분야와 차별되는 독립된 영역이며, 청소년에 대한 접근은 다른 접근들과는 구별되어야 한다는 점에는 상당수의 사람들이 인식을 같이하고 있지만 여전히 청소년복지는 학문적 정체성을 확립해 가고 있는 중이다.

이는 청소년이 차지하는 위치와 역할의 중요성과 청소년에 대한 사회적 책임을 인식하게 된 것이 다른 사회복지 분야에 비해 매우 늦을 뿐 아니라 청소년복지가 이론적 정립보다는 청소년들이 야기하는 여러 가지 문제에 응급적으로 대응해 가는 과정에서 필요에 의해 형성된 성격이 강하기 때문으로 생각된다. 그러나 청소년기가 점점 연장되면서 생겨나는 다양한 문제들은 이제 임기응변식으로 접근하는 데 한계가 있으며, 무엇보다도 청소년의 욕구와 문제가 다양화되면서 청소년들의 개별적인 문제나 욕구에 능동적이며 실질적으로 대처하기 위해서는 보다 과학적이고 체계적이며 전문적인 접근이 필요하다.

1) 청소년복지의 목표

청소년복지는 청소년의 복지 증진 및 삶의 질 향상을 돕고 건강하게 성장할 수 있도록 돕고자 한다. 이를 실현하기 위한 구체적인 목표는 다음과 같다.

첫째, 기본 욕구 충족 및 보호이다. 청소년이 인간의 존엄성을 유지하고 존중받고 살아갈 수 있도록 생존을 위한 욕구 충족은 물론 학대, 사고, 재난 등 사회적 위험으로부터 안전하게 보호받을 수 있도록 한다.

둘째, 전인적 발달과 성장의 촉진이다. 청소년기는 아동에서 성인으로 변하는 성장과정에 있다. 따라서 건강한 인간으로 살아가는 데 필요한 신체적, 정서적, 사회적, 지적, 도덕적, 영적 측면들이 균형 있게 발달, 성장할 수 있도록 돕는다.

셋째, 청소년권리 보호이다. 청소년이라는 이유로 인간의 권리가 박탈, 침해되지 않도록 하고 청소년의 특성으로 인해 우선적으로 보장받아야 할 권리가 실현될 수 있도록 한다.

넷째, 사회 참여 및 통합이다. 청소년이 사회 구성원으로 주체적인 삶을 살 수 있도록 적극적인 사회참여 촉진, 사회적 포용 확대, 경제 · 정체 · 사회 · 문화 차원에서의 동등한 기회 제공 등을 행한다.

다섯째, 건강한 성인기로의 이행을 돕는다. 청소년이 성인이 되어 변화하는 사회에 대응하고 독립된 삶의 영위는 물론 시민으로서의 권리와 책임을 다할 수 있도록 진로 및 직업 준비, 사회 기술 습득 등 미래 준비를 돕는다.

여섯째, 청소년을 둘러싼 환경에의 지원이다. 청소년을 둘러싼 주요한 환경인 가족, 학교, 지역사회 등이 청소년의 성장에 필요한 적합한 지원을 할 수 있도록 역량을 강화하고 지지체계를 구축한다.

2) 청소년복지의 구체적 내용

첫째, 건강한 생활 유지 및 보호이다. 청소년이 인간의 존엄성을 유지하고 살아가는 데 필요한 의식주 등 기본생활이 보장되도록 지원한다. 또한 학대나 착취 등 사회적 위험에서 벗어나 안전하게 지낼 수 있도록 보호한다.

둘째, 가족지원이다. 청소년의 보호자이자 지지자인 가족이 본연의 기능을 할 수 있도록 가족을 대상으로 교육, 상담, 가족활동 등 다양한 지원을 행한다.

셋째, 교육지원이다. 청소년이 의무교육을 성공적으로 이행하고 성인으로 살아가는 데 필요한 지식 및 기술 등을 습득할 수 있도록 학습 지원, 방과후교육, 직업교육 등 다양한 교육기회를 제공한다.

넷째, 건강지원이다. 청소년의 건강한 성장과 발달을 위해 신체적, 정신적 건강관련 지원을 행한다. 건강검진, 의료지원, 정신건강 프로그램 등을 지원한다.

다섯째, 정서적, 심리적 지원이다. 청소년의 정서 및 심리적 안정과 행복한 삶을 위해 심리적 지지, 훈련 및 교육, 상담, 정서지지 프로그램, 사회성 프로그램을 제공한다.

여섯째, 주거지원이다. 가족의 보호와 지원이 어렵지만 독립적 생활을 희망하는 청소년들에게 지역사회 내에서 안전하게 살 수 있도록 임대주택 및 임대료 지원, 그룹홈 등 주거지원을 할 수 있다.

일곱째, 문화지원이다. 청소년이 다양한 문화를 접하고 여가를 즐기며 문화를 향유하며 살 수 있도록 다양한 문화교육, 문화활동 프로그램을 제공한다.

여덟째, 비행예방 및 피해자 지원이다. 청소년이 비행이나 범죄에 노출되지 않도록 예방하고 비행이나 범죄에 노출된 청소년에 대해서는 재범방지 및 재사회화를 위한 지원을 행한다. 비행이나 범죄로 인해 피해를 받은 청소년들의 권리를 옹호하고 회복할 수 있도록 지원한다.

아홉째, 사회참여 촉진이다. 청소년이 사회 구성원으로서 살아갈 수 있도록 다양한 참여기회를 제공하고 사회참여를 방해하는 장애물을 제거하고 유용한 활동 프로그램을 지원한다.

열째, 환경개선 및 지원체계 구축이다. 청소년을 둘러싼 환경 중 유해한 환경을 개선하고 청소년의 성장을 지원하는 다양한 지원체계를 지역사회 내 구축한다. 또한 이러한 지역사회 환경이 청소년을 위한 최적의 기능을 발휘할 수 있도록 역량을 강화하도록 지원한다.

3) 청소년복지의 개입전략

사회복지사가 청소년복지의 목적 및 목표를 달성하고 성공적으로 개입하기 위해서는 다음과 같은 구체적인 전략이 필요하다.

첫째, 청소년은 독립적이고 통합된 인격체로서 존중되어야 한다. 청소년은 성인과 동등한 자주적이고 독립적인 인격체인 동시에 어떠한 상황에서도 존중되어야 할 사회적 존재이다. 따라서 빈곤, 장애, 비행 등 어떠한 조건하에서도 차별 없이 인간으로서의 존엄성이 유지될 수 있어야 하며, 그들의 개별적이고 다양한 요구를 인정하여야 한다. 또한 청소년을 어떤 단면이나 부분만으로 이해해서는 안 되며 다면적·전체적인 존재로서 인식해야 한다.

둘째, 청소년은 완성된 존재가 아니라 성장과정 중에 있기 때문에 청소년복지에서의 접근은 긍정적이며 신속하게, 지속적으로 이루어져야 한다. 청소년은 신체적·인지적·정서적·사회적으로 변화하며 성장하는 과정 속에 있다. 청소년들이 일으키는 실수나 문제에 대해서는 비난이나 질타를 할 것이 아니라 긍정적인 관심과 지지를 바탕으로 한 보호와 지원이 행해져야 한다. 청소년복지에서는 청소년의 부족한 점, 어려운 점을 보완해 주는 것과 동시에 청소년들이 가진 긍정적인 점, 강한 점을 더 강화하고, 극대화시킬 수 있는 방향으로 접근이 이루어져야 한다.

셋째, 청소년복지는 독립된 발달단계인 청소년기를 고려한 과학적, 체계적이고 전문적인 개입이어야 한다. 청소년기는 단지 과도기로서의 의미만 갖는 것이 아니라 가족으로부터 독립하고 동성과 이성의 친구를 선택하고 진로를 결정하는 등의 다양한 발달과업을 수행하는 독특한 발달단계이다. 이들에 대한 과학적이고 체계적인 이해와 더불어 전문적인 지식과 기술에 근거한 지원이 필요하다.

넷째, 현재 사회 구성원인 청소년은 청소년복지의 대상인 동시에 주체라는 점이다. 청소년은 성인과 동등한 인간으로서의 권리를 가진 평등한 사회적 존재이며 나름대로의 자의식과 창의성, 개발성, 호기심과 도전의식, 무한한 잠재능력, 순수한 비판의식 등 성인에게는 찾아볼 수 없는 우수한 역량을 가진 개체이다. 따라서 청소년복지에 있어서는 청소년이 서비스의 대상자인 동시에 청소년복지를 이끌어 가는 주체임을 분명히 하여야 한다. 또한 성인과 더불어 현 사회를 주도하는 중요한 파트너임을 명심하여 이들의 권리와 참여가 보장되고 증진될 수 있도록 해야 한다.

다섯째, 청소년복지는 관련 사회정책과 밀접한 관계 속에서 통합적으로 다루어져야 한다. 청소년들은 가족, 학교, 지역사회 등 다양한 체계들과 끊임없는 영향을 주고받으며, 특히 외부환경으로부터 받은 영향은 그들의 삶에 치명적인 영향을 줄 수 있다. 따라서 청소년복지는 단지 청소년복지뿐 아니라 사회보장제도, 가족복지, 아동복지, 교육정책, 노동정책 등 관련 정책과 연계되어 일관성 있고 통합적으로 추진되어야 한다.

여섯째, 청소년복지가 본래의 이념과 목적을 달성하기 위해서는 청소년 개인의 변화뿐 아니라 환경의 변화도 함께 수반되지 않으면 안 된다. 청소년복지의 실천에 있어서는 청소년 당사자에 대한 개입과 지원은 물론 청소년을 둘러싼 환경이 제대로의 기능과 역할을 수행할 수 있도록 환경을 변화시키는 적극적인 개입 등이 절대적으로 필요하다. 따라서 청소년복지사는 상담자, 교사, 치료자의 역할 이외에도 필요한 자원을 개발하여 청소년과 환경에게 공급하여 연결해 주는 조정자, 중개자의 역할, 청소년의 권익을 보호하고 대변하는 옹호자·대변자의 역할 등 보다 능동적이며 적극적인 역할을 수행해야 한다.

일곱째, 청소년복지에는 정부와 민간의 협력은 물론 전문가에서부터 지역주민 등 다양한 사람들의 협조가 필요하다. 정부는 청소년복지에 1차적인 책임이 있음을 명확히 하고 이들에 대한 지원과 보호에 최우선을 두어야 한다. 민간의 협력을 적극 유도하여야 하며 민간의 참여가 소기의 목적을 달성할 수 있도록 최대한 지원을 아끼지 말아야 한다. 특히 청소년복지는 청소년기의 특성과 청소년 개개인의 특성, 청소년의 문제, 청소년의 욕구 등을 고려한 개별적인 서비스 전략이 수립되고 개입이 행해져야 하기 때문에 어떤 서비스보다도 전문성이 요구된다. 사회복지사뿐 아니라 정신과 의사, 교사, 경찰, 청소년지도사, 가족치료사, 변호사, 학교사회복지사 등 전문가의 참여와 팀워크가 절대적이며, 필요한 경우 자원봉사자 등 지역주민의 참여도 이루어지는 상호 협력적 체계 구축이 절실히 필요하다.

여덟째, 청소년복지는 문제가 있는 청소년에서부터 일반청소년까지 모든 청소년을 대상으로 하며 치료나 재활뿐만 아니라 예방적 차원에서의 다양한 서비스를 제공해야 한다. 청소년 중에서도 사회적 필요와 욕구가 크며 상대적으로 더 열악한 상황에 처해 있는 청소년에 대한 개입과 지원이 우선되어야 한다. 지원수준에 있어서도 최저의 생활보장 수준이 아니라 건강하고 문화적인 삶이 영위될 수 있는 최적의 수준이 되어야 할 것이다.

참고문헌

김성이(1993). "청소년복지의 개념과 의의." 청소년복지론. 한국청소년개발원.
김영모 외(1991). 청소년정책연구. 한국복지정책연구소.
송정부(1991). "지역사회의 청소년복지 대책". 밝은 사회 건전한 청소년. 체육청소년부.
이영숙 외(1993). 외국의 청소년복지정책 연구. 아동청소년개발과.
이용교(1995). 한국청소년정책론. 인간과 복지.
_____(1999). "청소년복지." 청소년학총론. 한국청소년학회.
장인협 · 오정수(1984). 아동·청소년복지론. 서울대학교 출판부.
조흥식(1992). "가족과 청소년정책". 가족학논집, 제4집. 한국가족학회.
_____(1999). "청소년학의 정체성 확립을 위한 청소년복지의 과제". 청소년학연구, 6(2). 한국청소년학회.
한국청소년개발원(1992). 지방자치제하 청소년 행정체계의 활성화 방안.
_____________(1994). 청소년복지론. 인간과 복지.

Chapter 03

청소년복지의 실천방법 I : 청소년 개별상담

청소년 개별상담은 개별 청소년과 상담자가 중심이 되어 행해지는 상담의 하나로 실제 청소년복지의 실천에 가장 보편적으로 활용되고 있는 접근법이다. 이 장에서는 청소년복지에서 효과적으로 적용되기 위해 필요한 청소년 개별상담의 개념과 목표, 이론과 기법, 개입과정과 전략, 청소년 개별상담의 실제에 대해 살펴보고자 한다.

1. 청소년 개별상담의 개념과 목표

청소년상담은 상담의 한 분야로, 청소년상담의 개념을 이해하기 위해서는 먼저 상담에 대한 개념적 이해가 선행되어야 한다. 상담에 대한 정의는 학자에 따라 다소 상이하게 정의하고 있는데, 이장호(1998)는 '상담이란 도움을 필요로 하는 사람이 전문적 훈련을 받은 사람과의 대면관계에서 생활과제의 해결과 사고, 행동 및 감정 측면의 인간적 성장을 위해 노력하는 학습과정'이라고 정의하여 상담의 학습을 강조하고 있다.

박성수(1998)는 '상담이란 클라이언트(이후부터는 클라이언트로 통일해서 사용함)와 상담가 간에 수용적이고 구조화된 관계를 형성하고 관계 속에서 클라이언트가 자기 자신과 환경에 대해 의미 있는 이해를 증진하도록 함으로써 클라이언트 스스로가 효율적으로 의사결정을 하고 여러 심리적인 특성을 긍정적인 방향으로 변화시키도록 원조하여, 결과적으로 클라이언트의 성장과 발전을 촉진하는 심리적인 조력의 과정'이라고 정의하였다.

남상인(1999 : 335-336)은 여러 학자들의 정의를 토대로 상담의 특성을 몇 가지로 분류하고 있는데 그 내용은 다음과 같다. 첫째, 상담이 성립되려면 도움을 필요로 하는 클라이언트와 도움을 주는 상담가가 있어야 한다. 둘째, 상담은 전문직으로 교육받고 훈련받은 상담가에 의해서 제공되는 전문적 활동이다. 셋째, 상담은 상담가와 클라이언트의 관계에 기초를 둔 과정이다. 넷째, 상담은 의사결정과 문제해결에 관여한다. 다섯째, 상담은 클라이언트로 하여금 새로운 행동을 학습하거나 새로운 태도를 형성하도록 하는 것이다. 여섯째, 상담은 클라이언트의 성장과 발전을 안내하고 조력한다.

상담을 보다 정확히 이해하기 위해 유사한 개념을 비교해 보면 다음과 같다. 상담(counseling)과 유사한 개념으로는 생활지도(guidance), 심리치료(psycho therapy) 등의 개념이 있는데 학자에 따라 이 세 가지 용어를 완전히 구별해서 사용하기도 하고 경우에 따라서는 서로 중복하여 사용하기도 한다. 이에 대해 George와 Cristiani(1995)는 생활지도, 상담, 심리치료는 목표, 클라이언트, 장면, 상담가, 방법 등과 같은 다양한 요인을 고려한 일직선상의 한 지점으로 이해해야 한다고 전제하면서 다음과 같이 구분하고 있다. 즉, 생활지도는 진로와 교육에 관련된 정보를 제공하는 활동을 강조하고, 상담은 지지적, 상황적, 문제해결, 의식적 인식, 현재 그리고 단기적 문제 등을 다루며, 심리치료는 재구성, 심층 강조, 분석적, 과거 강조 그리고 장기적인 것이 특징이라고 구분하고 있다(그림 3-1 참고).

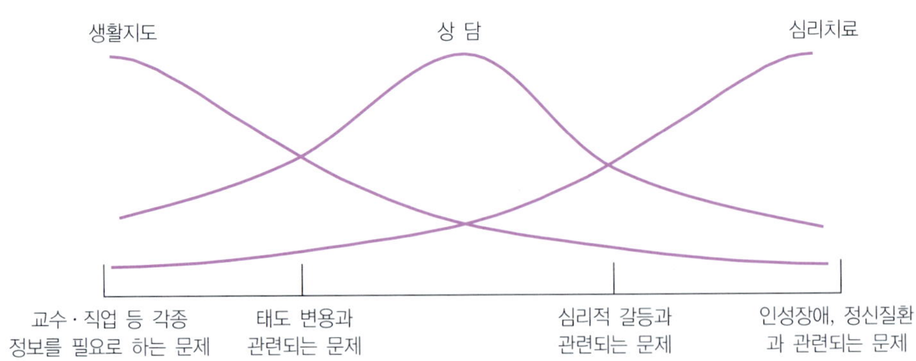

| 그림 3-1 | 상담, 생활지도, 심리치료의 관계

청소년상담은 상담과 구분 없이 인식할 정도로 절대적인 비중을 차지하고 있지만 청소년상담은 청소년기의 특수성, 문제의 특수성, 환경의 특수성 등이 고려되어야 한다. 이재창(1993 : 18-33)은 청소년상담의 개념을 다음과 같은 세 가지 기준으로 구분하고 있다. 첫째, 상담 대상에 의한 구분으로서 청소년집단을 대상으로 하는 상담이 곧 청소년상담이라는 것이다. 둘째, 발달단계에 따른 구분으로서 청소년의 여러 가지 발달 특성과 관련된 적응의 문제를 다루는 상담이 곧 청소년상담이라는 것이다. 이것은 첫째의 경우와 유사하나 전자의 경우가 집단적이고 사회·문화적인 성격이 강하다고 하면 발달단계에 의한 구분은 좀 더 개인의 발달과정에 초점을 두는 유형이라고 하겠다. 셋째, 문제 유형에 의한 구분으로서 청소년비행이나 적응의 문제와 같이 청소년에게 특히 더 발생하는 문제, 즉 청소년문제를 다루는 상담이 청소년상담이라는 것이다.

이러한 개념들을 토대로 본다면 청소년 개별상담은 도움을 필요로 하는 청소년과 전문적 훈련을 받은 상담가의 개별적인 관계를 통해 자신과 주위 환경에 대한 이해를 촉진함으로써 적응과 발달을 위한 변화를 가져오는 조력활동이라고 정의할 수 있다.

청소년복지의 접근에 있어 청소년 개별상담의 목표를 구체적으로 제시하면 다음과 같다.

첫째, 행동변화의 촉진이다. 청소년으로 하여금 좀 더 생산적이고 만족스러운 삶을 살 수 있도록 청소년의 행동변화를 가져오는 것이 필요하다.

둘째, 적응기술의 증진이다. 청소년기의 가장 중요한 발달과업은 청소년기에 일어나는 신체의 변화, 인지능력의 변화, 역할의 변화, 부모나 사회에서의 기대의 변화 등과 같은 다양한 변화에 대해 슬기롭게 대처함으로써 건강한 성인으로 성장할 수 있도록 하는 것이다. 따라서 다양한 환경으로부터의 요구와 자신의 욕구를 어떻게 조율해서 원만한 사회적 기능을 수행하도록 하는 적응기술을 습득하느냐가 청소년 개별상담의 중요한 목표이다.

셋째, 의사결정 기술의 함양이다. 부모에 의해 제시된 것을 단순히 수용하던 아동기와는 달리 청소년기부터는 다양한 선택의 기로에 서게 된다. 따라서 합리적인 의사결정은 매우 중요한 삶의 기술이다. 따라서 상담을 통해 청소년은 자연스럽게 합리적인 의사결정 과정을 체험하고 학습할 수 있어야 한다.

넷째, 인간관계의 개선이다. 청소년기는 아동기에 비해 대인관계가 확대되고 대인관계에 의해 자아정체감을 형성하기도 하며 사회생활의 적응력도 높인다. 따라서 인간관계를 원만히 할 수 있도록 하는 것은 청소년상담의 중요한 목표가 된다.

다섯째, 청소년의 잠재력 개발이다. 청소년들로 하여금 자신의 능력을 바르게 인식하고 잘못 인식하고 있던 자신의 특성이나 미처 발견하지 못한 자신의 잠재력을 새롭게 발견하도록 하는 것은 중요한 청소년상담의 목표가 된다.

여섯째, 자아정체감 확립과 긍정적 자아개념 형성이다. 자아정체감의 확립은 청소년기의 가장 중요한 발달과업으로 자아정체감을 확립하지 못하면 정체위기(identity crisis)를 경험하게 된다. 긍정적인 자아상과 자아개념을 갖게 되면 자신감을 가지고 행동할 수 있으나 부정적인 자아상과 자아개념을 갖게 되면 자기 자신에 대해서 열등감을 갖게 되고 원만한 인간관계를 형성하기도 어렵다.

2. 청소년 개별상담의 이론과 기법

청소년상담 이론은 각각의 이론이 지향하는 철학적 관점, 인간관, 심리적 문제를 보는 시각 등에 따라 상이하지만, 크게 인간의 감정, 사고, 행동 중 어느 것을 강조하느냐에 따라 정의적 접근, 인지적 접근, 행동적 접근으로 구분할 수 있는데 그 내용은 다음과 같다.

첫째, 정의적 접근은 청소년이 자신에 대하여 느끼는 방법을 변화시킴으로써 행동을 변화시키는 것으로, 여기에는 인간 중심 상담, 형태주의 상담, 실존주의 상담, 정신분석적 상담 등이 있다.

둘째, 인지적 접근은 청소년이 심리적·정서적 어려움을 연결시키는 사고과정에 초점을 두고 그러한 사고방법에 변화를 두려고 하는 것으로서 합리적·정서적·행동적 상담, 교류분석 등이 있다.

셋째, 행동적 접근은 청소년의 문제되는 행동을 변화시킴으로써 사고도 변화시킬 수 있다고 보는 관점으로서 행동주의 상담, 현실치료 등이 있다. 이 중에서 청소년상담에 유효한 것으로는 인간 중심 상담, 합리적·정서적·행동적 상담, 형태주의 상담,

현실치료와 해결 중심 상담 등을 들 수 있다. 이 책에서는 인간 중심 상담, 형태주의 상담, 현실치료에 대해 살펴보고자 한다. 합리적·정서적·행동적 상담과 해결 중심 상담은 청소년복지에서 이미 활발하게 사용되는 접근이라 이 책에서는 다루지 않고자 한다. 이에 대한 구체적 내용을 알고자 한다면 사회복지실천기술론(남미애·윤숙자, 2013)을 참고하길 바란다.

1) 인간 중심 상담

(1) 상담목표와 주요 개념

인간 중심 상담은 1930~1940년대에 미국의 심리학자인 Carl Rogers의 이론에 근거하여 발전한 상담의 접근방법이다. 이 이론은 당시 Freud의 이론과 지시적 상담에 대한 회의에서 생겨나기 시작하였다. Rogers는 전통적인 이론들이 상담가의 지식과 기술에 크게 의존하고 클라이언트의 생각은 덜 중요하게 다룬다는 점에서 클라이언트의 문제해결에 한계를 가진다고 본다. 오히려 모든 인간은 근본적으로 자기실현을 추구하는 동기와 스스로 문제를 해결할 수 있는 능력을 가지고 있기 때문에, 상담가가 따뜻하고 수용적인 분위기를 조성한다면 얼마든지 클라이언트의 성장 잠재력이 발현된다고 본다.

따라서 상담가는 클라이언트가 스스로 성장할 수 있도록 동기화할 수 있는 최적의 환경을 제공하는 사람으로서 비지시적이어야 한다고 주장하였다. 이러한 그의 주장에 따라 Rogers의 상담이론은 처음에는 비지시적 상담으로 불리다가 클라이언트의 긍정적인 성장 가능성을 중시한다는 면에서 클라이언트 중심(client-centered) 상담으로 개칭되었으며, 현재는 보다 많은 장면에서 활용되면서 인간 중심(person-centered) 상담으로 불리고 있다.

인간 중심 상담에서는 인간을 선천적으로 선하며 진실되며 이성적일 뿐 아니라 누구나 본래 실현 경향성을 지니고 있기 때문에 자신의 내적 잠재력을 발휘함으로써 자신을 유지·향상·발전시키고자 하며 끊임없이 성장해 가는 존재라고 가정한다.[1] 또한 인간의 성격을 구성하는 핵심적인 요소로는 유기체, 현상적 장, 자아개념

1 Rogers는 실현적 경향성(actualizing tendency)과 자아실현을 위한 경향성(tendency toward self-actualizing)이라는 개념을 통해 인간관을 제시하고 있다. 전자의 개념은 모든 유기체는 자기 자신을 보존하고 실현하며

등이 있다고 전제하고 이를 통해 인간의 성격변화 과정을 설명하고 있다(설기문, 1992 : 130-131). 그 내용을 정리하면 다음과 같다.

유아에게 있어서 존재하는 유일한 세계는 그의 경험세계로서, 이를 통해 현실을 자각하게 된다. 또한 유아에게는 자기를 실현하려는 선천적 경향이 있을 뿐 아니라 이와 더불어 자신의 유기체를 고양시키는 것으로 지각되는 경험들에 대해서는 긍정적인 가치를 부여하고, 자기실현화 경향에 상반되는 경험에 대해서는 부정적인 가치를 부여하는 생득적인 능력을 가진다.

그러나 유아가 성장함에 따라 '내가 아닌(not-me)', '저 바깥에 있는(out-there)' 사물과 사건을 인식하게 되고 자신과 남을 구별하게 된다. 이러한 일련의 과정을 통하여 자아에 대한 각성이 생기고 더불어 온정과 애정 등 긍정적인 관심에 대한 욕구가 생긴다. 이는 선천적으로 모든 인간에게 내재된 것이지만 문제는 이것이 오직 타인들에 의해서만 충족될 수 있다는 점이다. 의미 있는 타인들(significant others)로부터 긍정적인 관심을 받고자 하는 유아의 욕구는 때때로 부모 등 다른 중요한 타인들에 의해 수용되지 못하고 충돌을 일으키는 경우가 있다. 그것은 유아가 진정으로 바라거나 의미 있다고 여기는 것과 부모의 입장에서 바람직하고 좋다고 여겨지는 것이 다를 수 있기 때문이다.

이럴 때 유아는 자아실현화를 위한 욕구보다는, 자신에게 필요한 관심과 애정의 욕구를 충족시켜 주는 다른 사람들의 생각과 가치를 받아들이게 되고 그것이 마치 진정한 자신의 것인 양 생각하게 된다. 즉, 이것은 유아가 진정한 자신의 욕구에 따라 살지 못하고 다른 사람의 관심과 애정을 받기 위해 타인의 기준이나 욕구에 맞추어 살아가는 상태이다. 이 경우 타인의 관심과 사랑에 의해 충족되고 형성되는 자아개념과 자아실현화를 원하는 유기체적 경험 간에는 불일치가 생길 수 있다. 그 결과 인간은 불안을 경험하게 되고 이러한 심리적 부적응 상태에 대처하기 위해 방어기제를 사용하면서 적응해 나간다.

그러나 개인의 자아개념과 그의 경험에 대한 평가 간에 부조화가 너무 심하면 방

또 고양시키려는 하나의 기본적인 경향과 노력을 지니고 있으며, 유기체는 유전에 의해 규정된 방향에 따라 스스로 실현하며 그러한 경향은 장기간에 걸쳐서 더 성숙하고 확장되며 자율적이 된다는 것이다. 이러한 실현적 경향은 모든 생물체가 보편적으로 가지는 것이지만 인간에게는 심리적 차원에서의 실현적 경향도 있는데 이를 후자라고 설명하고 있다. 즉, 자아실현을 위한 경향성이란 자신을 유지시키거나 향상시키고자 인간의 모든 능력을 개발하는 유기체의 선천적인 경향성을 나타낸다(설기문, 1992 : 131).

어기제는 더 이상 작용할 수 없게 되고 급기야는 정신건강에 문제를 일으키게 된다고 가정한다. 따라서 인간 중심 상담에서는 청소년이 부적응적 행동을 일으키는 원인을 청소년이 갖는 자아개념과 경험과의 불일치에서 찾고 있다. 즉, 청소년이 자아개념의 틀에 얽매여서 자신의 경험을 있는 그대로 인식·수용하지 못하는 경우, 실제로 경험과 자신의 관념을 혼동하게 되고 더 나아가서는 왜곡된 현상적 장에 따라 생각하고 느끼며 행동하게 되기 때문에 생활에서의 부적응이 심해진다는 것이다.

청소년에게 자아개념과 경험 간에 불일치를 일으키게 하는 가장 큰 요인은 부모나 친구, 교사 등 청소년이 중요하다고 생각하는 주변 사람들의 영향이다. 즉, 청소년을 둘러싼 부모나 주위 사람들은 청소년을 자기들의 가치체계(Rogers는 이를 가치조건이라 함)에 따라 평가하여 칭찬이나 꾸중을 한다. 주위 사람들의 이러한 가치체계에 따른 평가가 청소년에게 내재화되어 청소년의 자아개념을 형성하게 된다. 따라서 주위 사람들의 청소년에 대한 평가가 유기체로서 청소년이 갖는 다양한 면을 고려하지 않은 채 겉으로 드러난 행동만을 고려한 것이고, 청소년 자신도 이러한 평가들을 그대로 내재화한 경우에는 청소년의 자아개념은 자신의 경험과 괴리되고 만다. 요컨대, 부모나 주위 사람들이 그들의 가치체계에 따라 청소년을 평가하고 그 가치체계에 따르기를 강요할 때에 청소년의 자아개념과 경험의 불일치가 생겨난다는 것이다(천성문, 1998 : 101-102).

Rogers는 건강한 인간이란 진정한 자기 자신이 되며 자기가 아닌 것을 가장하거나 진정한 자아의 일부를 숨기지 않는 자아실현을 하는 사람이라고 보고 이와 같은 사람을 특별히 "충분히 기능을 발휘하는 사람(fully functioning person)"이라고 불렀다(설기문, 1992 : 133-135). 따라서 인간 중심 상담에서는 청소년으로 하여금 충분히 기능하는 인간으로 성장하도록 돕는 것을 궁극적인 상담목표로 한다. 이를 위해 안전한 분위기를 제공해 주고 자신을 탐색하게 만든다. 이렇게 함으로써 성장을 방해하는 요인이 무엇인지를 알게 하고, 과거에 부인하고 왜곡했던 자신을 순수하게 경험하도록 만드는 것이다. 따라서 결과적으로 클라이언트로 하여금 자기 자신을 개방하고 자기 자신을 신뢰하며 기꺼이 변화할 수 있도록 하고, 나아가서는 자발성을 증가시키고 보다 생동감 있게 살아나갈 수 있도록 도와준다(남상인, 1999 : 335).

(2) 상담의 과정과 기술

이 접근법은 청소년의 특정한 문제를 해결해 주는 데 있는 것이 아니라, 그로 하여금 개인 속에 이미 존재하는 소질·가능성을 발현시키는 것, 즉 그의 실현 경향성을 활성화시켜 경험과의 불일치를 초래하는 자아개념을 변화시키는 데 초점을 둔다.

이러한 자아개념의 변화는 상담가가 어떤 특정한 방법이나 기법을 적용하는 것보다 상담가와 청소년의 관계가 더 중요하게 작용한다고 본다. 즉, 청소년이 자유롭고 신뢰로운 상담관계 속에서 자신의 경험을 더 편안하게 이해하고 수용할 수 있게 되면, 이러한 경험은 상담실 밖에서도 편안한 자기이해와 수용으로 이어진다는 것이다. 특히 청소년은 상담가의 태도를 관찰하고 모방함으로써 다른 사람들과의 관계를 향상시킬 수 있다는 것이다(천성문, 1998 : 103).

이러한 인간 중심 상담의 과정을 설명하면 다음과 같다(이혜성 외, 1996 : 112-115).

① 1단계 : 이 단계는 경험에 대한 융통성과 거리가 필요한 단계이다. 클라이언트들은 자신을 드러내려고 하지 않는다. 자신의 감정이나 내면의 의미를 인식하지 못하고 실제의 문제를 인식하지 못하므로 변화하려는 욕구도 없다. 자신을 둘러싼 세계에 대하여 그다지 관심이 없거나 인식하지 못한다.

② 2단계 : 이 단계의 클라이언트들은 첫 번째 단계보다 조금 개방되어 있다. 그들은 자기 주제에 대해서 토론하기 시작한다. 자신의 상황에 대한 개인적인 책임감을 아직은 느끼지 못한다. 감정은 명백하게 드러날 수 있으나 그러한 감정을 인식하거나 자신의 것으로 소화하지는 못한다.

③ 3단계 : 이 단계에서 클라이언트는 자신과 자신의 현재 경험에 대해서 이야기하기 시작한다. 그러나 아직까지 자기에 대한 인식은 타인에게 비쳐지는 이미지 정도에 제한되어 있다. 그들은 과거의 감정들을 자유롭게 이야기하지만 현재의 감정은 부정하기도 하고 느끼지 못하기도 한다. 또한 클라이언트들은 자신이 효율적으로 개인적인 선택을 할 수 없음에 좌절하기도 한다. 대부분의 클라이언트들이 세 번째 단계에서부터 상담과정에 참여하게 된다.

④ 4단계 : 이 단계에서는 과거의 강렬한 감정들을 인식하고 받아들이게 된다. 그러나 자신의 감정을 인식하고 받아들이는 데 약간의 공포와 두려움을 느끼기도 한다. 클라이언트들은 이 시기에 자신의 책임감을 어느 정도 수용하기도 한

다. 이 시기는 상담가와 깊은 관계를 맺는 것을 두려워하면서도 그 관계에서 영향을 받기 때문에 이 관계를 실험하는 단계라고 할 수 있다.

⑤ 5단계 : 이 단계에서는 현재의 감정들이 자유롭게 표현되지만 이러한 감정들에는 기쁨보다는 놀라움과 공포를 동반하게 된다. 이제 스스로 자신의 감정들을 수용하고 자신의 경험을 있는 그대로 인식하게 된다. 경험에 맞는 적절한 감정을 느끼고 자신의 문제를 해결하려는 책임감을 받아들이게 된다. 이 시기의 클라이언트들은 유기체적 가치를 재정비하는 과정이라고 할 수 있다.

⑥ 6단계 : 이전에 금지되었던 감정들이 자유롭게 흐르고 기쁨과 즉각성으로 경험된다. 더 이상 자신의 경험을 객관적인 사물로 받아들이지 않고 주관적으로 그 순간에 존재하게 된다. 이러한 심리적인 이완은 신체적인 이완을 동반하기도 한다. 눈물, 한숨, 웃음, 이완 등이 자주 나타나게 된다. 불일치는 일치에 가까워지고 더 이상 현재의 문제를 가지고 있지 않게 된다. 이 시기부터는 상담가의 도움이 많이 필요하지 않게 된다.

⑦ 7단계 : 이 시기는 상담의 단계에서는 많이 볼 수 없다. 왜냐하면 더 이상 상담이 필요하지 않기 때문이다. 이 시기의 클라이언트들은 즉각성과 개방성을 가지고 새로운 감정들을 경험하게 된다. 사람들은 자신의 감정뿐 아니라 자신의 감정상에서 느껴지는 변화도 함께 인식하게 된다. 그들은 자신의 경험에 대한 신뢰를 하게 되고 그 과정을 즐기기도 한다. 굳게 굳어져 있던 구조들이 자유롭게 주관적인 세계 속으로 흐르게 된다.

이러한 과정에서 상담가의 역할은 청소년을 만나는 가운데 자기 자신 속에서 이루어지는 여러 가지 경험과 클라이언트에 대한 수용과 공감적 이해의 경험을 클라이언트에게 표현하는 것 이외에는 아무것도 아니다. 청소년의 대리자아가 되어 느끼고 생각한 것을 청소년에게 전달할 뿐인 것이다. 상담가는 청소년을 진단한다든지, 청소년의 문제에 대한 처방을 한다든지, 어떤 지시 · 설득 · 충고도 하지 않는다.

한마디로 인간 중심 상담은 첫째, 상담의 과정이나 문제해결에 대한 클라이언트의 책임과 주체성을 강조하고, 둘째, 수용적인 상담관계의 중요성을 강조하며, 셋째, 수용적인 상담관계의 분위기에서 클라이언트가 자신을 자유롭게 표현할 수 있게 되고 그러한 과정에서 클라이언트가 자신의 문제의 해결책을 스스로 찾을 수 있게 한다는 특징을 가진다(설기문, 1992 : 138).

인간 중심 상담에서 중요하게 다루고 있는 공감, 무조건적 존중, 진실성의 내용을 구체적으로 살펴보면 다음과 같다.[2]

◎ 공감 : 공감(empathy)이란 상담가가 클라이언트의 생각, 감정, 경험에 대하여 상담가 자신의 주관적인 입장에서가 아니라 클라이언트의 입장에서 듣고 반응하는 것이다. 이것은 상담가가 클라이언트에게 던져주는 단순한 하나의 언어반응이 아니라 상담가가 클라이언트와 '함께하는(being with)' 과정(process)이라고 보는 것이 정확하다(설기문, 1992 : 140).

공감은 첫째, 상담가가 클라이언트를 잘 이해하고 있다는 사실을 말해줌으로써 클라이언트로 하여금 자기존중감을 고양하게 하며, 둘째, 상담가가 클라이언트를 이해하고자 노력하는 모습과 존중적 태도를 통해 클라이언트로 하여금 이해받는다는 느낌과 더불어 신뢰감 형성을 하게 되고, 셋째, 정확한 공감을 통해 자신을 더 깊이 탐색, 이해하도록 촉진하고, 넷째, 클라이언트의 이야기에서 부정확한 부분에 대한 수정을 할 수 있게 한다.

공감은 크게 기본적인(basic) 공감과 깊은(advanced) 공감으로 분류될 수 있다. 기본적 공감을 표현하는 일반적인 공식으로는 '~ 때문에(특정 감정을 유발한 선행사건이나 행동) ~한 느낌이 드는군요(클라이언트의 감정)'라고 표현할 수 있다.

> 청소년 : 집에 늦지 않으려고 얼마나 애를 썼는데요. 친구들은 다 놀고 있는데 친구를 두고 집에 온다는 것이 쉽지 않잖아요. 그런데도 엄마는 저를 보자마자 화부터 내셨어요. 정말 다시 집 나가고 싶은 심정이었어요.
>
> 상담가 : 늦지 않으려고 노력했는데 어머니가 이야기도 들어보지 않으시고 화부터 내셨기 때문에 네 마음이 매우 언짢아졌구나.

이에 반해 깊은 공감이란 클라이언트가 말한 내용에 초점을 두기보다는 그 이면에 숨겨진 감정이나 클라이언트가 가지고 있으면서도 인식하지 못하는 부분까지 포착하는 것이다.

2 이 부분에 대해 실제적인 것을 더 알고자 한다면 이장호 · 금명자(1991), 이형득 · 설기문 공역(1987)을 참고하길 바란다.

청소년 : 우리 엄마는 나를 믿지 않아요. 가만히 두면 제가 알아서 잘 할 텐데 사사건건 간섭이에요. 엄마는 내가 정말 미운가 봐요.

상담가 : (기본적 공감) 엄마가 사사건건 간섭하기 때문에 속상하겠구나.
(깊은 공감) 엄마에게 좋은 딸로 인정받고 싶구나.

◎ 무조건적 존중 : 무조건적 존중(unconditional regard)이란 속으로든 겉으로든 판단적인 행동을 보이지 않는 것으로서 상담가가 조사를 하거나 해석을 하지 않고 또 시인이나 부정하는 태도를 보임이 없어 클라이언트를 전적으로 신뢰하고 수용하는 것을 말한다(설기문, 1992 : 141). 자기를 수용하지 못하는 클라이언트는 다른 사람이 자기를 중요하게 여기지 않을 것으로 예측하고 다른 사람과의 관계에서 방어적인 행동을 보이게 된다.

그러나 오히려 이러한 행동은 주위 사람들로 하여금 더 멀리하게 되는 요인으로 작용한다. 그 결과 클라이언트는 자신은 정말 타인으로부터 관심과 인정을 받지 못하는 사람이라고 확신하게 되고 더욱 방어적인 행동을 하게 됨으로써 역기능적 순환과정을 반복하게 된다.

일반적인 관계와는 달리 상담가의 무조건적 긍정적인 배려는 클라이언트로 하여금 이러한 악순환 과정을 깨뜨리게 하고 이로 인해 클라이언트는 새로운 인간관계를 경험하게 된다. 이러한 관계가 계기가 되어 클라이언트는 점점 상담가에게 자기를 드러내게 되고 급기야는 진정한 자신의 모습을 탐색할 수 있는 용기를 갖게 된다. 상담가는 클라이언트의 의견에 동의하지 않을 수 있지만 클라이언트를 하나의 인격체로서 존중해야 한다. 반대 의견을 이야기할 경우에는 부드러운 음성이나 기타 비언어적 단서로써 클라이언트를 인격적으로 수용하고 있다는 것을 전달해야 한다. 상대방을 존중하면서 반대 의견을 표명하는 모습은 클라이언트에게 무엇보다도 좋은 모델이 될 것이다. 무조건적 존중의 예를 살펴보면 다음과 같다.

청소년 : 선생님. 저는 이 문제를 어떻게 해결해야 할지 정말 모르겠어요. 그냥 가슴만 답답하고 무엇을 해야 할지 막막하기만 해요.

상담가 : 네가 이처럼 힘들어하는 것을 보면 정말 쉽지 않은 문제인 것 같아.

◎ 진실성 : 진실성(genuineness)은 상담가가 클라이언트와의 관계에서 나타내는 반응이 순간순간 그가 내적으로 경험하고 느끼는 바와 합치되는 상태를 의미하는 것

으로 가식적이지 않은 있는 그대로의 모습을 진솔하게 나타내는 것을 말한다. 이는 진솔성(authenticity), 일관성(congruence)이라는 용어로 불리기도 한다.

그러나 이것은 상담가의 감정을 모두 표현하라는 것은 아니며, 다만 표현한 것이 진실되고 일관성이 있어야 한다는 것이다. 이를 위해서 상담가는 자신의 감정을 표현하기에 앞서 자신의 감정이 무엇인지를 파악해야 할 필요가 있다. 또 자신의 감정을 알려면 자신에 대한 자각이 있어야 한다(이장호 · 금명자, 1991 : 71-72). 이러한 진실성은 클라이언트로 하여금 상담과정을 더욱 신뢰하도록 하고 더 나아가서는 자신에 대한 개방과 수용을 할 수 있는 기회를 제공하고 자신도 진실성 있는 사람이 되고자 노력하게 되는 효과를 갖게 한다.

진실성의 반응을 행할 때 주의해야 할 점은 다음과 같다(설기문, 1992 : 144). 첫째, 진실성은 클라이언트의 경험에 대한 상담가의 반응을 말하는 것이므로 단순한 자기노출과는 구별되어야 한다. 상담가의 자기노출은 자기 자신에 관한 정보, 생각, 느낌, 경험을 드러내 놓은 것이다. 둘째, 진실성은 클라이언트의 현재 관심사나 상황과 관련된 것이어야 한다. 이를 위해 상담가는 먼저 클라이언트에 대한 자신의 느낌을 인식해야 하고 그 다음 그것을 정확하게 표현할 수 있어야 한다.

〈매번 상담시간에 10분씩 지각을 하는 청소년이 있는데 그때마다 비슷한 변명을 해왔다〉

청소년 : 오늘은 절대 안 늦으려고 했는데 또 지각을 했어요. 죄송해요. 선생님. 다시는 늦지 않도록 할게요.

상담가 : 네가 번번이 늦는 게 마음에 걸렸어. 매번 다시는 늦지 않겠다고 약속하지만 잘 안 되는 것 같구나. 오늘은 그 점에 대해 이야기해 보는 것이 좋을 것 같아.

2) 형태주의 상담

(1) 상담목표와 주요 개념

Frederich Perls에 의해 창시된 형태주의(Gestalt) 상담은 '지금-여기'에서 청소년의 자각을 증진시킴으로써 보다 실존적인 삶을 살아가도록 하는 데 중점을 두는 접근법이다. 이 상담은 정신분석 이론, 신체이론, 장이론, 게슈탈트 심리학, 사이코드라마 기법, 실존철학, 동양사상, 그중에서도 특히 도가(道家)와 선(禪) 사상 등의 광범위한 영향을 받으면서 탄생하였다. 게슈탈트(Gestalt)라는 개념은 '전체', '형상, '형태',

'모습' 등의 뜻을 지닌 독일어로서 형태주의 상담에서는 게슈탈트라는 개념을 상담 영역에 확장하여 '개체에 의해 지각된 유기체 욕구나 감정'이라는 개념으로 사용하고 있다.

형태주의 상담의 주요 개념을 살펴보면 다음과 같다(김정규, 1995 : 355-359 재구성). 형태주의 상담에서는 인간을 기계론적으로 본 Freud와는 달리 인간은 신체, 정서, 사고, 감각, 지각 등이 전체로 통합되어 있다고 본다. 환경에 대한 단순한 반응자가 아니라 외부자각에 대한 자기의 반응을 자유롭게 선택할 수 있으며 자기 자신에 대해 책임을 질 수 있는 창조자라고 가정한다. 또한 인간의 모든 측면들은 하나의 형태(게슈탈트)를 형성하는 방향으로－즉, 미완성된 상태에서 완성된 상태로－나아가는 경향이 있다고 본다. 유기체는 매 순간 그 상황에서 자신에게 가장 필요한 것을 자연적으로 알아서 자각하고 해결한다. 따라서 여러 개의 욕구가 동시에 존재할 경우에도 유기체의 자기조정 능력에 의해 자신에게 가장 필요한 욕구의 순서로 게슈탈트를 형성한다. 다만, 이러한 자연스러운 유기체 활동이 인위적으로 차단되거나 방해받을 경우에 문제가 생긴다.

형태주의 상담에서는 이렇게 개체가 게슈탈트를 형성하여 지각하는 것을 전경과 배경의 관계로 설명하고 있다. 우리가 어떤 대상을 지각할 때 어느 한 순간에 관심의 초점이 되는 부분을 '전경'이라고 하고, 관심 밖으로 물러나는 부분을 '배경'이라고 한다. 개체가 전경으로 떠올렸던 게슈탈트를 해소하고 나면 그것은 전경에서 배경으로 물러난다. 그러면 다시 새로운 게슈탈트가 형성되어 전경으로 떠오르고 해소되고 나면 다시 배경으로 물러나는 과정을 되풀이한다. 이러한 현상을 Perls는 '게슈탈트 형성과 해소의 반복 순환'이라고 부르고, 우리의 유기체적 삶이란 바로 이러한 게슈탈트의 반복순환 과정이라고 가정하고 있다. 예컨대, 놀이를 하고 있는 아이가 갑자기 갈증을 느낀다고 하자. 그러면 갈증이 전경으로 떠오르고 다음 순간 아이는 부엌으로 가서 음료수를 찾아 마신다. 이제 갈증은 해결되어 배경으로 사라지게 되고 새롭게 놀이를 전경으로 떠올려 거기에 열중한다는 것이다.

이러한 전경과 배경의 교체를 위해서는 무엇보다도 알아차림과 접촉이 매우 중요하다. 먼저 '알아차림(awareness)'이란 개체가 자신의 유기체 욕구나 감정을 지각하여 게슈탈트를 형성하여 전경으로 떠올리는 행위 또는 그러한 능력을 말한다. 예를 들어, 아이는 갈증을 인지하였기 때문에 이를 게슈탈트로 형성할 수 있었다. 그 다음으로 접촉은 전경으로 떠오르는 게슈탈트를 해소하기 위해 환경과 상호작용하는 행위를 뜻한다. 예를 들어, 아이는 물을 마심으로써 자신의 게슈탈트를 해소하였다. 만약 둘 중에 어느 한쪽이라도 결여되면 전경과 배경의 원활한 교체가 불가능하다.

이처럼 전경과 배경의 원활한 교체가 이루어지지 않을 때 그것은 배경에서 사라지지 않고 남아 있으면서 계속 전경으로 떠오르려고 노력한다. 이것은 앞서 언급한 바와 같이 해결되지 않은 게슈탈트를 완결 지으려고 하는 유기체의 속성 때문이다. 이러한 완결되지 않은 혹은 해소되지 않은 게슈탈트를 '미해결 게슈탈트' 혹은 '미해결 과제(unfinished business)'라고 한다. 한편 이러한 미해결 과제는 계속 이의 해결을 요구하며 전경으로 떠오르려고 하기 때문에 다른 게슈탈트가 선명하게 형성되는 것을 방해한다. 예컨대, 아침에 부인과 싸우고 출근한 남편은 그것이 미해결 과제로 남아 있기 때문에 편안한 마음으로 회사 일에 집중할 수가 없다. 즉, 회사 일을 선명하게 전경으로 떠올릴 수 없다.

미해결 과제는 전경과 배경의 자연스러운 교체를 방해하기 때문에 개체의 적응에 장애가 된다. 미해결 과제가 많아질수록 개체는 자신의 유기체 욕구를 효과적으로 해소하는 데 실패하게 되고 마침내 심리적·신체적 장애를 일으킨다는 것이다. 즉, 일반인의 경우는 대개 전경과 배경에 있는 욕구의 분별이 가능하고 중요도에 따라 해소가 가능하지만, 심리적 문제를 지닌 사람은 미해결된 욕구가 남아 새로 일어나는 게슈탈트를 잘 지각하지 못하고 혼동을 일으키게 된다는 것이다.

Perls는 미해결 과제를 해결할 수 있는 방법으로 '지금-여기(here and now)'를 알아차리는 것이 중요하다고 본다. 왜냐하면 미해결 과제는 끊임없이 해결을 요구하며 전경으로 떠오르려고 노력하기 때문에 항상 지금 여기에 그 모습을 드러내고 있다. 따라서 개체는 단지 그것을 회피하지 않고 알아차리기만 하면 된다는 것이다. 결론적으로 형태주의 상담의 목적은 청소년이 현재의 환경에의 적응을 방해하는 요인을 제거시키고 그때그때 일어나는 전경을 보다 더 분명하게 부각시킬 수 있도록 하여 자신의 삶에 대한 책임을 질 수 있는 하나의 통합된 자아를 형성하도록 도와주는 것이다.

(2) 상담의 과정과 기술

형태주의 상담 과정은 지금 여기에서 나와 그대(I and thou)가 함께 경험함으로써 클라이언트가 자기를 충분히 각성하여 자기의 부적응 행동의 본질과 그것이 어떻게 자기의 삶을 방해해 왔는지를 알도록 돕는 과정이다(설기문, 1992b : 219). 이를 위해 상담과정에서는 알아차림과 접촉의 증진, 좌절과 지지의 적절한 사용, 저항의 수용, 지금-여기의 강조, 설명이나 분석보다는 경험의 촉진, 클라이언트의 자기책임과 선택 등이 강조된다. 그중에서 알아차림과 접촉의 증진, 좌절과 지지, 저항의 수용 등의 처리에 대해 살펴보면 다음과 같다(김정규, 1995 : 383-387 재구성).

① 알아차림과 접촉의 증진

Perls에 따르면, 알아차림 그 자체만으로도 치료적일 수 있다고 하지만 진정한 가치는 알아차림이 접촉과 연결될 때 비로소 완결된다고 하겠다. 상담가는 클라이언트의 알아차림을 높여주기 위해 클라이언트를 분석하는 것보다는 치료자 자신의 감각 자료들을 더욱 많이 활용한다. 예컨대, 클라이언트의 목소리가 작아진다거나 표정이 어두워지는 것 혹은 신체 자세가 달라지는 것 등을 관찰하여 클라이언트에게 말해줌으로써 클라이언트로 하여금 자신의 내적 상태를 알아차리게 해주는 것이다. 또한 접촉을 증진시켜 주기 위해 상담가는 자신과 클라이언트의 만남을 최대한 접촉적인 관계로 끌어올리는 것이다. 예컨대, 클라이언트가 자신의 문제를 추상적으로 분석하는 데 열중해 있으면 상담가는 그가 상담가와 접촉이 단절되어 있음을 지적해 주는 동시에 치료자가 그와의 접촉 교류에 관심이 있음을 알려주어야 한다.

② 좌절과 지지

상담가는 클라이언트의 자립적인 태도와 행동은 격려하고 지지해 주되 의존적인 태도나 회피행동은 좌절시켜야 한다. 좌절이란 상담가가 클라이언트에게 상처 되는 말을 하거나 꾸중을 하라는 뜻이 아니라 상담가가 클라이언트의 의존적이거나 회피적인 태도를 강화시켜 주지 않아야 함을 의미하는 것으로, 좌절은 클라이언트의 발달 성숙 정도, 상담가와의 라포 형성의 정도를 고려하여 실시해야 한다.

③ 저항의 수용

상담가는 클라이언트의 저항을 수용해야 한다. 저항이란 클라이언트가 유기체의 통합성을 위협하는 외부 압력에 대해 자신을 보호하려는 정당한 노력으로서, 많은 경우 클라이언트의 저항행동은 상담가의 미숙한 혹은 성급한 개입에 대한 클라이언트의 자기보호적 행동이다. 대개 어느 한순간에 클라이언트가 보이는 행동은 그 순간에 클라이언트가 할 수 있는 최선의 행동이다. 따라서 클라이언트가 보이는 저항 행동도 그 순간에 있어서 클라이언트로서는 최선의 행동일 수 있다.

형태주의 상담의 주요 기술로는 욕구와 감정자각, 신체자각, 환경자각, 언어자각, 과장하기, 반대로 하기, 머물러 있기, 빈 의자 기법, 실험 등이 있는데 그 내용을 살펴보면 다음과 같다(김정규, 1995a : 227-285 재구성).

- 욕구와 감정자각 : 욕구와 감정자각은 상담가가 클라이언트의 생각이나 주장 혹은 질문들의 배후에 있는 욕구와 감정을 자각하도록 주의를 환기시키는 것을 말한다. 예를 들면, "지금 어떤 느낌이시죠? 생각을 멈추고 현재 느낌에 집중해 보세요. 지금 그 말씀을 왜 하시는지 자각해 보세요. 지금 좀 화가 나 보이시네요? 지금 당신이 원하시는 것이 무엇입니까?"라고 질문할 수 있다.
- 신체자각 : 신체자각은 클라이언트로 하여금 자신의 신체감각에 대해 자각하도록 함으로써 클라이언트의 감정이나 욕구 혹은 무의식적인 생각을 알아차리게 해줄 수 있다. 예를 들면, "당신의 호흡을 자각해 보세요. 당신의 신체감각을 한번 느껴보세요. 당신의 신체가 무엇을 표현하려고 하는지 알아차려 보세요. 당신은 지금 어깨를 움츠리고 계시는군요. 당신의 손이 무엇을 말하려고 합니까?"라고 질문할 수 있다.
- 환경자각 : 환경자각은 클라이언트로 하여금 주위 사물과 환경에 대해 자각하도록 해줌으로써 환경과의 접촉을 증진시키는 것을 말한다. 클라이언트들은 흔히 미해결 과제로 인해 자기 자신에게 몰입해 있기 때문에 주위 환경에서 일어나는 사건들이나 상황을 잘못 알아차린다. 이때 클라이언트로 하여금 환경을 자각하게 해줌으로써 환경과의 접촉에 새로운 관심과 흥미를 유발시킬 수 있다. 예를 들면, "방 안에 무엇이 보이십니까? 방 안에 전에 없던 새로운 것이 있습니까? 눈을 감고 앞에 앉은 사람의 얼굴을 한번 떠올려 보세요. 눈을 뜨고 그 사람의 얼굴을 자세히 관찰해 보세요. 어떠한 차이가 느껴지십니까?"라고 질문할 수 있다.
- 언어자각 : 언어자각이란 클라이언트가 사용하는 언어에서 행동의 책임소재가 불명확한 경우 상담가는 클라이언트로 하여금 자신의 감정과 동기에 책임을 지는 형식의 문장으로 바꾸어 말하도록 하는 것이다. 예를 들어, '나는'이라고

말해야 할 장소에 '우리', '당신', '그것' 등 대명사를 사용하는 경우에 '나는'이라고 바꾸어 말하도록 요구하며 '하여야 할 것이다', '해서는 안 될 것이다' 등 객관적인 어투로 말하는 경우에 '나는 …하고 싶다', '나는 …하기 싫다' 등으로 바꾸어 말하게 함으로써 클라이언트로 하여금 자신의 욕구나 감정에 대한 책임의식을 높여줄 수 있다.

- 과장하기 : 과장하기란 클라이언트가 어떤 상황에서 자신의 감정을 체험하지만 아직 그 정도와 깊이가 미약하여 그 감정을 명확히 자각하지 못하고 있을 때, 상담가는 클라이언트의 행동이나 언어를 과장하여 표현하게 함으로써 클라이언트의 감정자각을 도와줄 수 있다. 예컨대, 클라이언트가 한 말을 반복하게 하거나 큰 소리로 말하게 함으로써 혹은 작은 목소리를 더욱 작은 소리로 표현하도록 요구함으로써 클라이언트의 감정자각을 도와줄 수 있다.
- 반대로 하기 : 반대로 하기는 평소 행동과 반대되는 행동을 해보도록 요구함으로써 클라이언트가 억압하고 통제해 온 자신의 다른 측면을 접촉하고 통합할 수 있도록 돕는 것을 말한다. 예를 들어, 성적으로 매우 억제된 행동을 하는 클라이언트에게 자신이 창녀나 플레이보이인 것처럼 상상해 보도록 하거나 공격성을 억압함으로써 복종적인 모습만 보이는 클라이언트에게 공격적인 행동을 시연해 보도록 요구할 수 있다.
- 머물러 있기 : 머물러 있기(staying with)란 고통스러운 감정을 피하거나 대항해서 싸우기보다는 그 감정을 받아들이고 동일시함으로써 그것을 중단(stop)시키는 대신에 완결(finish)시킬 수 있다는 것이다. 자신의 감정에 충분히 머물러 있는 작업을 통해 클라이언트는 끊임없이 늘어놓는 자신의 말 속에 매몰되는 대신에 지금 여기의 실존적 삶으로 돌아오게 되며 인지적인 해석이나 설명에 집착하는 대신에 현재의 존재체험으로 나오게 된다.
- 빈 의자 기법 : 빈 의자 기법은 클라이언트가 그 인물이 맞은편 빈 의자에 앉아 있다고 상상하고 그와 대화하는 기법이다. 이러한 기법은 막연한 어떤 사람에 대해서 기술하는 것보다 그 사람과 직접 대화를 나누는 형식을 취함으로써 자신과 그 사람의 관계를 직접 탐색해 볼 수 있는 장점이 있으며 다른 사람에 대한 자신의 감정을 명료화시킬 수 있다.
- 실험 : 실험이란 상담가가 클라이언트의 문제를 명료화해 주고 자각을 증진시

켜 주는 동시에 치료적 작업을 원활하게 하기 위해 클라이언트에게 특정한 장면을 연출하거나 시행해 보도록 제안하는 것을 뜻한다. 예를 들어, 결벽증이 있는 클라이언트에게 상담가의 책상 위에 놓여 있는 물건들을 엉망으로 헝클어뜨려 보라고 요구하거나 혹은 치료 시간 도중에 친구에게 전화를 걸어 시시한 농담을 해보라고 시키거나 부모의 말을 한 번도 거역해 보지 않은 매우 순종적인 클라이언트에게는 치료자가 하는 말마다 모두 부정하도록 시켜보는 것이 있다.

3) 현실치료

(1) 상담목표와 주요 개념

현실치료(Reality Therapy)는 1950년대에 William Glasser에 의해 창시되었다. 이 접근에서는 현재와 현재의 행동에 초점을 두며, 클라이언트가 자신의 욕구를 자신이나 타인에게 피해를 주지 않으면서 현실적인 방법으로 충족시킬 수 있도록 도와줌으로써 클라이언트로 하여금 성공적인 정체감을 획득하도록 하고 자신의 행동의 결과에 대해 스스로 책임을 지도록 하는 것이다(천성문, 1998 : 110).

현실치료에서는 인간의 모든 행동이란 유목적적이고, 우리들의 유전인자 속에 뿌리하고 있는 인간의 기본 욕구를 만족시키기 위해 인간이 선택한 것이라고 가정한다. 또한 인간의 모든 행동들은 우리들이 가지고 있는 기본적 욕구, 즉 소속, 힘, 자유, 즐거움, 생존 등 다섯 가지 중 하나 혹은 그 이상의 욕구를 만족시키려고 항상 노력한다고 본다. 그러나 이상의 다섯 가지 기본적 욕구를 추구하는 과정에서 본의 아니게 우선순위를 결정해야 하는데, 이러한 선택과정에서 인간은 끊임없이 갈등하게 되고 그것을 해소하려는 과정에서 충족과 좌절을 경험하게 된다. 이때 인간은 내적인 욕구가 실현될 수 있도록 감각기관, 지각체계, 행동체계를 통해 자신의 환경을 통제하고 선택하게 된다는 것이다(김인자, 1995 : 423-424).

현실치료에서의 이러한 가정들은 주로 통제 이론에 근거한 것인데, Glasser가 현실요법에서 적용한 통제 이론의 원리를 다섯 가지로 요약해 정리하면 다음과 같다(김인자, 1995 : 425-426).

첫째 원리는 인간은 자신의 욕구와 원함을 충족하기 위하여 행동을 하게 된다는 것이다. 욕구는 인간의 유전적인 속성으로 생래적이고 보편적인 것이고 유전인자 속에 지시된 것이나, 원함은 특이하고 개인적인 것이다. 인간은 자신이 원하는 것을 얻으면 만족해한다. 따라서 자신이 원하는 것을 얻을 때까지 계속해서 어떤 활동을 반드시 하게 된다.

둘째 원리는 개인이 경험하는 환경으로부터 얻어진 지각현상과 자신이 원하는 것과의 차이(좌절)는 행동유발의 원인이 된다는 것이다.

셋째 원리는 활동하기, 생각하기, 느끼기와 생리적 기능으로 이루어진 인간의 전 행동은 목적이 있다는 것이다. 즉, 인간의 행동은 원하는 것과 얻고 있다고 지각한 것 사이의 간격을 줄이고자 고안된 것이다. 곧 현실치료는 우리가 우리의 행동을 선택한다는 사실에 의거한다.

넷째 원리는 활동하기, 생각하기, 느끼기와 생리기능은 분리될 수 없는 행동 요인들로서 개인의 내부로부터 생성되며 대부분 선택이라는 것이다. 우리가 원하는 것을 얻으려고 외부세계를 자기 나름대로 조정하려 할 때, 바라던 물질 대상 자체가 우리 내면세계로 직접 들어오지 않는 것은 당연하다. 바람의 대상은 지각일 뿐이다. 즉, 우리들이 지각하는 것들은 외부세계에서 들어올 때 지각체계를 통해 걸러진 다음 내면세계에 통합된다.

다섯째 원리는 인간은 지각을 통해 세상을 본다는 것이다. 지각에는 두 가지 보편적인 수준이 있는데, 일차 수준의 지각은 사건이나 상황에 대한 지식정보를 내포하는 것이고 이차 수준의 지각은 그러한 사건이나 상황에 대해 가치를 부여하는 것을 말한다. 일차 수준의 지각은 사물을 있는 그대로 받아들인다. 반면 이차 수준의 지각으로 세상을 본다 함은 판단을 내리고 쟁점이나 사건들에 대해 주관적 가치를 부여하고 말이나 행동으로 자신의 입장을 표명하게 하는 차원을 의미한다.

이와 같은 원리를 토대로 한 현실치료에서는 인간의 자기파괴적인 행동도 선택에 의해 행해진다고 본다. 즉, 인간이 우울과 같은 파괴적인 행동을 선택하는 것은 이제까지 화를 냄으로써 타인을 통제했던 사람이 더 이상 화를 내는 것만으로는 부족하다는 것을 알게 됨으로써 보다 강력한 행동인 우울해하는 것을 선택하게 되는 이유, 다른 사람의 동정을 얻기 위한 이유, 좀 더 효율적인 행동을 선택하고 싶지 않은 마음을 변명하기 위한 이유 등이 작용하기 때문이다(김인자 역, 1991 : 93-121).

이와 같은 현실치료는 전통적인 정신분석치료와 비교해 다음과 같은 특징을 갖는다(김인자, 1995 : 424). 첫째, 현실치료는 클라이언트가 정신질환을 앓고 있다는 개념을 용납하지 않는다. 둘째, 클라이언트의 과거나 미래보다는 현재에 초점을 둔다. 셋째, 상담가는 초연적 · 전이적 대상인물이 아니라 따뜻한 인간적인 위치에서 클라이언트와 친밀한 관계를 맺는다. 넷째, 무의식적 행동의 원인을 배제하며 행동의 진단보다는 욕구와 바람과 비교하여 그 행동 선택을 평가함에 초점을 둔다. 다섯째, 행동의 도덕성과 책임성을 강조한다. 여섯째, 현실치료는 통찰과 허용성을 통하여 클라이언트의 행동이 변화하기를 기대하기보다는 적극적으로 효과적인 욕구충족을 위한 새로운 방법을 교육시켜 주는 것을 강조한다.

현실치료의 목표는 클라이언트의 기본적 욕구를 현실적으로 충족하는 방법을 통하여 자신과 대상에 대한 통제력을 습득하도록 도와주는 것이다. 클라이언트가 무엇을 의식하고 있는가에 초점을 두며 클라이언트에게 그의 현재 행동이 그를 위해 도움이 되는 것인지 엄밀히 평가하도록 한다. 그리고 클라이언트가 원하는 것을 선택하게 하고 그의 말을 행동으로 옮김으로써 변화를 위한 계획을 발전시키고 클라이언트가 고안한 완전한 계획에 의존하는 것이다(이혜성 외, 1996 : 171).

(2) 상담의 과정과 기술

현실치료는 크게 두 과정, 즉 상담환경 가꾸기와 클라이언트를 행동변화로 인도하는 과정으로 구성되는데 그 내용을 살펴보면 다음과 같다.

① 상담환경 가꾸기

상담환경 가꾸기란 상담을 성공적으로 이끌기 위해 바람직한 분위기를 형성하는 것을 의미하는 것으로, 특히 상담가는 상담 전 단계에서부터 상담과정에서 해서는 안 될 일과 해야 할 일을 분명히 제시해야 한다.

우선 현실치료는 클라이언트가 자신의 삶에서 변화를 시도하도록 동기부여를 할 수 있는 지지적 환경을 조성하는 것에서부터 시작된다. 상담가는 클라이언트의 언어적 · 비언어적 행동에 주의를 기울이고 침착하고 예의 바르게 행동해야 하며 유머를 사용하기도 한다. 또한 문제를 안고 있는 클라이언트에게 보다 효율적이고 도움이 되는 행동 선택이 얼마든지 가능하다는 신념을 일깨워 주고 일관되고 침착하며 당당한 태도를 지녀야 한다.

반면 상담에서 금지해야 할 사항도 있는데 그 내용은 다음과 같다(김인자, 1995 : 427-445 재구성). 첫째, 상담가는 클라이언트의 변명을 받아들이지 않도록 조심해야 한다. 변명의 허용은 연속적인 변명을 초래하기 쉬우며 결국 자기의 책임을 부정하는 결과를 낳게 된다.

둘째, 상담가는 클라이언트를 비판하거나 처벌하지 말고 논쟁하지 않으며, 클라이언트가 자신이 저지른 행동의 결과에 대한 책임을 지도록 해야 한다. 처벌이나 비난은 처벌자의 화난 감정이 개입되기 쉬울 뿐만 아니라 비교육적이며 처벌받는 자로 하여금 분개와 복수심을 갖게 하고 좌절하는 원인이 되기도 한다.

셋째, 클라이언트를 쉽게 포기하지 말아야 한다. 유능한 현실치료 상담가들은 클라이언트를 절대로 포기하지 않고 최선을 다해야 한다. 이러한 상담가의 행동은 그 자체만으로도 클라이언트에게 치료적 효과가 있다.

② 행동변화를 위한 상담과정

Glasser와 Wubbolding은 현실치료의 실제에서 사용될 수 있는 주요 절차를 W(Wants), D(Doing), E(Evaluation), P(Plan)라고 설명하고 있는데 그 내용을 살펴보면 다음과 같다(김인자 역, 1991b : 51-125 재구성).

첫째, 바람(욕구, 바람, 지각의 탐색, Wants)이다. 이 단계에서는 클라이언트에게 '무엇을 원하는가' 하고 그들의 욕구나 바람에 대한 질문을 한다. 이것은 클라이언트로 하여금 이제까지 희미하게 알았던 자신의 내면세계에 있었던 욕구나 바람을 확실히 알게 하는 동시에 주위 사람들이 클라이언트에게 무엇을 원하는지도 알게 한다.

클라이언트의 욕구를 탐색하기 위한 질문으로는 "당신은 지금 어떤 사람이기를 원합니까?", "현재 상황에서 당신이 진정으로 바라는 것은 무엇입니까?", "당신이 원하는 것을 전부 할 수 있다면 당신은 무엇을 하겠습니까?" 등이 있다.

둘째, 방향과 행동(Direction and Doing)이다. 이 단계는 단순히 태도나 감정뿐만 아니라 활동하기, 생각하기, 느끼기와 생리 기능 등 전 행동을 탐색하여 평가하는 과정이다. 전 행동 탐색하기는 상담가가 상담과정 초기에 클라이언트로 하여금 어디로 가고 있는지를 탐색하도록 도와주는 것이다. 이를 위한 질문으로는 "당신은 지금 무엇을 하고 있습니까?", "상남실에 오기 전까지 실제 당신은 무엇을 했습니까?", "당신은 자신의 문제 해결을 위해 어떤 노력을 하였습니까?" 등이 있다.

현실치료는 현재 행동에 관심을 두고, 과거 사건은 클라이언트가 현재 행동하는 데 영향을 미치는 경우에만 관심을 둔다. 또한 현실치료에서는 클라이언트의 문제와 관련된 감정에 대해 초점을 두기보다는 클라이언트들이 현재 생활에서 자신의 욕구를 충족시키기 위해 어떻게 행동하는가를 중요시한다.

셋째, 평가(Evaluation)이다. 현실치료에서의 평가는 개인의 행동과 욕구의 관계를 점검해 보는 것이다. 클라이언트의 행동 변화를 위한 현실치료에서 가장 핵심이 되는 부분은 스스로 자기평가를 하게 하는 단계이다. 이를 위한 질문으로는 "당신의 지금의 행동이 당신에게 도움이 됩니까?", "당신이 원하는 것은 현실적이거나 실현 가능한 것입니까?", "당신은 현재 당신이 원하는 방향으로 가고 있나요?" 등이 있다. 이러한 질문들은 클라이언트로 하여금 자신의 구체적인 행동을 살펴보고 클라이언트가 최근에 하고 있는 행동들이 클라이언트 자신이 추구하는 것들을 얻는 데 도움이 되는지 혹은 방해가 되는지를 판단할 수 있도록 도움을 준다.

넷째, 계획과 실천(Planning and commitment)이다. 상담과정에서 중요한 일은 클라이언트가 자신의 요구와 욕구를 충족시킬 구체적 방법을 찾도록 돕는 것이다. 계획을 수립하고 실천하는 과정을 통해서 클라이언트들은 자신의 삶을 효과적으로 통제할 수 있게 된다. 그 계획이란 단순하고(simple), 실현 가능하고(attainable), 측정 가능하고(measurable), 즉각적이어야 하고(immediate), 관계가 있어야 하고(involved), 계획한 사람이 통제할 수 있는 것이어야 하며(controlled), 실천할 수 있는 것이어야 하고(committed to), 계속 행해질 수 있는 것이어야(continuously done) 한다.

이처럼 현실치료에서는 클라이언트의 과거사를 추적하거나 그에 대한 분석이나 진단은 하지 않는다. 오로지 상담가는 클라이언트가 취하고 있는 현재 행동에 초점을 맞추어 미래지향적인 설계를 하도록 유도한다. 또한 상담가는 솔직하고 비교적 직선적으로 클라이언트에게 임하게 된다. 아울러 비행, 범죄와 같은 클라이언트의 행동을 사회적 윤리규범의 관점에서 평가하게 되므로 어느 정도 윤리적 교사의 역할을 수행한다.

현실치료에서 주로 사용하고 있는 상담기술은 질문, 유머, 토의와 논쟁, 맞닥뜨림 등이 있는데, 그 내용을 살펴보면 다음과 같다(이혜성 외, 1996 : 177-180 재구성).

- 질문 : 현실치료에서는 상담의 각 과정마다 그에 따른 적절한 질문을 사용한다. 관계 형성 단계에서는 클라이언트의 욕구와 원함이 무엇인지, 또 얼마나 강한지와 관련된 질문을 한다. 방향과 행동 단계에서는 현재의 클라이언트 행동에 초점을 둔 질문을 한다. 평가 단계에서는 클라이언트의 행동이 그의 욕구나 원하는 바를 충족시키고 있는지와 관련된 질문을 한다. 계획과 실천 단계에서는 욕구 충족과 관련된 클라이언트의 현재 행동 중에서 비효과적이고 부정적인 것들을 찾아 이를 효과적이고 긍정적인 것으로 고치기 위해서는 어떻게 해야 하는지에 대한 질문을 한다.
- 유머 : 상담가는 때에 따라 적절한 유머를 사용하여 클라이언트의 긴장감을 풀어주는 것이 중요하다. 클라이언트뿐만 아니라 상담가도 자신의 어리석음, 실수 등과 관련된 긴장감을 유머로써 풀 수 있다.
- 토의와 논쟁 : 상담가가 클라이언트에게 질문을 하면 그에 대해 클라이언트가 대답하는 가운데 상담이 이루어지는 것이 이 상담의 중요한 특징이다. 이렇게 질문을 주고받는 가운데 클라이언트의 대답이나 어떤 말이 현실성이 없거나 합리적이지 못하면 상담가는 클라이언트와 논쟁을 하거나 토의를 한다.
- 맞닥뜨림 : 질문, 논쟁 또는 토의 중 클라이언트의 모순성, 특히 현실적 책임과 관련된 모순성이 보이면 이에 대해 상담가는 맞닥뜨리기를 할 수 있다. 예를 들어, 전공학과가 싫어서 학교를 그만두고 싶은 클라이언트가 그 책임을 그의 어머니에게 돌리는 경우가 있다고 하자. 이에 대해 상담가는 "다른 모든 일도 어머니가 시키면 그대로 실행했습니까?"라고 묻고 그에 대해 클라이언트가 "그렇지 않습니다"라고 하면 상담가는 "다른 일은 어머니가 시키는 그대로 하지 않았는데 학과 선택에 있어서는 어떻게 어머니가 시키는 대로 했습니까?"라고 대응함으로써 결국 현재 다니는 학과는 클라이언트 자신이 선택했다는 점, 다시 말해 모든 것이 자신의 책임임을 인식시킨다.

3. 청소년 개별상담의 개입과정과 전략

1) 청소년 개별상담의 개입과정

청소년 개별상담의 개입과정은 학자에 따라, 이론에 따라 다양하게 구분될 수 있는데 여기에서는 일반적인 청소년상담 단계로서 시작 단계, 사정 단계, 개입 단계, 종결 단계로 구분하고, 각 단계에서 다루어야 할 목표와 과제를 중심으로 기술하고자 한다.

(1) 시작 단계

① 목표

청소년과의 관계를 어떻게 시작하는가는 이후의 전 과정에 영향을 미친다는 점에서 그 의의가 매우 크다. 특히 사회복지기관을 찾아오는 청소년은 자신을 둘러싼 문제로 인해 매우 지치고 절망감에 젖어 있는 경우가 많기 때문에, 이러한 시기에 적합한 개입은 현재 당면한 문제의 완화뿐만 아니라 청소년으로 하여금 문제해결 능력을 고양시켜 미래의 삶에도 긍정적인 영향을 미칠 수 있다.

첫째, 인테이크(intake)이다. 인테이크란 문제를 가진 사람이 전문적 도움을 얻기 위해 사회복지기관에 찾아왔을 때 사회복지사가 그의 문제와 욕구를 확인하여 그것이 기관의 정책과 서비스에 부합되는지의 여부를 판단하는 과정을 의미한다. 접수과정 시 사회복지사는 청소년의 문제와 욕구를 분명하게 확인하고 청소년의 욕구가 기관의 자원과 정책에 부합되는지의 여부를 판단해야 한다. 이를 통해 사회복지사는 청소년에 대한 서비스의 시작, 다른 기관에로의 의뢰 등을 결정하게 된다.

둘째, 참여 유도이다. 비자발적 청소년은 물론 자발적으로 기관에 찾아오는 청소년 역시 인간의 보편적인 감정인 변화의 두려움으로 인해 초기 관계를 맺는 것은 쉬운 일이 아니다. 따라서 이러한 초기 저항에 적절히 대응하여 참여동기를 고취시키는 것은 청소년으로 하여금 문제해결의 주체자로 느끼게 할 뿐 아니라 긍정적인 자아존중감을 갖게 하므로 그 자체로 치료적 의미가 있다.

② 과제

첫째, 문제 확인이다. 청소년이 놓여 있는 체계에 대한 심층적 분석보다는 현재 명백하게 드러나는 문제를 확인한다. 청소년이 생각하는 문제가 무엇인지를 파악하는 것은 사회복지사에 대한 청소년의 신뢰감을 높여주어 관계형성에 긍정적으로 기여할 뿐 아니라 문제 상황을 둘러싼 청소년의 느낌을 이해함으로써 문제에 대한 이해도를 높이게 된다.

둘째, 의뢰이다. 의뢰란 청소년을 다른 기관으로 보내는 것으로 청소년의 문제가 기관의 목적과 기능에 부합되지 않을 때, 다른 기관이 청소년 문제 해결에 더욱 적합하다고 판단될 때 행하게 된다. 적절한 의뢰를 위해 사회복지사는 자신의 기관뿐만 아니라 다른 기관의 정책과 자원 그리고 지역사회의 여타 자원에 대해 잘 파악하고 있어야 한다.

셋째, 관계형성이다. 청소년을 원조관계로 참여시키기 위해 필요한 과제는 사회복지사와 청소년의 관계의 성립이다. 청소년으로 하여금 두려움을 없애고 사회복지사를 신뢰하고 좋은 관계를 유지하기 위해서는 공감적 이해, 진실성, 청소년에 대한 존중적 태도 등이 필요하다.

넷째, 개입활동 계약의 성립이다. 사회복지사와 청소년의 관계는 단순한 정서적 관계 이상의 전문적 관계이다. 이러한 원조관계(helping relationship)를 형성하기 위해서는 개입에 앞서 개입활동 계약(working contract)이 필요하다. 이것은 사회복지사를 통해 제공되는 기관의 서비스와 청소년의 욕구의 공통분모를 찾아내는 것으로 원조에 대한 청소년의 의구심, 불신, 두려움 등을 해소함으로써 원조관계 형성에 효과적이며 결과적으로 청소년의 참여를 유도하는 데 효과적이다.

다섯째, 청소년의 동기 고취이다. 원조활동의 성패는 바로 변화에 대한 청소년의 동기에 달려 있으며 청소년의 동기 유발은 초기 과정의 주요한 과제 중의 하나이다. 특히 비자발적인 청소년의 경우 청소년의 저항적 태도의 실체를 있는 그대로 이해하고 청소년이 원하는 것을 하도록 도와주고 용기를 주는 것이 필요하다.

여섯째, 청소년의 저항감과 양가감정 해소이다. 초기 관계 형성 시 청소년의 저항은 변화에 대한 바람과 두려움이 동시에 존재하는 양가감정에 기인하는 자연스러운 인간의 반응이다. 그러나 원조과정에 대한 저항감이 단순한 양가감정 때문이 아니라 사회복지사에 의해 야기될 수 있음도 고려해야 한다.

(2) 사정 단계

① 목표

첫째, 자료 수집 및 사정이다. 자료 수집과 사정이란 사회복지사가 청소년의 문제에 개입하기 위해 그의 상황에 대한 사실을 수집, 관찰하여 이를 기초로 그에 대한 이해를 하는 과정이다. 자료 수집이 말 그대로 자료를 모으는 일이라고 한다면 사정은 이보다 한 단계 진전된 것으로 사실적 자료를 해석하고 의미를 부여하여 실천적 개입을 위한 함의를 도출해 내는 활동이다. 이러한 자료 수집과 사정은 원조과정 전체를 통해 계속되는 활동이지만 이 단계에 보다 집중적으로 이루어진다.

둘째, 계획이다. 자료 수집과 청소년의 문제와 상황에 대한 일차적 사정이 끝나면 문제해결을 위한 사전준비가 완료된 것이며, 이 다음 단계로 실질적인 문제해결 과정의 시작인 계획 단계가 이어진다. 이 단계에서 사회복지사와 청소년은 개입목표를 설정하고 이를 달성하기 위한 계획을 수립해야 하는데, 특히 중요한 것은 청소년의 자기결정권 보장이다.

② 과제

첫째, 문제 규정이다. 이 단계는 접수 및 참여 유도 단계에서의 문제 확인보다는 보다 심층적으로 문제의 성격과 원인에 대한 이해가 행해진다. 주로 청소년이 갖는 문제 유형으로는 인간관계에서의 갈등, 공식적 조직과의 문제, 역할수행상의 문제, 생활 전환기에서 파생되는 문제, 심리·행동적 문제, 자원의 부재나 결핍의 문제, 의사소통의 어려움 등이 있다. 문제의 규정에 있어서는 청소년의 해결되지 않은 욕구 파악, 욕구를 충족시키는 데 장애가 되는 요인, 문제의 심각성, 지속기간, 변화의 가능성 정도 등을 고려해야 한다.

둘째, 청소년의 자원에 대한 사정이다. 청소년의 자원으로는 교육 정도와 취업 경험, 문제해결 능력과 의사결정 능력, 개인적 자질과 성격, 물리적·재정적 자원 소유, 문제해결에 대한 동기와 의지 등을 고려해야 한다.

셋째, 환경적 측면에 대한 사정이다. 청소년을 둘러싼 환경의 적절성과 부적합성, 긍정적인 면과 취약한 면 등을 사정한다.

넷째, 개입목표 설정 및 계약 성립이다. 청소년이 당면한 여러 가지 문제를 고려하여 개입목표의 설정 및 청소년과 개입에 대한 협의를 해야 한다. 개입목표의 설정에 있어서 고려되어야 할 문제는 다음과 같다. 먼저 문제는 청소년이 스스로 인정하는 문제이어야 하고, 사회복지사와 청소년 모두가 이해할 수 있게 분명한 용어로 정의되는 문제이어야 하며, 사회복지사와 청소년 모두가 현실적으로 해결 가능한 문제이어야 한다. 또한 우선순위의 결정에 있어서는 문제의 긴박성, 심각성, 청소년이 가장 시급히 해결되었으면 하고 바라는 문제, 한정된 시간 · 노력 · 자원으로 가장 효과적으로 해결될 문제 등으로 고려하여야 한다.

효과적인 개입의 관건은 구체적이며 선명한 목표 설정에 달려 있다. 목표가 분명하지 않으면 개입은 실패할 가능성이 크고 개입 결과의 평가 또한 불가능하다. 바람직한 목표가 설정되기 위해서는 누가, 무엇을, 어느 정도, 어떤 조건에서, 언제 등의 내용이 구체적으로 밝혀져야 한다.

(3) 개입 단계

① 목표

개입 단계는 사회복지사와 청소년이 상호 합의하여 결정한 개입목표를 구체적인 행동으로 실천하는 단계로서 이 단계가 사회복지실천과정의 핵심 단계이다.

첫째, 계획 실행과 진전과정에 대한 모니터링이다. 사회복지사는 설정된 목표를 구체적인 하위 목표나 과제로 세분화시켜 실행해야 하며 이러한 활동의 효과 여부를 설정된 목표에 비추어 계속적으로 평가하여야 한다. 개입활동의 타당성, 정확성, 효율성에 대한 평가를 바탕으로 개입의 수정과 지속성이 결정된다.

둘째, 변화의 지속이다. 사회복지사는 개입으로 야기된 변화가 고정되고 지속화되기 위해 도와주어야 한다.

② 과제

첫째, 개입방법의 선택이다. 사회복지사가 선택하는 개입방법은 청소년의 욕구, 기관 특성, 문제 상황의 성격, 사회복지사의 능력에 따라 매우 다양하게 선택될 수 있다. 일반적으로 청소년에 초점을 두는 직접적인 서비스, 환경에 초점을 두는 간접적 서비스로 양분될 수 있고 보다 세부적으로는 인간 중심 상담, 행태주의 상담, 과제 중심 모델, 정신분석, 교류분석, 현실치료 등이 있다.

둘째, 개입 실행이다. 청소년의 문제해결과 수립한 치료목표를 달성하는 데에 가장 효과적인 개입방법이 선택된 다음에는 사회복지사의 구체적인 활동으로 이어진다. 사회복지사는 개입활동의 성격에 따라 상담자, 조정자, 조력자, 교사, 중재자, 대변자 등의 역할을 수행하게 된다.

(4) 종결 단계

개입과정은 개입에 대한 최종 평가와 청소년과 사회복지사 간의 전문적 관계를 종결시킴으로써 끝나게 된다.

① 목표

첫째, 개입활동에 대한 최종평가이다. 평가에 있어서는 청소년과 합의해서 세운 개입목표가 어느 정도 달성되었는지, 사용된 자원과 얻어진 성과는 적절한 비율이었는지, 서비스에 대해 청소년은 만족하는지, 개선되어야 할 점은 무엇인지 등 다양한 측면이 고려되어야 한다.

둘째, 종결이다. 적절한 시점에서 청소년에게 긍정적인 성과를 얻게 한 다음에 돕는 관계를 끝내는 일은 상당한 기술과 신중한 계획이 필요하다. 종결에서 사회복지사는 청소년이 종결에 대한 반응을 긍정적으로 처리하고 지금까지 변화된 부분이 지속될 수 있도록 강화해야 한다.

② 과제

첫째, 적합한 평가방법 설정이다. 상담에 대한 평가는 성과, 과정, 사회복지사라는 3개의 각각 다른 차원에 걸쳐 이루어질 수 있는데, 무엇보다도 적합한 평가방법 및 도구가 사용되어야 한다.

둘째, 종결 시기의 결정이다. 종결은 크게 청소년에 의한 일방적인 종결, 기관의 기능과 관련된 시간 제약에 의해 결정된 계획적인 종결, 사회복지사가 직책이나 직장을 떠남으로써 재촉된 종결 등으로 분류해 볼 수 있는데, 가장 원만한 종결 시기는 문제해결 정도를 고려해 청소년과 합의해서 결정하는 것이다.

셋째, 정서적 반응의 상호 해결이다. 사회복지사는 종결에 대한 청소년과 사회복지사의 부정적 감정들을 해결하고 긍정적 감정들을 유지한 상태에서 돕는 관계를 끝내야 한다. 또한 청소년을 도와서 그가 당면하고 있는 문제를 해결하는 것뿐만 아니라 앞으로 그를 괴롭힐 어쩔 수 없는 곤란들을 극복할 수 있도록 청소년을 강화시키는 것이다.

넷째, 획득된 이득의 강화이다. 원조과정에서 얻어진 청소년의 변화가 원조관계가 끝난 다음에도 지속될 수 있도록 지지, 강화한다.

다섯째, 필요한 경우에는 다른 기관에 청소년을 의뢰한다.

2) 청소년 개별상담의 개입전략

청소년상담은 청소년이 당면한 문제나 어려움을 극복할 수 있도록 돕는 것에서부터 청소년의 성장 가능성을 최대한 발현할 수 있도록 돕는 것까지를 포함한다. 또한 그 대상도 단지 스스로 문제가 있다고 상담을 요청한 청소년에서부터 간접적으로는 청소년의 성장을 촉진할 수 있는 가족, 또래, 학교, 지역사회 등 주위 환경들도 그 대상이 된다.

따라서 청소년에 대한 원조는 단순한 정보 제공에서부터 물질적 지원, 경제적 지원, 심리적 지원 등 구체적인 서비스 제공, 청소년을 둘러싼 환경을 변화시키는 환경 조정, 타 기관으로부터의 의뢰 등 다양한 차원에서 이루어질 수 있다. 이를 위해서는 다음과 같은 전략이 필요하다.

① 열심히 경청한다

청소년의 모든 행동에는 이유와 목적이 있다. 현재 있는 그대로 수용하기 위해 이해되지 않는 부분이 있더라도 말을 가로막지 말고 끝까지 이야기를 들어준다. 설사 이해가 잘 되지 않고 생각이 다소 차이가 있다 하더라도 열심히, 진지하게 경청한다면 그 자체가 훌륭한 상담이다. 상담가는 청소년 자신의 감정 중에서도 특히 부정적인 감정을 표현하고 싶어 한다는 것을 인식하여 자유로운 자기표출이 가능하도록 따뜻한 분위기를 조성해 주어야 한다. 이를 위해서는 청소년의 감정표현을 귀담아 듣고 그의 감정표현을 중단시키지 말고 개방적이고 솔직하게 의사소통을 하도록 고무한다. 이러한 감정표현은 압력이나 긴장에서 벗어나게 할 뿐 아니라 그 자체가 중요한 지지가 된다.

② 공감하고 긍정적인 관심을 말로 표현한다

청소년의 이야기를 청소년의 수준에서 이해하려고 노력하고 이야기를 다 듣고 난 후에 가장 먼저 긍정적인 느낌을 말로 표현하라. 청소년과 관계를 맺는 처음 10분이 상담 전 과정을 좌우한다.

③ 청소년이 현재 당면한 문제가 무엇이며 현재 감정이 어떠한가를 알아본다

상담가와 청소년이 보는 문제가 서로 다를 수 있다. 그러나 가장 우선되어야 할 점은 청소년 자신이 무엇을 문제라고 생각하고 있으며 이에 대해 어떻게 느끼고 생각하는가 하는 점이다. 왜냐하면 똑같은 상황이라고 하더라도 사람마다 문제를 받아들이는 태도나 느낌은 다를 수 있기 때문이다.

④ 지금까지 어떤 노력을 해왔고 무엇을 원하는지에 대해 이야기한다

청소년이 지금까지 이 문제를 해결하기 위해 어떤 노력을 해왔으며 청소년 자신이 원하는 것은 무엇인지를 알아본다. 특히 상담가는 청소년이 지금까지 한 노력에 대해 지지하는 것이 필요하다. 이때 칭찬은 구체적이고 객관적이어야 하며 구체적 행위의 결과에 대해서가 아니라 수행과정에 대한 노력이나 자세에 대한 것이어야 한다. 이러한 태도는 청소년에게 비난과 질타 또는 간섭하려고 하는 것이 아니라 청소년을 인정하고 도우려고 하고 있다는 느낌을 갖게 함으로써 상담자를 신뢰하고 자기를 개방하게 하는 지름길이다.

⑤ 청소년과 함께 공동의 목표를 정한다

상담가가 청소년의 문제해결 전 과정에 개입할 필요는 없다. 또한 청소년이 상담가의 개입을 원하지 않을 수도 있다. 따라서 청소년이 자신의 도움을 원하는지를 알아보고 상담가는 자신이 어떤 단계까지 도움을 줄 것인가를 결정하고 이를 토대로 청소년과 함께 공동의 목표를 정한다. 이러한 결정과정에서 무엇보다 중요한 것은 청소년을 함께 참여시키는 것이며 청소년과 타협을 할 필요가 있다.

⑥ 목표를 달성할 수 있는 다양한 대안을 탐색하고 결정한다

문제해결에 대한 답을 일방적으로 요구할 것이 아니라 청소년 자신에게 적합한 대안을 선택할 수 있도록 다양한 대안을 제시하고 그것의 장단점을 알려준다. 이 과

정에서 청소년 개개인의 독특함을 보지 못하고 획일적이고 편협한 잣대로 이들을 평가하고 판단하거나 아니면 이들에게 지나친 기대를 갖거나 이들이 지닌 능력 이상의 것을 요구한다면 오히려 이들을 낙담시키거나 좌절시킬 수 있다. 따라서 가능한 한 모든 결정은 청소년의 수준과 욕구에 맞추는 것이 필요하다.

⑦ 청소년에게 도움을 줄 유용한 자원을 탐색한다

청소년의 주위에 도움을 줄 자원이 있는지 탐색하고 만약 내부적 자원이 없다면 지역사회에 있는 다양한 자원과 연결시킨다. 혼자서 할 수 없는 것은 주위와 의논하여 힘을 합친다. 만약 주위의 변화나 환경의 변화가 필요하다면 이를 위한 방법을 다양하게 모색한다.

⑧ 상담과정은 긍정적이고 희망적이어야 한다

청소년의 부정적인 면을 강조하기보다는 긍정적이고 강한 면을 강조함으로써 자존감을 높이고 상담 분위기를 희망적으로 이끌며 유머를 사용한다. 또한 청소년에게 너무 성급하게 다가가면 오히려 부담을 과중시킬 수 있다. 따라서 청소년의 수준을 고려하여 같은 수준에서 대응해야 한다. 청소년의 반응이 즉각적으로 나타나거나 관찰이 가능한 경우도 있지만 경우에 따라서는 청소년의 반응이 지연되거나 관찰될 수 없는 것도 있다. 따라서 성급하게 판단하여 실망하거나 포기하지 말고 여유와 인내를 가져야 한다.

⑨ 적절한 곳에 의뢰하는 것도 중요한 원조이다

상담가가 모든 문제를 해결할 수는 없다. 가장 적합한 곳에서 적합한 서비스를 받도록 하는 것도 중요한 원조행위이다. 이를 위해서는 상담가가 자신의 한계를 잘 알아야 하며 지역사회 자원에 대한 정확한 정보가 필요하다.

4. 청소년 개별상담의 실제

청소년 개별상담이 어떻게 적용되는지에 대한 실제를 이해하기 위해 남미애가 다룬 개별상담 사례를 소개하고자 한다. 이 사례는 성폭력피해 청소년에 대한 상담사례로서, 여기에서는 인테이크와 사정(assessment) 단계에서 다루어진 내용을 소개하고자 한다.

1) 인테이크

(1) 인적 사항

- 성 명 : 장미희(가명)
- 성 별 : 여
- 나 이 : 18세
- 교육 정도 : 고 2(산업체 부설학교)
- 경제상태 : 하
- 정보 제공자 : 본인

(2) 주요 문제

- 정서적 불안정 및 신경증적 증세(공포, 불안, 수치심, 우울, 불면증)
- 손상된 상품 신드롬(The Damaged Goods Syndrome)
- 낮은 자아 존중감(self esteem)과 억압된 분노와 적대감
- 남성공포증, 폐쇄된 대인관계 및 직장생활 유지의 어려움, 자살 가능성

(3) 현재 상황

초등학교 때 동네 사는 오빠에게 두 차례 성폭행(초등 3, 초등 5)을 당한 후 그 일에 대해 별 문제 없이 잘 지내왔다. 고 2 와서 매스컴에서 성폭행에 대한 문제가 확대 보도되면서 자신이 순결하지 않으며 더 이상 여자로서 살아갈 가치가 없다는 생각으로 고민, 급기야는 불면증과 식욕 감퇴, 불안, 우울 등의 신경증적인 증세가 나타나기 시작했으며, 요즘 들어서는 귀에서 윙윙거리는 소리가 나고 갑자기 눈앞이 깜깜해져 와 순간적으로 의식을 잃을 때가 있어 학교, 직장생활의 어려움을 겪고 있으며, 한 차례 자살을 계획한 적이 있기 때문에 자살시도의 위험이 내재된 상태이다.

(4) 가족력

- 부 : ○○에서 출생해서 중학교 졸업. 그 후 목공일을 하면서 돈을 모으기 시작했고 클라이언트의 어머니와는 친정부모의 반대를 무릅쓰고 연애결혼함
  가정에 대해 매우 방임적이고 무관심하며 무능력한 편임
  내성적인 성격으로 평소에는 말이 없으나 가끔 술을 먹고 나면 주정을 하거나 행패를 부리곤 했고 자신이 암에 걸렸다는 사실을 알고부터는 더욱더 클라이언트의 어머니를 정신적으로 힘들게 했다고 함. 2년 정도 투병생활을 하다가 클라이언트가 8세에 암으로 사망
- 모 : ○○에서 출생해 초등학교 졸. 남편의 죽음 뒤 남의 밭에 나가 일해주기도 하고 이것저것 닥치는 대로 억척같이 가정일을 꾸려나가고 있음
  왜소한 체격에 허약한 체질로 고질병이 있으나 남편과는 달리 생활력이 강하고 자신이 마치지 못한 교육에 대한 열의가 강한 편임. 남들에게 억울하게 당하지 않으려면 돈을 벌어 잘살아야 한다는 신념이 강함. 끝까지 자신을 고생시키며 떠난 남편에 대한 분노와 배신감이 있으며 부모가 말리는 연애는 절대 하지 말도록 자식들에게 신신당부하고 있음
- 언니 : 중학교 2학년 때 클라이언트와 함께 집에서 성폭행을 당함. 그 후 이 일을 절대 이야기해서는 안 된다고 했으며 지금까지 한 번도 이야기를 꺼낸 적이 없었음. 산업체 부설학교를 졸업하고 난 뒤 회사에 취직하고 있으나 남자들과 교제가 문란한 편이며 현재 사귀고 있는 남자와의 관계에서 임신하여 어머니와의 사이가 극도로 나쁜 상태임. 집안의 어려운 상태에 대해서는 무관심한 편이고 자신의 집이 어려운 것에 대해 많은 불만을 가지고 있음
- 동생 : 클라이언트와 나이 차이가 많이 나서 감정적으로 귀여워하고 있음

(5) 개인력

- 초등학교 시기 : 성폭행을 당하기 이전까지는 활발하고 쾌활한 성격이었고 집안일을 잘 도왔으며 성폭행 이후에도 별 무리 없이 잘 지내온 편임
- 중학교 시기 : 사춘기가 시작되면서 자신의 가족을 고생시키며 떠난 아버지와 지나치게 바둥거리며 사는 어머니에 대한 양가감정을 가지기 시작함. 불쌍한 어

머니를 위해 동생의 공부는 자신이 시키겠다는 생각으로 산업체 부설학교를 지원함. 성격이 점점 내성적으로 바뀌기 시작했지만 교우관계는 원만한 편이었으며 성적은 중간 정도

- 고등학교 : ○○으로 전학을 와 기숙사에서 생활함. 월급은 모두 어머니에게 보내고 어머니에게서 용돈을 받아 쓰고 있으며, 고 2 때부터는 기숙사 생활에 권태감을 느끼기 시작했음

2) 사 정

(1) 문제

① 의료적 문제 : 수면장애, 소화장애 등으로 심신이 매우 허약한 상태

② 심리사회적 문제

- The Damaged Goods Syndrom
- 클라이언트의 낮은 자아 존중감과 우울, 불안 및 무력감
- 남성공포증 및 대인관계 단절
- 사춘기의 독특한 심리 상태 및 사회지지망 부족
- 학업과 일을 병행한다는 것에 대한 정신적 · 신체적 부담감과 극도의 긴장 상태
- 성폭행과 관련된 억압된 분노와 적대감
- 재자살시도 가능성

(2) 강한 점

① 개인적 강한 점(personal strength) : 착하고 순진하고 귀엽게 생겼으며 인내력, 끈기가 있음. 나이에 비해 타인에 대한 배려가 깊고 가족을 생각하는 마음이 깊음

② 가족 및 다른 자원의 강한 점(family and other strength) : 고모가 일본에 살고 있는데 졸업하고 난 뒤 원한다면 일본에서 기술학교를 다닐 수 있도록 해주겠다고 하고 있음. 현재 가족이 살고 있는 곳은 오래전부터 살고 있는 곳이라 어머니가 일할 수 있는 자연적 지지체계가 어느 정도 되어 있음

(3) 약한 점

① 개인적 약한 점(personal weakness) : 자신의 현실에 대한 불만이 누적된 상태이지만 가족을 위해 자신을 희생해야 한다는 생각이 많아 자신의 욕구나 바람을 많이 억제하고 있는 상태임. 자신의 감정을 쉽게 타인에게 드러내지 않음

② 가족 및 다른 자원의 약한 점(family and other weakness) : 가족들이 서로 분리된 듯한 느낌이 들고 애정의 직접적인 표현이나 진정한 관심이 부족하고 가족 구성원 간의 무관심과 지지 부족

(4) 개입목표

첫째, 손상된 자아를 강화시켜 자신에 대한 이미지 개선 및 자존심 고양

둘째, 타인에 대한 신뢰 및 긍정적인 대인관계 유지

셋째, 성폭행으로 생긴 감정을 인정하고 이를 말로 표현하고 더 나아가 이런 감정에서 해방될 수 있도록 원조(특히 죄의식, 수치감, 가해자에 대한 부정적·긍정적 감정, 부모에 대한 부정적·긍정적 감정, 주변 사람, 친구들의 반응에 대한 느낌)

넷째, 현재 클라이언트 상황에 대한 올바른 이해와 성교육 실시

다섯째, 기숙사 사감과 접촉해 기숙사 생활과 학교생활 적응에 대한 원조 지원받음

여섯째, 자살시도 방지

참고문헌

김인자(1995). "현실요법". 윤순임 외 공저. 현대상담·심리치료의 이론과 실제. 중앙적성출판사.
김인자 역(1991a). 당신의 삶은 누가 통제하는가?. 한국심리상담연구소.
________(1991b). 현실요법의 적용. 한국심리상담연구소.
김정규(1995). 게슈탈트심리치료. 학문사.
남미애 · 윤숙자(2013). 사회복지실천기술론. 학지사.
남상인(1999). "청소년상담활동". 한국청소년학회 편. 청소년학총론. 양서원.
박성수(1998). 생활지도. 교육과학사.
서봉연 · 이관용 공역(1984). 심리치료와 카운슬링. 중앙적성출판사.
설기문(1992a). "인간중심적 상담". 이형득 편저. 상담이론. 교육과학사.
_____(1992b). "형태주의적 상담". 이형득 편저. 상담이론. 교육과학사.
이장호(1998). 상담심리학. 박영사.
이장호 · 금명자(1992). 상담연습교본. 법문사.
이장호 · 신희천(1995). "인간중심치료". 윤순임 외 공저. 현대상담 · 심리치료의 이론과 실제. 중앙적성출판사.
이재창(1993). "청소년상담의 발전과정". 청소년상담연구, 창간호.
이형득 · 설기문 공역(1987). 조력기술훈련의 실제. 형설출판사.
이혜성 · 이재창 · 금명자 · 박경애(1996). 청소년개인상담. 청소년대화의 광장.
천성문(1998). "상담이론과 상담기법". 중등전문소양심화과정 일반연수교재. 부산광역시 교원연수원.
홍경자(1995). "합리적 정서적 치료". 윤순임 외 공저. 현대상담 · 심리치료의 이론과 실제. 중앙적성출판사.
George, R. H., & Cristiani, T. S.(1995). *Counseling : Theory and Practices*. Boston, MA : Allyn and Bacon.

Chapter 04

청소년복지의 실천방법 Ⅱ : 청소년 집단상담

청소년 집단상담은 청소년들로 이루어진 집단과 집단상담가가 집단과정을 통해 접근하는 방법으로 청소년기가 또래들과의 상호작용이 증가하고 성인보다는 또래들을 통해 더 많이 영향을 받는다는 측면에서 널리 사용되고 있는 접근법이다. 이 장에서는 청소년 집단상담의 개념과 의의, 구성과 과정, 집단상담의 실제에 대해 살펴보고자 한다.

1. 청소년 집단상담의 개념과 의의

1) 청소년 집단상담의 개념

집단상담과 유사하게 사용되는 용어로는 집단지도, 집단훈련, 집단심리치료 등이 있다. 이들 용어에 대해 학자에 따라 뚜렷이 구분해야 한다는 주장과 통합해서 사용할 수 있다는 주장으로 크게 나누어지고 있는데, 보다 자세하게 그 개념을 살펴보면 다음과 같다(홍경자 외, 1996 : 239-243).

(1) 집단지도

집단지도(group guidance)는 주로 교육적 · 직업적 · 사회적 정보를 제공하는 형식으로 이루어진다. 일반적으로 초 · 중 · 고등학교에서 가장 큰 비중을 차지하는 집단지도의 내용은 신입생 오리엔테이션, 진학지도, 취업지도, 성교육, 학습방법, 수험요령, 여가선용 등의 프로그램이다. 이것은 학생들이 알아야 한다고 인정되는 내용으로서 각 연령별 발달단계에서 요구되는 발달과업상의 정보와 지식을 제공하는 형식을 취한다. 내용과 정보 제공의 방식은 주로 집단을 인도하는 교사가 임의로 결정하여 제시한다. 집단지도 시간에 주어지는 정보는 전통적인 학과목의 지식이 아니고 학생들의 적응과 생활상에 필요한 정보 내지 생활지식이라고 할 수 있다.

보통 집단의 규모는 10~60명이지만, 경우에 따라서는 한 학년 전체와 같은 대단위의 규모로도 가능하다. 집단지도의 기간 역시 1회로 끝나는 경우가 있는가 하면 2, 3회~7, 8회까지 지속될 수 있으며, 1회에 30~50분 내지 2시간 정도 이루어진다.

(2) 집단상담

집단상담(group counseling)은 집단 구성원에게 단지 일반적인 정보를 제공하는 것에 그치지 않고 구성원 개개인의 실제적인 행동의 변화를 가져오는 것을 목적으로 한다. 구성원이 각자의 고민이나 어려운 점을 집단 속에서 표출하면 집단상담자와 구성원 간에 상호작용적인 문제해결의 과정을 거쳐서 자기이해, 자기수용의 태도와 행동의 변화를 성취할 수 있도록 원조하는 것에 초점을 둔다.

집단상담은 정상인을 대상으로 하여 주로 발달적 문제를 취급하기 때문에 지시적인 형태나 집단 중심적인 형태의 상담방법을 취할 수 있다. 집단상담의 구성은 6~12명 정도로 하며, 상담기간을 5~25회 정도로 하고, 1회에 1~2시간 정도로 지속한다. 집단상담에 참여한 구성원들은 자기 자신의 사적인 문제나 고민을 집단에 내어놓고 토의하므로 집단지도와 같이 공동의 목표를 설정하기는 어렵고 오히려 각자가 기대하는 것에 맞추어 개인적인 목표를 설정하고 자기에게 어울리는 방식으로 문제를 해결하려 한다.

(3) 집단훈련

집단훈련(group training)은 어떤 특정한 영역에 대한 기술을 익히는 과정으로 되어 있다. 집단훈련의 경우 창의성 훈련, 발표력 훈련, 사회성 훈련, 감수성 훈련, T-집단 등이 있다. 집단훈련에서는 그 모임에서 기대하는 목적이 뚜렷하고 집단의 흐름이 잘 구조화되어 있다. 집단훈련은 집단지도와 집단상담의 중간 지점에 위치하면서 양자의 특성을 공유한다고 볼 수 있다. 즉, 집단지도에서처럼 구성원들은 공동의 목적을 가지며 필요한 정보를 얻기도 하고, 집단상담에서처럼 구성원 각자가 자신의 어려운 문제와 고민을 털어놓기도 한다.

집단훈련의 규모는 8~30명 정도이고, 훈련기간은 4~12회, 1회에 2~3시간 정도로 한다. 그러나 12회(12~24시간)의 내용을 1~2일에 압축하여 진행하는 마라톤집단(marathon group)의 훈련 일정을 가질 수 있다.

(4) 집단심리치료

집단심리치료(group psychotherapy)는 주로 비정상인을 상대로 하여 정신병원과 같은 임상 장면에서 정신과 의사, 임상심리학자, 상담가, 정신과 간호사들에 의하여 이루어진다. 집단치료의 목적은 구성원의 성격구조의 변화나 부적응적 행동 내지 이상행동의 수정에 초점을 맞춘다. 치료자는 환자의 문제에 따라서 분석적이거나 지시적인 방법으로 치료를 한다. 집단은 4~8명의 환자로 구성된다. 집단심리치료는 문제의 심각성 때문에 치료기간이 10~50회, 즉 수개월 또는 수년이 걸릴 수 있다. 1회는 1~2시간 정도로 한다.

이상과 같은 내용을 요약, 정리하면 〈표 4-1〉과 같으며 이 장에서는 집단상담을 전술한 집단지도, 집단상담, 집단훈련 및 집단심리치료를 한꺼번에 통칭하는 의미로 사용하고자 한다.

〈표 4-1〉 집단지도, 집단상담, 집단훈련, 집단심리치료의 비교

구 분	집단지도	집단상담	집단훈련	집단심리치료
인도자	일반교사 교도교사	상담자	일반교사 상담자	정신과 의사 임상심리학자
대 상	공동목표 정상인	각자의 목표 정상인	공동목표 정상인	각자의 목표 비정상인
문 제	교육적 · 직업적 · 사회적 정보 제공	개인의 적응적 · 심리적 문제	과제에 대한 구체적인 정보 제공과 기술훈련	이상행동과 정신장애
기 간	1~7, 8회 1회 50분~2시간	5~25회 1회 1시간	4~12회 1회 2~3시간 마라톤(1~2일)	10~50회 수개월 또는 수년 1회 1~2시간
횟 수/ 규 모	10~60명, 100~300명 전 학년	6~12명	8~30명	4~8명

주 제	오리엔테이션, 진학지도, 취업지도, 성교육, 학습방법	"나의 성격, 맘에 드는가?" 학업부진을 극복하자	취업면접, 사회성, 발표력, 창의성, 감수성, T-집단	심리극과 나

출처 : 홍경자 외(1996 : 243).

2) 청소년 집단상담의 의의

청소년기는 다른 어느 세대보다도 주변 환경에 민감한 반응을 보이고, 특히 중요한 타인(significant others), 즉 친구 · 부모 · 교사 등으로부터 많은 영향을 받으면서 성장한다. 그중에서도 청소년들은 기성세대의 충고나 개입보다는 동료집단 속에서 영향을 주고받는 것을 선호한다(홍봉선 · 남미애, 1994 : 57-58).

또래집단은 사회적 기술과 전략을 배우고 습득할 수 있는 사회적 배경으로 청소년들에게 매우 중요한 것으로서 청소년 개개인의 행동과 인격에 많은 영향을 준다(남승희 편역, 1993 : 124). 또한 또래집단은 준거집단(reference group)의 기능을 가지고 있기 때문에 청소년들이 접하는 일체의 정보가 개인에게 중요한 준거집단에 의해서 타당성과 적합성이 검토된 후에 수용되거나 배제된다(전병재, 1991 : 48). 따라서 이러한 또래들의 집단화는 청소년의 지지와 격려, 나아가 건강한 행동을 촉진하는 긍정적 자아개념의 형성에도 크게 기여한다.

청소년문제의 해결을 위해서는 청소년을 둘러싼 부모, 가족, 학교 등의 환경의 영향이 매우 큰데, 만약 청소년을 둘러싼 환경이 적절한 기능을 수행하지 못할 때는 청소년의 환경을 개선하고 조정하는 일이 절대적으로 중요하다. 그러나 이러한 환경조정은 막대한 자원과 장기간의 시간과 적극적인 정책적 배려, 환경의 능동적인 참여 등이 수반되지 않는다면 충분한 효과를 얻기 어렵다. 따라서 상담가는 청소년에 적합한 지지적인 환경을 인위적으로 구성하고 그 속에서의 또래집단 구성원들과의 상호작용을 통해 긍정적인 경험을 갖게 하며, 더 나아가서는 긍정적인 자아상을 갖게 한다. 여러 학자들은 집단상담이 치료적 효과를 갖는다고 설명하였는데 이를 정리하면 다음과 같다.

① 이타심 : 집단 참여자들은 서로에게 관심을 보이고 집단 구성원에게 지지와 위로를 하고 도움을 주고자 한다. 예를 들어, 학교폭력 가해행동으로 집단상담에

참여하는 청소년이라고 해도 다른 집단 구성원을 보살피고 타인이 힘들고 고통스러울 때 도움을 주려고 한다. 이런 이타적 경험은 집단 참여자에게 자존감을 높여주고 집단에 대한 만족감을 높일 수 있다.

② 모방행동 : 집단 참여자들은 서로 영향을 주고받는다. 개인상담의 경우 상담가에게만 영향을 받을 수 있다면 집단상담의 경우에는 여러 집단 구성원에게 영향을 받을 수 있다. 상담가나 집단 구성원의 바람직한 행동이나 태도, 생각들을 모방하고 학습하기 쉽다.

③ 보편성 : 집단 참여를 통해 자신이 고민하던 문제가 자신만의 문제가 아닌 다른 사람들도 일반적으로 고민하는 보편적인 문제라는 것을 인식하게 된다. 이런 생각은 심리적으로 큰 위안을 주고 자신에 대해 긍정적인 생각을 하게 하고 문제의 본질에 대해 보다 객관적으로 볼 수 있게 하는 힘을 준다.

④ 안전감과 긴장감 : 집단 참여는 집단 구성원에게 약간의 낯섦과 긴장감을 준다. 이런 긴장감은 새로운 생각이나 행동을 불러일으키는 자극이 될 수 있고 새로운 시도를 하게 한다. 또한 집단 구성원들은 집단 참여를 통해 구성원들과 긍정적 상호작용을 하는 동안 신뢰감을 가지고 집단에 대한 편안함과 안전감을 가진다. 이런 감정들은 집단 구성원으로 하여금 자신의 본래 모습을 개방하도록 한다.

⑤ 변화를 시도하는 자유 : 집단 분위기가 성숙되고 집단에 대한 신뢰감을 느낀 집단 구성원들은 보호받는 분위기 속에서 이전에 하지 못했거나 할 수 없었던 새로운 변화를 시도할 수 있다. 집단 구성원과의 긍정적 상호작용 속에서 타인과 자신의 모습을 되돌아보고 자신의 과거와 미래를 점검하고 자신을 성찰하게 된다. 이를 통해 자신이 진정으로 원하는 것을 알게 되고 자신이 희망하는 새로운 변화를 시도하고자 용기를 낸다.

⑥ 피드백 : 집단참여자들은 집단 상호작용을 통해 서로에 대해 피드백을 주고받는다. 진실하고 따뜻한 피드백을 통해 서로의 생각을 표현하는 동안 각자의 생각과 행동이 타인에게 어떻게 보이는지를 알게 되고 자신의 또 다른 모습에 직면하게 된다.

2. 청소년 집단상담의 구성

집단상담은 크게 청소년상담가, 집단, 집단 구성원 등의 하위 체계들로 이루어지는데 각각의 내용과 특성을 살펴보면 다음과 같다.

1) 청소년상담가

청소년상담가는 집단을 형성, 유지하고 발전시키며 더불어 집단을 종결하는 전 과정에서 다음과 같은 기본적인 역할을 한다.

첫째, 집단 구성원들에게 안내자의 역할을 한다. 자의에 의해서든 타의에 의해서든 집단에 참여하는 사람은 집단이 어떻게 진행되며 어떤 일이 일어날 것인지, 집단에서 어떤 일은 해서는 안 되는지, 집단 경험을 통해 자신들이 바라는 일들이 성취될 수 있는지 많은 불안감과 의문을 가진다. 따라서 상담가는 집단 구성원들에게 집단에 대해 바르게 안내하고 편안하고 안정된 분위기에서 집단을 통해 성장의 경험을 맛볼 수 있도록 도와야 한다.

둘째, 집단 구성원의 권리를 보장해야 한다. 집단 구성원들의 권리를 보호하기 위하여 ① 그들이 말하고자 하는 것만 말하도록 허용하고, ② 집단의 압력으로 어떤 행위를 강요하려는 시도를 막아야 하며, ③ 구성원들 중 어느 누구도 속죄양이 되어 인권을 침해당하는 일이 없도록 해야 한다(홍경자 외, 1996 : 35-36). 상담가는 참여자들이 자신을 위해 무엇을 탐색하고 어떻게 대처할 것인지 결정할 권리가 있음을 알린다. 집단의 압력에 민감하고 참여자들이 다른 사람이 원하지 않는 어떤 것을 하도록 하려는 어떠한 시도도 차단해야 한다. 또한 상담가는 집단과정에서 수시로 비밀보장에 대한 중요성을 강조해야 한다.

셋째, 모델로서의 역할을 한다. 상담가는 집단과정을 통해 청소년에게 건강하고 성숙된 성인의 모습을 보여줌으로써 왜곡된 성인과의 경험을 수정하도록 도울 수 있다. 상담가가 집단 구성원들과 대화를 하거나 문제를 풀어가는 과정을 다른 구성원들이 관찰함으로써 문제해결 기술과 대인관계 기술 등을 배우게 된다. 따라서 상담가는 집단상담 기법의 사용뿐만 아니라 자신의 개인적 가치체계를 통하여 집단 구성원들에게 미칠 수 있는 자신의 영향력에 주의를 기울여야 한다.

넷째, 촉진자의 역할을 한다. 상담가는 집단원들이 그들의 두려움이나 기대하는 바를 솔직하게 표현하도록 돕고, 안전하고 수용적인 분위기를 조성하고 집단원들이 문제를 탐색하거나 새로운 행동을 시도해 보려고 할 때 지지와 격려를 아끼지 않아야 한다.

다섯째, 지지자로서의 역할을 한다. 집단 구성원들은 생활과정 속에서 소외되거나 절망하고 타인으로부터 상처받은 경험들을 가질 수 있는데, 상담가는 이런 부정적인 정서를 노출하도록 돕고 집단에서 위로받고 수용받을 수 있도록 지지하고 격려해야 한다. 이를 통해 집단 구성원들이 자신의 긍정적인 모습을 발견하고 스스로 자신의 운명을 통제하고 자신이 미처 발견하지 못한 가능성을 발견할 수 있도록 하는 것이 필요하다.

이러한 역할을 수행하기 위해 상담가가 집단상담에서 가져야 할 자세는 다음과 같다(홍경자 외, 1996 : 32-34).

① 용기내기 : 상담가는 때때로 실수와 완전하지 못함을 인정하며 집단원들이 경험할 수 있는 어떤 모험을 기꺼이 해보이는 용기를 보여야 한다. 비록 옳은지 확신할 수 없다고 할지라도 육감으로 소신 있게 행동하고 잘못되었다고 느낄 때에는 솔직하게 인정함으로써 집단원들 사이의 진지하고 솔직한 대화를 이끌어 내야 한다.

② 모범 보이기 : 바람직한 행동을 가르치는 최선의 방법은 집단 참여자들에게 행동으로 모범을 보이는 것이다. 상담자는 자신이 자진해서 하려 하지 않는 어떤 것을 집단원들이 하리라고 기대해서는 안 된다. 그러므로 상담가가 자기 자신에 대해 정직하게 털어놓고 개방하고 상대방에 귀 기울이는 진지한 태도가 중요하다고 느끼면 집단 참여자들 앞에서 그런 행동을 해보여야 한다.

③ 심리상태에 동참하기 : 집단 구성원의 감정상태에 참여하는 능력은 상담자에게 매우 중요하다. 그것은 다른 사람의 고통, 분투, 슬픔과 같은 정서로 그들을 만나는 것이다. 어떤 참여자는 상담자에게 화를 낼 수 있고 어떤 사람은 슬픔이나 죄책감을 가질 수도 있다. 상담자는 집단 참여자들의 이와 같은 감정상태를 함께 나누며 집단 내에서 충분히 다루어질 수 있도록 해야 한다.

④ 선의의 관심 갖기 : 다른 사람들의 문제에 진지하고 선의의 관점을 갖는 것은 효율적인 상담가로서 갖추어야 할 기본 사항이다. 집단 내의 어떤 참여자에게는 이와 같은 선의와 관심을 갖는 것이 상담자에게 어려울 수 있지만 어떤 상황에서도 상담자는 그렇게 해야 한다. 말로만 그렇게 하기보다는 집단과정에 참여할 수 있도록 격려하고 집단원들의 방식을 최대한 허용하는 태도를 보여야 한다.

⑤ 집단상담의 효과에 대한 신념 갖기 : 상담가는 집단 참여자들이 과정을 통하여 중요한 태도, 사고, 행동의 변화를 이끌어 낼 수 있으리라는 상담성과에 대한 긍정적인 확신이 있어야 한다. 이러한 상담자의 신념은 집단원들에게 가능성의 태도와 자세를 갖고 적극적으로 집단과정에 참여하도록 영향을 미친다.

⑥ 개방적인 자세 취하기 : 청소년집단을 효율적으로 이끌 수 있는 상담자는 자신을 집단 구성원들에게 드러내 보이고 새로운 경험에 접하며 그들 자신의 모습과 다른 생활양식과 삶의 가치를 적극 수용할 수 있는 개방적인 자세를 취한다. 상담가는 자신의 경험만 그려내는 것이 아니라 집단 참여자들에 대한 그의 소감도 자유로이 표현해야 한다. 이것은 상담자가 자신의 개인적 사생활 모두를 드러내야 함을 뜻하는 것이 아니다. 상담자가 개방적인 자세를 취하는 목적은 참여자들이 집단과정을 원활하게 하는 그들의 느낌과 신념에 대하여 상담자처럼 좀 더 개방적인 자세로 참여하도록 하는 것이다.

⑦ 공격에 대응하는 능력 함양하기 : 집단 구성원들은 때때로 상담가를 공격하는데 그 이유는 충분한 관심과 배려를 해주지 않고 다른 어떤 참여자에게 더 많은 관심을 보이고 너무 많은 요구를 하거나 충분하고 명백한 지시를 하지 않는 등의 문제 때문이다. 상담가가 이와 같은 부정적이고 공격적인 비판에 노출될 때 비판적인 참여자들을 방어적으로 대하기보다는 그들의 느낌과 불안을 진지하게 다루어 나가야 한다.

⑧ 자신감 갖고 영향력 발휘하기 : 상담자가 집단 참여자에게 영향을 미친다는 것은 그들을 지배하거나 복종시키는 것을 의미하는 게 아니다. 이것은 상담자가 자신의 정체감을 가지고 소신 있게 상담가의 역할을 하는 것을 의미한다. 상담자 자신을 그대로 참여자들에게 보일 수 있는 사람은 집단 참여자들에게 활력과 소신껏 살 수 있는 힘과 영향을 줄 수 있다.

⑨ 자아 인식하기 : 상담자가 자신의 인생목표, 동기, 요구, 장점, 가치, 느낌, 문제,

한계를 인식하는 것은 집단 참여자들의 자아인식을 돕는 데 필수사항이다. 새로운 생활 경험과 다양한 삶의 형태에 접하는 것은 상담자가 자기 인식을 높이는 한 방법이다.

⑩ 창의적 태도 갖기 : 자발적으로 새로움을 추구하는 태도는 상담자에게 가장 요구되는 성격 특성이다. 상담자는 특히 상담가로서 계속되는 역할에 지칠 수 있다. 그러므로 상담자는 익숙한 상담기법이나 방법으로 일관하는 상담자의 역할에 안주하기보다는 새로운 기법과 방법을 모색하는 태도가 필요하다. 동료 상담자를 집단에 초빙하여 그의 역할을 관찰함으로써 새로운 방법을 찾는 것도 좋은 방법일 수 있다.

2) 집 단

집단상담에서는 집단의 유형에 따라 개입방법과 접근이 상이한데, 다양한 집단의 유형을 살펴보면 다음과 같다(홍경자 외, 1996 : 69-74).

(1) T-집단

청소년들을 대상으로 하는 상담집단의 형태로는 중·고교의 학급 단위로 이루어지는 훈련집단이나 대학생들을 대상으로 하는 인간관계 훈련 집단 혹은 잠재력 개발훈련 집단 등을 들 수 있다. 이와 같은 소집단의 훈련을 위주로 형성된 집단을 훈련집단, 일명 T－집단(Training Group)이라고 한다. 실습훈련을 목적으로 하는 T－집단은 일상생활에서 원만하고 건전한 인간관계를 형성하고 유지할 수 있는 기술을 강조한다. 뿐만 아니라 실습을 해보고 결과를 분석하고 새로운 방안을 탐색하고 새로운 결정을 내리는 경험적 교육과정에 중점을 둔다. 보통 이와 같은 집단은 과제지향적이며 구체적 문제해결에 초점을 둔다.

(2) 참만남집단

참만남집단(Encounter Group)은 건강하고 정상적인 청소년들이 그들 자신뿐만 아니라 다른 사람들과도 더 친근감을 가지고 만날 수 있도록 도움으로써 그들이 더욱 성장하고 발전할 수 있게 하는 데 목적을 둔다. 이것은 구성원들에게 상호 친밀감과 경험, 느낌을 교환하도록 격려하며 개방적이고 정직한 상호관계를 형성하도록 강조한다.

참만남집단은 시간 제약 때문에 보통 한 장소에서 여러 날 동안 만나곤 한다. 이 기간 동안 참여자들은 그들 자신의 느낌을 보다 잘 인식할 수 있도록 자신에게 적합하지 못했던 역할과 기꺼이 직면하도록 격려받는다. 신체 접촉, 감수성 훈련 등 비언어적 기법이 구성원들의 상호작용을 돕기 위하여 사용된다. 참만남집단은 특수한 목적도 없고 사전에 집단활동 계획도 세우지 않는다. 그러므로 상담가는 집단 구성원들이 그들의 솔직한 현재의 느낌을 마음껏 표현하도록 허용적이고 수용적인 자세를 격려하는 촉진자의 역할을 하게 된다.

(3) 구조화집단

구조화집단은 집단원들이 특수한 기술을 개발한다거나 어떤 특정한 주제를 이해하거나 혹은 인생의 힘든 전환기를 헤쳐나가도록 돕기 위한 집단 프로그램이다. 집단원들은 집단 초기에 그들이 다루고자 하는 특정 분야를 어떻게 극복하고 있는지에 관한 질문지를 완성하게 된다. 통상적으로 새로운 기술을 가르치는 방법으로 구조화된 연습과 숙제가 주어지며 집단원들이 진전되고 있는지 평가하기 위하여 마지막 모임에서 다시 질문지가 사용된다. 상담가 및 집단원들의 관심 분야에 따라 주제는 다양하지만 구조화집단들은 삶의 문제에 대한 인식을 증가시키고 그 문제를 좀 더 잘 극복할 수 있는 도구를 제공한다는 데 공통점이 있다. 이들 집단은 전형적으로 일주일에 두 시간씩 4~5주 만나게 된다.

(4) 자조집단

자조집단(Self-help Group)은 공통 관심사 혹은 비슷한 정서적 · 신체적 · 행동 문제 등을 가진 사람들이 모여 그들이 심리적 스트레스를 받지 않도록 보호하고 그들 자신의 생활 패턴을 바꾸기 위한 자극제를 주는 지원체계이다. 이들 집단은 전문가가 아닌 똑같은 문제, 고통을 겪는 집단의 일원인 사람들에 의해 이끌어지는데 가끔은 초청연사 혹은 자문가로 전문가들을 활용하기도 한다. 전형적인 치료집단과 달리 자조집단은 공통적인 문제나 생활상의 어려움에 처한 사람들에 그 초점이 제한되어 있다.

3) 집단 구성원

집단 구성원들의 성격이나 특성은 다른 집단 구성원에게 가장 큰 영향을 미칠 수 있으며 집단의 목표 달성이나 효과, 집단 경험의 질적인 면에도 영향을 미친다. 동질적인 문제를 가진 사람의 경우 집단 구성원에 대한 이해가 깊고 쉽게 결속감을 얻을 수 있기 때문에 집단 형성과 유지에 도움이 된다. 반면 이질적인 집단 구성원은 상이한 경험을 공유함으로써 새로운 세계에 대한 이해와 새로운 문제해결 방식의 학습 등을 통해 성장의 경험을 촉진한다.

다양한 집단 구성원의 유형 중 집단과정 중에서 상담가가 보다 큰 관심을 기울여야 하는 집단 구성원들의 유형을 살펴보면 다음과 같다(홍경자 외, 1996).

(1) 화제 독점자

집단 운영 시 화제를 독점하는 사람이 있다. 이들은 크게 신경증적인 사람, 장황하게 이야기하는 사람, 자기과시적인 사람으로 분류된다. 이들을 그대로 두게 되면 집단이 특정인에게만 할애됨으로써 다른 사람이 집단에 참여할 기회를 방해하게 되고, 집단의 흐름이 한 사람에게 집중됨으로써 다양한 역동성이 발휘되기 어렵다. 따라서 상담가는 한 사람이 화제를 독점하지 않도록 해당 구성원에게 직접적으로 또는 전체 구성원에게 간접적으로 이야기함으로써 전체에게 골고루 기회가 돌아갈 수 있도록 해야 한다.

(2) 구원자

구원하기는 어떤 구성원이 다른 집단 구성원이 경험한 부정적인 감정을 수습하려고 하는 것이다. 한 구성원이 흥분하게 되면 다른 집단 구성원들은 '자, 너무 걱정하지 마. 잘 될 거야'라고 말하며 그 구성원의 흥분을 가라앉히려고 하는 경우 이러한 경우는 도움이 되지 못할 때가 있다. 종종 이러한 구원하기는 고통받고 있는 구성원의 문제해결을 방해하는 부정적인 효과를 낳기도 한다. 상담가는 올바른 치료적인 모습을 보이기 위해서는 동정이 전체 집단에 도움이 되지 않음을 알려주어야 한다.

(3) 부정적인 구성원

부정적인 구성원은 집단에 대해 항상 불평하고 다른 구성원의 말에 맞서는 사람이다. 일부 구성원이 집단 내외에서 부정적이 되고 불평하기 시작하면 다른 구성원들도 이들에 합류하고 부정적이 되는 경우가 있다. 이런 경우 집단 밖에서 부정적인 구성원에게 말을 걸어 왜 그렇게 부정적인지를 알아볼 수도 있고 상담자가 부정적인 구성원에게 집단이 생산적이 되도록 협력과 도움을 요청할 수 있다. 특히 상담자가 집단 내에서 하는 말이나 행위를 고의로 방해함으로써 상담가를 곤란하게 하는 구성원들이 있다. 이들은 상담자의 말이나 행동 때문에, 구성원들에 대한 불만과 분노 때문에, 집단에 참여하는 것에 대한 두려움을 상담가에게 투사하는 경우, 상담자의 마음에 들고 싶어 하지만 그렇지 않게 되어 화를 내거나 상담가를 곤란하게 하는 경우가 있다.

(4) 침묵하는 구성원

집단에서 침묵은 생산적인 침묵과 비생산적인 침묵이 있다. 생산적인 침묵은 구성원들이 내적으로 무엇인가를 진행하고 있을 때 나타나고 비생산적인 침묵은 혼란스럽거나 말하기를 두려워하거나 지루하기 때문에 생긴다. 만약 구성원들이 누군가에게 집중적으로 작업하고 난 결과로서 깊은 생각에 잠겨 있는 것으로 여겨지면 그때의 침묵은 깨뜨리지 말고 그대로 지켜보아야 한다. 그러나 구성원들이 흥미 없어하기 때문에 침묵한다면 이는 상담가에게 집단의 초점을 바꾸거나 흥미 없어 함에 대해 언급해 줄 것을 바라는 신호이다. 이럴 때 상담가는 질문이나 생산적인 활동을 제안하면서 침묵을 깨뜨리는 것이 좋다.

(5) 상호 적대적인 구성원

어떤 집단이든 어떤 구성원이 다른 구성원을 싫어할 가능성이 있다. 싫어함은 구성원 간의 논쟁, 의견 불일치, 침묵 등으로 나타나게 된다. 때로는 집단에 참여하기 전에 있었던 일로 인해 이미 서로 싫어하는 마음을 가진 채 집단에 참여하는 경우가 있고 집단과정을 통해 서로 싫어하는 마음이 생길 수도 있다. 집단 내에서의 구성원들의 행동이 집단 밖에서의 행동을 나타내 주는 경우가 종종 있다. 따라서 구성원들이 서로 싫어하게 된 과정에 초점을 맞추면 일상생활에서 상대를 더 잘 수용하도록 도와준다는 점에서 이들에게 매우 유익한 토론이 될 수 있다. 이들이 서로 타협하도록 도와주는 것은 집단을 견고하게 하고 집단 응집력을 형성하는 데 가장 생산적인 과정일 수도 있다.

3. 청소년 집단상담의 과정

Trecker(1972 : 63, 이형득, 1979 재인용)에 따르면, 집단은 하나의 발전적 개체로 일련의 발달과정을 거친다고 하였다. 집단과정이란 두 사람 혹은 그 이상의 사람들이 상호 간에 영향을 미치면서 어떤 공동목표를 향하여 함께 움직여 나아가고 있는 변화 혹은 발달의 현상을 의미한다(이형득, 1979 : 95). 이러한 발달의 단계를 거쳐서 개인은 변화를 경험하게 되는데 집단이 어떠한 단계를 거쳐 발달하고 변화하느냐 하는 것은 각 집단의 특수성, 현재 위치, 구성원들의 목표 등에 따라서 다양하다고 할 수 있다.

집단과정의 발달단계 구분은 학자에 따라 혹은 특정 집단의 성격에 따라 다양하다. Sarri와 Galinsky는 집단의 발달단계를 기초 단계, 형성 단계, 중간 단계 I, 재구성 단계, 중간 단계 II, 성숙 단계, 종결 단계로 나누고 있으며, Hartford는 사적 집단적 단계, 공적 집단적 단계, 소집단 단계로 이루어지는 집단 전 단계, 집단 형성 단계, 융합, 분산 및 갈등 단계, 재융합이나 재조직 단계, 집단기능과 유지 단계, 종결 단계 등의 6단계로 구분하고 있다(Hartford, 1971 : 67, 문선화, 1979 : 87 재인용). 반면에 Trecker(1972 : 66-71)는 집단 발달의 단계를 초기 단계, 집단감정, 조직, 프로그램의 출현 단계, 결속력, 자조 그리고 결합력의 발달단계, 강한 집단감정, 목표 획득 단계, 흥미의 감퇴, 집단감정의 축소 단계, 종료 단계로 구분하고 있다. 청소년 집단상담을 연구한 홍경자 외(1996)는 집단의 과정을 계획과 준비 단계, 시작 단계, 중간 단계, 종결 단계로 구분하고 있다.

물론 집단 발전과정은 일련의 연속선상에 있기 때문에 독립적인 특수한 단계들로 구분하는 것은 어려움이 있다. 그러나 집단을 이해하고 효과적으로 발전시키기 위해 다소 중첩되는 면이 있더라도 집단상담 단계를 준비 단계, 시작 단계, 작업 단계, 종결 단계로 구분하여 각 집단 단계의 특성이나 사회복지사의 역할 및 과업에 대해 알아보고자 한다.

1) 준비 단계

이 단계는 실제 집단상담에 임하기 전에 계획을 세워 준비하는 과정이다. 집단에 앞서 집단의 목표, 집단의 크기, 집단의 구성, 선발과정, 집단의 회기 시간과 빈도, 집단의 구조화 등과 같은 문제들에 대한 충분한 검토와 준비가 있어야 한다.

(1) 집단상담의 목표

집단상담에 있어 집단목표와 규범의 설정 문제에 대해 찬반의 의견이 있지만, 일반적으로 집단상담의 목표는 집단 구성원의 성장 및 발달을 촉진하여 그들이 가지고 있는 잠재력을 극대화하는 것이라고 할 수 있다. 구체적으로 청소년 집단상담은 다음에 역점을 둔다.

첫째, 청소년들이 발달상에 대두되는 욕구를 충족시키도록 돕기, 둘째, 안전한 집단 안에서 감정과 태도를 실험하는 것을 배우기, 셋째, 행동에 대한 이해를 깊게 하고, 넷째, 자기 자신이 가지고 있는 기술과 능력에 대해 보다 자신감을 가지도록 돕는다.

(2) 상담 장소 및 분위기

상담이 행해지는 곳의 환경은 집단의 분위기와 집단 내 상호작용 등 상담과정에 영향을 미친다. 상담 장소로는 어느 정도 비밀이 보장되고 편안함을 느끼며 방해를 받지 않는 장소이면 어디에서든지 이루어질 수 있다. 또한 가능하다면 집단 구성원들이 둥글게 앉아 모든 집단원들이 서로 잘 볼 수 있고 자유롭게 움직일 수 있는 공간이 있는 장소가 바람직하다.

(3) 집단의 크기

집단의 크기는 집단 구성원들의 연령, 성숙 정도, 집단 유형, 집단상담가의 경험 그리고 다루고자 하는 문제 유형 등에 따라 다양한데, 한 연구에 의하면 5명이 집단 구성원 자신들이 가장 바람직하다고 느끼는 숫자라고 하면서 5명 이하와 이상일 경우 지나치게 감정표현을 억눌러 상호 역동성에 장애를 초래한다고 하는 주장이 있다(Zastrow, 1988 : 18-19). 일반적으로 집단의 크기가 너무 작으면 집단 구성원 상호 간의 압력을 증대시키며, 반면 너무 크면 구성원의 참여의식이 줄고 정서적 상호작용과 응집성이 적어진다고 하고 있다(김순원, 1983 : 13).

따라서 6~8명의 집단 구성원이 가장 이상적이라고 주장하는 학자가 많으나 5~15명의 범위이면 무난하다고 주장하는 전문가들도 상당수 있다(박화식, 1984 : 10). 홍봉선(1997)은 청소년을 대상으로 하는 집단은 15명 내외가 집단 구성원들의 부담을 최소화하면서 참여도를 높이는 데 효과적이라고 하였다.

(4) 집단의 구성

집단을 이질적인 집단으로 구성할 것인가 혹은 동질적인 집단으로 구성할 것인가의 문제는 집단의 목적과 관련된다. 동질집단은 집단원들이 유사한 문제를 가지고 있기 때문에 개별상담보다 효율적으로 다루어질 수 있다. 이질집단의 경우는 안전한 환경 안에서 다양한 종류의 사람으로부터 피드백의 도움을 받아 상호관계 기술을 개발하고 새로운 행동을 실험할 수 있다.

집단이 청소년들로 구성되는 경우에는 집단 구성원 간에 나이차가 적을수록 좋고 혼성으로 구성되는 것이 집단의 목표달성에 특별한 이점을 가지고 있다고 하므로(Zastrow, 1989 : 22) 가급적 동수에 가까운 혼성으로 구성하는 것이 좋다. 청소년집단을 구성할 때 가능하다면 연령의 범위를 제한하는 것이 필요하다. 경험에 의하면, 13~15세, 15~18세 그리고 19세 이상으로 집단을 구성하는 것이 바람직하다. 개인적인 관심사는 서로 다를 수 있지만 연령 범위 내에 있는 청소년의 관심사는 서로 유사한 경향이 있으며 학업문제, 이성문제, 진로문제, 부모와의 갈등문제 등과 같은 그들 고유의 발달과정상의 문제에 초점을 맞출 수 있다. 이러한 유사함은 집단응집력을 견고히 해주고 소속감을 느끼게 하며 삶의 위기문제를 열린 마음으로 강도 높게 탐색할 수 있도록 해준다.

그리고 심각한 행동장애가 있는 경우를 제외하고는 대부분의 청소년 집단상담에 있어 혼성집단이 동성집단보다 더 바람직하다. 남녀 혼성집단에서 이성 간의 상호작용은 청소년기의 발달단계에서 야기되는 욕구를 충족시켜 줄 수 있으며 심난에 보다 진지하게 임하며 집단의 역동성을 촉진시킬 수 있다.

(5) 집단의 개방성

개방집단이란 집단이 허용하는 한도 내에서 새로운 구성원을 받아들이는 것을 말한다. 폐쇄집단이란 상담의 시작 시 참여했던 구성원들만으로 끝까지 유지되는 집단으로 도중에 탈락자가 생겨도 새로운 집단원을 받아들이지 않는다. 전자의 경우 새로운 자극을 집단에 제공할 수 있다는 이점이 있지만 집단응집력을 기르기에 다소 제한점이 있다. 후자의 경우 집단의 안정성과 응집력이 강하다.

(6) 집단원의 선발절차

집단에 대한 기본적인 계획이 세워지면 집단원을 모집하기 위해서 집단의 유형, 집단의 목적, 만나는 시간과 장소, 집단에 가입하는 절차, 집단상담가로부터 집단원들이 기대할 수 있는 것, 상담자의 자질과 배경에 대한 진술, 집단에 적합한 사람들을 결정하는 지침, 가입비 등이 사전에 공고되어야 한다. 상담자가 성공적으로 집단상담을 이끌기 위해서는 집단에 참여하기를 신청한 클라이언트를 먼저 만나 클라이언트의 특성, 문제, 집단에 대한 욕구, 기대 등에 대한 검토를 한 후 선발하도록 해야 한다. 선발 후에는 예비모임을 가져 집단원들이 집단의 발달과정, 목표, 상담자와 집단원의 역할 그리고 집단에 참여함으로써 얻는 이익 등을 명확히 이해하도록 해야 한다(홍경자 외, 1996).

(7) 집단 회기의 길이와 빈도

교육 프로그램의 시간이나 기간은 프로그램의 목표와 특성에 따라 다양하고 융통성 있게 정해야 하며 필연적으로 현실적 여건이 고려될 수밖에 없다. 집회시간은 집단 유형과 집단원들의 흥미에 따라 다양하다.

일반적으로 집단은 크게 분산적 집단과 집중적 집단으로 나눌 수 있다. 분산적 집단은 시간을 나누어서 실시하는 것으로 1회 모임을 90분 정도, 매주 1회씩 8~9주에 걸쳐 진행하는 것을 말한다. 반면 집중적 집단은 24시간 내지 48시간 동안 지속적이면서 집중적으로 활동하는 과정으로 이 집단에서는 피로나 시간적 집중성 그 자체가 집단이나 개인 발달의 촉진제라고 믿고 있다. 또한 집중적 집단의 경우에는 집단이 급속하게 촉진되어 발전이 빠르고 강한 정서적 경험을 하게 되며, 전 과정이 한

번의 기간 동안 모두 다루어지게 되므로 연결이 잘 되고 부단한 상호작용과 수면 결핍으로 평상시의 가면을 벗어버리고 있는 그대로 자신을 노출하게 된다는 점에서 유리하다(이형득 · 김정희, 1986 : 5).

(8) 집단의 구조화

집단원들의 변화를 효율적으로 이끌어 내기 위하여 집단은 일반적으로 상담자에 의해 통제되는 구조화된 집단과 집단원들이 중심이 되는 비구조화된 집단으로 나눌 수 있다. 비구조화된 집단은 집단의 목표, 과제, 활동방법 등에 대해 미리 정해놓지 않고 집단 스스로 정해나가는 과정에서부터 시작하기 때문에 집단 구성원들의 자발성이 더욱 요구되며 집단의 심리적 관계가 중요한 작업 대상이 되는 반면에, 구조적 집단은 집단의 과제, 규범, 활동, 목표 등을 정해놓고 사회복지사가 주도적으로 집단을 이끌어 가는 형태이다(이장호 · 김정희, 1986 : 167-168). 청소년집단의 경우 구조화된 집단이 더 좋다고 본다.

2) 시작 단계

집단상담의 시작 단계는 일반적으로 1회기와 2회기의 상담기간에 해당되는 시기로 이 단계는 집단이 시작되는 시기이므로 집단과정에서 각별한 의미를 가진다고 할 수 있으며, 특히 이러한 시작 단계에서는 집단활동이 어느 정도 효과적으로 이루어졌느냐 하는 이후의 집단 발달단계와 집단상담의 성패에 영향을 미친다. 따라서 상담가는 오리엔테이션, 예상불안 취급, 집단의 구조화, 집단 분위기 조성, 의사소통 및 상호작용 촉진, 행동목표의 설정 등의 과업을 수행한다.

(1) 오리엔테이션

집단상담에 관한 오리엔테이션과 선발을 위한 면접 등 집단상담을 위한 준비는 첫 번째 집단모임 이전에 준비모임을 갖고 실시하는 것이 바람직하다. 하지만 준비모임을 갖는 데 현실적인 어려움이 있는 경우에는 첫 번째 모임에서 집단상담에 관한 충분한 오리엔테이션이 이루어져야 한다. 이때 집단상담가는 이번 집단의 성격과 목적에 관해 참여자들에게 구체적으로 설명해야 한다.

(2) 참여자 소개 및 예상불안의 취급

상담가는 첫 모임(제1회기)에서 구성원들 서로가 자기소개 및 집단에 참여하게 된 동기, 기대 등을 이야기하도록 하고 집단원들에게 집단의 목적과 기본 원칙을 확인시킨다. 자기소개의 경우 이름이나 적당한 별칭을 지어 소개하기도 하는데 상담가는 자기소개의 시범을 보여줌으로써 집단원의 이해를 도울 수 있다. 이때 상담가는 구성원 각자가 어떻게 자기소개를 하는지 관찰하고 서로가 얼마나 감정을 공유하고자 하는지, 주어진 주제에 대해서 어떤 태도를 가지고 있는지, 자신과 다른 구성원에 대한 느낌은 어떠한지를 면밀히 관찰한다.

또한 집단의 초기 단계에서 상담가를 포함해서 집단원들은 서로 낯설고 집단구조와 분위기 등이 아직 불확실하기 때문에 집단원들은 집단 내에서의 행동과 자신의 역할에 대해 불안을 경험한다. 상담가는 집단원들이 경험하는 불안과 불신의 감정을 감소시키고 긴장을 풀어줌으로써 신뢰롭고 수용적인 집단 분위기를 조성하는 데 힘써야 한다(김진숙, 1999 : 7).

집단 시작 단계에서 일어나는 집단 구성원의 행동과 심리

- 집단원들은 조심스럽게 집단 분위기를 시험하며 서로 친숙해지려고 노력한다.
- 사회적으로 수용될 수 있는 행동을 보이고 개인적으로 위험하게 느껴지는 행동이나 탐색은 매우 제한적으로 나타낸다.
- 집단 내에서 자신이 받아들여지는지 혹은 거부되는지에 대해 염려하며 집단 내에서의 자신의 역할과 위치를 찾고자 노력한다.
- 어떤 집단원들은 초기에 부정적인 감정을 표현함으로써 집단에서 모든 감정이 받아들여지는지 시험해 보기도 한다.
- 참여자들은 각자 집단 내에서 누구를 신뢰할 수 있는지, 누구에게 호감이 가고 누구에게 반감이나 거리감이 느껴지는지, 어느 수준까지 자기개방을 할 것인지, 어느 정도 집단과정에 참여할 것인지를 나름대로 결정한다.
- 침묵과 어색함이 느껴지는 순간이 종종 있고 이런 순간에 참여자들은 상담가나 다른 누군가가 방향을 제시해 주기를 기대한다.
- 대부분의 참여자들은 상담가에게 의존하려는 경향이 있다. 상담가가 보이는 반응에 높은 관심을 두고 중요시하며 발언을 할 때도 상담가만 쳐다보면서 하거나 혹은 상담가의 동의나 반응을 요구하는 듯한 태도를 보이기도 한다.
- 참여자들이 나누는 대화의 내용이 피상적인 수준에 머물거나 제한되어 있다.
- 참여자들이 집단과정 중에 경험하는 감정이나 생각을 있는 그대로 솔직하게 표현하고 다른 사람들로부터 수용받는 경험을 하게 되면 집단의 응집성과 상호 신뢰가 형성되기 시작한다.

출처 : 김진숙(1999 : 2).

(3) 집단의 구조화

집단의 구조화란 참여자들에게 집단의 성격과 목적, 집단을 운영하는 데 필요한 기본 규칙, 지켜야 할 기본적인 행동규준 그리고 집단상담가의 역할과 참여자의 역할 등에 대해 설명하고 가르쳐 주는 것을 말한다. 집단의 구조화는 집단의 준비모임이나 첫 번째 모임에서 집중적으로 실시되지만 집단 단계가 진행되면서도 실시될 수 있다. 이때 상담자는 집단의 수준에 맞게 적절한 정도의 구조화를 시도하는 것이 필요하다. 지나치게 많이 구조화하거나 많은 것을 가르치려고 하면 참여자들의 자율성을 침해하고 집단 분위기가 경직되며 지나치게 집단상담가에 의존하기 쉽다. 반면 상담자가 너무 적게 개입하면 집단은 불필요한 혼란을 경험하고 비생산적인 상호작용에 빠져 목표달성에 실패할지 모른다(김진숙, 1999 : 12).

집단의 구조화는 크게 집단의 기본 규칙의 설정과 집단의 행동규범 설정으로 대별해 볼 수 있는데 그 내용은 다음과 같다.

첫째, 집단의 기본 규칙에 대한 설정이다. 기본 규칙이란 집단의 순조로운 진행과 안정된 분위기를 위해 필요한 기본적인 제반 규칙들을 의미하는 것으로 집단에 따라 다소 상이한데 〈표 4-2〉는 집단규칙의 보기이다.

〈표 4-2〉 집단상담 시 집단 구성원이 지켜야 할 집단규칙

1. 집단 내에서 이야기된 어떤 구성원에 관한 내용도 집단 밖에서 말하지 않는다. 대부분의 일반적 사항도 이 원칙에 포함된다. 단, 자기 자신에 관한 사항은 말해도 좋을 것이다.
2. 지각이나 결석이 불가피할 경우 사유를 미리 상담자나 다른 참여자들 중 누구에게 알리도록 한다.
3. 집단에서 빠지고 싶을 때는 집단에 참석하여 다른 사람들에게 이유를 밝히고 빠진다.
4. 가능한 한 솔직하고 정직한 느낌과 진지한 마음으로 내 자신에 대해 말하고 남의 말에 공감하며 듣도록 노력한다.
5. 우리는 누구에게나 귀 기울여 말하는 사람의 진실된 느낌을 듣고 이해하도록 노력한다.
6. 우리의 궁극적 목표는 진지한 만남에 있다. 그 밖의 것은 다 함께 논의한 후 결정한다.
7. 집단에 들어오고 싶어 하는 새로운 참여 희망자가 있을 때 집단 참여자가 모두 함께 논의한 후 결정한다.
8. 집단원 중 누군가가 위기사항에 직면할 때엔 서로 연락하여 바깥에서 개별적으로 만날 수 있다. 그러나 그와 같은 사실을 다음 모임에서 꼭 보고한다.
9. 집단에서 결정되는 사항은 참여자들 모두가 논의한 후 동의하여야 하며 이렇게 결정된 사항은 누구나 어떻게든 지키도록 한다.

출처 : 홍경자 외(1996 : 44-45).

둘째, 집단의 행동규범의 설정이다. 전술한 집단의 기본 규칙이 비교적 쉽고 명확하게 판별될 수 있는 규칙인 데 반해, 집단규범은 훨씬 더 추상적이고 암묵적이며

정확한 판별이 어렵다. 집단 초기에 상담자가 격려하고 지지해야 할 행동규범을 좀 더 구체적으로 제시하면 〈표 4-3〉과 같다.

〈표 4-3〉 집단 구성원의 행동규범

1. 집단원들은 다른 구성원들에게 직접 의사소통하며 집단과정에 적극적으로 참여한다.
2. 어느 정도 자기개방을 할 것인지를 스스로 결정한다. 자기개방은 문제해결과 자기성장을 위해 필요하다. 그러나 그 수준과 정도는 개개인의 차이가 있으므로 본인들이 준비되어서 표현될 수 있을 때 하도록 한다.
3. 다른 집단 구성원들과 서로 피드백을 주고받는다. 집단 참여자들은 다른 사람들로부터 피드백을 받음으로써 다른 사람들에게 보이는 그들의 행동효과를 점검한다. 만약 피드백이 솔직하고 관심과 사랑으로 주어진다면 참여자들은 다른 사람에게 보이는 그들의 행동효과를 보다 분명히 이해할 수 있게 된다.
4. 과거에 일어난 사건보다는 집단 내에서 일어나는 지금-여기의 상호작용에 초점을 둔다. 집단 구성원들은 현재 집단에서 일어나고 있는 상황에 대해 어떤 생각과 느낌을 갖는지에 집중하고, 그에 따른 자신의 생각이나 감정을 솔직하게 표현하고, 자신이 현재 장에서 경험하고 있는 것을 다른 사람과 나누는 것이 필요하다.
5. 참여자들은 서로에게 적절한 심리적 지지를 제공한다. 집단 구성원들은 집단참여 이전의 해결되지 않는 문제로 어려움에 직면할 수도 있고 집단상담에서의 경험이 익숙지 않아 불안하거나 자기표현 방법을 몰라 두려움을 가질 수 있다. 집단경험이 모두에게 성장의 경험을 제공할 수 있도록 적극적인 지지와 격려가 필요하다.

(4) 집단 분위기 조성

상담가는 집단원들이 서로 친숙하고 수용과 신뢰의 분위기를 형성하도록 집단의 분위기를 형성하고 새롭고 의미 있는 경험을 가지도록 이끌고 유지시키는 책임이 있다. 또한 허용적인 집단 분위기와 심리적인 안정감을 갖도록 해야 한다. 억지로 또는 타의에 의해 집단상담을 받으러 오는 청소년이나 또 스스로 도움을 구하는 경우라 할지라도 주변의 어른들에게서 벌을 받아본 경험이 있는 청소년들은 집단상담에 대해서 불안한 예감을 품게 된다. 따라서 상담가는 비자발적 클라이언트가 자발적 클라이언트와 같이 높은 동기를 갖도록 변화시켜야 하며, 이를 위해서는 수용적 태도, 비심판적 태도와 존중 등이 필요하다.

(5) 의사소통 및 상호작용 촉진

상담가는 집단원 간에 원활한 상호관계가 발달되도록 의사소통을 촉진시켜야 한다. 그러나 집단상담의 초기 단계에서 수반되는 불안에 대하여 집단원이 저항하는 현상이 일어난다는 사실을 잘 인식해야 한다. 지나치게 공격적이거나 화제를 독점하거나 끊임없이 관심을 자기에게로 끌려고 노력하는 구성원에게 적절하게 개입하여 구성원들의 시간분배를 조정하여야 한다. 만약 집단원이 특정 활동에서 자신의 개인적인 이야기를 노출하는 것을 꺼린다면 너무 부담스러운 내용은 이야기하지 않아도 좋으며 거절할 수도 있음을 알려준다.

(6) 행동목표의 설정

분명하고 구체적인 목표의 설정은 집단상담의 방향 설정 및 집단상담의 효과에 대한 평가에서 매우 중요하다. 집단목표는 크게 집단 전체의 목표와 개인적 목표로 나눌 수 있다. 집단상담가는 각자의 집단 구성원들이 집단에서 성취하고자 하는 개인적 목표를 설정하도록 도와주어야 한다.

3) 작업 단계

집단상담의 작업 단계는 저항과 갈등, 응집성, 자기노출 촉진과 생산성이 나타나는 단계로서 상담가는 이들을 성공적으로 다룸으로써 효과적인 집단목표의 달성은 물론 집단에서의 긍정적인 경험을 통해 집단 구성원들이 자기성장의 경험을 갖게 한다. 각각의 내용에 대해 구체적으로 살펴보면 다음과 같다.

(1) 저항과 갈등

저항이란 집단과정 중에 집단원이 어떠한 이유에서든 불편함을 느낄 때 그것을 회피하거나 그것으로부터 벗어나고자 하는 집단원의 행동이다. 일반적으로 저항이 일어날 수 있는 부분은 지나치게 심각한 주제, 민감하거나 논쟁적인 사안, 사적이고 개인적인 문제 등에 대한 이야기가 진행될 때 일어날 수 있는데 이럴 때 집단원들은 다음과 같은 방식으로 자신의 저항을 표현한다. 예를 들면, 자신이 왜 이 집단에 참여하게 되었는지, 이 집단이 자신에게 무슨 도움이 될지 모르겠다고 하거나 팔짱을 낀 채로 앉아서 순서에 의해 마지못해 하는 것 외에는 자발적인 참여를 하지 않는 행위, 집단과 관계없는 주제(영화, 스포츠, 정치)로 화제를 돌리는 등의 태도를 보인다(설기문, 1999 : 29-30).

그러나 저항은 꼭 부정적인 측면만 있는 것이 아니므로 저항의 근원과 형태에 대한 이해는 상담의 효과를 높일 수 있다. John과 Lichstein은 저항이 생기는 이유를 다섯 가지로 설명하고 있는데 구체적으로 살펴보면 다음과 같다(홍경자 외, 1996 : 195-215 재인용).

첫째, 단순히 집단 구성원들이 그들이 무엇을 해야 하는지를 이해하지 못할 때이다. 둘째, 집단 구성원들이 상담자의 제안을 어떻게 적절히 실행하는지 모를 때이다. 셋째, 집단 구성원이 문제해결을 위한 동기 부족 혹은 성공적인 치료 결과에 대한 기대가 낮을 때이다. 넷째, 집단과정에서 만들어진 혹은 이전의 행동에서 발생하는 불안이나 죄의식으로 인하여 일어난다. 다섯째, 집단 구성원들의 증상, 즉 그들이 겪는 어려움으로부터 파생하는 이차적 습득에서 야기될 수 있다. 이런 경우 상담자는 〈표 4-4〉와 같은 기법을 사용할 수 있다.

저항과 함께 갈등은 인간관계에서 피할 수 없는 현상 중의 하나로 집단상담의 시작 단계가 지나면 집단원들이 서로 간에 부정적인 정서반응을 나타내면서 집단 내적 갈등이 일어난다. 상담가는 구성원 간의 갈등문제를 처리함에 있어 어떻게 하면 갈등이 생기지 않도록 막을 수 있느냐보다는 오히려 갈등을 어떻게 다루어야 할 것인가에 초점을 두어야 한다. 집단성원들 간의 갈등은 집단 내에서 원망과 적대감이 생기고 심리적 상처가 생기게 하는 원인도 되지만 집단에 창조적인 통찰을 가져오고 집단원 간의 보다 밀접한 관계가 가능하도록 하는 계기로도 작용한다(설기문, 1999 : 32-33). 집단원들은 갈등상황이 발생할 때 이를 터놓고 다루는 것이 바람직하다. 갈등을 수용하고 서로 간의 차이에 대해 정직하게 상호작용할 때 보다 바람직한 방향으로 집단이 진행될 수 있다(홍경자 외, 1996 : 195-215).

〈표 4-4〉 저항에 대처하는 법

1. **저항을 나타내는 집단 구성원에게 구체적으로 질문하기** :
   "당신은 집단의 일원으로서 오늘 우리의 모임에 대해 어떻게 느꼈습니까?"
2. **저항을 타당화하기** :
   "오늘밤의 모임은 지난 밤의 모임과 약간 다른데요. 하지만 여러 분들이 진전을 보인 때는 지난 밤 같아요. 잠시 진행속도를 좀 늦추어야겠어요. 그리고 그런 행동은 괜찮아요."
3. **저항으로 인한 제한점을 말하기** :
   "몇몇 해결되지 않은 감정들이 있는 것 같은데요. 그리고 우리는 그 감정을 정리하는 데 어려움이 있네요. 아마도 내일 계속하는 것이 나을 것 같군요. 오늘은 그만 중단해야겠어요."
4. **침묵적 관찰** :
   상담자가 집단 구성원의 저항행동에 대해 언급하지 않고 침묵으로써 관찰한다.
5. **과제지향적인 중재** :
   "우리가 이것을 어떻게 해결해야 할 것인지에 대해 여러분 중 누가 제안할 분 계셔요?"라는 질문을 집단에 던짐으로써 집단적 문제해결을 격려하기

출처 : 홍경자 외(1996 : 195-215) 재구성.

(2) 응집성

집단이 갈등 단계를 넘어서면 부정적인 감정이 극복되고 조화적이고 협력적인 집단 분위기가 발전되면서 점차 집단원들 간에 응집력이 발달하게 된다. 응집성이라는 용어는 크게 두 가지 개념을 포함하고 있는데, 하나는 '일체감'이나 '단체정신'이고 또 다른 하나는 집단원의 개인적인 소속감이나 존중받는 느낌(수용 : acceptance)이다. 이러한 응집성은 그 자체가 하나의 치료적 요인이라기보다는 효과적인 치료를 위한 선행조건이라고 할 수 있다. 즉, 응집력이 높은 집단의 경우 집단원들이 서로 잘 수용할 수 있다는 것이다(김명권, 1999 : 48-49). 이런 응집력은 자동적으로 발달되는 것이 아니라 집단원들끼리 위험을 감수하여 성취하는 결속의 과정이라고 할 수 있다.

다음은 집단응집력을 높이는 데 영향을 미치는 요인들이다(김명권, 1999 : 52-53; 홍경자 외, 1996 : 195-215).

첫째, 신뢰감이 높을수록 집단응집력이 높다. 신뢰감이 구축되면 자신에 대한 보다 적극적인 노출은 물론 다른 집단원의 의견과 감정을 존중하게 된다.

둘째, 집단 내에서 자신의 생각이나 감정 등을 노출하도록 격려할수록 응집력이 높다. 특히 억눌리고 굴절된 감정의 표현은 억제받는 어떤 느낌에서 막혀 있던 위력이 발휘되는 점에서 변화 그 자체이다. 그것이 긍정적이건 부정적이건 솔직하게 자신을 드러냄으로써 집단의 응집력과 소속감이 강화될 수 있다. 자신의 본래 모습을 기꺼이 다른 집단원들과 상담가에게 드러내는 것은 곧 그들을 신뢰한다는 의미가 된다.

셋째, 집단매력이 클수록 응집력이 증가한다. 집단원들이 소속집단에 대해 갖는 애착심이나 매력이 클수록 응집력의 정도는 강하게 된다. 집단이 지지적인 분위기를 띠면서 집단원들에게 관심이 있는 문제를 다룬다면 그 집단이 매력적으로 지각될 가능성이 커진다.

넷째, 집단원들과 함께 지도력을 공유함으로써 응집성이 발전할 수 있다. 집단상담가는 집단상담가 대 집단원 상호작용 방향 대신에 집단원 대 집단원 상호작용을 촉진시킬 수 있다. 이것은 피드백과 공유를 격려함으로써 가능하다.

이러한 신뢰감 형성을 위해 상담가는 관심 기울이기, 주의 깊은 경청, 공감, 진솔성, 자기노출, 따뜻한 직면 등을 사용할 수 있다.

(3) 자기노출

자기노출은 그대로의 자신을 내보이는 것으로 집단과 집단 구성원에 대한 신뢰가 생겼을 때 가능하다. 특히 집단상담이 보다 진전되어 신뢰관계와 응집력이 형성되면 보다 깊이 있는 자기를 노출하게 된다.

김성희(1999 : 80)는 자기노출의 중요성을 설명하고 있는데 이를 요약, 정리하면 다음과 같다. 첫째, 자기노출은 타인의 자기노출을 증가시켜서 상호 신뢰감을 높이고 인간관계를 촉진시켜 준다. 둘째, 자기노출은 자기의 에너지를 자신이 원하는 성장의 방향으로 사용될 수 있도록 도와주기 때문에 자기성장을 돕는다. 예를 들어, 자신에 대한 비밀이 많은 사람은 비밀이 노출될까 두려워 자신의 에너지의 상당 부분을 그것을 위장하고 감추는 데 사용하기 때문에, 진정한 자기성장을 위한 에너지를 제대로 사용하지 못한다. 셋째, 자기노출은 타인의 진정한 도움을 받을 수 있게 한다. 넷째, 자기노출은 감정의 정화를 가져오고 치료적 효과를 갖는다.

(4) 생산성

집단에 대한 신뢰감과 응집성이 어느 정도의 수준에 다다르게 되면 집단은 집단원 간의 피드백 및 직면을 통해 깊은 통찰을 하고 그에 따른 행동변화를 하게 되는 생산성 단계에 이른다. 이때 집단원들은 집단상담을 통해서 집단 참여자들은 사람들과 관계 맺는 방법 등 대인관계에 대한 학습을 하게 되고 더 나아가 집단원들 개개인이 자신에게 필요하다고 느끼는 것들을 집단에서 함께 하게 되면 그들은 모험을 요하는 행동을 시도할 수 있게 된다. 이러한 모험적인 시도를 진지하게 받아들이고 지지하며 격려할 때 집단원들은 긍정적인 강화를 받는다.

효과적인 피드백이란

- 피드백은 분명하고 직접적으로 주어지는 간결한 피드백이 효과가 크다.
- 집단의 전 과정, 즉 내용이나 비언어를 포함한 모든 면에 대해 피드백을 주는 것이 좋다.
- 포괄적인 피드백은 피하는 것이 좋다. 집단의 과정 중에 나타났던 관찰 가능한 구체적인 행동과 관련된 피드백은 집단원에게 그들이 활용할 수 있는 유용한 정보를 제공한다.
- 피드백은 적절한 시기에 이루어져야 하고 비판적이어야 한다. 그렇지 않으면 피드백을 받는 사람이 그에 대해 방어하거나 거부한다.

- 피드백은 이를 주고받은 사람 간의 관계를 다룰 때 큰 의미를 가질 수 있다.
- 피드백은 그 집단원에 대해 부정적으로 경험한 것과 마찬가지로 긍정적으로 경험한 것에도 관심을 가지는 것이 좋다.
- 피드백을 통해 상대를 강제로 바꾸려고 해서는 안 된다. 생각이나 느낌을 나타내는 하나의 지각적 사실로 피드백이 주어져야 한다.
- 변화가 가능한 행동에 대해서 피드백이 주어져야 한다.
- 같은 피드백이라도 여러 사람이 주면 집단역동 때문에 영향력이 더 크다.
- 피드백을 받을 때는 관심을 기울이고 상대방 말의 내용을 확인해 본다. 서로가 잘못 이해하여 오해할 수 있는 소지가 있기 때문이다.

출처 : 김성희(1999 : 80).

이상과 같은 현상들이 일어나는 청소년 집단상담의 중간 단계에서 상담가는 다음과 같은 역할을 한다(홍경자 외, 1996).

첫째, 바람직한 집단행동의 강화이다. 상담가는 초기 단계에서 취했던 태도를 그대로 유지하면서 각 구성원이 자신의 문제를 더욱 진지하게 다루어 보도록 인도하고 바람직한 행동을 강화시켜 준다. 예를 들어, 철이가 어머니로부터의 잦은 잔소리가 싫다고 하소연을 했을 때, 그것을 듣고 민식이가 그럴 때 매우 답답할 것이라고 공감해 주었다고 하자. 이럴 때 상담가는 "방금 철이가 자신의 문제를 구체적으로 솔직하게 말해주어서 참 고맙다. 그리고 민식이가 철이의 마음을 잘 읽어주었는데 이렇게 서로의 마음을 읽어주고 관심을 표명해 주는 것이 좋은 거야"라고 바람직한 집단원의 역할을 다시 한 번 지적해 준다.

둘째, 공통의 주제로 인도한다. 상담자가 구성원들의 주제와 관심사에 대하여 공통의 구심점을 가지도록 인도한다. 예를 들어, 상담가는 "방금 철이가 부모의 간섭 때문에 화가 난다고 하였는데 함께 경험을 나누도록 이야기해 줄 사람은 없을까?"라고 물을 수 있다.

셋째, 새로운 모험을 장려한다. 집단상담가는 구성원으로 하여금 새로운 행동을 시작해 보도록 보다 더 적극적으로 맞닥뜨려 준다. 이때 집단상담가는 새로운 행동을 시도해 보도록 연습시키고 지지적 태도로 새로운 시도를 해보는 집단원을 격려해야 한다. 그러나 너무 조급하게 강압적으로 몰고 가서는 안 되며 클라이언트의 수준을 고려해야 한다. 예를 들어, 어머니의 잔소리 때문에 화가 나지만 혼자서 참고 있는 안전한 집단에서 역할놀이를 통해 어머니에게 평소에 못하던 이야기를 할 수 있도록 역할극을 하게 한다.

넷째, 각 구성원에게 공평한 기회를 준다. 상담가는 가능한 한 모든 구성원에게 자신의 문제를 노출하고 변화를 시도하도록 적극적으로 개입하며 모든 구성원들이 적절한 시기에 적절한 노출을 할 수 있게 한다.

4) 종결 단계

집단은 여러 가지 이유로 종결된다. 어떤 상담가는 집단상담을 시작하기 전에 종결시간을 미리 정하는 경우가 있고, 어떤 경우는 종결 단계를 정하지 않고 무작정 진행하다가 외적 상황에 의해서 집단을 종결하게 되는 수도 있다. 집단 종결 단계에서 집단상담가가 다루어야 할 내용은 다음과 같다(이형득, 1999 : 54-58).

(1) 집단 경험의 개관과 요약

집단상담가는 집단원들로 하여금 전체 집단과정에서 자신에게 특별히 의미가 있었거나 도움이 되었던 경험을 상호 간에 나누어 가지도록 돕는다. 이를 위해 집단과정에서 의미 있었거나 두드러지게 경험된 두세 가지 일을 회상해 보고 돌아가면서 간단히 발표하는 방법이 있다.

(2) 집단원의 성장 및 변화에 대한 사정

상담가는 집단원들로 하여금 집단 시작 시점과 현재를 비교해 무엇이 얼마만큼 변화하였고 집단과정에서 배운 것을 미래의 생활 장면에 어떻게 적용할 것인가를 생각하게 한다. 이때 일반적이고 막연한 진술보다는 구체적으로 무엇이 좋았으며 어떤 행동을 학습하였는지에 대해 이야기하도록 촉진하여야 한다.

(3) 이별감정 및 미진사항의 취급

시작 단계에서 집단원들이 예상불안을 경험했었다면 종결 단계에서는 이별에 대한 아쉬움을 경험하게 된다. 상담가는 집단으로 하여금 이들 느낌을 표출할 어느 정도의 시간적 여유를 주고 상호 간에 아쉬움을 공유하도록 도울 필요가 있지만 지나치게 아쉽거나 슬픈 감정을 조장하는 일은 삼가야 한다. 또한 집단과정 중에 미해결

과제 또는 미진사항은 없는지를 확인하고 필요한 경우 집단과정이 끝난 뒤 개별적으로 도와주거나 다른 전문가에게로 의뢰하는 것이 효과적이다.

(4) 피드백 주고받기

매 회기마다 집단이 끝날 때마다 피드백을 주고받았지만, 집단 종결에 있어서는 더욱 중요하다. 종결 단계에서의 피드백은 이때까지 관찰해 온 집단원의 행동변화를 최종적으로 그리고 종합적으로 하며 부정적인 것보다는 긍정적인 것에 초점을 두어서 집단상담원이 자신감, 희망을 지니고 집단을 떠나도록 하는 것이 필요하다.

이 외에도 상담가는 집단 종결 시 집단과정에 대한 평가를 한다. 집단과정에 대한 평가는 집단의 분위기, 응집도, 상담가의 리더십, 집단원의 역할, 의사소통, 인간관계의 형태, 집단상담에 사용한 기법들에 대해 평가하도록 한다. 이것은 집단 구성원이 평가할 수도 있고 상담가가 집단 종결 후 스스로 평가할 수도 있다.

4. 청소년 집단상담의 실제

청소년 집단상담이 어떻게 구성되어 진행되는지를 이해하기 위해 홍봉선이 개발한 비행청소년 자아개념 강화를 위한 집단사회사업 프로그램의 일부를 소개하고자 한다. 이 상담사례는 비행청소년들이 다른 청소년에 비해 자아존중감이 낮으며, 비행과 자아개념 간에 관계가 있다는 점에 주목하여 비행청소년의 자아존중감을 고양한다면 비행을 줄이고 적응력을 강화시킬 것이라는 가정하에 비행청소년집단을 대상으로 자아개념 강화를 위한 프로그램을 적용한 사례이다.

1) 프로그램 구성의 제 원칙

비행청소년 자아개념 강화를 위한 집단사회사업 프로그램은 다음과 같은 구성으로 이루어져 있다. 첫째, 집단의 형태는 집중적 집단(마라톤 집단)을 선택한다. 이는 분산적 집단과 집중적 집단의 효과는 유사하며 혼합집단의 효과가 분산적 집단 모형이나 집중적 집단 모형보다 크다는 주장도 있으나, 집단 구성원이 비행청소년으로서 비자발적이고 열악한 가정환경일 가능성이 높다는 점에서 계속적인 참여 및 집중성이 결여되는 등의 문제가 따르기 쉽기 때문이다.

둘째, 프로그램의 구성에 있어서는 구조적 형태를 띤다. 때문에 구체적 프로그램을 사전에 준비하여 적용시키게 될 것이다. 왜냐하면 비행청소년의 지력이나 인지력, 반자발성 등을 감안하면 비구조적 집단 모형은 많은 어려움이 따르고 효과에 의문이 가기 때문이다.

셋째, 집단 구성원의 수는 전술한 대로 15명 내외로 한다.

넷째, 집중적 프로그램이고 집단 구성원의 지력이 낮은 점(어떤 경우에는 문맹도 있을 수 있음)을 고려하여 지나치게 높은 지적 수준을 요구하는 프로그램을 지양하고 지루함으로 인한 저항을 최소화하고 집단 구성원이 청소년이라는 사실을 감안하여 야외 및 신체적 움직임이 있는 프로그램을 적절하게 삽입한다. 그러나 자아개념 강화라는 집단의 목적을 충실히 하기 위해 지나치게 단편적이고 흥미 위주의 프로그램은 지양한다.

다섯째, 집단 구성원들이 그동안의 억눌렸던 적개심 등을 표출할 수 있으며, 적절하게 민감해질 수 있고 자신들에게도 훌륭한 인격과 능력이 있다는 사실을 프로그램 속에서 느낄 수 있도록 하는 프로그램을 지향한다. 물론 궁극적으로는 자아개념 강화를 지향한다.

여섯째, 본 집단 프로그램은 내용과 과정에 대하여 가급적 상세하게 서술하고 그 출처를 밝힌다. 이는 본 프로그램을 차후에 사용하려는 사람이 집단의 역동성과 청소년의 심리사회적 특성에 관한 사회과학적 기초지식을 소지하였다면 이것을 충분히 활용할 수 있도록 하기 위해서이다.

일곱째, 프로그램의 배열은 강도가 낮은 것부터 점차 강도가 높은 것으로 구성한다. 주간보다는 야간에 더 민감해질 수 있으므로 상대적으로 강도가 더 높은 프로그램을 야간에 구성한다.

여덟째, 프로그램 시작 전에 그리고 종결 직전 프로그램의 효과성을 과학적으로 평가하기 위하여 자아개념검사를 실시한다.

마지막으로, 본 연구에서는 매 2시간 정도가 소요되는 14개의 프로그램을 제시하는데 이는 2박 3일의 과정 동안에 최대한 운영할 수 있는 총량이다.

2) 프로그램의 과정 및 내용

집단 발달단계를 준거로 본 프로그램에서는 자아개념 향상이라는 집단 목적과 집단 구성원이 비행청소년이라는 특성을 고려하여 여섯 단계의 자아개념 강화과정을 설정하였다. 각 단계별로 다시 1~4개의 하위 프로그램을 행하였는데 구체적인 내용은 〈표 4-5〉와 같다.

〈표 4-5〉 집단사회사업 발달단계와 프로그램 모형

<table>
<tr><th>단 계</th><th>목 적</th><th>프로그램명</th><th>기대효과</th><th>사회복지사의 역할</th></tr>
<tr><td>1.
집단
형성
단계</td><td>집단 및 집단 구성원 간의 이해</td><td>자기소개</td><td>• 집단에 대한 이해
• 저항감 완화 및 선입견 배제</td><td>• 사전 자아개념검사 실시
• 프로그램 및 집단규칙에 관한 설명
• 온화하고 수용적 분위기 조성
• 안내자, 격려자</td></tr>
<tr><td rowspan="3">2.
자아
발견
단계</td><td rowspan="3">수용적 분위기 속에서의 자연스러운 자기노출로 자신의 문제, 욕구, 갈등 탐색</td><td>원 뚫고 들어가기 및 인정 자극 주기</td><td>• ice breaking
• 성취감을 통한 자신감
• 구성원들 간의 협동심 고양
• skinship을 통한 친근감, 소속감 증대
• 수용적 비언어적 교류를 통한 긍정적 자아탐색</td><td>• 협동의 즐거움과 공동체의식의 강조
• 타인에 대한 배려의 중요성을 고취
• 긍정적 자극의 수용성 고조</td></tr>
<tr><td>미완성 문장 완성하기</td><td>• 자연스러운 자기노출
• 자기가치에 대한 탐색</td><td>• 구성원 개개인 및 가족, 지지체계에 대한 정보 탐색
• 자기인식의 명료화를 촉진
• 바람직한 가치관에 대한 지지</td></tr>
<tr><td>콜라주 게임</td><td>• 감추어진 자신의 욕구 갈등, 대인관계에서의 문제점을 노출하여 자기인식의 제고
• 그림을 통한 간접적인 투사로 방어기제의 완화</td><td>• 창의력과 상상력, 독창성에 대한 지지 및 격려
• 작품 속에 드러난 표현되지 않은 갈등에 대한 이해 및 분석</td></tr>
<tr><td rowspan="3">3.
자아
수용
단계</td><td rowspan="3">인식하지 못한 또 다른 자신 및 가능성 발견</td><td>나 혼자만의 시간</td><td>• 과거 경험에 대한 현재적 조명을 통해 현재의 발달준거를 확인</td><td>• 자기노출에 따른 저항, 불안감에 직면시켜 현재의 자기에 대한 인식 제고</td></tr>
<tr><td>묵언등산</td><td>• 자연과의 교감을 통한 정서순화 및 분위기 전환
• 집단연대감, 인내심, 성취감 고취</td><td>• 안전사고에 대비
• 사색을 위한 조용한 분위기 조성
• 내면의 성찰기회 강조</td></tr>
<tr><td>죽음에 직면한 나의 모습</td><td>• 자신의 삶의 역사를 총정리, 반성
• 현재와 미래의 삶의 태도에 있어 진지함과 적극성의 강화</td><td>• 진지한 분위기 조성
• 적극적인 자기노출 촉진</td></tr>
</table>

4. 자아 존중 단계	집단성원의 공감과 수용을 통한 긍정적인 자기 인식	나의 자랑 100가지	• 자기애 고양 • 숨겨진 자기 가능성의 각인	• 긍정적인 자아인식의 기회 제공 • 표현된 내용에 대해 집단성원들의 인정, 지지, 격려를 촉진
		상장주기	• 자신의 장점 발견 • 긍정적인 자아정체감 고양	• 장점을 발견하도록 지지, 격려 • 자유롭게 발표할 수 있는 분위기 조성
		선물주기	• 가치관의 명료화 • 타인에 대한 긍정적인 마음 강화	• 긍정적 상호작용 촉진 • 적극적인 감정표현 유도
		맑은 물 붓기	• 자기정화를 통한 새로운 삶에 대한 기대 및 각오	• 부정적 감정의 발산을 적극적으로 돕고 환기, 격려, 지지
5. 자아 행동 촉진화 단계	변화된 자아개념의 내면화 및 행동화	1년간 약속이행표 작성	• 발전적 행동목표의 구체화 • 공개약속을 통한 실현 촉진	• 개별화된 실현 가능한 계획 수립을 지지 • 발표된 구체적 계획에 대한 긍정적 신뢰감 표현
		사랑의 이불 덮어주기	• 구성원 간의 긍정적 피드백으로 자아강화의 재확립	• 개별화되고 고양된 피드백으로 긍정적 자아행동의 촉진
6. 종결 단계	집단경험의 정리 및 다짐의 시간	소감문 작성	• 집단경험의 정리	• 집단 종결에 대한 저항 처리 • 개인 및 가족상담으로의 연결 및 after-care 계획 수립 • 사후 자아개념검사 실시

참고문헌

김명권(1999). "집단상담에서의 응집성과 신뢰도는 어떻게 발달되는가?" 제1차 집단상담 WORKSHOP-집단상담의 과정과 기법. 한국집단상담학회.

김성희(1999). "집단상담에서의 문제해결은 어떻게 하는가?". 한국집단상담학회지, 2. 한국상담학회.

김순원(1983). 집단상담이 긍정적 자아강화에 미치는 효과. 고려대학교 대학원 석사학위논문.

김진숙(1999). "집단상담의 시작은 어떻게 하는가". 제1차 집단상담 WORKSHOP-집단상담의 과정과 기법. 한국집단상담학회.

남승희 편역(1993). 청소년은 누구인가. 서원.

문선화(1979). 대학생 집단을 위한 의식적 조직작업. 연구보고서 15('79. 12). 부산대학교학생생활연구소.

박희식(1984). 집단상담이 청소년의 자아실현에 미치는 효과에 관한 일 연구. 전남대학교 대학원 석사학위논문.

설기문(1999). "집단상담에서 저항과 갈등은 어떻게 처리하는가". 제1차 집단상담 WORKSHOP-집단상담의 과정과 기법. 한국집단상담학회.

이수룡(1989). "집단상담이 대학생의 자아개념에 미치는 영향". 계명대학교 학생생활연구소. 집단상담, 제7집. 계명대학교.

이장호 · 김정희(1992). 집단상담의 원리와 실제. 법문사.

이형득(1979). 집단상담의 실제. 중앙적성출판사.

이형득 · 김정희(1983). Peer Group counseling의 효과에 관한 연구. 지도상담, 제8집. 계명대학교 학생생활연구소.

전병재(1991). 청소년 친구집단과 비행 간의 상관성 연구. 한국형사정책연구원.

홍경자 · 김태호 · 남상인 · 오익수(1996). 청소년집단상담. 청소년대화의 광장.

홍봉선(1997). 비행청소년 자아개념강화를 위한 집단사회사업 프로그램 개발과 그 적용에 관한 연구. 부산대학교 대학원 박사학위논문.

홍봉선 · 남미애(1994). 부산 청소년복지정책 개발을 위한 청소년 의식조사연구. 부산광역시.

Zastrow, C.(1988). *Understanding Human Behavior and the Social Environment*. New York : Nelson Hall, Inc.

Chapter 05

청소년복지의 실천방법 Ⅲ : 청소년 자원봉사활동

청소년들은 누구나 자신의 자아를 발견하고 자신의 삶의 의미와 보람을 스스로 찾으려는 강한 내면적 욕구를 가지고 있다. 따라서 청소년들이 가지고 있는 이러한 욕구도 실현시키면서 상부상조 정신, 공동체의식, 합리적 사고를 키울 수 있는 기회들을 제공하는 것은 청소년의 건강한 가치관 형성을 통한 삶의 질을 높이는 청소년복지의 증진을 도모하는 효율적인 방안이라고 할 수 있는데 그중 대표적인 것이 청소년 자원봉사활동을 통한 접근이다.

우리나라에서도 자원봉사활동에 대한 관심과 욕구가 늘어나 활발한 움직임이 행해지고 있다. 특히 국가적 차원에서 청소년 자원봉사활동을 활성화·제도화하는 것은 반가운 일이나 그것이 제대로 우리 사회에 정착되기 위해서는 많은 연구와 노력이 필요하리라 본다. 특히 자원봉사에 대한 사회 전반의 인식 부족과 더불어 학교, 지역사회 기관 측에서도 이에 대한 프로그램이나 인력 등 제반 준비가 제대로 갖추어지지 않아 많은 어려움이 있다.

따라서 청소년 자원봉사활동이 제대로 활성화·제도화되기 위해서는 청소년 자원봉사활동이 성숙된 선진국의 다양한 경험, 이론 도입과 더불어 우리나라 실정에 맞는 청소년 자원봉사활동에 대한 연구들이 행해져야 한다. 이를 위해 이 장에서는 청소년 자원봉사활동의 개념과 의의, 유형과 영역, 활동의 구성, 활동의 실제에 대해 살펴보고자 한다.

1. 청소년 자원봉사활동의 개념과 의의

1) 청소년 자원봉사활동의 개념

청소년 자원봉사활동은 자원봉사활동의 한 분야로서 상위 개념인 자원봉사활동의 기본적인 정신이나 철학, 이념 등을 바탕으로 하면서도 활동자인 청소년이라는 특성이 충분히 반영되어야 한다.

청소년 자원봉사활동에 대한 관점은 크게 세 가지로 구분하여 살펴볼 수 있다(류기형 외, 2009 : 255-257). 첫 번째 관점은 '학습'으로서 자원봉사를 바라보는 관점이다. 이 관점은 청소년이 봉사활동을 통하여 문제해결의 방법을 스스로 구해보도록 하며, 지역사회의 다양한 사회문제에 대하여 학교에서 배운 이론의 적용과 사회 현실의 경험 그리고 도덕적 가치의 체험까지 동시에 통합적으로 습득할 수 있는 과정을 배우는 것이 자원봉사활동이라고 보는 것이다.

이러한 관점에서 청소년의 자원봉사활동을 바라본다면, ① 청소년 봉사활동은 점수따기식의 봉사활동이 아니라 학업과 연계한 봉사학습이 되어야 하고, ② 부여된 과제 완수 위주의 봉사활동보다는 청소년의 인성적 발달과 교육적 측면을 중시하여야 하며, ③ 청소년을 사회 현실을 무시한 채 아무것도 모르는 사람이 아닌 무한한 잠재력을 가진 사회 구성원으로 바라보아야 할 것이다.

두 번째 관점은 자원봉사활동의 실시에서 나타나는 '활동의 방법'으로서 자원봉사를 바라보는 관점이다. 이는 자원봉사가 시간과 장소를 불문하고 교육이 아닌 활동으로 이루어지기 때문에 참가하는 청소년들의 주체성·자발성이 중요시되고, 본인의 봉사활동 경험을 기초로 스스로 봉사활동 경험을 작성하여 평가하며, 나아가 집단토의나 사례발표 등을 통하여 지식과 경험을 상호 교환한다.

이러한 관점에 입각하여 청소년 자원봉사활동을 바라본다면, ① 청소년 봉사활동은 수동적·타율적 봉사에서 주체적·자발적 봉사활동으로 전개되어야 하고, ② 보조적인 단순 노력봉사에서 창의력 개발과 기술 양성이 가능한 활동으로 이어지며, ③ 청소년을 위해서라는 자세에서 청소년과 함께한다는 자세로 전환되어야 할 것이다.

세 번째 관점은 '더불어 살아가는 생활'의 한 요소로서, 즉 생활구조로서 자원봉사를 바라보는 관점이다. 더불어 살아가는 생활은 인간 상호 간의 도움과 협동을 필요로 하며, 구성원들이 상호 부조와 연대감을 가지고 개인생활을 전개해 나갈 때 가능할 것이다. 이러한 점을 생각한다면 청소년 자원봉사활동이란 청소년 생활의 한 부분이며 동시에 복지공동체 사회의 성립에 중요한 기초가 된다는 것을 알 수 있다. 따라서 이 관점은 생활주체자인 청소년의 가치 및 행위방식이 이타적이며 적극형인 생활구조가 될 때 봉사활동이 쉽게 가능해진다는 것이며, 나아가 사회환경이나 조건이 청소년 자원봉사활동을 쉽게 가능케 할 수 있는 생활구조로 만들어져야 한다는 것이다.

세 번째 관점에서 청소년 자원봉사활동을 바라본다면 ① 이기적이며, 자기중심적인 생활활동에서 이타적이며 사회정의적 생활활동을 전개해 나가고, ② 사회 및 단체의 부담 또는 짐이라는 생각을 버리고 상호 협력과 지원을 아끼지 않는 동반자적 관계로 인식하며, ③ 주어진 과제나 현 사회문제의 해결이라는 단기적 봉사활동에서 더불어 살아가는 복지공동체 사회를 구축한다는 장기적 시각에서 봉사활동을 바라보아야 할 것이다. 이러한 세 가지 관점과 관련하여 청소년 자원봉사활동에 대한 개인 및 사회의 태도 변화를 요약·정리하면 〈표 5-1〉과 같다.

〈표 5-1〉 청소년 자원봉사활동에 대한 개인 및 사회의 태도 변화

관 점	청소년 자원봉사활동에 대한 개인 및 사회의 태도 변화	
학 습	점수따기식 봉사활동 부여된 과제 완수 위주 아무것도 모르는 사람	⇒ 학업과 연계한 봉사활동(봉사학습) ⇒ 청소년의 인성적 발달과 교육적 측면 중시 ⇒ 무한한 잠재력을 지닌 사회 구성원
활 동	수동적·타율적 봉사활동 보조적인 단순 노력봉사 청소년을 위해서라는 자세	⇒ 주체적·자발적 봉사활동 ⇒ 창의력 개발과 기술 양성 가능한 임무 ⇒ 청소년과 함께한다는 자세
생활구조	이기적이며 자기중심적 생활활동 사회 및 단체의 부담 또는 짐 단기적 문제해결 중심의 봉사활동	⇒ 이타적이며 사회정의적 생활활동 ⇒ 상호 협력과 지원을 통한 동반자 관계 ⇒ 장기적 복지공동체 구축을 위한 봉사활동

출처 : 류기형 외(1999 : 278-279).

이 중에서 현재는 청소년의 자원봉사활동을 학습과 연결해서 보는 시각이 지배적이다. 즉, 청소년 자원봉사활동의 개념은 자발성이 강조되는 봉사보다는 교육이 강

조되어야 한다는 것이다. 그 이유는 청소년 자원봉사활동을 청소년들의 전인적 발달과 성장에 직접 연결되어 있을 뿐 아니라 민주 시민사회의 덕목으로 인식해야 한다는 것이다. 따라서 해도 되고 안 해도 되는 것이 아니라 반드시 해야 하는 어느 정도의 강제성을 부여하는 것이 더 타당하다고 주장한다(한승희, 1995 : 8). 이미 여러 선진국에서는 초 · 중 · 고등학교 그리고 대학교가 학교 자체의 자원봉사 프로그램을 수립하여 주위의 유관기관들과 긴밀한 협조하에 학교교육의 일환으로 자원봉사활동을 전개하고 있으며(조휘일, 1995 : 18), 미국의 메릴랜드 주 교육위원회의 경우 자원봉사를 봉사활동학습(Service Learning)이라는 용어로 대치하여 사용하고 있다(한승희, 1995 : 9).

이렇게 자원봉사를 교과과정의 일부로 생각하는 경우 일반 자원봉사활동과는 다른 특성들을 가진다. 즉, 바람직한 청소년 자원봉사활동은 구조화된 학습경험으로(한승희 외, 1995 : 93), 결과보다는 건전한 참여 동기의 확립과 참여방법 및 과정에 중점을 두어야 하며 봉사활동을 통해 얻어질 수 있는 리더십과 인간관계 기능의 훈련을 더 중요시해야 한다고 주장하고 있다(조휘일, 1995 : 18).

실제 우리나라에서는 자원봉사활동과 봉사활동학습이라는 용어를 뚜렷한 구분 없이 혼동해서 사용하고 있다. 일부에서는 자발성이 강조되는 자원봉사활동과 교육을 강조하는 봉사활동학습을 명확히 구분해야 한다는 주장이 있는 반면, 일부에서는 봉사학습도 궁극적으로는 자원봉사활동으로 발전해 가는 것을 목적으로 한다면 현재의 용어를 그대로 사용해도 되지 않겠는가 하는 의견도 있다. 점차 이 용어의 문제에 대해서는 사회적인 합의가 행해져야 할 것이다.

여기에서는 이 두 용어를 특별히 구분하지 않고 청소년 자원봉사활동이라는 용어로 통일해서 사용하고자 하며 그 개념 안에는 교육과 봉사를 둘 다 포함하고자 한다. 따라서 청소년 자원봉사활동의 개념을 학교나 지역사회에서 일정 기간 교육을 거친 후 자신이나 직접적인 가족이 아닌 다른 사람을 위해 금전적인 대가를 바라지 않고 직 · 간접으로 원조를 제공하는 것이라고 정의하고자 한다.

2) 청소년 자원봉사활동의 필요성

일반적으로 청소년기를 제2의 탄생기, 부적응 시기, 제2의 반항기, 고민 · 고통의 시기, 초조 · 불안의 갈등 시기, 행동의 중용이 없는 시기, 질풍노도와 같은 어려운 시기라고 일컫고 있다(양석호, 1991 : 460-461). 이 시기의 청소년들은 건전하고 밝은 심성으로 바람직하게 자랄 수 있는 가능성과 잘못 성장할 수 있는 가능성의 양면성을 동시에 지니고 있다. 따라서 청소년의 하루하루의 경험은 인격형성과 인생관의 확립에 중요하게 작용한다. 청소년기는 무한한 신체적 · 정신적 에너지가 내재되어 있는 시기이다. 청소년들이 그 에너지를 비행, 폭력, 약물 등 비사회적 · 반사회적 형태로 표출하는가, 아니면 자원봉사활동이나 그 외 다른 사회봉사활동, 집단활동 등의 적극적이며 긍정적인 활동으로 발산하는가 하는 것은 중요한 문제이다(野上芳彦, 1992 : 56-60).

청소년 자원봉사활동은 체험학습을 통해서 개인적 만족감을 증진시킬 뿐만 아니라, 사회참여의 기회와 사회적 책임을 실천할 기회가 된다는 이중적 의의를 가진다. 또한 청소년들은 학교에서 배우는 교과학습을 통하여 얻은 지식과 기술을 지역사회에서 실현함으로써 그 지식과 기술을 보다 실제적인 것으로 만들 수 있다는 것이 청소년 자원봉사활동의 중요한 의의가 된다(한국여성개발원, 1994 : 13).

또한 청소년기는 자아정체성을 정립하는 시기일 뿐만 아니라 일생을 살아가는 데 원칙으로 삼게 될 일련의 가치인 도덕성을 형성하는 시기이다. 그런데 자아정체성과 도덕성은 사회문화적 맥락뿐만 아니라 교과과정 그리고 다양한 교과의 체험활동을 통해서도 발달된다. 따라서 자아정체성과 도덕성을 통합시킬 수 있는 시기인 청소년기에 사회참여의 기회로서 자원봉사활동의 경험은 청소년의 건전한 성장을 돕기 위해 꼭 필요하다(김동배 · 조학래, 1997 : 149).

김동배와 조학래(1996 : 31)는 청소년 자원봉사활동의 의의를 다음과 같이 설명하고 있다.

① 청소년의 기본적인 욕구 충족과 건전한 인격 형성 및 자기존재의 의미와 자기존중의 정신을 깨닫게 하고 인간의 존엄성과 가치를 인식하게 한다.
② 청소년들로 하여금 타인과 협력하고 원만한 인간관계를 유지하게 함으로써 자기발전과 성숙에 기반이 되는 사회성을 기르고 자아를 실현하게 한다.
③ 청소년들의 취미 향상과 여가활동을 도모할 수 있다. 자원봉사활동은 여러 방면에서 다양하게 전개되고 있으므로 청소년들은 자발적인 선택에 의해서 취미에 맞는 활동에 참여할 수 있다.

④ 가치 있는 삶의 체험을 통하여 봉사의 의미를 깨닫게 하고, 그 실천과정에서 기쁨과 보람을 체험하게 하여, 이상적인 공동체 삶에 대한 기초를 확립해 준다.
⑤ 청소년 자신의 적성을 발견할 수 있는 기회를 제공하며, 새로운 기술을 학습할 수 있게 하고, 이미 가진 기술을 더욱 발전시킨다.
⑥ 청소년들이 신체적 · 정신적 · 정서적 건강을 지닌 전인적인 인간으로 성장할 수 있게 도움을 준다.
⑦ 자신감을 갖게 하고, 잠재적인 지도력을 개발해 학습 경험을 보다 풍부하게 한다.
⑧ 적극적으로 모든 일에 참여하는 자발정신과 협동정신, 책임감을 일깨워 줌으로써 민주주의 사회에 기반이 되는 민주주의 정신을 함양시킨다.
⑨ 현실세계를 있는 그대로 경험하게 함으로써 현실세계에 대한 올바른 이해와 적극적인 사회참여 정신의 함양에 도움을 준다.
⑩ 사회적으로 필요하고 유익한 행위를 체험하게 함으로써, 지역사회를 올바로 이해하고, 불건전한 일탈행위를 예방하게 한다.
⑪ 학교에서 배우는 교과학습을 통하여 얻은 지식과 기술을 지역사회에서 실천하게 함으로써 지식과 기술을 보다 실제적인 것으로 만들 수 있게 한다.

이상의 내용을 종합하면, 청소년 자원봉사활동은 세 가지 측면에서 의의를 갖는다.

첫째, 청소년 자원봉사활동은 청소년의 인성계발에 유익하다. 봉사활동을 통해 어려운 과업을 완수하고 새로운 경험에 도전하면서 자신의 잠재력을 발견할 수 있으며 일에 대한 성취감을 통해 자신감, 긍정적인 자아상을 확립할 수 있다. 또한 집단경험을 통해 다양한 사회문화적 배경, 가치를 가진 사람들과 상호작용하면서 타인의 의견을 이해하고 수용하는 힘을 키우고 인간의 존엄성과 사회적 연대감, 공동체 의식을 키우게 된다.

둘째, 민주시민으로서의 자질을 배양한다. 봉사활동을 통해 자신의 행동에 책임을 지고 전체 집단의 이익을 위해 자신을 양보하고 집단성원들과의 의견을 조정하고 타협하는 과정에서 문제해결 능력을 고양하게 된다. 또한 지역사회에 산재하고 있는 유용한 자원을 발견하고 그것을 이용할 수 있는 능력을 개발하게 된다. 또한 나 혼자만이 잘살아야 한다는 이기적인 생각에서 벗어나 더불어 함께하는 삶은 건강한 시민의식의 발로이며 책임이라는 것을 인식하게 된다.

셋째, 현장교육을 통해 지적인 성장을 돕는다. 지역사회가 당면한 문제의 발견 및 그 문제에 영향을 미치는 사회적 · 경제적 · 환경적 요인의 분석, 문제의 파급효과, 대처방안 등 일련의 과정을 통해 기본적인 학습기술들을 실제로 실행, 응용할 수 있을 뿐 아니라 종합적이고 체계적인 사고력 등을 기를 수 있다.

2. 청소년 자원봉사활동의 유형과 영역

청소년 자원봉사활동의 유형은 활동의 목적 및 내용, 활동의 장소, 대상자와의 관계에 따라 구분할 수 있다(표 5-2 참고).

〈표 5-2〉 청소년 자원봉사활동의 유형

분 류	구 분	보 기
활동의 목적, 내용	사회교육을 목적으로 한 자원봉사활동	보이스카우트, 걸스카우트, 청소년연맹 등
	사회복지를 목적으로 한 자원봉사활동	어린이, 장애인, 노인, 빈곤자에 대한 활동
	자연보호를 목적으로 한 자원봉사활동	환경미화운동, 환경감시단, 환경캠페인 참가
	의료에 관한 자원봉사활동	병실 안내, 차트 정리, 병실도서 안내, 방문객 안내
활동의 장소	시설자원봉사활동	병원, 도서관, 청소년교육시설, 공공기관(시청, 구청에서 사무 보조, 서류 정리) 등의 이용자를 위한 활동
	지역자원봉사활동	국내 각 지역에서 행해지는 대부분의 활동
대상자와의 관계	직접적 자원봉사	노인, 아동, 장애인 등의 활동대상자와 직접 관계하는 활동
	간접적 자원봉사	사무보조, 조사활동, 모금활동 등 자원봉사의 대상자와 간접적으로 관계하는 활동

활동의 목적, 내용에 따라서는 사회교육을 목적으로 한 활동(보이스카우트, 걸스카우트, 청소년연맹활동), 사회복지를 목적으로 한 활동(어린이, 장애인, 노인, 빈곤자에 대한 활동), 자연보호를 목적으로 한 활동(환경미화운동, 환경감시단, 환경캠페인 참가), 의료에 관한 활동(병동, 병실 안내, 차트 정리, 병실도서 안내, 방문객 안내) 등으로 나눌 수 있다. 활동 장소별로는 병원, 도서관, 공공기관에서의 시설자원봉사활동과 국내 각 지역에서 행해지

는 지역자원봉사활동이 있다. 활동의 대상자와의 관계에 따라서는 노인, 아동, 장애인 등의 활동대상자와 직접 관계하는 직접적 자원봉사활동과 사무보조, 조사활동, 모금활동 등과 같이 대상자와 간접적으로 관계하는 간접적 자원봉사활동으로 구분된다.

김동배와 조학래(1996)는 청소년 자원봉사활동의 영역을 대상자나 기관별로 세분화하여 〈표 5-3〉과 같이 구체적으로 제시하였다.

〈표 5-3〉 김동배 · 조학래(1996)에 의해 고안된 영역

분 류	활동내용
아 동	아동시설이나 지역사회의 어린이들을 위한 프로그램이나 서비스에 직접 참여하여 학습지도, 보조교사, 레크리에이션 지도, 캠프활동 지도
노 인	홀로 살거나 거동이 불편한 노인을 위하여 말벗, 외출 시 동행, 심부름, 집안 정리, 세탁, 목욕 보조, 노인복지시설에 계시는 노인들을 위해서는 말벗, 산책 시 동행, 배식 보조, 청소, 세탁, 목욕 보조, 경로잔치 보조 등의 노력봉사, 특기가 있는 사람은 프로그램의 보조자로 활동
장애인	재가장애인을 위해서는 가정을 방문하여 학습지도, 물리치료 보조, 외출 돕기, 식사, 청소 등의 활용, 시설장애인을 위해서는 학습지도, 물리치료 보조, 외출 시 동행, 목욕 보조, 시설의 각종 행사 보조, 낭독녹음, 점자 타이핑, 캠프 보조 등의 활동
병 원	방문객 안내, 응급실 보조, 소독솜 정리나 거즈 접기, 병실 방문, 오락, 차트 정리, 병실 도서대여 등의 활동
환경단체	환경 관련 자료 정리, 환경 캠페인 참가, 환경감시단 등의 활동
시민단체	사무 보조, 자료 정리, 캠페인 참가, 실태조사 등의 활동보조
문화단체	미술관, 박물관, 기념관 등 또는 동 · 식물원에서 전시품관리자, 안내자, 특별 프로그램 사무, 보조자로 활동
도서관	서가 배열, 도서 정리, 도서관 안내, 사무보조 등의 활동
공공기관	동회나 구청, 시청, 의회, 소방서, 경찰서 등에서 사무 보조, 자료 수집, 회의 보조, 회보 편집 및 교정, 안내 등의 활동
연구소	연구원 사무 및 연구보조활동
학교 내에서의 봉사	식목 및 정원 가꾸기, 운동장 및 시설 보수, 전시 및 게시, 교지 및 회보 발간, 또래상담, 저학년 학습, 취미, 특별활동 지도 등의 활동
지역사회 개발	도시와 농어촌의 환경 여건에 따라 다양한 활동이 가능, 경제적으로 안정되고 환경적으로 쾌적하며 편리하고 살기 좋은 고장을 만들기 위한 조사, 노력봉사, 기부금 모집 등의 활용

3. 청소년 자원봉사활동의 구성

자원봉사활동은 자원봉사수요기관, 자원봉사공급기관, 자원봉사조정기관 그리고 이들을 둘러싼 외부환경과의 상호작용 속에서 이루어진다. 이를 다시 체계별로 분류해 보면 추진체계, 관리체계, 지원체계로 구분해 볼 수 있는데(류기형 외, 1999 : 43-51), 청소년 자원봉사활동의 구성 역시 이와 같은 체계가 그대로 적용될 수 있다.

1) 추진체계

추진체계란 자원봉사활동을 육성, 추진해 가는 것을 주 목적으로 하는 기관이나 단체들로 구성된다. 자원봉사활동은 자원봉사자나 자원봉사수요자 한 측면만의 일방적인 욕구에 의해 성립되는 것이 아닌 쌍방의 대응이다. 그러나 이런 욕구의 만남이란 그렇게 쉽게 행해지는 것은 아니다. 따라서 타인을 위해, 지역사회를 위해 시간과 재능(기술)을 제공하고자 하고, 그런 활동에 관심을 가지고 있는 사람들과 자원봉사활동이 행해지기를 바라는 측면을 연결할 뿐 아니라 경우에 따라 조정하기도 하고, 지역주민들이 자원봉사활동의 올바른 정신을 이해하고 자원봉사활동에 참여할 수 있도록 조직적이고, 체계적으로 일관성 있게 주도해 나갈 수 있는 추진체계가 확립되어야 한다.

추진체계의 확립이란 자원봉사의 자발성을 저해하거나 침해하는 것이 아니라 자원봉사활동에의 접근성이 용이하도록 네트워크를 구축하고 자원봉사활동을 조직화함으로써 효율적이고 효과적인 서비스가 행해지도록 한다. 따라서 이들 추진체계에 속하는 기관이나 단체들은 지역사회에서의 욕구에 대응해 자원봉사 프로그램을 개발하고 자원봉사자를 모집하여 연결해 주는 역할에서부터, 교육 및 훈련의 기능, 정보 교환의 기능, 각 자원봉사기관과의 유기적인 관계 유지 및 조정을 행한다. 한 마디로 자원봉사활동의 구심점으로서 자원봉사활동의 조직화를 행한다.

청소년 자원봉사활동에 있어 이와 같은 추진체계로는 학교, 각종 자원봉사센터, 자원봉사단체협의회, 자원봉사자활동기관 등이 포함되는데 이러한 많은 기관들 중 학교와 지역사회기관, 자원봉사센터는 추진체계의 중심이라고 할 수 있다.

첫째, 학교 중심의 자원봉사활동이다. 학교가 중심이 되어 학생들의 자원봉사활동을 관리 · 주도하고 자원봉사 담당교사가 체계적으로 진행하거나 지역사회 기관 및 시설에 위탁시켜 교육시키는 방법이다. 따라서 학교는 학생들의 봉사 프로그램을 개발하고, 교육하며, 지역사회의 자원봉사기관이나 관련 시설과 지속적 · 체계적 · 협조적인 관계를 맺어야 한다. 이는 학교가 지역사회와 밀접한 관계를 가져야 하며, 지역사회를 학습의 장으로 보는 지역사회 학교설을 근거로 한다. 지역사회 자체가 가장 효과적인 교육장소이므로 학교는 지역사회와 가장 밀접한 관계를 맺어야 한다는 것이다(김영우, 1994 : 373-374).

이러한 학생들의 자원봉사활동이 구체적으로 제도화되고 실현되려면 그에 따른 학교조직상으로도 학생들의 자원봉사를 전임으로 담당하는 교사가 필요하리라 본다. 이 전임교사는 학교사회복지사를 활용하는 방안도 검토해 볼 만하다. 이 모델은 학교가 교육적인 목적으로 주도적으로 개입하여 관리하므로 학생들이 지속적으로 활동에 참여할 수 있고, 활동을 학습의 장으로 충분히 활용할 수 있다.

둘째, 지역사회 청소년자원봉사센터 중심의 활동이다. 지역 자원봉사센터는 전국 자원봉사센터 네트워크의 한 부분으로 자원봉사정신을 촉진하고 지지하고 지역사회 내 서비스에 대한 욕구를 충족시킬 수 있도록 일하는 1차적 지역 리더십 조직으로 공헌한다. 또한 자원봉사활동을 위한 옹호자, 볼룬티어리즘을 위한 촉매자로서 공헌하고 자원봉사 노력을 지지하며, 지역사회에서 자원봉사 수요자와 공급자를 연결하는 자원봉사활동을 위한 중심교환소(central clearing-house)의 역할을 행한다. 여기에는 청소년 자원봉사활동을 전담하는 전문가가 학생들의 능력과 요구에 부합할 수 있는 프로그램을 개발하며, 타 기관과의 유기적인 연결을 통해 학생들의 능력과 요구에 맞는 기관으로 의뢰한다.

우리나라는 1995년 5월 교육개혁 조치에 따라 청소년자원봉사활동을 활성화하기 위해 시 · 도 청소년자원봉사센터를 설치 · 운영해 왔다. 2004년에 청소년활동진흥법이 제정되면서 청소년자원봉사센터를 지방청소년활동지원센터로 개편하였다(여성가족부, 2017 : 196). 이로 인해 청소년활동의 조직과 운영을 보다 체계적으로 하고자 하는 목적은 이룰 수 있겠지만 청소년 자원봉사 부분만 보면 상대적으로 다소 약화될 우려가 있다.

따라서 청소년 자원봉사활동을 중심으로 하는 기구의 신설 및 전달체계가 확립되어야 한다. 즉, 정부 차원에서는 전담부서를 설치하고 청소년 자원봉사에 대한 재정적·행정적 지원을 아끼지 말아야 할 것이다. 민간 차원에서는 장기적인 측면에서 한국자원봉사재단이 설립되어야 할 것이고, 그 밑에 독립된 연맹 형태의 시·도 청소년자원봉사센터와 시·군·구 청소년자원봉사센터가 설치되어야 할 것이다. 또한 청소년 자원봉사활동과 관련되는 중앙 관계부처 간(문화체육관광부, 교육부, 행정안전부, 보건복지부 등) 그리고 관련 전문가로 구성하여 정책 조정 및 협의, 결정, 제도 개선 등을 위한 정책협의체가 구성·운영되어야 하며, 무엇보다도 청소년 자원봉사활동의 활성화를 위한 법적 근거를 마련하는 것이 절실하다고 하겠다.

그 다음으로 학교와 청소년 자원봉사센터와 청소년 자원봉사활용기관과의 유기적인 협력이 강화되어야 한다. 우선 학교에서는 청소년 자원봉사센터로부터 프로그램 및 기술을 지원받아 청소년들이 실제 지역사회에 나가 활동하기 전에 전반적인 청소년 자원봉사의 참 의미와 내용, 방법 등에 대해 사전교육이 행해져야 할 것이며, 지역사회 기관이나 시설 등에 관한 정보를 배치하여 청소년들이 그것을 토대로 판단하고 선택하여 함께 활동할 수 있도록 조직화하고 이들 명단을 청소년 자원봉사센터에 보낸다.

청소년 자원봉사활용기관에서는 자신들 기관의 소개와 필요한 청소년 자원봉사자의 특성을 청소년 자원봉사센터에 제공하고 청소년 자원봉사센터로부터 각종 프로그램 지원 및 종사자의 교육, 연수 등을 제공받는다. 또한 학생들의 활동을 학교에 송부한다. 청소년 자원봉사센터는 청소년 자원봉사에 관련한 각종 정보 수집, 제공, 조사, 연구, 홍보, 출판, 지원, 모델 개발 등을 행하며 학교와 청소년 자원봉사활용기관을 연결하고 조정하는 역할을 한다.

이러한 협력적 관계를 행하기 위해서는 학교에 학생 자원봉사를 전담하는 학교코디네이터(또는 학교사회복지사)가 배치되어야 할 것이며 시설에도 시설코디네이터가 배치되어 이들 중심의 협력체계가 마련되어야 할 것이다(그림 5-1 참고).

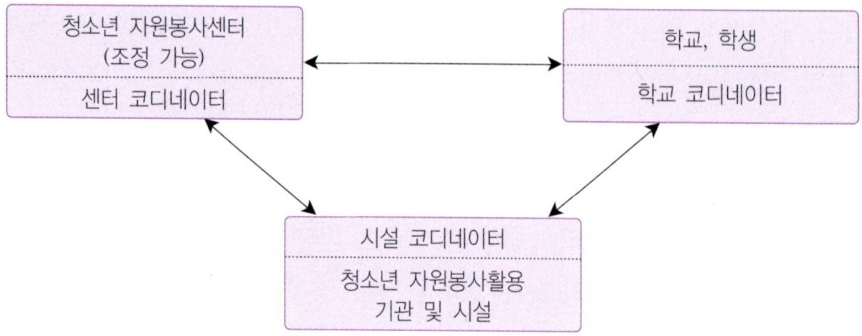

|그림 5-1| 학교, 청소년 자원봉사센터, 청소년 자원봉사활용 기관 및 시설과의 관계

2) 관리체계

청소년 자원봉사활동은 금전적 보상이 아닌 심리적 동기에 의해서 크게 영향을 받기 때문에 청소년 자원봉사자에 대한 관리는 활동의 지속성과 서비스의 효과에 영향을 미치는 매우 중요한 변수이다. 자원봉사활동 관리체계란 자원봉사자를 효과적으로 활용하기 위해 시설이나 기관이 행하는 활동 중 모집, 홍보, 교육, 배치, 평가, 인정과 승인 등의 관리과정과 이런 과정을 다루는 인력 등을 모두 포함한다. 즉, 자원봉사 관리체계는 크게 자원봉사자 관리자와 자원봉사 관리과정의 두 가지로 크게 양분할 수 있다.

자원봉사자 관리자는 자원봉사자를 관리하는 인력으로 전문성의 정도에 따라 전문가, 준전문가, 리더로 세분화해 볼 수 있다. 자원봉사 전문가는 자원봉사활동 전반에 대한 전문적인 교육과 훈련을 받고, 기관이나 시설에서 자원봉사자 관리 및 조정에 대한 일을 주된 업무로 하는 유급직원으로, 역할에 따라 자원봉사 슈퍼바이저, 자원봉사 조정자, 자원봉사 감독자(director)로 불리기도 한다. 자원봉사 준전문가는 자신들의 고유 업무 외에 자원봉사자 관리도 겸하고 있는 경우이다. 자원봉사 리더는 자원봉사활동 경험이 많아 숙련된 기술을 가지고 있을 뿐 아니라 자원봉사자들의 대표자로서 집단을 이끌고 집단을 대변하기도 한다.

청소년 자원봉사활동의 관리과정은 계획 및 업무 설계, 모집, 교육 및 훈련, 배치, 평가, 승인 등의 연속된 과정으로 구성된다. 이러한 관리과정이 제대로 행해지지 못할 경우 시간과 노력을 들여 확보해 놓은 자원봉사자를 효과적으로 활용할 수 없을 뿐 아니라 자원봉사자의 기대도 충족시킬 수 없다. 청소년 자원봉사자의 관리과정이 어떻게 행해지느냐 하는 것은 청소년 자원봉사자의 소속기관에 대한 만족도 및 지속성에 결정적인 역할을 할 뿐 아니라 지역주민들에게 제공하는 서비스의 질과 효율성을 결정하는 중요한 부분이다.

따라서 자원봉사 관리과정이 단순한 임시방편으로 운영되어서는 곤란하며 자원봉사활동의 이념과 중요성을 인식하여 보다 체계적이고 과학적인 관리과정을 도입하여 자원봉사자의 효과적 활용방안이 강구되어야 한다. 이에 자원봉사 관리에 필요한 각각의 과정 및 그 의의를 정리하면 다음과 같다.

(1) 모집

모집이란 사회복지시설이나 기관이 복지서비스를 위해 필요한 청소년 자원봉사자를 발굴하는 활동으로 모집을 시행하기 전에 모집의 목적과 대상자 선정, 업무 분담 등에 대한 사전 계획과 구체적인 모집방법, 시기에 대한 검토가 필요하다.

(2) 교육 · 훈련

교육 · 훈련은 자원봉사활동에 대한 동기를 강화하고, 자원봉사활동의 사회적 의미를 이해할 수 있도록 도와주기도 하며, 자원봉사자로 하여금 수행하게 되는 업무에 기술적으로나 심리적으로 적합하도록 준비시킨다. 교육 · 훈련은 그 시기에 따라 업무 전 교육, 업무 중 교육 등이 있고, 자원봉사활동에 대한 교육 · 훈련은 대상별로 자원봉사자 교육, 자원봉사 전문가 교육, 직원교육 등이 있다.

청소년 자원봉사활동은 결과보다 과정이 더 중요할 뿐 아니라 청소년들의 높은 참여의지를 실제 활동으로 이끌어 내기 위해서는 청소년들의 욕구에 맞는 다양한 교육, 훈련 프로그램 개발이 급선무라고 할 수 있다. 교육, 훈련 프로그램의 개발에 있어서는 근로청소년, 장애청소년뿐만 아니라 청소년의 흥미, 적성, 나이, 성별, 학교 유형 등 개별적인 상황도 고려해야 할 것이다. 또한 프로그램의 내용도 사회복지 분야에만 제한하지 않고 가능한 한 사회 전반적인 분야로 확대되어야 할 것이며 직접적인 참여와 더불어 영상 자료와 봉사현상 실무자의 강의와 사례 발표, 봉사자들의 체험기 소개, 외국 청소년들의 활동사례, 사회복지시설과 소외된 이웃, 가정의 견학 등을 통하여 견문을 높여주는 프로그램 개발도 행해져야 한다. 또 시간적으로도

1~2시간용 활동 프로그램, 2박 3일 교육 프로그램, 중장기 프로그램 등도 강구되어야 할 것이다.

무엇보다도 청소년 자원봉사를 유휴인력 활용의 차원이 아니라 교육적인 차원으로 연결하기 위해서는 더욱더 초·중·고등학교 교과과정에 포함시키는 것이 필요하다. 단순한 교내활동이나 서클활동의 차원을 넘어 장기적으로는 정규과목의 신설, 단기적으로는 수업시간을 조정해 청소년 자원봉사활동에 대한 교육을 행하는 것이 필요하다. 따라서 학생들에게 자원봉사활동에 대한 교육이 학교 중심으로 행해지기 위해서는 무엇보다도 일선교사를 위한 교육훈련과정이 연구, 개발되어야 한다.

(3) 배치

자원봉사자를 모집, 교육·훈련한 다음에는 자원봉사자들의 기대, 능력, 기관의 욕구를 고려하여 적절한 업무에 배정하는 것이 필요하다. 배치가 중요한 이유는 자원봉사자는 기관으로부터 보호받아야 할 뿐만 아니라, 기관과 자원봉사자의 욕구가 적절히 고려될 때 최상의 서비스가 행해질 수 있기 때문이다(Wilson, 1976 : 122).

(4) 평가

평가는 자원봉사활동의 효과성과 적합성을 인식할 수 있는 유일한 방법이며 자원봉사자와 직원, 자원봉사 조정자의 사기앙양을 위해서도 중요하다. 평가 시기는 프로그램 진행 도중, 프로그램 종료 후 등 프로그램의 특성에 따라 매달, 매년 또는 수시로 행해질 수 있다. 평가 주관자는 자원봉사자, 유급직원, 자원봉사 조정자, 타 전문가, 지역사회 대표, 클라이언트 등이 참여할 수 있다(Ilsley & Niemi, 1981 : 104-111).

(5) 인정과 승인

자원봉사활동의 주요 과제는 자원봉사활동의 지속성 유지이다. 이를 위해 자원봉사자에게 자원봉사활동이 만족스럽도록 격려해서 활동을 계속하도록 지원하는 것이 필요하다. 청소년들의 자원봉사활동 경력이 입시뿐 아니라 장차 사회에 나가 취직할 때 우대될 수 있도록 하는 것이 필요하다. 저소득계층 청소년들에게는 자원봉사활동에 소요되는 경비나 차비 정도의 지급은 물론이고 자원봉사활동하는 청소년에게 무료로 이용할 수 있는 문화, 체육시설 이용혜택 부여, 음악회, 연극공연회 등의 초청 등도 고려할 수 있을 것이다.

또한 안전사고에 대한 사전 교육과 더불어 청소년 자원봉사 보험이 실시되어야 한다. 봉사활동 과정에서 발생할 수 있는 각종 위험요소들을 사전에 제거하는 것은 물론 위험이 수반될 수 있는 활동에 대해서는 학교를 비롯하여 자원봉사센터, 수요기관 등에서 충분한 사전 안전 예방교육을 실시하도록 해야 한다. 또한 사고 발생 사후대책으로 청소년 자원봉사 보험이 마련되어야 한다. 청소년 봉사활동 보험은 보험의 성격과 도입 방향에 있어서 무엇보다도 비영리 성격으로 부담을 최소화하여 많은 청소년이 가입할 수 있도록 해야 한다(김정배 외, 1999 : 189-190).

3) 지원체계

자원봉사활동이 발전해 나가기 위해서는 자원봉사자나 단체, 자원봉사 수요기관, 자원봉사센터에 대한 사회적 지원과 이들의 상호작용이 활발히 행해질 수 있는 환경 정비가 필요하다. 지원체계란 자원봉사활동을 둘러싼 외부환경으로 물질적·재정적·인적 지원을 행하는 기관이나 단체들을 뜻한다. 지원 주체에 따라 공적 지원체계와 민간 지원체계로 나누어 볼 수 있는데 공적 지원체계는 정부나 공공기관에서 자원봉사활동을 지원하는 것을 말하며, 민간 지원체계는 민간시설이나 단체에 의해 지원되는 것을 말한다. 전자의 경우 여성개발원, 사회복지협의회들이 여기에 해당되고, 후자의 경우는 한국자원봉사협의회가 여기에 속한다. 여기서 지원이라는 것은 자원봉사활동의 홍보, 모집, 교육, 훈련, 배치, 프로그램 개발 등의 관리과정에 대한 지원뿐 아니라 자원봉사활동에 필요한 기금 조성 및 할당까지도 포함된다.

청소년 자원봉사활동이 활발하게 행해질 수 있기 위해서는 직접적·간접적으로 지원하는 체계가 제도적으로 갖추어져야 한다. 자원봉사활동을 용이하게 하기 위해 필요한 지원으로는 재정적 지원, 물질적 지원, 인적 지원 등을 들 수 있으며 이러한 지원을 행할 수 있는 것은 국가 및 지방정부, 기업, 학교, 사회복지협의회, 공동모금, 기타 자원봉사 관련 단체 등이 있다.

무엇보다도 청소년 자원봉사활동이 활성화되기 위해서는 국가 및 지방정부의 지원이 중요하고 당연하다. 따라서 청소년 자원봉사 지원에 관한 법률의 제정 및 행정체계가 구축되어 자원봉사활동이 활성화될 수 있는 토대를 마련하고 재정적 지원 및 행정적 지원이 지속적이고, 일관성 있게 행해질 수 있어야 한다. 또한 기업, 공동모금, 사회복지기관 등으로부터의 지원도 필요하다. 기업은 자원봉사활동에 필요한 자금 조달뿐만 아니라 인적 자원이 풍부한 곳이다. 뿐만 아니라 공동모금은 재정지원뿐 아니라 자원봉사활동과 더불어 강력한 서비스체계를 확립하는 데 매우 유용하다. 이 외에도 사회복지협의회, 사회복지기관, 지역사회복지관 등은 자원봉사활동을 지원하는 유용한 자원들이다.

우리나라에서 자원봉사정책 입안 및 추진기구를 가지고 있는 부처는 여성가족부와 행정안전부로 크게 대별된다. 이들 내용은 〈표 5-4〉와 같다.

〈표 5-4〉 자원봉사 관련 부처의 정책집행 기구 현황

구 분	여성가족부	행정안전부
운영부서	청소년가족정책실 청소년활동진흥과	자치행정국 민간협력과
지방부서	시 · 도청 청소년과(계)	시 · 구청 사회복지과 사회진흥과
센터명	시 · 도 청소년활동진흥센터	자원봉사센터
역 할	• 청소년 자원봉사 조사, 연구, 개발 • 청소년 자원봉사활동수급관리 • 청소년 자원봉사 프로그램 개발, 보급 • 자원봉사활동 기록 유지 · 관리 • 청소년 자원봉사자 및 지도자교육(연수)	• 자원봉사의 모집과 배치 • 상담과 교육, 훈련 • 자료와 정보 제공 • 프로그램 개발과 운영
운영단체	〈중앙〉 한국청소년활동진흥원 〈지방〉 청소년 관련 단체	〈중앙〉 한국중앙자원봉사센터 〈지방〉 관련 기관

여성가족부는 청소년자원봉사활동을 총괄한다. 한국청소년활동진흥원을 통해 전국의 시 · 도 활동진흥센터와 청소년자원봉사센터, 시 · 군 · 구의 청소년지원센터를 추진체계로 삼고 있다. 청소년자원봉사의 원활한 활동을 위하여 청소년 자원봉사 조사, 연구, 청소년 자원봉사활동수급관리, 청소년 자원봉사 프로그램 개발 및 보급, 자원봉사활동 기록 유지 · 관리, 청소년 자원봉사자 및 지도자교육(연수) 등의 역할을 담당하고 있다.

행정안전부는 공공부문의 자원봉사활동 진흥을 위하여 부처 내 자치행정국 민간

협력과 내에 자원봉사 전담부서를 설치 · 운영하고 있다. 또한 행정안전부와 지방자치단체들은 1996년 말부터 지역사회를 주 기반으로 전개되는 자원봉사활동의 효율적인 관리를 위해 하부 인프라로 시 · 도 및 시 · 군 · 구 단위에 자원봉사센터를 설치 · 운영하고 있다. 이들 센터는 대부분 시 · 구청의 사회봉사과나 사회진흥과에서 직영하거나 민간에 위탁운영하는 형태이다.

4. 청소년 자원봉사활동의 실제

청소년 자원봉사활동의 실제를 이해하기 위해 한국청소년개발원에서 제시한 청소년 자원봉사활동거리 모델 중 복지관에서 장애인의 교통시설을 알아보기 위해 마련한 청소년자원봉사프로그램을 소개하고자 한다(윤철경 · 위여정, 1997).

제목 : 장애인을 위한 횡단보도 유도블록과 신호음 조사[1]

■ 활동의 목적

- 장애인을 위한 교통시설에 대해 알게 한다.
- 장애인에 대한 이해의 인식을 넓힌다.
- 장애인들을 위해 할 수 있는 일들을 찾아보도록 한다.

■ 활동을 위한 준비

- 자원봉사활동을 지도할 중간 지도자를 모집한다.
  : 사회복지학과 실습생, 봉사활동 동아리 회원 등
- 중간 지도자들과 함께 실제 사전답사를 통해 장애인을 위한 교통문화의 문제점을 진단한다(횡단보도 유도블록의 잘못된 설치, 고장난 신호음 등).
  : 교육적 측면을 위해 지도자들의 실제 답사와 토의 등 철저한 사전준비가 필요하다.
- 활동에 필요한 지역지도를 준비한다(횡단보도가 표시되어 있는 지도).

1 본 프로그램은 고양 YMCA 흰돌종합사회복지관에서 「제1 올바른 교통문화를 가꾸는 봉사단」의 한 모둠이 '장애인과 함께하는 교통문화'라는 이름으로 실시한 봉사활동이다.

■ 활동의 진행

분 류	활동내용	준비사항	소요시간	인 원
도 입	자기소개와 조 만들기	전지 1장, 크레파스, 종이, 필기도구	3	학생 10~15명
실천 1	조사지역 선정과 장애 체험	조사지역 지도, 종이, 필기도구	3	
실천 2	장애인을 위한 횡단보도, 유도 블록과 신호음 조사	조사지역 지도, 모니터용지, 사진기	3	중간지도자 1~2명
실천 3	조사에서 나타난 문제점 정리와 보고서 작성	조사자료(지도, 모니터용지)	3	
정 리	보고서 활용에 대한 토론		3	

도 입 자기소개와 조 만들기

- 조원들끼리 자기소개를 하도록 한다.
- 조원들의 자기소개가 모두 끝나면 조 이름과 조 구호, 조가 등을 만들고 조장을 선출하게 한다.

실천1 조사지역을 선정하고 장애 체험하기

- 장애인을 위한 교통시설에 관해 알려준다.
  : 횡단보도의 유도블록과 신호등의 신호음 등
- 장애인에 대한 올바른 이해, 장애인을 대하는 바른 태도를 교육한다.
- 조사할 지역과 내용을 선정하도록 한다.
- 선정한 곳을 지도에 표시하도록 한다.
- 선정한 곳을 장애인의 입장이 되어 답사해 보도록 한다.

실천2 장애인을 위한 횡단보도 유도블록과 신호음 조사하기

- 장애인이 된 느낌을 서로 나누면서 조사활동을 시작하게 한다.
- 잘못된 횡단보도의 유도블록 설치 상태와 신호등의 신호음 고장 등을 모니터 용지에 기록하게 한다.
- 잘못된 곳들을 지도에 표시하게 한다.
- 문제의 지역을 사진 촬영하게 한다.

실천3 조사에서 나타난 문제점을 정리하고 보고서 작성하기

- 모니터 용지와 지도를 보면서 조사한 지역의 문제점들을 정리하여 결과를 요약하게 한다.
- 조사한 지역에 대해 전지를 이용하여 잘못된 곳을 표시하는 지도를 제작하게 한다.
  (중요한 내용은 사진을 첨부하여 문제점에 대한 시각적 효과를 높인다)

정 리 보고서 활용에 대해 토론하기

- 장애인을 위한 올바른 교통문화에 대한 건의서 및 대안들을 만들어 보게 한다.
- 결과물들을 어떻게 활용할 것인지 토의하게 한다(시에 건의, 사진 전시회, 회지에 내기 등).

■ 활동의 응용

- 등·하굣길의 안전 상태 조사
- 자전거 도로 상태 조사

참고문헌

교육부(1996). 초 · 중 · 고 학생봉사활동 운영지침.

김동배 · 조학래(1996). 청소년 자원봉사의 길잡이. 동인.

____________(1997). "청소년 자원봉사활동의 효과성에 관한 연구". 한국사회복지학, 통권 제31호.

김영우(1994). 현대사회와 교육. 교육과학사.

김정배 · 고원영 · 정익재(1999). 21세기청소년자원봉사정책과 추진방향. 한국청소년개발원.

류기형 · 남미애 · 박경일 · 홍봉선 · 강대선(2009). 자원봉사론. 양서원.

양석호(1991). "청소년건전육성을 위한 지역사회의 역할". 밝은 사회 건전한 청소년. 체육청소년부.

여성가족부(2017). 2017년도 청소년사업 안내.

윤철경 · 위여정(1997). 청소년 자원봉사 활동거리 모델 18가지. 한국청소년개발원.

조휘일(1995). "청소년자원봉사활동 실천과 활성화 방안". 오늘의 청소년 7·8, 10(6). 한국청소년단체협의회.

한국여성개발원(1994). 청소년 자원봉사활동. 중학교 교사용 참고자료.

한승희(1995). "청소년자원봉사활동의 의의와 방향". 오늘의 청소년 7·8, 10(6). 한국청소년단체협의회.

한승희 외(1995). "지역사회봉사활동". 한국청소년연구, 6(1).

野上芳彦(1992). ボランティア活動入門. 相樹社.

Ilsley, P. J., & Niemi J. A.(1981). *Recruiting and Training Volunteers*. New York : McGraw-Hill Book Company.

Wilson, M.(1976). *The Effective Management of Volunteer Programs*. Colorado : Volunteer Management Associates.

Chapter 06

청소년복지의 실천방법 Ⅳ : 청소년수련활동

청소년수련활동은 청소년의 건전육성을 위해 최근 정책적으로 적극적으로 추진되고 있는 활동으로서 이 장에서는 청소년수련활동의 개념, 의의와 효과, 활동의 구성, 활동의 실제에 대해서 살펴보고자 한다.

1. 청소년수련활동의 개념

일반적인 의미에서 수련활동은 학교 교과활동에 따른 부수적인 활동, 종교적 목적을 달성하기 위한 활동 혹은 청소년단체의 목적을 추구하는 활동 등으로 간주되어 왔다(천정웅, 1998 : 238-239). 반면 청소년정책 측면에서 수련활동은 청소년기본법에 의해 규정되는 청소년활동의 세 가지 영역, 즉 수련활동, 교류활동, 문화활동 중의 하나로서 청소년복지, 보호, 육성과 함께 청소년정책의 가장 중요한 영역의 하나로 발전되어 왔다. 청소년활동진흥법 제2조에 따르면 청소년수련활동이라 함은 “청소년이 청소년활동에 자발적으로 참여하여 청소년 시기에 필요한 기량과 품성을 함양하는 교육적 활동으로서 청소년지도자와 함께 청소년수련거리에 참여하여 배움을 실천하는 체험활동을 말한다”고 규정하고 있다.

천정웅(1998 : 263-264)에 따르면, 청소년수련활동은 단체활동, 집단활동, 특별활동, 봉사활동 등과 혼용해서 사용되지만 일반적으로 다음과 같은 특성을 갖는다고 한다.

청소년수련활동은 첫째, 개인적 활동이 아니라 두 사람 이상이 상호작용을 통하여 정서적 유대, 지위와 역할, 가치와 규범 등의 인간관계의 여러 형태가 나타나는 집단활동이며, 둘째, 지도자 중심에서 청소년 중심으로, 지식과 기능 중심에서 인간관계 중심으로, 과제수행 중심에서 문제해결 중심으로, 전문적 활동 중심에서 기초적이고 보완적인 활동 중심으로, 획일성 · 타율성 · 수동성 · 모방성 중심에서 융통성 · 자율성 · 능동성 · 창의성 중심으로 수행하는 청소년 활동이라고 할 수 있다. 셋째, 참가자가 스스로 참여하여, 자신의 활동을 선택하게 하며, 넷째, 참여자 자신이 실제로 보거나, 듣거나, 느끼거나, 만지거나, 활동하여 지금까지 경험해 보지 않은 일을 새롭게 실행하는 과정이다. 이러한 체험활동을 통하여 청소년들은 삶에 대한 새로운 인식과 이해를 높이게 될 것이며, 체험활동 속에서 획득한 지식과 기술은 청소년들의 일상생활에 반영될 수 있는 것이다. 다섯째, 탐구적 활동이다. 여섯째, 모험적 활동이다. 모험활동을 통해 청소년들은 위기를 극복하는 정신적 성숙과 공동체적 연대감을 체험하게 되며 개인적 성취감을 맛보고, 자신감을 고취하며, 함께 나누는 의식, 즉 집단형성을 통한 기쁨과 만족감을 경험하게 한다는 점에서 매우 중요한 의미를 갖는다. 마지막으로 지속 반복 · 장기적 활동이다. 올바른 사회생활과 건전한 인성함양을 위한 덕목을 이해하는 학습적 과업에 더하여, 지속적이고 반복적인 수련활동을 통해 이들 덕목을 내면화하여 체질화 · 생활화함으로써 생활의 매 순간마다 발현되도록 품성화할 수 있게 된다.

권일남(1999 : 584)은 수련활동을 학습목표의 달성을 위해 야외교육을 확대시키는 직접적이고 총제적인 학습방법이라고 전제하고, 첫째, 야외실험실을 이용한 교실영역의 확대, 둘째, 환경과 생활의 인지를 증대시키기 위한 생활상황이나 자연자원을 포함한 교과과정의 모든 측면에 대한 직접적인 경험, 셋째, 적절한 교수-학습 분위기 조성을 위한 계획과 적용에 학생, 교사, 수련활동 자원봉사자를 포함시키는 프로그램 등을 종합적으로 지칭하며 교과과정의 목표를 달성하기 위한 접근이라고 정의하고 있다.

이상과 같은 내용을 토대로 수련활동의 성격은 다음과 같이 규정해 볼 수 있다.

첫째, 수련활동은 목적적인 활동이다. 즉, 청소년의 균형적인 성장을 위해 심신단련, 자질배양, 취미개발, 정서함양, 사회봉사 등의 체험을 통해 덕과 체를 함양하기 위한 구체적인 목적이 내재된 활동이다.

둘째, 수련활동은 자율적인 활동이다. 이것은 청소년들이 학업활동과 같이 의무적으로 해야 하는 것이 아니라 자유로운 선택에 의해 이루어진다는 의미이다. 그러나 이때의 자유로운 선택은 수련활동의 당사자인 청소년의 참여 면에서의 자율성과 프로그램 선택의 자율성 등의 복합적인 의미로 받아들여질 수 있어, 개념정의로 볼 때 수련활동의 자율적인 영역은 상당히 불명확한 의미를 내포한다.

셋째, 수련활동은 조직적인 활동이다. 이 개념 또한 수련활동 내용의 일관된 체계성을 의미하기도 하고, 수련활동 참가자의 집단성을 의미하기도 한다고 볼 수 있어 불명확한 의미를 내포한다.

넷째, 수련활동은 체험적 활동이다. 즉, 수련활동은 지식의 이해 및 획득과 같은 교육활동과는 다른 영역으로서 체험을 통한 역동적인 활동이 강조된다.

청소년수련활동은 다음과 같은 네 가지 유형으로 구분된다(이광호 외, 1997 : 14-17). 첫째, 시설 중심 수련활동이다. 이는 생활권과 자연권에 산재해 있는 청소년 수련시설이나 특정 시설을 주요 거점으로 하여 일정한 프로그램과 지도자들의 지도를 통해 실시되고 있는 수련활동이다. 이 경우 자연권 수련시설의 수련활동은 원칙적으로 개인별 참여나 집단적 참여의 두 가지 형태를 모두 포괄하기는 하지만 대부분의 활동이 학교교육의 연장선상에서 실시되고 있는 것이 특징이다.

둘째, 단체 중심 수련활동이다. 한국보이스카우트연맹, 한국걸스카우트연맹, 한국청소년연맹 등과 같이 청소년육성을 주된 목적으로 설립된 법인이나 단체에서 자체의 고유한 설립목적과 조직을 바탕으로 가입 청소년에게 일정한 형태의 수련활동을 제공하는 운영 형태이다. 단체 수련활동은 조직 자체의 취지와 목적에 따라 일정한 기준과 절차를 통해 체계적으로 청소년들에게 다양한 체험활동의 기회를 제공하고 있다. 단체 수련활동에는 자생적이거나 특별한 법적·제도적 근거 없이 여가활동의 일환으로 이루어지는 청소년서클, 클럽활동 등은 포함되지 않는다.

셋째, 사업형 수련활동이다. 사업형 수련활동은 일정한 시설이나 조직을 활동거점으로 하기보다는 현행 청소년 어울마당, 움직이는 수련마을 등과 같이 일정 목적의 프로그램을 중심으로 다양한 거점을 이용하여 이루어질 수 있는 수련활동이다. 따라서 사업형 수련활동의 경우 지속적인 체험기회를 제공하기보다는 일회적인 형태를 특징으로 한다.

넷째, 프로그램(종합체계) 중심 수련활동이다. 앞의 세 가지 운영 형태의 수련활동이 주로 시설이나 조직 등 활동거점 중심 활동 또는 개인보다는 집단활동 중심의 수련활동으로 단일 활동 프로그램의 성격을 갖는 데 비해, 프로그램 중심 수련활동은 집단성보다는 개인의 자발적 참여와 선택을 원칙으로 하며 봉사활동을 비롯한 다양한 체험활동을 하나의 묶음으로 하여 일정한 수준의 체험을 성취한 결과를 종합하여 평가하거나 일정 자격을 부여하는 그 자체의 체계성을 갖는 수련활동으로 우리나라에서는 아직 활발하게 진행되고 있지 않다. 위의 각 유형을 비교하면 〈표 6-1〉과 같다.

〈표 6-1〉 운영형태별 수련활동의 비교

구 분	시설 중심	단체 중심	사업형	프로그램 중심
개인적 참여 가능성	△	△	○	○
개인의 활동 선택 가능성	×	△	△	○
학교와의 연계성	○	△	×	○
지역사회 중심 활동	△	×	○	○
활동의 지속성	△	×	×	○
활동의 집단성	○	○	○	△
활동의 동기부여성	△	×	×	○

출처 : 이광호 외(1997 : 14-17).

2. 청소년수련활동의 의의와 효과

우리 사회에서는 청소년비행 등 청소년으로 인해 유발되는 사회문제의 한 해결책으로 1977년 '청소년대책위원회'에서 청소년의 지도, 육성, 보호에 관한 기본 계획과 종합적인 대책을 마련하면서 '청소년의 인격도야 및 심신단련과 민간 청소년단체의 종합지도 및 육성에 관한 사항'이 포함되고 이와 더불어 청소년의 수련활동을 통한 청소년문제 해결에 국가가 관심을 갖게 되었다. 특히 제5공화국 시절 '한국청소년연맹'을 국가적인 차원에서 지원함으로써 청소년 단체활동이 국가와 지방단체의 적극적인 재정지원에 힘입어 법적인 혜택을 받으면서 성장하게 되었다.

1980년대 들어와 학교 교육과정 개편에 따라 정부는 교육목표를 '인간 중심의 전인교육'으로 설정하고 이와 관련된 교육개혁조치(1980. 7. 30)에 의거하여 학교교육의 정상화와 청소년을 건전하게 육성해야 한다는 필요성에 의하여 청소년 야영수련에 대한 관심이 높아지기 시작했다. 그 후 1989년의 '청소년육성법'에서 청소년시설을 '학교 시설 외 청소년의 심신단련과 정서계발을 목적으로 설치된 시설로서 대통령령으로 정하는 시설'로 규정하고 설치 및 운영 조항을 부가하면서 청소년수련활동을 위한 근간으로서의 환경 설치에 국가가 전면적인 관심을 가지기 시작했다. 청소년수련활동의 발전을 위한 획기적인 계기는 1991년 '청소년 기본 계획'의 제안에 의해서였고 그 이후 '청소년수련활동'이 하나의 국가정책사업으로 자리를 잡게 되었다.

오늘날 수련활동과 같은 체험교육이 청소년들에게 강조되는 이유는 여러 가지 사회적 상황에서 문제해결을 위한 대안적 교육활동으로서의 의미를 가지고 있기 때문이다. 청소년수련활동은 청소년에게 있어 다음과 같은 의미를 내포하여야 한다.

첫째, 즐거움이다. 많은 청소년들은 그들의 일상적인 권태로움과 단조로움 그리고 불만족에서 벗어나 새롭고 즐거운 일을 찾고자 수련활동에 참가하기 때문에 수련활동은 재미가 있어야 한다. 즐거움은 목표를 성취할 수 있도록 도와줄 뿐만 아니라, 참가 청소년들의 가장 기본적인 욕구이며 자발적인 참여를 유도하는 원동력이다.

둘째, 야외 속의 배움이다. 실내에서의 배움에 익숙해져 있는 학생들에게 야외 속의 배움은 배움의 장소를 야외로 옮긴다는 의미 이상의 많은 의의를 지닌다. 자연보호, 환경, 여가, 건강에 대해 배울 수 있을 뿐 아니라 직접 경험, 발견, 탐험, 모험, 감각의 자연적 활동, 강한 흥미, 현실성, 행동성 등의 특성을 가지고 있다.

셋째, 전인적 성장이다. 전인적 성장이란 학생들이 온전한(wholeness), 조화적(all-rounded), 전인적(whole-minded)인 인격체로 성장하는 것을 뜻한다. 전인적 인간 육성은 학교교육의 본질이어야 한다. 그러나 오늘날의 학교교육은 기형적인 지식의 비대화로 인하여 야기된 교육의 비인간화 현상으로 많은 문제들을 안고 있다. 학교 수련활동은 학생들의 사고능력이나 창조력, 판단력, 추리력, 신체활동력 등을 향상시키는 데 기여할 수 있다.

넷째, 여가적 의미이다. 건전한 청소년으로의 육성과 성장을 위해서는 학생들이 마음껏 뛰어놀 수 있는 놀이 공간의 확보와 다양한 여가활동의 기회를 보장해 주는 일이 무엇보다 중요한 과제이다. 학생들의 여가활동의 기회는 극히 제한되어 있고 그나마 이루어지는 것이 본인의 의사가 충분히 반영되지 않은 채 부모의 권유와 강요에 의한 피아노, 미술학원 등의 과외활동들이 대부분이어서 참다운 여가 경험은 기대하기 어려운 실정이다. 학교 수련활동은 학생들의 청소년기를 인정해 주고, 생활의 폭을 넓혀주며, 활동 경험의 기회를 다양하게 제공해 주는 여가적 관점에서 매우 중요하다.

다섯째, 건전한 놀이이다. 수련활동은 놀이가 가지고 있는 기본적인 속성을 모두 가지고 있다. 건전한 놀이는 학생들의 성장 · 발달에 매우 긍정적으로 작용할 뿐만 아니라, 문제해결을 위한 상상의 세계를 제공하며 인간관계를 형성시키는 원동력 구실을 한다. 또한 놀이는 성인의 역할을 배워가는 사회화 과정의 기능 이외에 언어체계의 기초 학습과 공동체적 삶의 규칙을 생활화할 수 있도록 도와주며, 긴장 및 갈등 해소를 통한 사회 · 심리적 치료효과 등을 지니고 있다.

여섯째, 생활지도이다. 학교 수련활동을 통하여 학생들은 자신의 고민과 문제를 발산할 수 있는 기회를 가질 수 있고, 교사 및 학우들과 가까워질 수 있다. 교사는 수련활동을 통하여 학생들과 가까워져 자연스러운 생활지도를 할 수 있다.

이상과 같이 청소년수련활동은 다음의 다섯 가지 측면에서 긍정적인 효과를 갖는다.

첫째, 긍정적인 자아상 확립이다. 청소년수련활동은 새롭고 긍정적인 활동과 경험을 통해 종전에 알고 있던 자신과는 새로운 자신을 발견, 인식함으로써 긍정적인 자아상을 갖게 되며 더 나아가 바람직한 인격형성에 도움을 얻게 된다.

둘째, 대인관계 기술 향상이다. 청소년의 수련활동은 사회적으로 성장기에 있는 청소년들의 인간관계 형성의 측면에서 매우 중요하다. 좋은 인간관계란 상호 신뢰로 조화된 생활을 누리며 서로 일하는 것을 말하는 것으로 다양한 사회적 배경을 가진 다양한 집단 간의 상호작용을 통해 타인에 대한 이해와 상호 존중을 배우며 원만한 대인관계 형성을 위한 기술을 습득하게 된다.

셋째, 민주시민의식의 배양이다. 민주적인 절차에 따른 다양한 집단 간의 상호작용을 통해 공동체의식이나 사회연대감을 배우고 인간 존엄성의 가치와 정신을 습득함으로써 민주시민은 물론 세계시민적 자질을 배양할 수 있게 한다.

넷째, 건전한 여가활용이다. 현대 문명이 발전할수록 인간의 여가시간은 증대하는데 여가활동의 문제는 청소년에게도 중요한 문제이다. 수련활동은 건전한 여가활동을 위한 하나의 활동으로서 건전한 청소년문화의 창조에 기여하고 창의적이고 주체적인 활동 경험을 행하게 한다.

다섯째, 청소년문제 및 비행 예방이다. 청소년의 문제행동은 그들의 자제하기 어려운 넘치는 신체적 · 성적 에너지의 작용으로 이루어지는 경우가 많다. 그들의 그러한 에너지를 자신과 사회를 위한 생산적인 활동으로 활용하는 매우 효율적인 방법이 신체와 마음을 단련하는 수련활동이다.

3. 청소년수련활동의 구성

청소년수련활동은 크게 청소년수련활동을 행하는 전문가, 수련시설, 수련거리로 이루어지는데 여기서는 청소년지도자, 수련시설, 수련거리에 대해 살펴보겠다.

1) 청소년지도자

청소년지도자란 광의적으로 국가나 사회가 기대하는 청소년을 지도하는 데 종사하는 모든 사람을 지칭하는 것이며, 협의적으로는 청소년 관계 전문지식을 가지고 전문 직업인으로서 청소년을 주 대상으로 그들을 교육, 육성, 지도, 보호, 선도하는 활동에 종사하는 사람만을 의미한다(오치선, 1999 : 553).

최윤진(1993 : 30)은 청소년지도자를 청소년전문지도자와 청소년일반지도자로 구분하고 있다. 청소년일반지도자는 청소년에 관심을 가지고 있는 모든 사람을 뜻하며, 청소년전문지도자란 대학의 청소년 관련 학과를 졸업한 후 지도사의 자격을 취득한 유자격자로서 다양한 부류의 청소년들을 대상으로 관리 조정 및 활동지도를 직접 담당하며 다양한 종류의 청소년기관 및 단체에 상근하며 있는 자로 구분하고 있다.

오치선(1999 : 559-561)은 청소년지도자의 일반적 역할을 다음과 같이 제시한다. 첫째, 전문가(professional)로서의 역할이다. 청소년지도자는 자신이 맡은 지도활동에 대한 전문적인 지식과 기술을 습득한 전문가이어야 하며, 이를 위해 전문적이고 체계적인 교육과 훈련을 받아야 하며 필요한 자격도 습득하여야 한다.

둘째, 프로그램 설계자 및 운영자(designer and staffs)로서의 역할이다. 청소년지도자는 청소년의 특성과 요구를 분석하고 이에 기초하여 지도목표를 설정하고 학습 경험을 선정 및 조직하며 평가하는 등의 전체 지도과정을 보다 체계적으로 설계하고 실제 프로그램을 개발할 수 있는 전문가이어야 한다.

셋째, 촉진자(facilitator)로서의 역할이다. 청소년지도자는 청소년의 개인적 성장을 지원하고, 그들의 문제해결과 의사결정과정을 조력하며, 합리적인 사회적응과정을 촉진시켜 주어야 한다.

넷째, 지역사회 지도자(community leader)로서의 역할이다. 청소년지도자는 사회의 갖가지 문제에 대해 비판적 안목을 가져야 하며 지역사회를 선도하고 교육하는 데 앞장서야 한다.

다섯째, 과학자(scientist) 및 예술가(artist)로서의 역할이다. 청소년지도자는 청소년들의 욕구와 특성뿐만 아니라 사회의 요구와 기관의 목적, 상황, 교육 실태 등을 반영하여 구체적이고 명세적인 지도목표를 설정하고 학습 경험을 합리적으로 선정·조직하여야 하며, 프로그램의 운영과 실행 그리고 평가전략을 체계적이고 합리적으로 수행해 나가야 한다. 또한 활동을 수립하는 과정에서 직관력과 창의력이 요구되고 실제 지도과정에서 즉흥성과 융통성이 요구되며 기관 간의 협력체제를 구축하고 청소년 집단 간의 욕구를 조정하는 데는 조화성이 요구된다.

청소년기본법에서는 청소년지도자의 개념을 동법 제22조의 규정에 의한 청소년상담사와 청소년시설·청소년단체·청소년 관련 기관 등에서 청소년육성 및 지도 업무에 종사하는 자로 규정한다. 특히 청소년지도사는 〈표 6-3〉과 같이 자격검정에 합격하여 국가공인 청소년지도사의 자격을 취득한 자로서 청소년수련활동(프로그램, 사업)을 전담하여 학생, 근로, 복무, 무직청소년 등 전체 청소년의 신체단련, 정서함양, 자연체험, 예절수양, 사회봉사, 전통문화활동 등을 지도한다. 청소년지도사의 양성은 여성가족부 책임으로 자격검정을 실시하여 이루어지며, 이에 의해 국가자격을 취득한 자는 수련시설 및 청소년단체에 배치되어 청소년수련활동을 전담하게 된다.

〈표 6-2〉 청소년지도사의 등급별 자격검정 응시기준

등 급	자격요건
1급 청소년지도사	2급 청소년지도사 자격 취득 후 청소년활동 등 청소년육성업무 종사경력이 3년 이상인 사람
2급 청소년지도사	1. 대학졸업(예정)자 또는 이와 같은 수준 이상의 학력이 있는 사람으로서 2급 청소년지도사 자격검정에 필요한 과목 모두를 전공과목으로 이수한 사람 2. 2005년도 12월 31일 이전에 대학을 졸업하거나 이와 같은 수준 이상의 학력을 취득한 사람으로서 별표 1의2에 따른 과목을 이수한 사람 3. 대학원의 학위과정 수료(예정)자로서 2급 청소년지도사 자격검정에 필요한 과목 모두를 전공과목으로 이수한 사람 4. 2005년 12월 31일 이전에 대학원의 학위과정을 수료한 사람으로서 별표 1의2에 따른 과목 중 필수영역 과목을 이수한 사람 5. 대학 졸업 또는 이와 같은 수준 이상의 학력이 있다고 다른 법령에서 인정받은 후 청소년활동 등 청소년육성업무 종사경력이 2년 이상인 사람 6. 전문대학 졸업 또는 이와 같은 수준 이상의 학력이 있다고 다른 법령에서 인정받은 후 청소년활동 등 청소년육성업무 종사경력이 3년 이상인 사람 7. 3급 청소년지도사 자격 취득 후 청소년활동 등 청소년육성업무 종사경력이 2년 이상인 사람 8. 고등학교 졸업 또는 이와 같은 수준 이상의 학력을 인정받은 후 청소년활동 등 청소년육성업무 종사경력이 8년 이상인 사람
3급 청소년지도사	1. 전문대학 졸업(예정)자 또는 이와 같은 수준 이상의 학력이 있는 사람으로서 3급 청소년지도사 자격검정에 필요한 과목 모두를 전공과목으로 이수한 사람 2. 2005년 12월 31일 이전에 전문대학을 졸업하였거나 이와 같은 수준 이상의 학력을 취득한 자로서 별표 1의2에 따른 과목을 이수한 사람 3. 전문대학 졸업 또는 이와 같은 수준 이상의 학력이 있다고 다른 법령에서 인정받은 후 청소년활동 등 청소년육성업무 종사경력이 2년 이상인 사람 4. 고등학교 졸업 또는 이와 같은 수준 이상의 학력이 있다고 다른 법령에서 인정받은 후 청소년활동 등 청소년육성업무 종사경력이 3년 이상인 사람

※ 주

1. 청소년활동 등 청소년육성업무 종사경력의 인정범위와 내용은 여성가족부장관이 별도로 정하여 고시한다.
2. 2급 청소년지도사 자격증을 소지하고 대학원에서 1급 자격검정에 필요한 과목을 전공과목으로 이수하고 석사학위 또는 박사학위를 소지한 자는 각각 2년 또는 3년의 경력으로 인정한다.
3. 제18조의 규정에 의한 청소년지도자 연수 등 청소년육성 관련 연수 또는 교육을 받은 자는 그 내용에 따라 점수로 환산하여 청소년지도사 자격 취득에 필요한 청소년활동 등 청소년육성업무 종사경력으로 인정할 수 있다. 이 경우 연수 및 교육을 받은 자의 경력환산 점수는 여성가족부장관이 별도로 정하여 고시한다.
4. 고등학교, 대학, 전문대학 및 대학원이라 함은 각각 「초·중등교육법」 제2조 제4호에 따른 고등학교, 「고등교육법」 제2조 제1호·제4호에 따른 대학·전문대학, 「고등교육법」 제29조에 따른 대학원을 말한다.

출처 : 국가법령정보센터(2025). 청소년기본법 시행령 별표 1.

2) 청소년수련시설

(1) 청소년수련시설의 개념

청소년을 위한 수련시설은 학교나 가정의 일상생활권에서 벗어나 다른 지역으로 나가 풍토, 자연, 역사 등의 새로운 환경 속에서 스스로를 발견하고, 자연과의 대응 속에서 스스로를 단련시켜 심신의 능력을 발전시켜 나갈 수 있도록 하는 시설이다. 자연에 대한 동경이나 자연을 포착하면서 놀이나 학습장을 활용하여 형식적이고 획일화된 교육에서 한 사람 한 사람마다의 개별적 특성을 함양시킬 수 있는 새로운 교육의 장이기도 하다.

우리나라의 청소년기본법에 규정된 청소년수련시설이란 학교시설 외에 수련활동을 실시할 목적으로 설치된 시설이라고 정의하고 있다(박홍식, 1996 : 111-112). 즉, 청소년수련시설이라 함은 청소년의 균형 있는 성장을 위하여 청소년의 능동적 참여에 기초를 두고 생활권 또는 자연권에서 이루어지는 조직적 체험활동이 원만하게 이루어질 수 있는 시설로서, 학교교육의 한계성을 극복하고 보완하여 원만한 전인교육의 이상이 실현될 수 있는 제반 여건을 갖춘 청소년의 요람이라 할 수 있다.

(2) 청소년수련시설의 종류

우리나라의 청소년활동진흥법은 청소년활동시설의 종류를 크게 청소년수련시설(청소년수련관, 청소년수련원, 청소년문화의 집, 청소년특화시설, 청소년야영장 및 유스호스텔)과 청소년이용시설로 대별하여 구분하고 있다. 구체적인 종류는 다음과 같다.

■ 청소년수련시설

- 청소년수련관 : 다양한 수련거리를 실시할 수 있는 각종 시설 및 설비를 갖춘 종합수련시설
- 청소년수련원 : 숙박기능을 갖춘 생활관과 다양한 수련거리를 실시할 수 있는 각종 시설과 설비를 갖춘 종합수련시설
- 청소년문화의 집 : 간단한 수련활동을 실시할 수 있는 시설 및 설비를 갖춘 정보, 문화, 예술 중심의 수련시설
- 청소년특화시설 : 청소년의 직업체험, 문화예술, 과학정보, 환경 등 특정 목적

의 청소년활동을 전문적으로 실시할 수 있는 시설과 설비를 갖춘 수련시설

- 청소년야영장 : 야영에 적합한 시설 및 설비를 갖추고, 수련거리 또는 야영편의를 제공하는 수련시설
- 유스호스텔 : 청소년의 숙박 및 체류에 적합한 시설, 설비와 부대, 편의시설을 갖추고 숙식편의 제공, 여행청소년의 활동지원 등을 주된 기능으로 하는 시설

■ 청소년이용시설

: 수련시설이 아닌 시설로서 그 설치목적의 범위에서 청소년활동의 실시와 청소년의 건전한 이용 등에 제공할 수 있는 시설

3) 청소년수련거리

수련거리는 청소년수련활동에 필요한 프로그램과 이에 관련되는 사업으로 규정되고 있다. 이는 청소년활동의 내용에 따른 청소년 및 지도자의 활동과정과 단계를 나타내는 것을 의미하는 '프로그램'과 이보다 더욱 구체화되고 광범위한 청소년활동 '관련 사업'을 망라하여 정의한 것이다(함병수, 1993 : 40).

청소년수련활동은 수련거리의 실천을 통해 달성되기 때문에 수련 프로그램이나 사업의 중요성은 말할 나위가 없다. 청소년 수련거리를 개발할 때 고려해야 할 몇 가지 원칙을 제시하면 다음과 같다(송병국, 1999 : 625-626).

첫째, 수련거리의 내용은 단체의 이념이나 수련활동의 목표, 잠재적 참여 청소년들의 요구, 사회적 요구에 부합되는 것으로 구성되어야 한다.

둘째, 프로그램은 청소년 능력과 흥미에 적합한 내용과 수준으로 구성되어야 한다.

셋째, 일목표 다경험, 일경험 다목표의 능률성 제고이다. 한 가지 목표를 위하여 몇 가지 내용을 연관시키기도 하고, 반대로 하나의 경험이 여러 가지 목표 실현에 도움을 주도록 하는 프로그램 개발이 필요하다. 이를테면 모험심을 기르기 위해 산악 행군, 야영, 래프팅과 같은 경험을 동시에 제시할 수 있으며, 또 산악행군을 통해서는 모험심뿐만 아니라 협동심, 인내심을 고취하도록 하는 것과 같은 프로그램 개발이다.

넷째, 청소년들의 자기주도적 학습이 가능한 프로그램이어야 한다. 아무리 좋고 필요한 프로그램이라고 하더라도 그것을 학습하는 청소년 입장에서 스스로 선택하

고 계획하며 또 스스로 과정 및 결과를 평가할 수 있도록 구성되지 않으면 그 효과가 오래 가지 않는다. 따라서 참여하는 청소년들이 주도적으로 프로그램의 처음부터 끝까지 가능한 한 이끌어 나갈 수 있도록 프로그램을 구성해야 한다.

다섯째, 청소년 프로그램은 환경 적합성과 유희성이 곁들여져야 한다. 같은 목적의 프로그램이라 하더라도 프로그램을 실천하는 지역의 환경적 특성을 최대한 고려하여 학습 내용을 선정하는 것이 필요하며, 동시에 가능하면 청소년들이 즐겁게, 신나게 참여할 수 있는 학습내용을 선정하는 배려가 필요하다.

여섯째, 청소년의 유사성만을 강조할 것이 아니라 그들 간의 차이점이 유감없이 드러나도록 프로그램이 설계되어야 할 것이다.

최근 우리나라에서는 청소년활동 신고제와 인증제를 실시하고 있다. 청소년활동 신고제는 청소년활동진흥법 제9조의2(숙박형 등 청소년수련활동 계획의 신고)에 따라 19세 미만의 청소년을 대상으로 하는 청소년수련활동 실시 계획을 신고하고, 신고 수리된 내용을 인터넷에 공개하여 수련활동 관련 정보를 제공하는 제도이다. 프로그램을 기획하고, 참가자를 모집하여 청소년수련활동을 주최·운영하려는 자는 참가자 모집 14일 전에 수련활동 주최자 소재지 특별자치시·특별자치도·시·군·구에 수련활동 정보를 신고한다. 처리기관에서는 신고 수리된 계획을 여성가족부에 통보하고, 계획을 검토한 여성가족부는 보완사항이 있는 경우 처리기관에 보완사항을 통보를 하며, 처리기관은 주최기관에 보완사항을 통보한다(여성가족부, 2017 : 296-298). 신고 시에는 인증번호, 운영기관명, 활동명, 참여대상 및 인원, 수련활동 운영 계획서, 주최자·운영자·보조자 명단, 보험 관련 서류 등이 포함되어야 한다(여성가족부, 2017 : 300).

청소년수련활동인증제는 청소년활동진흥법 제35조에 따라 국가 및 지방자치단체 또는 개인·법인·단체 등이 실시하고자 하는 청소년수련활동을 인증하고, 인증수련활동에 참여한 청소년의 활동 기록을 유지·관리·제공하는 국가인증제도이다. 수련활동 인증제의 특징으로는 청소년활동 프로그램에 대한 사전 인증으로 양질의 활동기회 및 프로그램을 제공할 수 있게 하고, 수요자라 할 수 있는 청소년의 욕구가 반영된 활동 프로그램을 제공함으로써 유용성, 공공성, 안정성을 강조하며, 인증받은 활동에 참여한 청소년의 활동실적을 기록·관리함으로써 청소년들의 자기계발과 진로탐색에 필요한 자료로 활용될 수 있도록 지원하는 것이다(박옥식, 2014). 청소년활동정보서비스 e청소년(www.youth.go.kr)에서는 인증된 수련활동을 검색할 수 있다(그림 6-1 참고).

|그림 6-1| 청소년수련활동인증서 및 인증마크

출처 : yap.youth.go.kr/yap/certIntro/regulations.do(검색일 : 2017. 1. 13)

청소년수련활동에서 개선되어야 할 점과 향후 방향에 대해 제시하면 다음과 같다. 첫째, 청소년이 활동의 주체가 될 수 있도록 여건과 분위기 마련이 필요하다. 수련활동은 청소년들이 성인이 만든 활동에 그냥 수동적으로 참여하는 것이 아니라 함께 기획하고, 실행하고, 평가할 수 있도록 조성하는 것이 필요하다. 청소년 스스로의 자율적 활동이 될 수 있도록 동기를 고양시키고 친구나 동아리 등 또래와 함께 참여할 수 있도록 촉진하는 것이 필요하다.

둘째, 학부모 및 사회 전반의 인식 변화이다. 입시 위주의 교육에서 벗어나 지식 위주의 학습과 수련활동의 조화로운 병행이 청소년의 균형 있는 성장과 발달을 위해 중요하다는 것을 인식하고 이를 실행할 수 있도록 가정 및 학교, 사회 여건을 마련해 주는 것이 필요하다.

셋째, 청소년수련활동의 전문성 고양이다. 청소년이나 학부모가 청소년수련활동에 참여하기 위해서는 기관이나 활동의 전문성에 대해 신뢰하는 것이 중요하다. 수련활동에의 참여가 이용자 및 가족에게 만족감을 주고 교육적 효과를 느끼게 하고 청소년의 발달 및 건강에 도움이 된다고 느낄 수 있도록 하기 위해서는 전문인력의 확보,

질 높은 검증된 프로그램의 개발 및 실행, 시설의 안전성 등이 확보되어야 한다.

넷째, 안정성의 확보이다. 청소년수련활동은 교실이 아닌 자연 속이나 지역사회 속에서 이루어지는 경우가 많다. 세월호 사고나 해병대캠프 사고, 수학여행 사고, 대학생 MT사건 등 수련시설이나 활동 중에 발생한 사고로 인해 시설 안전문제가 이전에 비해 강조되긴 하였으나 보다 정교하게 수련시설에 대한 안전 기준을 강화하고 시설에 대한 정비 및 점검을 강화해야 하며 이에 대한 예산도 확보되어야 한다. 또한 활동의 사전, 사후 점검을 철저히 하고 안전교육이 체득화될 수 있도록 학생, 청소년지도자, 관련인들에 대한 실질적인 교육이 행해져야 한다.

다섯째, 지역사회 내 청소년 단체 및 시설의 연계 및 협조가 필요하다. 청소년수련활동은 교사, 지역사회 청소년전문가, 청소년지도사, 지역단체 및 시설 등 관련된 기관 및 사람들의 협력을 통해 본래의 목적을 달성할 수 있다. 바람직한 수련활동을 위해 관련된 기관 및 사람과의 연계 및 협의, 연대 등이 보다 적극적으로 행해져야 한다.

여섯째, 청소년만의 활동이 아닌 시민단체와 함께하는 프로그램, 사회변화와 함께하는 프로그램, 세계시민으로서의 프로그램 등이 병행되어야 한다. 시민단체들은 이미 기존에 축적된 활동 경험으로 다양한 지식과 기술은 물론 각종 활동 프로그램 등을 개발, 보유하고 있다. 따라서 공동체 참여운동, 대중운동, 여성운동, 환경보호운동, 학생운동, 농촌봉사활동, 참교육운동, 전통민속예술활동, 소비자보호운동, 음란물 추방운동, 음식물 안 남기기 운동, 자동차문화, 의정활동감시운동 등과도 연계하여 다양하게 개발할 필요가 있다.

특히 공동체 내에 있는 지역 갈등, 세대 갈등, 도농 갈등, 빈부 갈등 등 다양한 갈등 해소의 노력을 위한 훈련이 필요하다. 이러한 활동은 민주주의를 생활화하는 교육, 가치교육의 강조, 사고과정의 중시와 고급사고력 함양, 지역 간 갈등의 평화적 해결능력 및 태도 고양에 도움이 될 것이다. 또한 국제 문화교류 참여, 외국인과의 여행, 공동체 삶 참여 프로그램, 세계환경캠프 참여, 해외봉사 프로그램, 홈스테이 프로그램 등 외국 청소년과 함께하는 세계화 프로그램을 통해 외국 문화에 대한 포용, 문화한국인의 자긍심 고취, 세계인으로서의 자신감 확립 및 앞서가는 창의, 질서, 도덕, 윤리 함양 등을 할 수 있도록 해야 한다(안성호, 1998).

4. 청소년수련활동의 실제

청소년수련활동의 실제를 알아보기 위해 한국청소년개발원이 제작한 자연권청소년수련백과 중 경기도 한터 캠프에서 실시하고 있는 감수성훈련 프로그램을 소개하고자 한다(고성혜 외, 1998). 이 프로그램은 수련의 집에서 270분간 행해지는 감수성 훈련 프로그램으로서 그 내용과 진행방법은 다음과 같다.

<table>
<tr><td rowspan="2">활동명</td><td rowspan="2">감수성 훈련</td><td>기관명</td><td>한터 캠프</td><td>전화번호</td><td colspan="2">031-334-7877</td></tr>
<tr><td>시설유형</td><td>수련의 집</td><td>지 역</td><td colspan="2">경기도</td></tr>
<tr><td>실시대상</td><td colspan="6">초등학생 ( ) 중고등학생 (✔) 근로청소년 (✔) 기타 ( )</td></tr>
<tr><td>활동시기</td><td colspan="3">4~6월</td><td>활동장소</td><td colspan="2">캠프장</td></tr>
<tr><td>참가인원</td><td colspan="3">전원</td><td>소요시간</td><td colspan="2">270분</td></tr>
<tr><td>난이도</td><td colspan="6">상 (✔) 중 (✔) 하 (✔)</td></tr>
<tr><td>활동영역</td><td colspan="6">문화감성활동( ) 과학정보활동( ) 봉사협력활동( ) 모험개척활동( )
직업준비활동( ) 국제교류활동( ) 기타 활동(심성계발활동)( )</td></tr>
<tr><td>활동목표</td><td colspan="6">• 장애체험을 통해 친구와의 신뢰감을 형성한다.</td></tr>
<tr><td>활동개요</td><td colspan="6">• 한 사람이 눈을 가리고 한 사람이 말 없이 인도해 주기
• 서로 협력하여 산에 오르기</td></tr>
<tr><td>준비물 및 활동자료</td><td colspan="6">• 지도자 : 구급가방 • 청소년 : 눈가리개, 마스크</td></tr>
<tr><td>지도상의 유의점</td><td colspan="6">• 안전에 유의하도록 한다.</td></tr>
<tr><td rowspan="2">활동과정</td><td colspan="5">단계별 활동내용</td><td>비 고</td></tr>
<tr><td colspan="5">〈도입 단계〉
• 장애의 어려움을 인식하도록 한다.
1. 장애 체험담을 발표한다.
2. 장애인에 대한 의견을 발표하고 토론한다.
• 신뢰감 형성 게임을 한다.
1. 스킨십을 통해 서로의 벽을 허문다(안마, 간지르기, 안아주기).
2. 서로 칭찬해 준다.
3. 눈 감고 뒤로 넘어지면 파트너가 뒤에서 받아준다.
〈전개 단계〉
• 순서를 정해서 2명 중 한 사람이 눈을 가린다.
• 안전상 유의사항을 강조한다.
• 서로 협력하여 산에 오른다.
• 자연에 귀 기울이고, 들어보고, 만져보고, 느껴보게 한다.
• 정상에서 서로 교대한다.
〈정리 단계〉
• 체험한 내용을 발표한다.
• 눈 감고 뒤로 넘어지면 파트너가 뒤에서 받아주는 활동을 반복하여 신뢰감 형성을 확인한다.
• 비장애인으로서 감사한 마음을 갖게 하고 자연의 소중함을 느끼게 한다.
• 서로 안아주게 하며 활동을 마친다.</td><td></td></tr>
</table>

참고문헌

고성혜 · 맹영임 · 권오실(1998). 자연권청소년수련백과. 한국청소년개발원.
국가법령정보센터(2025). 청소년기본법 시행령.
권일남(1999). "청소년수련과 프로그램". 한국청소년학회 편. 청소년학총론.
박옥식(2014). 청소년 수련활동 활성화 방안. 한국청소년학회 학술발표논문집, 14(1), 43-55.
박홍식(1996). "청소년 수련시설에 관한 연구". 중부대학교 편. 중부대학교 논문집.
송병국(1999). "청소년단체활동". 한국청소년학회 편. 청소년학총론.
안성호(1988). "청소년활동 프로그램과 민주시민 교육". 청소년소식. 한국청소년개발원.
여성가족부(2016). 청소년백서.
_________(2017). 청소년사업 안내.
오치선(1999). "청소년지도자". 한국청소년학회 편. 청소년학총론.
천정웅(1999). "청소년시설". 한국청소년학회 편. 청소년학총론.
체육청소년부(1991). 청소년기본법.
_________(1991). 청소년백서.
최윤진(1993). 청소년 연구영역의 탐색 : 청소년 활동 현장을 중심으로. 한국청소년연구, 12('93. 3). 한국청소년개발원.
한국청소년개발원(1993). 청소년 수련활동 실태조사.

Chapter 07

청소년복지의 실천방법 V : 청소년문화활동

21세기는 문화의 세기라고 한다. 이는 새로운 지식기반 사회의 형성에 있어 창의성과 아이디어를 중심으로 하는 문화영역이 국가발전의 원동력일 뿐만 아니라 새 시대를 주도해 나가는 원천이라는 의미이다. 이미 복지선진국의 경우 국민들의 생존권보장에서 탈피하여 건강하고 문화적인 생활수준을 유지하고 삶의 질을 향상시키는 생활권보장으로 전환하고 있다. 최근 우리 사회에도 경제성장에 따른 국민소득의 증가와 근로시간 단축 및 토요 휴무제 실시 등으로 인해 국민들의 문화향수에 대한 욕구가 증대되고 있다.

그럼에도 불구하고 우리나라는 그동안 경제제일주의에 입각하여 상대적으로 문화적 영역에 대해서는 소홀하게 다루었을 뿐 아니라 문화권은 다른 사회적 권리가 먼저 실현되고 난 다음에 다루어져야 할 나중의 권리이거나 다른 권리와는 별개의 것으로 간주되어 사회복지정책 및 서비스의 우선순위에서 밀려나 있었다. 이러한 현상은 청소년 부문에서 더욱 심각하다.

청소년시기에 경험하게 되는 문화격차는 청소년의 정체감 형성에 부정적인 영향을 미침은 물론, 사회참여 기회의 박탈로 인해 박탈감과 소외감을 낳고 결국 사회내부의 갈등을 확대함으로써 사회적 통합을 저해하는 기본적인 원인을 제공할 수 있다. 이를 위해 이 장에서는 청소년문화의 개념과 관점, 청소년문화권과 문화복지의 의의, 청소년문화활동의 구성, 청소년문화활동의 실제에 대해 살펴보고자 한다.

1. 청소년문화의 개념과 관점

1) 청소년문화의 개념

청소년문화를 이해하기 위해서는 먼저 문화에 대한 개념을 살펴볼 필요가 있는데 다양하게 정의되고 있는 문화의 개념에서 공통적인 요소를 정리해 보면 다음과 같다. 첫째, 문화는 사회의 성원이 공유하고 있는 것이며, 둘째, 우리의 행동 양식과 방향의 결정에 영향을 주는 것이며, 셋째, 역사적으로 전승되면서도 변화하고 민족 공동체를 유지하게 되며, 넷째, 사회적으로 형성되어 학습되고 사회의 영향을 받으며, 다섯째, 포괄적이고 다면적인 성격을 가진다는 것이다.

문화의 범위를 보다 구체화하기 위해 우리나라에서 제시하고 있는 문화정책의 개념을 살펴보면, 넓은 의미의 문화, 즉 문화유산 및 순수문화예술, 광고 및 방송과 멀티미디어 콘텐츠를 포함하는 광의의 문화산업뿐만 아니라 생활문화, 정신문화를 육성하고 진흥할 수 있도록 지원하고 관리하는 정책이라고 정의하고 있다(문화관광부, 2001). 이를 통해 보면 문화의 범위는 순수문화예술에서부터 문화산업, 생활문화, 정신문화까지 포함하는 광범위한 개념임을 알 수 있다.

우리나라에서 청소년문화에 대한 정의로는 김신일(1992)과 맹영임 외(2005 : 15)가 제시한 정도이다. 이는 청소년문화에 대한 사회적 · 학문적 관심이 활성화되어 있지 못함을 나타내는 단적인 예라고 하겠다. 김신일(1992)은 청소년문화를 청소년들이 가지고 있는 행동양식, 사고방식, 심미적 취향, 말투, 의상 등을 포함하는 개념이라고 포괄적으로 정의하였다. 반면 맹영임 외(2005 : 15)는 관련법령에 근거하여 청소년문화예술활동의 개념을 정의하고 있다. 즉, 청소년문화예술활동이란 9세 이상 24세 이하 인구연령(청소년)의 균형 있는 성장을 위해 필수적으로 요구되는 활동의 하나로, 특히 문화적 감성과 더불어 살아가는 능력을 함양하는 문학, 조형예술, 공연예술, 전통예술, 문화유산, 문화산업, 생활문화 등의 장르에서 체험하는 활동이라고 정의하고 있다.

2) 청소년문화의 관점

청소년문화를 어떻게 보느냐는 청소년관과 문화관에 따라 차이가 있을 수 있는데 김신일(1992)은 크게 다섯 가지 관점으로 청소년문화에 대한 시각을 정리하고 있다.

첫째는 청소년문화를 미숙한 문화로 보는 입장이다. 이것은 '어른의 시각'에서 보는 것으로 그들에게 문화라고 이름 붙일 만한 것도 없지만, 소위 문화라는 것이 있다 해도 그것은 아직 미숙하고 모자라는 것에 불과하다는 생각이다.

둘째는 청소년문화를 비행문화로 보는 입장이다. 청소년들이란 공부나 일보다는 놀기를 좋아하고, 어른 몰래 나쁜 짓 하기를 즐긴다는 것이다. 의식적으로 사회적 규범을 깨뜨리는 것에서 쾌감을 느끼고, 규범적 질서에 따르지 않는다고 보는 입장에서는 청소년들을 항상 부모나 교사 또는 성인들의 감독하에 두어야 한다고 믿으며, 청소년들끼리 놔두면 언제나 문제를 일으킨다고 생각한다. "아이들끼리 어울리게 해서는 안 된다"는 사고방식이다.

셋째는 청소년문화를 하위문화로 보는 입장이다. 사회 전체의 문화 가운데 한 부분을 이루는 뜻이다. 다시 말하면, 한 사회의 문화는 도시문화와 농촌문화, 남성문화와 여성문화 등으로 구성되며 하위문화로서의 청소년문화는 한국사회문화의 한 부분을 구성하는 것으로서, 청소년이라는 연령집단에 적합한 문화요소로 이루어져 있다. 각 연령집단마다 그 연령에 걸맞은 문화를 가지고 있는 것이므로 청소년들에게 그들의 문화가 존재하는 것은 지극히 당연한 일로 간주된다.

넷째는 청소년문화를 대항문화(counter-culture) 또는 반(反)문화로 보는 입장이다. 즉, 기성세대의 문화를 주류(主流)문화라고 하면 청소년문화는 비주류문화가 된다. 청소년들은 기성세대의 문화를 거부하고 자신들의 새로운 문화를 대안으로 내세우면서 개혁과 변화를 요구한다. 새로운 세대가 기성세대에게 비판을 가하고 반항하는 것은, 그들이 미숙하거나 삐뚤어졌기 때문이 아니고 기성세대와는 다른 인생관과 역사관을 가지고 있어서 부모세대와는 다른 삶의 방식을 추구하기 때문이라는 것이다.

다섯째는 청소년문화를 새로운 문화로 보는 시각이다. '새 술은 새 부대에'라는 식으로 새로운 세대는 그들 나름의 새로운 문화를 창조, 형성하여 살아간다는 것이다. 그러므로 오늘의 청소년들이 보여주는 이상한 몸짓과 말투, 이상스러운 옷차림, 도저히 이해할 수 없는 남녀 간의 행동은 청소년 자신들에게는 자연스럽고 정상적인 행동인 것이다. 청소년문화는 한 사회의 생동적 발전을 위하여 없어서는 안 될 귀중한 자극인 동시에 활력소이다. 다음과 같은 주장은 청소년문화가 지니고 있는 생동력을 분명히 해준다.

2. 청소년문화권과 문화복지의 의의

1) 청소년문화권

인간이 삶을 유지할 수 있느냐도 중요하지만 어떻게 삶이 유지되느냐도 중요하다. 따라서 인간이 어떤 문화적인 삶을 사느냐 하는 것은 기본적 권리에 속한다. 기본적 인권으로서 문화권은 크게 두 가지 측면에서 고려되고 있다(김문환, 2001). 첫째, 자유권으로서의 문화에 관한 권리이다. 개인이 어떠한 문화를 어떻게 향수 또는 창조하는가 하는 문제는 종교·사상·학문과 함께 모든 사람의 내면에 좀 더 깊게 관계되는 일이며 국가권력이 이에 개입·통제해서는 안 된다는 것을 의미한다. 한마디로 소극적 권리이다. 우리나라 헌법에서 양심의 자유, 종교의 자유, 언론 출판의 자유, 학문과 예술의 자유 등이 여기에 포함될 수 있다. 헌법에서 보장하는 문화예술의 자유가 뜻하는 권리내용은 문화예술 활동에 대해 국가가 간섭하지 않을 의무를 강조한다.

둘째, 사회권으로서의 문화에 관한 권리이다. 이는 새로운 개념으로 경제발전과 함께 생긴 공해, 자연파괴, 도시환경의 악화, 더구나 과밀노동에 따른 과로사 등의 폐해가 인간다운 생존과 생활을 파괴하게 됨에 따라 단순히 경제적인 생활보장만으로는 불충분하게 되어, 인간 생존 자체를 좀 더 나은 생활로 향상시키려는 적극적인 지향과 가치 목적을 위해 출발하였다. 이 권리는 문화를 기본적 인권의 일부로서 생존권의 차원에서 다루어져야 하며 따라서 국가는 국민에게 문화에 접근할 기회를 보장하고 문화적 삶을 누릴 수 있는 여건을 조성할 책임이 있음을 강조한다. 즉, 단순히 문화생활을 간섭하지 않는 것이 아니라 국가의 적극적 역할을 강조한다.

유네스코의 '문화권 선언(the Declaration of Cultural Rights)' 초안에서는 사회권으로서 문화권의 내용을 생각해 볼 수도 있다. 이 선언에서는 문화권이 다른 인권과 마찬가지로 인간 존엄성의 표현이자 요구임을 인식하고 문화권 그 자체로 숙고할 필요가 있으며 모든 인권의 문화적 중요성을 고려할 것을 주장한다. 그리고 문화적 정체성과 그 전승, 문화공동체로서의 인식, 문화적인 삶에의 참여, 문화정책에의 참여, 국가의 책임 등을 열거하고 있다. 이를 볼 때, 국제적으로 문화적 권리라고 일컬어지는 것들은 창조성에 대한 권리, 문화재와 문화유산 보호의 권리, 문화정체성에 대한 권리, 문화에의 접근에 대한 권리, 문화적인 삶에의 참여에 대한 권리 등임을 알 수 있다(조 은 외, 2000 재인용).

Huber는 인간의 자유, 평등, 존엄성과 마찬가지로 문화기본권 역시 인간의 기본적 권리인 복지권으로 인식되어야 한다고 하였으며, 문화권의 내용에는 다음의 몇 가지 기본적 권리가 포함되어야 한다고 하였다(김민정, 2003 재인용). 첫째, 교육의 권리이다. 교육의 권리는 기본적으로 교육에 있어서의 차별을 없애는 것이 당면과제이지만 교육에서의 기회균등을 증진하는 것도 중요한 과제가 되고 있다. 특히 현대 사회에서의 교육은 사회의 문명화나 기술적 발전과 직접적인 관련이 있기 때문에 더욱 강조되어야 하는 권리이다. 둘째, 문화권은 과학적 진보에 참여할 수 있는 권리로서 시민들이 문화적 · 자연적 복지의 증대를 위한 과학적 · 기술적 지식을 활용할 수 있는 권리를 말한다. 셋째, 정보에 접근할 수 있는 권리가 보장되어야 한다. 모든 매스컴 수단을 동원하여 인간을 이해하고 경제적 · 사회적 · 문화적 영역에서의 지식을 발전시키기 위한 협력과 노력이 필요하다. 넷째, 문화와 관련된 권리로 문화에 접근할 수 있는 권리, 문화적 생활에 참여할 수 있는 권리, 문화 창작의 권리, 창작물을 보호받을 수 있는 권리, 문화적 재산을 보호받을 수 있는 권리, 세계적 문화유산을 보호받을 수 있는 권리, 국제적 문화협력의 권리 등을 포함하고 있다.

청소년의 문화권과 관련된 국제문서에 나타난 문화적 권리를 살펴보면 세계인권선언(1948), 경제적, 사회적 및 문화적 권리에 관한 국제규약(A규약, 1966), UN 아동권리협약(1989) 등이 있으며, 국내문서에서는 대한민국 청소년헌장(1998 개정)이 있다. 먼저, UN 아동권리협약에 나타난 문화적 권리 관련 조항을 보면, 국가는 아동 · 청소년이 휴식과 여가를 즐기고, 자신의 연령에 적합한 놀이와 오락활동에 참여하며 문화생활과 예술에 자유롭게 참여할 수 있는 권리를 인정해야 한다(제31조). 또한 국가는 문화적, 예술적 생활에 완전하게 참여할 수 있는 아동 · 청소년의 권리를 존중하고 촉진하며, 문화, 예술, 오락 및 여가활동을 위한 적절하고 균등한 기회의 제공을 장려하여야 한다. 우리나라는 1991년 11월 21일 아동권리협약에 비준함으로써 이를 국제법으로 지켜나가고, 협약의 이행상황에 대한 보고서를 5년마다 제출할 의무를 가진다.

문화권은 문화적인 삶을 향유할 권리, 즉 '인간'답게 살 권리로서 그 어떤 권리들보다도 일상 속에서 절실하게 느끼는 다양한 욕구들을 더 잘 담아낼 수 있는 그릇이다. 그러므로 문화권은 다른 사회적 권리들과 배치되는 것이 아니며, 그것들이 존중된 다음에야 제기할 수 있는 '나중의 권리'도 아니다. 문화권이야말로 다른 권리들과 함께 추구해야 할 기본권이자 다른 권리들을 주장하는 데 든든한 지지대가 되어주고 방향점을 제시해 줄 수 있는 권리이다(조 은 외, 2000).

2) 청소년문화복지의 개념과 의의

국민들의 문화적 욕구가 증대되면서 문화복지에 대한 다양한 설명과 주장들이 제기되고 있지만 아직까지 학문적으로 문화복지에 대한 활발한 논의가 이루어지고 있는 것은 아니다. 현재까지 진행되고 있는 연구들을 통해 문화복지의 개념을 살펴보면 한국문화정책개발원(1996 : 5)에서는 문화복지서비스를 진정한 의미의 삶의 질을 높이기 위해 국민들의 문화적 생활과 건강하고 쾌적한 여가생활을 실현하는 제반 공공서비스라고 정의하였다. 김민정(2003 : 48)에 따르면, 문화복지는 사회복지의 한 분야로서 좁은 의미로는 문화적 결함을 가진 문화적 약자나 문화적 낙오자를 예방, 치료하는 것이라고 하겠으며, 넓은 의미로는 모든 국민의 문화생활상의 요구 내지는 문화적 필요성에 부응하여 문화환경을 개선 · 정비하고 개인이 직접 필요로 하는 문화서비스를 제공하여 문화생활을 개선 · 향상시키는 사회문화적 서비스라고 정의하였다.

안태환(1998 : 75)은 문화복지의 영역에는 전통문화, 문화와 예술의 범위를 넘어서 나아가 민속예술, 대중문화, 문화산업, 생활문화, 생활체육, 레저 및 관광까지 포함되어야 한다고 주장하였다. 또한 임학순(2001)과 정문교(1999)는 문화복지의 대상은 소수 상류계층이나 전문가 집단에서 국민 전체로 확대되어야 하며 문화복지의 참여방식에 있어서는 기존의 문화예술의 감상적 차원이나 수동적인 관람이 아닌 직접

문화활동에 참여하여 자아의 표현과 민주적 사고를 신장하는 것까지 포함해야 한다고 주장하고 있다. 이상에서 보면 문화복지는 사회복지의 한 분야로서 인간이면 누구나 가지는 문화권을 누구나 어디서나 차별 없이 평등하게 누리도록 보장하는 사회적 제도임을 알 수 있다.

문화복지의 이론적 근거로 문화의 민주화(democratizing culture)와 문화민주주의(cultural democracy)를 들 수 있다. 문화의 민주화는 문화활동에 참여하는 매우 제한된 관객만이 정부에 의해 실시되는 문화예술 재정지원 정책에 의하여 혜택을 받는 것을 개선하여 모든 사람이 문화를 공급받도록 하는 것이다. 즉, 모든 사람을 위한 문화를 주창하는 것이며 문화의 확산에 초점을 두며 문화예술에 대한 접근의 민주화와 문화예술 기관들의 민주화가 포함된다. 반면 문화민주주의는 어느 곳에도 모든 사람들이 공유하는 유일한 문화란 없고 자신들 나름대로의 다양한 문화들이 존재한다고 본다. 모든 사람에 의한 문화를 강조하며 문화의 개발에 초점을 두며 문화개념의 다원화, 연계화, 생활문화의 강조, 지방화 등이 강조된다(신현택, 2001 : 38-39).

문화복지는 정신적 삶의 풍요로움을 제공하는 복지로서 국민들의 문화권을 인정하는 적극적인 개념으로 사용되고 있으며 그 기능으로 생산적 복지, 예방적 복지, 완성적 복지를 수행할 수 있다(한국문화정책개발원, 1996). 즉, 문화복지는 새로운 활력을 제공하고 새로운 시도와 모험의 원천으로서 경제발전과 국가발전을 가능케 하는 의미에서 생산적 복지이며, 현대 사회가 안고 있는 폭력, 범죄, 청소년비행 등 각종 사회병리 문제를 장기적으로 해결한다는 점에서 예방적 복지이다. 또한 문화복지는 정신적 · 문화적 욕구를 충족시킴으로써 복지 사회를 달성한다는 측면에 완성적 복지의 기능을 수행하는 것이다. 결과적으로 문화복지는 국민의 인권을 강화하며 문화수용과 향수에 있어 계층 간, 세대 간의 불평등 구조를 해소한다는 점에서 의의가 높다.

청소년문화복지에 대한 연구는 김민정(2003 : 48)이 대표적인데, 그에 따르면 청소년 문화복지란 청소년의 문화적 욕구충족을 통한 삶의 질 확보 수준이라고 포괄적으로 정의하고 있다. 여기서 문화적 욕구란 정서적 · 심미적 · 정신적 욕구를 의미하며 문화복지는 정서적 · 심미적 · 정신적 욕구와 관련된 활동을 통해서 얻어질 수 있는데, 이러한 활동은 향유활동, 학습활동, 정보활동 등 적극적인 측면을 포괄하는 것이라고 하였다. 또한 청소년의 문화복지 생활을 위해서는 다음과 같은 기본적인 것들이 고려되어야 한다고 하였다. 첫째, 문화복지의 범주에는 학습 및 교육 · 여가 · 사회참여 ·

예술 · 정보 · 매스미디어와 관련된 활동이 포함되며,[1] 둘째, 이러한 활동을 향유할 수 있는 시간, 향유할 수 있는 기회균등 및 접근법, 문화복지 향유를 제한하는 장애요인 제거, 셋째, 활동을 향유하는 데 근간이 되는 기반자원, 예를 들면 물적 자원으로서는 도서관, 박물관, 미술관, 과학관, 체육 및 사회교육시설, 복지관 등과 인적 자원으로서는 청소년의 문화복지 향유를 도울 수 있는 청소년 활동 전문가, 넷째, 법 · 제도적 환경, 정부의 예산, 정보제공 등이 선행 조건으로 고려되어야 할 사항이다.

청소년문화복지가 갖는 의의를 살펴보면 다음과 같다. 첫째, 청소년의 문화권 증진이다. 인간에게는 단지 삶을 지속할 권리만 있는 게 아니라 궁극적으로 삶을 향유할 권리가 있다. 문화권은 다른 사회권리들과 함께 추구해야 할 기본권이며 동시에 다른 권리의 실현의 바탕이 되고 방향점을 제시해 줄 수 있는 권리이다. 세계인권선언, 경제적, 사회적 및 문화적 권리에 관한 국제규약, UN 아동권리협약(1989)과 같은 국외의 주요 선언문 및 규약에서는 물론 우리나라 헌법에서도 문화적 권리가 인간으로서 지키고 향유해 나가야 할 중요한 기본적 권리임을 밝히고 있다. 특히 청소년의 문화적 권리를 신장하는 것은 문화접근권 및 그 향수권과 함께 그들 나름대로의 자율적인 문화적 공간과 행위들을 생산할 수 있는 권리의 신장을 의미한다.

둘째, 청소년의 문화감수성 증진이다. 문화감수성이란 신체 외부로부터 들어오는 다양한 문화적 자극들을 문화의 보편성과 특수성의 관점에 입각하여 주체적으로 구성 · 수용할 수 있는 능력이다(최원기 외, 2000). 문화감수성 정도는 청소년들이 외국문화나 다른 하위문화와 접촉하게 될 때 어떠한 태도로 바라보며 어떻게 대응하는가의 문제와 직결되는 것으로 청소년들의 긍정적 문화감수성 정도는 사회의 창조적 능력, 적응력, 유연성 등과 같은 역동적 에너지의 토대가 된다. 또한 청소년들의 개성 있고 다양한 문화적 감수성은 다양한 문화생산으로 전환하는 토대가 된다. 이는 최근 청소년들이 동호회 모임을 통해 영상제작, 만화, 게임 등 문화생산물들을 직접

1 김민정(2003 : 48)에 따르면 청소년문화의 하위영역을 청소년의 여가 및 사회참여, 청소년의 공연관람 및 예술활동, 정보통신 · 미디어, 청소년 유해환경 부문으로 구성하였다. 첫째, 여가 및 사회참여 영역이다. 여가는 자유와 학습의 뜻을 지니고 있으며 단순히 개인의 남아도는 시간과 여유가 아니라 자유로운 시간을 인간 개개인이 자기 개발을 추구하는 데 보내는 시간이며 더 나아가 인간이 그 생존을 위하여 적극적으로 대처해야 하는 실존적인 시각이다. 여기에는 여가생활, 체육활동, 청소년자원봉사활동, 청소년동아리활동 등을 포함하였다. 둘째, 공연관람 및 예술활동 영역이다. 이것은 영화, 연극, 음악, 미술, 무용, 독서 등이 포함되어 있다. 셋째, 정보통신 · 미디어 영역은 PC, 이동통신, 방송 · 영상매체, 인쇄매체, 정보미디어 생활로 구성되어 있다. 넷째, 유해환경 영역은 유해매체물, 유해업소, 유해물건, 유해약물 등이 포함되어 있다.

제작하는 과정에 참여하는 사례를 통해 알 수 있다.

셋째, 공동체의식의 조성과 강화이다. 문화예술활동은 개인적 측면에서 문화예술에 대한 취향과 향유 능력을 배양할 뿐만 아니라 공공적 측면에서의 문화를 통한 타인, 타 문화와의 소통능력을 길러줌으로써 공동체의식 및 민주의식 형성과 강화에 도움을 준다(맹영임 외, 2005 : 19).

넷째, 청소년의 삶의 질 향상 및 사회통합 촉진이다. 청소년문화는 청소년의 행동 및 사고는 물론 삶의 질을 결정하는 중요한 부분이다. 특히 청소년의 문화복지 증진은 청소년으로 하여금 사회의 부담이나 의존적 대상이라는 생각에서 벗어나게 하고 현대 사회를 살아가는 주체적인 인간으로 자아실현은 물론 잠재능력을 개발, 활용함으로써 사회에 공헌할 수 있게 한다. 또한 사회참여를 통해 다양한 지역주민의 삶을 이해하고 다양한 정보와 규범을 배움으로써 사회계층 간의 간격을 메우고 지역사회에 대한 공동체 의식과 연대 의식을 갖도록 한다.

다섯째, 국가발전의 원동력이다. 새로운 문화 창조자로서의 역량강화에 기여한다. 청소년에게 문화는 소비와 수용의 대상만이 아닌 생산과 참여의 대상이 된다. 이미 한류(韓流)현상에서도 나타났듯이 청소년들의 자율적인 문화 교류는 국제사회의 새로운 문화 형성에 기여했으며 결과적으로 문화산업을 촉진시켰다. 새롭게 대두되고 있는 지식기반 사회는 문화와 정보가 국가경쟁력의 원천이며 문화산업이 21세기 정보화시대의 주요 산업이라는 점을 고려해 볼 때 청소년들의 문화감수성을 향상시켜 문화산업에 적합한 인재로 육성시키고 새로운 직업을 선택하도록 하는 것이 필요하다.

3. 청소년문화활동의 구성

한국 사회의 청소년 집단이 처해 있는 조건과 환경의 특수성은 한국 청소년문화의 특수한 성격을 구성한다. 우리나라 청소년문화의 특성을 살펴보면 다음과 같다(조 은 외, 2000; 최원기 외, 2000).

첫째, 한국의 청소년 집단이 대부분 학생의 신분을 가지고 학교라는 공간에 속해 있다는 점에서 한국의 청소년문화는 기본적으로 학교 혹은 학습이라는 영역과 밀접하게 관련되어 있다는 점을 들 수 있다. 청소년문화의 한 단면을 보여주는 그들의 은어를 보면, '범생이', '날나리', '양아치' 등 주로 학교생활과 학업에 대한 태도와 관련되어 있는 것이 많으며 최근 사회적 문제로 대두한 바 있는 학교폭력이나 '왕따' 현상 역시 학교라는 공간에 결박되어 있는 청소년의 삶의 조건 속에서 이루어지는 현상이다. 학교문화는 청소년들이 자발적으로 선택한 것이 아니라 한국 특유의 교육제도와 입시 환경에 의해 강제된 문화이다. 그러나 청소년들은 학교로 대표되는 삶의 조건에 대해 나름대로의 방식으로 반응하며 독특한 문화적 정체성을 형성하고 있다(최원기 외, 2000).

둘째, 대중문화에 대한 의존성이 매우 크다는 점이다. 스스로의 문화를 자발적으로 창조하기 어려운 여건 속에서 그들이 자신의 문화적 정체성을 형성하는 데 있어 대중매체가 제공하는 대중문화는 가장 중요한 도구가 된다. 1980년대 후반 이후 청소년들의 구매력이 크게 신장함에 따라 청소년은 가장 중요한 문화시장을 형성하게 되었다. 사실상 1990년대 이후 청소년문화는 대중문화 전반에 가장 막강한 영향력을 행사하는, 사실상의 주류 문화로 등장했다(최원기 외, 2000).

셋째, 청소년세대는 소비문화의 중심주체이면서 비주류문화를 생성하는 주체이기도 하다. 청소년은 단순히 문화소비자로 존재하지 않고 문화생산자로 존재한다. 10대들은 인터넷을 통해 다양한 문화활동을 펼치고 있고, 대중음악, 영상제작, 만화창작 등에 전문적인 실력을 겸비하여 문화현장에 참여하고 있다. 이러한 변화는 사이버 · 디지털문화의 도래로 기존보다 참여기회가 높아진 문화환경의 변화에서 비롯된 것만은 아니다. 오히려 더 중요한 것은 우리 시대 청소년들이 근대적인 규율과 가치관에서 벗어나려는 탈근대적 주체라는 점이다(조 은 외, 2000).

넷째, 청소년세대는 문화세대로서 문화적 자율성을 펼칠 수 있는 가장 능동적 주체이기도 하면서, 동시에 문화적 검열을 가장 많이 받는 억압적인 주체이다. 10대들의 자발적인 문화활동은 영상미디어 문화의 발달과 그 맥을 같이하기도 하는데, 가령 청소년 영상제작 활동이 학교 안과 밖에서 활발하게 진행되고 있고, 이들을 위한 각종 영상제가 개최되기도 하며, 인터넷의 다양한 문화커뮤니티가 활성화되어 10대들 스스로가 인터넷 안에서 방송과 영상제작을 담당하고 있다(이동연, 2002 : 174-178).

청소년들에 대한 국가의 문화적 배려는 교육유연화 정책의 한 과정으로 읽을 수 있다. 그러나 가족 · 교육 · 범죄와 같은 청소년 문제의 현안들을 문화적인 배려로 해결하려는 현재의 방식은 근본적인 한계가 있다. 국가의 문화적 배려는 억압에 대한 보상으로 주어져서는 안 되며, 청소년들에 대한 문화적인 검열이 아직도 범죄예방 · 도덕적인 규율의 맥락에서 진행되기 때문이다(조 은 외, 2000).

정부에서는 문화의 세기에 대응하기 위하여 문화적 역량을 함양하고 능력을 배양할 수 있도록 '특성화 청소년수련거리', '선진국형 청소년수련 프로그램' 등의 주체적이고 창의적이며 자발적인 참여가 가능한 청소년활동 프로그램 개발을 모색하고 있다. 2003년에 개정된 '청소년기본법'에서는 청소년활동을 수련활동 외에 교류활동과 문화활동을 독립된 형태의 활동영역으로 명시함으로써 문화예술활동의 중요성을 부각시키기 시작하였다(맹영임 외, 2005 : 5).

청소년문화활동의 이해, 프로그램 개발 및 개입에 있어서는 다음과 같은 점을 고려해야 한다.

① 청소년문화에 대한 정체성 확립

지금까지 우리나라 청소년문화정책은 청소년이 주체가 되어 참여하고 발전해야 한다는 생각보다 청소년문화는 육성되어져야 한다는 진세에 서 있거나, 청소년에게 부석설해 보이는 문화내용물들을 격리하는 보호적 차원이 강하다. 이는 청소년문화 형태의 주체가 청소년이 아닌 기성세대나 정부에 있음을 의미하는 것이며 청소년들은 미숙한 존재이므로 훈육되어야 한다는 것을 전제하고 있다.

청소년문화에 대한 접근은 청소년문화의 본질적 성격이나 의미보다는 입시교육의 여과장치나 보조수단으로 또는 방과후 청소년들을 효과적으로 통제할 장치로 사용되는 경향이 강하며 청소년 범죄예방, 도덕적인 규율의 맥락에서 진행되고 있다. 우리는 청소년을 문화창조자로서 그리고 주체적인 행위자로서 보아야 하고 그들이 자주적인 문화를 갖게 해야 할 것이다(이중한, 1992). 청소년문화정책은 문화와 교육, 인권, 복지를 포괄한 총괄적인 청소년정책의 과정에서 그 방향이 정해져야 한다(이민희 외, 2001).

② 청소년의 주체적 참여

청소년문화활동의 증진을 위해서는 무엇보다 우선적으로 청소년들이 자신들의 문화개발이나 계획에 능동적으로 참여하도록 기회의 폭을 주어야 한다(권이종, 1992). 청소년의 주체적 문화참여를 위해서는 다음과 같은 구체적 노력이 행해져야 한다. 먼저 활동이나 프로그램 형태에서, 시기와 장소에 있어 청소년이 중심이 되어야 한다는 것이다. 프로그램이나 활동의 개최에 있어서도 청소년이 주도적일 수 있어야 한다.

청소년의 참여가 높거나 스스로 주최한 프로그램일수록 어른들이 준비한 어떤 프로그램보다도 감동을 일으키고 깊은 영향력을 준다. 따라서 청소년이 청소년문화의 정책결정이나 시행과정에까지 직접 참여하도록 하는 것이 필요하다. 완벽하게 구성되어 있지 않고, 여러 가지로 부족하다 해도 청소년 스스로 주도하는 프로그램이 새 문화의 원동력이 될 수 있다.

③ 청소년들의 독특성 인정

청소년문화는 성인들의 문화와 구별되는 정체성과 욕망, 정서를 가진 문화이다. 앞에서 설명한 이론적 시각에서 보자면 청소년문화는 청소년 집단 특유의 '감수성'을 기반으로 독특한 '정서'를 형성하며 일정한 방식으로 문화 환경을 '해독'하고 '실천'하는 하나의 문화적 구성체라 할 수 있다(최원기 외, 2000). 청소년문화는 성인문화와는 다른 독특성을 가지고 있다는 점을 고려해야 하며 청소년의 특성이나 욕구가 고려되어야 한다.

④ 청소년문화 내의 다양성

청소년집단은 동일한 특성을 가진 단일한 집단이 아니며 하위집단에 따라 다양한 차이와 특성을 가질 수 있다. 지금까지 청소년문화에 대한 연구에서는 성인집단과의 차이점만 강조해 왔으며 청소년문화 내의 다양성에 대한 논의가 빈약했다. 그러나 최근 청소년집단 내에서도 계층과 연령, 성별에 따른 다양한 하위집단이 존재하며 그들은 문화적으로도 공통된 특성과 차별성을 함께 드러낼 수 있다는 주장이 제기되고 있다(김창남, 1995; 이용교, 1992; 조 은 외, 2000). 청소년문화를 다룸에 있어서는 문화의 포괄적 성격과 아울러 문화의 다면성을 고려해야 한다.

⑤ 환경의 영향

청소년문화는 국내외 환경 모두에 영향을 받는다. 세계화, 글로벌 디지털 환경, 통신수단의 발달, 대중문화 특히 청소년을 대상으로 하는 갖가지 상업주의적 이윤추구행위는 직접적인 청소년환경이다. 한마디로 성인들이 주도하는 정치, 경제, 사회의 제반 상황 등이 해당된다. 따라서 청소년문화를 이해하기 위해서는 청소년을 둘러싼 다양한 사회환경에 대한 고려가 있어야 한다.

⑥ 청소년문화의 공식적 · 비공식적 부문 고려

지금까지 청소년문화는 주로 공식적 측면만 강조되었다. 공식적 부문에서 청소년문화를 바라다볼 때는 어떻게 청소년들을 학교, 가정, 사회종교단체, 언론매체 등을 통한 제도화된 공간으로 끌어들이느냐가 주된 관심사가 된다. 따라서 청소년문화가 지닌 비공식적 부문의 성격은 도외시된다. 청소년문화의 많은 부분은 제도화되지 않고, 기성세대의 문화와 일정한 거리를 두고 자생적인 성격을 지닌 비공식 부문에 속해 있다. 청소년문화에 있어 비공식적 부문의 인정이 필요하고, 청소년문화의 본질적 성격을 이루는 자발성에 대한 관심을 새로이 가져야 한다. 그럼으로써 청소년문화는 육성되고 훈육될 것이 아니라, 스스로 경험하고 표현하고 참여하는 삶의 과정으로 인식되어야 한다(임광진, 1992).

⑦ 청소년 간의 문화격차

청소년 간 문화격차도 고려되어야 한다. 이용교(1992)에 따르면 청소년문화의 독자성을 부인하는 것이 아니라, 청소년문화 속에서도 성인문화에서와 같이 '계급성'을 찾아볼 수 있고, 이는 청소년문화를 이해하는 데 청소년의 연령과 성의 변인만큼이나 중요한 변수라고 주장하였다. 청소년은 성인과 달리 대부분이 생산수단을 소유하고 있지 않기 때문에 사회계급이라는 시각으로 보기에는 한계가 있다. 그러나 청소년들의 일상생활에서 학업, 직업 그리고 여가생활의 선택은 자신이 속한 가족의 사회계급과 무관하지 않으며, 이러한 불평등은 재생산되기 때문에 청소년문화는 계급성을 띨 수밖에 없다고 하겠다.

⑧ 전통문화와 우리문화

청소년들이 한국인으로서의 원체험을 갖게 하고 우리가 누구인가를 다시 찾으며, 적극적인 의미의 전통문화의 계승자가 되어 순수한 우리 문화의 원형을 찾게 하여야 할 것이다(이중한, 1992). 전통문화를 관습이나 '전통사회의 문화'로만 보아서는 안 되고 현대 사회에서도 적합성을 갖는 그런 살아 있는 문화로 보기 때문에 전통문화를 강조하는 것이 자주적인 청소년문화를 위해서 중요한 것이다.

전통문화 프로그램을 통해서 청소년들로 하여금 기존 성인세대 문화의 난맥상에서 벗어나 민족의 내일을 짊어질 수 있게 하고, 민족 성원으로서의 일차적인 과제인 전통과 민족문화의 인식을 바탕으로 민족문화의 탐구와 전승 및 재창조를 가능케 하며, 나아가 외래문화의 병폐를 극복할 수 있을 것이다(임광진, 1992).

⑨ 청소년문화교육의 중요성

문화교육이란 문화를 단지 가르치는 교육이 아니라 경험하고 느끼게 하고 활동하거나 개선하게 하는 살아 있는 교육을 뜻한다. 문화교육으로는 먼저 가곡이나 아리아, 오페라, 사물놀이, 무용, 뮤지컬, 국악 등 기존 고급문화의 접촉을 생각할 수 있다. 감수성이 예민한 청소년들에게 정상의 최고 수준의 문화를 접촉하게 함으로써 정서를 순화시킬 뿐 아니라 문화교육의 목표를 달성할 수 있을 것이다.

문화교육의 또 다른 영역은 보다 적극적인 내용으로 현대 사회에서 보다 능동적으로 대처할 수 있는 문화감수성 배양과 정서함양에 기여하도록 실제로 해보게 하는 일이다(이중한, 1992). 청소년에게 공동체 학습 경험을 바탕으로 자신의 자질과 개성을 찾아갈 수 있는 훈련을 제공해야 한다. 자신의 문화적 경험을 토대로 새로운 창조적 문화를 생산해 낼 수 있는 능력을 기르는 것은 저소득층 청소년의 문화적 권리 신장의 궁극적 목표이기도 할 것이다(최원기 외, 2000).

⑩ 소집단 문화활동

청소년 문화활동의 활성화를 위해서는 소집단 또는 동아리활동이 활성되어야 한다. 소집단활동은 연극클럽, 노래클럽, 탈춤클럽, 영화클럽, 등산클럽, 우표나 동전 모으기 클럽, 사진클럽 등 다양하게 운영될 수 있으며, 학교 내, 지역사회기관, 사이트 동아리 등 다양한 형태를 갖출 수 있다. 소집단 문화활동을 위해서는 기본적으로 헌장 만들기, 총회개회, 임원선출 등의 청소년 클럽을 만드는 과정, 조직과 운영, 회의진행법, 회의록 정리, 욕구 측정하기, 프로그램 작성법, 여러 여가방법 등의 민주적인 절차와 조직운영에 관한 기본 내용을 다루는 프로그램이 있어야 한다(이중한, 1992).

4. 청소년문화활동의 실제

우리나라에서 청소년을 대상으로 행해지고 있는 문화활동 중 청소년문화 접근성 증진 프로그램과 문화예술교육 프로그램을 소개하면 다음과 같다.

▌움직이는 미술관(Traveling & Visit) ▌(접근성 증진 프로그램)

움직이는 미술관은 ○○museum에서 실시하고 있는 프로그램으로 미술관과 학교가 연계하는 공교육 프로그램의 일환으로 학생들에게 어려서부터 문화를 향유하는 습관을 길러주기 위한 프로그램이다. 학교로 직접 찾아가는 미술관 프로그램으로 많은 학생들에게 다양한 문화를 접할 수 있는 기회를 제공하며 미술관과 학교의 괴리감과 지역적 한계를 극복함으로써 문화 접근성을 강화한다. 이 프로그램은 크게 학교에서 진행되는 사전활동과 미술관에서 진행되는 전시관람 및 사후활동으로 운영된다. 학교에서 진행되는 영상자료와 텍스트 자료(교재) 등 다양한 매체를 이용하여 미술관 에듀케이터나 2년 이상의 도슨트 경력을 지닌 진행자들이 전시와 작가에 대한 정보를 제공하고 전시와 관련된 간단한 토론이나 게임, 실기활동 등을 통하여 작가와 작품에 대한 이해를 확인한다. 미술관에서 진행되는 전시관람 및 사후활동은 학교의 일정에 맞춰 원하는 시간에 미술관으로 방문하여 학생들의 눈높이에 맞춘 도슨트의 설명을 통한 전시 관람을 한다(www.in2museum.com).

▌남산문화탐방 ▌(문화예술교육 프로그램)

이것은 ○○극장에서 실시하고 있는, 학교를 벗어나 공연과 견학을 통해 느끼는 현장체험 프로그램으로 책가방 없는 날, 특별시간, 소풍 등을 이용해 공부가 되는 문화예술교육의 장을 제공한다. 학생들의 연령과 수준에 맞춘 맞춤 공연이 가능하고 학교 교과과정에 나와 있는 전통 연회를 포함하여 다양한 공연예술을 접할 수 있게 한다. 1부에서는 사회자가 나와 무대예절, 종소리와 조명변화, 무대장치 등을 설명하고 2부 공연관람에서는 국립극장의 전속단체(국립극단, 국립창극단, 국립무용단, 국립국악관현악단)가 판소리, 소극, 한국무용, 관현악 연주 등 전통 공연 소품을 모아 공연한다(www.ntok.go.kr).

참고문헌

국가법령정보센터(2017). 청소년기본법 시행령.

권이종(1992). 청소년 문화의 육성과 한국의 미래. 통일로, 48('92. 8). 안보문제연구원.

김문환(2001). "지방자치와 지역문화 : 문화복지의 이념을 중심으로". 지방자치와 지역문화, 3. 한양대학교 지방자치연구소.

김민정(2003). "청소년문화복지 실태 및 만족도와 요구분석 연구 – 가정의 사회경제적 지위에 따른 비교를 중심으로 –". 청소년학연구, 10(1), 45-87.

김신일(1992). "청소년문화의 의미와 성격". 청소년문화론. 한국청소년개발원.

김창남(1995). 대중문화와 문화실천. 한울.

맹영임 · 김 민 · 임경희(2005). 청소년 문화예술활동 활성화 방안 연구. 한국청소년개발원.

문화관광부(2001). 2001 문화정책백서. 한국문화정책개발원, pp. 19-20.

문화체육부(1996). 문화복지기획단 21세기 문화복지 토론회.

신현택(2001). 지역간 문화격차에 관한 연구 – 수도권과 비수도권을 중심으로 –. 경기대학교 대학원 박사학위논문.

안태환(1998). "지방자치와 문화정책". 문화정책논총, 9, 71-93.

이동연(2002). 대중문화연구와 문화비평. 문화과학사.

이민희 · 이동연 · 조혜영(2002). "민간부문의 청소년 문화활동 지원 방안 연구 – 기업의 재단을 통한 지원을 중심으로 –". 한국청소년개발원.

이용교(1992). "사회집단과 청소년문화". 청소년문화론. 한국청소년개발원.

이중한(1992). "청소년 문화정책의 개발". 청소년문화론. 한국청소년개발원.

임광진(1992). "자주적 청소년 문화를 위한 과제." 청소년문화론. 한국청소년개발원.

임학순(2001). "문화산업 영역과 예술영역에 대한 정책목표들 양립가능성 연구". 문화정책논총, 13, 279-300.

정문교(1999). 문화발전과 행정. 민속원.

조 은 · 김영지 · 김희진(2000). 저소득층 청소년문화의 실태와 문화적 권리신장 방안 연구. 한국청소년개발원.

최원기 · 김창남 · 전경숙(2000). 청소년 문화감수성 함양을 위한 정책적 대안 연구. 한국청소년개발원.

한국문화정책개발원(1996). 문화복지 중장기 실천계획. 한국문화정책개발원.

www.in2museum.com

www.haja.net/main/main.asp

www.kyc.or.kr

www.ntok.go.kr

Chapter 08

청소년비행론

청소년비행은 청소년기에 경험하는 다양한 어려움과 부적응행동을 포함한다. 일부 청소년들은 법에 저촉되는 행위로 인해 사법처리과정을 경험하기도 한다. 비행청소년은 가해자인 동시에 피해자이다. 비행을 저지른 청소년에 대해 처벌이 아닌 보호의 대상으로 간주하고 있는 것은 오래전부터 세계적인 추세이다. 따라서 우리나라의 소년사법절차나 관련 제도들도 이러한 정신에 입각하여 비행청소년들의 교정·교화를 극대화시킬 수 있는 과정으로 이루어져야 한다. 이 장에서는 청소년비행의 개념과 유형, 청소년비행의 원인에 관한 이론에 대해 살펴보겠다.

1. 청소년비행의 개념과 유형

1) 청소년비행의 개념

청소년비행의 개념을 명확히 이해하기 위해서는 먼저 일탈과 청소년비행, 문제행동 등에 대한 개념과의 관계를 명확히 해둘 필요가 있다(박병식 외, 1999 : 10-20). 먼저 청소년들과 관련된 일탈행위를 열거해 보면 유흥가 배회하기, 부모에게 거짓말하기, 물건 훔치기, 본드 흡입하기, 오토바이 훔치기, 시비 걸어 싸움하기, 학교수업 빼먹기, 담배 피우기 등을 들 수 있다. 이들 행위가 모두 규칙, 규범을 위반한 행위이지만 각 행위는 몇 가지 수준에서 구별해 볼 수 있다.

첫째, 전술한 규칙을 어겼을 때 받는 규제의 강도가 다르다는 것이다. 학교규칙을 어기면 학칙에 따라 처벌을 받지만 전과기록이 남는 것은 아니다. 하지만 절도나 강도, 본드흡입 등은 법률로 금지되어 있는 행위이며 이들 행위를 하다 적발되면 징역을 살거나 벌금을 내는 등의 처벌을 받게 된다. 교도소에 가는 것은 학칙에 따른 처벌보다 강한 것이며 말로 듣는 꾸중보다는 체벌의 강도가 강한 것이다. 이같이 다양한 규범위반 행위들은 그 규제의 강도에 따라 하나의 연속선상에 놓이게 된다.

둘째, 이들 행위가 가져올 수 있는 사회적 피해의 정도가 다르다. 머리를 염색하거나 교복을 몸에 꽉 맞게 줄여 입는 것 등은 조금 유별난 행동으로 여겨질 수는 있지만 자신에게나 타인에게 물질적 · 정신적 · 경제적 피해를 심하게 가하는 행동은 아니다. 이와는 반대로 강도나 살인, 절도나 약물복용 등은 행위자 자신 또는 상대방에게 신체적 · 정신적 · 경제적 피해를 심각하게 줄 수 있으며 나아가 전체 사회의 안정에 위협을 가할 수 있다.

셋째, 사회적 합의수준에 따라 행위에 대한 평가가 상이하다. 예를 들어, 머리를 염색하는 것, 바지를 줄여 입는 것 등의 행동은 기성세대가 보기에는 불량청소년처럼 보일 수 있지만 청소년 자신들에게는 용기 있거나 개성 있는 행동으로 받아들여질 수 있다. 또한 어른들은 청소년의 음주에 대해 부정적인 입장이 강하지만 청소년들은 음주와 흡연이 꼭 연령에 따라 규제되어야 하는지에 동의하지 않을 수도 있다.

이처럼 규범위반행위들은 규범에 대한 합의 정도, 사회적 반응의 정도, 사회적 피해의 정도에 따라 네 가지 유형으로 범주화될 수 있는데 그 내용을 살펴보면 다음과 같다(표 8-1 참고).

〈표 8-1〉 일탈과 범죄의 유형

유 형	규범에 대한 합의 정도	사회적 반응의 정도	사회적 피해 정도	예
합의범죄	높 음	부정적	높 음	살인이나 강도, 강간, 유괴, 절도 등 전통적인 약탈 및 폭력범죄들
갈등범죄	논란의 여지 있음	부정적	높 음	인공유산, 안락사, 정치적 범죄
협의의 일탈	논란의 여지 있음	부정적	그다지 크지 않음	음주, 흡연, 유흥업소 출입, 패싸움, 불량서클 가입
사회적 다양성	낮 음	개성 있는 행동으로 간주	낮 음	머리 염색

첫 번째 유형은 합의범죄(consensus crime)로서 이들 행동에 대해서는 사회적 반응(처벌이나 규제)이 매우 강하고 부정적이며 사회적 · 개인적 피해가 상당히 커서 대다수의 사회 구성원들이 범죄라고 인정하는 행위이다. 여기에는 살인이나 강도, 강간, 유괴, 절도 등 전통적인 약탈 및 폭력범죄들이 해당된다.

두 번째 유형은 갈등범죄(conflict crime)로서 사회적 피해의 정도는 합의범죄 다음으로 크며 사회적 반응도 상당히 부정적일 수 있다. 하지만 그것이 범죄냐 아니냐에 대해 논쟁적인 여론이 존재하는 행위 유형이다. 예를 들어, 유산, 안락사, 정치적 범죄 등은 집단에 따라 범죄라고 규정될 수도 있고 그렇지 않을 수도 있다.

세 번째 유형은 좁은 의미에서의 일탈의 범주에 넣을 수 있는 행위이다. 이것은 범죄행위만큼 강한 제재나 비난이 있는 것은 아니지만 사회적 관습이나 전통, 조직의 규율, 학교의 학칙 등을 위반하는 행위이며 사회적 피해 정도가 그다지 크지 않고 규범에 대한 합의 정도도 범죄만큼 강하지 않다. 여기에는 음주, 흡연, 유흥업소 출입, 패싸움, 불량서클 가입 등이 속한다.

네 번째 유형은 특별한 개인적인 성향이나 행동 형태를 포함하는 사회적 다양성 범주에 드는 행위들이다. 대다수 사람들의 평범함에서 조금 벗어나기는 하지만 규제나 처벌을 받는 것은 아니며 단지 조금 지나치게 개성을 표현하는 행위들로 간주되고 평가되는 행위들이다.

결론적으로 일정한 규칙을 위반한 행위를 의미하는 개념인 '일탈'은 광의의 개념과 협의의 개념으로 나눌 수 있다. 광의의 일탈개념은 범죄행위를 포함하는 포괄적인 의미로 쓰이며, 협의의 개념으로 사용될 때에는 형법위반행위인 범죄를 제외한 규칙위반행위, 규범위반행위를 일컫는 말이다. 이러한 일탈행위는 행위의 고유한 특성에 의해 규정되는 것이기보다는 사회 · 문화적으로 규정되는 것이다. 따라서 일탈이라고 규정되는 행위, 범죄라고 규정되는 행위는 시간에 따라, 지역에 따라, 또 누가 그 행위를 하는가에 따라(연령, 성) 달리 규정되고 다른 반응을 이끌어 낸다. 예를 들어, 1960~1970년대 장발 남성이나 미니스커트를 입은 여성들은 경범죄 위반사범이 되었지만 지금은 정상적인 행위로 받아들여지고 있다.

청소년비행이라는 개념 역시 일탈행위의 개념과 마찬가지로 넓은 의미로 규정할 때에는 범죄행위뿐 아니라 그 외 사회규범, 규칙을 어긴 행위 전부를 포함하는 것으로 사용되기도 하고, 좁은 의미로 사용될 때에는 범죄행위를 제외한 일탈행위를 지칭하기도 하는데 일반적으로는 넓은 의미에서 포괄적으로 사용되는 경우가 많다. 김준호 외(1996 : 37-38)는 넓은 의미의 청소년비행이라는 용어를 구체적으로 청소년 범죄와 좁은 의미의 청소년비행을 포괄하는 개념으로 정의하고 있다. 여기서 좁은 의미의 청소년비행이란 성인이 하였을 경우 문제가 되지 않지만 청소년이기 때문에 문제가 되는 '지위비행'을 말한다.

청소년문제와 청소년비행은 차이가 있다. 청소년비행이 청소년문제에 포함되는 것은 사실이지만 청소년문제가 청소년비행과 동의어는 아니다. 청소년문제라고 할 때에는 청소년기에 특수한 상황으로 인해 청소년들이 겪게 되는 정서적·심리적 불안정성에서부터 진학문제, 이성문제, 친구문제, 가치관의 갈등 등의 개인적인 문제 또는 소비주체로서 청소년이 가지고 있는 역기능 등 집단으로서의 청소년이 사회에 주는 영향을 포함한다.

우리나라 법에서는 비행청소년을 크게 세 가지로 구분하고 있다. 즉, 2008년부터 적용된 개정 소년법 제4조에 의하면 청소년비행이란 10세 이상 19세 미만의 청소년에 의한 범죄행위, 촉법행위 및 우범 상태를 말하며, 이러한 행위를 하거나 상태에 놓인 청소년을 각각 범죄소년, 촉법소년, 우범소년이라고 한다. 먼저 범죄소년은 14세 이상 19세 미만의 소년으로서 형법에 위배되는 행위를 한 자로 형사책임이 있다. 촉법소년은 10세 이상 14세 미만의 소년으로서 형법에 위배되는 행위를 한 자이다. 범죄소년과 달리 형사책임이 없다. 마지막으로 우범소년은 10세 이상 19세 미만의 소년으로서 보호자의 정당한 감독에 복종하지 않는 성벽이 있거나, 정당한 이유 없이 가정에서 이탈하거나, 범죄성이 있는 부도덕한 자와 교제하거나 금전낭비, 부녀유혹, 불건전한 오락 등을 하는 자로서 본인의 성격 또는 환경에 비추어서 장래에 형벌법령을 범할 우려가 있는 자를 말한다.

넓은 의미의 비행개념에는 음주, 흡연, 싸움, 흉기소지, 부녀희롱, 기타 자기 또는 타인의 도덕성을 해치는 행위 등을 하는 불량행위소년을 포함시켜 규정하고 있다. 이와 같이 우리나라에서는 형법을 위반한 행위뿐만 아니라 미래에 형법을 위반할 가능성이 있는 행위들도 포괄해서 청소년비행으로 보고 있다.

2) 청소년비행의 유형

청소년비행의 개념을 보다 명확히 이해하기 위해 기존에 연구된 청소년비행의 유형을 비교하면 〈표 8-2〉와 같다. 김준호와 박정선(1993)은 비행의 종류를 크게 다섯 가지 행위군으로 나누었는 데 반해 김준호와 박해광(1994), 김준호와 김은경(1996 : 73-121)은 행위의 심각성에 따라 경비행과 중비행으로 나누었다. 이들의 분류를 보면 분류의 기준은 다르지만 청소년비행이 형법을 위반하여 범죄로 간주되는 행위(패싸움, 돈 뺏기, 약물사용 등)뿐 아니라 범죄는 아니지만 청소년이기 때문에 규제되는 행위인 지위비행(음주, 흡연, 유흥장 출입 등)을 포함하는 광의의 개념으로 사용되고 있음을 알 수 있다.

〈표 8-2〉 청소년비행의 유형

<table>
<tr><th>유 형</th><th>김준호 · 박정선
(1993)</th><th>김동일
(1993)</th><th>김준호 · 박해광
(1994)</th><th>김준호 · 김은경
(1996)</th><th>김준호 · 이동원
(1996a)</th><th>김준호 · 이동원
(1996b)</th></tr>
<tr><td>지 위
비 행</td><td>유흥장 출입, 음주, 흡연</td><td>흡연, 귀가시간 어기기, 어른에게 반항하기</td><td rowspan="4">• 경비행 : 음주, 흡연, 늦은 귀가, 술집 출입

• 중비행 : 등록금 유용, 폭행, 패싸움, 가출, 환각제</td><td rowspan="5">• 경비행 : 흡연, 음주, 금지장소 출입, 음란물 접촉

• 중비행 : 성관계, 약물사용, 타인의 물건/돈 훔치기, 타인의 물건/ 돈 뺏기, 폭행</td><td>소주방 출입, 커닝, 학교수업 빼먹기, 가출, 불량서클 가입</td><td>술 마시기, 비디오방 가기, 흡연, 성관계</td></tr>
<tr><td>폭 력
비 행</td><td>패싸움, 흉기 소지, 삥뜯기 등</td><td>패싸움, 공공기물 파괴, 폭력행위</td><td>패싸움</td><td>폭행, 돈뺏기, 폭주족, 자동차 손상</td></tr>
<tr><td>재 산
비 행</td><td>물건 훔치기</td><td></td><td>물건 훔치기</td><td>물건 훔치기</td></tr>
<tr><td>약 물
비 행</td><td>본드, 환각제</td><td>가스, 본드</td><td>흡연, 음주, 본드, 가스 환각제</td><td></td></tr>
<tr><td>성비행</td><td>이성과의 성관계</td><td>음란전화, 음란비디오 관람, 성관계</td><td>강간, 사창가 출입, 퇴폐이발관 출입</td><td>애인과 성관계, 돈 주고 성관계, 강제적 성관계</td><td></td></tr>
<tr><td>도 피
비 행</td><td></td><td></td><td></td><td></td><td></td><td>본드/ 가스, 환각약품, 가출, 무단결석</td></tr>
</table>

출처 : 박병식(1999 : 19).

2. 청소년비행의 원인에 관한 이론

범죄와 범죄인에 관한 과학적인 접근이 시작된 이래 범죄의 원인에 관한 수많은 관점과 이론들이 존재해 왔다. 크게 대별하면 생물학적 · 심리학적 · 사회학적 관점으로 나누어 볼 수 있다. 그러나 현대에 있어서는 사회학적 관점의 이론들이 많은 학자들에 의해 지지받고 있으며, 최근에 심리 · 사회적 관점의 이론, 즉 자아개념 이론이 통합 이론으로서 주장되고 있다(홍봉선, 1997 : 54). 이 절에서는 생물, 심리 그리고 사회학적 관점의 범죄이론에 대하여 간략하게 설명하고자 한다.

1) 생물학적 관점

생물학적 원인론이란 개체의 신체구조와 생리작용의 어떤 특징적 부분이 범죄성과 밀접한 관계가 있다고 믿는 것이다. 인간의 운명 · 성격 특성과 지식 상태, 나아가서는 질병과 범죄성 등을 그 신체구조상의 특징 등과 관련시켜 생각하는 사고방식은 옛날부터 동 · 서양에서 꾸준히 존재해 왔는데, 소위 '관상', '수상', '골상' 등이 그것이다. 이것이 동양에서 논의된 것은 고대 중국 황제 때부터라고 하며, 당송 때 그에 관한 학설이 어느 정도 완성되었다고 한다.

18세기 말엽에 오스트리아 비엔나의 외과의사인 Franz Joseph Gall은 수년간에 걸친 각 방면의 사람들(범죄자와 수형자도 포함되었다고 한다)에 관한 실제적 조사와 관찰을 기초로 한 『골상학(Phrenologie)』이라는 저서를 통해 신체의 생리적 구조와 성격 및 행동의 상관관계를 주장하여 관심을 끌었다(Vold, 1958 : 47). 그러나 본격적으로 범죄자에 관해 정신의학적 · 생물학적인 차원에서 과학적으로 연구한 최초의 학자는 이탈리아 정신의학자 Lombroso라고 할 수 있다.

이러한 생물학적 관점의 범죄 이론은 후속적으로 이루어진 실증적인 조사에 의하여 현재에는 이론의 과학성을 인정받지 못하고 있으며, 다만 그 이후의 과학적 범죄학의 학문적 발전을 견인하는 데 결정적 기여를 하게 되었다는 의미만 남아 있다.

2) 심리학적 관점

범죄자의 심리에 초점을 맞추어 범죄행동을 해명하려고 하는 시도는 18세기의 말엽에 행해졌다고 하나 '범죄심리학'이라고 하는 명칭은 이미 18세기 초에 사용되었다. 그러나 진정한 범죄심리학의 업적이라고 말할 수 있는 것이 나타난 것은 1930년 이후이고, 심리학적 원인론이 범죄학의 한 원류로 된 것은 Freud의 업적이 평가되면서이다. 심리학적 관점의 대표적인 범죄 이론을 소개하면 다음과 같다.

(1) 정신박약자론

이 이론가들은 낮은 지능과 범죄가 관련 있다고 본다. 정신박약자가 범죄를 저지르는 것은 낮은 지능으로 인해 법규정을 이해할 수 없기 때문이라는 것이다. 이런 가정은 다음과 같은 이유로 상당한 도전을 받기도 한다. 지능은 대개 개개인의 IQ를 가지고 측정하고 있으나 IQ는 선천적인 지능을 반영한다기보다는 문화적 차이에 기인하는 측면이 크므로 단순히 범죄가 낮은 지능 때문에 발생한다는 주장은 설득력이 낮다.

지능과 범죄의 상관관계는 주로 범죄 종류와 관련된다. 예를 들어, 횡령범은 주로 중산층이 범하는 범죄로서 상당한 지위와 비교적 높은 지능을 필요로 하는 데 반해 성범죄자는 대체로 지능이 낮다는 것이다. 지능이 범죄에 관계되는 또 하나의 방법은 사회적 역할을 통해서 할 수 있는데, 횡령범 중에 지진아를 발견할 수 없음은 낮은 지능을 가진 사람이 횡령죄를 저지를 수 있는 지위에 오를 수 없게 하기 때문이다.

지능을 범죄의 원인으로 보는 이론이 내포하고 있는 문제점은, 범죄행위를 하고 체포된 자의 수가 범법행위자 전원을 대표하지 않는다는 사실이다. 즉, 똑같이 범죄를 범하고도 체포되느냐 그렇지 않느냐는 범인의 지능에 많이 좌우된다는 것이다. 또한 사회계층 역시 비행에 영향을 미치므로, 범죄의 발생과 관계된 독립변수가 지능인가 혹은 범인이 속한 사회계층인가는 미지수이다.

(2) 특수한 성격과 범죄

이것은 특수한 인격적 요소(특징)가 범죄 발생과 관계가 있다는 주장이다. 비행을 하기 전부터 이미 비행소년은 대담하고, 강한 의지를 가지고 있으며, 싸움에 말려

들기 쉽고, 쉽게 화가 나고, 부모나 학교 교사의 꾸중에 반항적인 성격을 갖는다고 본다. 이런 특징을 가진 소년들은 비행소년이 될 위험성이 크다. 이와는 상반되게 비행청소년은 다른 청소년에 비해 감정적으로 불안하고 교란되어 있다는 주장도 있다.

그러나 이처럼 범죄와 인격적 특성을 연관시키는 이론은 이와 같은 특수한 인격적 인자가 범행의 직접 원인이냐, 그렇지 않으면 이 특성은 감옥에 수감하기 때문에 생긴 반발(반응)이냐 하는 점을 구분할 수 없다는 점에서 한계가 있다. 왜냐하면 이 이론의 형성도 이미 검거된 범법자를 대상으로 한 연구의 결과를 정리한 것이기 때문이다.

(3) 정신질환과 범죄

이것은 반사회적이고 공격적이고 종속적인 특성을 가진 정신질환적 성격이 범죄와 관계가 있다고 가정하는 것이다. 이 이론가들에 따르면 정신질환적 성격의 소유자는 자신의 본능적 충동과 욕구를 통제하는 것을 배우지 않았으며 결단력이 약하고 비협조적이라고 가정한다. 이러한 충동적 성격 때문에 정신적 질환의 소유자에 의한 범죄는 구체적으로 미리 계획됨이 없이 순간적으로 행해지며 또한 목적성을 결여하고 있는 경우가 많다고 설명한다.

정신질환적 인격이 어떻게 하여 살인과 관계되는지를 명확하게 설명한 과학적 근거는 없다. 대개는 어느 특정 개인이 이해가 되지 않는 무의미한 살인을 자행했고, 행위 자체가 충동적이라는 것을 보여주고 있으며, 사회화가 잘 되지 않아 공격적이고 연민의 정이 없다는 사실로 추측하고 있을 뿐이다. 범인의 범행 당시의 정신적 상태를 평가하지 못하였다. 다만, 그가 범한 행위 자체로부터 피소된 사람의 인간적 특성을 추리하고, 이러한 추리된 인격에 의해 범행을 설명하는 순환적인 설명법을 사용하고 있다.

(4) 정신분석학적 이론

범죄에 관한 심리학적 관점으로서는 상대적으로 가장 설득력 있는 논리를 가지고 있는 이론이다. 정신분석학적 이론은 신생아는 놓여진 환경에 적응하는 사회화 과정을 밟아 정상적인 준법시민으로서 성장해 간다고 보고, 범죄자들은 적절한 사회화

과정을 밟지 못한 결과의 산물이라고 보고 있다.

Freud에 의하여 창시된 정신분석학파는 인간의 성격이 원초아(id), 자아(ego)와 초자아(super ego)로 구성되었다고 하였다. 원초아와 자아, 초자아의 성격구조를 통해서 범인의 가능성을 예상할 수 있다고 가정한다. 만약 개개인의 사회적 환경이 범행을 관용하고 지지한다면 초자아는 발달하지 못하고 본능적 충동의 욕구가 발휘되어 반사회적 행동을 하게 된다는 것이다. 즉, 사회화 과정을 통해 원초아와 자아, 초자아의 성격이 형성되는데 범죄를 추구하는 사회화 과정을 거친다면 본능적 충동의 욕구를 무의식 속에 밀쳐버림으로써 본능적 욕구를 자제하고 있으나, 만약 본능이 제거되지 못한다면 범죄를 저지르게 될 것이라는 것이다.

또한 정신분석학자들은 어떤 사람은 어렸을 때의 일에 대한 죄책감 때문에 죄를 범한다고 주장한다. 이 특정 개인은 그 자신이 어려서 행한 확정된 행위(욕구)에 대한 속죄를 하는 방법으로서 처벌을 받기 위하여 범행을 한다는 것이다. 부주의하게 범행에 관여되어 곧 체포되는 경우의 범법자가 이 경우에 해당된다고 볼 수 있다. 정신분석학적 이론은 또한 신경쇠약(neurosis)이나 정신착란증(psychoses)을 범죄와 관련시키고 있다.

3) 사회학적 관점

사회학적 관점은 범죄를 사회구조적인 모순에 의한 사회문제로서 이해하는 견해라고 할 수 있다. 범죄에 관한 사회학적 연구는 19세기 말부터 20세기 초에 걸쳐서 Durkheim 등에 의해 전개되고, Tarde의 범죄모방설이나 범죄인류학과 사회학의 유기적인 관련성 위에 Lacassagne의 견해나, 막스주의의 입장으로부터 범죄의 원인은 자본주의 체제에 있다고 생각하고, 빈곤에서 범죄의 원인을 구하고자 한 Bonger의 견해들이 미국에 건너가 이른바 시카고학파가 형성됨으로써 사회학적 원인론, 즉 범죄사회학은 범죄학상 중요한 지위를 점하기에 이르렀다. 다음에서는 1910년대에 전개된 사회해체론부터 1970년, 1980년대의 신사조인 신범죄학 이론까지의 대표적인 이론들에 관하여 개관하고자 한다.

(1) 아노미 이론(Anomie Theory)

Merton은 「사회구조와 아노미(Social Structure and Anomie)」라고 하는 논문에서 일탈행위는 문화적으로 규정된 목표와 그 목표를 달성하기 위하여 사회적으로 구조화된 제도적 수단이 조화적으로 작용하지 않는 경우에 생긴다고 주장하였다. 즉, 현대 사회에서는 많은 사람들의 공통한 목표가 한결같이 강조되고 있는 반면, 그 목표를 달성하기 위한 합법적인 수단을 얻는 기회는 대부분의 사람들에게는 사회구조상 제한되거나 경우에 따라서는 완전히 배제되기도 한다. 이 때문에 이와 같은 제한을 받는 사람들은 규범에 대한 정서적 공감이나 지지를 하지 않고 합법적인가 비합법적인가를 묻지 않고 목표 달성을 위한 기술적 수단을 확보할 것에만 마음을 쓰게 된다. 여기에서 일탈행위의 발생원인을 찾을 수 있다고 하는 것이 Merton의 이론이다.

Merton은 문화적 목표의 '수용'과 제도적 수단의 '거부'로 인해 발생한 기능장애 상태에 적응하는 개개인의 적응 유형을 다섯 가지 형으로 분류하고 있다(표 8-3 참고). 첫째, 동조형(conformity)은 문화적으로 용인된 목표를 법적인 수단에 의해 달성하려고 한다.

둘째, 의례형(ritualism)은 실패로 인하여 더 이상 욕구불만이 되지 않을 정도까지 보다 높은 지위에의 소망을 포기하거나 낮추려고 한다.

셋째, 혁신형(innovation)은 문화적 목표를 달성하기 위해 정해진 기존의 방법(수단)은 거부하면서 문화적 목표 자체는 수용한다. 이 형이 가장 범죄유발적인 적응 유형이라고 한다.

넷째, 도피형(retreatism)은 사회적 압력이 되는 성취목표와 그 목표를 달성하는 수단을 모두 거부하는 것이다. 이런 적응 유형은 범죄와 관계를 맺을 수 있는데, 이는 수용되는 문화목표와 관련되는 것이라기보다는 우연적인 경우가 많다.

다섯째, 반역형(rebellion)은 앞의 유형과 마찬가지로 현존하는 목표와 수단을 거절하면서 동시에 사회체제에 새로운 목표와 그것을 얻기 위한 새로운 수단을 적극적으로 제시한다.

〈표 8-3〉 아노미 상태에서의 개인의 적응양식

개인의 적응양식	문화적 목표	제도적 수단	사례 및 해당계급	특 징
1. 동조형 (conformity)	+	+	평범한 정상행위, 정직한 기업인 (상층중간계급)	비일탈적
2. 의례형 (ritualism)	−	+	목적의식이 없는 행위로 주로 관료형 (하층중간계급)	
3. 혁신형 (innovation)	+	−	절도, 강도, 횡령 등의 범죄 전문가와 화이트칼라 범죄인(하층계급)	일탈적−범죄와 가장 관계가 깊은 유형
4. 도피형 (retreatism)	−	−	알코올 및 마약 중독자, 자살자(하강계급)	
5. 반역형 (rebellion)	±	±	사회운동가, 혁명집단, 히피족(상승계급)	일탈적

+는 수용, −는 거부, ±는 지배적 가치체계를 거부하고 새로운 가치의 대치를 의미함
출처 : 표갑수(1986 : 15).

(2) 비행하위문화론(Theory of Delinquent Subcultures)

비행하위문화론은 Cohen이 비행집단이 하류계급적인 점에 초점을 두면서 비행집단과 그 집단이 가지고 있는 특이한 하위문화를 계급적 긴장과 갈등과 관련시켜 파악하고 있다. Cohen은 사회에는 각계각층의 성원들이 공유하고 있는 문화가 있는데 중산층을 중심으로 형성된 중심문화와 하류계급자인 노동자의 자녀들이 가지고 있는 문화 간에는 중대한 갈등이 일어나고 있다고 보아 이러한 갈등이 비행과 연결된다고 하였다.

그에 의하면 미국 사회는 중산계급의 도덕적 기준, 가치 및 문화적 목표에 의해서 지배되고 있으며 미국의 모든 청소년들의 행동과 업적은 다음의 9개의 중산계급의 가치기준에 의하여 평가되고 있다고 하였다. ① 추진력과 야망, ② 개인의 책임성, ③ 직장·학교에서의 성취와 성공, ④ 장기적인 계획과 예산의 합리성, ⑤ 물리적 공격과 폭력의 통제, ⑥ 건전한 오락의 활용, ⑦ 타인의 재산 존중, ⑧ 미래의 이익에 대한 욕구 달성을 위한 즉흥적 만족의 억제, ⑨ 대인관계에서의 예의범절의 함양과 사아통제가 그것이다.

이러한 중산계급가치관의 달성은 학교가 중추적인 역할을 한다. 즉, 학교교육은 대부분 중산계급 출신의 교사들에 의해서 이루어지기 때문에 자제·규율 등의 중산계급 가치관의 전달에 전념하고 있다는 것이다. 그러나 하류계급의 소년들은 어려

서부터 받아온 계급 차이적인 사회화의 양식 때문에 그러한 중산계급 중심의 기준에 동조할 수 있는 능력과 이러한 기준에 의해 측정되는 지위를 달성할 능력을 결여하고 있다. 따라서 이러한 능력을 갖추지 못한 하류계급의 소년들은 중산계급의 가치체계가 지배하는 사회체제하에서는 지위적 욕구불만(status frustration)과 자아존중(self-esteem)의 상실이라는 적응문제에 봉착하게 된다.

결국 하류계층 출신의 자녀들은 중산계급의 척도에 의해서 평가되는 상황하에서는 중산층 이상의 자녀들과의 경쟁에서 불리하다는 것을 알게 된다. 따라서 그들은 사회구조적으로 조성된 이러한 적응문제를 해결하기 위하여 하류계급의 소년 나름대로의 사회, 즉 지위와 사회적 인정, 자아존중의 새로운 기준(중산계급의 문화와 반대되는)에 바탕을 둔 비행집단을 형성할 수밖에 없다. 비행집단과 이 집단에 특유한 비행하위문화는 바로 이러한 적응문제에 대한 하위계급 소년들의 집합적인 해결 내지는 반등이라는 것이 Cohen의 핵심이론이다.

이러한 비행집단의 비행하위문화는 다음과 같은 특징을 가지고 있다. 첫째, 비공리성(non-utilitarianism)으로 경제적 이익을 추구하는 것이 아니라 일종의 오락적 성격을 띠는 '스릴'과 흥미 때문에 훔치는 것이다. 합리적이고 공리적인 동기에 의해서가 아닌 사유재산제도에 대한 반발인 것이다. 둘째, 악의성(maliciousness)으로 다른 사람에게 불편을 주고 금기를 파괴하는 행위 자체를 즐기는 것을 의미하는 것으로 성인문화 및 중산계급의 문화와 특징에 대한 적대행위를 말한다. 셋째, 부정성(negativistic)으로 성인사회의 일반문화의 규범에 비추어 나쁜 것은 무엇이든지 비행하위문화의 기준에 의해서 옳다는 것이다. 그 외에는 비행하위문화는 다양성(versality) 그리고 단기적 쾌락주의(short-run hedonism)의 특징을 가지고 있다. 요컨대, 비행하위문화는 중산계급의 문화가 지배하는 사회구조하에서 하류계급의 청소년들이 당면한 지위적 욕구 저지와 자존심 훼손이라는 적응문제를 집단적으로 해결하려는 반동형성적 소산을 말한다.

(3) 중화기술이론(Techniques of Neutralization Theory)

Matza가 Sykes와 함께 1957년 『미국사회학평론(American Sociological Review)』에 게재한 논문 「중화의 기술 : 비행이론(Techniques of Neutralization)」에서 말하는 비행중화의 기술이란 비행은 그 비행행위를 정당화함으로써 중화된다고 할 수 있으며, 그 근저에 있는 것은 사회규범에의 동조의 요구를 어떻게 중화하느냐를 아는 것이 비행행동의 이해에 연결된다고 하는 생각이다.

Matza와 Sykes는 비행중화의 기술(techniques of neutralization)로서 다음의 다섯 가지 유형을 열거한다. 첫째, 책임의 부정(denial of responsibility) : 자기의 비행에 대해서 사실상 책임이 없다고 한다. 둘째, 가해의 부정(denial of injury) : 자기의 행위로 말미암아 손상을 입었거나 재산상의 피해를 본 사람이 없다고 한다. 셋째, 피해자의 부정(denial of the victim) : 자기 행위로 말미암아 피해를 입은 사람이 있을지도 모른다는 사실을 인정하면서도 그런 사람은 피해를 입어 마땅한 사람으로 간주한다. 넷째, 비난자에 대한 비난(condemnation of the condemners) : 비행자 자신들의 비행동기나 비행 그 자체가 아니라, 비행자를 비난하는 사람들을 비난한다. 다섯째, 고도의 충성심의 호소(appeal to higher authorities) : 비행자는 사회의 지배적인 가치나 규범의 합법성을 인정하면서도 자신이 속한 집단의 요구에 부응하기 위해서는 위법적인 행위가 불가피하다고 한다.

이들 비행중화기술의 다섯 가지 유형은 각각 그 나름대로 특징이 있는 것은 사실이지만, 전체로서 보면 비행행위는 바로 그것을 어쩔 수 없었던 행위라고 이해하고 그와 같은 행위가 정당하다고는 할 수 없어도 사회적으로 수용된 것이라고 생각하고자 하는 점에서 서로 같다고 할 수 있다.

(4) 사회통제론(Theory of Social Control)

사회통제론은 비교적 현대에 발전한 이론으로서 주로 청소년비행을 설명하는 이론인데 사회결속력이라고도 불린다. 이 이론은 모든 청소년은 비행을 일으킬 인자를 다 가지고 있다는 전제 아래 왜 많은 청소년들이 그러한 인자를 가지고 있음에도 불구하고 비행을 저지르지 않느냐에 이론의 초점을 맞추고 있다.

Hirschi는 개인의 비행을 막는 요인으로서의 사회결속의 네 가지 주요 요소를 다음과 같다고 하였다. 첫째, 애착(attachment)은 개인이 다른 사람이나 집단의 견해와 감정에 대해서 관심을 기울이는 한도 그리고 개인이 다른 사람이나 집단에 대해서 느끼는 심리적·정서적 관심을 말한다. 둘째, 헌신(commitment)은 대학에 가고 싶은 열망과 높은 지위의 직업을 얻는 것과 관련된 것으로, 관습적인 규범(시간, 돈, 노력, 지위 등)에 대한 확실한 투자를 말한다. 셋째, 참여(involvement)는 사회적으로 성공과 지위를 확보하는 데 필요한 인습적인 활동에 참여하는 것을 말한다. 이러한 인습적인 활동에 깊이 참여하면 비합법적인 행동을 할 여유를 갖지 않게 된다는 것이다. 예를 들면, 장래의 목표에 대한 그들의 부단한 활동이 비행을 예방하게 된다. 넷째, 신념(belief)은 중심 사회가치관인 인습적 가치관의 수용을 말하는 것으로 통제론의 논리상 제아무리 이성이 강해도 관습적인 신념이 약해지면 비행의 가능성이 증대되는 것이다. 이러한 네 가지 사회결속 요소가 잘 유지되어야만 개인과 사회가 결속되어 비행을 저지르지 않게 된다고 가정한다.

(5) 접촉차이이론(Theory of Differential Association)

Sutherland가 발전시킨 이론으로 범죄학에서 가장 논란이 되는 이론 가운데 하나이다. Sutherland 이론의 출발점은 사회는 크게 두집단으로 대별된다고 가정한다. 즉, 사회의 한 부분은 법의 준수와 관련된 가치를 중심으로 조직되어 있고, 다른 부분은 범죄적 가치로 둘러싸여 조직되어 있다는 것이다. 이런 차등적 사회조직은 법규범과 관련한 문화적 갈등을 초래한다.

보다 구체적으로 Sutherland가 주장한 이론을 살펴보면 다음과 같다. 첫째, 범죄행동은 학습된다. 둘째, 범죄행동은 커뮤니케이션의 과정에서 다른 사람들과의 상호작용 가운데 학습된다. 셋째, 범죄행동학습의 중요한 부분은 친밀한 사적 집단에서 생긴다. 넷째, 범죄행동이 학습될 때 그 학습의 내용은 때로는 대단히 복잡하거나 또한 때로는 대단히 단순한 범죄수행기술이고, 동기, 충동, 합리화, 태도 등의 특정한 방향지움도 포함한다. 다섯째, 동기 및 충동에 관한 특정한 방향지움은 법규범을 바람직한 것이라고 생각하는가 또는 바람직하지 않은 것이라고 생각하는가에 따라 다르게 학습된다. 여섯째, 사람은 법위반을 바람직하다고 하는 정의가 법위반을 바람직하지 않다고 하는 정의를 초과한 경우에 범죄자가 된다(차등적 접촉 이론의 근본 원리). 일곱째, 차등적 접촉은 빈도, 기간, 순위, 강도라는 점에서 각각 다르다. 여덟째, 범죄적 행동형 및 비범죄적 행동형의 접촉에 의한 범죄행동학습과정은 다른 모든 학습에 포함된 메커니즘을 포함하고 있다. 아홉째, 범죄행동은 일반적인 욕구나 가치의 표현이지만 비범죄행동도 또한 같은 욕구나 가치의 표현이기 때문에 범죄행동은 그들의 일반적 욕구나 가치에 의해서는 설명할 수 없다.

(6) 낙인이론(Labeling Theory)

낙인이론은 지금까지의 전통적인 범죄학 이론에서 행위자의 개인적 속성이나 사회적 · 문화적 속성을 중시하는 관점으로부터 탈피하여 행위자가 왜 범죄자로 정의되고 일탈자로 취급되어 온 것인가에 관한 일련의 과정에 초점을 두었다는 점에 특징이 있다.

이 이론의 창시자인 Lemert는 일탈행동을 일차적 일탈과 이차적 이탈 두 가지 범주로 분류하였다. 일차적 일탈은 개인이 범죄를 저지를 것을 결정하는 기제(mechanism)를 의미한다. 그는 일탈행위는 사회적 요인, 문화적 요인, 정신적 요인 또는 지속적이거나 일시적으로 형성된 생리적 요인과 같은 다양한 요인들이 원인이라고 한다. 그러나 일차적 일탈행위의 원인을 밝히는 것은 일차적으로 중요한 것은 아니라고 보았다. 왜냐하면 실제로 개인의 지위와 정신구조를 변화시키고 '정상적'인 사람을 비행자로 만드는 요인은 절도, 알코올남용과 같은 사실이 아니라 낙인찍는 과정(labeling process)이라고 생각하기 때문이다.

낙인이론 주창자들에 의해 정의된 것에 의하면 이차적 일탈행위는 일탈행위에 대한 사회적 반응이 순간과 동시에 시작된다. 일탈행위에 대한 또는 사회적 반응의 연쇄는 특정 개인으로 하여금 부착된 낙인에 부합되는 행위를 하게 하는 원인이 된다.

이 낙인이론의 특징으로는 첫째, 낙인이론은 유전적 · 심리학적 · 다원론적 범죄원인론을 배척한다. 둘째, 전통적 범죄학 이론에서 등한시되어 온 낙인의 주체인 법집행기관의 자의성을 중시한다. 셋째, 일탈행위를 주어진 규칙으로부터 벗어난 행위로만 보는 것에 그치지 않고 오히려 한 걸음 더 나아가 규칙 그 자체의 형성 근거를 문제로 한다. 넷째, 일탈행위를 행위의 낙인으로 분석하지 않고 상호작용의 낙인으로 분석한다. 다섯째, 공식통계에만 의존하던 일탈행위 분석법을 자기보고나 참여관찰을 병용할 필요성을 강조한다.

(7) 자아개념이론(Theory of Self-Concept)

최근 청소년비행의 원인을 보다 과학적으로 규명하고 그 해결책을 강구하기 위한 시도로 자아개념과 청소년비행의 관계에 관한 연구가 이루어지고 있다. 자아개념은 타인에 의해 형성된 자기 자신에 대한 스스로의 평가로서 행동의 중요 결정요인으로 정의할 수 있다.

자아개념의 형성과 관련하여 사회심리학적 관점에서 자아개념의 사회적 중요성을 설명하는 Mead(1934)는 자아는 사회 없이는 존재하지 않는 사회적 소산이라고 하였다. 그에 따르면 어린이는 부모나 그 밖의 주위 사람들과의 사회적 상호작용을 거치지 않으면 자아를 인식하지 못하고 형성해 나가지도 못한다. 잘 형성된 자아는 자성적이고 자기 비판적이어서 자신의 행동을 통제하며 다른 사람의 감정과 기대에 대한 통찰력을 지니며 사회적 상호작용과 대인관계에 성공적으로 참여할 능력을 갖는다. 즉, 능동적이며 주체적인 자아와 사회적 객관적인 자아가 상호작용하는 역동적인 특성을 갖는다고 한다. 또한 자아개념의 형성과정에 있어서의 부모, 형제, 친구, 동료들, 즉 소위 말하는 중요한 타자들(significant others)의 역할을 강조하고 있다.

자아개념의 변화 가능성은 비행청소년의 예방과 치료의 가능성에 대한 단초를 제공해 주므로 매우 중요하다. 이러한 논거와 관련하여 자아개념은 급격히 변화하지 않는다(Allport, 1973)는 주장도 있으나 Adler, Jung, Horney, Rogers, Sullivan 같은 많은 학자들은 치료가 사람들의 자아개념에 지속적인 영향을 미치지는 못하나 자아개념의 변화야말로 치료과정의 중심목표(Allport, 1973)라고 강하게 주장하고 있다. 이는 자아개념이란 한번 형성되면 고정불변되는 것이 아니고 또한 한 번의 자아개념 강화 훈련으로서 자아개념의 강화가 지속적으로 이루어지는 것은 물론 아니지만, 그러나 자아개념은 체계적인 훈련에 의해서 지속적인 강화가 이루어질 수 있다는 가능성을 강조하는 것으로 받아들여진다.

많은 연구에서 비행청소년의 자아개념이 낮고 부정적이며 그들의 낮은 자아개념은 비행행동과 상관관계가 있다고 주장하고 있다. 우선 Mann과 Caplan(1982)은 낮은 자아존중감이 비행행동을 유발한다는 연구결과를 밝히고 있고 자아존중감이 비행에 미치는 영향은 비행이 자아존중감에 미치는 영향보다 강하다(김하연, 1991)고 하였으며, 비행청소년들은 일반청소년들에 비해 자아개념이 대체적으로 부정적이며, 특히 이들은 일반 청소년들에 비해 자아수용 능력이 현격하게 낮다고 주장하고 있다(구본용, 1992). McCarthy와 Hoge(1992)도 자아개념이 연속적으로 일어나는 비행에는 크게 영향을 미치지 않는다 하더라도 비행은 상호작용적 성격을 가지고 있다고 설명하면서 낮은 자아개념이 갈등을 증대시키고 개인의 비행행동의 원인이 된다고 설명하고 있다.

우리나라 청소년들을 대상으로 한 실증적 연구(오수경, 1992; 문선화, 1991)에서도 비행청소년은 정상청소년보다 자아개념이 상대적으로 낮다고 보고되었다. 청소년비행의 원인이 비행청소년의 낮은 자아개념에서 파생되었다면 그들의 비행행동을 예방하고 치료하는 방법은 당연히 원인을 제거하는 데서, 즉 그들의 자아개념을 강화하여 자신감을 회복하고 자신을 가치 있는 존재로 느끼는 등 스스로를 긍정적으로 평가하도록 하는 일이 될 것이다.

실제 자아개념강화훈련을 통하여 비행청소년의 교정에 효과가 있었다는 보고가 있다. Lynch와 Gallahan(1988)은 긍정적 자아개념을 갖도록 훈련함으로써 직업훈련을 성공적으로 수행하며 일에 대한 동기부여, 적응기술의 증가 그리고 신뢰적 의사소통 능력이 증가되었다고 보고하고 있다. 또한 Hoffman과 Quigley(1988)는 수강명령을 받은 비행청소년들에게 긍정적 동료문화를 제시해 주는 자아개념훈련을 제공하였다. 그 결과 사설소년원에 수용·보호된 231명의 청소년들의 부정적 자아개념이 긍정적으로 변화되었다고 주장하고 있다. Stephers(1982)도 약물중독자의 치료에 자아개념훈련을 실시한 결과 자아존중감이 증가되었다고 보고하였다. 그에 따르면 사람들은 불안과 무력감에서 자신을 보호하기 위한 방어기제로 약물을 사용한다고 가성하였고 자아개념의 증가는 이러한 불안과 무력감을 축소시키고 완화시키는 역할을 한다고 하였다.

결론적으로 비행청소년들에게 긍정적인 자아태도의 경험의 장을 많이 제공하여 그들이 스스로를 가치 있게 여기는, 즉 자아개념을 강화시킨다면 비행의 유혹이나 압력을 이겨낼 수 있다는 것이다. 이러한 관점에서 정학처분을 받은 중학생들을 대상으로 그들의 비행성을 치료하고 재비행의 예방을 위해 저자가 실시하여 효과를 거둔 자아개념강화 프로그램이 이 책의 제4장 집단상담의 실제에 수록되어 있다.

참고문헌

구본용(1992). "비행청소년 지도를 위한 집단상담 프로그램". 한양대학교 학생생활연구소.

김용세(2002). "범죄피해자구조제도에 관한 소고". 비교형사법연구. 한국비교형사법학회.

김준호 · 김은경(1996). 법의식과 비행과의 관계. 한국형사정책연구원.

김준호 · 박정선(1993). 청소년의 가출과 비행의 관계에 관한 연구. 한국형사정책연구원.

김준호 · 박해광(1994). 음란물과 청소년비행과의 관계에 관한 연구. 한국청소년개발원.

김준호 · 이동원(1996a). 청소년의 긴장과 비행. 한국형사정책연구원.

__________(1996b). 한국의 청소년비행척도 개발에 관한 연구. 한국형사정책연구원. 대법원. 1999. 사법연감.

김하연(1991). 청소년의 자아개념, 또래집단에 대한 동조, 비행 간의 상호관계에 관한 연구. 연세대학교 대학원 석사학위논문.

박병식 · 전경숙 · 윤옥경 · 정혜영(1999). 청소년문제행동과 관련된 법규에 관한 연구-문제청소년지도를 위한 법률적 이해. 한국청소년개발원.

오수경(1992). 집단사회사업실천이 비행학생의 자아개념에 미치는 영향. 성심여자대학교 대학원 석사학위논문.

윤점룡(1986). 청소년의 자아개념 및 가치관확립 프로그램의 개발연구. 한국교육개발원.

정원식(1994). 자아개념요강. 코라아테스팅.

표갑수(1986). 청소년비행원인이론. 한국복지정책연구소.

홍봉선(1997). 비행청소년 자아개념 강화를 위한 집단사회사업 프로그램 개발과 그 적용에 관한 연구. 부산대학교 대학원 박사학위논문.

홍봉선 외(1999). 사회문제와 사회복지. 양서원.

Allport G. W.(1973). *Personality : A Psychological Interpretation.* New Work : Holtrinehart & Winston.

Brooker W. B.(1982). *Social Psychology of the Self-concept.* Illinois : Harian David Son, Inc.

Caplan H. B.(1982). *Social Psychology of the Social Concept.* New Work : Harian David Son, Inc.

Fitts W. H.(1971). *The Self and Self-realization.* Califonia : Research Monograph.

Hoffman D., & Quigley(1988). "Self-concept Change and Positive Peer Culture in Adjudicated Delinquents". *Children and youth Care Quarterly.*

Lynch M. D., & Gallahan L.(1988). "Self-concept : A Cognitive Model and it's Implication for Industrial Training". *Journal of Industrial Teacher Education, 8.*

Mead G. H.(1934). *Mind Self and Society.* Chicago : The University of Chicago Press.

Moon S.(1991). "A Comparative Study of Self-concept Between Korean Juvenile Delinquents and Nondelinquents". West Virginia University.

Stephers R. C.(1982). "The Concept of Self in Adolescent Drug Abuse Theories". *Youth and Society.*

Sullivan H. W.(1953). *The Internal Theory of Psychiatry.* New Work : Norton.

Vold G.(1958). *Theoretical Criminology.* Oxford University Press. 김용우 · 최재천(1998) 재인용.

Chapter 09

청소년관련법과 행정체계

청소년에 대한 지원은 법과 제도를 통해 구체화된다. 따라서 이 장에서는 청소년의 기본 권리를 보장하고 있는 헌법을 비롯하여 청소년관계법의 모법이라고 할 수 있는 청소년기본법, 유해환경으로부터 청소년을 보호하고자 제정된 청소년보호법 등에 대해 내용과 문제점 그리고 개선방향을 살펴보고자 한다. 또한 청소년정책과 행정이 다른 일반정책이나 행정과 구별되는 점은 무엇이며 또한 어떠한 원칙하에 수립되고 집행되어야 하는지를 살펴보고자 한다.

1. 청소년관련법

청소년관련법이라 함은 청소년 또는 청소년육성 및 보호와 직·간접적으로 관계가 있는 법으로서 청소년을 직접 대상으로 하거나 청소년의 권리·의무에 관계된 조항을 포함하는 모든 법령, 규칙을 말한다.

우리나라에서 청소년을 주 대상으로 한 최초의 법률이 만들어진 것은 1961년의 미성년자보호법과 아동복리법(1962. 12)의 제정이다. 그 후 아동복리법은 1981년 아동복지법으로 전면 개정되었으며, 1988년에는 소년법이 전면 개정되었다. 한편 1987년 11월에는 청소년정책을 위한 본격적인 근거법으로서 청소년육성법이 제정되고 1991년 12월에는 청소년육성법을 전면 개정한 청소년기본법이 제정됨으로써 청소년육성을 위한 기본 법제를 갖게 된다. 또한 청소년정책의 기본 이념과 방향을 정립하기 위해 1990년에는 청소년헌장이 제정 · 공포되었고, 1998년 10월에는 청소년헌장을 새롭게 개정하였다. 1997년 7월부터는 청소년보호법이 시행되었으며 2000년 7월부터는 청소년성보호에 관한 법률이 시행되었다.

〈표 9-1〉 청소년관계 범주별 주요 법령

구 분	청소년 직접 대상 또는 청소년 관련 별도 규정 법률	청소년 포함 또는 연관 법률
기초법	헌법, 민법, 형법, 상법, 청소년기본법	
청소년 학업	교육법, 평생교육법, 학원의 설립 · 운영 및 과외교습에 관한 법률	
청소년 수련활동	청소년활동진흥법, 스카우트활동 육성에 관한 법률, 한국청소년연맹 육성에 관한 법률, 대한적십자사조직법, 도시계획법, 주택건설촉진법	영상진흥기본법, 지능정보화 기본법, 발명진흥법, 국토기본법, 국토의 계획 및 이용에 관한 법률, 건축법, 공익사업을 위한 토지 등의 취득 및 보상에 관한 법률, 공익법인의 설립 · 운영에 관한 법률
청소년 복지	청소년복지지원법, 모자복지법, 국민건강증진법, 근로기준법, 병역법, 생활보호법, 정신건강증진 및 정신질환자 복지서비스 지원에 관한 법률, 장애인복지법, 보호시설에 있는 미성년자의 후견직무에 관한 법률, 국내입양에 관한 특별법	사회보장기본법, 사회복지사업법, 의료법, 국민건강보험법, 지역보건법, 직업교육훈련촉진법, 장애인고용촉진 및 직업재활법, 가정폭력범죄의 처벌 등에 관한 법률, 가정폭력방지 및 피해자보호 등에 관한 법률
청소년 환경	청소년보호법, 아동 · 청소년의 성보호에 관한 법률, 환경정책기본법, 도서관법, 과학관의 설립 · 운영 및 육성에 관한 법률, 자전거이용 활성화에 관한 법률, 풍속영업의 규제에 관한 법률, 식품위생법, 공중위생관리법, 마약류 관리에 관한 법률, 옥외광고물 등 관리법, 출판문화산업진흥법	자연환경보전법, 자연공원법, 문화유산의 보존 및 활용에 관한 법률, 문화예술진흥법, 체육시설의 설치 · 이용에 관한 법률, 관광진흥법, 박물관 및 미술관 진흥법, 화학물질관리법, 시설물의 안전 및 유지관리에 관한 특별법, 대기환경보전법, 물환경보전법, 토양환경보전법, 소음 · 진동관리법
청소년 문화 및 교류	공연법, 영화 및 비디오물의 진흥에 관한 법률, 방송법, 한국국제협력단법	경범죄처벌법, 건전가정의례의 정착 및 지원에 관한 법률, 공직자윤리법, 남북협력기금법, 한국국제교류재단법, 재외동포기본법
청소년 보호 및 상담	소년법, 소년원법, 보호관찰 등에 관한 법률, 청소년보호법, 아동 · 청소년의 성보호에 관한 법률	
청소년 육성기금	국민체육진흥법, 남북협력기금법, 법인세법, 소득세법, 지방세법, 조세특례제한법	기부금품의 모집 · 사용 및 기부문화 활성화에 관한 법률

출처 : 조영승(1999 : 401) 청소년육성정책의 법률적 존재형식 재구성.

이 외에도 현재 우리나라에서 청소년관련법은 250여 개나 되지만 입법목적과 입법대상이 각기 다르기 때문에 하나의 범주 속에 포함시킨다는 것은 쉬운 일이 아니며, 하나의 법령이 둘 이상의 범주에 중복 포함되는 경우도 있다(표 9-1 참고). 이 절에서는 그중 청소년의 기본권을 다루고 있는 헌법과 청소년정책의 방향을 설정한 청소년헌장 그리고 청소년관련법의 가장 모법이라고 할 수 있는 청소년기본법, 청소년보호법, 아동·청소년의 성보호에 관한 법률, 청소년복지지원법 그리고 청소년활동진흥법에 관하여 살펴보고자 한다.

1) 헌 법

헌법은 청소년 육성을 포함한 국민 개개인의 일상생활을 규율하고 지원하는 최고의 법규범으로서 국민의 기본권, 통치구조, 경제체제 등 국민생활에 필요한 근본적이고 기초적인 사항을 정하는 국가의 기본법이다. 청소년 육성을 규율하는 구체적인 헌법조항으로는 헌법 제10조(인간의 존엄성과 기본권 보장), 제31조(교육을 받을 권리·의무 등), 제34조(사회보장 등)를 들 수 있다. 이를 구체적으로 살펴보면 다음과 같다.

헌법 제10조에는 '모든 국민은 인간으로서의 존엄과 가치를 가지며 행복을 추구할 권리를 가진다. 국가는 개인이 가지는 불가침의 기본적 인권을 확인하고 이를 보장할 의무를 진다'고 규정하여 청소년도 인간으로서 존엄성과 가치 그리고 행복추구권을 가지고 있음을 선언하고 있다. 제31조에는 '모든 국민은 능력에 따라 균등하게 교육을 받을 권리를 가진다'(제1항), '국가는 평생교육을 진흥하여야 한다'(제5항), '학교교육 및 평생교육을 포함한 교육제도와 그 운영, 교육재정 및 교원의 지위에 관한 기본적 사항은 법률로 정한다'(제6항) 등으로 구성되어 있다. 그리고 제34조에서는 '모든 국민은 인간다운 생활을 할 권리를 가진다'(제1항)고 규정하여 청소년도 인간다운 생활을 할 권리가 있음을 천명하고 있다.

2) 청소년헌장

국제사회에서 시작된 청소년의 권리와 책임에 대한 논의에 힘입어 우리나라에서도 1990년에 처음으로 청소년헌장을 처음 제정, 선포하였다. 그 후 1998년 새 정부가 들어서면서 시대에 부합하는 내용으로 헌장을 개정하기에 이르렀다. 개정된 헌장은 크게 전문과 본문으로 대별된다. 전문에서는 청소년은 한 인간으로서의 인권과

한 시민으로서의 시민권을 가지고 있으며 자신의 생명을 존중해야 할 책임과 공동체의 성원으로서 책임을 가지고 있음을 선언하고 있다. 본문에서는 크게 청소년의 권리와 책임에 대해 선언하고 있다(표 9-2 참고).

〈표 9-2〉 1998년 청소년헌장

청소년은 자기 삶의 주인이다. 청소년은 인격체로서 존중을 받을 권리와 시민으로서 미래를 열어갈 권리를 가진다. 청소년은 스스로 생각하고 선택하고 활동하는 삶의 주체로서 자율과 참여의 기회를 누린다. 청소년은 생명의 가치를 존중하며 정의로운 공동체의 성원으로 책임 있는 삶을 살아간다.
가정, 학교, 사회 그리고 국가는 위의 정신에 따라 청소년의 인간다운 삶을 보장하고 청소년 스스로 행복을 가꾸며 살아갈 수 있도록 여건과 환경을 조성한다.

청소년의 권리

1. 청소년은 생존에 필요한 기본적인 영양, 주거, 의료, 교육 등을 보장받아 정신적·신체적으로 균형 있게 성장할 권리를 가진다.
1. 청소년은 출신·성별·종교·학력·연령·지역 등의 차이와 신체적·정신적 장애 등을 이유로 차별받지 않을 권리를 가진다.
1. 청소년은 물리적 폭력뿐만 아니라 공포와 억압을 포함하는 정신적인 폭력으로부터 보호받을 권리를 가진다.
1. 청소년은 사적인 삶의 영역을 침해받지 않을 권리를 가진다.
1. 청소년은 자신의 생각과 느낌을 자유롭게 펼칠 권리를 가진다.
1. 청소년은 자유로운 의사에 따라 건전한 모임을 만들고 올바른 신념에 따라 활동할 권리를 가진다.
1. 청소년은 배움을 통해 진리를 추구하고 자아를 실현해 갈 권리를 가진다.
1. 청소년은 일할 권리와 직업을 선택할 권리를 가진다.
1. 청소년은 여가를 누릴 권리를 가진다.
1. 청소년은 건전하고 다양한 문화·예술활동에 자유롭게 참여할 권리를 가진다.
1. 청소년은 다양한 매체를 통하여 자신의 삶에 필요한 정보에 접근할 권리를 가진다.
1. 청소년은 자신의 삶과 관련된 정책결정과정에 민주적 절차에 따라 참여할 권리를 가진다.

청소년의 책임

1. 청소년은 자신의 삶을 소중히 여기며 자신이 선택한 삶에 책임을 진다.
1. 청소년은 앞 세대가 물려준 지혜를 시대에 맞게 되살려 다음 세대에 물려줄 책임이 있다.
1. 청소년은 가정·학교·사회·국가·인류공동체의 성원으로서 자기와 다른 삶의 방식도 존중할 줄 알아야 한다.
1. 청소년은 삶의 터전인 자연을 소중히 여기고 모든 생명들과 더불어 살아간다.
1. 청소년은 통일시대의 주역으로서 평화롭게 공존하는 방법을 익힌다.
1. 청소년은 남녀평등의 가치를 배우고 이를 모든 생활에서 실천한다.
1. 청소년은 가정에서 책임을 다하며 조화롭고 평등한 가족문화를 만들어 간다.
1. 청소년은 서로에게 정신적·신체적 폭력을 행사하지 않는다.
1. 청소년은 장애인을 비롯한 소외받기 쉬운 사람들과 더불어 살아간다.

청소년헌장은 각각의 청소년의 삶에 직접적으로 영향을 주지는 않지만 청소년에 관련한 정책과 제도의 방향성, 청소년에 대한 인권의 보장, 청소년이 사회에 대해 갖는 책임과 권리 등을 선언하는 내용을 담고 있다는 점에서 가장 포괄적이며 기본적인 이념이라 하겠다(박진규, 1999 : 434-438). 특히 청소년을 현재 사회의 구성원으로 인정하고 청소년의 참여와 자율권을 강조한 것은 청소년에 대한 시각에 큰 전환점을 주고 있다(표 9-3 참고).

〈표 9-3〉 신·구 청소년헌장 비교

1990년 청소년헌장	1998년 청소년헌장
• 미래의 주역 강조 • 성인 중심의 보호·지도 • 타율적 평등권 중심 • 미성숙한 존재로서 인식 • 기성세대 역할 중심 • 추상적·선언적 내용	• 오늘의 사회 구성원 인정 • 청소년 중심의 자율·참여 • 주체적 자율권 중심 • 성숙한 사회인으로 인식 • 청소년의 선택적 가치 중심 • 구체적·실천적 내용

3) 청소년기본법

정부는 보다 심각해지는 청소년문제에 효과적으로 대응함에 있어 청소년 연령이 법규 간에 불일치하는 등 일관성이 없어 부처별 정책 수립 및 단속 등 대책 추진에 차질을 빚을 우려가 있다고 생각하고, 청소년에 대해 통일된 연령의 적용 및 청소년에 대한 지원과 육성을 강조하는 청소년육성법을 제정하였다. 그러나 청소년육성법은 지나치게 선언적인 내용과 용어의 명목적 나열만을 포함하여 법적 구속력이 약하며 종래 각 부처가 담당하고 있는 업무의 언급 이외에는 다른 추가사항의 규정이 없다는 등의 한계점이 있었다(이용교, 1995 : 66-70). 따라서 전체 청소년을 대상으로 한 장기적인 종합계획인 한국청소년기본계획(1991. 6. 27)을 효과적으로 추진할 수 있는 법적 준거를 마련하기 위해 기존의 청소년육성법의 개정만으로는 곤란하다는 인식하에 육성법을 전면 개편하여 기본법을 제정하였다.

청소년기본법은 헌법 다음으로 효력을 가지는 청소년육성정책의 존재형식이며 청소년육성정책에 관한 법률들의 기본법적 지위를 가진다. 따라서 청소년정책을 다루는 다른 법령을 제정, 개정할 때에나 행정기관이 청소년육성에 관련되는 계획을 수립하는 때에는 헌법 규정과 청소년기본법의 규정에 위반되어서는 안 된다(조영승, 1999 : 402-408).

청소년기본법의 기본 법령의 주요 내용을 살펴보면 다음과 같다. 첫째, 청소년과 청소년육성의 정의를 명백히 밝히고(제3조 제1~2호) 청소년육성에 관한 기본 이념을 밝히고 있다. 즉, 청소년육성이라 함은 "청소년활동을 지원하고 청소년의 복지를 증진하며 사회여건과 환경을 청소년에게 유익하도록 개선하고 청소년을 보호하여 청소년에 대한 교육을 보완함으로써 청소년의 균형 있는 성장을 돕는 것을 말한다"(제3조 제2호). 또한 청소년활동과 청소년복지, 청소년보호 및 청소년시설과 청소년지도자, 청소년단체에 대한 정의(제3조 제3~8호)를 밝힘으로써 청소년기본법이 청소년관련 법의 기본법임을 확인하고 있다.

둘째, 청소년의 성장을 위하여 가정(제6조)과 사회(제7조)가 그 책임을 수행할 수 있게 하는 필요한 법적 · 제도적 장치와 재원을 마련하는 책임을 국가와 지방자치단체에 부여하고 있다(제8조).

셋째, 청소년정책에 관한 관계기관 간의 연계 · 조정과 상호협력을 위하여 여성가족부에 관계기관의 공무원 등으로 구성되는 청소년정책위원회를 두며(제10조) 청소년육성에 관한 지방자치단체의 주요 시책을 심의하기 위하여 특별시장 · 광역시장 · 특별자치시장 · 도지사 · 특별자치도지사(이하 "시 · 도지사"라 한다) 및 시장 · 군수 · 구청장(자치구의 구청장에 한한다. 이하 같다)의 소속하에 지방청소년육성위원회를 설치하도록 하고 있다(제11조). 또한 청소년육성에 관한 국가 및 지방자치단체의 업무를 총괄하는 부서를 여성가족부(제9조)로 두고 있다.

넷째, 청소년의 권리와 책임을 선언적으로 규정하고 있다(제5조). 즉, "청소년의 기본적 인권은 청소년활동 · 청소년복지 · 청소년보호 등 청소년육성의 모든 영역에서 존중되어야 한다"(제1항). "청소년은 안전하고 쾌적한 환경 속에서 자기발전을 추구하고 정신적 · 신체적 건강을 해치거나 해칠 우려가 있는 모든 형태의 환경으로부터 보호받을 권리를 가진다"(제4항). "청소년은 자신의 능력을 개발하고 건전한 가치관을 확립하며 가정 · 사회 및 국가의 구성원으로서의 책임을 다하도록 노력하여야 한다"(제5항)고 청소년의 권리와 책임을 밝히고 있다.

그러나 청소년기본법에 대해 제기되고 있는 비판도 많은데 그 내용을 요약하면 먼저, 청소년관계법과 청소년기본법의 관계에 대한 논란이다. 청소년기본법에서는 '청소년육성에 관한 다른 법률에 우선하여 적용한다'라고는 규정되어 있으나 이 부분에 대해서는 청소년기본법의 법체계상의 지위를 청소년육성과 관련한 일반 법률에 우선하는 특별법으로 보는 입장과 헌법 아래의 다른 관련법과 마찬가지로 일반법에 불과하다고 주장하는 입장으로 나누어지고 있다. 예를 들어, 아동복지법(제3조)에서는 대상 연령을 18세 미만으로 규정하는 데 반해, 청소년기본법에서는 9세에서

24세까지를 대상으로 하고 있다.

따라서 청소년기본법의 규정 중에서 청소년 관계법령과의 관계에서 상충 또는 중복되는 부분이 있을 경우에는 어떻게 적용해야 하는지가 명확하지 않다. 또한 청소년기본법의 모든 규정과 내용이 다른 청소년육성법의 내용을 기속하는 것은 아니다. 기본법 내의 많은 조항 등은 하나의 개별법의 규정으로서 성격을 지니며 자체의 근본 규범에 지배된다. 예를 들어, 청소년보호법이 청소년기본법의 보호에 관한 규정을 포함하여 많은 새로운 내용을 규정하고 있는 것과 같이 청소년육성에 관한 새로운 법들이 얼마든지 제정될 수 있다(조영승, 1999 : 404).

그리고 청소년기본법의 조항은 다른 법체계(학교교육, 사회교육)에 있어서는 법규의 내용을 구속하는 것이 아니라 청소년육성법 체계와의 상호 조화를 도모하는 원칙적·정신적 선언이며 다른 법체계에서 특별히 다른 규정을 가지고 있지 아니하는 한 청소년기본법의 규정이 해석, 적용의 기준이 될 뿐이다(조영승, 1999 : 405).

4) 청소년보호법

우리 사회의 자율화와 물질만능주의의 경향에 따라 날로 심각해지고 있는 음란·폭력성의 청소년 유해매체물과 유해약물 등의 청소년에 대한 유통과 유해한 업소에의 청소년출입 등을 규제함으로써, 성장과정에 있는 청소년을 각종 유해한 사회환경으로부터 보호·구제하고 나아가 건전한 인격체로 성장할 수 있도록 하기 위해 청소년보호법이 제정, 1997년 7월 1일부터 시행되었다.

그러나 일부 법조문 중 법집행상의 실효성 확보와 해석상의 논란 소지 부문, 규정 미비로 인한 청소년보호 사각지대 해소 등을 위하여 일부 개정하였다(1999. 7. 1). 이것은 인권·민생 등 국민의 기본적인 자유와 권리는 최대한 보장하지만 환경·자연·청소년 등 국민의 삶의 질을 향상하기 위해서는 엄격히 규제하는 세계 각국의 추세에 따른 것이다.

청소년보호법은 제1장의 총칙에 이어서 제2장 청소년유해매체물의 결정 및 유통 규제, 제3장 청소년의 인터넷게임 중독·과몰입 예방, 제4장 청소년유해약물 등, 청소년유해행위 및 청소년유해업소 등의 규제, 제5장 청소년 보호 사업의 추진, 제6장 청소년보호위원회, 제7장 보칙, 제8장 벌칙 및 부칙으로 구성되어 있다.

청소년보호법의 의의와 특징을 살펴보면 다음과 같다. 첫째, 이 법의 보호의 대상자인 청소년을 19세 미만으로 규정하고 있다(제2조). 둘째, 청소년 유해환경의 규제에 관한 형사처벌에 있어서 이 법은 다른 법률에 우선하여 적용됨을 밝히고 있다(제6조). 셋째, 국가의 청소년보호를 위해 청소년 유해환경의 정화에 필요한 모든 시책을 강구·시행해야 할 책임을 분명히 하고 단속의 실효성을 보장하고 유해환경 정화에 광범위한 국민적 참여장치를 마련하고 있다. 기존 법률들은 단속의 실효성을 적극적으로 고려하고 있지 않는바, 오늘날 청소년 유해환경은 국민 모두의 동참하에서만 정화될 수 있음에 착안하여 누구든지 청소년 유해매체물이나 유해약물 등을 발견한 때에는 관계기관에 신고·고발하도록 하고 국가와 지방자치단체는 민간의 자율적인 감시·고발활동을 장려하고 이에 필요한 지원을 할 수 있게 하였다(제4조, 제5조).

넷째, 청소년보호를 위한 전담 행정조직의 설치근거를 규정하였다. 이 법의 규정에 의한 업무와 유해환경으로부터 청소년을 보호하기 위한 각종 시책을 독립적으로 추진하기 위하여 여성가족부장관 소속하에 합의제 행정기관으로서 청소년보호위원회를 설치하였다(제36조).

다섯째, 불법유통물에 대한 규제와 단속에 초점을 둔 법률이다. 이 법의 시행으로 각종 매체물에 상이하게 적용되던 기존의 심의기준이 청소년보호를 위해 통일된 심의기준을 적용하게 되며, 유해 표시, 포장, 구분 진열, 방송 제한 등의 방법으로 유해매체물과 약물의 청소년 대상 유통을 강력히 제한, 금지하고 있다(표 9-4 참고).

청소년보호법은 형법 관련법의 특별법적 성격을 가지고 있기 때문에 형법이 가지고 있는 규제법으로서의 특징을 당연히 가지고 있다. 이러한 성격은 이 법이 청소년의 올바른 육성 혹은 청소년의 욕구를 고려한 청소년복지를 적극적으로 실현하겠다는 의지보다는 청소년의 덕성을 훼손하는 유해환경의 정화를 통해 청소년이 현재의 상태보다 더 나빠지는 환경 조성을 차단하겠다는 의지의 표명으로 해석된다. 이는 호기심이 많은 청소년의 특성을 악용하는 일부 몰지각한 기성세대의 잘못된 상업형태를 바로잡는 데에는 상당히 기여하여 일상생활 속에서 청소년을 유혹하는 환경을 정화하는 데에는 효과가 있을 것으로 기대된다.

〈표 9-4〉 청소년보호법 규제대상 및 준수사항

■ **규제대상 매체물**

영상 음향물(전자오락 게임물 포함), 공연물, 정보통신물, 각종 간행물, 광고물 등에 대하여 심의기구에서 유해매체물로 결정된 사항

■ **규제대상 약물**

술, 담배, 향정신성 의약품, 대마, 마약류, 본드, 부탄가스, 시너 등 유해화학물질, 기타 대통령이 정하는 기준에 따라 청소년보호위원회가 결정·고시한 것

■ **규제대상 업소**

- 청소년 출입, 고용금지 업소
  - 단란주점, 유흥주점, 무도학원, 무도장, 사행성행위장(목표발행업, 현상업, 회전판돌리기 등), 청소년 출입이 허용되지 아니한 시설을 갖춘 노래연습장
  - 전화, PC통신, 인터넷, 사행성 사서함 등 전기통신 역무를 통하여 음란적인 부호, 문언, 영상 등을 반포, 판매, 대여, 제공 매개업소
  - 이발소, 안마시술소, 윤락업소, 유흥접객업소
  - 성인용 영상물 및 간행물 등을 판매, 대여, 시청, 이용, 제공업소
  - 청소년 유해매체물 및 약물을 제작, 생산, 유통하는 영업
- 청소년 고용 금지
  - 숙박업, 이용업, 종합게임장, 만화대여점, 담배소매점, 유독물제조, 판매, 취급업소
  - 티켓다방, 안마실을 설치한 목욕장, 소주방, 호프집, 카페 등

■ **유해업소의 업주·종사자 준수(의무)사항**

청소년고용금지, 출입 시 연령 확인

■ **청소년 통행금지, 제한구역 지정, 운영**

지방자치단체는 청소년의 정신적·신체적 건강을 해칠 우려가 있는 구역을 청소년 통행금지구역 또는 통행제한구역으로 지정, 특정 시간에 청소년의 통행을 금지 또는 제한할 수 있음

■ **청소년 유해행위 규제**

- 성적 접대행위, 접객행위, 음란행위, 장애 기형 관람행위, 구걸, 학대, 호객행위, 풍기문란 영업행위, 대가성 성적 교제행위(속칭 원조교제)
- 영리를 목적으로 성적 접대행위를 하게 하는 행위 및 손님과 함께 술을 마시거나 노래 또는 춤 등으로 손님의 유흥을 돋구는 접객행위와 이러한 행위를 알선 매개하는 행위
- 청소년에게 음란한 행위를 하게 하는 행위, 장애 기형 등 형상을 공중에게 관람시키는 행위, 구걸을 시키거나 청소년을 이용하여 구걸하는 행위, 학대행위, 손님유인(속칭 삐끼) 행위, 이성 혼숙을 하게 하는 영업행위 및 장소제공행위, 청소년에게 금전 및 기타 재산상의 이익을 제공하거나 제공을 약속하고 성교 또는 신체를 이용한 유사 성교행위
- 유해환경 감시 단속 강화 : 청소년 유해환경 감시단 조직 및 구성, 신고 보상, 사법경찰관리 지명 등 신고감시체제 강화

그러나 청소년보호법이 사회적 유해환경으로부터 청소년을 보호하여 궁극적으로 청소년의 복지 증진에 기여하기 위해서는 청소년의 심리·사회적인 특성을 배려하는 사회적 여건의 개선이 수반되어야 한다. 즉, 규제는 청소년보호의 최후의 정책이고 규제 이전에 청소년들이 스스로 그러한 유해환경에 접촉하지 않도록 그들의 내성을 길러주고 대체 프로그램을 개발하고 그와 관련된 사회적 관행을 개선하는 것

이다. 구체적으로 제시하면 다음과 같다.

첫째, 눈높이 성교육 강화이다. 청소년보호법에서는 청소년들의 성적 호기심 등을 자극하는 모든 불법 매체물을 원천적으로 차단하고자 시도하고 있다. 이것은 청소년들에게 죄의식과 부끄러움을 유발하면서 그들의 욕구를 음성적으로 해결하는 것을 방지하는 데에는 기여한다고 본다. 그러나 청소년은 일생에서 가장 강한 성적 에너지를 생산해 내고 있으며 이에 대한 호기심이 매우 높기 때문에 이러한 관심을 물리적으로만 차단하는 것은 그 효율성에 한계가 있다. 따라서 청소년들의 눈높이 수준에서 이루어지는 성교육이 절실하다.

둘째, 지역사회 청소년센터의 설립이다. 청소년의 욕구가 자연스럽게 표출되고 수용되면서 접근성이 보장되는 센터의 설립이 필요하다. 예를 들면, 동 단위의 정도에 청소년들의 넘치는 에너지를 표출할 수 있는 체육시설, 자연스럽고 공개적으로 이성과의 만남과 토론이 이루어질 수 있는 만남의 장, 청소년카페, 휴식과 문화공간 등의 기능을 할 수 있는 안전한 공간이 필요하다.

셋째, 청소년 약물남용 예방 및 재활센터 설립이다. 현재 청소년보호법에 의하면 유해 매체물의 배포 등과 유해약물 등의 판매 등에 관한 벌칙은 다른 법률보다 강화하여 단속의 의지를 보이고 있다. 그러나 이러한 매체물 및 약물 등에 직·간접으로 접촉하는 청소년의 보호에 관한 규정은 거의 없다. 직접 청소년을 대상으로 처벌이 아닌 보호와 지원에 대한 세심한 배려가 필요하다. 또한 각 지방에서 약물남용 청소년의 재활을 위한 시설이 설립되어야 한다.

넷째, 청소년을 고용하는 유해업소를 엄단해야 한다. 더불어 유해업소 선정의 현실성 강화가 필요하다.

법이 모든 것을 규율하는 것이 불가능하고 또한 통제가 능사가 아니지만 청소년의 건강한 판단을 흐리게 하고 오히려 잘못된 정보의 제공이나 감각적인 것만을 자극하는 것은, 예민한 청소년의 시기에는 특히 피하는 것이 바람직하므로 법의 사각지대 및 맹점에 대한 세심한 주의가 요망된다.

5) 아동 · 청소년의 성보호에 관한 법률

이 법은 아동 · 청소년대상 성범죄의 처벌과 절차에 관한 특례를 규정하고 피해아동 · 청소년을 위한 구제 및 지원절차를 마련하며 아동 · 청소년대상 성범죄자를 체계적으로 관리함으로써 아동 · 청소년을 성범죄로부터 보호하고 아동 · 청소년이 건강한 사회 구성원으로 성장할 수 있도록 함을 목적(제1조)으로 한다.

구체적으로는 크게 제2장 아동 · 청소년대상 성범죄의 처벌과 절차에 관한 특례, 제3장 아동 · 청소년대상 성범죄의 신고 · 응급조치와 피해아동 · 청소년의 보호 · 지원, 제4장 성범죄로 유죄판결이 확정된 자의 신상정보 공개와 취업제한 등 그리고 2012년 신설된 제5장 보호관찰과 제6장 벌칙을 규정하고 있다.

첫째, 아동 · 청소년대상 성범죄의 처벌과 절차에 관한 특례에서는 아동 · 청소년에 대한 강간 · 강제추행한 자에 대하여 형법상 음주 또는 약물로 인한 심신장애 상태에서 아동 · 청소년에 대하여 성폭력범죄를 범할 경우 형법의 제10조 및 제11조를 적용하지 않을 것을 규정하고 있다. 또한 아동 · 청소년대상 성범죄의 공소시효를 해당 성범죄로 피해를 당한 아동 · 청소년이 성년에 달한 날부터 진행하고 DNA 증거 등 그 죄를 증명할 수 있는 과학적인 증거가 있을 때에는 공소시효가 10년 연장됨을 규정하고 있다.

둘째, 청소년성착취와 관련된 내용이다. 청소년의 성을 사는 행위의 장소제공을 업으로 하거나 알선을 업으로 하는 자, 그와 같은 범죄에 사용되는 사실을 알고 자금, 토지 또는 건물을 제공한 자, 영업으로 성을 사는 행위의 장소를 제공하는 업소 또는 알선하는 업소에 청년을 고용한 자, 영업으로 청소년의 성을 사는 행위를 하도록 유인 · 권유 또는 강요한 자, 청소년의 성을 사는 행위를 알선하거나 정보통신망에서 알선정보를 제공한 자, 그 약속한 자까지 처벌하도록 하였다.

또한 청소년의 성을 사는 행위, 폭행 · 협박 · 위계 · 선불금 기타 채무를 이용하거나 업무 · 고용 기타의 관계로 인하여 자신의 보호 또는 감독을 받는 것을 이용하여 청소년의 성을 사는 행위의 상대방이 되게 하거나 영업으로 청소년을 청소년의 성을 사는 행위의 상대방이 되도록 유인 · 권유한 자, 그 대가의 전부 또는 일부를 받거나 이를 요구 또는 약속한 때, 그 미수범 등에 대하여 처벌을 규정하였다.

그리고 청소년의 성을 사는 행위 및 청소년이용음란물을 제작하는 행위의 대상이 될 것을 알면서 청소년을 매매한 자, 청소년의 성을 사는 행위 및 청소년이용음란물을 제작하는 행위의 대상이 될 것을 알면서 청소년을 국외에 매매 또는 이송하거나 국외에 거주하는 청소년을 국내에 매매 또는 이송한 자 및 그 미수범도 처벌하도록 하였다.

셋째, 범죄자의 성명, 직업 등 신상을 공개할 수 있도록 하였다. 청소년 대상 성범죄를 범한 자[1]에 대해 형이 확정될 경우 여성가족부의 청소년보호위원회가 심사를 거쳐 해당 범죄자의 신상을 공개하게 된다. 이를 도입한 취지는 청소년성범죄행위에 대한 일반국민의 경각심을 높이고 범죄예방 효과를 강화하기 위한 것이라고 한다. 신상공개의 내용은 청소년성보호법 시행령에서 규정하고 있는데, 성명(한글, 한자 병행), 연령, 주소, 신체정보, 사진, 성폭력범죄 전과 사실, 전자장치 부착 여부, 범죄사실의 요지이다. 아동·청소년대상 성범죄 또는 성인대상 성범죄로 형 또는 치료감호를 선고받아 확정된 자는 그 형 또는 치료감호의 전부 또는 일부의 집행을 종료하거나 집행이 유예·면제된 날부터 10년 동안 아동·청소년 관련 시설 및 교육기관 등을 운영하거나 취업 또는 사실상 노무를 제공할 수 없게 하였다(제56조 제1항). 이를 위해 관련 대상 시설 및 기관에서는 직원 채용 시 직원의 성범죄 경력 조회를 의무화하고 있다(제57조).

이 법의 시행으로 아동·청소년에 대한 성폭력·성매수 범죄가 파렴치한 인권유린 범죄라는 것을 확고한 규범으로 자리 잡게 하는 데는 기여했다고 할 수 있지만 다음과 같은 보완이 필요하다.

첫째, 아동·청소년의 성보호에 관한 법률의 사회복지법적 성격을 강화해야 할 필요성이 있다(이경은, 2004). 이를 위해서는 국가와 지방자치단체에게 성매매 청소년의 사회복귀를 위한 보호시설과 상담시설을 설치할 의무를 부과해야만 한다. 또한 피해자로 인식되고 있는 청소년들을 위한 법률구조, 관련 실무자들 및 법집행자들에 대한 교육, 홍보, 조사·연구기능, 관련 서비스기관 간의 연계망을 구축해서 정책을 총괄하는 기능을 수행할 수 있는 기관의 설립을 규정하는 것이 필요하다.

둘째, 아동·청소년의 성보호에 관한 법률상 성매매 청소년들을 위한 선도·보호 규정 자체가 미흡하며, 법적으로 규정된 보호조치들조차도 이러한 보호조치들이 제

1 ① 청소년의 성을 매수한 자, ② 청소년 매매춘 업주, ③ 아동 포르노그라피 제작, 수입, 수출자, ④ 청소년 인신매매범, ⑤ 청소년 대상 성폭력범이 그 대상이다.

대로 활용되기 위한 기본적인 인프라가 구축되지 않은 실정이어서 그 실효성을 담보하기 어렵다(김지선, 2001). 법 규정의 보완과 더불어 기존의 법 규정들을 뒷받침할 만한 현실적인 조건들을 갖추어 나가야 할 것이다.

6) 청소년복지지원법

이 법은 2004년 2월에 제정되었으며 2012년 8월 전면 개정을 통하여 청소년복지에 대한 다양한 수요에 대응하고 위기상황별 지원정책의 근거를 제공하고 있다. 주요 개정내용은 우선 지역사회 청소년통합지원체계(CYS-Net) 구축 · 운영에 관한 구체적인 법적 근거를 갖추었으며, 학교폭력 피해 · 인터넷 중독 등 여러 요인으로 어려움에 부닥친 청소년들에게 상담 · 치료 · 생활 지원 서비스를 제공하는 '국립중앙청소년치료재활센터'를 설치하기 위한 근거를 마련했다. 개정된 청소년복지지원법은 구체적으로 크게 총칙, 청소년의 우대 등, 청소년의 건강보장, 지역사회 청소년통합지원체계 등, 위기청소년 지원, 청소년부모 지원, 예방적 · 회복적 보호지원, 청소년복지지원기관, 청소년복지시설, 보칙, 벌칙 등 10개 장으로 구성되어 있다.

먼저 총칙에서는 청소년복지지원법이 청소년기본법에 따라 청소년복지 향상에 관한 사항을 규정함을 목적으로 하고 있음을 밝히고 있다(제1조). 또한 위기청소년(제2조 제4호)을 가정문제가 있거나 학업 수행 또는 사회적응에 어려움을 겪는 등 조화롭고 건강한 성장과 생활에 필요한 여건을 갖추지 못한 청소년으로 정의하였다.

둘째, 청소년의 우대 등에서는 국가 또는 지방자치단체는 청소년에 대하여 시설의 이용료를 면제 또는 할인하는 등 우대를 해야 하며 청소년증을 발급할 수 있도록 하고 있다.

셋째, 청소년의 건강보장과 관련된 내용에서는 국가 및 지방자치단체, 청소년의 보호자 등은 청소년의 건강증진과 체력향상을 위하여 최선의 노력을 하여야 한다고 규정하였다. 구체적으로는 청소년의 체력검사와 건강진단을 실시할 수 있으며 건강진단결과를 분석하여 필요한 대책을 수립 · 시행하여야 한다고 규정하였다.

넷째, 지역사회 청소년통합지원체계 등에 관한 사항에서는 지역사회청소년통합지원체계의 구축과 운영에 관한 사항(제9조) 및 통합지원체계 전담기구(제9조의2), 청소년복지심의위원회(제10조), 주민의 자원 활동 지원(제11조), 상담과 전화 설치 등(제12조),

위기청소년통합지원정보시스템의 구축 및 운영 등(제12조의2)에 관한 사항을 규정하고 있다.

다섯째, 위기청소년 지원과 관련된 사항에서는 위기청소년에 대한 상담 및 교육(제13조)과 위기청소년 특별지원(제14조, 제15조)을 명시하였고, 가정 밖 청소년의 발생을 예방(제16조)하고 가정 밖 청소년의 가정·사회 복귀를 돕기 위하여 상담 및 청소년쉼터를 설치·운영하도록 하였고, 이주배경청소년(제18조)의 사회적응 및 학습능력 향상을 위한 상담 및 교육 등을 지원할 수 있도록 하였다.

여섯째, 청소년부모지원과 관련된 사항에서는 청소년부모에 대한 가족지원서비스, 복지지원, 교육지원, 직업체험 및 취업지원을 할 수 있다고 명시하였다.

일곱째, 예방적·회복적 보호지원과 관련된 사항에서는 특별자치시장·특별자치도지사 또는 시장·군수·구청장은 청소년의 비행·일탈을 예방하고, 복귀 및 적응을 돕기 위해 예방적·회복적 보호지원을 할 수 있다고 하였다. 또한 관련시설의 설치·운영과 보호지원 후견인을 지정할 수 있다고 하였다.

여덟째, 청소년복지지원기관에서는 한국청소년상담원을 한국청소년상담복지개발원으로, 청소년상담지원센터를 청소년상담복지센터로 명칭을 변경하여 그 설치 및 운영에 관한 사항을 제시하였다.

아홉째, 청소년복지시설에서는 청소년쉼터, 청소년자립지원관, 청소년치료재활센터, 청소년회복지원시설에 대한 정의 및 설치와 종사자, 시설개선과 사업정지, 폐쇄 등에 대하여 구체적으로 제시하였다.

이상의 내용을 살펴보면 청소년복지지원법은 청소년을 아동과 구분하여 차별화된 지원이 필요하다는 것을 인정한 법이라는 데 매우 의의가 크다.

7) 청소년활동진흥법

청소년활동진흥법은 2005년 2월부터 시행되고 있는데 총 8장 제72조로 구성되어 있다. 그중 청소년활동의 보장, 청소년활동시설, 청소년수련활동의 지원, 청소년교류활동의 지원, 청소년문화활동의 지원에 대한 내용은 다음과 같다.

첫째, 청소년활동의 보장에 관한 사항으로, 국가 및 지방자치단체는 청소년활동을 활성화하는 데 필요한 각종 활동시설·청소년활동 프로그램·청소년지도자 등을 위한 시책을 수립 · 시행하도록 하였다. 또한 청소년활동을 지원하기 위해 지방청소년활동진흥센터를 설치하도록 하였다.

둘째, 청소년활동시설과 관련된 사항으로, 청소년활동시설의 종류를 규정하였고 수련시설의 설치 · 운영, 허가요건, 등록, 운영대표자, 수련시설 운영의 위탁, 시설기준, 안전기준, 운영기준, 시정명령, 이용료 및 수련비용, 수련시설의 승계, 다른 법률과의 관계에 대해 규정하였다.

셋째, 청소년수련활동의 지원으로, 청소년수련활동인증제의 운영, 인증절차, 결과통보에 대해 명시하였고 수련시설이 행하는 사업과 활동에 대한 협력 및 지원을 위해 한국청소년수련시설협회 및 지역협회를 설립할 수 있게 하였다.

넷째, 청소년교류활동의 지원으로, 국가 및 지방자치단체는 청소년교류활동의 진흥 및 지원을 행해야 한다고 명시하고 지방자치단체의 자매도시협정 등, 교포청소년교류활동의 지원, 청소년교류활동의 사후지원, 청소년교류센터의 설치 · 운영, 남 · 북청소년교류활동의 제도적 지원에 대해 규정하였다.

다섯째, 청소년문화활동의 지원으로, 국가 및 지방자치단체는 다양한 영역에서 청소년의 문화활동이 활성화될 수 있도록 기반을 구축하여야 한다고 하였으며, 전통문화의 계승, 청소년축제의 발굴지원, 청소년동아리활동의 활성화, 청소년자원봉사활동의 활성화 등에 대해 명시하였다.

그 외에도 비행청소년과 관련이 있는 소년법, 소년원법, 보호관찰 등에 관한 법률 등이 있다.

2. 청소년정책

여러 가지 사회 · 문화적인 현실을 고려해 볼 때 청소년의 건강하고 문화적인 생활을 보장하는 복지사회의 구축을 위해서는 보다 적극적이고 실질적인 청소년정책과 행정서비스의 필요성이 강조되고 있다. 이런 시대적 요청에 능동적으로 대처하기 위해 가장 중요시되어야 할 점은 청소년들의 욕구나 문제, 의식구조를 파악하여 그들의 문제나 욕구에 맞는 정책이 수립되고 집행되는 것이다. 여기서는 청소년정책의 개념과 의의, 우리나라 청소년정책의 내용 및 특성을 살펴보고자 한다.

1) 청소년정책의 개념과 의의

청소년 관련 정책은 청소년정책, 청소년복지정책, 청소년육성정책 등으로 혼동되게 사용되고 있다. 김영모(1995 : 2)는 청소년정책을 청소년의 기본적 욕구인 소득, 보건, 교육, 주거 이외에도 비행, 보호, 고용, 환경, 스포츠, 레크리에이션, 상담 등을 해결하기 위한 국가 및 공공기관의 개입이라고 정의하고 있다. 송정부는 청소년복지를 청소년이 사회인으로서 생활해 나갈 경우 피할 수 없는 '사회생활의 기본적 요구'인 경제적 안정, 직업적 안정, 가족적 안정, 보건, 의료보장, 교육의 보장, 사회참가 내지 사회적 협동의 기회, 문화오락의 기회를 충족시키는 과정이라고 하였다.

김성이(1993)는 청소년복지정책을 청소년들이 화합하고 전진하는 데 정부, 사회단체 그리고 국민 모두가 의도적으로 개입하는 것이라고 하고 가정, 건강, 교육, 사회참여 등의 네 가지 제 분야가 통합적으로 운영되어야 한다고 하였는데 그 내용은 다음과 같다. 첫째, 가정강화 부문으로서 임대주택정책, 모자보건법, 자녀양육비 보조, 상담대행자 육성 등이 해당된다. 둘째, 건강부문으로 청소년종합병원, 장·단기 치료소, 중간의 집(half-way house), 주·야간치료소, 학교사회복지사(자원봉사자 포함) 육성 등이 필요하다. 셋째, 교육부문으로 진로지도과목(근로 실습과목), 직업훈련소, 경계선청소년학교(border line class child school), 신체장애특수학교 등이 필요하다. 넷째, 사회참여 부문으로 자원봉사활동, 자원봉사활동지원법, 청소년 자원봉사대 등이 필요하다.

이용교(1995 : 11)는 청소년정책을 모든 청소년의 바람직한 사회 상태를 목표로 하여 국가와 지방자치단체가 청소년의 사회적 욕구를 충족시키고 청소년문제를 해결하고자 법령과 시책을 통해서 밝힌 기본 방침이라고 정의하고 있다. 특히 그에 따르면 우리나라의 경우 청소년의 기본적인 욕구인 소득, 보건, 교육, 주거, 고용, 여가 등을 독립된 청소년정책으로 인식하지 않은 채 청소년의 기본적 욕구와 문제인 교육은 교육정책으로, 소득과 보건은 복지정책으로 다루어졌으며, 기존의 청소년정책은 주로 '청소년건전육성' 혹은 '청소년육성'이라는 용어로 비행청소년의 선도와 예방대책을 다루었다고 분석하였다.

우리나라 청소년기본법에는 청소년복지 증진을 위한 국가와 지방자치단체의 책임을 강조하고, 제7장 '청소년활동 및 청소년복지 등'의 제47조에서 제52조까지에 걸쳐 청소년복지에 관한 조항을 두고 있다. 구체적으로는 청소년활동의 지원, 학교교육 등과의 연계, 청소년복지 대상과 국가의 책무, 청소년유익환경 조성, 청소년유해환경 규제 등을 포함하고 있다.

여기에서는 청소년정책을 모든 청소년들의 성장과 사회적응 및 질 높은 삶을 영위할 수 있도록 청소년의 사회적 욕구를 충족시키고 청소년들의 문제해결을 돕기 위해 국가와 지방자치단체가 청소년에 관한, 청소년을 위한 법령과 시책을 통해 밝힌 방침이라고 정의하고자 하며, 다양하게 불리고 있는 청소년 관련 정책을 청소년정책으로 통일해서 사용하고자 한다.

조영승(1999 : 387-388)은 청소년정책의 의의와 특성을 여섯 가지로 설명하고 있는데 요약, 정리하면 다음과 같다. 첫째, 청소년정책은 청소년들이 덕 · 체 · 지가 조화된 균형적 성장을 목표로 한다. 이는 청소년들이 바람직한 인격을 함양하고 미래 사회에서 유능한 인재로 성장하도록 지원하고 촉진한다.

둘째, 청소년정책은 청소년행정활동의 방향과 내용을 제시해 준다. 청소년행정은 청소년육성정책을 효율적으로 집행하는 수단적 성격을 갖는다. 청소년정책이 정하고 있는 내용은 청소년행정이 담당해야 할 주요 기능이며 처리해야 할 업무이다.

셋째, 청소년정책은 청소년문제의 해결과 전체 청소년들의 균형적 성장을 추구하므로 청소년문제의 유형과 청소년 집단에 따라 세분화되어야 하며 각 집단에 적합한 최적의 정책을 형성하고 집행해야 한다.

넷째, 청소년정책은 청소년 욕구를 반영하고 발달 특성에 적합한 정책이어야 한다.

다섯째, 청소년정책은 청소년헌장이나 청소년기본법 등에서 제시한 청소년육성 이념을 구현하기 위한 수단적인 성격을 갖는다.

여섯째, 청소년정책은 공공정책으로서 청소년육성 전반에 관한 일반정책과 더불어 각 부서별로 그 기능에 따라 청소년육성에 관한 특별정책을 가지고 있다.

2) 청소년정책의 내용 및 특성

우리나라에서 청소년정책이 시작된 것은 1985년 국무총리실 산하 청소년대책위원회가 출범하면서이다. 그 이후 체육부로 부처를 옮겼다가 2005년에는 문화관광부 청소년국과 청소년보호위원회가 통합된 국무총리실 소속의 청소년위원회로 담당부처가 변경되었다. 2008년에는 보건복지부 아동청소년가족정책실로 변경되었다가 2010년부터는 여성가족부로 이관되어 오늘에 이르고 있다(그림 9-1 참고).

우리나라의 경우 청소년정책은 청소년이라는 대상을 중심으로 정책 특성상 각 부처별로 다양하게 입안 추진되어 왔기 때문에 우리나라 청소년정책의 내용을 종합적으로 검토한다는 것은 쉬운 일이 아니다. 우리나라에서 독자적인 정책 영역으로서 청소년정책계획이 수립된 것은 1984년 10월 마련된 '청소년종합대책 추진방안'이라고 볼 수 있다. 이후 청소년정책계획은 1986년에는 제6차 '경제사회발전 5개년 계획'에 '청소년부문'으로 포함되었으며, 1991년 12월 '청소년기본계획'의 수립으로 장기적이고 종합적인 청소년정책이 마련되었다. 한국청소년기본계획은 지금까지 '제6차 청소년육성기본계획'이 시행되었다.

현재는 '제7차 청소년육성기본계획(2023~2027)'이 시행되고 있다. '제7차 청소년정책 기본계획'은 청소년 성장 기회 제공과 안전한 보호 환경 조성을 정책목표로 하였다. 또한 복지, 활동, 보호, 참여 · 권리의 4개 분야와 정책 기반을 포함한 총 5개 분야를 기준으로 5개 대과제, 14개 중과제, 39개 소과제, 108개 세과제를 수립하였다(여성가족부, 2024 : 6-7). 5개 대과제를 살펴보면 플랫폼 기반 청소년활동 활성화, 데이터 활용 청소년 지원망 구축, 청소년유해환경 차단 및 보호 확대, 청소년의 참여 · 권리 보장 강화, 청소년정책 총괄 조정 강화이다.

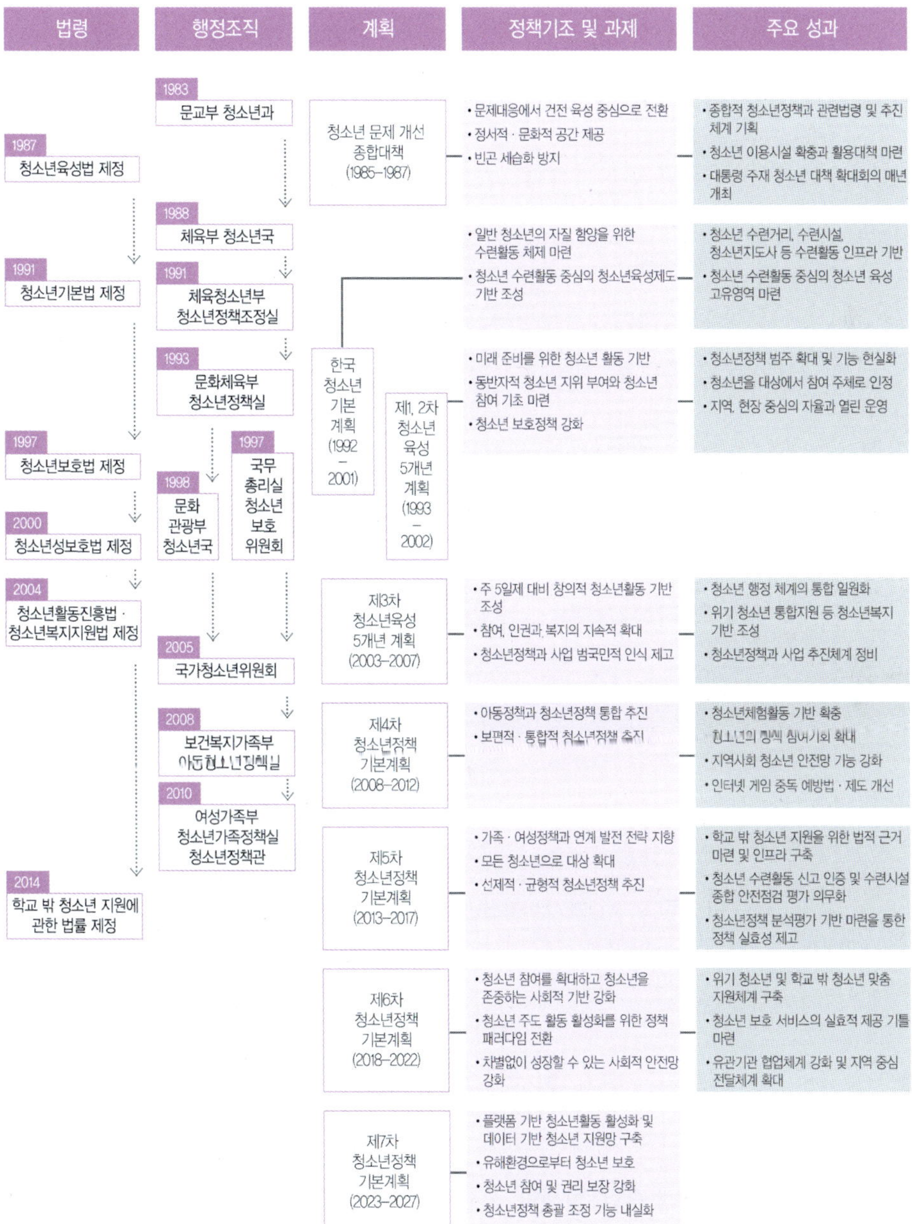

| 그림 9-1 | 청소년정책 연혁

출처 : 여성가족부(2024 : IV). 2023 청소년백서.

비전	디지털 시대를 선도하는 글로벌 K-청소년	
목표	청소년 성장기회 제공	안전한 보호 환경 조성

정책과제	대과제(5개)	중과제(14개)
	① 플랫폼 기반 청소년활동 활성화	1-1. 청소년 디지털역량 활동 강화 1-2. 청소년 미래역량 제고 1-3. 다양한 체험활동 확대 1-4. 학교안팎 청소년 활동 지원 강화
	② 데이터 활용 청소년 지원망 구축	2-1. 위기청소년 복지지원체계 강화 2-2. 청소년 자립 지원 강화 2-3. 청소년 유형별 맞춤형 지원
	③ 청소년 유해환경 차단 및 보호 확대	3-1. 청소년이 안전한 온·오프라인 환경 조성 3-2. 청소년 범죄 예방 및 회복 지원 3-3. 청소년 근로보호 강화
	④ 청소년의 참여·권리 보장 강화	4-1. 청소년 참여 활동 강화 4-2. 청소년 권익 증진
	⑤ 청소년정책 총괄 조정 강화	5-1. 청소년정책 인프라 개선 5-2. 지역 맞춤형 청소년정책 추진체계 구축

| 그림 9-2 | 제7차 청소년육성기본계획 목표 및 과제

출처 : 여성가족부(2024 : 7). 청소년백서.

3. 청소년행정

청소년행정은 청소년 관련 정책이 구체시되어 청소년에게 이르는 과정까지를 포함하는 것으로 여기서는 청소년행정이 무엇이며 어떠한 원칙하에서 행해져야 하는지, 또 어떠한 과정을 통해 서비스가 전달되고 있는지, 현재 우리나라 청소년행정의 문제점은 무엇인지에 대해 살펴보겠다.

1) 청소년행정의 개념과 원칙

청소년행정에 대해서는 두 가지 관점이 있을 수 있다. 하나는 청소년행정은 청소년정책을 실행하기 위한 존재이자 청소년정책을 집행하는 조직적 활동이라는 견해이며, 다른 하나는 청소년정책을 청소년행정의 일부라고 보는 시각이다. 후자의 경우 청소년정책은 청소년행정의 기본 지침이 되지만 청소년정책을 행정조직에서 결정하기 때문에 서로 독립된 영역으로 볼 수 없으며, 특히 정책결정이 행정의 주요 부분이 되고 있는 현대 행정의 특성에서 보면 더욱 그러하다.

이러한 논의를 떠나서도 청소년정책과 행정의 중요성은 말할 것도 없다. 청소년정책이 아무리 합리적이라고 하더라도 집행이 효율적이지 못하다면 청소년육성은 제대로 이루어질 수 없다. 여기에서는 청소년육성을 위한 행동방침이 청소년정책이고 청소년을 육성하기 위한 공적 조직활동이 행정이라고 본다. 청소년들이 보다 나은 환경적 조건에서 성장할 수 있도록 행정에서 갖추어야 할 요소를 행정적 측면과 서비스 제공 측면으로 나누어 살펴보고자 한다(한국청소년연구원, 1992 : 56-62).

(1) 행정적 측면

행정적 측면에서 청소년들에게 적절한 서비스를 제공하기 위해 정부부처나 지방자치단체 및 각종 청소년단체와 관련 기관들이 수행하고 있는 다양한 업무와 기능을 효과적이고 효율적으로 달성하는 데 고려되어야 할 요소들을 살펴보면 다음과 같다.

① 체계적 기능분담(systematic function distribution)의 원칙

청소년 관련 기관들과 공공기관은 그 기관이 속하는 전체 행정조직상의 위치에 따라 수행해야 하는 역할과 기능에서 뚜렷한 차이가 있다. 중앙부처의 주무부서는 국가 전체의 청소년정책과 관련되어 계획과 통제기능을 주로 수행하고, 중간 조직의 성격을 갖는 광역자치단체인 시 · 도의 체육청소년과는 청소년업무 수행의 책임을 지고 직접적인 서비스 기능에 초점을 맞추어 감독과 기획 및 지도업무를 수행하며, 정책집행의 최일선기관이라 할 수 있는 기초자치단체에서는 스스로 청소년과 직접 접촉하고 서비스를 제공하는 것은 물론 각종 청소년단체나 관련 기관들의 서비스 내용과 조화를 이룰 수 있도록 조정하고 관리하여야 한다. 즉, 청소년의 행정 체계는 청소년을 대면하는 최일선기관에서부터 청소년정책을 계획하고 결정하는 중앙부처에 이르기까지 각각 기능상의 분담이 체계적이고 일관성 있게 구축되어야 한다.

② 전문성에 따른 업무 분담의 원칙

청소년 업무의 독특성은 관련 전문가에 의한 업무 수행의 필요성을 강력하게 제기한다. 예를 들어, 관할 지역사회 청소년들의 요구 진단과 그에 따라 제공되어야 할 서비스의 내용과 정도 및 서비스에 대한 평가, 자원봉사자들의 업무지도와 관리 등의 일은 전문성을 요하는 것으로 가능한 한 일정한 자격을 구비한 전문가에 의해 수행되어야 할 것이다.

그러나 모든 청소년 관련 업무나 행정이 전문성에 기초하여 이루어질 수 있는 것만은 아니므로 청소년지도자와 같은 전문성을 가진 자의 업무와 일반 행정가가 수행할 수 있는 업무를 구별하여 전담하는 것이 좋다. 특히 청소년 행정체계에서는 전문가의 전문성이 일반 행정 업무의 단순한 보조에 머무는 종속적 차원이 아니라 그 전문성이 최대한 발휘될 수 있도록 촉진하는 상호 보완적 관계를 유지할 수 있어야 한다.

③ 책임성(accountability)의 원칙

청소년행정이 공공성을 가지고 개개의 청소년들에게 충분하고 효과적인 서비스가 제공되도록 하기 위해서는 그 행정체계를 조직 구성하고 있는 모든 구성원들의 일정한 책임하에 해당 업무가 추진되어야 한다. 즉, 청소년에 대한 직접적인 서비스를 제공하는 자는 물론이고 일반행정업무에 종사하는 자도 청소년뿐만 아니라 지역사회와 자신의 업무에 대해 책임성이 전제되어 있어야 한다. 따라서 청소년 행정체계에는 이러한 책임성을 담보할 수 있는 조건을 구비하여야 한다.

④ 통합 조정(coordination)의 원칙

청소년에 대한 서비스는 한 청소년에게 한 종류의 서비스만 제공하면 요구가 충족되거나 문제가 해결되는 것이 아니며, 다양한 서비스가 복합적이고 지속적으로 제공되어야 효과를 가질 수 있다. 그러나 청소년행정 주체는 현재 행정의 편의상, 서비스의 성격상 다양하게 분산되어 있다.

그러므로 때로는 특정 집단의 청소년에게 서비스가 집중되는 결과를 초래하거나 특정한 서비스만 반복적으로 제공하는 경우도 적지 않다. 이러한 자원의 낭비와 불평등한 배분을 방지하고 청소년들에게 보다 효과적인 서비스를 제공하기 위해서는 다양한 서비스를 통합하여 조정할 수 있도록 상호 협조, 조정하고 기획할 수 있는 행정체계를 구축하여야 한다.

⑤ 지역사회 참여(community participation)의 원칙

청소년의 문제와 요구는 공적인 서비스나 정보 제공만으로 해결될 수 없다. 예를 들어, 현재 지역사회에서 청소년의 건전육성을 현저하게 저해할 우려가 있는 유해환경이 상존할 경우, 그 환경에 대한 법적 규제는 공공기관에서 이루어져야 하겠지만 그 유해환경이 지니는 유해성의 근본적인 퇴치를 위해서는 지역사회 주민들의 자발적이고 자주적인 감시에 의존할 수밖에 없다. 특히 지역사회 주민들의 자원봉사활동과 같은 참여는 자원의 동원이나 활용뿐만 아니라 지역사회 주민들의 청소년과 그들의 문제를 이해하고 공동으로 대처할 수 있는 의식 고양과 분위기 형성에 기여하게 된다.

⑥ 조사 및 연구의 원칙

오늘날 시시각각으로 변화하는 청소년의 욕구를 파악하고 청소년에게 보다 적절하고 유의미한 정보와 서비스를 제공하기 위해서는 무엇보다도 지역사회의 청소년들에 대한 각종 기초정보의 조사와 연구가 절실하게 요청된다. 그러므로 청소년 행정체계는 그 속에 조사 및 연구할 수 있는 기능을 부여한 기구나 조직을 편재하든지, 아니면 연구기관과 연계할 수 있는 체계를 갖추어야 한다.

(2) 서비스 제공의 측면

다음은 서비스 제공의 측면에서 청소년의 요구에 맞는 각종 서비스를 제공함에 있어 고려되어야 할 원칙들이다. 이것은 주로 서비스를 창출하거나 직접 청소년을 대면하여 서비스를 제공하는 하위체계에서 지켜져야 할 것들이다.

① 평등성(equality)의 원칙

평등성의 원칙은 모든 청소년이 성, 연령, 지역, 종교, 지위 및 신분에 관계없이 필요로 하는 서비스와 정보를 제공받을 수 있어야 한다는 것이다. 청소년의 권리와 책임을 명시한 청소년기본법 제5조에는 '청소년은 안전하고 쾌적한 환경에서 자기발전을 추구'할 권리가 있으며 '정신적 · 신체적 건강을 해치거나 해칠 우려가 있는 모든 형태의 환경으로부터 보호'되어야 하고, '청소년은 자신의 능력을 개발하고 건전한 가치관을 확립하며 가정 · 사회 및 국가의 구성원으로서의 책임을 다하도록 노력하여야 한다'고 규정하고 있다.

만약 한정된 자원과 정보의 배분과정에서 서비스의 불평등한 제공이 불가피하다면 서비스 대상의 우선순위에 따라 공정하고 형평성 있게 제공되도록 하되, 그 과정과 절차가 충분히 공개되고 해당 청소년과 지역사회 주민들을 설득할 수 있어야 할 것이다. 청소년 행정체계는 지역사회 주민들의 적극적인 참여와 지원을 받기 위해서라도 평등성을 보장할 수 있도록 유지되어야 한다.

② 적절성(appropriateness)의 원칙

청소년에 대한 서비스의 양과 질의 정도는 다른 모든 서비스와 마찬가지로 그들의 요구와 필요, 성장 속도에 따라 적절하게 배분 · 제공되어야 한다. 때때로 청소년에 대한 서비스의 질적 수준은 일반성인들이 가지는 규범적 준거에 의해 일방적으로 결정되는 경우가 많다. 성인들의 규범적 바람과 성향을 완전히 무시해서는 안 되지만, 청소년의 요구를 중요시해야 한다. 만약 이들 간에 갈등이 있을 경우 조정하는 과정을 거쳐 적절성을 유지해야 한다.

③ 포괄성(comprehensiveness)의 원칙

자라나는 청소년들의 요구는 다양하고 광범위한 수준에 걸쳐 있다. 또한 그 요구는 매우 급격하게 변화하기도 한다. 따라서 청소년들이 바라는 서비스나 정보의 종류는 다양할 수밖에 없다. 한편 청소년들은 그들의 요구와 상관없이 사회적 합의와 교육적 고려에서 거쳐야 할 과정이 있을 수 있다. 청소년 행정체계는 이러한 다양한 요구를 수렴할 수 있어야 한다. 또한 청소년문제와 요구를 사전에 파악하여 제공하고 지도하는 예방적 서비스와 구체적인 문제나 상황에 대처하고 극복할 수 있도록 도와주고 지도하는 치료적 서비스가 균형을 이루어야 한다.

④ 지속성(continuity)의 원칙

청소년사업은 교육과 마찬가지로 단기간에 그 효과를 기대하기 어려운 속성을 가지고 있다. 청소년이 한 사회 구성원으로서 성장해 나갈 수 있도록 꾸준하게 각종 정보나 서비스가 제공되어야 한다. 이는 서비스 제공의 적절성에서 고려하였듯이 청소년이 처해 있는 현실과 여건에 따라 서비스가 제공되어야 함은 물론이거니와 계속적으로 제공될 때만이 바람직한 변화나 결과를 기대할 수 있다. 예를 들어, 무직 청소년에게는 일자리가 가장 시급하게 요구되지만, 심리적 지지나 여가와 같은 또 다른 종류의 서비스도 필요하다. 또한 무직에서 벗어나 일정한 일을 갖게 된 이후에도 빈번한 이직을 방지하고 안정성을 가질 때까지 일정 기간 동안은 지속적으로 서비스를 제공하는 것이 바람직하다.

2) 청소년행정의 전달체계

우리나라 청소년복지 행정체계는 크게 청소년 관련 정책에 대한 심의기구와 청소년 관련 행정기관으로 구분될 수 있는데 그 내용은 다음과 같다.

(1) 청소년정책 관계기관 협의회

청소년정책위원회는 국가적 차원에서 청소년정책에 관한 관계기관 간의 연계 · 조정과 상호협력을 위하여 여성가족부에 관계기관의 공무원 등으로 구성된 관계기관 협의회를 청소년기본법 제10조에 근거하여 설치한다. 협의회는 2개 이상의 행정기관에 관련되는 청소년정책의 조정에 관한 사항과 여러 부처가 협력하여 추진하여야 하는 청소년정책에 관한 사항을 협의한다.

(2) 청소년 관련 전담 행정기구

① 여성가족부 청소년가족정책실

여성가족부 청소년가족정책실은 청소년기본법에 의거하며 우리나라 청소년의 육성 및 보호와 관련된 전반적 업무를 추진하는 주무부서이다.

② 시 · 도 청소년과

시 · 도 청소년과는 지방의 시 · 도에 따라 조금씩 다른 명칭을 사용하고 있지만 청소년육성 지방위원회의 운영에 관한 사항을 담당하여 지방청소년 업무의 총괄 · 조정기능을 수행함으로써 중앙과 청소년업무 연계 추진체계를 강화하고 있다.

③ 시 · 군 · 구

시 · 군 · 구에서는 청소년 업무를 전담하는 과가 구체적으로 정해지지 않았지만, 과의 특성상 문화체육과 등에서 청소년업무를 추진하고 있다.

이 외에도 정부의 여러 부처가 각 부처의 고유 기능에 따라 청소년 관련 업무를 수행하고 있다.

| 그림 9-3 | 여성가족부 조직도

출처 : 여성가족부 홈페이지.

3) 청소년 서비스 전달체계

우리나라 청소년 정책의 주무 부처인 여성가족부의 청소년 서비스의 전달체계는 |그림 9-4|에서 나타나듯이 복지 및 보호는 한국청소년상담복지개발원에, 육성 및 활동은 한국청소년활동진흥원에 위탁하고 있다. 또한 시 · 도 차원의 청소년상담복지센터와 청소년활동진흥센터로 나누어 서비스를 제공하다가 시 · 군 · 구의 청소년상담복지센터에서 육성 및 활동과 복지 및 보호가 통합(청소년복지지원법 제29조 제3항에 따라 시 · 군 · 구에 설치하는 청소년상담복지센터를 청소년활동진흥법 제7조 제1항에 따라 시 · 군 · 구에 설치하는 지방청소년활동진흥센터와 통합하여 운영할 수 있다)된다. 즉, 복지와 활동으로 크게 이원화된 우리나라 청소년정책은 중앙과 시 · 도에서는 복지와 활동으로 나누어진 체계를 유지하다가 시 · 군 · 구의 청소년상담복지센터에서는 통합되는 것이다.

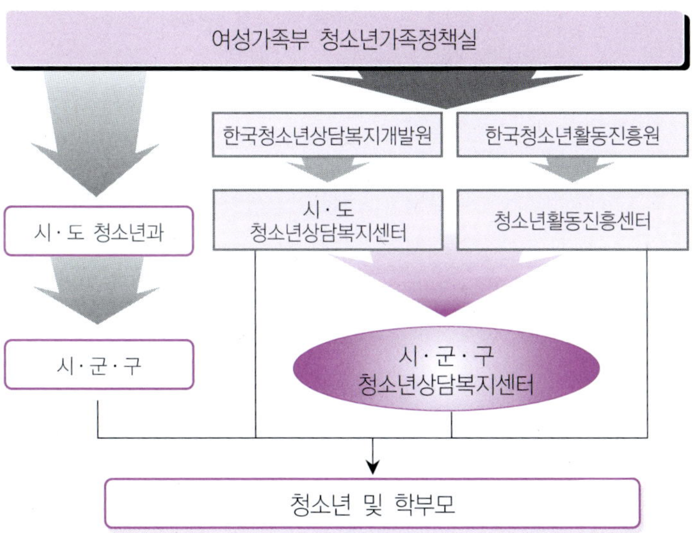

|그림 9-4| 청소년 행정 및 서비스 전달체계

출처 : 보건복지부(구 : 보건복지가족부) 아동 · 청소년정책실에서의 '아동 · 청소년복지지원법(안), 2008'의 전달체계도를 수정한 것임.

참고문헌

국가청소년위원회(2008). 제4차 청소년정책기본계획(2008~2012).

김성이(1993). "청소년복지의 개념과 의의". 청소년복지론. 한국청소년개발원.

김영모(1995). 한국청소년정책의 역사와 발전방향. 한국청소년개발원.

김지선(2001). 성 매매 청소년의 처우실태에 관한 연구. 한국형사정책연구원.

박진규(1999). "청소년관계제도". 청소년학총론. 한국청소년학회.

여성가족부 홈페이지.

여성가족부(2013). 2013년 중앙행정기관 시행계획.

________(2024). 2023 청소년백서.

이경은(2004). "우리나라의 아동 · 청소년성보호정책". 청소년 성보호 전문지도자교육-기본 과정. 청소년보호위원회.

이용교(1995). 한국청소년정책론. 인간과 복지.

조영승(1999). "청소년육성정책". 청소년학총론. 한국청소년학회.

천정웅(1999). "청소년정책의 발전과 특성". 청소년학총론. 한국청소년학회.

한국청소년연구원(1992). 지방자치체하 청소년 행정체계의 활성화방안.

홍봉선(2006). 시 · 도 단위의 위기 청소년종합지원의 현황과 과제. 청소년복지연구, 8(2)(2006년 9월). 한국청소년복지학회.

Chapter 10

청소년복지의 과제와 전망

제10장에서는 우리나라 청소년복지의 과제와 발전방향을 크게 세 가지 측면에서 제시하고자 한다. 먼저 청소년기의 가장 큰 특징 중 하나일 뿐 아니라 청소년문제의 근원이고 청소년의 건강한 가치관 형성의 핵심적 내용이 될 수밖에 없는 청소년의 성과 관련하여 청소년의 성적 주체성 보장에 대해 제안하고자 한다. 그리고 현재 사회 구성원인 청소년이 자신의 권리를 부당하게 침해받거나 소외, 학대받지 아니하고 자신들의 권익을 보호받고 사회로부터 존중받으면서 주체적인 삶을 살아갈 수 있도록 하기 위한 방안으로 청소년의 권리와 청소년참여 문제를 다루고자 한다.

1. 성적 주체로서의 청소년

지금까지 우리 사회에서는 청소년을 무성적 존재로만 간주하여 자연스러운 발달 과정에서 일어나는 청소년들의 성행동에 대해서는 외면하거나 무시해 왔다. 간혹 심각한 청소년 성문제가 알려지면 마치 그것이 청소년 개인의 문제인 양 문제의 청소년에게 비난과 질타를 하고 청소년의 성행동을 더욱 부정적인 관점으로만 부각시켰다. 청소년의 성에 대한 사회적 서비스나 개입에 있어서는 통제적 · 소극적 · 사후적 성격이 강하며, 예방적 차원에서 행해지는 학교 중심의 성교육의 경우에도 순결 중심, 성폭력 예방적 접근이 강하여 청소년의 욕구를 충족시키지 못하고 있다. 뿐만 아니라 청소년성보호법이 제정되긴 하였으나 이것은 매매춘청소년만 강조되었을 뿐 전체적인 청소년 성에 대한 틀이나 관점, 개입이나 서비스에 대한 법적 근거는 마련하지 못하고 있다.

선진국의 경우 제1차 세계대전 이후 여성 지위의 향상 등 여러 가지 사회적 변화에 따라 청소년의 성에 대한 긍정적인 관심과 접근이 행해지고 있으며, 청소년 성문제에 대한 접근방법과 가치관, 효과성과 나아갈 방향에 대해 여러 가지 연구와 논의가 활발히 진행되어 왔다. 그 결과 청소년의 성적 주체성을 인정하자는 주장들이 확대되고 있으며, 특히 1996년에 개최된 세계여성대회 실무위원회에서는 청소년들도 성을 누릴 권리가 있는 성적 주체자로 인정하였고 이를 위해 부모의 교육의무를 명시하는 행동강령을 선포하기도 하였다.

청소년의 성을 어떻게 볼 것인가 하는 문제는 일부 성문제에 직면한 청소년을 어떻게 돕고 지원할 것인가 하는 문제일 뿐 아니라 청소년 성에 대한 정책과 제도, 서비스 내용을 결정하며 청소년의 성문제를 예방하고 건강한 청소년 성문화를 정착시키는 데도 직결되는 중요한 문제이다. 청소년 성정체감은 그들의 자아정체감의 근간을 이루고 그들의 평생의 삶의 근간이 되는 인생관과 세계관의 형성에 농축되어 작용할 개연성이 매우 높다. 따라서 장차 우리 사회가 자율성이 신장되고 그에 따른 책임감이 중시되며, 남 · 여 그리고 연령의 불합리한 차별이 존재하지 않는 등 사회의 전 유기체가 함께 참여하고 상호 존중하는 평등한 복지사회의 구현을 위해서는 청소년 성행동에 대하여 현실적이며 미래지향적인 새로운 패러다임이 요청된다.

따라서 이 절에서는 청소년 성문제에 있어 기존의 무성적 존재로 다루어져 온 전통적 입장을 비판하고 우리나라 청소년 성문제 해결과 예방을 위한 기본 방향으로 청소년 성적 주체성 확립을 주장함으로써 향후 구체적 정책과 서비스 개발을 위한 토대와 틀을 제공하고자 한다.

1) 청소년기의 성행동과 성주체성에 대한 이해

(1) 청소년의 성과 성주체성이 갖는 의의와 필요성

인간은 성적인 존재이며 성은 인간생활의 중요한 부분이다. 성적 존재로 태어난 인간은 전 생애를 거쳐 성적 발달을 지속해 가는데, 특히 청소년기의 성은 성장과 발달의 근원이기도 하고 좌절과 문제의 근원이기도 하다. 청소년 관련 각종 문제를 예방하고 청소년의 복지를 증진시키기 위해서는 청소년에 대한 객관적이고 과학적인 이해가 필수적인데 이를 위해서는 청소년의 성에 대한 이해가 선행되어야 한다.

성은 sex, gender, sexuality라는 세 가지 개념으로 대별되는데(이나영, 1999), 그중 여기에서 성이란 청소년들의 생물학적 차원, 심리사회적 차원, 행동적 차원, 문화적 차원, 임상적 차원을 다 포함하는 개념(전용호, 1996)인 sexuality 중에서도 행동적 성에 집중하고자 한다. 행동적 성은 인간의 성욕구와 충동을 충족시키기 위한 다양한 신체적 · 성적 접촉을 의미하며 이성과의 신체적 접촉에 의한 성행위 외에 자위행위 등을 포함한다.

청소년기에는 성인과 같은 생식능력을 갖게 될 뿐 아니라 성과 관련하여 성인의 역할이 가능한 시기이다. 청소년들이 성적 관심과 성적 욕구가 증대되는 것은 성호르몬의 분비가 왕성해지는 청소년기의 자연스러운 발달현상이다. 반면 이로 인해 심리적 갈등과 스트레스를 가장 많이 겪는 시기이기도 하다. 특히 현대 청소년들의 경우 과거에 비해 빠른 신체적 성숙을 보이는 데 반해 교육기간의 연장으로 인해 사회적으로 용인되는 방법으로 성 욕구를 해결할 수 있는 기간까지의 시간이 상대적으로 길어짐으로 인해 성적 갈등과 고민은 더욱 증가되고 있다. 따라서 청소년기에 나타나는 성적 욕구를 조정하고 적절하게 분출할 수 있도록 하여 심리적 갈등을 해소하는 것은 청소년기에 필요한 발달과업이며 이러한 과업이 적절하게 수행되지 못할 때 정신건강상에 문제를 초래하기도 한다. 이것은 곧바로 청소년의 성주체성 문제와 직결된다고 할 수 있다.

청소년의 성주체성(sexual subjectivity)은 일반적으로 청소년이 사회적 관행이나 기성세대의 압력에 구속받지 않고 자신의 의지나 판단에 의한 자율성과 책임성 있는 애정적 성행동의 관념적 · 실천적 총체이다. 이를 좀 더 구체적으로 표현하면 청소년의 성주체성 있는 행동이란 청소년들이 자신과 타인의 성적 욕구 및 성적 자존감에 대한 존중을 기반으로 하면서 성적 결정을 함에 있어 기존의 가부장적, 여남 차별적 관행, 금전이나 현실성 없는 약속 대가 없이 결정하고 그 결과에 대한 심적 부담과 책임을 온전하게 지는 것이다.

청소년들이 자신에게 적합한 성행동을 결정하고 그에 따른 책임 있는 행동을 하게 하는 것은 매우 중요한 문제이다. 청소년기에 이성과의 관계를 통해 상대방과 자신의 의사를 존중하면서 자신에게 적합한 것을 선택하고 그것을 행동으로 옮기고 그 결과를 받아들이는 것은 쉽게 이루어지는 것이 아니라 오랜 시간의 노력의 결과이다. 청소년기에 신체적인 성과 심리적인 성 그리고 사회적인 성이 어떻게 균형관계를 이루고 있으며, 청소년이 성을 어떻게 받아들이고 어떻게 표현하며 어떻게 충족하는가를 배우는 것은 성정체감은 물론 자아정체감 형성에 영향을 미칠 뿐 아니라 청소년기는 물론 그 이후의 삶의 적응과 발달에 중요한 영향을 미친다.

(2) 청소년의 성행동 원인

청소년 성행동의 원인들을 설명하고 있는 몇몇 학자들의 선행연구를 검토하면 다음과 같다. Smith(1989)는 청소년의 생리적 조건과 가정환경과 같은 사회적 조건이 서로 결합하여 청소년의 성행동에 영향을 미친다는 생리사회모형(Bbiosocial Model)을 제안하였다. 이것은 사춘기의 호르몬 변화가 성에 대한 욕구와 외모를 동시에 변화시키며, 그로 인하여 사춘기의 청소년은 타인의 눈에 성적으로 매력적으로 보이고 성적인 특징들을 두드러지게 한다는 것이다. 뿐만 아니라 친구들, 매스컴, 가정환경, 부모의 특성, 종교 등 사회적 · 문화적 영향에 의해 행동규범과 성행위 기회가 동시에 조성된다고 하였다.

또한 청소년의 성행동, 성태도, 신념에는 다양한 요인들이 영향을 미친다는 전제 아래, 청소년의 성행동을 예언하는 것으로는 친근한 관계모델(Close Relationships Model)과 Bingham 등이 제시한 모델이 있다. 친근한 관계모델은 두 사람 간의 상호작용에 개인적 요인(쌍방의 특성), 관계적 요인, 환경적 요인(사회적 · 신체적)이 작용한다고 본다. Bingham 등이 제시한 모델에서는 청소년의 성행동을 예언하는 것으로서 거시적 요인(사회경제적 요인과 사회상황)과 미시적 요인(개인적 가치와 행동)을 제시하고 있다(Zimmerman & Sprecher, 1995).

Smith(1997)는 생활주기적 관점과 생태학적 관점을 제시하였다. 생활주기적 관점에 따르면 청소년기는 성적 활동으로의 과도기와 관련된 중요한 단계이며 성적 탐구는 정상적인 생활주기 경험의 일부이기 때문에 각 시기에 필요한 과업을 제대로 행하지 않으면 발달과정상에 장애를 초래한다고 한다. 그리고 생태학적 관점에서는 청소년의 성행동이 그들이 속해 있는 생활환경, 즉 근린지역, 사회인구학적 특성과 같은 거시적 환경과 청소년에게 직접 영향을 미치는 가장 인접한 환경인 가족, 학교와 개인적 요인에 의해 영향을 받는다는 것이다.

김기환(1999)은 청소년 성행위의 원인을 크게 신체 · 심리적 관점과 사회 · 문화적 관점으로 설명하고 있다. 신체 · 심리적 관점은 청소년기 성행위의 원인을 신체적 변화와 이에 따른 심리적 갈등에서 찾는 관점으로서 청소년기의 신체적 변화에 따라 자연스럽게 나타나는 성적 욕구와 관심은 이성교제에 대한 관심을 유발시키고 성에 대한 갈등과 스트레스를 유발한다는 것이다.

반면 사회 · 문화적 관점은 청소년기 신체적 발달에 의하여 나타나는 성적 충동과 성적 관심은 자연스러운 현상이지만 사회 · 문화적인 가치와 성윤리에 의해 이루어지는 성의 사회화 과정에 따라 성행동이 결정된다는 것이다. 즉, 현대 청소년들이 보여주고 있는 성행위와 이에 대한 인식은 우리 사회에서 이루어지고 있는 성의 사회화 과정을 통해 형성된다는 것이다. 예를 들어, 가부장적인 가치관, 남존여비의 성차별, 남아선호사상 등은 남성으로 하여금 독립적 · 공격적 · 이성적이어야 하며, 여성은 의존적 · 순종적 · 감정적이어야 한다는 차별적인 성역할을 요구하는 불합리한 사회적 관행을 야기한다는 것이다.

이상의 내용을 토대로 하여 종합하면 청소년의 성행동에는 신체 · 생리적인 측면과 심리, 사회 · 문화적 요소가 강하게 작용하며 청소년 성행동의 이해에는 이러한 요소들이 종합적으로 고려되어야 함을 알 수 있다.

2) 청소년 성행동에 대한 논쟁

전술하였듯이 청소년은 성적 존재임에도 불구하고 우리 사회의 주류는 그들을 아직도 무성적 존재로 간주하고자 한다. 그렇기 때문에 청소년의 성행동을 보는 관점은 금욕주의적 관점으로 거의 획일화되어 있다.

그러나 최근 청소년 성문제에 대한 기존의 접근에 대한 비판들이 많이 제기되고 있다. 이 절에서는 기존의 청소년 성문제에 대한 시각과 접근에 대해 어떤 의문점이나 비판들이 제기되고 있는지를 크게 세 가지 측면에서 살펴보고 이에 대한 대안으로 성적 주체로서 청소년을 인정하자는 새로운 입장에 대해 살펴보고자 한다.

(1) 전통적 관점이 청소년의 성문제 예방 및 해결에 효과적인가?

우리 사회에서 청소년의 성을 어떻게 바라보고 있는지를 보다 명확히 알기 위해서는 크게 두 가지 측면에서 살펴볼 수 있는데, 하나는 청소년의 혼전 성행동에 대해 사회에서 어떤 관점을 가지고 있느냐 하는 것이고 또 다른 하나는 청소년의 성교육이 어떤 방법으로 이루어지고 있느냐 하는 것이다.

먼저 혼전 성행동에 대한 사회적 관점에 관한 사항이다. 혼전 성행동에 대한 기준을 제시한 학자로는 Rubin(1965)과 Reiss(1960)가 있다. Rubin(1965)은 혼전 성행위에 대한 문화적 가치체계를 그 개방의 정도에 따라 전통적, 억압적 금욕주의적 입장, 계몽적 금욕주의적 입장, 인본적 자유주의적 입장, 인본적 급진주의적 입장, 유희적 도덕주의적 입장 그리고 성적 무정부 상태의 입장 등의 여섯 가지로 분류하고 있다. Reiss(1960)는 다양한 성의 가치체계를 근거로 하여 혼전 성행위에 관한 도덕적 기준을 절제(abstinence), 애정적 허용성(permissiveness with affection), 비애정적 허용성(permissiveness without affection), 그리고 이중적 기준(double-standards)의 네 가지로 분류하고 있다. 우리나라의 경우 더 이상 혼전 성관계는 절대적 규범의 문제가 아니라 개인의 선택의 문제라는 인본적 자유주의적 입장이나 애정이 있으면 성관계가 가능하다는 입장들이 일부에서 제시되고 있지만 여전히 청소년의 성행동의 기준에 있어서는 계몽적 금욕주의 입장이 지배적이며 절제와 이중적 기준이 혼재되어 있다.

청소년의 성행동을 어떻게 보느냐는 성교육의 접근방법을 통해서 보다 구체화된다. 지금까지 우리나라 성교육은 남녀 간의 성을 구별해 주는 생식기능과 관련된 생물학적 특성들을 가르치는 성기교육, 여자의 성적 윤리성을 강조하는 순결교육, 성비행 방지와 성폭력 예방에 교육의 우선순위를 두는 성폭력예방교육 등에 초점을 두고 있는 것으로 판단된다. 따라서 우리 사회에서는 청소년의 혼전 성행동뿐 아니라 성교육의 접근에 있어서도 절제와 금욕이 중심이 되는 전통적 방법을 견지하고 있음을 알 수 있다.

과연 이러한 전통적 접근이 정말 청소년 성문제 예방 및 해결에 효과적이며 적합한가를 살펴보면, 결론적으로 여러 연구에서 금욕주의적 접근은 청소년 성문제 예방에 별 효과가 없거나 또는 다른 접근법과 뚜렷한 차이를 보이지 않는다는 견해가 많다(Kirby, 2002; Pediatrics, 2001; Wiley, 2002). Kirby(1992)에 의하면 미국에서 실시해 온 15~20년간의 중고등학교의 성교육 프로그램의 효과에 대한 연구에서 혼전금욕 프로그램의 경우 첫 성관계 연령을 늦추어 준다거나 성관계 빈도를 감소시키지 못하는 것으로 보고하였다(장영미 · 이시백, 1997 재인용). 또한 Pediatrics(2001), Kirby(2002)의 연구에 따르면 단지 절제 위주의 성교육 프로그램은 성적 활동의 시작을 연기하거나 안전한 성행동을 하는 데 성공적이지 못하였다고 하였다.

오히려 애정과 자기결정의 상호 존중에 근거한 청소년의 성행동이 존중된다면 이러한 문제들은 감소될 것이라는 의견도 있다. 미국의 실증적 조사에서도 정서적인 안정과 친밀성은 현재 데이트와 성경험을 하고 있는 청소년에게서 가장 높았다(McCabe & Cummins, 1998). 또한 청소년의 성행동에 있어 의사소통이 분명하고 성적 행동에 대한 규칙을 분명히 할수록 강제에 의한 성행동이 줄고 성행동에 대한 수용이 높았다(Rosenthal, 1997).

또한 절제만을 강조하는 성교육에 대해 몇 가지 윤리적 의문점들이 제기되고 있다. 그것은 학생들에게 성정보를 의도적으로 제공하지 않거나 피임정보에 있어서는 오직 실패율만 제시하는 것이 과연 윤리적인가? 또한 사회에서 수용 가능한 성적 표현은 결혼을 할 때 비로소 가능하다는 것을 학생들에게 가르치는 것이 과연 적합한가? 하는 부분에 대한 것이다. 또한 이것은 건강전문가의 윤리 중에서 비유해성(non-maleficence), 유익함(beneficence) 부분에서도 문제가 된다. 비유해성이란 교사가 청소년을 해롭게 해서는 안 된다는 것인데 절제만을 강조하는 성교육은 고등학생들에게 실제적인 생활정보를 제공하지 않음으로 해서 해를 미칠 수 있다. 또한 유익함의 측면에서 본다면 교사는 청소년의 복지에 기여해야 한다는 것이다(Wiley, 2002).

(2) 청소년은 자신의 성행동을 결정할 능력이 없는가?

청소년의 성적 자기결정권에 대한 논쟁이 시작된 것은 미국의 1970년대부터 여성의 권리와 낙태의 합법화 여부 문제가 거론되면서부터이다. 이로 인해 청소년의 성적 자기결정권에 대해서는 첨예한 학문적 대립과 논쟁이 이어져 오고 있는데 이들 연구는 크게 청소년의 성적 자기결정권을 부정하는 입장과 지지하는 입장으로 양분될 수 있다.

청소년의 성적 능력과 관련한 미국의 여러 심리학자들의 연구 결과를 종합 검토한 박광배(2000)는 다음과 같이 두 가지 입장을 정리하고 있다. 먼저 청소년의 성적 자기결정 능력을 부정하는 일부 학자들은 청소년들은 본능적, 충동적이며 쉽게 외부와 동조하는 경향이 있고, 판단이 자기중심적이기 때문에 잠재적인 위험과 불행에 자신이 처해질 가능성을 과소평가하며, 행위가 초래하는 비용보다는 이익에 더 집착하는 경향이 있으며 행동의 즉각적·단기적 결과에만 주목하고 궁극적·장기적 결과를 도외시한다는 것이다.

그러나 이러한 관점에 대해 다양한 비판들이 제기되는 것도 사실이다. 청소년들이 가진 결함이라고 지적된 문제들은 거의 대부분 성인에게도 쉽게 발견되는 것들로서, 성인과 비교하여 청소년들이 이러한 문제들을 더 심하게 혹은 더 많이 가진다는 것을 입증하지 못한다는 점이다. 설혹 위의 문제에 있어 성인이 청소년보다 우월하다고 하더라도, 성인이 독특하게 가진 다른 결함, 예를 들면, 권위의식, 체면의식, 정치성, 고정관념, 가치관 등에 의하여 성인의 최종 판단이 청소년의 그것과 유사한 정도로 비합리적이고 부정확한 것일 수 있다는 점이 배제되었다는 것이다.

반면 청소년의 성적 자기결정 능력을 인정하는 연구들에 따르면 십대 중반 이후의 청소년들은 성인 수준의 자발성과 독립성 그리고 자신감에 기초한 자기결정 의지를 가지며, 대인관계가 성인의 대인관계 양상과 동일하고 창의력을 발휘하여 주어진 정보를 효율적, 논리적으로 취합하여 옳은 해법을 찾아내는 문제해결 능력이 있고 한번 내린 결정사항은 차후에 성실히 준수하고, 그 결정의 세부사항을 실천하는 능력이 있다는 것이다.

미국 청소년들을 대상으로 연구한 조사에 의하면 첫 번째 성경험을 일찍 한 정도와 비행이나 마약 그리고 임신 등의 문제들과의 관계에서는 학교결석 이외에는 특별히 관련이 없는 것으로 보고되었다(Leitenberg & Saltzman, 2000). 우리나라에서도 청소년의 성적 결정능력에 대한 연구들이 행해져 왔다. 김혜원(2002)에 따르면 청소년과 성인 간에는 청소년의 성에 대한 인식에 있어 많은 차이가 있다고 한다. 예를 들면, 성인들은 청소년의 성 관련 행동(이성교제, 자위행위, 성관계)의 시작 시기를 청소년보다 상대적으로 늦은 시기에 시작한다고 보고 있다. 반면 성인들은 청소년 성행동의 원인을 청소년들의 충동적인 성향 때문이라고 강하게 인식하고 있으며 청소년들이 실제 중요하게 꼽는 수동성(상대가 원해서)과 정서적 요인(상대를 사랑해서)에 대해서는 간과하는 편이라는 것이다.

이처럼 성인들이 청소년을 왜곡되게 지각하는 것은 구체적인 증거나 객관적인 자료를 근거로 하기보다는 제한된 정보나 주변의 일화를 통해 얻은 주관적인 정보를 바탕으로 하는 경우가 많기 때문이다. 결과적으로 성인들의 부정확한 정보와 왜곡된 인식들로 인하여 그들은 청소년의 성행동과 성문화를 비난하고 거부하기 쉽고 청소년을 무능력하거나 보호적 대상으로만 인식하게 된다는 것이다.

유가효(1997)는 청소년들을 왜곡된 성문화 구도의 희생자라고 간주한다. 즉, 청소년들의 성문화 역시 기성세대 성문화의 반영으로서 가부장적인 이중적 성문화구도에서 벗어나지 못한 채 행동은 앞서는 데 비하여, 성에 대한 주체성이나 책임의식은 뒤따르지 못하는 일탈적인 방향으로 나타나고 있다는 것이다.

이들 저자의 내용을 토대로 볼 때 우리나라 청소년들의 경우 성적 결정능력이 없기보다는 청소년의 성적 결정능력을 무시하거나 회피하는 성인들의 부정적인 선입견이나 성적 결정능력을 키워나갈 사회적 환경이 갖추어지지 못한 요인이 크게 작용함을 알 수 있다.

반면 청소년에게 성적 결정능력이 있음을 전제로 하는 주장도 조금씩 제기되고 있다. 윤가현(1999)에 따르면 우리 문화권에서 1950년대까지만 하더라도 10대 중반이나 후반의 남녀가 혼인하는 일이 보통 일이었다고 하면서 최근 청소년에게 음주 및 흡연에 관한 연령기준을 설정하는 것과 마찬가지로 19세 이상부터는 성행위를 허용하는 기준을 설정하는 것이 필요하다고 주장하였다.

인류학자들의 말을 빌리면 인간은 수십만 년의 역사를 진행해 오면서 지난 수십 년간을 제외하고 거의 대부분 10대에 성행위와 자녀생산을 해왔다. 그런데 문명사회에서는 오히려 이를 금지 내지는 제한하고 있다. 인류학자나 유전학자들에 따르면 인간의 유전자는 지난 수십만 년 동안 10대에 성행위를 해왔다는 것을 기억하고 있다고 한다. 어떻게 보면 현재의 인간들은 자연적인 인간성에 역행하는 것일지도 모른다.

이상의 연구 및 주장을 볼 때 청소년의 성적 결정능력에 대해서는 다음과 같이 정리할 수 있다. 첫째, 상당수의 연구에서 10대 중반 이후의 청소년에게는 성적 자기결정능력이 있다는 것이 입증되고 있다. 둘째, 청소년 성문제에 있어 사회지지의 중요성이다. 성병이나 임신의 가능성을 생각하지 않고 준비 없이 성행위를 하는 10대 후반의 청소년이 실제로 있다 하더라도, 그것이 청소년기의 특징적인 무모성 때문이기보다는 사회와 환경이 그들로 하여금 준비하고 대비할 수 있는 기회와 권리를 부여하지 않기 때문일 가능성이 높다는 것이다. 셋째, 첫 번째 성경험을 일찍 할수록 비행이나 마약, 임신 등의 문제들과 많이 연루되는지에 관해서는 특별한 차이를 발견할 수 없다는 것이다.

(3) 전통적인 성가치관이 급격히 변화하는 현대 사회에서도 고수되어야 하는가?

전통적 성가치관을 가진 사람들은 청소년들이 성에 대해 알게 되면 성문화가 더욱 문란하여 성행위는 물론 임신이나 임신중절수술, 미혼모, 나아가 성폭행 등의 각종 사회문제가 촉진될 것이라고 우려한다. 또한 전통적인 성가치관이 바뀌면 극도의 사회적 혼란과 문제를 야기하기 때문에 전통적 성가치관을 고수해야 한다고 주장하고 있다. 여기서 전통적인 성가치관이란 여성의 혼전순결을 강조하는 성차별과 가부장적인 사회통제를 위해서 유교사상에 근거해서 만들어진 조선시대의 성윤리를 의미한다.

그러나 오히려 전통적 성가치관은 21세기를 살아가는 청소년에게 적합하지 않으며 청소년 성문제의 주요한 원인으로 작용한다는 의견이 제기되고 있다(구승회, 2001; 김기환, 1999; 김현미, 1997; 김혜원, 2002; 유가효, 1997; 윤가현, 2000). 가부장제 사회는 남성중심적인 시각으로 여성을 대상화하고 여성의 성을 규정하여 여성에게는 순결과 정절을 강조하고 남성에 대해서는 축첩, 혼외관계, 매춘과 같은 성적인 자유를 허용하는 이중적 성규범을 발달시킨다. 특히 우리 사회에서는 성의 이중구조가 더욱 심하여 공적인 영역에서는 성에 대한 논의가 금기시되나 사적인 영역에서는 특히 남성의 경우 성의 방탕이 용인되고 조장되기까지 한다. 반면 여성에게 강조되는 순결이데올로기는 여성을 정숙한 여성과 부정한 여성으로 이분화하고 있다. 우리 사회의 이러한 이중적 성규범은 성폭행 발생률 세계 제1위라는 불명예스러운 이름을 얻는 데 크게 기여하고 있다(유가효, 1997).

이 밖에도 청소년들이 기성세대의 성의식과 성문화에 영향을 받고 그대로 모방하고 있다는 것은 구승회(2001), 김혜원(2002)의 연구에서도 발견된다. 또한 청소년의 임신, 원조교제 등 성문제의 원인에는 개인적 요인보다는 사회문화적 요인이 더 크다는 연구들이 나오고 있다(남미애, 2001; 박영희, 2001; 조성연 외, 2000). 즉, 상업주의적 대중매체, 이중적 성규범, 입시 위주의 교육제도에 의한 스트레스 등이 크게 작용한다는 것이다.

인간의 모든 행동은 시대와 사회환경의 변화에 따라 달라지고 있으며 변화된 행동에 대한 새로운 사회규범과 윤리가 필요하다. 현대 사회는 성행위를 종족보존의 기능으로 보는 전통적인 관점에서 쾌락추구의 진보적인 관점으로 성혁명과 성진화의 과정을 겪고 있기 때문에 과거의 전통과 윤리만으로 청소년의 성을 이해하는 데에는 한계가 있다(윤가현, 1997). 청소년의 성폭력이나 성문제는 전통적 성윤리를 파괴한다는 측면보다는 인간존중과 평등의 가치관을 학습받지 못하고 양성차별의 성역할을 강조한 현대 사회의 산물로 보아야 한다(김기환, 1999). 따라서 건강한 성문화를 이루어 나가기 위해서는 이러한 이중적인 성의식과 성규범을 타파하고 남녀평등의 관점에서 성규범이 새로이 정립될 필요가 있다.

이상과 같은 의문이나 비판점에 대한 대안으로 청소년을 성적 주체로서 인정하자는 의견들이 부분적으로나마 제시되고 있다(김기환, 1999; 김혜원 · 이종민, 2001; 김혜원 · 이해경, 2000; 유가효, 1997; 윤가현, 1999; 윤혜미, 1999).

3) 청소년의 성주체성 확립이 갖는 사회적 함의

(1) 청소년 자아정체감 형성에의 기여

청소년의 건강한 성행위란 타인을 강요하거나 착취하지 않으며, 상대방에게 정신적 · 신체적 피해를 주지 않으면서도, 자신의 심리 · 애정적 성 욕구를 표현할 수 있는 행위를 의미한다(김기환, 1999). 청소년기의 성관계는 자아정체감 형성에 영향을 미칠 뿐 아니라 또래집단, 부모, 이성 친구를 포함해 여러 가지 관계를 변화시킨다(Upchurch, et al., 1998). 또한 훌륭한 성경험은 서로의 관계에 대한 만족감을 높이고 전반적인 삶의 질을 향상시키기도 한다(Chilman, 1990).

청소년의 성행위는 전통적인 성윤리 기준에 의해서 반드시 비행적이거나 일탈적인 행위로만 해석할 수 없으며, 스펙트럼상의 어떠한 성행위도 하지 않는 청소년이 건전하고 모범적인 청소년이라고 규정할 수 없다. 도리어 건전한 성행위를 습득하지 못하거나 표현하지 못하는 청소년은 심리발달적 장애를 가질 수도 있기 때문이다(김기환, 1999).

성행위 결정에 있어서 그동안 우리 사회는 주로 성행위의 유무에 관심을 가져 왔다. 이것은 그동안 우리 사회의 성문화를 주도해 왔던 순결 이데올로기와 관계가 있는 것으로 판단된다. 청소년의 모든 행동과 마찬가지로 성행동의 결정에 있어서도 결정된 결과 이상으로 그러한 결정에 이르는 과정의 존중은 청소년의 성장에 보다 유용한 경험이 될 수 있을 것이다. 우리의 청소년에게 보다 강도 높게 요구되는 덕목 중의 하나는 독립적인 자기결정과 그에 따르는 책임을 회피하지 않는 것이다.

성에 대한 관심과 욕구는 청소년기의 정상적인 발달과업이기 때문에 이를 어떻게 성취하는지에 따라 자신의 성정체감, 자존감, 자아정체감 등이 긍정적으로 혹은 부정적으로 형성된다. 따라서 모든 청소년들은 성에 대한 올바른 이해를 통하여 성과 관련된 다양한 발달과업을 완수하여 자신의 정체감을 확립할 권리가 있으며, 사회는 이들이 건전하게 자신의 성적 발달과업을 완수할 수 있도록 적극적으로 도와주어야 한다.

(2) 청소년 성범죄 예방

우리나라는 세계적으로 청소년 성범죄의 발생률이 높은 나라 중의 하나이다. 이것은 우리나라 청소년들이 외국의 청소년들에 비해 약한 성도덕성과 강한 성충동의 결과이기보다는 우리 사회에 팽배해져 있는 성행동에 관한 이중적 기준 그리고 청소년의 성행동에 관한 폐쇄적이고 통제일변도의 문화에 상당 부분 그 원인이 있는 것으로 분석된다.

모든 성범죄의 절반 가까이는 10대에 처음으로 성범죄를 저지른 것으로 보고되고 있으며 성인기까지 상당한 연속성이 있으므로(Caputo & Frick, 1999) 청소년기의 왜곡된 성의식은 성인기에도 그대로 이어질 가능성이 대단히 높다. 청소년기의 건강한 성주체성 형성은 일생을 통해 건강한 성의식과 행동을 할 수 있는 결정적 요인으로 작용할 개연성이 높다.

영국과 스웨덴, 네덜란드와 같은 유럽에서는 청소년의 성적 주체성을 인정하기 때문에 10대의 성행동을 사회문제로 보는 것이 아니라 임신을 사회문제로 본다. 따라서 청소년의 성행동을 막기보다는 임신을 막는 것에 초점을 두고 있는데, 이러한 결과 10대의 성행동을 문제로 보는 미국에 비해 청소년의 임신율과 인공임신중절률이 현저히 낮다(윤혜미, 1999). 따라서 청소년의 성주체성을 기초로 하는 건전하면서도 현실적인 청소년의 성윤리관 확립은 성 관련 범죄의 발생을 억제하는 데 크게 기여할 수 있다.

(3) 청소년 자기결정권 신장

청소년 시기에 있어서의 자기결정의 원리는 대단히 중요한 교육적 의미가 있는 가치로서 교육현장에서 그리고 사회의 각계각층에서 그 중요성이 확인되고 강조되어야 한다. 이러한 책임 있는 성인으로의 성장에 결정적 역할을 하는 청소년 시기의 자기결정권은 그들의 성주체성의 인정과 분리해서 생각할 수 없으며, 오히려 청소년의 자기결정권의 신장은 그들의 성주체성의 인정에서 연유할 수밖에 없다. 왜냐하면 청소년시기에 가장 큰 변화로 다가오고 또 그들의 정신적 과정과 행동의 결정을 하는 데 가장 핵심적 기능을 하고 있는 성과 관련하여 그들의 책임 있는 결정을 존중해 주지 않고서는, 그들의 다른 의사결정에 대한 존중이 사상누각이 될 수밖에 없기 때문이다.

(4) 청소년 성 건강권 보장

최근 선진국에서는 이미 오래전부터 건강과 인권의 문제가 중요하게 다루어지고 있는데 그중에서도 성적 건강과 인간의 권리에 대한 논의들이 활발하게 제기되고 있다(Miller, 2001). 또한 이미 1974년 WHO보고서에서도 성적 건강은 인간의 권리라 하고 있다(김한경, 1997 재인용).

우리나라도 이미 가입한 1990년 아동의 권리에 관한 국제협약(Convention on the Right of the Child)에서는 재생산과 관련된 보호를 포함하여 최상의 건강수준을 향유하고 질병의 치료와 건강의 회복을 위한 제반 보호를 받을 수 있는 권리를 국제적으로 승인하였다. 또한 1994년 국제인구개발회의(International Conference on Population and Development)에서는 청소년에게도 재생산 관련 보호의 권리가 보장되어야 하며, 특히 청소년에게 자신들의 성행동을 이해하고 원치 않는 임신으로부터 자신을 보호하기 위해 도움을 받을 수 있도록 각종 정보와 서비스를 제공해야 한다고 명시하고 있다. 청소년들의 성적 주체성 인정은 성적 성숙을 실현하기 위한 성적 건강(sexual health)이 어떻게 유지되느냐와 직결되며 성적 건강이 바탕이 된 성적 주체성만이 제대로 실효를 거둘 수 있다고 본다.

(5) 양성평등한 성가치관 확립 및 건강한 성문화 정착

가부장제와 자본주의가 청소년의 성행동에 어떤 관련이 있는지를 조사한 Van Roos-malen(2000)의 연구에 따르면 여성에 대한 남성의 힘과 통제의 문제는 여자 청소년의 삶에 중요한 부분으로 여전히 남아 있었으며, 특히 이상적인 관계를 형성하고 여성주의적 관점을 채택하는 데 있어 상당한 문화적 압력을 받고 있다고 한다. 즉, 여자 청소년의 경우 내면의 진정한 자아를 받아들일 때 친구나 이성친구로부터 소외되는 위험이 높고 자신의 진정한 자아를 버릴 때 비로소 동료친구들에 의해 받아들여진다는 것이다. 따라서 대부분의 여자 청소년의 경우 동료친구로부터 사회적으로 수용되는 것을 선택하고 진정한 자아를 상실하게 된다는 것이다. 특히 여자 청소년들이 성적 욕망을 표현하면 마치 이들을 매춘부나 함부로 다루어도 되는 사람쯤으로 여기게 된다는 것이다(Durham, 1998).

건강한 성문화를 이루어 나가기 위해서는 이러한 이중적인 성의식과 성규범을 타파하고 남녀평등의 관점에서 성규범이 새로이 정립될 필요가 있다. 성을 친밀한 의사소통 행위이며 남녀 간의 전인적 결합이라는 관점에서 보아야 하며 성기 중심적이고 성교 중심적인 성행위로만 성을 국한하지 않아야 한다. 성에 관한 각종의 허구적 관념들, 편견들을 불식시켜 나감으로써 지나치게 성을 확대하거나 축소, 은폐하는 것을 피해야 할 것이다(유가효, 1997).

청소년의 성주체성의 인정은 성과 관련된 사회문제에 대한 만병통치약은 아니다. 그러나 이는 청소년들로 하여금 자신의 성적 발달을 스스로 이해하도록 하며 성과 관련된 행위를 선택함에 따른 책임을 인식하도록 하며, 가족과 함께 성문제에 대하여 의사소통을 할 수 있도록 촉진시켜 줄 것이다. 또한 만연되어 있는 성과 관련된 사회적 제 문제의 근원인 성차별과 연령차별의 벽을 동시에 허물고 남녀노소가 평등한 관계로 상호 존중할 수 있는 복지사회의 가치를 촉진시킬 수 있는 효율적 방안으로 생각된다. 상대방의 성 의사결정을 절대적으로 존중하고 전근대적인 순결만을 강조하지 않는 건강한 성주체성 확립은 남녀노소의 상호존중 실천의 첫걸음이자 그 결정판이다. 따라서 청소년 성주체성의 확립은 전통적 가치관의 붕괴가 아니고 새 시대에 요구되는 현실적이며 미래지향적인 새로운 성문화의 도래인 동시에 모든 인간의 삶의 질을 높이는 사회복지의 실현이라고 할 수 있다.

2. 청소년권리

성인 중심의 사회에서 청소년은 보호라는 미명 아래 부당하게 학대받거나 착취되어도 자신들의 권리를 인식하지도 못했을 뿐 아니라 사회로부터 인권이 존중받지도 못했다. 청소년복지가 증진되고 청소년들이 질 높은 삶을 영위하기 위해서는 청소년들의 권리가 존중되고 보장되지 않으면 안 된다.

따라서 여기에서는 지금까지 청소년권리가 어떻게 인식되고 발전되어 왔는지를 살펴보고 청소년의 권리를 보장하기 위해 구체적으로 어떤 내용들이 실현되어야 하며 이를 위해 어떤 제도적 장치가 필요한지를 제시하고자 한다.

1) 청소년권리에 대한 관점

전통적으로 청소년은 아동과 마찬가지로 부모의 소유물 내지는 전적으로 보호, 감독하에 놓여 있는 연약한 존재로 간주되었다. 종족이나 부족 중심의 고대사회에서는 아동이나 청소년은 종족보존이나 보호 또는 생산수단으로 간주되었으며 기준이 미달된 허약한 아동이나 장애아동을 포함한 영아유기나 영아살해가 공공연히 성행하였고, 그릇된 사회관습이나 미신에 의해 희생의 제물이 되는 등 생존의 위협을 받는 무력한 존재일 수밖에 없었다. 봉건제도하의 엄격한 신분사회였던 중세시대에서 아동은 군사력이나 경제력의 확보수단으로서의 의미를 부여받았으며 산업혁명 이후에 청소년들은 노동력 착취의 대상이 되었다.

그러나 Rousseau나 Pestalozzi와 같은 근대 교육사상가들에 의해 인간으로서의 아동 고유의 가치와 인권이 주장되기 시작하였고, 이러한 영향에 힘입어 아동의 권리가 국제적으로 문서화된 것은 1924년 국제연맹총회에서 '아동의 권리에 관한 제네바 선언'이 채택되면서부터이다. 선언의 대상을 일반 남녀로 하고 아동에 대하여 최선의 것을 주는 것을 인류의 의무라고 인정하는 이 정신은 이후 '아동의 권리선언'(1959년), '아동의 권리에 관한 국제협약'(1989년)으로 계승되었다.

이와 같은 아동 및 청소년권리 향상에는 다음과 같은 변화가 그 배경으로 작용하였다. 첫째, 아동의 권익 증진을 위한 국가책임의 강조이다. 종전까지 아동에 대한 부모의 권리는 불가침한 것이라고 인식되어 왔지만 아동의 복지를 위해 국가가 개입할 수도 있다는 국가의 책임을 강조하고 있다. 예를 들면, 청소년의 의무교육이나 근로를 제한하는 경우이다. 둘째, 부모로서의 역할을 수행하기 어려운 경우 부모만이 전적으로 청소년에 대해 책임질 필요가 없다는 것이다. 기본적으로 부모가 자녀를 책임지는 것은 당연하지만 부모 자신이 부모로서의 적합한 기능을 할 수 없거나 권리를 포기할 때 외부의 도움을 제공하는 것이 청소년의 보호와 권익을 위해 더 적합하다는 것이다(안동현, 1997 : 12).

그러나 이러한 국제사회의 노력에도 불구하고 여전히 청소년의 권리에 대한 의견은 다음과 같은 논란이 있다(이기범, 1997 : 26-27). 첫째, 청소년에게 어른의 사랑이면 충분하지 무슨 권리냐는 반박이다. 권리보다는 사랑이 훨씬 이상적인 도덕적 가치를 지닐 수 있지만 문제는 사람들의 이해관계가 서로 달라 갈등이 생길 때 청소년은 성인에 비해 아주 취약한 계층이 된다는 점이다. 권리는 이상적인 도덕은 아니지만 도덕의 최저 기본선을 제공하여 준다. 취약한 존재인 청소년은 권리에 의해 이익을 보장받고 평등하고 자율적인 존재로서의 존엄성과 가치를 존중받을 수 있다.

둘째, 청소년의 권리가 인정되면 사회갈등의 골이 깊어진다는 주장이다. 그러나 권리가 갈등을 만드는 것이 아니라 이제까지 청소년들이 받았던 부당한 대우를 성인들이 외면하였기 때문에, 청소년의 권리를 인정함으로써 이제까지 무시되었던 갈등이 조정되는 것이다.

셋째, 청소년권리의 강조는 국가권력이 국민과 청소년의 일상생활에 개입하는 정도를 늘리게 되어 청소년과 국민의 자유와 자율성을 침해한다는 것이다. 물론 권리의 인정은 억압의 가능성도 무시할 수 없지만, 그렇다고 해서 권리의 개념과 체계 자체를 포기할 수는 없다. 왜냐하면 권리의 인정은 권력을 청소년의 삶을 억압하는 것이 아니라 향상하는 기제로 사용할 수 있는 방안을 제공하기 때문이다.

청소년의 권리에는 성인과 마찬가지로 인간이 갖는 권리를 가진다는 점에서 공통점을 가지지만 또한 청소년이라는 특성에 의한 청소년 고유의 권리도 보장되어야 한다. 실제 상당수의 사람들이 청소년의 기본권을 인정해야 한다는 사실에는 의견이 일치하지만 그 권리를 인정하는 방법에 있어서는 크게 보호와 자율이라는 상반된 개념으로 양분되어 있다.

보호주의자들은 청소년의 적절한 영양과 양육에 대한 권리를 강조하고 부모의 통제 아래에 있는 적절한 존재－부모를 정서적으로 대단히 필요로 하는 존재－로 청소년을 파악하며, 그들의 일반적인 유약성과 의존성을 강조한다. 이에 반해 자유주의자들은 청소년의 자율과 자기결정, 어른이 할 수 있는 권리를 강조하고 청소년의 관점, 느낌, 바람, 규정, 자유와 선택 등을 강조한다. 즉, 여기에서 청소년은 다른 사람의 활동과 선택의 객체이기보다는 자신의 상황을 규정하는 능력을 가지고 독자적인 결정에 이르는 행위의 주체로 인정된다.

2) 청소년권리의 발달과정

권리를 인간으로서의 삶을 위한 가장 기본적이고 필수적인 요건이라고 한다면 사람은 누구라도 권리를 가지고 있고 또한 그 권리를 누려야 할 것이다. 그러나 이러한 권리의 당위성이 역사적으로 청소년에게는 예외가 되어 왔으며 청소년이 권리의 주체자라는 인식은 최근에 와서부터이다. 특히 국제사회에서 청소년의 인권만을 따로 규정한 규약이나 협약은 별도로 없고 청소년인권은 아동의 권리 속에서 논의되어 왔다. 따라서 청소년권리의 내용을 파악하기 위해 아동권리가 어떻게 발전되어 있는지를 살펴볼 수밖에 없다(안동현, 1999 : 27-43; 이배근, 1997 : 38-43).

현대적 의미의 아동권리사상은 1922년 아동복리회(Save the Children Fund)의 창설자인 Eglantyne Jebb 여사에 의해 성문화된 아동권리선언(Declaration on the Rights of the Child)으로부터 싹이 텄다. 그는 '인류는 아동들에게 주어야 할 최선의 것을 돌려주어야 한다'고 주장하였으며, 1924년 9월 26일 국제연맹(League of Nations)은 그의 선언문을 전문과 5개조로 된 '아동권리에 관한 제네바 선언(Declaration of Geneva)'으로 채택하였다. 1959년 11월 20일 국제연합은 아동의 최선의 이익을 보장하기 위한 전문 10개조로 이루어진 '유엔 아동권리선언(Declaration on the Rights of the Child)'을 채택하였으며, 1959년 유엔 아동권리선언 채택 20주년 기념의 해인 1979년을 유엔이 정한 '세계 아동의 해'로 선포함으로써 아동에 관한 지구촌의 관심을 불러일으켰다.

유엔이 채택한 아동권리선언은 다른 국제기구에도 큰 영향을 주게 되었다. 아동의 생존, 보호, 발달을 포함한 아동의 최선의 이익이 우선적으로 고려되고 아동의 적극적인 관리가 가장 두드러지게 나타난 것이 1989년에 유엔총회에서 만장일치로 채택된 아동의 권리에 관한 국제협약이다. 이 협약은 1990년 9월 2일을 기해 세계

20개국 이상의 비준을 받아 국제법의 효력을 갖게 되었으며, 인류사상 가장 많은 국가가 비준한 국제협약이 되었다(표 10-1 참고).

〈표 10-1〉 아동권리에 관한 국제협약의 주요 내용

구 분	내 용	유보사항	현 헌법과의 차이점
제1부 (1~41조)	아동의 나이를 18세 이하의 자로 정의(1조) 출산이나 성별을 포함한 무차별의 원칙(2조) 아동의 최선의 이익 우선(3조)		최저혼인연령 (18세, 16세)
	아동의 생명권(5조) 아동의 국적을 가질 권리(7조) 표현, 종교, 집회의 자유(13~15조) 고문이나 사형 또는 무기형 금지(37조)		외국인과 결혼한 한국인 여성의 자녀에 대한 국적 취득권 미보장 표현의 자유 : 일부제한
	부모로부터의 분리 제한(9조) 불법 해외이송 금지(11조) 부모나 보호자의 양육책임(18조) 아동학대로부터의 보호(19조) 요보호아동에 대한 국가보호(20조) 입양에 있어서의 아동의 최선의 이익 우선(21조)	• 자녀의 부모면접권보장 • 입양의 절차 : 우리나라는 당사자의 합의나 호적법에 따른 신고로 가능	입양 및 친권상실 선고 시 15세 미만 아동의 의사표시권, 아동의 부모면접권 미보장, 폭력, 학대 등의 적극적 예방, 치료미흡
	아동의 생존과 발달의 보장(6조) 장애아 보호(23조) 건강관리, 질병과 영양실조 퇴치, 유해한 전통관습의 폐지(24조) 사회보장권(24조) 탁아서비스 제공(18조)		
	의무교육(28조) 여가 및 문화적 활동 보장(32조)		
	난민아동(22조), 전쟁 시의 아동(32조) 등 위급한 상황에 처한 아동 보호, 체포나 구금(37조) 및 형사피의자(40조)가 된 아동의 권리 보호, 아동의 노동력 착취 금지(23조), 성적 학대(34조)	• 상소권의 제한 : 비상계엄과 군사재판에서 단심제가 인정	난민아동보호에 관한 별도 법적 조항 없음, 근로기준법 비적용자에게는 최대 근로시간 규제 없음
제2부 (42~45조)	국가의 시민사회에 대한 협약 홍보의 의무(42조), 가입 후 2년 이내 그리고 그 후 매 5년마다 협약의 이행 여부에 대한 국가보고서 제출의무(44조), 4년 임기의 10인 위원으로 구성되는 유엔아동권리위원회 설치운영(43조)		
제3부 (46~54조)	협약의 비준, 공개, 유보사항, 협약의 폐기 등 보충설명		

한편 유교적 가족 중심의 전통적 가치관을 유지해 온 우리나라는 1920년대에 소파 방정환을 중심으로 한 아동애호사상이 활성화되기 시작하였고, 어린이날과

어린이 헌장 제정, 아동복지법 등 관련법의 입법화 과정을 통해 아동구호와 아동보호를 넘어 아동복지의 시대를 맞고 있으나 아직도 아동을 권리의 주체로 인정하며 그 권리를 보장하려는 아동권리사상은 서구사회에 비해 매우 미흡한 점이 많은 편이다.

우리나라는 아동의 권리에 관한 국제협약에 1990년 9월 25일 서명하고 이듬해 11월 20일에 비준해 국내법으로서의 효력을 갖게 되었다. 협약 비준 이후 지난 35여 년 동안 우리 정부는 아동 관련법 개정 및 제도 개선 등 다양한 시도를 해왔다. 아동·청소년권리와 관련된 기구로는 국가인권위원회, 아동권리보장원, 청소년희망센터 등이 있다. 특히 청소년 권리 전담기구 설치에 대한 사회적 요구 및 국제사회의 권고에 따라 2008년 이후부터 청소년 권리 전담기구로서 청소년희망센터를 개소하였다. 이 센터는 한국청소년상담복지개발원이 위탁 운영하다가 2017년부터 한국청소년상담복지개발원의 고유사업으로 전환운영하고 있다. 주요 사업내용으로는 청소년 대상 권리교육 실시, 청소년권리교육 강사 양성, 청소년권리교육 프로그램 및 이러닝 콘텐츠 개발·보급, 권리침해유형별 검색 DB시스템 운영, 청소년권리교육사업 홍보 등이다(여성가족부, 2024 : 131).

3) 청소년권리의 내용

청소년권리에서는 아동의 권리에서 가장 중요한 원칙으로 고려되는 생존의 권리, 발달의 권리, 보호의 권리, 참여의 권리가 기본적으로 보장되어야 하는 것은 말할 것도 없지만 그중에서 특히 청소년에 중시되어야 할 권리를 보다 구체적으로 제시하면 다음과 같다(황성기, 1997 : 71-76).

(1) 청소년의 생존, 성장, 발달권

청소년에게 있어서 생존, 성장, 발달이라는 것은 다른 어떠한 사람들에서보다 중요하다. 청소년의 생존, 성장, 발달권리는 청소년이 청소년으로서 누리는 청소년 고유의 권리 중의 하나이다. 이러한 청소년의 생존, 성장, 발달권은 그 성격상 생존과 적절한 성장, 발달을 국가에게 청구할 수 있는 권리이자 생존, 성장, 발달을 방해받지 아니할 권리이기도 하다.

더 나아가 청소년의 생존, 성장, 발달에 관한 권리는 청소년이 누리는 여타의 시민적 · 정치적 인권의 기초가 되는 것이다. 청소년의 생존, 성장, 발달권은 그 자체의 의의에도 불구하고 단지 청소년보호에 있어서의 원칙으로 인정되어 왔을 뿐, 여태까지 인권으로서는 인식되지 못하였고 우리나라의 경우 아직 헌법상의 규정은 없다.

특히 이 중에서 중요한 것은 복지권으로 모든 청소년은 의식주를 제공받고 건강하고 위생적인 삶을 누리며 교육적이고 문화적인 생활을 할 권리를 갖는다. 이것은 아동뿐 아니라 청소년의 생존 및 발달에 절대적이기 때문에 매우 중요하다. 사회, 국가 및 부모는 청소년에게 적절한 영양과 쾌적한 주거환경, 의료적 복지적 급부를 제공하여야 한다.

(2) 청소년의 의결 표명권

의결 표명권이란 자신에게 영향을 미치는 사안에 관하여 아동이 자유롭게 자신의 의견을 표명할 수 있는 권리를 말한다. 청소년의 의결 표명권은 헌법이 보장하는 인간의 존엄과 가치와 행복추구권의 실현을 위한 수단적인 권리이자 청소년 자신의 최선의 이익을 확보하기 위한 절차적 권리이다. 의결 표명권은 일종의 표현의 자유라고도 볼 수 있다.

부모의 권리와 자녀의 권리는 항상 일치할 수 없다. 청소년의 요구, 욕망, 관심사, 이익이 부모의 것과 반드시 일치하는 것이 아니고 양자 간에 크고 작은 갈등을 가져올 수 있다. 청소년들은 만약 부모와 자녀의 이익이 대립할 때 다른 제3자에게 호소할 수 있는 권리, 다시 말해 자기결정권을 확보할 수 있어야 한다. 특히 청소년이 자신의 인생에 영향을 미칠 중대한 결정에 대해 알 권리－청소년은 성장과 더불어 책임 있는 성년기에 대한 준비로 사회활동에 참여할 기회를 많이 가져야 한다. 특히 부모의 이혼 시 친권행사자 및 양육권자의 지정 및 변경에 관한 절차, 입양절차, 친권상실절차 등 아동 · 청소년과 관련된 모든 절차에서 청소년의 권리－가 보장되어야 한다.

(3) 청소년의 자기결정권

자기결정권이라는 것은 타인에게 위해를 미치지 않는 한 일정한 사적인 것에 관해서는 공권력의 간섭 없이 스스로 결정할 수 있는 권리이다. 자기결정권의 내용은 개인의 인격적 생존에 불가결한 권리를 포함하는 것으로서 재생산에 관한 자기결정권(임신, 출산, 피임에 관한 권리－미국에서는 프라이버시권으로 인정되고 있음), 생명, 신체의 처분에 관한 자기결정권(존엄사, 수혈거부), 라이프스타일에 관한 자기결정권(흡연, 음주, 복장, 두발 등에 관한 자기결정권)으로 나눌 수 있다. 전자 두 영역의 자기결정권에 대해서는 자기결정권의 내용으로서 인정되지만 후자, 즉 라이프스타일의 자기결정권에 관해서는 견해의 대립이 존재한다.

우리나라 헌법재판소는 성적 자기결정권을 인정하였다. 그러나 자기결정권은 기본적으로 그 특성이 첫째, 모든 사항에 대한 일반적인 자기결정권이 아니라 사적인 사항, 특히 타인에게 피해를 주지 않는 분야의 것이라는 점, 둘째 자기결정권은 모든 사람에게 인정되는 것이 아니라 성숙한 판단능력을 가진 자에 한한다는 점이다. 문제는 성숙한 판단능력을 요구하는 근거와 정도는 어디까지인가의 문제이다.

청소년에게도 기본적으로 자기결정권을 인정하여야 하고 경우에 따라서는 그 범위를 확장하여야 한다. 왜냐하면 단순히 연령에 의한 성인과 청소년의 구분은 청소년의 연령이나 개인에 따라서 개별성이 존재한다는 것을 고려할 수 없기 때문이다. 즉, 성인에 이르지 않는 청소년이라고 할지라도 일정한 사항에 관해서 충분한 판단능력을 가지고 있는 경우가 있을 수 있기 때문에, 이러한 경우에는 청소년에게도 자신의 사항에 관해서 스스로 결정할 수 있는 자기결정권을 인정하여야 할 것이다. 이 점은 소위 성숙한 미성년자의 원칙의 적용을 의미하는 것일 뿐만 아니라 가족 내에 있어서는 자신에게 영향을 미치는 사안의 결정에 있어서 다른 가족 구성원과 동등하게 참가할 수 있는 권리를 인정함을 의미하기도 한다.

4) 청소년권리 증진의 방향

향후 우리나라 청소년권리의 향상을 위해서는 다음과 같은 차원에서의 노력이 필요하다.

(1) 청소년권리에 대한 법적 정비

우리나라 청소년의 권리 수준을 일보 진전시키고 국제협약을 이행하기 위해서는 관계법의 보완을 포함한 다음 몇 가지 사항들이 검토되어야 할 것이다. 첫째, 정부가 1991년 11월 20일 비준한 협약의 일부 유보사항은 가능한 한 조속한 시일 내에 철폐되어야 하며 이를 위한 관계법의 보완이 이루어져야 할 것이다. 둘째, 부모-자녀의 분리 시 부모의 자녀면접권(민법 제837조의2)에 상당하는 청소년의 부모면접권(협약 제9조)이 보장되어야 한다. 셋째, 부모의 이혼 시 양육과 친권에 관한 15세 미만 청소년의 의사표시권(가사소송규칙 100조)이 보장되어야 한다. 넷째, 입양에 있어 15세 미만 청소년의 의사결정권(협약 제9조)이 보장되어야 한다.

(2) 청소년복지권의 보장

첫째, 경제적인 어려움에 있는 청소년에게는 생계보호와 교육보호, 의료보호 외에도 학용품비, 급식비 등 부가급여를 충분히 지급하여야 하며 모든 청소년이 건강한 문화생활을 영위할 수 있도록 적절한 생활보장이 있어야 한다.

둘째, 가정폭력의 피해자인 청소년이 적절한 보호와 지원을 받을 수 있도록 강제보호서비스를 실시하여야 할 것이다. 특히 지나친 과보호로 인한 자율성 침해, 가정폭력의 문제, 성적 학대, 방임문제 등이 다루어져야 한다.

셋째, 사회문제로 대두되고 있는 학교폭력으로부터 청소년들이 보호받을 수 있는 강력한 법적·제도적 보완이 이루어져야 한다. 또한 학교사회복지사업의 제도화가 요구된다. 그리고 학교에서 행해지는 각종 사생활의 침해 문제(두발검사, 소지품검사 등), 표현의 자유에 대한 침해 문제, 교사에 의한 비인격적 체벌의 문제 등이 청소년 인권 증진의 방향으로 논의되어야 한다.

넷째, 근로기준법의 적용을 받지 않는 소규모 작업장에서의 청소년노동 금지를 위한 관계법이 보완되어야 하며 정부는 국제노동기구(ILO)협약을 이행해야 한다.

다섯째, 가정에서 부모의 돌봄을 받지 못하는 청소년에 대한 생활보호, 감독, 지도 등의 복지 서비스가 실시되어야 한다. 필요한 경우 이들에게 입양, 위탁보호, 그룹홈 등 대체가정을 제공하는 것이 필요하다. 그리고 여성취업률의 증가에 따라 방과후 학습지도 등의 다양한 서비스가 제공되어야 한다.

여섯째, 학교 내의 의사결정 과정에 청소년들이 교사, 학부모와 함께 학교의 한 주체로서 동등하게 참여해 자기 의견을 낼 수 있도록 할 뿐 아니라 더 나아가 청소년정책과정에도 청소년의 욕구와 의견이 반영될 수 있도록 청소년의 참여가 보장되어야 한다.

일곱째, 비행, 범죄 등에 의해 자유를 구속당할 수밖에 없는 청소년에 대한 권리보호를 위해 사법처리절차와 과정에서 철저히 청소년의 권리가 보장될 수 있도록 해야 한다.

여덟째, 그 외에도 특히 장애청소년 문제, 가출청소년 문제, 근로청소년 문제 등이 다루어져야 한다.

(3) 청소년권리에 대한 홍보활동과 모니터링 강화

우리나라 청소년의 권리 증진을 위해서 시급하게 해야 할 일 중 하나는 청소년권리에 대한 교육의 강화이다. 이는 청소년 자신으로 하여금 자신의 권리에 대한 인식을 하게 할 뿐 아니라 청소년을 둘러싼 환경이 청소년의 권리를 보장하게끔 하는 주된 기능을 함에 틀림없다. 청소년인권교육의 목적은 청소년에게 인간존엄성의 존중을 발전시키고 인권의 기본적 원리를 주장하는 데 적극적으로 참여하게 하여 결과적으로 정당하고 인간적인 사회를 건설하게 하는 것이다.

청소년에게 행하는 인권교육은 첫째, 인권의 보장과 인권침해를 예방, 치유할 수 있는 굳건한 토대를 마련할 수 있고, 둘째, 인권을 위한 교육은 그 자체가 이미 인권이며 사회적 정의와 평화 그리고 발전을 위한 전제조건이며, 셋째, 청소년인권교육의 과정이 민주적이고 참여적이기 때문에 삶의 질의 향상에 도움이 된다. 따라서 청소년인권교육을 위해서는 학교 교육과정을 통한 인권교육, 청소년인권에 대한 교사교육, 자녀의 인권에 대한 학부모교육 등이 행해져야 한다.

청소년 알바 십계명

- 1계명 만 15세 이상 근로가 가능해요
- 2계명 부모님 동의서와 나이를 알 수 있는 증명서가 필요해요
- 3계명 근로계약서를 반드시 작성해야 해요
- 4계명 성인과 동일한 최저임금을 적용받아요
- 5계명 하루 7시간 일주일에 40시간 이상 일할 수 없어요
- 6계명 휴일에 일하거나 초과근무를 했을 경우 50%의 가산임금을 받을 수 있어요
- 7계명 일주일을 개근하고 15시간 이상 일을 하면 하루의 유급휴일을 받을 수 있어요
- 8계명 청소년은 위험한 일이나 유해업종의 일을 할 수 없어요

- 9계명 일을 하다 다치면 산재보험으로 치료와 보상을 받을 수 있어요
- 10계명 상담은 청소년 신고 대표전화 1644-3119

일하는 청소년의 권리
고용노동부가 지켜드립니다!

출처 : 고용노동부. 청소년 알바 십계명.

3. 청소년참여

청소년의 참여는 청소년의 권리 중의 하나이며 청소년을 사회의 주변인이나 이방인이 아닌 책임과 의무를 가진 시민으로 성장하게 한다. 청소년의 욕구와 의사가 반영되고 사회의 한 구성원으로서 그들의 자리가 마련될 때 우리 사회는 진정 청소년과 더불어 사는 사회가 될 것이다. 따라서 이 절에서는 청소년참여가 확대되어야 한다는 전제하에 청소년참여가 무엇이며 그것이 우리에게 어떤 의의를 가지며 이러한 참여가 어떻게 발전되어 왔는지를 살펴보고, 향후 청소년참여가 어떠한 방향으로 나아가야 하는지를 제시하고자 한다.

1) 청소년참여의 개념과 의의

청소년참여란 특정 사회 구성원으로서의 청소년이 개인 또는 공동의 목표를 달성하기 위하여 다른 개인 또는 집단과 의도적으로 지속적인 상호작용을 가지면서 이룩하는 모든 활동과 그 과정을 의미하는 것으로, 이것은 영향력, 상호작용, 정보공유의 세 가지 개념이 중심이 된다. 최근 청소년참여는 청소년의 기본 권리라는 인식에서 새롭게 정의되고 있다.

Hart(1997)는 청소년참여를 기본 권리라고 하고 '자신의 삶에 영향을 주는 그리고 자신이 살고 있는 지역사회에 영향을 주는 의사결정을 공유하는 과정'이라고 정의하였다. 또한 Council of Europe(1993)에서는 청소년참여를 '책임과 의무를 떠맡고 자신의 의사결정을 할 수 있도록 포함되고 허용되고 장려되어야 할 청소년의 권리'라고 정의하고, 이는 크게 민주적인 방법으로 청소년이 자신의 삶과 관계가 있는 과정

에 영향을 주고 지역사회의 청소년정책 개발에 관여하는 것 두 가지를 의미한다고 한다(김정주, 1999 : 482-483 재인용).

Australian Youth Foundation(1999)에서는 청소년참여를 '삶의 모든 영역에서 청소년들과 성인 간의 협력개발'이라고 정의하고 청소년참여를 크게 다음과 같이 세 가지 의미로 사용하고 있다(김정주, 1999 : 482-483 재인용). 첫째, 광범위한 수준에서 청소년이 시민으로서 사회적 · 문화적 · 정치적 · 경제적 생활에 완전하게 참여할 수 있는 권리를 갖는다는 점을 인식하는 데 사용된다. 예를 들어, 청소년들이 교육, 훈련, 고용, 정치생활과 같은 영역에서 참여할 수 있음을 말하는 것이다.

둘째, 조직수준에서 청소년들을 지원하기 위하여 계획된 정책, 프로젝트, 프로그램에 관한 의사결정에 참여하는 권리를 기술하는 데 사용된다. 예를 들어, 청소년들이 청소년 프로젝트에서 자문이나 운영에 참여하는 것이다.

셋째, 개인적인 수준에서 자신의 삶에 영향을 미치는 의사결정에 대해 관여되거나 정보를 얻게 되는 권리를 기술하는 데 사용된다. 청소년들이 가족생활이나 정부의 보호를 받는 경우 청소년 서비스의 고객으로서 의사결정에 관여되거나 정보를 받는 경우이다.

이처럼 청소년참여는 단순히 의견을 제시하는 소극적인 참여에서부터 정책결정과정에 권한을 갖는 존재로서의 적극적인 참여까지 여러 수준이 있을 수 있으며, 정치적인 참여형태뿐만 아니라 경제적인 참여, 사회적인 참여 등 다양한 형태가 있을 수 있다. 지금 우리 사회는 정보화, 세계화, 다원화가 급속하게 진전되는 대전환기에 접어들고 있고 우리 앞에는 국가발전과 인류발전이라는 두 가지 중요한 중책이 놓여있다. 그중에서도 국가 경쟁력을 확보하는 문제는 민족의 운명과도 관련된 중요한 문제로서 이를 위해 청소년육성 문제가 중요한 정책사항이 되고 있다. 이미 선진국의 경우 이런 사회변화를 예기하고 이에 대한 준비로 청소년을 중요한 사회의 구성원으로서 무한한 잠재력을 가진 인류발전의 동반자로서 그 위상을 새롭게 인정하고 있으며 이들의 창조적 활동을 적극 장려하고 있다.

이러한 청소년의 참여가 어떤 의의를 가지는지를 살펴보면 다음과 같다. 첫째, 청소년 참여는 사회적 발달과업의 하나이다. 청소년은 성장하면서 다양한 사회적 발달과업을 수행해야 한다. 이것은 한 개인이 집단이나 사회의 구성원으로서의 참여를 통해 지식, 기술 및 태도를 학습하게 되는 것으로 이러한 것은 신체적 · 심리적 특성과 더불어 사회 · 문화적 관계 속에서 다양한 형태로 이루어진다. 필요한 숙련기술이나 책임감을 기르지 않은 채 갑자기 어른이 되는 것은 무리다.

둘째, 올바른 자아정체감의 확립에 이바지한다. 청소년참여는 청소년이 인생의 주역이 되어 재능, 흥미, 관심을 펼쳐서 사회 안에서 자신의 위치를 확보하는 계기가 되며 자기계발과 발전을 위한 도전의 기회이다. 또한 청소년들은 자신이 무엇을 할 수 있느냐를 발견하기 위해 여러 가지 일을 해보고 또한 그러한 일을 해볼 수 있는 기회를 가져야 한다.

셋째, 민주주의 제1원칙이며 사회통합에 이바지한다. 공적인 사항을 결정하는 곳에 참여시켜 이해를 도모하는 것은 청소년 자신을 위해서뿐만 아니라, 정치적 제도 전체의 발전을 위해서도 중요하다. 직접적인 관계자의 목소리가 반영되지 않고서는 민주주의는 존립할 수 없기 때문이다. 따라서 청소년의 사회참여를 장려하고 추진해 가는 것은 정치가, 행정당국의 관심사가 될 필요가 있다. 고위적 정치 차원의 공식적인 결정과정에 대해서만이 아니라 오히려 가장 가까운 지역사회, 지방의회, 그 밖의 기관, 청소년단체, 직장 등 어른들의 공통된 관심사가 다루어지는 모든 곳에 대해 참여가 장려될 필요가 있다.

넷째, 청소년들의 참여는 공동체의 발전에 중요한 역할을 한다. 생활환경의 개발에 참여하는 활동은 지역사회를 하나로 결속시켜 주는 촉매제가 될 수 있다. 국가사회가 당면하고 있는 제반 문제들은 이미 기성세대의 노력만으로는 해결하기 어려운 점이 많으며 청소년을 비롯한 국민 전체의 적극적인 참여를 필요로 하고 있다.

2) 청소년참여의 발달과정

외국에서 청소년참여에 대한 관심과 논의가 전개된 것은 이미 오래전부터이지만 선진국과 개발도상국의 상이한 문화 · 사회적 상황에 의해 서로 다른 동기에서 시작되었다. 먼저 개발도상국의 경우 정치적 · 문화적 · 경제적 필요에 의해서 개발과정에서 청소년의 참여가 필요한 경우이다. 즉, 재정과 구체적인 자원이 부족하고 인적자원이 주요한 국가개발의 수단이 되는 나라에서는 청소년참여정책이 교육과 훈련에 대한 접근과 질적 수준 향상, 경제활동 참여를 증가시키는 데 중요한 요인이 되었던 것이다.

반면 선진국에서는 1960년대에 청소년들의 반전운동과 징집문제에 대한 회의, 대항문화적인 도전 그리고 교육과 사회체제에 대한 회의에 따라 교육받은 청소년들이 권력 자체에 도전하기 시작하였으며 자신들을 위하여 권력을 공유하기를 요구하게 되는 경우이다(김정주, 1999 : 478-479).

이처럼 이미 외국의 경우는 적극적 의미에서의 청소년참여가 행해지고 있으며, 이러한 부분은 UN의 아동권리조약에 권리로서 인정되고 있다. 예를 들면, '의견을 형성할 수 있는 능력이 있는 어린이는 자신에게 영향을 줄 모든 사안에 관하여 자신의 의견을 자유롭게 표현할 권리가 있다'고 규정하고 있고, 이러한 권리는 사법, 행정 절차에서 청소년 의견의 청문을 보장함은 물론이고 부모의 이혼 반대권 등 어린이의 삶 전반에 큰 변화를 가져올 것을 예상할 수 있다. 또 교육현장에서도 학칙을 제·개정할 때 학생의 참여권을 보장하고, 학칙을 적용할 때 학생의 소명기회를 보장할 것을 요구하고 있다. 이 외에 표현의 자유(제13조), 사상·양심·종교의 자유(제14조), 결사와 평화적 집회의 자유(제15조), 그리고 사생활 존중(제16조)은 기본적으로 어른과 평등한 권리를 인정하는 것으로, 일반 원칙과 권리를 적용할 수 있는 방안을 보장하기 위한 권리조항인 셈이다.

우리나라의 경우 청소년참여에 대한 관심은 청소년 분야 중 다른 어떤 영역보다 늦게 진행되고 있다. 이는 가부장적 전통을 비롯하여 장유유서 등과 같은 성인 중심주의적 전통, 일제시대, 한국전쟁, 이후의 독재정치 등으로 인하여 집단행동을 금기시하던 풍토 등 우리나라의 역사적·문화적 특성들이 작용하기 때문이다. 따라서 기존의 우리나라에서 청소년참여 활동은 학교를 중심으로 한 자치활동 수준에 불과하였으며 그것도 입시 위주의 교육으로 소극적인 참여가 이루어져 왔다.

그러나 본격적으로 청소년참여가 정책적으로 다루어지기 시작한 것은 1998년의 '청소년육성 5개년 계획'을 통해서이다. 정책 전반에 '청소년참여'가 강조되고 있으나 대표적으로는 '청소년의 권리보장과 자율적인 참여 확대'와 관련한 정책분야를 중심으로 다음과 같은 내용들이 논의된다. ① 청소년의 정책참여 기회 확대, ② 청소년의 자생·자율활동 활성화, ③ 공동체의식을 함양하는 청소년 봉사활동 생활화, ④ 청소년의 권리와 시민권 신장, ⑤ 청소년의 창조적 문화감수성 함양, ⑥ 청소년의 정보능력 향상과 정보문화 육성, ⑦ 청소년의 직업 및 자립능력 향상 등에 관한 부분이다. 이러한 청소년참여의 정책제도화는 청소년의 권리보장과 자율활동을 통한

'청소년의 삶의 질 향상'과 청소년정책 수립 · 집행 및 평가 과정에 청소년을 참여시킨다는 의미를 갖는다(천정웅, 1999 : 462).

3) 청소년참여의 유형

Checkoway(1998)는 지역사회에서 청소년참여 유형을 〈표 10-2〉와 같이 자생적 청소년조직, 청소년개발기관, 근린지역사회 중심 청소년사업, 근린지역사회 개발조직, 시민운동집단 등으로 구분하였는데 그 내용을 정리하면 다음과 같다(김정주, 1999 : 497-503 재인용).

〈표 10-2〉 지역사회에서 청소년참여의 유형

구 분	자생적 청소년조직	청소년개발기관	근린지역사회 중심 청소년사업	근린지역사회 개발조직	시민운동집단
1. 지역사회 운동의 목적	사회변화를 위한 청소년에게 권한 부여	청소년의 긍정적인 발달 촉진	청소년개발과 지역사회개발을 동시에 추진	지역 내에서 주택공급, 경제적 · 물리적 개발	사회변화를 위해 시민들에게 권한 부여
2. 지역사회의 구조와 문제 상황에 대한 가정	청소년이 다른 집단에 비하여 활동 중인 조직이나 정치적 자원이 적음	지원체계의 부족, 사회적 · 경제적 문제	부적절한 고용과 교육, 물리적 · 사회적 요구의 충족 미흡	근린지역사회에 대한 저투자, 부적절한 서비스, 지역적 문제	불균형과 사회적 불공정
3. 기본 전략	사회적 · 정치적 운동을 위한 지역사회조직	요구를 충족하고 지원을 강화하는 환경 창출 : 종합적 서비스전달체계 : 보충교육	교육, 고용, 물리적 개선과 사회적 서비스의 통합	지역수준에서 프로그램 기획 및 자원개발	사회적 · 정치적 운동을 위한 지역사회 조직화
4. 활동적인 성인 실천가의 역할	조언자, 협력자, 기금제공자, 목표집단	제공자, 상담자, 격려자, 교사	감독자, 교사, 지원자	기획자, 주택개발자, 서비스제공자	조직자, 운동가, 지지자
5. 중간 또는 단위활동	자생적 청소년집단, 몇몇 학교	청소년개인, 가족, 소집단, 사회지원체계	지역집단, 공공기관, 청소년단체	근린지역조직, 비영리집단	지역사회조직
6. 청소년인구집단의 개념	시민	자원, 위기, 사회적 지원 필요	자원, 교육과 고용을 필요로 함	희생자, 수치자, 거주자	단일한 개념 없음
7. 청소년의 역할에 대한 개념	조직가, 옹호자, 운동가	고객, 멘토, 후견인, 또래 상담자	건설자, 노동자, 학생	거주자	단일한 개념 없음

8. 청소년참여의 기법	조직화, 기획, 옹호	위원회에 때때로 참여 "청소년을 위한 청소년"	위원회에 때때로 참여, 약간의 의사결정	적거나 없음	적거나 없음

첫째, 자생적 청소년조직이다. 이것은 지역사회 수준에서 청소년 주도로 자신을 조직화하는 과정으로 청소년 스스로가 문제를 해결하고 프로그램을 기획하고 서비스를 제공할 수 있다. 우리나라의 경우 대부분 자생적인 동아리활동과 같은 형태를 취하고 있다. 이것은 외부기관으로부터 독립성을 유지할 수 있지만 성인집단에 비해 이용할 자원이 적고 성인들의 저항을 받을 수 있다는 단점이 있다.

둘째, 청소년개발기관이다. 청소년의 결점을 극복하기보다는 청소년의 긍정적인 발달을 촉진하기 위한 노력을 전개하는 것으로 우리나라의 경우 청소년시설이나 청소년단체를 들 수 있다. 이러한 활동은 청소년으로 하여금 자신의 지식을 개발하고 자신의 직업 발달에 도움을 주지만 반면에 권한이 없는 참여로부터 오는 좌절감을 경험할 수도 있다.

셋째, 근린지역사회 중심의 청소년사업이다. 이것은 청소년의 긍정적인 발달과 근린지역사회 개발을 동시에 촉진하는 사업으로 지역사회의 욕구와 청소년의 욕구를 조합한 것이다. 즉, 청소년들은 실제적 활동과 실천적 학습을 필요로 하고 지역사회에서는 물리적 개선과 인간서비스를 필요로 한다는 점에 착안한 것이다.

넷째, 근린지역사회 개발조직이다. 이것은 근린지역사회 수준에서 주민들 자신이 문제를 해결하고 프로그램을 적용하는 과정이다. 주로 주택재개발, 경제개발, 물리적 환경 개선 등과 같은 다양한 활동을 포함하는데 실제 이러한 조직에서는 청소년 참여를 촉진하는 데 별로 관심이 없다.

다섯째, 시민운동집단이다. 시민운동은 지역사회 수준에서 보다 강력한 시민이나 조직을 형성하여 변화를 창출하는 것을 목적으로 한다. 청소년들이 참여하기도 하지만 주로 성인에 의해 행해진다.

천정웅(1998)은 우리나라에서 청소년참여를 활성화하기 위한 청소년참여의 주요 정책 영역으로 다섯 가지를 제시하고 있는데 그 내용을 살펴보면 다음과 같다. 첫째, 또래 중심 활동이다. 10대 청소년들이 또래집단에 참여하는 것은 흥미와 관념을 개발하고 친밀한 또래와의 관계를 형성하는 자신들의 능력을 시험하고 아직도 자녀에 대해 소유의식을 가지고 있는 부모에 대한 심리적 의존심을 버리도록 도와

준다. 또래집단은 새로운 정체성으로 전이되는 과정에서 청소년들이 경험을 확인하도록 해주기도 한다.

둘째, 지역 중심 참여활동이다. 지역사회는 청소년들이 태어나서 성장하는 곳이며 문제가 발생하거나 해결해야 할 곳이기도 하다. 청소년들은 역사적 · 사회적으로 지역사회에서 매우 중요한 역할을 수행해 왔다. 지역중심의 활동으로는 자원봉사활동을 통한 참여활동과 지역사회 문제해결을 위한 참여활동 등을 들 수 있다.

셋째, 정책과정 참여활동이다. 이것은 청소년들이 자신들의 생활에 영향을 주는 지역사회와 국가의 청소년 관련 정책이나 행정과정에 관심을 가지고 그에 대해 의견을 제안하고 건의함으로써 정책결정 과정에 개입하고 영향을 미치고자 하는 활동이라고 할 수 있다. 넓은 의미에서 볼 때, 청소년들의 권한과 역할이 정책결정 과정에 영향을 미치고 개입하는 정도와 수준에 관계없이 청소년들이 자신과 관련된 제반 사회문제에 대해 주장을 밝히는 여러 단계의 활동을 모두 포함한다고 할 수 있을 것이다. 이런 활동으로는 학급회, 학년회, 학생회와 같은 활동에서부터 학교정책이나 행정에 참여하는 활동 등을 포함한다.

넷째, 단체활동이다. 단체활동이란 청소년단체나 청소년시설 등을 통한 조직적 · 집단적 수련활동과 체험적 생활을 전제로 한 것이다. 청소년단체는 일정한 회원을 대상으로 정기적인 활동을 조직적 · 체계적으로 실시하고, 운영은 가입회원의 회비 중심으로 한다. 반면에 청소년시설은 일정한 규모의 수련활동공간을 중심으로 다수 청소년을 대상으로 비정기적 · 단기적으로 체험활동을 실시하며, 운영은 주로 시설 이용자의 사용료를 통해 이루어진다. 이들 기관은 청소년의 건전한 성장 · 발달을 돕는 프로그램들을 청소년에게 직접 제공한다는 점에서는 공통점이 있다.

다섯째, 사이버 참여활동이다. 최첨단 정보화사회로 나아가고 있는 지금, 멀티미디어의 발전과 다양한 통신망 구축 등으로 청소년들의 의사소통 수단도 이제 사이버공간이라는 새로운 국면에서 이루어지고 있다.

우리나라 청소년정책에서 청소년참여를 촉진해 왔던 과정을 구체적으로 살펴보면 1998년 11월 문화관광부에 '청소년위원회'를 설치하고 전국으로 '청소년참여위원회'를 설치 확대하였다. 2004년에는 범정부적 차원의 청소년정책을 설정 · 추진, 점검하는 '청소년특별회의'를 시범 개최하고 2005년부터 매년 개최하였다. 현재 청소년 정책과정에 청소년들의 참여를 돕는 정책 및 사업으로는 청소년특별회의, 청소년참여위원회, 청소년운영위원회가 있다(표 10-3 참고).

청소년특별회의는 청소년기본법 제12조에 의하여 전국 17개 시 · 도 청소년과 청소년전문가들이 토론과 활동을 통해 청소년의 시각에서 청소년이 바라는 정책과제를 발굴하고, 정부에 건의하여 정책화하는 청소년 참여기구이다. 청소년특별회의는 전국의 청소년 대표로 구성되며, 이들은 정책과제 발굴, 특별회의 활동 홍보, 토론회 · 캠페인 등 개최 및 참여 활동을 수행한다. 매년 선정된 정책의제에 따라 지역별로 청소년과 전문가들의 의견수렴과 토론, 워크숍, 캠페인 등을 통해 정책과제를 발굴하고 연구를 통해 세부정책과제를 선정한 후 본회의에서 이를 최종적으로 정부에 보고 · 제안한다. 2005년부터 2023년까지 18년간 615건의 정책과제를 제안한 결과 약 89.4%인 583건의 정책과제가 정부의 청소년정책에 수용된 것으로 나타났다(여성가족부, 2024 : 127).

청소년참여위원회는 여성가족부 및 지방자치단체에 설치 · 운영 중인 청소년 참여기구이다. 청소년참여위원회는 운영주체별로 다소 차이가 있으나, 정기 · 임시 회의를 통한 청소년 관련 정책의 모니터링, 청소년 의견 제안과 정책자문, 각종 토론회 · 워크숍 개최 및 리더십 훈련 프로그램 참여 등 다양한 활동을 하고 있다. 청소년참여위원회는 여성가족부, 특별시 · 광역시 · 도 및 시 · 군 · 구(자치구)에 총 243개(2023년 12월 기준)가 설치되어 운영 중에 있다. 청소년참여위원회는 각 지방자치단체마다 청소년자치위원회, 차세대위원회 등 다양한 명칭으로 운영되고 있다. 위원회별 운영 규모는 10~30명이며, 공개모집과 추천을 통해 선발된 3,500여 명의 청소년이 2023년 현재 활동 중이다(여성가족부, 2024 : 124-125).

청소년운영위원회는 청소년수련시설을 이용하는 청소년의 의견과 욕구를 반영하여 청소년수련시설이 청소년 중심으로 운영될 수 있도록 하기 위한 것이다. 청소년수련시설의 심의 · 평가 등을 통해 시설 운영 전반에 참여함은 물론 프로그램을 직접 기획 · 운영하고, 청소년 대표로서 각종 지역사회 청소년 관련 행사에 참가하는 등 다양한 활동을 전개하고 있다. 위원회는 10인에서 20인 이내의 청소년으로 구성되며, 위원의 임기는 1년이다. 2023년 현재 청소년운영위원회는 전국 331개소에서 청소년이 활동하고 있다(여성가족부, 2016 : 84).

〈표 10-3〉 청소년정책 참여 사업

구 분	청소년특별회의	청소년참여위원회	청소년운영위원회
법적 근거	청소년기본법 제12조 (청소년특별회의의 개최)	청소년기본법 제5조의2 (청소년의 자치권 확대)	청소년활동진흥법 제4조 (청소년운영위원회)
기능	청소년들이 발굴한 정책과제를 정부부처에 제안	청소년들이 국가 및 지자체 정책에 참여 활동(의견 제안, 모니터링, 활동 등)	청소년수련시설 사업·프로그램 운영 관련 의사 결정 참여
구성	17개 시·도별 지역회의 청소년위원 (매년 시·도별 각 15명 내외 청소년위원 구성)	시·도 및 시·군·구별로 1개소당 20명 내외 지역 내 청소년 구성	청소년수련시설당 10인 이상~20인 이내 청소년 구성
운영	선발 및 구성(2~3월) → 출범식(3월) → 예비회의(9월) → 본회의(11월)	청소년 관련 정책 및 사업에 대한 의견 제시, 토론회·워크숍 참여 및 개최 등	청소년들이 청소년수련시설 운영 및 각종 프로그램 등의 자문·평가에 직접 참여하여 의견 개진·개선

출처 : 여성가족부(2017 : 10-31). 2017년도 청소년사업 안내 재구성.

4) 향후 청소년참여의 방향

현재 우리나라 청소년참여는 여러 가지 문제점을 갖고 있다. 첫째, 청소년참여에 대한 부정적 인식이다. 선진국의 경우 다양한 제도적 장치를 마련하여 청소년들이 자신과 관련된 문제에 대해 의견을 제시하고 대안을 마련하며, 구체적으로 다양한 사업의 축소 또는 확대 요구 그리고 필요로 하는 새로운 사업 제안 등을 할 수 있도록 하고 있고 이러한 추세는 더욱 확산되고 있다. 그러나 우리 사회는 오랫동안 성장과 개발을 위하여 중앙집권적인 행정체제를 가질 수밖에 없었고 중앙집권적 관료 행정하에서 지역주민들은 지역사회 발전에 주도적으로 참여하는 시민으로서가 아니라 국가발전을 위한 국민의 한 구성원에 불과했던 것이 사실이다. 더구나 오랜 독재의 영향으로 집단의 힘을 두려워하는 일부의 시각은 청소년들의 참여에도 부정적인 영향을 미쳐, 청소년이 모이면 문제가 일어나고 역기능적인 영향을 미친다는 우려의 목소리가 컸다.

둘째, 청소년참여의 개념과 범위가 지나치게 제한적이며 소극적이다. 청소년의 자치활동이나 소극적인 참여형태는 예전부터 있어왔던 것이 사실이나 현재의 이러한 활동은 지나치게 형식적이거나 무시되어 왔고 그 범위가 제한적이어서 실제 청소년의 복지와 관련된 중요한 사안에서는 우선순위가 뒤로 밀려나게 되고 또한 영향력도 없다. 뿐만 아니라 입시 위주 교육풍토하에서 성적이 좋든 나쁘든 우리나라의 청소년에게 이러한 활동은 사치이고 허영이었던 것이 사실이다. 작게는 학교 내의 의사결정과정에 청소년들이 교사, 학부모와 마찬가지로 학교의 한 주체로서 동등하게 참여하여 자신들의 의견을 제시할 수 있는 여건이 조성되어 있지 않다.

셋째, 청소년의 참여활동에 대한 학교 · 사회 차원에서의 지원이 부족하다. 청소년의 참여활동을 위해서는 청소년의 풍부한 상상력과 창조력, 활동력을 활동을 통해 발휘할 수 있는 여건을 조성하여 줌으로써 가능성과 잠재력을 개발 · 지원하고 건강한 참여를 위한 환경을 조성하는 것이 필요하다. 그러나 학교특별활동 조직으로 구성되어 있는 대부분의 공식적 동아리들은 구성원 간의 결집력과 자율적인 활동력이 없는 형식적인 것이 많으며 이를 활성화하고자 하는 학교 측의 의지가 부족하다. 또한 학교 밖에서 이루어지는 동아리 활동을 금지하는 학교의 자세가 청소년의 지역사회 활동 활성화에 장애요인으로 작용한다.

뿐만 아니라 사회 차원에서의 재정적 · 물질적 지원도 부족하다. 현재 지역사회에서는 청소년들이 자신의 관심과 취미에 따라 자율적으로 다양하게 활동할 수 있는 공간이 부족하며, 지역사회의 청소년시설은 프로그램 중심 운영 형태가 많으므로 청소년들의 자발적 활동을 수용할 수 있는 여건이 미흡하다. 또한 청소년들이 주체가 되어 자율적으로 참여할 수 있는 지역단위 활동 프로그램이 부족하다. 더 나아가서 청소년 관련 정책에 참여할 수 있는 기회도 매우 제한적이다. 청소년참여 정책은 관념적 구호나 시범적 사업의 단계에서 벗어나 정책분야의 하나로 영역화하여 정착시키고 구체적인 실행을 위한 정책방안들을 제시하는 노력이 있어야 한다.

이상과 같은 문제점을 타파하고 청소년들이 동등한 사회의 한 구성원으로서의 권리와 시민권을 확보하고 진정한 청소년의 권익이 보장받는 청소년참여가 행해지기 위해서는 무엇보다도 다음과 같은 방향으로 청소년 관련 환경이 바뀌어야 한다.

(1) 자율과 참여의 원칙 추구

청소년을 미성숙한 존재로 보고 성인 중심의 시각에서 보호, 선도하고자 한 기존 정책의 틀을 벗어나 청소년의 자율성과 참여 증진을 기본 원칙으로 하여야 한다.

(2) 청소년에 대한 정책에서 청소년에 의한 정책으로

어른들의 시각에서 판단하여 결정하는 정책이 아니라 정책의 주인이 될 청소년들의 요구와 희망에 근거하여 정책을 개발할 수 있도록 열린 정책과정 체계를 구축하고 공식적인 청소년 의견수렴의 장을 마련해야 한다.

(3) 정책의 객체에서 주체로

청소년을 정책의 객체로 인식하여 수동적 대상화해 왔던 것에서 벗어나 사회·문화적 발전의 원동력으로서 청소년의 잠재력과 가능성을 인식하고 학생을 위한 정책이 진정 그들을 위한 정책이 될 수 있도록 정책의 주체로 인식하여야 한다.

(4) 공급자 중심에서 수요자 중심으로

각종 청소년 관련 서비스 개발 및 제공을 공급자 편의 중심에서 수요자 중심으로 전환하여 다양하고 특성화된 프로그램 확대, 수요자 평가체계 도입 등을 통해 수요자인 청소년의 선택권과 의사소통이 반영되는 통로가 확대되어야 한다.

참고문헌

강영삼 · 이기종 · 조원호(1997). "청소년의 성에 대한 인지도 조사 및 심층면접조사연구". 교육논총. 국민대교육연구소, 211-212.

구승회(2001). 청소년과 성인의 성의식 변화 연구 : 다문화주의 시대의 바람직한 성문화를 위하여. 한국간행물윤리위원회 2001 지식기반확충 조사연구.

김기환(1999). "청소년의 성행위에 대한 고찰". 한국아동복지학. 한국아동복지학회, 198-208.

김만지(2001). "청소년 미혼모의 스트레스에 관한 연구". 청소년학연구, 8(1), 219-241.

김문조 · 윤옥경(2001). "유해업소 출입과 청소년비행 : 분석과 대응". 청소년학연구, 8(1), 99-116.

김상원 · 이양재 · 박순정 · 김수련 · 송은실(1997). 여고생의 성의식 및 실태조사. 한국성문화연구소.

김성애(2000). "제3주제 토론 10대의 이성교제와 성생활". 춘계학술대회 한국청소년복지학회, 99-104.

김원중(2000). "청소년성문제의 이해와 지도". 교육이론과 실천. 경남대학교 교육문제연구소, 242-251.

김정옥(1998). "학교성교육의 현황 및 지도내용에 관한 연구(Ⅱ)". 사회과학연구, 5(3). 대구대학교 사회과학연구소, 217-238.

김정주(1999). "청소년참여". 청소년학총론. 한국청소년학회.

김한경(1997). "가족의 출산건강 및 성문제에 관한 가족복지적 개입전략". 한국가족복지학, 창간호, 105-132.

김현미(1997). "여성주의 성교육을 위한 모색". 한국여성학, 13(2), 124-157.

김혜원(2002). "고등학생들의 성관련 경험에 대한 학생, 성인집단의 반응비교". 청소년학연구, 9(2), 113-138.

김혜원 · 이종민(2001). "청소년들을 위한 학교 성교육의 현황과 문제점, 그리고 나아가야 할 방향". 청소년학연구, 8(1), 117-142.

김혜원 · 이혜경(2000). "청소년을 위한 양성평등 성교육 방향의 모색 : 남녀 고등학생들의 성의식과 성행동 실태에 근거하여". 한국여성심리학, 5(2), 29-45.

남미애(2001). "청소년의 매춘에 영향을 미치는 요인에 관한 연구". 청소년학연구, 8(1). 한국청소학회, 271-305.

대한가족계획협회(1995). 인공유산 실태에 관한 조사.

문화방송(2000). 2000 MBC청소년백서.

박광배(2000). 아동·청소년의 성적 행위 결정능력에 관한 심리학적 연구. 청소년보호위원회, 16-33.

박노자(2001). 우리들의 대한민국. 한겨레신문사.

박영희(2001). "10대 임신 청소년 개입 프로그램 개발을 위한 기초연구". 한국가족복지학, 8. 한국가족복지학회, 76-95.

박진규(1999). "청소년관계제도". 청소년학총론. 한국청소년학회.

박현이(2000). 10대 남자 청소년의 성행태에 대한 조사. 10대 임신과 남자의 무책임, 무엇이 문제인가?. 2000년 제2회 10대 임신예방을 위한 연속토론회.

서울신학대학교 산학협력단(2015). 아동·청소년권리 국제인권기준의 국내이행 기초현황조사. 국가인권위원회.

안동현(1997). "아동의 권리－필요성, 역사성 및 과제". 아동권리연구, 창간호.

_____(1999). "유엔 아동권리 협약의 의의와 과제". 아동권리연구, 3(2).

안동현 · 노안영 · 구본용 · 임은미 · 김광수(1999). 청소년성상담. 한국청소년상담원, 93.

여성가족부(2016). 2016 청소년백서.
________(2017). 2017년도 청소년사업 안내.
오영근 · 이춘화(2001). 사이버공간을 통한 청소년 이성교제 실태연구. 한국청소년개발원.
유가효(1997). "청소년의 성문화와 성교육 프로그램 방향모색". 사회과학논총, 23(1). 계명대학교 생활과학연구소, 1-10.
윤가현(1999). "성과 성의식의 변화". 역사비평, 겨울호. 역사문제연구소, 346-358.
윤혜미(1999). "청소년 임신, 출산의 경향과 사회적 대책". 한국아동복지학, 8. 한국아동복지학회, 161.
이경재(2001). "무엇이 진정한 청소년보호인가?". 한국형사정책연구소식, 통권 제66호. 한국형사정책연구원.
이기범(1997). "유엔어린이, 청소년권리 조약의 원리와 이행방안". 아동권리연구, 창간호.
이나영(1999). 포로노 섹슈얼리티 그리고 페미니즘. 서원, 14.
이배근(1997). "아동권리증진을 위한 국제사회의 노력". 아동권리연구, 창간호.
이옥란 · 공미혜 · 홍봉선 · 남미애 · 장수한(1998). 부산지역여성 청소년의 가출에 대한 의식과 실태 및 그 대책에 관한 연구. 신라대학교 여성문제연구소. 부산광역시청소년종합상담실.
이용교(1993). 청소년 성에 대한 상담원의 태도 연구. 청소년학연구, 1(1), 93-106.
이종원 외(1991). 소년비행의 국제비교. 한국청소년개발원, 130-131.
이지연(1994). "십대의 성을 찾아서". 문화연구 : 섹스, 포르노, 에로티즘. 현실문화연구, 54.
임성택 · 김혜진(2001). 청소년의 규범적 문제행동과 관련요인에 관한 연구 – 전국 청소년문제행동 실태조사 심화연구 –. 한국청소년개발원, 99.
장영미 · 이시백(1997). "학교성교육 효과". 한국보건교육학회지, 14(1), 135.
장현숙(1998). "십대모 아동의 발달적 특성과 가정환경의 역할". 한국아동복지학, 6. 한국아동복지학회, 119-137.
장희숙 · 조현각(2001). "대학생 이성교제폭력의 실태와 위험요인들". 한국가족복지학, 8. 한국가족복지학회, 178-197.
전용호(1996). 정신지체아와 성. 파란나라, 94.
정문숙(1998). 초 · 중등학교 학생, 학부모 및 교사의 성지식, 태도 및 성교육 요구와 관련요인, 1-35.
정보통신윤리(2001). 인터넷상에서 음란물 접촉빈도. 어린이, 청소년정보이용실태 조사 및 교사, 학부모 대응 실태조사.
정희욱 · 길은배 · 김정래(2000). 권리에 대한 청소년의식조사연구. 한국청소년개발원.
조성연 · 이용교 · 방은령(2000). "청소년의 원조교제에 대한 탐색적 연구". 청소년복지연구, 2(2), 99-116.
조한혜정(1998). "청소년성문화 : 성적 주체로서의 인식을 중심으로". 한국여성학, 14(1), 8-40.
채규만(2001). 청소년 성매매자들의 신상공개의 심리적인 영향. 청소년성범죄자의 신상공개제도에 대한 학제적 조명. 2001 학제 간 심포지엄 자료집.
천정웅(1998). "IMF시대 청소년참여의 방향과 과제". IMF시대 청소년의 소외와 참여. 한국청소년학회.
_____(1999). "청소년정책의 발전과 특성". 청소년학총론. 한국청소년학회.
최윤진(2000). "아동의 권리와 청소년의 권리". 청소년학연구, 7(2), 277-300.
최인화(1999). "화성군 청소년의 성의식 및 성실태 조사연구". 화성군청소년상담실 조사연구, 2. 화성군청소년상담실.
한겨레 21(2000. 12. 6.; 2002. 3. 6).
한국청소년연구원(1991). 소년비행의 국제비교.

황성기(1997). "아동의 권리에 대한 제 문제-헌법적 관점에서의 고찰-". 아동권리연구, 1(2).

황은자(1993). "성교육지침서 분석을 통해 본 성이중성". 한국여성학. 한국여성학회, 147-194.

Anurin, V. F.(2002). "The Sexual Revolution". *Sociological Research, 41*(2), 61-75.

Bruess, C. E., & Greenberg, J. S.(1988). *Sexuality Education : Theory and Practice*. New York : Macmillan Publishing Company.

Caputo, A. A., & Frick, P. J.(1999). "Family Violence and Juvenile Sex Offending". *Criminal Justice & Behavior, 26*, 239.

Chilman, C. S.(1990). "Promoting healthy adolescent sexuality". *Family Relations, 39*, 123-132.

Durham, M. G.(1998). "Dilemmas of desire : representations of adolescent sexuality in two teen magazines". *Youth & Society, 29*, 374.

Kirby, D.(2002). "The Impact of Schools and School Programs upon Adolescent Sexual Behavior". *Journal of Sex Research, 39*.

Leitenberg, H., & Saltzman, H.(2000). "A statewide survey of age at first intercourse for adolescent females and age of their male partners : Relation to other risk behaviors and statutory rape implications". *Archives of Sexual Behavior, 29*(3), 203-215.

McCabe, M. P., & Cummins, R. A.(1998). "Sexuality and quality of life among young people". *Adolescence, 33*, 770.

Miller, A. M.(2001). "Uneasy Promises : Sexuality, Health, and Human Rights". *American Journal of Public Health, 91*(6).

Pediatrics(2001). *Sexuality Education for Children and Adolescents, 108*, 498-503.

Reiss, I. L.(1960). *Premartial Sexual Standards in America*. 이상문(1995) 재인용.

Rosenthal, D. A.(1997). "Understanding Sexual Coercion Among Young Adolescents : Communicative Clarity, Pressure and Acceptance". *Archives of Sexual Behavior, 26*, 481.

Ross, M. W.(2002). "Sexuality and Health Challenges : Responding to a Public Health Imperative". *Journal of Sex Research, 39*.

Rubin(1965). "Transition in Sex Values-Implication for the Education of Adolescents". *Journal of Marriage and the Family, 27*.

Smith, C. A.(1997). "Factors associated with early sexual activity among urban adolescents". *Social work, 42*, 334-347.

Tremper, C. R., & Kelly, M. P.(1987). "The mental health rationale for policies fostering minor's autonomy". *International Journal of Law and Psychiatry*, 111-127.

Upchurch, D. M., Levy, S. L., Sucoff, C. A., & Aneshensel C. S.(1998). "Gender and ethnic differences in the timing of first sexual intercourse". *Family Planning Perspectives, 30*(3), 121.

Van Roosmalen, E.(2000). "Forces of patriarchy : Adolescent experiences of sexuality and conceptions of relationships". *Youth & Society, 32*, 202-228.

Wiley, D. C.(2002). "The Ethics of Abstinence-only and abstinence-plus sexuality education". *Journal of School Health, 72*.

Zimmerman R. S., & Sprecher S.(1995). "Adolescent's perceivedability to say 'no' to unwanted sex". *Journal of Adolescent Research, 95*, 383-400.

제2부 청소년복지 각론

제11장 시설보호 청소년
제12장 가정 밖 청소년
제13장 학교폭력 청소년
제14장 학교 밖 청소년
제15장 약물남용 청소년
제16장 성착취피해 청소년
제17장 인터넷 과다사용 청소년

Chapter 11

시설보호 청소년

청소년 중에는 여러 가지 사정으로 인해 자신의 가정이 아닌 곳에서 혈육이 아닌 사람들과 공동생활을 하며 살아가는 경우가 있다. 이를 시설보호 청소년이라고 한다. 시설보호는 6 · 25 전쟁이라는 특수한 상황에 의해 전쟁고아 등 위기에 놓인 많은 아동을 구호하기 위해 긴급적으로 만들어진 시설에서 시작되었다. 이후 오늘날까지 우리나라에서 가장 일반적인 요보호아동의 보호방법으로 시행되어 왔다.

대표적인 아동복지시설인 아동양육시설은 청소년을 아동의 연장선에서 보호해 왔다. 가정에서 적절한 돌봄을 받지 못하는 청소년들은 다른 특별한 대안이 없었기 때문에 아동양육시설에서 보호되어 왔다. 이후 청소년의 욕구와 문제가 다양해지면서 청소년을 위한 새로운 복지시설이 생겨나고 있다. 따라서 이 장에서는 우리나라의 시설보호 청소년들이 갖는 문제와 욕구는 무엇이며, 현재 시설의 프로그램이나 서비스가 시설보호 청소년의 복지에 적극적으로 이바지하기 위해 어떤 노력과 변화가 이루어져야 하는지를 알아보고자 한다.

1. 시설보호와 청소년

1) 시설보호의 개념 및 유형

시설에 보호되고 있는 청소년을 이해하기 위해서는 청소년들이 살고 있는 시설에 대한 이해가 선행되지 않으면 안 된다. 아동 · 청소년과 관련된 사회복지시설은 여러 유형으로 분류될 수 있다. 가장 일반적인 유형은 입소시설과 이용시설로 구분하는 것이다. 입소시설은 전문가의 보호 아래 24시간 함께 생활하는 거주시설인 데 반해 이용시설은 가정에서 생활은 그대로 하면서 필요한 서비스만 제공하는 비거주시설이다. Kadushin(1983 : 583)은 아동복지시설을 아동들이 성인들의 보호 아래 24시간 함께 생활하며 아동들을 사회적으로 보호하는 아동집단의 공동생활을 위한 거주시설로 정의하였다. 여기서 아동복지시설은 입소시설을 의미한다.

박태영(1998 : 270-271)은 이를 보다 세분화해서 입소시설이냐 이용시설이냐에 따라, 또한 일상적인 생활을 유지하기 위한 생활시설이냐 특정한 목적을 달성하기 위한 특수 목적 시설이냐에 따라 다음과 같이 크게 네 가지 유형으로 나누고 있다.

첫째, 생활거점형이다. 시설에 입소하여 생활 중심의 서비스를 제공받을 수 있는 형태이다. 주로 기본적인 보호를 필요로 하는 아동이 그 대상이 된다. 아동양육시설, 그룹홈 등이 여기에 해당된다.

둘째, 입소·특정 목적형이다. 시설에 입소하여 특정 목적 중심의 서비스를 제공받을 수 있는 형태이다. 여기에는 생활보호적 욕구와 더불어 특정 목적의 욕구를 지닌 아동이 주로 대상이 된다. 즉, 생활지도를 기본으로 하면서 특정 목적에 따라 심리치료적, 교육지도적, 보건의료적, 기능훈련적인 전문성을 살린 서비스가 제공된다. 아동직업보도시설, 교호시설 등이 여기에 해당된다.

셋째, 이용·특정 목적형이다. 가정에서 생활하는 아동이나 그 보호자에게 시설에 통원하게 하여 특정의 전문적인 서비스를 제공하는 형태이다. 일부 민간단체에서 실시하고 있는 청소년약물센터, 아동심리치료센터 등이 여기에 해당된다.

넷째, 가정 양육지원형이다. 가정에서 생활하는 아동이나 그 보호자를 대상으로 일상적인 아동양육에 필요한 서비스를 제공하는 형태이다. 이것은 사회복지관의 아동복지 프로그램, 상담실, 어린이집 등이 해당된다.

김현룡(1994 : 70)은 시설의 목적에 따라 크게 네 가지 모델로 분류하고 있다. 첫째, 교육모델이다. 직업보도시설이나 장애인시설과 같이 특별한 기술이나 훈련에 초점을 두는 것이다. 둘째, 치료모델이다. 이는 개별적인 문제를 가지고 있는 아동 또는 불량아동을 위해 치료 및 교정을 목적으로 설립된 시설이다. 이들은 아동들이 지니고 있는 문제의 본질상 그들의 가정에서보다는 집단으로 수용보호하면서 사회심리적인 문제를 교정하고 치료하는 데 초점을 두는 모델이다. 대표적인 것이 교호시설이다. 셋째, 치료적 공동체 모델이다. 이 모델의 경우 시설은 축소된 적은 사회를 이루고 있고 직원과 수용된 아동은 그 사회를 조직하고 운영하는 데 있어 평등할 것이 강조된다. 나누어진 역할과 책임을 수행하고 협조하며 이를 통하여 하나의 공동체생활을 하는 것이다. 넷째, 가정 모델이다. 이것은 보호하는 아동이 정상적인 가정아동과 다르지 않다는 전제 아래 가정을 대리하여 가정다운 분위기를 제공하면서 아동을 양육하고 있는 것이다. 우리나라 대부분의 아동복지시설이 여기에 해당된다.

그 외 우리나라 법에서 규정하고 있는 아동복지시설과 청소년복지시설이 있다. 아동복지법에서는 아동복지시설을 아동양육시설, 아동상담소, 아동일시보호시설, 아동전용시설, 아동보호치료시설, 공동생활가정, 지역아동센터, 아동보호전문기관, 가정위탁지원센터, 자립지원시설로 규정하고 있다. 청소년복지지원법에서는 청소년복지시설을 청소년쉼터, 청소년자립지원관, 청소년치료재활센터, 청소년회복지원시설로 규정하였다(표 11-1 참고).

이처럼 청소년 관련 시설은 매우 다양하고 상이하게 사용되는데 그중 이 장에서의 시설이란 입소시설, 박태영이 정의한 생활거점형 시설, 아동복지법에서의 아동양육시설, Kadushin의 정의, 청소년복지지원법에서의 청소년복지시설에 한정하는 의미로 사용하고자 한다.

〈표 11-1〉 아동 · 청소년복지시설의 종류와 기능

종 류	기 능	주무부처	관련법
아동양육시설	보호대상아동을 입소시켜 보호, 양육 및 취업훈련, 자립지원 서비스 등을 제공하는 것을 목적으로 하는 시설	보건복지부	아동복지법
아동일시보호시설	보호대상아동을 일시보호하고 아동에 대한 향후의 양육대책수립 및 보호조치를 행하는 것을 목적으로 하는 시설	보건복지부	아동복지법
아동보호치료시설	불량행위를 하거나 불량행위를 할 우려가 있는 아동으로서 보호자가 없거나 친권자나 후견인이 입소를 신청한 아동 또는 가정법원, 지방법원소년부지원에서 보호위탁된 19세 미만인 사람을 입소시켜 치료와 선도를 통하여 건전한 사회인으로 육성하는 것을 목적으로 하는 시설 정서적 · 행동적 장애로 인하여 어려움을 겪고 있는 아동 또는 학대로 인하여 부모로부터 일시 격리되어 치료받을 필요가 있는 아동을 보호 · 치료하는 시설	보건복지부	아동복지법
공동생활가정	보호대상아동에게 가정과 같은 주거여건과 보호, 양육, 자립지원 서비스를 제공하는 것을 목적으로 하는 시설	보건복지부	아동복지법

자립지원시설	아동복지시설에서 퇴소한 사람에게 취업준비기간 또는 취업 후 일정 기간 동안 보호함으로써 자립을 지원하는 것을 목적으로 하는 시설	보건복지부	아동복지법
아동상담소	아동과 그 가족의 문제에 관한 상담, 치료, 예방 및 연구 등을 목적으로 하는 시설	보건복지부	아동복지법
아동전용시설	어린이공원, 어린이놀이터, 아동회관, 체육 · 연극 · 영화 · 과학실험전시 시설, 아동휴게숙박시설, 야영장 등 아동에게 건전한 놀이 · 오락, 그 밖의 각종 편의를 제공하여 심신의 건강유지와 복지증진에 필요한 서비스를 제공하는 것을 목적으로 하는 시설	보건복지부	아동복지법
지역아동센터	지역사회 아동의 보호 · 교육, 건전한 놀이와 오락의 제공, 보호자와 지역사회의 연계 등 아동의 건전육성을 위하여 종합적인 아동복지서비스를 제공하는 시설	보건복지부	아동복지법
아동보호전문기관	학대받은 아동의 발견, 보호, 치료에 대한 신속처리 및 아동학대예방사업을 활성화	보건복지부	아동복지법
가정위탁지원센터	보호대상아동의 보호를 위하여 성범죄, 가정폭력, 아동학대, 정신질환 등의 전력이 없는 적합한 가정에 보호대상아동을 일정 기간 위탁하는 가정위탁사업을 지원하는 센터	보건복지부	아동복지법
청소년쉼터	가출청소년에 대하여 가정 · 학교 · 사회로 복귀하여 생활할 수 있도록 일정 기간 보호하면서 상담 · 주거 · 학업 · 자립 등을 지원하는 시설	여성가족부	청소년복지지원법
청소년자립지원관	일정 기간 청소년쉼터 또는 청소년회복지원시설의 지원을 받았는데도 가정 · 학교 · 사회로 복귀하여 생활할 수 없는 청소년에게 자립하여 생활할 수 있는 능력과 여건을 갖추도록 지원하는 시설	여성가족부	청소년복지지원법
청소년치료재활센터	학습 · 정서 · 행동상의 장애를 가진 청소년을 대상으로 정상적인 성장과 생활을 할 수 있도록 해당 청소년에게 적합한 치료 · 교육 및 재활을 종합적으로 지원하는 거주형 시설	여성가족부	청소년복지지원법
청소년회복지원시설	소년법 제32조 제1항 제1호에 따른 감호 위탁 처분을 받은 청소년에 대하여 보호자를 대신하여 그 청소년을 보호할 수 있는 자가 상담 · 주거 · 학업 · 자립 등 서비스를 제공하는 시설	여성가족부	청소년복지지원법

2) 청소년의 시설보호

일반적으로 시설보호는 여러 가지 이유로 인하여 가정에서 욕구가 제대로 충족될 수 없는 아동 · 청소년들을 위해서 불가피하게 제공되는 보호방법이다. 미국의 경우 시설보호에 대한 비판과 거부감으로 인해 아동 · 청소년의 보호방법을 입양과 위탁

양육으로 전환하고 있으며, 특별한 치료적 목적이 아닌 상황에서는 시설보호를 행하지 않는다. 즉, 아동 · 청소년이 자신의 신체적 장애나 정신적 및 정서적 행동문제 등으로 인해서 치료가 필요하지 않은 경우 최우선적으로 고려되는 서비스는 입양가정이나 위탁가정에서의 보호이다.

그러나 그들 중에서도 지체부자유 등의 신체적 장애나 정신적 지체 등의 정신적 장애가 있거나 정서적으로 심한 상처를 받은 정서적 장애가 있는 경우 혹은 재활훈련이 필요한 비행청소년들과 같이 전문적인 치료와 개입이 필요한 대상들에 한정해서는 집단으로 거주하면서 계획적인 치료 및 보호를 받게 한다. 이 경우에도 대부분이 임시적이며 치료나 훈련이 끝나면 가정에서 개별적인 보호를 받을 수 있도록 조치하는 것이 원칙이다. 위탁가정을 물색하는 비상시의 과정 중에 짧은 기간 동안 보호를 의뢰하는 일시적인 보호시설은 있으나 치료가 요구되는 문제가 없는 경우에는 집단보호시설에 거주시키지 않고 반드시 위탁가정에 양육보호를 의뢰한다(배태순, 2000 : 242-243). 이는 아동과 청소년의 발달을 위해서는 건강한 성인의 보호와 사랑이 절대적으로 필요하다는 것을 가장 큰 원칙으로 하고 있기 때문이다. 따라서 시설보호의 대상자는 엄격히 제한된다.

우리나라의 경우는 어떠한지 살펴보자. 요보호아동에 대한 대리보호 방법으로서 시설보호가 우리나라 아동 · 청소년복지의 중요한 프로그램으로서 자리 잡게 된 이유는 우리 사회의 빈곤 또는 사회적 위기와 관련이 있어 보인다. 우리나라 시설보호의 변화를 시기별 특징을 중심으로 나눈다면 1950년대, 1960~1970년대, 1980년대 이후로 구분하여 설명할 수 있다.

1950년대는 전쟁으로 인해 부모를 잃거나 부모가 실종된 아동을 모아 임시거처를 정하고 긴급구호하는 것이 중요한 일이었다. 그리고 시설의 재정운영의 많은 부분을 외국 원조기관의 지원에 의지하는 형편이었다. 한 마디로 이 시기는 전후 급증한 요보호아동에 대한 수용구호, 아동수용 보호시설의 급증과 외국 민간원조에 의한 구호사업이 활발하였던 연대였다(손희목, 1995 : 65).

전쟁이 끝난 1960~1970년대에 들어와서는 빈곤문제로 인해 시설보호를 받아야 하는 청소년이 증가하였다. 절대적 빈곤에 허덕이는 가정이 급증하고 자녀를 돌보지 못하는 가정이 속출하게 되면서 시설은 또 하나의 보호처가 되지 않으면 안 되었다. 이 당시 시설에 수용된 청소년은 생계문제의 해결은 물론 교육의 혜택까지 주어졌기 때문에 자녀를 위해 어쩔 수 없이 시설에 보내는 문제들이 늘어났다. 이 외에도 산업사회 초기의 사회적 혼란으로 인한 가정 파탄과 미혼모 발생이 증가하면서 부모에게서 유기·방임된 아동·청소년들이 시설에 보내졌다. 그러나 경제성장으로 인해 어느 정도 생활이 안정된 1980년대부터는 부모가 없거나 빈곤으로 인한 입소는 줄어드는 반면 부모가 생존해 있지만 행방불명, 이혼, 별거, 입원, 구금 등의 이유로 시설에 온 아동·청소년의 비율이 증가하고 있다.

이상에서처럼 우리 사회가 겪은 몇 차례의 위기는 요보호아동과 청소년을 대량으로 발생하게 하였으며 이러한 대량의 긴급구호는 시일이 걸리는 어떤 절차를 밟아 아동들을 그의 특성에 맞게 어떤 가정에 인도할 수 있는 여유를 허용하지 않았다. 또한 초창기 이러한 요보호아동의 구호의 대다수는 정부나 지역주민들에 의해서 행해진 것이 아니라 주로 외국 원조에 의존해 왔기 때문에 외국 원조 금품을 전달하는 데 편리하고 효율적인 시설보호가 더욱 장려되었던 요인도 시설보호의 급증에 작용한 것이다(김현용, 1994 : 63).

이렇게 긴급보호를 위해서 대량으로 설립된 아동보호시설은 한국의 아동복지와 청소년복지에 있어서 중요한 비중을 차지하면서 발전해 왔다. 그러나 우리나라의 영·유아시설은 미국의 경우처럼 계획적인 치료가 필요한 문제가 있는 아동들을 양육보호하는 곳이 아니라 입양가정을 발견하지 못하는 고아나 기아(abandoned children), 일시적으로 부모와 헤어진 미아(lost children), 방임아동(neglected children), 가출아 등을 모두 함께 양육·보호하는 주거지로서 미국의 영구 위탁가정과 같은 역할을 한다고 하겠다(배태순, 2000 : 242-243).

특히 우리나라의 경우 입양과 위탁보호는 혈통을 중시하는 가족 이데올로기와 주택의 좁은 공간, 과중한 교육비, 아동이 성년이 되어도 큰 부담을 져야 하는 이유 등으로 인하여 활성화되지 못하고 상당 기간 요보호아동은 시설보호 이외의 실천 가능한 대안을 찾기가 어렵다고 사료된다(김현용, 1994 : 67). 결국 요보호아동의 복지 증진은 현재의 시설보호 프로그램을 개선하는 방향에서 찾지 않을 수 없으며 그들에 대한 생활지도의 질적인 수준을 제고하는 것은 매우 효율적인 방법이다. 한마디로 한국의 아동양육시설은 입양가정이나 위탁가정이 수행하여야 할 중요한 역할을 모두 담당하고 있으며, 현재 국내의 아동복지와 청소년복지 실현에 있어 매우 중추적인 역할을 담당하고 있음을 알 수 있다.

반면 청소년복지시설이 대두된 것은 가출이나 청소년비행 문제와 관련이 깊다. 산업화, 핵가족화 등으로 가족의 기능이 해체되거나 약화되면서 빈곤, 학대, 방임가정에서 보호를 받지 못하는 청소년들이 집을 나와 거리를 배회하거나 거리생활을 하면서 각종 위험에 노출되는 사례가 증가했다. 이에 종교인, 사회복지사, 개인들이 이 상황을 안타깝게 여겨 종교시설이나 자신의 집에 청소년들을 일시적으로 보호하기 시작했다. 당시에는 교정시설 이외 청소년을 보호할 특별한 기관이나 시설이 부족했기 때문에 각자의 형편에 맞춰 위기에 있는 청소년을 돌보고자 했던 것이다. 한마디로 사회적 필요에 의해 민간에 의해 자발적으로 만들어진 것이다.

이후 가출 등 청소년문제가 급증하면서 지역마다 유사한 시설들이 산발적으로 만들어졌고 그 결과 청소년인권 침해 등 여러 부작용도 생기게 되었다. 이에 정부에서 법적 근거를 만들고 청소년쉼터이라는 명칭으로 통일하고 조직을 정비하면서 제도화되었다. 현재는 청소년쉼터 이외에도 청소년자립지원관, 청소년치료재활센터, 청소년회복지원시설으로 확대되었다.

2. 시설보호 청소년의 특성과 당면문제

1) 개인적 측면

많은 학자들이 시설보호 아동이 일반 가정과 다른 환경에서 성장함에 따라 특수한 문제를 지니고 있다는 주장을 제기해 왔다. 그 시기는 17세기로 거슬러 올라갈 수 있으나 본격적인 연구는 1930년대에 시작되어, 특히 1940년대에 활발하게 진행되었다. 1945년 Spitz는 건강한 아동을 시설에서 오랜 기간 동안 수용함으로써 초래되는 심각한 영향을 시설병이라고 명명하였다. 그는 육아시설에서 자란 아동은 신장과 체중이 지체되고 질병에 약하거나 치명적인 상태에 있으며, IQ도 초기의 124에서 1년 후에는 75, 2년 후에는 45로 떨어진다고 말하고 있다. 1949년에 Bakwin은 생후 6개월까지의 기간을 시설에서 보낸 유아들이 무관심, 쇠약, 핏기없는 안색, 활발하지 않은 태도, 미소와 어르는 말에 대한 무반응, 식욕부진, 말에 대한 무반응 등의 특징을 나타내고 있음을 지적하였다.

Bowlby는 이들 연구와 자신의 사례연구를 기초로 시설병의 원인이 영아기의 모성적 양육의 상실에 있다고 보았다. 그는 시설보호 아동이 어머니와 오랫동안 분리된 상태로 자라기 때문에 모성의 상실을 경험하며, 이러한 상실의 경험으로 인하여 성장 후에도 다른 사람들과의 정서적 관계를 맺기가 어렵게 되고 많은 정신병리적 요인을 갖게 된다고 주장하였다.

국내의 연구에서도 시설보호 아동이 일반가정아동에 비하여 게으름, 주의산만, 거짓말, 발표력의 부족, 정서불안, 고마움을 모름, 창의력 부족, 파괴적 행동, 단순한 사고, 물품낭비, 도벽 등의 습관이 상대적으로 많다는 보고서가 많다. 신인숙(1989 : 60)은 시설에 입소한 아동·청소년이 싫증을 빨리 내고 지속성이 결여되는 경향이 있으며, 투지력과 의지력이 부족하다고 지적하고 있다.

다음은 시설보호 아동의 성격상의 특성에 대한 시설관계자의 기록이다(박용택, 1994 : 207).

> "… 이들은 자기만 알고, 이해심이 부족하고, 기회만 있으면 책임을 회피하고, 진실한 감사의 정이 없으며, 시설에서 공급해 주는 물건에 대한 애착심이 없으며, 절약심이 없다. 또한 공부에 대한 열의, 자기 장래에 대한 포부와 도전이 없으며, 타인에 대하여 배타적이며 자기들을 돌보는 직원에 대하여도 신뢰감을 갖고 있지 않다. 그리고 신중성, 사려감이 부족하며 조그만 애로에도 좌절하고 꾸중을 소화할 줄 모른다…"

시설보호 청소년을 연구한 조현경(1994 : 70)은 부모가 생존해 있는 입소청소년보다는 부모가 사망한 청소년의 경우 자기주장성이 더 높다고 하였다. 이것은 시설 입소동기와도 관련이 되는 것으로 부나 모 혹은 부모의 사망으로 인해 시설에 입소한 경우가 부모가 생존하는 경우보다 더 정당함을 갖게 하는 요인으로 작용한다고 해석하고 있다. 시설보호 청소년들은 자신이 시설에서 생활하고 있다는 사실을 숨기려고 하는 의식이 강하기 때문에 부모가 생존해 있음에도 불구하고 시설에서 생활하고 있다는 사실을 수용하고 자신을 개방한다는 것은 매우 힘겨운 일이며, 이러한 현실들은 그들로 하여금 더욱 위선되고, 비주장적으로 만들 수 있다는 것이다.

김기환(1996 : 34)은 시설보호 아동들이 집단생활을 하는 특수성으로 인해 일반아동보다 심각한 정서적 문제를 가지고 있다고 한다. 그에 따르면, 시설보호 아동은 장기적인 집단생활과 규율화로 인해 개방적이고 따뜻한 대인관계를 형성하지 못하고,

개인의 특성이나 창의력을 개발하는 데 어려움을 겪고 있으며 정서적인 욕구 발산의 기회가 부족하므로 파괴적이고 부정적인 성격을 나타내며, 자신의 출신에 대해 열등감을 갖는 시설병을 보인다고 하였다.

그러나 시설병에 대해서 그다지 무게를 두지 않는 연구도 적지 않으며, 특히 게으름, 주의산만, 약한 발표력 등은 일부 수용되는 면도 있지만 다른 부분에 있어서는 일반청소년과 크게 다를 바가 없다는 연구도 있다. 법인시설 아동과 소규모 비인가 시설보호 아동의 심리적 환경을 비교한 연구에서는 소규모 공동체의 아동이 법인시설의 아동보다 더 성취적, 개방적, 친애적, 자율적, 상호 친밀적, 응집력 있는 성향을 나타내고 있다고 하며, 의식주와 일상생활 그리고 공부 면에서도 긍정적인 태도를 가지고 있는 것으로 밝히고 있다(홍봉선, 1999).

위에서 언급한 여러 가지 특성은 아동에게만 국한되는 것은 아니고 장기간 시설에서 생활한 청소년에게도 예외일 수 없다. 그러나 분명히 해야 할 것은 전술한 특성들이 단지 시설에서의 생활로 인해 야기되었다고 단정 지을 수 없고 시설입소 전의 생활로 인한 영향도 고려되어야 한다는 것이다. 이러한 고려 없이 시설보호 청소년의 특성을 단정 짓는 것은 그들을 객관적으로 이해하는 것과는 거리가 멀다.

2) 환경적 측면

시설보호 청소년의 발달과 성격형성에 영향을 미치는 환경적 요인들은 크게 두 가지로 나누어 볼 수 있다. 하나는 시설보호 청소년들은 이미 입소 이전부터 환경으로부터 부정적인 영향을 받고 있다는 것이다. 아동복지시설에 입소해 있는 청소년들은 결손가정 출신인 경우가 대부분이며 편모 및 편부의 경제적 어려움으로 시설에 입소하거나, 각종 사고나 부모의 사망으로 인해 더 이상 부모나 친척의 도움을 받을 수 없는 상황에서 입소한다. 이런 아동·청소년들은 어렸을 때 가정적인 심한 충격적인 사건을 경험하였기 때문에 공격적인 성격과 낮은 자아상을 가지고 있다. 또한 인격형성에 막대한 영향을 미치는 부모와의 분리 그 자체가 많은 심리·사회적 어려움을 야기한다는 것이다.

또 다른 하나는 입소한 시설의 환경에 의한 요인들이다. 시설보호 청소년은 다른 친구들과는 다르게 시설에 수용되어 있다는 점에서 사회적 낙인에 대한 두려움을 가질 수 있으며, 자신의 현재 상황에 대해 열등감을 가지고 낮은 자아존중감을 가질 수 있다. 뿐만 아니라 시설의 여건상 시설보호 청소년의 개별적인 욕구가 수용될 수 없으며, 특히 열악한 근무환경으로 인해 자신들을 보호해 주는 사람들의 이직이 잦음으로써 일관되고 지속적인 보호와 양육을 받기 어려우며 오랜 집단생활로 인해 유연성과 개성의 상실 및 주의가 산만하고 불안정하고 의타심을 가지기 쉽다는 것이다.

비록 시설에서 생활을 하는 청소년들이 입소 이전에 부정적인 영향을 받았다고 하더라도 입소한 시설에서 충분한 서비스와 전문적이고 개별화된 생활지도를 받는다면 그 어려움을 최소화시킬 수 있을 것이다. 한 마디로 바람직한 시설환경이 마련되면 이러한 문제들은 제거되거나 축소될 수 있을 것이다. 따라서 청소년을 돌보고 있는 시설에서는 다음과 같은 환경을 제공해야 한다.

첫째, 사회적인 도움이 없이는 생존에 위협을 받는 청소년에게 제공하는 '보호 차원의 서비스'이다. 둘째, 현재 상태에서 변화를 가져와 현재의 능력을 보다 강화시키는 것이 요구되는 청소년에게 제공하는 '변화 차원의 서비스'이다. 셋째, 청소년들이 건전한 심신의 발달과 올바른 사회화를 이룰 수 있도록 지원해 주는 '사회와 발달 차원의 서비스'이다. 넷째, 청소년들이 안락감과 즐거움을 느끼게 하는 데 중점을 둔 프로그램을 제공함으로써 생활의 질을 높이는 '생활의 질 향상 차원의 서비스'이다(김현용 외, 1997 : 40-42). 이러한 네 가지 차원의 서비스가 균형적으로 제공될 때 비로소 질 높은 시설보호가 행해진다고 하겠다.

또한 시설보호에서는 시설보호 청소년의 건전한 성장과 자립 능력의 배양을 위해 다음과 같은 실천원칙이 지켜져야 한다(박태영, 1998 : 260 재인용). 첫째, 시설보호 청소년이 존중받고 안전한 상태에서 생활할 수 있도록 개별적인 보호(caring)가 행해져야 한다. 둘째, 일상생활 가운데서 해야 하는 여러 가지 선택을 시설보호 청소년 스스로가 할 수 있도록 선택권(choice)이 보장되어야 한다. 셋째, 직원으로부터 제공되는 서비스의 일관성은 말할 것도 없고 시설 입소 이전 생활과 시설생활에 지속성(continuity)이 보장되어야 한다. 넷째, 시설보호 청소년에게는 계속적인 발달기회를 보장하고 직원에게는 변화하는 욕구에 대응할 수 있는 능력을 갖도록 두 가지 측면에서의 변화능력(change)의 개발이 보장되어야 한다. 다섯째, 가치의 공유(common values)로서 서비스 실천은 공유하는 원리와 가치에 바탕을 두고 이루어져야 한다.

3. 시설보호 청소년에 대한 청소년복지 실태

1) 시설보호 청소년을 위한 사회적 지원체계의 현황

청소년을 보호하는 시설은 여러 가지가 있다. 그중 대표적인 보호시설로는 우리나라 청소년복지지원법에 명시된 청소년복지시설인 청소년쉼터, 청소년자립지원관, 청소년치료재활센터, 청소년회복지원시설이 있다. 이 밖에도 청소년복지시설은 아니지만 유아나 아동기부터 보호하다가 청소년 시기까지 돌봄을 제공하는 아동복지시설인 아동양육시설, 공동생활가정 등도 있다. 이 장에서는 청소년들을 24시간 보호하고 있는 청소년복지시설과 아동양육시설을 중심으로 실태를 살펴보고자 한다.

(1) 청소년쉼터

청소년쉼터는 가출청소년에 대하여 가정 · 학교 · 사회로 복귀하여 생활할 수 있도록 일정 기간 보호하면서 상담 · 주거 · 학업 · 자립 등을 지원하는 시설이다. 주무부처는 여성가족부이다. 청소년쉼터는 청소년 보호시설의 전문화 및 차별화된 지원 서비스를 제공하기 위하여 크게 일시, 단기 및 중장기 쉼터로 구분되어 운영된다.

주요 지원내용으로는 가정 밖 청소년의 일시보호 및 숙식 제공, 가정 밖 청소년의 상담 · 선도 · 수련활동, 가정 밖 청소년의 학업 및 직업훈련 지원활동, 청소년의 가출 예방을 위한 거리상담지원활동, 그 밖에 청소년복지 지원 관리 등이 포함된다. 청소년쉼터는 자치단체 경상 보조로 지원되고 있다. 2023년도에는 전국 청소년쉼터 138개소의 운영을 지원하였다(여성가족부, 2024 : 175). 청소년쉼터 유형별 구체적인 내용은 제12장을 참고하기 바란다.

(2) 청소년자립지원관

청소년자립지원관은 일정 기간 청소년쉼터 또는 청소년회복지원시설의 지원을 받았는데도 가정 · 학교 · 사회로 복귀하여 생활할 수 없는 청소년에게 자립하여 생활할 수 있는 능력과 여건을 갖추도록 지원하는 시설이다. 주무부처는 여성가족부이다. 청소년자립지원관은 크게 청소년 숙식공간(생활관) 운영 여부에 따라 이용형(비숙박형 이용시설)과 혼합형(숙박형 생활시설)으로 구분된다.

주요 지원 내용으로는 자립 준비 청소년이 안정적으로 자립생활을 영위할 수 있도록 해당 시설의 자원, 지역 공공 서비스 및 민간 자원 등을 활용하여 사례 관리와 주거 지원을 기반으로 소득 · 생계 · 금융 지원, 교육 · 진학 지원, 취업 · 훈련 지원, 건강 · 일상 지원을 개인별 맞춤형으로 제공한다. 자치단체 경상 보조로 지원되고 있다. 2018년에 4개소에 대한 국비 투입을 시작으로 2023년에는 8개 시 · 도 13개소의 운영을 지원하였다(여성가족부, 2024 : 178). 청소년자립지원관의 유형별 구체적인 내용은 제12장을 참고하기 바란다.

(3) 청소년치료재활센터

청소년치료재활센터는 학습 · 정서 · 행동상의 장애를 가진 청소년을 대상으로 정상적인 성장과 생활을 할 수 있도록 해당 청소년에게 적합한 치료 · 교육 및 재활을 종합적으로 지원하는 거주형 시설이다. 최근 주의력결핍 과잉행동장애(ADHD), 학업 스트레스로 인한 우울증 등 심리적 · 정서적으로 어려움에 처한 청소년이 증가하면서 청소년의 성장 · 발달과정에 맞는 보다 통합적이고 전문적인 치료 · 재활 서비스의 제공이 필요하다고 판단되어 설치, 운영된 것이다.

현재 중앙에 '국립중앙청소년디딤센터'와 대구에 '국립대구청소년디딤센터'가 운영 중이며 호남권 및 광주에 국립청소년치료재활센터 각 1개소씩 추가 건립을 추진하고 있다(여성가족부, 2024 : 511). 보다 자세한 내용은 제17장을 참고하기 바란다.

(4) 청소년회복지원시설

청소년회복지원시설은 소년법 제32조 제1항 제1호에 따른 감호 위탁 처분을 받은 청소년에 대하여 보호자를 대신하여 그 청소년을 보호할 수 있는 자가 상담 · 주거 · 학업 · 자립 등 서비스를 제공하는 시설이다. 주요 기능은 처분 청소년에게 가정과 같은 환경을 제공하여 생활지원, 심리지원, 학업 · 진로 등 서비스 지원을 통해, 보호 청소년들의 재범 방지 및 건강한 성장을 지원하는 것이다.

기존에는 민간 차원에서 운영되어 오다가 2016년 11월 「청소년복지 지원법」 개정에 따라 청소년복지시설의 한 유형으로 법적 근거가 마련되었고 2019년에는 최초 국비 확보를 통해 종사자 대상 인건비와 운영비를 지원하게 되었다. 2023년 기준 부산,

광주, 대전, 울산, 경기, 경남, 전북, 제주에 총 17개소의 시설 운영을 지원하고 있다(여성가족부, 2024 : 512).

(5) 아동양육시설

아동양육시설은 보호대상아동을 입소시켜 보호, 양육 및 취업훈련, 자립지원 서비스 등을 제공하는 것을 목적으로 하는 시설이다. 여기서 보호를 받은 청소년들은 유아나 아동기에 입소한 후 가정으로 복귀할 수 없는 상황이라서 퇴소에 이를 때까지 계속해서 보호를 받는 청소년들이다. 이들은 대부분 어린 나이에 부모와 분리되어 시설에서 전문가의 지도 아래 오랫동안 공동생활을 해왔다는 점에서 다른 청소년복지시설 청소년들과 상이한 특성과 욕구를 가진다.

2) 시설보호 청소년을 위한 사회적 지원체계의 문제점

청소년을 24시간 돌보고 지원하는 보호시설인 청소년복지시설이나 아동양육시설은 각각의 목적 및 기능, 대상과 지원내용이 상이하다. 더불어 이들 시설이 처한 환경과 문제점 또한 시설에 따라 상이하다. 이 장에서는 각 시설이 당면한 구체적인 문제점을 파악하기보다는 청소년 보호시설이 갖는 전반적인 어려움과 문제점에 대해 알아보고자 한다.

(1) 서비스 및 프로그램 문제

청소년복지시설은 각기 다른 목적과 기능을 가지고 있지만 기본적으로 부모를 대신해 청소년을 돌보고 청소년이 건강한 성장을 할 수 있도록 도와야 한다. 그러나 대부분의 청소년복지시설은 가출, 취업, 인터넷중독 등 특정 문제에 집중하기도 급급하여 청소년의 전반적 발달과 성장을 돕는 서비스 및 프로그램을 제공하기에는 많은 어려움이 있다.

특히 제한된 인력 및 재정 부족, 외부 지원체계의 빈약으로 인해 보호와 문제행동의 개선이라는 두 측면을 균형 있게 지원하는 것, 다양한 청소년의 욕구와 특성을 고려한 새로운 프로그램의 개발, 적용 등에 어려움이 있다. 아동양육시설의 경우 주요 프로그램이 주로 아동에 초점을 두기 때문에 청소년기의 특성을 고려한 프로그램이 빈약하다. 학업에 치중되는 반면 청소년기 발달 및 성장에 필요한 주요 과업을 지원하는 서비스나 프로그램(예를 들면, 자아정체감 및 성주체성 확립, 진로탐색 및 준비, 독립생활 준비, 대인관계 기술 및 문제해결 능력 향상, 연고자와의 관계 강화 등)은 빈약하다.

(2) 보호 수준의 낙후성

시설 생활인에 대한 보호기준은 점차 개선되고 있다. 그러나 대단위의 집단생활 형태로 인해 여러 가지 어려움이 있다. 특히 청소년의 경우 청소년기의 특성상 독립성과 개인적인 생활을 보장받으려고 하는 욕구가 강하며 심리사회적으로 여러 가지 어려움에 직면할 수 있다는 점을 감안하면 청소년이 살고 있는 시설은 단순한 수용공간이 아니라 생활공간으로 기능할 수 있어야 하며, 개개 청소년의 개별적인 욕구가 충족될 수 있도록 최대한 고려되어야 한다. 또한 단순한 의식주 해결 이외의 교육, 재활, 의료, 사회복귀 프로그램 등 입소 청소년의 삶의 질을 향상시킬 수 있는 프로그램의 제공이 필요하다.

(3) 시설종사자의 전문성 및 처우 문제

시설보호가 부모의 역할을 대신하는 대리적 서비스라면 결국 이들 서비스의 질은 대리적 서비스 제공자인 종사자의 전문성과 사명감에 좌우된다. 과거에 비해 시설종사자들에 대한 처우 및 근무여건이 향상되고 있는 것은 사실이다. 그러나 여전히 시설종사자 1명이 보호해야 할 아동, 청소년의 비율은 높다. 생활시설의 경우 청소년이 먹고 입고 생활하는 등 일상생활을 살펴주는 일에서부터에서 사례관리, 상담, 프로그램 진행 등 전문적 개입까지 다차원 역할을 수행해야 하므로 감정노동과 심리적 스트레스를 유발하기도 한다. 시설에 따라 임금격차가 생기기도 하고 야간 근무 및 초과 근무가 잦거나 이에 대한 보상이 이루어지지 않는 등 처우문제도 생긴다. 예산 및 인력 부족 문제로 인해 지속적인 직무 교육과 역량 강화를 위한 지원이 부족한 경우도 있다.

(4) 국가의 지원 부족 문제

현재 시설의 예산은 전액 국고지원이 아니라 상당 부분의 경비는 시설 자체 수입이나 기부금 등으로 자체 시설에서 충당하여야 한다. 시설 자체가 열악한 상태에서 국고 지원금의 부족분을 자체 수입과 기부금으로 메워야 한다는 것은 안정적인 수입원이 없다는 것을 의미한다. 이러한 상황에서 시설은 청소년보호와 재원 마련이라는 이중고에 시달려야 하며 이로 인해 원래 시설의 기능을 소홀히 할 수밖에 없다. 정부가 전적인 책임을 지지 않고 사회적인 자선에 재원의 일부를 의존하고 있는 경우 기부를 많이 받는 시설은 아동을 보다 좋은 조건에서 대우하고 그 반대의 시설은 열악한 조건에서 양육할 수밖에 없는 상황을 초래하며, 이러한 입소자의 불평등을 심화시키고 시설의 전문적 성장을 방해하는 근본적 요인이다.

(5) 시설연장 청소년에 대한 보호의 미비

청소년쉼터는 청소년기본법에 따라 만 24세까지 보호가 가능하며 아동양육시설은 만 18세이지만 대학진학 등 필요한 경우 보호기간을 연장할 수 있다. 연장청소년에 대한 복지시책이 있기는 하지만 미약하다. 직업훈련을 받고 취업을 한다고 해도 아직 정서적으로나 경제적으로 완전한 독립을 이루기 어려운 상황이다. 따라서 퇴소결정을 일률적으로 정하기보다는 청소년 개개의 사정과 능력에 맞게 융통성 있게 조절하는 것이 필요하며, 각종 자립지원 프로그램이나 퇴소 후에도 어느 정도 안정된 생활로 정착하기까지는 다양한 차원에서의 지원이 필요하다.

4. 시설보호 청소년에 대한 청소년복지 대책

1) 제도적 차원

(1) 보호 수준의 향상

시설보호 청소년은 단지 수용된 사람이 아니라 생활의 주체로 인식되어야 한다. 생계비는 꾸준히 증가하고 있으나 청소년의 기호와 건강 증진을 위한 충분한 영양 공급이 필요하다. 또한 명절, 소풍, 청소년의 생일 등에는 특별식을 마련하는 등 시설보호 청소년들도 일반청소년들이 누리는 생활을 함께 할 수 있는 기회가 마련되어야 한다. 교육 관련 지원비 외에도 청소년에게 자율성을 키울 수 있는 용돈 지급,

필요한 수학여행비, 방학 캠프비 등도 지원이 필요하다.

시설이 입소자에게 생활문화공간이 되기 위해서는 가정과 지역사회에서 누릴 수 있는 학습, 위생, 보건, 오락, 정서, 휴식 등 목적을 위한 설비와 부대시설이 최소한 갖추어져야 한다. 또한 무엇보다도 사춘기의 청소년들에게는 자신의 프라이버시가 침해받지 않도록 최소한의 공간이 마련되어야 한다.

(2) 시설 재정 지원 증대

가정이 제 기능을 할 수 없어 시설에서 보호를 받아야 하는 청소년의 복지 문제는 국가가 마땅히 책임져야 할 의무적인 사업임을 확고히 하여, 현재 시설에 지급되는 보조금 제도를 조치비 제도로 개선해야 하며 전액 국가 지원금으로 하는 것이 필요하다. 특히 법정 시설직원 확보 및 배치 기준의 수를 대폭 상향 조정해야 하며 청소년 관련 프로그램의 개발과 운영을 위한 예산, 청소년의 보호수준 향상을 위한 지원이 증가되어야 한다.

(3) 시설종사인의 법정인원 수의 상향 조정 및 처우개선의 필요성

현행 청소년복지법 및 아동복지법상에 규정된 법정시설 직원의 수를 상향 조정하고 현행 급여 수준이나 처우를 현실화시킴으로써 시설종사자의 생활보장 및 일관되고 질 높은 서비스가 행해질 수 있도록 해야 한다. 대부분 정해진 법정시설 직원수는 과거 대단위 수용시설에서 사용하던 기준을 그대로 적용하거나 일부 수정해서 사용하고 있다. 지금의 청소년복지시설의 목적과 기능에 맞게 법정 직원수를 대폭 재조정할 필요가 있다. 특히 격무와 열악한 근무조건에서 벗어나 직업인으로서의 만족감과 사회복지사로서의 사명감이 고양될 수 있도록 대폭적인 지원과 사기 진작의 대책이 필요하다.

(4) 시설의 소규모화

가정적인 환경과 가장 유사한 생활환경을 제공하고 청소년의 인권이 존중되는 개별화된 보호를 제공하고 사회적 자립을 지원하기 위해서는 종래의 대규모의 수용보호에서 탈피하여 소규모 가정단위의 보호방식으로 전환하는 것이 필요하다. 즉, 시설 내에 소숙사(cottage system) 모델로 아동의 다양한 욕구충족을 위한 서비스 프로그램을 운영(예를 들어, 6개월 1년 기간의 자취형, 고교생만 수용하는 진학형, 자립형 등)하거나 가정과 시설의 중간적 위치에서 시설보호의 단점을 보완하는 기능을 가지고 가족보호와 지역사회적 보호를 중시하는 프로그램인 중간가정(half way house), 가정생활의 경험이 특히 필요한 청소년을 선별하여 단독주택에서 부모의 역할을 담당하는 사회복지사와 함께 생활하게 하는 그룹홈(group home) 실시 등이 필요하다.

2) 실천적 차원

(1) 가정복귀를 위한 가족 재결합 서비스 실시 및 강화

현재 시설에 입소한 대부분의 청소년들은 입소 전에 부모가 있다. 다만, 부모의 역할을 수행하는 데 어려움이 있는 경우가 많다. 심지어 일부 청소년의 경우 시설보호를 받으면서 부모와의 관계가 단절되어 시설에서 장기 보호되는 경우도 있다. 따라서 아동이 불필요하게 가족과 분리되어 시설에 보호되는 것을 최대한으로 막고 가족 재결합을 촉구하는 법적·제도적 장치가 마련되어야 한다.

또한 시설보호 시에도 부모의 책임과 역할이 유지되는 것을 법적으로 명백히 명시하여 부모 책임을 강조하여야 할 것이다. 사회복지사들이 입소청소년의 부모와 함께 반드시 재결합계획을 세울 수 있도록 의무화시킴과 동시에 이를 지킬 것을 부모가 문서상 동의하는 계약도 의무화하는 제도적 장치가 마련되어야 한다. 일정 기간이 지나면 재결합 가능성을 타진하도록 아동과 가족 상황을 재조사하는 과정도 필수적으로 있어야 할 것이다(정영순, 2000 : 257-258). 특히 가족 재결합을 위한 가족연계 프로그램, 가족상담, 부모교육, 가족치료 등 가족문제 해결을 위한 가족문제 해결 프로그램, 다양한 사회적 지지체계 구축 등이 필요하다.

(2) 청소년중심의 개별적 맞춤 서비스 및 프로그램 지원

시설의 목적은 단순한 의식주 제공에 있는 것이 아니라 아동의 건전한 인격 발달과 성장에 있으므로 프로그램의 전문성은 대단히 중요하다. 시설에 입소한 청소년들이 독립성 배양, 자율성 확립, 책임감 고양을 위한 프로그램이나 일상생활 능력을 고양시킬 수 있는 프로그램, 문제해결이나 의사소통 기술, 자아존중감을 높일 수 있는 다양한 프로그램들이 마련되어야 한다.

시설보호 청소년을 위한 프로그램 사례를 제시하면 〈표 11-2〉와 같다(박용택, 1994 : 215-225).

〈표 11-2〉 시설보호 청소년을 위한 프로그램 사례

목 표	구 분	내 용
독립성 배양	자취생활	청소년시기에 오랫동안 시설에서의 생활은 권태감과 더불어 여러 가지 문제를 유발한다. 퇴소가 얼마 남지 않은 고등학생에게 6개월 또는 1년 정도의 자취생활 기회를 제공해 주는 것은 청소년으로 하여금 자신의 삶을 어떻게 꾸려나갈 수 있는지를 배우는 좋은 계기가 된다. 이를 위해서는 다음과 같이 협의사항을 계약한다. • 자취방의 물색은 청소년에게 위임하고 시설에서는 최종점검과 계약을 위해서만 개입하며 자취생활에 필요한 기본적 살림은 시설에서 마련해 준다. • 만약 학생신분에 어긋나는 행위가 발견되면 즉시 시설로 복귀하게 한다. • 주 · 부식의 비용은 현금으로 지급하고 시설에서는 조미료를 비롯한 일체의 주 · 부식 재료를 주지 않는다(경제관념의 발전을 위해서).
	여행	고등학생에게 2~3명에 한 조가 되어 전국의 주요 도시를 돌아올 수 있는 여행의 기회를 제공하여 준다.
	자율외출	시설의 아동들은 시설에서 자라는 동안 여러 가지 행사에 참여하게 되며, 이때에 집단 인솔로 참여하게 되는 경우가 많은데 이는 통솔을 어렵게 할 뿐 아니라 통제적일 수 있으며, 뿐만 아니라 신분이 노출됨으로써 프라이버시를 침해하는 역효과가 난다. 따라서 외출 시 3~4명이 그룹을 지어 개별적으로 이동하는 것이 필요하다. 이때 교통비, 간식비 등 외출경비는 각자에게 주고 각자가 관리하도록 한다.
자율성 배양	도시락 반찬	자신의 밥이나 반찬은 자신이 담아가도록 한다.
	설거지	아동들의 근로정신 함양을 위해, 청소년이 집안일에 도움을 주는 경험을 갖도록 하기 위해 남녀나 연령에 구분 없이 설거지를 하도록 한다.
	심부름 하기	물건을 사오고 물건을 전달하는 등의 심부름을 통해 청소년들은 일에 대한 요령과 관계 형성의 기술을 습득하게 된다.
교제력 배양	친구 초대	친구를 집으로 데려오거나 친구집에 놀러가는 것을 장려한다. 친구들이 시설로 놀러오면 간식이나 차를 준비해서 주는 배려도 필요하다.
	인터뷰 훈련	이것은 의도적으로 시도되는 일종의 대인훈련으로 시설에서는 인터뷰할 분과 미리 섭외를 하고 청소년에게 인터뷰할 사람의 지정 및 내용을 함께 검토한다. 인터뷰 준비가 끝나면 그 이후 일은 청소년이 직접 처리하게 한다.
책임감 배양	손해변상	고의든 실수이든 시설보호 청소년들은 시설과 청소년 또는 이웃들에게 경제적인 손실을 끼치는 경우가 필연적으로 있게 된다. 이럴 때 손해변상을 하도록 하는 것이 필요한데 그럴 만한 돈을 아이들이 가지고 있지 않을 때에는 이들에게 돈을 벌 기회를 제공해 줌으로써 자기가 끼친 손해를 갚도록 할 수 있다.
	소유기회의 확대	물건에 대한 애착과 절약정신을 키우기 위해 가능한 한 '자기의 것'을 소유할 기회를 만들어 주고 그것을 관리할 수 있는 능력을 배양시켜 주는 데 관심을 가질 필요가 있다. 예를 들어, 기타나 라디오, 자전거 등을 공용이 아닌 자신의 것으로 지급한다.

근로 정신 배양	용돈벌기	아무 조건 없이 주별 또는 월별로 일정액의 용돈을 지급하기보다는 청소년들이 할 수 있는 일을 시킨 후 그 일이 만족스럽게 되었을 때 소정의 용돈을 지급하는 방식이다.
	아르바이트	방학기간 중 청소년들이 원하는 경우 안전한 곳에서 아르바이트를 할 수 있도록 기회를 제공한다.
	집안일 돕기	자발적으로 시설의 일을 도울 수 있도록 하는 기회를 마련한다.

(3) 자립지원사업 확대

아동복지시설에서 보호되고 있는 아동은 물론 퇴소한 청소년이나 연장보호를 받고 있는 청소년에 대한 서비스가 확대되어야 한다. 현재 자립생활관, 아동복지자립지원센터 등이 운영되고 있으나 그 기능에 있어서는 단체생활의 양상이나 지켜야 할 규칙 등으로 인해 시설의 연장이라는 느낌을 벗을 수가 없다. 별도로 설립된 시설이나 건물이 아니고 일반단독 주택이나 아파트 건물 등에서의 서비스 제공, 사회복지사 배치 등이 검토되어야 한다. 또한 시설연장청소년의 보호를 위해 그룹홈, 인척에 의한 보호, 가정위탁보호 등이 활성화되어야 한다.

참고문헌

김기환(1996). “시설아동을 위한 심리, 정서치료개발 방향”. 제21회 아동복지세미나. 한국아동복지시설연합회.
김현룡(1993). “요보호아동을 위한 시설보호의 개선방향”. 한국아동복지학회. 제3회 학술대회.
김현용 외(1997). 현대사회와 아동. 소화.
노혜련 · 장정순(1998). “육아시설아동의 심리사회적 문제에 관한 연구”. 한국사회복지학, 34('98. 4). 한국사회복지학회.
박태영(1998). “아동복지시설의 기능 개편에 관한 연구”. 사회복지개발연구, 4(3)('98. 9). 사회복지개발연구원.
박용태(1994). “시설아동의 양육환경과 교육 프로그램의 개발”. 한국아동복지학, 2.
배태순(2000). “해체된 가정의 아동들, 그들은 어떻게 보호되고 있나, 국내 해체가정의 아동보호현황”. 한국아동복지학, 9.
손희목(1995). “아동수용보호시설의 서비스 개선방안”. 한국아동복지학, 3.
신인숙(1989). 시설아동의 집단활동 프로그램 실태 및 개선방안에 관한 연구. 서울여자대학교 대학원 석사학위논문.
여성가족부(2024). 2023 청소년백서.
이현주(1999). “아동시설의 프로그램 운영실태와 관련요인”. 한국아동복지학, 8.
정영순(2000). “시설보호아동의 가족재결합 촉구방안”. 한국아동복지학, 9.
조현경(1994). 시설 청소년의 자아정체감에 관한 연구. 이화여자대학교 대학원 석사학위논문.
홍봉선(1999). “아동복지와 사회복지”. 사회문제와 사회복지. 양서원.
Alfred Kadushin(1983). *Child Welfare Service*. New York : Macmillan.

Chapter 12

가정 밖 청소년

누구나 한 번쯤은 집을 떠나고 싶은 마음이 들 수 있으며 때때로 이를 행동에 옮긴다 해도 큰 문제가 되지 않는다. 그러나 청소년의 가출은 어른과 다르다. 지금까지 우리 사회에서 가출청소년은 비행청소년으로 간주해 왔으며 이들에 대한 사회적 대책 또한 이유 불문하고 가정으로의 귀가를 최우선으로 하였다. 부모와의 갈등, 학대문제 등 가정의 문제로 가출한 청소년에게 아무런 대안 없이 가정복귀를 강요하는 것은 재가출을 부채질하는 결과를 초래할 수 있다. 나아가 집단가출, 줄줄이가출과 같은 문제의 악화를 초래할 위험이 있다.

따라서 통제적이고 단편적인 대응에서 벗어나 새롭게 가출청소년을 이해하고 그에 대한 대응책을 모색하는 것이 필요하다. 이러한 노력의 일환으로 가출청소년을 보다 중립적인 용어인 가정 밖 청소년으로 부르자는 주장이 설득력을 얻고 있다. 물론 가정 밖에서 지내는 모든 청소년이 가출청소년일 수 없으나 이 장에서는 가출청소년을 중심으로 살펴보고자 한다.

1. 가출과 청소년

1) 가출의 개념 및 유형

(1) 가출의 개념

가출청소년이란 청소년 시기의 구분, 가출 횟수, 가출 기간, 가출 목적에 따라 다소 상이하게 정의될 수 있으나 일반적으로 부모의 허락을 받지 않았다는 점, 연령이 18세 미만이라는 점, 대략 24시간 이상 집에 들어가지 않은 청소년으로 정의되어 왔다(Garbarino & Garbarino, 1986; Miller, et al., 1980 : 70-134).

그러나 기존의 이러한 개념들이 가출의 원인을 지나치게 개인적 문제로 단순화함으로써 실제 부모의 불화, 방임, 학대 등 부모나 다른 환경으로 인해 야기되는 가출을 이해하는 데 한계가 있다는 비판이 제기되면서 최근 들어 가출청소년의 구분을 세분화하려는 노력이 행해지고 있다. 그중 미국의 전국가출청소년 서비스 네트워크(National Network of Runaway and Youth Service, 1985)에 따르면 가출청소년을 가출청소년(runaway youth), 버려진 청소년(throwaway youth), 길거리 청소년(street youth), 보호체계 청소년(system youth)으로 구분하여 정의하고 있고, 미국의 사회사업사전(NASW, 1996)에서는 가출청소년과 집 없는 청소년(homeless youth)을 구분하여 정의하고 있다.

이러한 개념들은 서로 배타적인 것은 아니다. 특정 가출청소년의 경우 여러 범주에 속할 수 있다. 중요한 것은 이러한 구분이 단순히 가출청소년을 다른 청소년과 구분하여 판별하는 데 목적이 있는 것이 아니라, 다양한 가출청소년의 욕구와 문제를 명확하게 이해하고 그에 따른 적합한 서비스를 제공하는 데 있다는 점이다.

우리나라 청소년 가출 연구에서도 다양한 가출 개념이 정의되고 있다. 기존의 대다수의 정의들이 가출의 원인을 도피나 충동성 등 청소년 개인의 책임(김성경, 1997 : 25; 김준호 · 박정선, 1993 : 24; 나동석 · 이용교, 1993 : 37; 나 철, 1992; 최재석, 1982)을 강조하는 데 비해 최근의 연구에서는 가출청소년을 환경에 의한 피해자로 간주하여 보호의 대상으로 다루고 있다. 김지연과 정소연(2014 : 15-17)은 가출이라는 용어가 집을 나온 행위에 초점을 두기 때문에 가출청소년들을 지위비행청소년으로 보거나 가정폭력 및 학대 등 가출청소년이 당면한 다양한 상황을 간과하기 쉽다고 하면서 가정 밖 청소년으로 부를 것을 제안하였다. 인권위원회에서도 경찰이나 언론에서 가출청소년들이 비행청소년이나 예비범죄자로 간주됨을 확인하고 '가정 밖'이라는 상황에 초점을 두고 이들에 대한 실질적인 보호와 지원 대책을 마련하기 위해서 가정 밖 청소년으로 대체할 것을 권고하였다. 또한 가출청소년을 소위 '우범소년'으로 규정하여 가출 자체를 잠재적 범죄로 낙인찍는 소년법 제4조 제1항 제3호 나목의 규정 삭제를 법무부 장관에게 권고하였다(http://blog.naver.com/wecanhelp/2209195 28659 검색일 : 2017. 2. 14).

이 책에서는 기존의 가출청소년이라는 용어에 사회적 편견이나 부정적 시각이 많다는 점을 고려하여 가출청소년보다는 가정 밖 청소년이란 용어로 사용하고자 한다. 광의의 의미에서 가정 밖 청소년이란 가정이 아닌 곳에서 생활하는 모든 청소년을 의미한다. 이 경우에는 가출청소년은 물론 홈리스청소년, 시설에서 보호 중인 청소년까지 포함할 수 있다. 이 장은 가출청소년에 초점을 두기 때문에 여기서 지칭하는 가정 밖 청소년의 범위는 가출청소년 및 홈리스청소년에 한정하고자 한다. 다만, 기존 문헌을 인용한 부분이나 문맥상 원활한 이해를 위해 가출청소년이라는 용어도 혼용해서 사용하고자 한다. 따라서 가정 밖 청소년이란 자신 및 자신을 둘러싼 환경의 문제를 해결하기 위해 의도적이거나 비의도적으로 가정에서 나온 후 24시간 이상 집에 들어가지 않아 도움이 필요한 청소년이라고 정의하고자 한다.

(2) 가정 밖 청소년의 유형

외국의 경우 다양한 준거기준으로 가출을 분류하고 있으며, 최근 들어 우리나라에서도 가출의 유형화에 관심을 쏟고 있는데 그 내용을 요약하면 〈표 12-1〉과 같다.

Homer(1973 : 473-479)는 가출청소년의 유형화로 가장 널리 알려진 학자로서 치료시설에 입소한 20명을 면접한 결과 가출 동기에 따라 탈출형 가출, 추구형 가출로 이분화하여 가출청소년을 설명하였다. 탈출형은 자신들의 힘으로는 해결할 수 없는 가정적 문제나 대인적 갈등을 경험하고 있는 청소년들로 더 이상 참을 수 없어 가출을 선택한 청소년이다. 추구형은 즐거움을 추구하는 사람들로서 가정에서 금지된 활동을 제공하는 사람이나 장소에 가서 성관계, 약물 또는 알코올 사용 또는 비행에 개입한다. 이들은 자신들의 가정에 대해 만족감을 표현하지는 않지만 다른 가정보다 나쁘다거나 다르다고 느끼지 않는다.

Homer의 이러한 모델은 가출을 지나치게 이분법적 사고로 단순화하였고, 지나치게 소집단을 대상으로 하여 일반화하기 어려우며, 가출청소년의 가출동기와 다양한 개인적 성격 간의 관계를 설명하지 않는다는 점에서 한계가 있다(Sharlin & Mor-Barak, 1992 : 387-406).

〈표 12-1〉 가정 밖 청소년의 유형

구 분	학 자	내 용
가출동기	Homer	• 탈출형 : 개인이나 가족 문제로부터 도망치는 청소년 • 추구형 : 모험, 쾌락, 새로운 경험을 찾고자 하는 청소년
	Green & Esselstyn	• 떠도는 가출소녀 : 순간의 즐거움을 찾는 형 • 불안한 가출소녀 : 복잡한 가정문제로 인해 가출한 형 • 놀란 가출소녀 : 부나 계부로부터 성적 피해자들이 많음
집을 떠난 기간	English	• 뜨내기(the floaters) : 집을 떠나는 것을 즐기지만 48시간 내에 복귀 • 반복가출자(the recurrent runaways) : 가족으로부터 관심을 끌거나 문제상황에서 도피하기 위해 가출함 • 분열자(the spitters) : 사소한 좌절로 영구히 집을 떠나고자 함 • 심각한 거리족(hard road freaks) : 집과의 관계를 일절 끊고 방랑생활을 함
집단규모	박부일	• 개인적 가출 : 단독가출 • 집단가출 : 여러 명이 함께 가출 • 줄줄이 가출 : 가출한 청소년이 비가출청소년을 끌어내는 것
문제 정도	Stierlin	• 미수성(abortive) : 가족과의 심리적 결속이 강해 몇 시간 내에 귀가함 • 분열성(lonely schizoid) : 정신장애로 인한 가출 • 우발성(casual) : 충동적 가출 • 위기성(crisis) : 위기로 인한 탈출형 가출
	Bulter & Reador	• 탐구적(seeker) : 쾌락이나 호기심으로 가출함 • 일차성(primary) : 자신 및 가정의 문제로 가출함 • 반사회성(antisocial) : 가출 후 반사회적 행동을 자행함 • 정신장애성(mentally disabled) : 정신장애로 인해 가출함
행동 및 태도 요인	Dunford	• 자만심이 강하고 제멋대로의 가출청소년 • 잘 적응하는 가출청소년 • 비행에 심하게 개입된 청소년 • 달아난 청소년
부모요인과 아동요인	Miller	• 부모요인에 의한 가출 : 희생자(victims), 추방자(exiles), 반항자(rebels) • 아동요인에 의한 가출 : 도망자(fugitives), 피난자(refugees), 이민자(immigrants)
가출행위의 내면화 정도	Orten & Soll	• 1급 가출청소년(걸어가는 형) : 한두 번 가출을 시도하지만 심리적인 면에서 가정으로부터 독립하지 못함 • 2급 가출청소년 : 이전에 가출경력이 있어 좀 더 내면화된 가출행동을 하는 경우 • 3급 가출청소년 : 1년 이상 길거리생활을 하고 있는 청소년
기 타	형사정책 연구원	• 가출결과 : 시위성, 도피성, 추출성 가출 • 가출준비 : 충동적, 계획된 가출 • 가출횟수 : 일과성, 습관적 가출
	이용교	• 단순탈출, 만성탈출, 만성가출, 단순가출

Greene과 Esselstyn(1972 : 13-19)은 여성 가출청소년을 세 가지 유형으로 설명하였다. 떠도는(rootless) 가출소녀는 모험이나 쾌락을 추구하기 위해 가출을 하고 더 이상의 성숙을 거부하는 소녀를 말하며, 불안한(anxious) 가출소녀는 부모스러운 아이(parental child)로서 알코올중독 부모를 가진 소녀들이며, 공포에 떠는(terrified) 가출소녀는 부모로부터의 성적 학대를 피해 탈출한 소녀들이다. Barth(1986)는 가출청소년을 세 가지로 범주화하여 설명하고 있는데 첫째, 금전문제, 사망이나 이혼 등으로 인한 가족구조의 변화, 부모역할의 미숙함 등과 같은 위기로부터 야기된 가족긴장을 견디지 못해 가출한 청소년, 둘째, 과다한 부모의 기대나 통제로부터 도망 나온 청소년, 셋째, 부모의 신체적 · 성적 학대를 피해 가출한 청소년이다. 그는 가출청소년을 위한 치료계획을 세울 때 두 가지 가출유형(비행, 학대, 소외된 청소년과 그렇지 않은 청소년)과 세 가지 상이한 가족구조(폐쇄적, 개방적, 무정형적)를 함께 검토해야 한다고 하였다.

Orten과 Soll(1980 : 249-261)은 가족들 사이에서 청소년의 소외 정도와 스트레스 상황에 대한 반응으로 청소년이 가출을 내면화하는 정도에 따라 가출청소년을 세 가지로 분류하고 있다. 1급 가출자는 가족으로부터 거의 소외되지 않은 사람이고, 2급 가출자는 다소 거리에서 지낸 경험이 있고 귀가에 대해 모호한(ambivalance) 감정을 가진 사람이며, 3급 가출자는 거리문화를 내면화하고 치료나 귀가에 대한 동기가 전혀 없는 사람이다.

Dunford와 Brennan(1976 : 457-470)은 단순히 일원론적 유형 분류로 가출행동을 설명할 수 없다고 보고 가출청소년의 자존심 수준, 부모와의 관계, 비행과 약물사용의 정도, 학교성적에 따라 가출청소년 유형을 네 가지로 구분하였다. 유형 ①은 자만심이 강하고 제멋대로인 가출청소년으로서, 부모와의 관계가 좋지 못해 자신의 삶에 대한 부모의 영향력이 별로 없다고 느끼며, 부모 역시 방임적 태도를 보인다. 그러나 이들 청소년들은 성적이 높고, 자존심이 높으며 또래와 교사에게 긍정적 태도를 가지고 있다. 유형 ②는 잘 적응하는 가출청소년으로서 긍정적인 부모관계를 유지하고 있으며 학교에 대해서도 우호적인 성향 및 자존심이 높았다. 유형 ③은 비행에 심하게 개입된 청소년으로 부모와의 관계가 열악하며 학교에 실패한 것이 특징이다. 부모의 거부, 부모의 결혼갈등, 비행에의 개입과 약물사용의 정도가 높았으며 학교성적은 현저하게 낮은 특성을 보였다. 유형 ④는 날아난 청소년으로서 부모가 지나친 통제 및 높은 성취에의 기대를 보인다는 공통점을 가지고 있었다.

이상과 같은 연구를 토대로 우리나라의 청소년가출의 유형을 가출목적에 따라 제시하면 크게 시위성 가출, 유희성 가출, 방랑성 가출, 추방성 가출, 생존형 가출로 구분할 수 있다. 첫째, 시위성 가출은 가출 그 자체보다는 가족이나 주위 환경을 변화시키기 위한 목적으로 가출을 행하는 경우이다. 예를 들어, 부모가 잦은 싸움을 하거나 원하는 것을 들어주지 않을 때 자신이 의도한 바를 달성하고자 가출을 하는 경우이다.

둘째, 유희성 가출은 단순히 친구들과 어울려 놀고 싶은 충동에 의해 가출하는 것으로 집을 떠나고자 하는 마음은 없고 며칠 부모의 간섭 없이 놀다가 되돌아올 것을 생각하고 떠나는 가출이다.

셋째, 방랑성 가출은 밖에서 생활하는 것이 좋아 1～2년 밖에서 배회하면서 사는 것이 생활이 되어버린 경우이다.

넷째, 추방성 가출은 가족이나 주위 환경으로부터 가출을 하도록 떠밀려 나온 경우로 이들의 가족들은 가출청소년에게 무관심, 방임 등의 태도로 일관하며 청소년에게 어떠한 관심이나 사랑도 주지 못하고 가족으로서의 기능을 제대로 수행하지 못하는 경우이다.

다섯째, 생존형 가출이다. 가족으로부터의 신체적 · 심리적 · 정신적 학대를 받고 생존을 위해 어쩔 수 없이 도망쳐 나온 유형이다. 이들은 가출에 대해 죄책감을 느끼며 언제든지 가족으로부터 되돌아가려는 욕구를 가진다.

이상과 같은 가출청소년의 유형화는 다양한 가출청소년에 대한 이해와 더불어 개입방법이나 프로그램의 개발 및 적용에 용이하여 매우 유용하다고 본다.

2) 가출의 원인

청소년가출은 단순히 청소년이 집을 나가는 것이 아니라 집 밖으로 내쫓는 방출요인(가정이나 학교적 요인)과 집 밖으로 끌어내는 유인요인(사회 · 환경적 요인)과 가출행위를 실제로 유발시키는 촉발요인(따분함, 충동, 친구들의 유인)의 상호 복합적이고 역동적인 작용에 기인한다는 관점이 일반적이다. 그중 가출의 원인을 개인적 차원과 환경적 차원으로 대별하여 설명하면 다음과 같다(이옥란 외, 1998).

(1) 개인적 차원

이것은 가출청소년이 일반청소년들과 구분되는 정서적·행동적 특성을 지닌다고 보는 관점에 근거하는 것이다. 주로 초기 가출청소년연구에서 사용된 접근이다. 이들 연구에 따르면 가출청소년들은 정서적으로 불안하고, 우울하거나 충동적이며 화를 잘 내는 등의 신경증 또는 정신적 장애, 해소되지 않는 오이디푸스 콤플렉스를 갖거나(Jenkins, 1971; Levy, 1972; Robey, Rosemwald, Snell, & Lee, 1964), 낮은 자아존중감, 자신감의 결여, 원만치 않은 대인관계, 방어적 등의 특성을 가지고 있다는 것이다(Levienson & Mezei, 1970). 또한 여성 가출청소년들은 가출경험이 없는 여성 청소년에 비해 보다 공격적이고, 화를 잘 내며, 충동적이고, 불안정할 뿐만 아니라 쉽게 흥분하며, 종종 거짓말을 하고, 부모로부터 돈을 훔쳐내거나 무단결석을 일삼는다고 하였다.

(2) 환경적 차원

청소년의 가출원인에는 청소년을 둘러싼 가정, 학교, 지역사회 등의 요인이 작용하기도 한다. 구체적으로 살펴보면 다음과 같다.

① 가정적 요인

가족환경이 청소년가출에 미치는 영향은 실로 막대하다. 그중에서도 단지 가족의 구조적 해체 그 자체보다는 이로 인해 2차적으로 파생되는 방임과 갈등, 빈곤문제, 구조적으로 특별한 결함이 없더라도 가정불화, 방임, 무관심 등 심리적 갈등으로 가족이 제대로 기능하지 못하는 기능적 해체가 가출에 더 큰 요인으로 작용한다(Crespi & Sabatelli, 1993; Johnson & Carter, 1980).

부모의 교육 정도, 부모의 직업 정도, 가정의 수입 정도 등 가출청소년을 둘러싼 가정의 사회경제적 환경도 가출과 관련이 깊다(김준호·박정선, 1993; 엄명용, 1996; 최재석, 1981; 표갑수, 1980). 또한 부부간의 불화, 부모와 자녀 간의 갈등, 부모의 훈육방법, 의사소통 유형, 역할 등이 가출의 중요한 요인으로 작용한다(김준호·박정선, 1993; 서울 YMCA청소년쉼터, 1997; 표갑수, 1980; Michaele, et al., 1997).

② 학교적 요인

청소년가출에 영향을 미치는 학교적 요인으로는 크게 입시 위주의 교육풍토, 교우나 교사와의 관계 등이 있다. 입시 중심의 주입식 교육이 극단적인 이기주의 조장, 좌절감과 패배감을 통한 낮은 자아존중감 형성 및 비행행동의 야기 등을 일으킬 수 있는 잠재력 요인이라면 교사와 교우관계는 가출의 촉발요인이 된다. 일부 교사에 의해 행해지고 있는 학생에 대한 비인간적인 처우 문제와 교사와의 갈등, 학업스트레스 등은 한창 예민한 청소년들에게 자신감 상실, 우울, 심지어는 가출행동의 요인이 되기도 한다. 특히 가출 후 학교에 복귀했을 때 교사나 학교로부터 가출 또는 비행청소년으로 낙인 찍히고 처벌 위주의 징계가 가해질 때 학교생활에 적응하지 못하고 다시 가출하는 악순환이 초래되기도 한다.

③ 지역사회적 요인

지역사회는 청소년들에게 있어 구체적인 생활의 원천적 거점인 동시에 교육의 장이며 유용한 자원들이 잠재되어 있는 곳이다. 반면 청소년에게 유해한 환경들이 무방비 상태로 있는 곳이기도 하다. 더욱 문제가 되는 것은 가출 후 청소년들이 경험하는 사회적 환경이다.

청소년들이 가출한 후 주로 시간을 보내는 곳은 청소년 출입금지 지역인 노래방, 비디오방, 커피전문점 등이다(서울YWCA청소년쉼터, 1997). 가출 횟수가 늘어남에 따라 성인오락시설, 유흥업소의 출입 빈도가 높아진다(김준호 · 박정선, 1993). 각종 숙박업소나 공원 등 비교적 한적하거나 밀폐된 공간, 노래방과 유흥업소 등은 청소년들의 흡연과 각종 약물, 가스흡입 등의 문제행동의 장소로 활용된다. 무인가 숙박지, 술집, 유흥업소 등은 이들의 숙박지로, 취업장소로 그리고 또 다른 가출을 끌어들이는 은신처로 활용된다. 이러한 지역사회 환경은 충동적인 비행의 계기를 제공할 뿐 아니라 비행이나 범죄의 희생자가 되게 하기도 한다.

2. 가정 밖 청소년의 특성과 당면문제

우리나라에서 공식적으로 가출청소년의 실태를 조사한 자료는 전무하며 단지 일부 기관이나 단체에서 제시한 자료를 통해서 가출청소년의 가출행동과 문제들을 파악할 수 있다. 조사 대상자, 조사 시기, 조사 목적이 상이한 이들 자료들을 통해 정확한 가출실태를 파악하기는 한계가 있지만 어떤 경향이나 추세를 파악할 수는 있다.

우리나라 중·고등학생을 대상으로 유해환경 접촉실태를 조사한 여성가족부(2024b : 191-193)에 따르면 최근 1년 동안 가출을 해 본 적이 있다고 응답한 청소년은 전체의 2.5%를 차지하며 1년 동안 심각하게 가출을 고민해 본 적이 있다는 청소년은 12.8%로 나타났다. 가출경험률은 남학생(2.9%)이 여학생(2.0%)보다 약간 높지만 가출을 고민한 경우는 여학생(13.3%)이 남학생(12.3%)보다 조금 더 높았다. 한국청소년정책연구원(2023)에 따르면 최근 1년간 가출경험이 있다고 응답한 학생은 중학생이 전체 조사대상자의 3.8%를 차지하였고 그 다음이 초등학생(3.6%), 고등학생(3.1%)의 순이었다. 중학생의 가출경험이 다른 학교급별에 비해 높은 것은 수년 전부터 나타난 경향과 같지만 초등학생의 가출경험이 중학생과 크게 다르지 않게 높은 것은 큰 변화 중 하나라고 할 수 있다.

선행연구들에 따르면, 대다수의 가출청소년들은 일주일 안에 집으로 귀가하게 되고 가출이 늘 부정적인 결과만 초래하는 것은 아니다. 가출로 인해 청소년 당사자는 물론 가족들도 위기를 극복하면서 자신들의 삶을 되돌아보기도 하고 새로운 전환점을 맞기도 한다. 문제는 귀가하지 못하고 가출이 반복되고 장기화되는 청소년들도 상당수 있다는 것이다. 실제 청소년쉼터 이용자 중에는 집 없는 청소년들(homeless youth)이 상당수 있으며 이들은 돌아갈 가정이 없다(남미애 외, 2010).

가출청소년의 당면문제란 문제를 정의하는 측이 누구냐에 따라, 가출 전후에 따라 상이할 수 있다. 이 절에서는 가출청소년의 특성과 당면문제를 가정 및 학대 문제, 고용 및 주거 문제, 교육문제, 성 및 건강 문제, 약물남용 문제, 비행문제, 정서적 문제, 빈약한 사회지지로 나누어 살펴보고자 한다.

1) 가정 밖 청소년의 욕구 및 특성

(1) 가정 및 학대 문제

가출청소년의 사회경제적 배경은 매우 상이하지만 자녀를 가출로 이끌게 하는 일정한 가족형태의 역동성이 있다. 부모의 알코올중독, 방임, 신체적·성적 학대와 관련이 깊다(Lind & Shelden, 1992 : 34-35; Price, 1989 : 77). 가출청소년의 자기보고를 통한 조사에 따르면 가출청소년의 부모는 강압적이고 정서적으로 유대감이 낮거나 약물 사용이나 법적 문제가 있는 부모가 많기 때문에 가정 내에 높은 수준의 가족갈등과 스트레스 상황에 처해 있다. 또한 이들은 청소년쉼터와 같은 시설 입소 후 직원과 원만한 관계를 맺지 못하거나 범죄행위에 가담하거나 신체적 · 정신적 건강 문제, 약물문제 등 행동상의 문제를 보이는데 이것은 그들이 인지한 부모의 양육태도와 매우 유사하다고 한다(Kipke, et al., 1997 : 426-427).

부모나 가족으로부터 학대받은 경험이 있는 청소년들은 스트레스의 탈출구로 가출을 한다. 악몽이나 혼란 등의 정신적 외상을 가지고 있고 사건에 대한 회상을 반복한다. 이들은 희생 이전의 사건에 대해 이야기하지 않고 과도하게 놀라거나 지나친 경계심, 수면장애, 죄책감, 기억상실, 집중력 상실 등을 경험한다(Janus, et al., 1987 : 48). 미국의 경우 가출청소년의 상당수가 가정에서의 성적 학대를 경험한 것으로 보고되고 있다. 이들은 아동기 초기부터 성적 학대를 받아오다가 사춘기에 접어들면서 행동에 의문을 갖기 시작하고 자신이 정상이 아니라는 것을 깨닫고 수치감이나 죄책감에 빠져 가출한 뒤 비행을 저지르게 된다. 이들은 가정에서의 학대를 피해 사회로 나오게 되지만 악덕상인에 빠져 매춘 등의 윤락행위를 하는 등 더욱 심한 학대를 받고 지내기도 한다(Lind & Shelden, 1992 : 37).

(2) 고용 및 주거 문제

가출청소년들이 가출 기간 동안 당면하는 가장 큰 문제는 의식주 해결이다. 가출 기간이 장기화될수록 이 문제는 더욱 절실하게 된다. 가출청소년이 취업할 수 있는 합법적인 직업의 종류가 적고, 단순직, 세차장, 주유소, 레스토랑, 카페 등의 서비스직, 단란주점, 윤락가 등 유흥업에서의 접대부 등 불법적인 영역에서 일하기 쉽다. 설사 취업을 한 경우에도 월급을 제대로 받지 못하거나 노동착취의 대상이 되기도 한다. 가출이 장기화되고 사회적 원조를 발견하지 못하면 쉽게 돈을 벌고 고소득이 보장되는 유흥업소에 취업하는 경우가 많다(김성경, 1997 : 73-74). 또한 불안정한 소득과 지출로 인해 빚을 지는 경우도 있다.

가출청소년들은 가출 초기에는 친구집, 친구의 자취방, 여관 등에서 지낸다(부산광역시 청소년종합상담실, 1997 : 69; 서울YMCA청소년쉼터, 1997 : 157-159). 가출이 장기화되면 돈과 주거가 함께 보장되는 직장을 선호하게 되고, 그런 곳이란 결국 유해업소나 열악한 환경일 수밖에 없다. 심지어는 노숙, 빈 집, 공터에 기거하는 청소년도 있다. 더욱이 가출청소년은 가출촌에서 집단생활을 하며 불량집단화 되어가며 쉽게 애정관계나 인격의 교류 없이 동거생활을 시작하고 있고 불규칙적이며 무절제한 생활습관을 지니고 있다(김성경, 1997 : 95).

(3) 교육문제

가출청소년들은 잦은 가출로 인해 성적이 낮고, 지속적인 학업이수가 어렵다. 가출 전후에 잦은 징계를 받거나 교사들로부터 차별을 경험하는 경우가 있다. 심지어는 무단가출로 인해 자퇴나 퇴학 처리가 됨으로써 학교를 다니지 않는 경우도 있다.

자퇴(自退)하거나 명퇴(明退)처리된 경우 교육에 대한 정보가 어두워 교육의 기회가 상실되기 쉽다. 설령 복학한다 하더라도 입시 위주의 획일적 학교생활에 적응하기 어렵고 교사와 급우 간의 관계에 대한 두려움과 불안을 가진다(박수민, 1997 : 50). 이로 인한 교육의 단절은 학력을 중시하는 우리 사회에서 또다른 사회장애 요인으로 작용할 것이다. 이들이 성인이 된 후에도 빈곤의 악순환을 초래할 가능성이 있다(홍봉선 · 남미애, 1998 : 141-151).

(4) 성 및 건강 문제

가출청소년은 부적절한 숙식과 길거리 생활로 인해 심각한 건강문제를 갖게 된다. 특히 여자 가출청소년들의 경우 성문제로 인한 HIV, AIDS 문제에 노출될 가능성이 크다. 가출청소년이나 집 없는 청소년들의 성적 경험 유형은 크게 강간, 생존형 섹스(survival sex), 관계를 통한 섹스 등이 있다.

미국의 가출청소년이나 집 없는 청소년의 경우 이미 가출 이전부터 가족이나 후견인으로부터 성적 학대를 당한 경험이 있으며 이런 성적 학대를 피해 가출하게 된다(Lind & Shelden, 1992 : 34-35). 이들 피해자는 성폭력 경험이 없는 청소년에 비해 성행위가 활발하며, 다른 여성보다 임신율이 높다. 뿐만 아니라 돈과 음식을 위해 생존형 섹스를 하는 여자 청소년의 경우나 관계를 통한 섹스의 경우에도 콘돔을 사용하지 않아 HIV 감염률과 임신율이 높다(Athey, 1991 : 519-521).

우리나라의 경우에도 가출청소년의 경우 성적 행동성향이 높고 성관계 경험이 많다(안창규 · 문선화 · 전윤식, 1995 : 202). 가출청소년들은 남자친구와 동거 및 혼숙을 하며 자주 성관계를 맺고 있으며 심지어는 유흥업소에 취직하여 윤락행위를 하는 경우도 있다. 임신이나 HIV/ AIDS 및 성접촉으로 전염되는 각종 질병에 훨씬 많이 노출되어 있으나 성병이나 임신에 대한 지식이 부족하고 의료보험증의 부재로 인해 의료기관의 이용률이 낮다. 불규칙적인 식사 및 고르지 못한 영양상태, 과다한 흡연 · 음주 · 약물 사용에 따른 청소년의 건강문제는 청소년 자신들에게는 덜 중요한 것처럼 간주되기 쉽지만 실제 파급효과는 매우 크다. 어린 나이에 임신해서 원치 않는 부모가 되기도 한다. 이러한 문제는 미혼모뿐 아니라 그 자녀에게도 심각한 영향을 미칠 수 있다.

(5) 약물남용 문제

가출청소년들의 약물문제는 흡연, 음주 및 약물남용을 들 수 있다. 안창규 외(1995 : 188-193)에 따르면 가출청소년은 음주, 흡연 경험이 높고, 약물사용 경험이 높다고 하였으며 이런 결과는 다른 연구에서도 유사하다(김준호 · 박정선, 1993 : 101-113). 가출청소년들이 음주, 흡연을 하는 것은 이러한 것에 대한 좋고 나쁨을 따지기 전에 어려운 생활에서의 힘든 과정을 지탱해 나가기 위한 필수적인 과정으로서 현재의 고통과 미래에 대한 불안감을 잊기 위한 것도 있다.

(6) 비행문제

가출과 비행 간의 관계에 대해서는 크게 두 가지 상이한 관점이 있다. 하나는 가출 그 자체가 비행이라는 관점이고, 또 다른 하나는 가출이 비행을 낳는 전제조건이 된다고 보는 관점이다. 일반적으로 가출 그 자체를 비행으로 간주하는 것이 보편적이나 그런 견해에 대해 비판적인 시각도 많다.

모든 가출을 비행으로 간주하기는 어렵지만 가출 전이나 가출 후 비행으로 연결될 가능성은 매우 높다. 미국의 경우 가출청소년의 57%가 체포되었고 집을 떠나 가출한 시간이 길면 길수록 체포되거나 법적인 문제를 더 많이 가지고 있는 것으로 보고하였다(Janus, et al., 1987 : 55). 남자, 여자 모두 비슷한 비율로 가출을 하고는 있지만 여자가 남자보다 더 체포되기 쉽고, 더 많이 법원에 의뢰된다고 한다. 이들 여자 가출청소년 중 일부는 비행에 가담하게 되는데, 그들은 비행행위에 많은 애착을 두는 것은 아니며 옷이나 음식, 거주지를 마련하는 등 생존을 목적으로 한 비행이 많고 이들 중의 일부는 돈을 벌기 위해 성관계를 하기도 한다. 특히 성적 학대경험이 있는 여자 가출청소년은 성적 학대경험이 없는 청소년보다 비행활동, 약물남용, 매춘 등의 범죄활동에 더 많이 개입한다(Lind & Shelden, 1992 : 34-35).

가출 전 비행과 가출 후 비행을 비교한 연구에 따르면 가출 후 비행이 전체적으로 많은 것으로 나타났다. 가출이 진행됨에 따라 지위비행(유흥장 출입, 음주, 흡연 등 성인이 범했을 때는 비행이 되지 않는 비행)보다는 다른 유형의 비행에 관심을 돌리게 되고, 특히 성비행의 경우에는 가출을 많이 할수록 더 높은 것으로 보고되었다. 이러한 변화는 가출이 늘어나면서 음주, 흡연과 같은 지위비행은 일상화되어 버리고 오히려 비행성을 더 많이 보이는 행위로 관심이 변화하기 때문이다(김준호 · 박정선, 1993 : 69-89). 또한 가출기간 동안의 비행경험을 성별로 분석한 결과에 따르면 남자와 여자의 경우 흡연, 유흥업소 출입, 음주 등의 경우는 많은 차이를 보이지 않았으며 기타 다른 항목에서는 남자의 비행경험이 높았다(서울YMCA청소년쉼터, 1997 : 166).

가출청소년은 비행이나 범죄의 피해자가 되기도 한다. 가출청소년을 위한 시설인 청소년쉼터에서 지내고 있는 청소년들을 조사한 남미애 외(2012)의 결과는 보다 심각하다. 쉼터 이용청소년들은 가출 중에 폭행 피해 및 가해, 돈 뺏기, 성관계, 흡연, 술, 성매매, 성매매 알선, 자살생각 및 자살시도 등 다양한 비행에 노출되어 있었다. 조사대상자의 16.3%는 가출 중 성추행이나 성폭력 피해 경험이 있었고 35.9%는 가출 중 비행으로 인해 경찰관을 만나는 등 사법기관에 노출되었다.

(7) 정서적 문제

안창규 외(1995 : 85)에 따르면, 가출청소년은 자신에 대해 자아존중감이 낮고 타인의존적이며 남의 주목을 끌려고 하는 미성숙행동이 높고, 쉽게 흥분하고 떠돌아다니기 좋아한다고 하였다. 또한 공격적 적의, 분노, 공격충동이 높고 자신을 비하하고 절망, 삶에 대해 무의미, 자살 경험성이 높고 호흡, 소화, 두통 등의 신체적 이상을 호소하였으며 심리적 스트레스, 충격 등으로 인한 정서적 갈등이나 심리적 혼란을 겪고 있는 경향이 높다고 하였다.

김성경(1997 : 95)에 따르면, 가출청소년을 돌보는 전문가들은 정서적 문제를 가출청소년의 가장 심각한 문제로 간주하였다. 대부분 가출소녀들은 불신감, 분노, 외로움, 소외감, 열등감, 자책감을 가지고 있으며 가정 내 학대와 폭력을 경험한 경우에는 특히 더 심리적 문제가 크다고 하였다. 뿐만 아니라 이들은 공통적으로 안정과 수용에 대한 갈망과 동시에 돌아다니고 싶은 충동과 욕구를 가지고 있다고 하였다.

(8) 빈약한 사회지지

가출청소년들은 가출 이전에도 가족이나 교사 등 사회지지가 빈약하지만 가출 이후에는 가출청소년이라는 부정적 편견으로 인해 그나마 있던 사회지지체계와도 단절되고 도움을 받을 지지체계가 빈약하다. 일부 청소년들은 외로움과 거리의 위험으로부터 자신을 보호해 줄 지지체계를 직접 만들기도 하지만 오히려 더 위험에 내몰리기도 한다.

가족으로부터 버림받고 되돌아갈 곳이 없는 가출청소년들은 거리에서 가족을 만든다. 일명 가출팸 또는 사이버팸으로 불리는 것으로 이것은 가출과 패밀리(family), 사이버(cyber)와 패밀리(family)의 합성어이다. 이들은 가출이나 인터넷공간을 통해 만나 비슷한 또래의 나이에도 불구하고 각각 아빠, 엄마, 삼촌, 이모 등의 역할을 맡고 가족처럼 서로 의지하며 지낸다. 이것은 정서적인 안정, 가족형성에 대한 가출청소년의 욕구의 표출이라고 할 수 있다. 이것이 사회적 위험으로부터 보호해 주고 외로움을 달래주는 등 생존을 위한 대안가정의 기능도 하지만, 반면에 절도, 폭행, 성매매 등으로 유인하는 창구가 되기도 하는 위험한 동거이기도 하다.

2) 가정 밖 청소년에 대한 관점

최근 들어 가출청소년에 대한 소극적 · 부정적 접근에서 탈피하여 조력적 · 발달적 관점에서 원조와 보호, 지원 쪽으로 새롭게 변화되어야 한다는 연구(김성경, 1997; 김향초, 1998; 안창규 외, 1995; 이옥란 외, 1998)가 제기되고 있다. 본 저자들도 가출청소년에 대한 새로운 접근이 행해져야 한다고 생각하는데 그 이유는 다음과 같다. 첫째, 가출청소년의 수적 증가 및 질적 심각성은 청소년가출을 사회문제로 인식하기에 충분하다. 특히 청소년의 상당수가 가출충동을 느끼고 있어 누구든지 가출을 할 수 있다는 대상의 보편성이 있다.

둘째, 청소년들이 가출을 하게 되는 것은 자신을 둘러싼 환경에서 쫓겨나거나 불가피한 상황에 의한 경우도 상당수 있으며 또한 가출 이전부터 가출청소년들은 환경의 희생자이기도 하다(엄명용, 1996 : 88; Mirkin, et al., 1984 : 63-74).

셋째, 많은 가출청소년들이 가정이나 사회로부터 적절한 보호나 지원을 받지 못하고 방치되어 있다. 가출청소년은 복잡한 가정문제(Johnson & Carter, 1980; Kipke, et al., 1997; Wiggan, 1989 : 5-29)뿐 아니라 거리에서나 가정에서 비행, 신체적 · 성적 학대와 관련되기 쉽다(Lind & Shelden, 1992; Price, 1989). 매춘, 약물남용의 위험에 빠지기 쉬우며(Edelman & Mihaly, 1989 : 91-107; Farrow, et al., 1992 : 717-726), 건강문제, 교육문제, 정서적 문제뿐만 아니라 임신과 미혼모가 될 우려가 높고(Athey, 1991), 사회기술의 결핍, 저소득으로 인한 빈곤문제 등을 겪는다(이옥란 외, 1998; Janus, et al., 1987; Kipke & Palmer, 1997). 그럼에도 불구하고 이들에 대한 사회적 보호나 지원은 빈약하다. 특히 여자 가출청소년의 문제는 더욱 심각하고 개인에게는 삶의 질을 좌우하는 치명적인 위기일 수 있다(Sharlin & Mor-Barak, 1992).

넷째, 청소년의 가출은 청소년과 그 가족에게 스트레스를 주는 위기적 사건이므로 외부의 도움이 더 필요할 뿐 아니라 도움을 받고자 하는 욕구가 강하므로 적은 노력으로 큰 효과를 거둘 수 있다(Rapoport, 1957). 따라서 이 시기에 적합한 사회적 지원은 매우 필요하며 효과적일 수 있다.

다섯째, 집 없는 떠도는 부랑아의 방지이다. 미국의 경우 거의 매년 730,000명에서 150만 명의 가출청소년이 발생하는데 이 중의 약 1/4이 집 없는 청소년이 된다. 심각한 거리청소년(hard core street youth)의 75%가 여러 가지 범죄행위에 개입하고 돈을 벌기 위한 매춘이나 생존을 위한 성행위(servival sex)에 관여하고 있다고 한다(Kipke, et al., 1997 : 415-416). 가출기간이 길수록 이들에 대한 개입이나 치료는 더욱 어렵다. 건강문제, 교육문제, 정서적 이상 등의 문제뿐만 아니라 임신으로 미혼모가 될 우려가 높고, 사회기술의 결핍, 저소득으로 인한 빈곤문제 등으로 독립적인 생활을 하기 어렵다(Edelman & Mihaly, 1989 : 91-108). 특히 중요한 것은 이들의 문제는 그들의 자녀에게도 치명적인 영향을 미칠 수 있다는 것이다.

가출청소년들은 더 이상 통제나 비판의 대상이 아니라 여러 가지 어려움에 처해 있는 존재로서 적합한 지원과 보호를 받아야 한다. 가출청소년에 대한 사회적 지원도 획일적이고 단편적이며 통제지향적인 관점에서 벗어나 다음과 같은 점에 입각해서 전개되어야 할 것이다. 첫째, 가출청소년은 청소년복지의 대상이다. 청소년은 성인과 동등한 자주적이고 독립적인 인격체인 동시에 어떠한 상황에서도 존중되어야 할 사회적 존재이다. 따라서 빈곤, 장애, 비행, 가출 등 어떠한 조건하에서도 차별 없이 인간으로서의 존엄성이 유지될 수 있어야 하며 그들의 개별적이고 다양한 요구를 인정하여야 한다.

둘째, 가출청소년은 사회복지서비스의 주체이다. 가출청소년은 수동적으로 도움을 받는 대상이 아니라, 사회복지서비스를 받을 권리를 가진 주체이다. 가출청소년의 욕구를 충분히 반영할 수 있도록 하고 그들의 권리를 보장해야 한다. 청소년으로 하여금 적극적으로 사회복지서비스를 이용할 수 있게 하고, 필요에 따라 자신의 요구나 목소리를 내고 적극적으로 자신의 삶을 개척하고 사회에 참여할 수 있어야 해야 한다.

셋째, 가출청소년을 위한 사회안전망의 구축이다. 가출청소년이 비록 청소년기의 사회화 과정에서 이탈하였다 하더라도 일차적으로는 조기에 집에 돌아올 수 있도록 돕고 불가피하다면 지역사회에서도 행복하게 살 수 있도록 원조해야 한다. 더 나아가 재가출을 예방하고 인간다운 생활을 보장하도록 하는 사회적 안전망을 구축하는 것이 필요하다. 이를 위해 가출청소년에 대한 서비스는 통합성, 지속성, 접근 용이성, 책임성, 포괄성에 입각해야 한다.

3. 가정 밖 청소년에 대한 청소년복지 실태

1) 가정 밖 청소년을 위한 사회적 지원체계의 현황

(1) 가출청소년쉼터

가출청소년쉼터는 가출청소년을 지원하는 대표적인 기관이다. 청소년복지지원법 제14조에 근거하여 국가 및 지방자치단체는 청소년쉼터를 설치 · 운영할 수 있으며 청소년쉼터 설치운영 및 활동에 소요되는 경비의 전부 또는 일부를 보조한다. 청소년쉼터는 일시, 단기, 중장기 쉼터 유형에 따라 기능과 역할이 다소 상이하지만 위기에 처한 가출한 청소년들을 보호하고 지원하는 시설인 동시에 가정을 대신하는 대체가정의 성격도 가지고 있다(표 12-2 참고). 이러한 청소년쉼터는 청소년발달에 영향을 미치는 주요한 환경일 뿐 아니라 보호요인이며 완충요인일 수 있다(남미애, 2011 : 204). 여성가족부에서는 2023년 일시쉼터 33개소, 단기쉼터 66개소, 중장기쉼터 39개소의 운영을 지원하였다(여성가족부, 2024a : 176).

〈표 12-2〉 청소년쉼터의 종류 및 기능

구 분	일시쉼터	단기쉼터	중장기쉼터
보호 기간	24시간~7일 이내 일시보호	3개월 이내 단기보호 (3개월씩 2회에 한하여 연장 후 특별한 사정이 인정되는 경우 15개월 한도 내에서 추가 연장 가능(최장 24개월)	3년 이내 중장기 보호 (필요시 1년 연장 가능)
이용 대상	가정밖 · 거리배회 · 노숙 청소년	가정밖청소년	가정밖청소년
기 능	- 가출청소년 조기구조 · 발견, 단기 청소년쉼터와 연계 - 위기개입상담, 진로지도, 적성검사 등 상담서비스 제공 - 먹거리, 음료수 등 기본적인 서비스제공 등	- 가정밖청소년 문제해결을 위한 상담 · 치료 및 예방활동 - 의식주, 의료 등 보호서비스 제공 - 가정 및 사회복귀 대상 청소년 분류, 전문기관 연계 의뢰서비스 제공 등	- 가정복귀가 어렵거나 특별히 보호가 필요한 위기청소년을 대상으로 장기간 안정적인 보호서비스 제공
위 치	이동형(차량), 고정형(청소년유동지역)	주요 도심별	주택가
지향점	가출예방, 조기발견, 초기 개입	보호, 가정 및 사회복귀	자립지원

출처 : 여성가족부(2022).

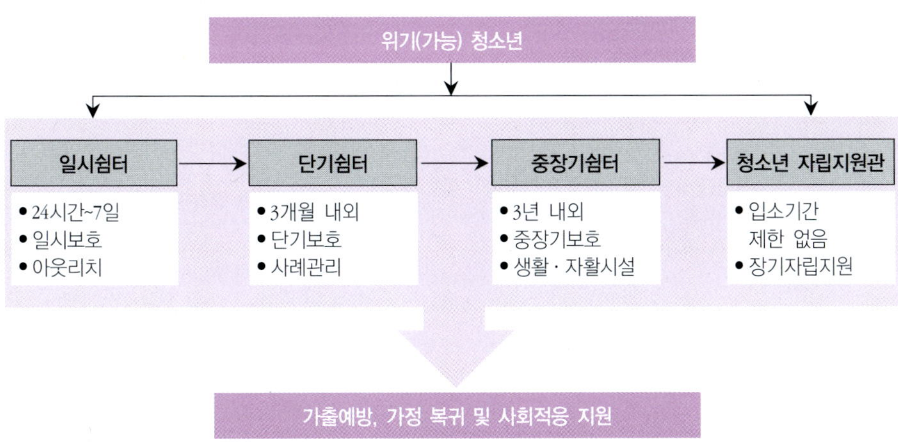

| 그림 12-1 | 청소년쉼터 운영 체계도

출처 : 여성가족부(2017 : 454).

(2) 청소년자립지원관

청소년자립지원관은 일정 기간 청소년쉼터 또는 청소년회복지원시설의 지원을 받았는데도 가정·학교·사회로 복귀하여 생활할 수 없는 청소년에게 자립하여 생활할 수 있는 능력과 여건을 갖추도록 지원하는 시설이다. 이것은 청소년복지지원법에 근거한다.

청소년자립지원관은 크게 이용형(비숙박형 이용시설)과 혼합형(숙박형 생활시설)으로 나눠진다. 이용형과 혼합형 모두 주거 안정을 기반으로 자립생활 능력과 여건을 갖추도록 지원하는 점은 동일하나 이용형은 자립 준비 청소년이 주거 연계를 통해 독립된 주거에서 생활하면서 자립 지원 서비스를 제공받는 반면, 혼합형은 이용형을 기반으로 독립생활이 어려운 청소년을 대상으로 사회적응훈련 및 자립 지원을 목적으로 생활관을 병행 운영하고 있다. 두 유형 모두 사례관리 기간은 1년 이내이며 6개월 단위로 2회까지 연장이 가능하고, 청소년 1인당 최대 지원 기간은 최장 2년을 원칙으로 하고 있다(여성가족부, 2024 : 178).

여성가족부에서는 2023년 이용형 청소년자립지원관 7개소, 혼합형 청소년자립지원관 6개소의 운영을 지원하였다. 2020년부터 자립지원관 청소년의 학위 취득, 취업 준비활동 등을 위한 '자립활동실비'를 예산으로 편성·지원하고 있다. 또한 '자립해냄' 앱 내 해당 내용을 구체화하여 청소년이 스스로 자립 준비 수준을 진단하고 자립에 필요한 정보를 제공받을 수 있도록 하였다(여성가족부, 2024 : 179).

〈표 12-3〉 청소년자립지원관의 종류 및 기능

일시쉼터	단기쉼터	중장기쉼터
지원내용	주거연계 + 자립지원서비스 * 자립준비청소년은 독립된 주거에서 생활하면서 시설 서비스를 이용	주거연계 + 생활관 운영 + 자립지원서비스 * 자립준비청소년은 독립된 주거에서 생활(필요시 일정 기간 생활관 이용)하면서 시설서비스를 이용함
(생활관 이용)	–	생활권 입소는 사례심의위원회에서 결정(최초 3개월 이내, 추가 3개월 연장 가능 1회) * 경계선 지능 청소년, 미성년자 등으로서 독립생활이 곤란하다고 인정되는 경우는 생활관 이용 기간에 제한을 두지 않을 수 있음(사례심의위원회에서 심의 후 결정)

출처 : 여성가족부(2022).

2) 가정 밖 청소년을 위한 사회적 지원체계의 문제점

(1) 가정 밖 청소년 지원을 위한 관련법의 미비

첫째, 우리나라 청소년관련법에서는 가출청소년에 대한 법적인 개념이 불분명하다. 소년법에서는 "정당한 이유 없이 가정에서 이탈하는 자"를 소년보호사건의 하나로 규정하고 있고, 미성년자보호법에서는 불량행위소년에 대한 규정이 있고, 아동복지법에는 요보호아동에 대한 규정이 있지만 이들 법률상의 정의들만 가지고는 가출청소년의 개념을 정확하게 규정하지 못하고 있다. 따라서 가출청소년의 다양한 특성과 문제를 고려한 보다 구체적인 정의가 명시되어 법적인 보호를 받아야 할 것이다.

둘째, 가출청소년을 실질적으로 보호, 지원할 수 있는 규정들이 빠져 있다. 청소년복지지원법에 청소년쉼터의 설치, 운영에 대한 규정은 마련되었지만 이것만으로는 다양한 욕구를 가진 가출청소년에 대한 보호와 지원을 행하기에는 매우 제한적이다. 청소년기본법과 청소년보호법이 제정되어 청소년을 특정 대상으로 설정하고 있으나, 청소년보호법에는 유해매체물 · 약물 · 업소 등 유해환경으로부터 청소년을 보호하는 규정들만 있을 뿐, 가출 · 폭력과 같은 유해한 행위나 행태로부터 청소년을 실질적으로 보호 · 지원할 수 있는 지원규정들이 빠져 있다. 아동복지법에서도 보호조치에 관한 규정을 마련해 놓고 있긴 하나, 18세 미만 아동보호에 초점을 두며 가출청소년을 위한 지원은 부족하다.

셋째, 가출청소년의 보호 및 지원에 있어 일치된 규정이 없다. 경찰이나 아동복지지도원과 같이 가출청소년들에게 서비스를 제공하는 공공기관 관계자들은 가출청소년 발견 시 부모나 보호자에게 돌려보내야 하는 법적 의무가 있다. 그러나 현재 민간기관에서 도움을 제공하거나 가출청소년이 자발적으로 보호기관에 찾아오는 경우 부모의 동의 없이, 부모에게 인계하지 않고도 서비스를 제공할 수 있게 한다. 뿐만 아니라 경찰, 청소년쉼터, 가출청소년찾기본부 간에 네트워크가 제대로 구축되어 있지 않아 가출청소년을 조기 발견하여 신속하게 개입하는 것이 어렵다.

(2) 서비스 제공기관의 부족

가정 밖 청소년을 지원하는 기관으로는 청소년쉼터가 있다. 그러나 청소년쉼터만으로는 복잡한 요인으로 야기되는 청소년의 가출문제에 대응하기 어렵다. 가출청소년 관련 사회서비스는 크게 상담서비스와 시설보호서비스로 나누어 볼 수 있다. 상담서비스를 제공하는 곳은 청소년상담 1388, 청소년상담복지센터, 학교상담실, 각 복지관 상담실, 경찰청 상담실 등 여러 기관이 있다. 그러나 기관의 성격이나 능력에 따라 서비스의 편차가 클 뿐 아니라 실질적, 전문적인 개입에는 한계가 있다. 또한 경찰서 및 시·구청 공무원, 선도위원들이 행하는 선도활동도 있지만 바람직한 긴급지원서비스로 보기 어렵다.

(3) 가출청소년을 위한 서비스 내용의 빈약

우리나라의 경우 가출청소년을 문제청소년과 동일시하는 입장이 우세하여 이들을 위한 서비스 역시 '사회통제'적 서비스가 중심이다. 귀가조치가 우선이며 이들을 위한 다각적인 서비스는 매우 부족한 상태이다. 비록 가출한 청소년이라고 하더라도 가출 중에 인간다운 생활을 유지하고 보다 나은 생활에로 접근할 수 있도록 해야 하지만, 현재 사회적 서비스는 가출청소년에 대한 사회적 안전망으로서의 기능을 수행하지 못하고 있다.

(4) 관련된 부처들의 협력 부족

가정 밖 청소년 지원과 관련이 깊은 부처로는 여성가족부, 보건복지부, 교육부, 행정안전부, 법무부, 고용노동부 등이 있다. 그러나 이들 부처 간 유기적 관계가 원활하지 않고 통합적 지원이 어렵다. 종합적인 대책이 마련되지 않고 중복지원, 사각지대 발생 등의 문제가 있다.

4. 가정 밖 청소년에 대한 청소년복지 대책

1) 제도적 차원

(1) 가출청소년 지원을 위한 근거법 제정

가출청소년의 정의와 가출청소년을 위한 사회복지서비스에 대한 규정이 법에 구체적으로 명시되어야 한다. 미국의 경우 가출청소년을 특정화하고 보호의 필요성을 인식해 '가출 및 부랑 청소년법'을 제정하여 가출청소년을 효과적으로 보호하기 위한 법률을 제정하고 있다. 가출청소년 문제는 가출청소년 당사자의 삶을 황폐화시킬 뿐만 아니라 사회문제와 관련이 깊기 때문에, 국가가 강력한 의지를 가지고 단독의 가출청소년보호법을 제정하는 것이 필요하다. 단기적으로는 청소년복지지원법에 가출청소년의 보호와 지원을 위한 구체적인 내용이 포함되어야 한다.

(2) 가출청소년에 대한 시각 전환

가출청소년을 비록 정상적인 사회화 과정에서 일시적으로 실패하였으나, 정상적인 사회화로 재진입 또는 통합이 가능한 자로 간주하고 지원 및 투자의 대상자로 보아야 한다. 가출청소년을 비롯한 청소년에 대한 정책이나 행정은 가출청소년과 부모의 입장이 최대한 반영되어야 하며, 청소년의 권리와 복지가 보장될 수 있어야 한다. 또한 가출청소년의 보호와 지도에 대한 사회적 책임의 강조와 더불어 관심을 유도할 수 있는 사회적 차원에서의 분위기 조성이 필요하다.

(3) 가출청소년을 위한 지원체계 확립

가출청소년이 발생했을 때 조기에 신속하게 개입할 수 있는 hot-line과 같은 시스템이 구축되어야 한다. 또한 가출 관련 시설 및 기관들 간의 신고체계 및 연계체계가 구축되어야 한다. 가출청소년이 건강한 삶을 영위할 수 있도록 보호는 물론 회복, 미래준비에 이르는 통합적인 지원체계가 확립되어야 한다.

(4) 가출청소년을 위한 일시보호소 및 중장기 시설의 증설

일시보호시설(drop-in center)이 확대, 설치되어야 한다. drop-in center란 길거리를 배회하는 가출청소년에게 가장 시급하게 필요로 하는 샤워, 세탁, 간단한 음식, 구급약품 등의 서비스를 제공하는 기관이다. 이 센터의 특징은 하루 중 일정 시간 동안 문을 열어놓고 찾아온 청소년에게 개인신상에 관한 질문은 배제한 채 그가 요구하는 서비스를 최대한 지원해 주면서 유용한 정보와 상담을 제공하고, 청소년이 원하는 경우 단기 쉼터 등과 연결시켜 주기도 한다. 따라서 대도시 청소년 밀집지역을 중심으로 drop in center를 설치하여 보호시설로 찾아가는 시간을 줄이고 현장에서

부담 없이 편안하게 서비스제공자를 만나 필요한 도움을 받도록 함으로써 유해환경에의 접촉을 조기에 차단한다(김향초, 2004 : 14).

가정 내 폭력, 학대 등으로 인해 탈출형 가출을 하였거나 청소년의 건강한 성장과 양육을 책임질 능력이 없는 부적절한 부모나 가정의 청소년의 경우 장기적으로 이들이 독립할 때까지 함께 생활할 안정적 공간의 필요성이 절실하다. 또 치료에 대해 충분한 동기화가 되어 있지 않은 청소년들에게는 안전하고 편안하게 쉴 수 있는 장소와 음식, 간이 숙박시설을 제공하여 가출이 장기화되는 것을 미연에 예방하는 서비스도 필요하다.

(5) 가출청소년의 발달에 대한 강조

청소년발달은 청소년의 건강, 적응은 물론 삶의 질과 깊은 관련이 있을 뿐 아니라 성인기에 영향을 미치는 중요한 요인이다(Anderson, Sabatelli, & Kosutic, 2007 : 346-347). 남미애(2011)에 따르면 청소년쉼터의 생활만족은 가출청소년의 발달에 긍정적인 영향을 미치며, 특히 시설참여 만족, 직원 만족, 의식주 만족과 같은 요인별 생활만족도는 청소년발달의 하위영역에 상이하게 영향을 미치는 것으로 나타났다. 즉, 가출청소년의 자립과 건강한 사회인으로서의 사회복귀는 적절한 발달과 직결될 수밖에 없다. 따라서 가출청소년의 발달을 증진시키는 다양한 정책 및 실천이 이루어져야 한다.

(6) 가출청소년 실태 파악을 위한 종합적인 조사 실시

가출청소년을 포함한 가출청소년을 위한 종합적인 조사가 실시되어야 한다. 현재 우리나라는 가출청소년에 대한 공식적인 통계와 성별 통계조차 없으며, 청소년의 인구에서 차지하는 비율도 파악되지 못하고 있는 실정이다. 이때 반드시 남녀 분리된 성별 통계와 가출청소년들이 가지고 있는 문제, 욕구에 대해 체계적인 조사가 이루어져야 할 것이다.

(7) 실종신고, 교육, 의료급여와 관련해 관련법 개정

가출청소년에 대한 부정적 이미지를 개선시키기 위해 가정 밖 청소년으로 명칭을 전환하는 것이 필요하다. 실종아동 신고의무 규정에서 일부 조항에 수정이 필요하다. 「실종아동 등의 보호 및 지원에 관한 법률」에서는 실종아동의 조기 발견 및 보호를 위해 보호기관 종사자들이 해당 청소년이 실종 아동임을 알게 된 경우 지체 없이 신고하도록 의무조항을 만들었다. 그러나 위험한 집을 탈출해 나온 가출청소년 중에서는 이 조항으로 인해 쉼터 이용을 기피하거나 종사자 역시 쉼터 이용을 꺼리는 역효과를 초래하고 있다. 따라서 일정 기간 동안의 유예기간을 두거나 청소년의 자발적 동의를 전제로 쉼터 이용이 가능하도록 수정할 필요가 있다.

가정 밖 청소년의 경우 일반적인 건강문제 이외에도 폭력, 성폭력, 학대, 치아건강, 정신건강 등 장기간 치료가 필요한 경우가 많다. 따라서 가출청소년의 의료보장을 위해 의료급여법 제3조 제1항에 '청소년복지시설을 이용하는 청소년으로서 보건복지부장관이 의료급여가 필요하다고 인정한 사람'을 추가할 필요가 있다. 또한 청소년복지지원법에도 가출청소년을 위한 건강검진 및 의료지원, 전담의료기관의 지정을 행할 수 있도록 하는 보다 구체적인 조항이 포함되어야 한다.

(8) 가정 밖 청소년의 후견인으로서의 쉼터 종사자 역할 강화

가정 밖 청소년들이 일상생활을 영위하기 위해서는 법정대리인의 동의가 필요한 경우가 많다. 예를 들어, 아르바이트를 하거나 통장을 개설하거나 입원 및 치료, 휴대폰 구입, 경찰이나 법원 등 사법기관에 노출될 경우 등이다. 그러나 부모의 학대로 탈출하거나 부모와의 연락 두절 등으로 인해 부모동의를 받기 어렵다. 아동복지시설의 장처럼 청소년쉼터 종사자들에게도 법정대리인 역할을 수행할 수 있도록 해야 한다.

(9) 가출청소년의 교육권 확대

가정 밖 청소년들은 여러 가지 이유로 학업중단으로 연결되기 쉽고 급기야는 성인에 이르러서도 사회복지에 의존할 가능성이 높다. 따라서 청소년쉼터 이용기간을 출석으로 인정하는 방법, 청소년쉼터를 학력인정 대안교육시설로 인정하는 방법들이 강구되어야 한다.

2) 실천적 차원

(1) 프로그램의 질적 향상 및 다양화

가출청소년의 욕구나 문제, 가출 유형이 매우 다양하기 때문에 이들에게 적합한 서비스를 제공하기 위해서는 단순한 입소자의 보호뿐 아니라 상담 및 교육 등 치료적·예방적 기능도 병행해야 하며 프로그램의 질적 향상 및 다양화가 시급히 이루어져야 한다. 이를 위해서는 부모교육 및 가족치료의 실시, 개별 맞춤서비스 제공, 현장지원서비스 등에 대한 프로그램의 개발이 선행되어야 하겠다.

첫째, 부모교육 및 가족치료의 적극적인 실시이다. 청소년의 가출은 청소년 자신의 문제가 아니라 가족 전체의 문제이다. 전술한 바와 같이, 상당수의 경우가 부모의 학대나 방임 등 부모의 문제로 인해 가정에서 내쫓기거나 탈출해서 거리로 나옴을 고려해 볼 때 가정의 변화 없이 가출청소년의 귀가는 또 다른 가출이나 문제를 야기할 수 있다.

따라서 가출청소년의 경우 부모교육을 제도화시키는 것이 필요하다. 가출청소년이 학교에 복귀하는 경우 전문기관에서의 부모교육을 의무화한다든지 가출청소년이 경찰서나 법원 등과 관련될 때 부모교육을 의무화하고, 부모가 원해서 자녀를 보호시설에 입소시킬 때도 소정의 교육기간을 이수하도록 함으로써 부모로 하여금 자녀의 문제를 정확히 이해하고 자녀를 올바르게 지도할 수 있도록 해야 한다. 특히 알코올중독이나 학대부모의 경우 부모가 전문적인 치료를 받을 수 있도록 하고 그동안 자녀가 안전하게 보호될 수 있도록 하는 것이 필요하다.

둘째, 청소년의 욕구와 특성을 고려한 개별 맞춤서비스 제공이다. 가출청소년들은 정서적 문제, 주거문제, 교육문제, 가정문제, 성문제, 비행문제 등 다양한 문제를 가지고 있다. 또한 가출청소년들의 희망사항도 학교 복교, 귀가에서부터 가정으로의 독립까지 매우 다양하다. 따라서 획일적이고 단순한 프로그램에서 벗어나 가출청소년의 개별적 특성과 욕구를 고려한 프로그램이 실시될 수 있도록 해야 한다.

셋째, 현장지원서비스(outreach service)의 적극적인 실시이다. 가출청소년이 자발적으로 서비스를 찾아오도록 하는 소극적인 방법에서 직접 가출청소년이나 가출할 우려가 있는 청소년에게 찾아가 정보 및 상담을 행하는 것이 필요하다. 상당수의 가출청소년들이 청소년쉼터에 대해 알지 못하고 있으며 사회로부터 자신들이 어떤 서비스를 받을 수 있는지를 알지 못하고 있고, 특히 가출청소년쉼터에 대해 부정적인 생각들을 가지고 있어 제대로 활용하지 못하고 있다. 따라서 가출청소년들이 자주 찾아가는 곳에서 직접적이고 즉각적이며 개별적인 서비스를 제공하는 것이 필요하다.

(2) 지역사회 연계망을 통한 통합적 서비스 제공

청소년쉼터와 같은 보호시설은 가출청소년을 돕는 하나의 지원기관이지 모든 서비스를 제공해 주는 백화점이 될 수는 없다. 따라서 지역사회에 산재한 다양한 자원(상담실, 사회복지관, 학교, 보건소, 자원봉사자 등)의 유기적 연결을 통해 보다 통합적 서비스를 제공하는 것이 필요하다.

상담실은 전문적인 상담을 통해 가출청소년의 문제해결을 돕고 쉼터에서 제공되는 개별, 집단상담 프로그램 개발 및 상담과정을 지원할 수 있다. 사회복지관은 지역사회 중심의 다양한 이용 프로그램이나 활동을 통해 쉼터에서의 입소생활은 물론 퇴소 후 원만한 적응을 돕기 위해 가정방문을 통한 생활지도나 상담 및 후원사업 등을 통해 가족 전체에 지속적인 서비스가 계속되도록 할 수 있다. 학교를 결석한다거나 학교생활에 적응하지 못하는 점 등이 가출의 징조임을 감안할 때 학교는 잠재적인 가출청소년의 발견 및 문제의 예방 및 해결에 가장 중요한 지지체계이다.

가출청소년의 건강문제와 관련하여 가출청소년의 정기적인 검사나 치료를 위한 보건소와의 지속적인 협력체계를 구축하는 것이 필요하다. 가출 전이나 후에 유해환경하에서 성적 착취나 폭력 또는 경제적 · 노동 착취로부터 보호하기 위해 경찰과의 협조도 필요하다. 마지막으로 무엇보다도 자원봉사자와 긴밀한 관계가 필요하다. 약국, 편의점, 슈퍼마켓, 목욕탕 등 다양한 업종에 종사하는 사람들을 자원봉사자로 활용함으로써 어려운 문제에 직면한 청소년들이 어디에서든 도움을 요청하여 쉼터로 바로 찾아올 수 있도록 하는 채널을 만들어 놓는 것이 필요하다.

(3) 가출청소년보호시설 종사자의 전문성 고양 및 처우개선

가출청소년보호시설 종사자들은 상담과 보호, 자립지원, 자원개발 등 다양하고 복합적인 업무를 수행하는 고도의 전문성이 필요하다. 따라서 이들에 맞는 교육 및 훈련, 슈퍼비전 등이 적극적으로 행해져야 한다. 청소년쉼터 종사자들은 과중한 업무,

낮은 급여, 주 · 야간 근무 등으로 인해 이직률이 높은 편이다. 따라서 인건비 지원 강화, 근무환경의 개선 등이 필요하다.

(4) 이용청소년의 자율성 보장 및 안전한 쉼터 공동체 유지

남미애 외(2012)에 따르면 쉼터 이용청소년들이 이용에 있어 어려움으로 인식하는 것은 쉼터 시설의 환경, 프로그램 및 서비스의 내용보다는 쉼터에서의 일상생활과 관련된 규정이나 내용, 즉 입소기간의 제한, 집으로의 연락, 흡연 및 외출 문제, 까다로운 생활규칙, 용돈 미지급, 입소자들과의 관계와 관련된 사항이 높았다. 따라서 이용청소년들에게 시설생활의 자율성을 보장하는 노력이 필요하다.

안전하지 않은 쉼터생활은 이용청소년에게 제2의 손상을 초래할 수 있다. 시설 입소자들이 공동생활에 적응해 가면서 상호 간의 존중 및 배려가 이루어질 수 있도록 하고 왕따나 배척 등의 문제로 심리적 불안이나 위험을 느끼지 않도록 해야 한다. 이를 위해 입소청소년 및 쉼터 종사자에 대한 인권교육 강화, 입소청소년 간 자치활동 지원 및 관리, 정기적인 인권침해 실태조사가 실시되어야 한다. 또한 종사자와 쉼터 구성원 간의 건강한 관계 및 안전을 위해 야간 근무 시 시설종사자의 안전 문제, 시설종사자의 스트레스 관리 및 건강 관리, 보험 가입 등 위험으로부터의 보호장치 등이 마련되어야 한다.

(5) 청소년쉼터의 현대화 및 입소정원의 현실화

청소년쉼터는 수용시설이 아니라 일상생활이 영위되는 주거공간이다. 이를 위해서는 시설 내 적절한 개인 공간 확보, 편리하고 안전한 편의시설, 여가 및 문화를 즐길 수 있는 공간, 시대에 맞는 시간 도서 및 음반 등 청소년이 머무르고 이용하고 싶은 생활공간이 될 수 있도록 쉼터 시설의 현대화 및 시설보강이 필요하다. 청소년쉼터의 입소 정원은 적정 인원으로 축소되어야 하며 적절한 생활비 및 운영비가 보장되어 안정적인 운영이 될 수 있도록 하는 것이 필요하다.

참고문헌

김성경(1997). 가출소녀를 위한 사회복지서비스 연구. 한국여성개발원.

김준호 · 박정선(1993). 청소년의 가출과 비행의 관계에 관한 연구. 한국형사정책연구원.

김지연 · 정소연(2014). 가출청소년 보호지원 실태 및 정책과제 연구. 한국청소년정책연구원.

김향초(1998). 가출청소년의 이해. 학지사.

_____(2004). "가출청소년 보호대책의 필요성". 가출청소년대책! 어떻게 마련되어야 하나?－대책의 필요성과 주요 과제를 중심으로. 청소년보호위원회.

나동석 · 이용교 공역(1993). 가출청소년 연구. 한국청소년연구원.

나 철(1992). "가출청소년의 가족문제 및 선도방향". 청소년 가출의 예방과 대책방안. 한국청소년연구원.

남미애(2011). "청소년쉼터에서 생활하는 가출청소년의 요인별 생활만족이 청소년발달에 미치는 영향". 청소년복지연구, 13(4), 203-229.

남미애 · 육혜련 · 오현자 · 서보람(2010). 2010년 가출청소년 및 청소년쉼터 실태조사. 여성가족부. 사) 한국청소년쉼터협의회.

남미애 · 홍봉선 · 육혜련(2012). 청소년쉼터 설치 및 운영 내실화 방안. 여성가족부.

박수민(1997). 복교를 원하는 중퇴청소년의 학교적응을 위한 지원방안에 관한 연구. 대구대학교 대학원 석사학위논문.

배주미 · 김동민 · 정슬기 · 강태훈 · 박현진(2010). 2010년 전국청소년위기 실태조사. 한국청소년상담원.

부산광역시 청소년종합상담실(1998). 청소년쉼터 활동 및 연구보고서.

서울YMCA청소년쉼터(1997). 서울YMCA청소년쉼터 리포트 Ⅱ.

안창규 · 문선화 · 전윤식(1995). 가출청소년과 학교관리체제. 집문당.

엄명용(1996). "청소년가출 예방을 위한 가족 및 지역복지 서비스 모형". 한국사회복지학, 통권 제29호.

여성가족부(2011). 2011년 청소년유해환경 접촉 종합 실태조사 보고서.

_________(2011). 청소년백서.

_________(2014). 청소년유해환경 접촉 종합 실태조사.

_________(2017). 2017년도 청소년사업 안내.

_________(2022). 2021 청소년백서.

_________(2024a). 2023 청소년백서.

_________(2024b). 2022년 청소년 매체이용 및 유해환경 실태조사.

이옥란 · 공미혜 · 홍봉선 · 남미애 · 장수한(1998). 부산지역여성 청소년의 가출에 대한 의식과 실태 및 그 대책에 관한 연구. 신라대학교 여성문제연구소. 부산광역시청소년종합상담실.

최재석(1981). "가족해체". 김영모 편. 현대사회문제론. 한국복지정책연구소.

_____(1982). 현대가족 연구. 일지사.

표갑수(1980). "청소년가출의 요인과 대책". 아산, 하계호.

한국인권신문. 인권위, '가정 밖 청소년 인권보호 정책 개선' 권고 http://blog.naver.com/wecanhelp/220919528659(검색일 : 2017. 2. 14)

한국청소년정책연구원(2023). 아동 · 청소년 인권실태조사.

홍봉선·남미애(1998). "복교를 원하는 부산지역 중퇴청소년 부모의 욕구와 사회적 지원에 관한 연구". 한국아동복지학, 통권 제6호.

Anderson, S. A., Sabatelli, R. M., & Kosutic, I.(2007). "Families, urban neighborhood youth centers, and peers as contexts for development". *Family Relations, 56*(4), 346-357.

Athey, J. L.(1991). "HIV Infection homeless adolescent". *Childwelfare, Vol. LXX, Num 2.*

Barth, R. P.(1986). *Social and Congnitive Treatment of Children and Adolescents.* San Francisco : Jossey-Bass.

Coco, E. L., & Courtney, L. T.(1998). "A family systems approach for preventing adolescent runaway behavior". *Adolesence, Summer, 98, Vol. 33.*

Crespi, T. D., & Sabatelli, R. M.(1993). "Adolescent Runaways and Family Strife : A Conflict-Induced Differentiation Framework". *Adolescence, 28*(112).

Dunford, F. W., & Brennan, T.(1976). "A Taxionomy of Runaway Youth". *Social Service Review, 3.*

Edelman, M. W., & Mihaly, L.(1989). "Homeless families and housing crisis in the United States". *Children and Youth Servieces Review, 2.*

Farrow, J. A., Deisher, R. W., Brown, R., Kulig, J. W., & Kipke, M. D.(1992). "Health and health needs of homeless and runaway youth". *Journal of Adolescent Health, 13.*

Feitel, B., Margetson, N., Chamas, J., & Lipman, C.(1992). "Psychosocial background and behavioral and emotional disorders of homeless and runaway youth". *Hospital and Community Psychiatry, 43.*

Garbarino, J., Wilson, J., & Garbarino, A. C.(1986). "The Adolescent Runaway". In Garbarino, J., Schellenbach, C. J., & Sebes, J. M(Eds.), *Troubled Youth, Troubled Families : Understanding Families at-Risk for Adolescent Maltreatment.* New York : Aldine Publishing Company, 42.

Greene, N. B., & Esselstyn, T. C.(1972). "The beyond control girl". *Juvenile Justice, 23.*

Homer, L. E.(1973). "Community-based resource for runaway girls". *Social Casework, 54*(8).

Jenkins, R.(1971). "The Runaway Reaction". *American Journal of Psychiatry, 128*(2).

Johnson, R., & Carter, M.(1980). "Flight of the Young : Why Children Runaway From Their Homes". *Adolescence, 15.*

Kipke, M. D., Palmer, R. F., Lafrance, S., & O'connor, S.(1997). "Homeless Youth's Description of Their Parent's Child-Rearing Practices". *Youth & Society, 28.*

Levy, Z. E.(1972). "Some Thoughts about Patients Who Runaway from Residential Treatment and the Staff They Leave Behind". *Psychiatric Quarterly, 46.*

Levienson, B. M., & Mezei, H.(1970). "Self-Concepts and Idealself Concepts of Runaway Youths : Counseling Implications". *Psychological Report, 26*(3).

Lind, M. C., & Shelden, R. G.(1992). *Girls Deilnquency and Juvenile Justice.* California : Brooks/Cole Publishing Company.

Michaele D. Kipke, Raymond F. Palmer, Steven Lafrance & Susan O'connor(1997). "Homeless Youth's Description of Their Parent's Child-Rearing Practices". *Youth & Society, 28*(4).

Miller, D., Miller, D., Hoffman, F., & Duggan, R.(1980). *Runaways Illegal Aliens in Their Own Land.* N.Y. : Praeger Publishers.

Mirkin, M. P., Raskin, P. A., & Antognini, F. C.(1984). "Parenting, protecting, preserving : Mission of the adolescent female runaway". *Family Process, 23.*

NASW(1996). *Encyclopedia of social work,* 2061.

NNRYS(1985). *A Profile of America's Runaway and Homeless Youth and the Program that Help Them.* Washington DC : Anthor, 3.

Orten, J. D., & Soll, S. K.(1980). "Runaway children and their families : A treatment typology". *Journal of Family Issues, 1*(2).

Price, V. A.(1989). "Characteristics and Needs of Boston Street Youth : One Agency's Response". *Children and Youth Servieces Review, 2.*

Rapoport, L.(1957). "Crisis-Oriented Short Term Casework". *Social Service Review, 41*(1).

Robey, A., Rosenwald, R. J., Snell, J. E., & Lee, R. E.(1964). "The Runaway Girl : A Reaction to Family Stress". *American Journal of Orthopsychiatry, 34.*

Rohr, M. E.(1996). "Identifying adolescent runaways : The predictive utility of the personality inventory for children". *Adolescence, 96,* 31.

Sharlin, S. A., & Mor-barak, M.(1992). "Runaway girls in distress : Motivation, background, and personality". *Adolescence, Summer 92,* 27.

Speck, N. B., Ginther, D. W., & Helton, J. R.(1988). "Runaways : Who will run away again?". *Adolescence, 23.*

Wiggans, A.(1989). "Youth work and homeiessness in England". *Children and Youth Service Review, 2.*

Zide, M. R., & Cherry, A. L.(1992). "A typology of runaway youths : An empirically based definition." *Child and Adolescent Social Work Journal, 9.*

Zimet, G. D., & Solo, E. J.(1995). "Sexual behavior, drug use, and AIDS knowledge among Midwestern runaways". *Youth & Society, June 95,* 26.

Chapter 13

학교폭력 청소년

우리나라 청소년 영역에서 가장 뜨거운 이슈 중 하나는 학교폭력 문제이다. 가장 평화롭고 안전해야 할 학교나 지역사회에서 청소년이 제대로 보호받지 못하고 있음을 나타내는 심각한 문제이다. 정부는 관련법을 개정하고 피해학생 보호, 가해학생에 대한 강제 전학, 퇴학과 생활기록부 기재 등 많은 대책을 쏟아내고 있지만 여전히 학교폭력 문제는 계속해서 발생하고 있다.

원만한 또래관계 형성 및 유지가 중요한 발달과업인 청소년기에 있어서 지속적이고 반복적인 학교폭력에의 노출은 외로움, 억울함, 분노, 우울 등과 같은 다양한 부정적 정서는 물론 공격적 행동, 등교거부, 자살충동 등 외현화 문제행동을 비롯하여 심한 경우 자살시도, 정신장애 등을 초래하기도 한다(권재기, 2011; 김혜원, 2011; 박종효, 2007). 학교폭력이나 따돌림을 목격한 청소년들은 자신도 학교폭력의 피해를 당하지 않을까 두려워하기도 하고 학교폭력을 묵인한 것에 대해 양심의 가책을 느낀다.

이처럼 학교폭력은 개인의 인권을 침해하고 청소년들의 도덕성 발달과 가치관 형성에 부정적인 영향을 미치며 건강한 공동체 형성을 저해한다. 따라서 학교폭력 가해청소년, 피해청소년, 주변인 모두에게 적절한 지원과 개입이 행해지지 않으면 안 된다.

1. 학교폭력과 청소년

1) 학교폭력의 개념과 유형

우리나라에서 학교폭력은 집단괴롭힘(한국교육개발원, 1998), 집단따돌림(구본용, 1997; 김용태 · 박한샘, 1997), 왕따(박경숙 외, 1998), 또래폭력(이상균, 1999), 학교폭력(박효정 외, 2005; 청소년폭력예방재단, 1997) 등 다양한 용어로 혼용되어 불리고 있다.

청소년폭력을 이해하기 위해서는 먼저 폭력의 개념을 살펴볼 필요가 있다. 형법에는 폭력의 개념을 사람의 신체에 대한 유형력의 행사로 정의하여 단지 신체적인 것에 한정하고 있다. Hans Tiersch는 폭력을 유형, 무형의 힘이 사람의 신체 혹은 정신, 심리, 물건 등의 대상에 행사되는 모든 행위를 지칭하는 것으로 정의하고, 폭력의 유형을 크게 물리적 폭력, 심리적 폭력, 구조적 폭력의 세 가지 형태로 구분하였다(이민희 외, 1998 : 29 재인용). 물리적 폭력은 신체에 직접 폭력이 행해지는 것, 신체적 괴롭힘, 신체적 불쾌감을 유발하는 행위 등을 말한다. 심리적 폭력은 언어적 · 상황적 협박과 강요, 고립시키기나 모욕을 주는 일, 두려움을 주는 일, 좌절감을 주는 일 등을 말한다. 구조적 폭력은 주어진 주변 사회 및 자연 환경으로부터의 삶의 위협, 강압적 사회관계 및 제도와 상호 인간관계로부터 받는 심한 갈등을 뜻한다.

이 외에도 폭력에는 다른 목적을 달성하기 위해 폭력을 도구로 사용하는 도구적 폭력, 분노나 공포, 좌절 등이 행동으로 표출된 표현적 폭력, 타인을 괴롭힘으로써 즐거움이나 무언가를 얻고자 하는 공격적 폭력, 이러한 공격에 맞서기 위한 방어적 폭력 등의 유형이 있다(Jenkins & Gowdey, 1981 : 3).

청소년폭력은 성인의 폭력과 다소 상이하게 정의된다. Olweus(1996 : 22-24)는 청소년폭력의 개념을 정의함에 있어 '반복적 그리고 지속적'인 폭력에의 노출을 강조하였고 폭력의 유형에는 위협, 조롱, 때림, 발로 참, 들볶음, 꼬집음, 따돌림 등 물리적이거나 비물리적인 행위를 모두 포함한다고 보고 있다. 이민희 외(1998 : 51)는 청소년폭력을 바르게 이해하기 위해서는 청소년기의 특수한 상황을 고려하지 않으면 안 된다고 전제하고, 청소년기라는 특정한 생득적 · 환경적 성장과정에서 욕구를 충족하기 위한 목적으로 대인과 대물에 관계없이 힘의 불균형 상황에서 발생하는 언어적 · 심리적 · 물리적 폭력이라고 정의하고 있다. 또한 청소년폭력의 범주에는 성인들이 청소년에게 행하는 폭력은 제외하고 청소년 간의 폭력을 비롯하여 청소년이 교사, 부모, 어린이들에게 행한 폭력 등 단지 청소년이 한 폭력행사만을 포함시키고 있다.

반면 McClintock(1981)은 청소년폭력을 도구적 폭력, 개인 간의 폭력, 이념적 폭력, 동기 없는 폭력의 네 가지로 분류하고 있다. 도구적 폭력은 강도나 성폭력과 같이 폭력적인 수단을 동원하여 남의 재산을 탈취하거나 성적 욕구를 충족시키는 등의 공격적 행위를 뜻한다. 개인 간의 폭력은 두 사람 사이의 주먹다툼에서 불화관계에 있는 집단들 간의 패싸움에 이르기까지 사회 구성원들 사이에 발생하는 각종 폭력 행위를 의미한다. 이념적 폭력은 정치적 이념을 달리하는 집단들 간에 주도권 다툼이나 적대관계에 있는 실력자를 제거하기 위한 수단으로 테러를 감행하는 행위를 말하고, 동기 없는 폭력은 뚜렷한 동기도 없이 닥치는 대로 문화 · 예술을 파괴하는 행위를 말한다(홍금자 · 이경준, 1998 : 63-64 재인용).

김준호 외(1997 : 26-27)는 청소년폭력을 다섯 가지 유형으로 분류하고 있는데 첫째, 일반적인 폭설, 위협과 같은 언어적 · 심리적 폭력, 둘째, 따귀, 폭행 등의 신체적 · 물리적 폭력, 셋째, 특별한 이유 없이 괴롭힌다거나 사람을 때리면서 쾌감을 느끼는 증오적 폭력, 넷째, 금품갈취 등 어떤 목표를 달성하기 위한 도구로서 공격행위를 하는 도구적 폭력, 다섯째, 성희롱 및 성폭력이다.

집단따돌림은 보다 광범위하고 집요하게 이루어지는 공격적 행위를 포괄하는 개념으로 사용되는데, 이와 유사한 개념으로는 서양의 집단괴롭힘(bullying), 일본에서의 이지메 등이 있다. Olweus(1993)는 집단괴롭힘이란 또래 간에 벌어지는 싸움과 구분되는 것으로 반복적이고 지속적으로 이루어지며, 가해학생과 피해학생 간의 불균형적인 힘의 관계에서 발생하는 것이라고 하였고 따돌림은 또래폭력의 하위유형에 속한다고 하였다. 일본의 이지메문제연구회에서는 집단괴롭힘(소위 이지메)은 폭력의 한 범주로서 일반적으로 자기보다 약한 자에 대하여 일방적으로 신체적 · 심리적 공격을 계속적으로 가하여 상대방이 심각한 고통을 느끼게 하는 것으로 정의하고 있다. 일반적으로 서구의 괴롭힘은 가해자가 집단뿐 아니라 개인이 개인을 가해하는 행위도 포함하는 데 반해 일본의 경우 가해자가 집단을 이루고 집요함이나 잔인성 등이 상대적으로 강하다. 그러나 우리나라의 경우 집단따돌림이란 물리적 공격보다는 배척에 초점을 맞춘다.

따돌림은 어떤 사회집단에서도 발생할 수 있는 현상이지만 청소년들 사이에서 일어나고 있는 따돌림이 유독 심각한 사회문제로 부각되고 있는 것은, 발달단계상의 특성으로 볼 때 청소년기가 친구에 대한 집착과 집단에의 소속욕구가 유난히 강한 시기이기 때문이다. 집단으로부터 인정을 받는 것은 청소년의 자아정체감 형성의 원천이 된다. 집단따돌림은 집단규범에 동조하지 못하는 구성원을 제재하는 강력한 수단으로서 이를 통해 집단 구성원이 지켜야 할 행동표준을 제시하기도 하고, 집단 내외에 희생양을 만들어 갈등이나 문제로부터 집단을 유지하기 위한 역할도 한다.

우리나라에서 널리 사용하는 학교폭력의 정의는 2012년 5월부터 시행된 「학교폭력예방 및 대책에 관한 법률」에 근거한다. 이 법에서는 학교폭력을 학교 내외에서 학생을 대상으로 발생하는 상해, 폭행, 감금, 협박, 약취 · 유인, 명예훼손 · 모욕, 공갈, 강요 · 강제적인 심부름 및 성폭력, 따돌림, 사이버따돌림, 정보통신망을 이용한 음란 · 폭력 정보 등에 의하여 신체 · 정신 또는 재산상의 피해를 수반하는 행위로 규정하였다. 이 중 상해, 폭행, 감금, 협박, 약취 · 유인, 명예훼손, 강요(형법), 성폭력(성폭력범죄의 처벌 등에 관한 특례법), 정보통신망을 이용한 음란 · 폭력 정보(정보통신망 이용촉진 및 정보보호 등에 관한 법률)는 형사처벌을 받는 폭력이다.

이 법에서의 규정은 학교폭력의 범위에 따돌림, 사이버따돌림, 정보통신망에서의 폭력 등을 포함하여 이전보다 광범위하게 대상을 설정하였다는 의의가 있다. 반면 학교폭력을 학생들 간의 폭력에 한정하여 교사의 학생에 대한 폭력(소위 말하는 교육적 체벌도 포함), 획일적 제도(교복, 두발) 등의 학교의 폭력이 제외되었다는 비판도 있다. 이상의 내용을 정리해 보면 학교폭력은 학교 내외에서 힘의 불균형상태에 있는 학생들 간에 발생하는 의도적이고 반복적인 폭력이라고 정리할 수 있다.

2) 학교폭력의 원인

청소년폭력의 원인을 설명하는 이론에는 충동 이론과 본능 이론, 정신분석학적 이론, 학습 이론, 아노미 이론, 사회통제 이론 등이 있다(이민희 외, 1998 : 554-562). 이들 이론들은 크게 인간의 행위를 한 특정 개인의 생득적 성향에 기인한다고 보는가 아니면 인간의 상호작용 속에서 생겨난 주변 환경으로부터의 반응으로 보느냐로 양분될 수 있지만, 세부적으로는 각 이론들마다 독특한 입장으로 청소년폭력을 설명하고 있다.

그러나 기본적으로 청소년폭력 문제는 일반폭력 문제와는 달리 청소년기의 발달심리학적 특성과 깊은 관련이 있다는 주장이 많다. Anna Freud는 청소년기에 일어나는 성적(性的)인 성숙, 즉 생식기의 발달과 그로부터 발생되는 성적인 욕구에 따르는 내적인 갈등과 심리적 불안정 등이 공격적 행동을 유발한다고 본다(함종한, 1992 재인용). 전성일(1996)에 따르면 청소년기는 신체적으로 공격성에 중요한 역할을 하는 호르몬인 테스토스테론이라는 남성 성호르몬이 왕성하게 분비되는 시기이다. 또한 발달학적으로 청소년 시기는 독립이라는 중요한 인생의 과제를 성취해야 하는 시기로 이를 쟁취하기 위해서는 건강한 투쟁, 경쟁심의 한 표현으로 사고(思考)보다는 신체활동에 의지하는 경향이 있고 또한 미숙한 문제해결 방식의 하나로 폭력을 이용하는 경향이 있다는 것이다.

Shorter 역시 청소년폭력은 인간에게 있어 타고난 인간의 성향이라는 점을 전제하고 단지 이러한 성향은 주변 환경에 의하여 어떻게 통제 또는 승화되느냐에 따라 외부로 표출되는 양상이 다르다고 본다. 따라서 청소년, 가정, 사회의 관계를 이해하는 것이 중요하다고 한다(이민희 외, 1998 : 43 재인용).

이를 정리하면 청소년이란 신체적 혹은 생리적으로는 본인이 주체할 수 없는 에너지를 가지고 있고 정신적으로는 방황과 번민을 할 수밖에 없는 심리적 상태이며, 사회적으로는 유아와 성인의 과도기인 주변인으로서 보호의 대상도 독립적인 인격체도 될 수 없는 문제를 안고 있다. 따라서 그들은 심리적 · 사회적 불안정으로 인하여 우발적이고 즉흥적인 행동을 할 개연성이 높으며 이러한 특성은 학교폭력과 무관하지 않은 것으로 생각된다.

그러나 모든 청소년이 다 폭력을 행사하는 것은 아니다. 청소년이 학교폭력을 야기하는 것은 청소년기의 일반적인 특성과 더불어 폭력을 가하는 청소년 개개인의 특성 그리고 그러한 폭력을 조장하는 환경과의 결합으로 이루어진다고 하겠다. 이러한 관점에서 청소년 학교폭력의 원인을 개별적 차원과 환경적 차원으로 나누어 살펴보면 다음과 같다.

(1) 개별적 요인

학교폭력을 야기하는 청소년의 개별적인 요인으로 가장 많이 언급되는 것은 열등의식, 무력감과 단절의식, 누적된 공격성, 자기통제력 결여, 정신 장애 등이다.

먼저, 일상적으로 폭력행위를 하는 학생들은 일종의 열등의식을 가지고 있다는 것이다. 즉, 청소년기는 다른 사람에게서 자신의 능력을 인정받으려 하고, 자신의 정체감을 세워가는 시기이므로 열등의식을 가지고 있는 청소년은 매우 사소한 일로도 자존심을 침해받는다. 열등의식을 가지고 있는 청소년들은 폭력을 행사함으로써 자신의 자존심을 회복하려 한다는 것이다(한국청소년연구원, 1990). 이러한 열등의식의 대부분은 입시경쟁의 부산물일 경우가 많다.

또한 학교폭력 청소년들은 일반청소년에 비해 무력감과 단절의식, 누적된 공격성 그리고 자기통제력의 결여 등의 특성을 갖는다(송명자, 1996). 무력감과 단절의식은 열등감의 또 다른 표현으로서 입시 위주의 교육환경에서 성적이 낮은 학생들은 무력감에 빠져들고, 이로 인해 급우들과 교사로부터 받는 사회적 단절감을 벗어나고자 폭력이라는 수단을 사용한다는 것이다. 누적된 공격성에 의해 발생하는 학교폭력이란 공격적 성향이 누적적으로 보상받아 온 소수의 일정한 공격적 청소년들에 의해 주도된다는 것이다. 마지막으로 자기통제력 결여에 의한 학교폭력이란 학교폭력이 자신의 충동적 욕구를 억제하는 능력인 자기통제력의 결핍으로 인해 발생한다는 것이다.

인간의 공격행동을 설명하는 대표적인 심리학적 이론인 욕구좌절-공격 이론에 따르면 사람들은 자신이 성취하고자 원하는 목표의 달성이 좌절되거나 그 목표에 도달하는 길이 차단되었을 때 공격충동을 갖게 되고, 이 공격충동은 다시 욕구좌절을 일으키게 만든 대상을 향한 공격행동으로 표현한다(김정희 외, 1993). 학교폭력 청소년의 경우 가정과 학교 및 사회에서 자신의 욕구를 스스로의 의지대로 충족시킬 수 있는 기회가 상당히 제한적인 청소년일 가능성이 높다는 점에서 이 이론은 나름대로 설득력이 있다.

마지막으로 전성일(1996 : 312)은 청소년기는 자아정체감이 형성되고 지속적으로 성격구조를 다져가는 시기이므로 성격장애의 문제 발생, 즉 반사회적 성격장애, 경계선 성격장애, 자기애적 성격장애 등 흔히 적대감을 보이는 성격장애가 있을 수 있다고 설명하고 있다.

(2) 환경적 요인

청소년의 학교폭력을 유발하는 환경적 요인은 크게 가정환경, 학교환경 그리고 사회환경으로 대별할 수 있다.

① 가정환경

학교폭력을 일으키는 가정적 요인으로는 가정 내에서 공공연히 자행되는 가정폭력과 결손가정 문제를 들 수 있다.

첫째 가정폭력이다. 가정에서의 폭력경험은 폭력을 정당화해 주는 규범을 내면화하는 데 기여하게 되므로 공격적 행동으로 쉽게 표출된다. 특히 갈등상황에서 부모들이 어떻게 대처하고 문제를 해결하는가 하는 것은 자녀의 문제해결 능력이나 방식을 결정하는 중요한 요인으로 작용한다. 한 마디로 폭력이 행해지고 폭력 행사를 용인하는 가정 분위기에서 자란 청소년은 폭력의 희생자인 동시에 가해자가 되는 것이다.

둘째, 결손가정 문제이다. 결손가정은 크게 구조적 결손가정과 기능적 결손가정으로 대별할 수 있다. 이 중에서 학교폭력을 유발하는 데 보다 결정적인 영향을 미치는 것은 부모의 사망이나 이혼 등으로 인하여 양친이나 부모 중의 한 분이 없는 구조적 결손가정이 아니다. 오히려 양친의 불화, 갈등, 방임 및 가정의 부도덕 등으로 인하여 가정의 본질적인 기능인 적절한 보호와 정서적 안정이 결여되어 있는 기능적 결손가정이 크게 영향을 미친다. 더불어 지나친 과보호는 청소년 주체성의 약화를 가져오고 이는 또 다른 학교폭력의 원인으로 작용한다.

② 학교환경

학교폭력에 있어서 학교환경은 우선 시간과 장소적인 측면에서 상당히 밀접한 관련성을 가지고 있으므로 학교폭력을 촉발하는 요인은 학교환경과 연계되어 있을 개연성이 높다. 학교폭력과 관련된 학교적 요인으로는 입시 위주의 교육과 학교에서 행해지는 교사의 폭행, 학교사회복지사의 부재 등을 들 수 있다.

첫째, 입시 위주의 교육이 갖는 악영향이다. 한국 사회에서 학교는 '입시에서의 성공을 위해 모든 것은 희생되어도 좋다'는 식의 입시문화, 성적에 따른 일방적인 서열화 그리고 '순종 천국, 반항 지옥'의 폭력적 위계질서가 지배적으로 관철되는 장이다. 이러한 상황 속에서 학교에서는 '교육'이라는 명분하에 강제적인 보충 · 야간학습이 강요되고 있으며, '학생다움'을 규정한 각종 생활규정, 교사의 '지도' 행위 등을 통해 일상적 검열과 통제, 폭력이 난무하고 있다. 인간으로서의 존엄성, 신체의 자유, 표현의 자유, 프라이버시, 사상 · 양심 · 종교의 자유, 적법절차의 권리, 학교운영에 참여할 수 있는 권리, 정치적 권리 등 헌법과 우리나라가 가입해 국내법과 동일한 효력의 'UN 아동 · 청소년권리조약(공식명칭은 아동의 권리에 관한 국제협약)이 보장하고 있는 각종 권리가 교문 앞에 멈춰서 있는 것이다(배경내, 2005 : 18).

둘째, 비민주적이고 평화적이지 않은 학교 분위기 및 풍토이다. 하루 종일 학교에서 생활하고 있는 학생들에게 학교 분위기 및 풍토는 매우 중요한 영향을 미친다. 그중에서도 비민주적이고 비인권적 교실 분위기, 교사의 태도나 행동이 미치는 영향이 클 수 있다. 일부 교사에 의해 자행되고 있는 학생에 대한 비인간적인 처우 문제 등은 한창 예민한 청소년에게는 씻을 수 없는 치욕적인 경험과 상처가 되어 교사에 대한 분노와 공격심을 낳게 한다. 이러한 분노와 공격심을 교사에게 표출할 수 없는 청소년들은 자신에게 돌려 자신감 상실, 우울, 심지어는 자살기도를 하는 반면, 상대적으로 힘이 약한 친구들을 폭언, 폭행함으로써 자신의 분노를 표출하기도 한다. 한마디로 폭력은 폭력을 낳고 폭력의 희생자는 또 다른 폭력의 가해자가 되는 것이다.

셋째, 학교 내 학교폭력과 관련된 적절한 도움을 받을 시스템의 미비이다. 학교 내에서 학업 이외에도 학교폭력 등 어려운 일을 당했을 때 적절한 도움을 받을 수 있는 전문가 및 도움을 받을 기구가 갖추어져 있거나 이것들과의 접근성이 높다면 조기개입을 통해 도움을 받을 수 있다. 누구든 잘못을 저지를 수 있으며 만약 학칙을 어겼다면 그에 상응하는 처벌을 받는 것은 당연하다.

그러나 그러한 처벌이란 교육적 목적에 의해 행해져야 하며 단지 잘못한 것을 벌주는 차원이 아니라 그러한 문제를 일으키지 않도록 막고 잘못된 부분을 고치는 일 등이 가장 우선적으로 고려되어야 한다. 그러기 위해서는 학생 개인의 특성이나 그를 둘러싼 환경에 대한 명확한 이해와 분석이 필요하며 그에 따른 대응책이 필요하다. 그런 점에서 현재 학교 내에서 일어나는 학생들의 심리 · 사회적인 문제에 대해 보다 전문적으로 예방, 치료하는 전문가인 학교사회복지사가 신속히 배치되어야 한다.

③ 사회환경

청소년의 인간 형성은 청소년이 일상생활을 영위하고 있는 가정, 학교의 장에서 주로 행해지지만 가정이나 학교가 충분히 그 역할을 수행하기 위해서는 지역사회와의 제휴, 협력이 필요하다. 학교폭력을 유발하는 사회·문화적 요인으로는 폭력을 묵인하거나 조장하는 사회인식의 문제, 유해환경의 영향 등을 들 수 있다.

첫째, 폭력을 묵인하거나 조장하는 사회인식의 문제이다. 급속한 산업화, 도시화 과정 속에서 경제성장 위주의 국가정책과 정치·사회적 혼란은 한탕주의를 비롯한 황금만능, 물질만능 풍조의 만연을 초래하고 급기야는 인간 경시 풍조를 초래하고 있다. 이러한 어른들의 가시적·비가시적 폭력이 청소년들에게 폭력을 정당화하여 심지어는 미화시키는 문화를 만들었다. 폭력을 휘두르는 것을 용감하고 남자다운 행동으로 잘못 이해하는 사회 분위기 속에서 폭력은 근절되기 어렵다.

둘째, 유해환경의 영향이다. 산업화·정보화 시대를 맞이하여 유해인쇄매체, 유해영상매체, 유해업소, 유해물품과 같은 청소년 유해환경의 악영향으로 인한 청소년문제가 증가하고 있다. 불량만화, 비디오방, 전화방, 오락실, 유흥·숙박업소 등이 학교 주변에까지 침범하여 민감한 학생들을 쉽게 유혹하고 있으며, 때로는 이곳에서 전개되는 폭력을 목격하거나 직접 가담하게 되기도 한다(권이종, 1997). 또한 선정적이고 폭력적인 대중매체는 청소년의 정신을 오염하고 폭력을 조장하는 주범의 역할을 하고 있다. 매스미디어 속의 범죄적·폭력적 내용들은 감수성이 예민한 청소년들에게 이른바 '범죄학교(a school for delinquency)'일 수 있고 '방아쇠 효과(triggering effect)'를 가져올 수 있다. 폭력적이고 범죄적인 내용에 많이 접촉하는 청소년일수록 비행을 많이 일으키고 있다(표갑수, 1995).

결론적으로 학교폭력의 원인(原因)은 크게 후술할 원인(遠因), 근인(近因), 촉발요인(觸發要因)이 복합적으로 작용한다고 하겠다. 즉, 공격성과 심리적 불안정성이 높은 청소년기 그 자체가 학교폭력의 원인(遠因), 학교폭력을 일으키는 청소년 개개인의 개별적 성격이나 성향 등의 특성이 폭력을 유발하는 근인(近因)으로 작용한다. 그러나 비록 원인이나 근인이 있다고 하더라도 모든 청소년이 학교폭력을 일으키는 것은 아니다. 실제 학교폭력이 즉각적으로 발생하는 계기에는 촉발요인이 작용한다. 사소한 말다툼, 폭력을 조장하는 유해환경에의 노출 등이 해당된다.

2. 학교폭력 청소년의 특성과 당면문제

학교폭력은 청소년의 건강 및 삶의 질을 손상시키고 공동체를 약화시키는 중요한 사회문제이다(서정기, 2011; 이상균 · 정현주, 2012; 조정실 · 차명호, 2010; 청소년폭력예방재단, 2008). 학교폭력이 사회적 문제로 인식되면서 최근 학교폭력에 대한 실태파악을 위한 조사들이 행해지고 있는데 이를 정리하면 다음과 같다.

첫째, 학교폭력이 소수 특정 학생들 사이에서 발생되는 것이 아니라 일반학생까지 범위가 확대되고 있다. 증가 추세이던 학교폭력이 코로나19 이후 일시적으로 주춤하였지만 여전히 학교폭력은 증가하고 있다. 교육부가 실시한 「2022년 학교폭력 실태조사」 결과에서는 학교폭력 피해 경험률이 1.7%로 나타났다. 여기에 행위자, 가족, 교사, 친구 등 주변인까지 포함하면 실제 학교폭력으로부터 영향을 받은 사람은 훨씬 많음을 짐작할 수 있다. 이들 중 상당수는 학교폭력 전 · 후, 처리 과정에서 피해자화되기도 한다.

둘째, 학교폭력 최초 발생연령이 낮아지는 추세이다. 피해학생과 가해학생의 과반수는 초등학교 때 최초 피해 또는 가해 경험이 있는 것으로 나타났다. 권재기(2011)에 따르면 초등학교 4~5학년이 집단따돌림 피해에 있어 중요한 시점이라고 제시하였다.

셋째, 단순한 신체적 폭력이 아니라 강제적 심부름, 사이버 폭력, 성적 모독 등 언어적 · 정신적 폭력이 증가하고 있다. 또한 중학생의 학교폭력 발생 비율이 가장 높고 전반적으로 연령이 증가할수록 감소하는 경향이 보인다.

넷째, 가해자와 피해자 구분이 불분명하고 학교폭력 피해경험이 있는 학생들은 다시 폭력을 당하지 않기 위하여 다른 학생에게 폭력을 행사하는 악순환이 발생한다. 학교폭력은 주로 피해경험과 가해경험이 독립적인 것이 아니라 가해자와 피해자가 동일한 집단일 가능성이 높고, 가해 · 피해를 동시에 경험하는 중복경험을 갖는다(신혜섭, 2005). 폭력에 지속적으로 노출될 경우 우울, 불안, 또래 스트레스와 같은 내재화 문제행동은 물론 분노, 신체적 공격성, 자살충동 등 외현화 문제행동도 갖기 쉽다. 이런 영향으로 인해 가해자에서 피해자, 피해자에서 가해자로 쉽게 위치의 전환이 일어날 수 있다(이상균 · 정현주, 2012 : 34-40).

다섯째, 학교폭력을 사소한 장난으로 인식하거나 위장하고 학교폭력을 목격하는 경우에도 방관하는 경향이 높다. 특히 집단따돌림은 비가시적인 행동을 많이 포함하고 있어 피해자 파악이 상대적으로 어려워 학교현장에서 조기개입이 어렵다는 점이다. 따라서 피해학생이 느끼는 불안감은 커지는 반면, 가해학생은 별다른 죄의식을 느끼지 않고 지속적으로 폭력을 행사하고, 학생이나 학교에서는 학교폭력문제를 인식하기 어렵다(서양숙, 2011).

여섯째, 학교폭력에 노출되었을 때 외부에 도움을 요청하지 않거나 방관하는 청소년이 많다(여성가족부, 2011; 청소년폭력예방재단, 2013). 일반적으로 학교폭력 경험이 전혀 없는 청소년이 피해경험이 있는 청소년보다 도움요청 의도가 상대적으로 높은데 반해 학교폭력 피해경험이 있는 청소년들은 도움요청 의도가 상대적으로 낮다.

일곱째, 어린 시절 폭력에의 노출경험은 청소년기는 물론 그 이후까지 연속될 가능성이 크다. 한국청소년패널조사자료를 사용한 이상균과 정현주(2012 : 34-38)에 따르면 초등학교 때부터 피해나 가해 행동에 노출된 청소년들은 중학교에 진학한 이후에도 계속 피 · 가해 행동이 유지될 가능성이 높다고 하였다. 이는 학교폭력의 차단은 혼자만의 노력으로 어렵고 조기 개입의 필요성이 중요하다는 것을 뒷받침하는 결과라고 하겠다.

학교폭력 청소년의 특성과 당면문제를 이해하기 위해서는 가해청소년, 피해청소년, 주변인청소년 등 다양한 측면을 고려해야 한다. 그러나 우리나라 청소년폭력의 특성상 가해청소년과 피해청소년이 여러 가지 공통의 특성을 가진다는 점에서 이들을 명확히 구분하기 어렵다. 또한 주변인청소년들도 다양한 특성을 갖는다. 그럼에도 불구하고 이 절에서는 학교폭력 청소년의 특성과 당면문제를 보다 명확히 드러내기 위해 가해청소년, 피해청소년, 주변인청소년으로 대별해서 학교폭력 청소년의 특성과 당면문제를 살펴보고자 한다.

1) 가해청소년

가해청소년은 폭력을 행한 사람이다. 청소년의 폭력은 폭력을 행한다는 점에서 성인 폭력과 같지만 그 외 여러 가지 측면에서 성인의 폭력과 다른 특징들을 갖는다.

첫째, 폭력행위에 대한 책임의 부정이다. Lockwood(1997)에 따르면 또래폭력 가해청소년들은 대부분 자신의 폭력적 행동에 대한 책임은 인정하지만 그 행위의 잘못에 대해서는 인정하지 않는다고 한다. 즉, 피해학생이 폭력을 사용하게끔 원인을 제공하였다는 식으로 자신을 정당화한다는 것이다(이상균, 2000 : 793-796 재인용).

이러한 부인행동은 크게 두 가지 이유에 기인한다. 하나는 청소년들의 폭력은 사소한 시비에서 시작되는 경우가 많아 폭력의 책임이 모호한 경우가 많다. 폭력청소년들은 별명 부르기, 사회적 규율 위반 등의 사소한 시비를 자신에 대한 위해(harm)로 받아들이기 때문에 이에 대해 신체적으로 징벌한다고 하더라도 이는 일종의 정의실현이자 자기방어라고 받아들인다는 것이다.

또 다른 이유로는 교사나 부모와 같은 권위를 가진 성인들이 상대 청소년을 처벌하지 않을 것이라고 믿기 때문에 자신이 스스로 상대 청소년에게 폭력을 가함으로써 처벌을 한다는 것이다. 이러한 생각 이면에는 '어른들은 공정하지 않다', '도덕성의 위반에 대해 아무런 조치를 하지 않는다'는 불신과 더불어 자신들 또한 희생자라는 억울함이 내재되어 있다고 하겠다.

둘째, 폭력가해 청소년의 상당수가 폭력피해 경험을 가지고 있다는 것이다. 즉, 피해청소년이 가해청소년이 되기도 하고, 가해청소년이 피해청소년이 되기도 한다는 것이다. 김준호 외(1997)의 연구를 비롯한 여러 연구에 따르면 폭력피해를 당한 학생들 중 상당수가 가해경험을 동시에 가지고 있으며, 일부 폭력적인 청소년들이 서로 피해자가 되기도 하고 가해자가 되기도 하는 악순환을 거듭한다고 한다.

셋째, 가정이나 학교에서 폭력적 훈육을 받은 경험이 많을 뿐 아니라 그를 통해 폭력을 학습하게 된다는 것이다. 교사와 부모로부터 체벌이나 언어적 폭력을 많이 경험한 학생들일수록 폭력에 대한 허용도가 높고 또한 가해경험이 높다(김준호 외, 1997). 폭력비행을 저지른 보호관찰 청소년을 조사한 이춘화(1999 : 55-56)의 연구에 따르면 폭력경험이 있는 청소년이 그렇지 않은 청소년에 비해 가정 분위기가 더 폭력적일 뿐 아니라 부모로부터 맞은 경험도 더 많아 가정환경이 매우 폭력적인 것으로 나타났고, 교사로부터 맞은 경험도 더 많은 것으로 나타나 학교환경 역시 폭력적인 것으로 나타났다.

넷째, 공격적 성향이 크다는 것이다. 학교폭력을 행사하는 학생은 대부분 공격적 성향을 가지고 있으며 이러한 공격적 성향이 폭력행동을 주기적으로 개발한다는 것이다. 힘이 센 청소년은 초기부터 주변사람으로부터 폭력소년으로서 주시되고 대우된다. 그를 '폭력청소년'이라고 감히 부르지는 않더라도 무시, 회피, 차별하거나 반대로 특별히 정중히 취급하는 등의 행동을 한다. 이러한 주변의 상황에 의하여 폭력을 행사하도록 암묵적으로 기대된 소년은 주위의 예언적 기대에 따라 실제로 폭력을 실현해 간다고 한다. 이때 본인은 이러한 행동에 의하여 심리적으로 안정되고 주위에서는 '역시 그랬었구나'라고 하면서 자기예언의 정확성에 만족하게 된다는 것이다(강동욱, 1999 : 266).

다섯째, 현실에 대한 부적응이다. 청소년들의 폭력행위는 개인이 생활환경에 적응하지 못한 상태로부터 탈출하는 행동이기도 하다. 학교폭력을 행사하는 가해자들의 상당수는 부모나 교사의 기대만큼 공부를 잘하지 못하고 가정과 학교생활에 잘 적응하지 못함으로 인해 상당한 스트레스를 경험하고 있다. 이러한 학교나 가정에서의 욕구불만이나 소외감, 열등감, 죄악감 등은 더욱더 현실생활에의 적응을 어렵게 한다. 따라서 그들은 자신을 이해해 줄 지지그룹을 더욱더 필요로 하며, 미래에 대한 희망이 좌절된 상태에서 끼리끼리 모여 자기들을 과시하기 위해서나 유흥비를 마련하기 위해 금품을 갈취하는 과정에서 쉽게 폭력을 행사하게 된다. 청소년에게 있어 폭력은 그 자체보다 폭력이 동료와 함께하는 행동이라는 점에 더 많은 의미를 부여하고 있다.

이혜영(1999 : 24-25)은 따돌리는 청소년들의 심리 · 사회적 역동을 다음과 같이 설명하고 있다. 첫째, 좌절 및 공격성의 표현이다. 원호택(1997)은 청소년기 정체감 형성 과정에서 경험하는 좌절이 공격행동이나 적대적 행동을 유발하는데 이런 좌절을 가져다준 대상에게 공격행동을 하는 것이 아니라 희생양이 될 수 있는 약자를 찾아 따돌림이나 음해하는 공격을 한다고 보았다. 또한 여학생의 경우 경쟁관계에서 좌절함으로써 열등의식이 생기고 이런 열등의식으로 경쟁적 질투가 생겨서 특정 학생을 따돌리기도 하고 또 경쟁대상 학생을 공격할 수 없어 약자를 찾아서 따돌리기도 한다.

둘째, 따돌림 당한 경험에 대한 보복과 공감능력의 부족이다. 따돌림을 당한 학생들이 동시에 다른 친구를 따돌리는 경우가 많다. '나도 당했었다'고 생각하고 보복하고자 하는 경향이 있다. 이때 잠재된 분노가 표현되면서 동시에 자신의 분노를 정당화하기 때문에 자기가 친구를 따돌리는 것에 대해 죄책감을 덜 느낄 수도 있다. 결과적으로 자신이 하는 행동이 타인에게 어떤 결과를 초래하는지보다는 자신이 분노

표현에 심리적 에너지를 더 많이 투자하기 때문에 타인에 대해 진정한 관심을 보이기가 어렵다.

셋째, 또래의 압력이 작용한다. 따돌리는 학생들 중에는 주도하는 학생보다 동조하는 학생들이 훨씬 많다. 예컨대, 따돌림을 당해 괴로워하는 주변 친구들을 보고도 교사에게 알리지 않는다든지 따돌림 당하는 아이를 친구로 사귀지 않는 것 등은 따돌림 현상에서 또래의 압력이 크게 작용하는 것으로 짐작된다.

그렇다면 앞서 언급한 학교폭력의 원인, 근인, 촉발요인의 결합으로 야기되는 청소년의 학교폭력을 어떻게 이해하는 것이 보다 가치지향적이며 청소년들의 복지 증진과 사회적 공동선을 확보하는 방향인가를 고민하지 않을 수 없다. 이런 논의를 위해 몇 가지 측면에서 살펴보면 다음과 같다.

첫째, 학교폭력에 대한 비난과 책임을 가해 청소년에게만 물을 수 있느냐 하는 것이다. Lind와 Sheldon(1992)은 청소년비행을 설명하는 유력한 사회학적 이론 중의 하나인 사회통제(social control) 이론에서, 개인은 누구나 범죄동기를 가지고 있으며 범죄동기를 가진 개인의 범죄행위의 여부는 그러한 범죄동기를 통제해 줄 수 있는 인습사회와의 유대 정도에 의해 결정된다고 주장하고 있다. 현재 사회는 청소년 폭력을 포함한 비행을 통제하지만 폭력을 부추기고 조장하는 기능도 상당하다. 따라서 학교폭력에 대한 책임은 전체 사회 구성원이 함께 짊어져야 하며, 특히 현 사회를 주도하고 있는 기성세대가 더 많은 책임을 져야 한다.

둘째, 공격적 행동을 벌로써 다스리면 오히려 더 큰 문제를 야기할 수 있다. 공격적 행동을 수정하기 위하여 신체적 벌이나 사회적 벌을 가하게 되면 이로 인해서 성공을 거두는 사례는 극히 희소하다. 비록 공격적 행동 자체가 성공적으로 수행되었다고 하더라도 여기에는 공격적 행동보다 더 바람직하지 못한 부적응 행동이 뒤따를 가능성이 있다(박성수, 1992 : 137-138). 학교폭력과 같은 공격적 행동에 대한 대응은 대화 등의 교육적 방법이 효율적일 뿐 아니라 사회적 반향도 크고 가치지향적이다.

셋째, 비행청소년에 대한 국가의 대응은 처벌이 아닌 보호 중심이어야 한다. 세계는 물론이고 우리나라에서도 소년범죄자에 대한 국가사법의 대응의 기본은 선도처분이다. 전술한 UN의 '아동 · 청소년권리조약' 제37조에 따르면 어떠한 아동도 위법적 또는 자의적으로 자유를 박탈당하지 아니한다. 아동의 체포, 억류 또는 구금은 법률에 따라 행하여져야 하며, 오직 최후의 수단으로서 또한 적절한 최단기간 동안

만 사용되어야 한다고 기술하고 있다. 국제인권기준이 청소년 사법에서 '비범죄화'를 주요 원칙으로 제시한 까닭은 청소년에게 자유를 박탈하는 행위는 자유 자체와 미래를 준비할 시간을 빼앗는 행위일 뿐 아니라, 미래의 희망까지 꺾는 행위이기 때문일 것이다. 이러한 국제원칙을 고려할 때, 청소년들 사이의 폭력문제는 비범죄화를 원칙으로 교육과 복지의 차원에서 해결하지 않으면 안 된다(배경내, 2005 : 21).

2) 피해청소년

피해청소년은 폭력으로 인해 직접적인 피해를 받은 당사자이다. 피해청소년의 특성과 당면문제는 피해 특성에 따라 매우 다양할 수 있는데 여기에서는 따돌림 피해 청소년을 중심으로 살펴보고자 한다.

Herrick과 Herrick(2000 : 8)에 따르면 미국의 집단따돌림 피해청소년들은 다음과 같은 특성을 갖는다고 한다.

> 늘 그런 것은 아니지만 다른 아이들을 괴롭히는 아이들의 대부분은 남자들이며 보통 아주 어린 소년들이 많다. 그들은 공격적인 언어, 협박이나 폭력으로 다른 아이들을 놀리고 고통을 가하는 것을 즐기는 것으로 보인다. 그들이 '괴롭히는' 아이들은 흔히 숫기가 없고 다른 아이들이 볼 때 '국외자'로 보인다. '괴롭힘을 당하는' 아이들은 또래아이들보다 작거나 말랐거나 너무 뚱뚱하여 신체적으로 다른 아이들과 다를 수 있다. 그들은 인기가 없는 아이들일 수 있다. 그들은 다른 학생들로부터 조롱을 당하거나 때로 다른 학생들에게 어떤 식으로든 그 괴롭힘을 당하는 아이들이 바보거나 고립된 아이라는 메시지를 전달하는 교사나 학교 내 다른 성인들로부터 업신여김을 받기도 한다. 그들은 저소득 가정 출신일 수 있으며 존중을 받을 만하다거나 가치 있다고 보여지지 않을 수 있다. 괴롭힘의 희생자는 매력적으로 보이지 않을 수 있다. 아마 치아는 고르지 않을 것이며 머리는 대다수 아이들이 따라하는 스타일이 아닐지 모른다.
>
> 때때로 괴롭힘은 전염이 된다. 보통 때는 다른 아이들에게 야비하거나 잔인하게 굴지 않는 학생들도 또래압력을 느끼고 괴롭힘을 교사하는 아이들로부터 인정을 받기를 원한다면 그들도 괴롭힘에 참여하게 될 것이다. 모든 괴롭힘의 경우에 있어서 폭력의 위협은 실제적이며 약하고 힘이 없어 보이는 학생들을 구타하기 위해 쓰이고 있다.

이혜영(1999 : 12)은 따돌림을 당하는 청소년을 크게 세 가지 부류로 구분하고 각각의 특성을 다음과 같이 설명하고 있다. 첫째, 예쁜 척, 잘난 척, 있는 척하는 아이들이다. 둘째는 지나치게 소극적이어서 반응이 없거나 분위기에 맞추지 못하는 아이들이다. 셋째는 지능이 너무 낮거나 신체적인 장애가 있는 아이들이다. 이들은 평균적인 수준에서 넘치거나 그것에 못 미치는 소위 튀는 아이들이다. 넘쳐서 튀는 아이들은 성적이나 교사와의 관계에 있어 너무 높은 기준을 타의 모범이라는 이름으로 평범한 아이들에게 요구하게 만드는 빌미를 제공한다.

따돌림 당하는 청소년들이 가지고 있는 공통적인 심리·사회적 특성은 크게 두 가지로 대별된다. 첫째, 낮은 주장성, 낮은 자존감, 지나친 타인지각 등의 문제를 가지고 있는 경향이 있다는 것이다. 이것은 구본용(1997 : 7-35)의 연구, 이규미 외(1998 : 15-40)의 연구에서도 일치하고 있다. 둘째, 잘난 체하고 타인을 무시하는 태도로 인해 따돌림을 당하는 청소년의 경우는 비사회적이고 잘난 체하며 다른 학생들이 보기에 얄미운 행동을 하고 타인을 무시하는 경향이 많다고 한다. 특히 이들은 대체로 중요한 타자의 관심을 획득하는 데 집착하거나 친구들과 경쟁적인 관계를 형성하고 다른 친구들이 자신에 대해 어떻게 느끼는지에 대해 무시하는 경향이 있다는 점이다. 그러나 두 가지 유형은 겉으로 보기에는 서로 달라 보이지만 사실상 건전한 개별화를 성취하지 못해 타인과 자신을 잘 분리하지 못하고 타인의 평가에 관심이 많다는 점과 자신의 행동이 타인에게 어떤 결과를 초래하는지를 이해하는 능력이 부족하다는 점에서 유사하다고 할 수 있다.

Olweus(1994)는 피해청소년을 크게 수동적·복종적인 피해자(passive or submissive victim)집단과 가해와 피해를 동시에 하는 도발적인 피해자(provocative victim)집단으로 구분하였다. 수동적·복종적인 피해자는 자신들이 공격받고 모욕을 당할 때 보복하지 않으며 스스로 불안정하고 무가치한 개인들이라는 신호를 다른 사람들에게 보내는 경우이다. 특히 남학생에게 두드러지지만 신체적으로 왜소한 학생이 많다. 반면 도발적인 피해자들은 불안한 반응과 공격적인 반응이 연합되어 나타나며 주변 사람들을 짜증나게 하고 긴장하게 만드는 방법으로 행동한다. 이들은 주의집중의 문제, 과잉활동적인 특성을 지니는 경우가 많다(곽금주, 2003 재인용).

이상의 내용을 토대로 보면 피해청소년은 다음과 같은 공통적인 특성이 있다. 첫째, 따돌림청소년들은 또래에 대해 신뢰감을 갖지 못하고 또한 또래의 따돌림에 기인한 외로움, 분노, 슬픔, 우울, 모욕감, 억울함 등과 같은 다양한 부정적 정서를 가지고 있다. 또한 이들 피해청소년들은 무기력하게 가만히 있는 등 스스로를 고립시키고 회피반응을 보이는 경향이 있다(김용태·박한샘, 1997). 이와 같은 감정의 억압은 자살과 같은 극한 행동이나 폭발적 정서분출, 정신장애 등의 어려움을 야기할 수 있는 위험이 내포되어 있다. 둘째, 따돌림 피해청소년들은 대부분 정확한 자기인식이 결여되어 있는 경우가 많다. 대부분의 청소년들은 피해자들이 따돌림 당할 만한 원인을 제공한다고 지각하지만 피해자들은 자신이 따돌림 당하는 이유에 대해 잘 인식하지 못하기 때문에 따돌림이 계속 악순환된다. 셋째, 따돌림 피해자들은 기본적으로 대인관계 기술, 의사소통 기술과 같은 사회적 기술이 부족하다.

3) 주변인청소년

학교폭력에는 폭력과 직접적인 관련이 있는 당사자 이외에도 주변인이 포함된다. 학교폭력 주변인(bystander)이란 학교폭력에서 가해자, 피해자를 제외한 학교폭력에 간접적으로 영향을 주고받고 있는 주변 사람들을 의미한다(Cho & Chung, 2012; Gini, et al., 2008; Pöyhönen, Juvonen, & Salmivalli, 2012). 여기에는 학교폭력 발생 시 주변에서 목격하거나 함께 있었던 청소년, 가해자에게 동조하거나 방관한 청소년, 피해청소년을 도운 청소년들이 포함된다. 주변인(bystander)과 유사 용어로는 참여자, 방관자, 목격자 등이 있는데 여기에서는 상대적으로 중립적인 용어로 판단되는 주변인으로 통일해서 사용하고자 한다. 또한 주변인 중에서도 청소년에 한정해서 다루고자 한다.

가족, 친구, 교사 등 주변인들은 학교폭력으로 인해 상당한 피해와 고통을 경험한다(서정기, 2011; 이상균 · 정현주, 2012; 홍봉선 · 남미애, 2014). 또한 학교폭력 발생 시 주변인의 반응과 태도는 학교폭력 예방 및 방지에 매우 중요하다(안효영 · 진영은, 2014; 홍봉선 · 남미애, 2009; Pöyhönen, Juvonen, & Salmivalli, 2012). 또래 간 갈등이 있을 때 주변인들이 평화로운 방법으로 갈등을 풀도록 분위기를 조성하고 폭력행동에 대해 단호히 대처하고 피해자를 방어하고 지원한다면 보다 평화로운 학교 공동체 형성에 기여할 수 있다. 한마디로 학교폭력은 더 이상 피 · 가해청소년만의 문제가 아니라 학교폭력에 동조하거나 방관하거나 피해자를 방어하는 주변 친구, 환경과도 상호 밀접한 영향을 주고받는 공동체 문제이다(홍봉선 · 남미애, 2009).

학교폭력에 있어 주변인의 중요성은 이미 회복적 정의, 상징적 상호작용 이론 및 청중 억제의 개념 등을 통해 강조되어 왔다. 상징적 상호작용자들은 주변 사람과의 상호작용이 비행의 원인 및 중단에 영향을 미친다고 주장하였다. 즉, 청소년이 비행

친구 집단을 준거집단으로 하면 비행에 대해 허용적 태도를 지니게 되고 그 결과 비행을 저지르기 쉬운 반면 일반친구 집단을 준거집단으로 하면 비행행동을 억제한다는 것이다(이성식, 1995). Latane와 Lida가 제시한 청중 억제(audience inhibition)의 개념에 따르면 학교폭력이 일어날 때 주변 학생들은 사람들의 행동을 관찰하면서 주변 사람들이 피해자를 돕지 않으면 대수롭지 않은 일로 간주하며 자신도 돕는 행동을 삼간다는 것이다(Pozzoli, Gini, & Vieno, 2012).

선행연구를 통해 학교폭력 주변인과 관련해 보고된 내용을 정리하면 다음과 같다.

첫째, 주변인의 유형이다. 주변인 역할은 학자에 따라 다양한 하위유형으로 구분된다(서미정, 2008; 손강숙, 2014; Gini, et al., 2008; Pöyhönen, Juvonen, & Salmivalli, 2012). Salmivalli 외(1996)는 가해자를 돕는 동조자(assistant), 가해자 행동을 격려하고 강화하는 강화자(reinforcer), 피해자 입장을 옹호하는 방어자(defender), 방관자(outsider)로 구분하였다. 서미정(2008)은 가해동조자, 방관자, 피해아 방어자로 구분하였으며 Pöyhönen, Juvonen과 Salmivalli(2012)는 강화적(reinforcing), 방관적(remaining passive), 방어적(defending) 역할로 구분하였다. 이를 정리하면 주변인의 유형은 크게 학교폭력에 무관심하거나 개입하지 않는 방관자, 학교폭력에서 직접적인 가해 당사자는 아니지만 주변에서 폭력행동을 부추기는 동조자, 피해자를 옹호하는 방어자의 세 가지 유형으로 구분될 수 있다.

둘째, 학교폭력 주변인은 학교폭력의 시작과 지속에 중요한 역할을 한다는 것이다(Gini, et al., 2008; Hazler, 1996; Pöyhönen, Juvonen, & Salmivalli, 2012). 이들에 따르면 학교폭력 주변인들은 중립적으로 있거나 아무것도 하지 않고 있는 것이 아니라 학교폭력 행동 과정 속에서 특정 역할을 담당하고 참여하고 있다고 본다. Hazler(1996)에 따르면 방관자들은 가해자의 보복이 두렵거나 자신의 개입으로 인해 문제가 악화될지 모른다는 생각에 개입을 하지 않지만 가해자는 이를 가해행동에 대한 승인이나 동조로 받아들여 폭력을 행한다는 것이다. 또한 학교폭력 주변인은 학교폭력 발생에 영향을 미치는 중요한 위험요인인 동시에 학교폭력의 근절을 돕는 보호요인으로 작용한다(최유진, 2013; Barhight, Hubbard, & Hyde, 2013; Cho & Chung, 2012; Pronk, et al., 2013; Salmivalli, Voeten, & Poskiparta, 2011).

셋째, 주변인들은 특정 형태로 고정되어 있는 것이 아니라 시간에 따라 변화해 간다(권유란 · 김성희, 2012; 신현숙, 2014; 심희옥, 2005). 초등학생의 종단연구를 행한 심희옥

(2005)에 따르면 방관자는 시간 흐름에 따라 다른 역할로의 전환 가능성이 높다고 하였다. 권유란과 김성희(2012)에 따르면 방관적 행동은 초등학생보다 중고생이 2배 정도 높았으며 고등학생으로 올라갈수록 더 방관적인 경향이 있다고 하였다.

넷째, 학교폭력 주변인 역할은 성별, 학교별에 따라 다소 차이가 있다는 것이다(권유란 · 김성희, 2012; 심희옥, 2005). 방어자 역할의 비율은 초등학생이 상대적으로 높고(심희옥, 2005), 방관자 역할의 비율은 중 · 고생이 상대적으로 높다(권유란 · 김성희, 2012). 반면 서미정(2008)은 우리나라의 경우 주변인 역할 분포 중 방어자 역할이 많은 것은 또래 괴롭힘의 지속이 차단될 수 있다는 점에서 희망적이지만 방관자 역시 높은 비율을 차지하고 있어 우려스럽다고 하였다.

다섯째, 학교폭력 예방 및 대처를 위해 주변인을 참여시키는 여러 가지 프로그램이나 실천이 행해지며 이에 대한 긍정적인 평가들이 보고되고 있다. 대표적인 프로그램으로는 학교폭력 예방 프로그램인 Olweus Bullying 프로그램이나 핀란드의 KiVa 프로그램이 있다(정제영 외, 2013; 홍봉선 · 남미애, 2014). 이들 프로그램들은 학교폭력 당사자 이외에도 급우, 교사 등 주변인은 물론 학교 전체에 대한 일관성 있는 비폭력적 교육 및 훈련, 지속적 노력 등을 강조한다. 특히 키바 프로그램은 교사를 훈련시키는 것뿐만 아니라 방관자(bystanders)를 방어자(defenders)로 바꾸는 데 효과적인 전략을 포함하고 있다(Salmivalli & Poskiparta, 2012). 우리나라 일부 학교에서 학교폭력 주변인인 또래들을 교육시켜 학생들 간의 갈등을 대화로 풀도록 하는 '또래조정자'도 이러한 접근의 일환이다(평화를 만드는 여성회 갈등해결센터, 2014).

3. 학교폭력 청소년에 대한 청소년복지 실태

1) 학교폭력 청소년을 위한 사회적 지원체계의 현황

(1) 학교폭력 예방 및 대책 기본계획

정부는 학교폭력의 예방 및 근절을 위해서는 보다 장기적, 체계적인 접근이 필요하다고 인식하고 2005년 제1차 학교폭력 예방 및 대책 5개년 기본계획의 수립 이후 현재까지 '제4차 학교폭력 예방 및 대책 기본계획(2020~2024)'을 수립하였다. 제4차 기본계획은 '존중과 배려를 바탕으로 한 학교문화 조성, 학교의 신뢰 제고, 가정과 사회의 역할 강화'를 목표로 5대 영역에 걸쳐 14개 추진과제를 포함하였다(여성가족부, 2024 : 238).

〈표 13-1〉 제4차 학교폭력 예방 및 대책 기본계획 추진과제

영 역	추진과제
학교공동체 역량제고를 통한 학교폭력 예방 강화	1. 학교 · 학급 단위의 학교폭력 예방교육 내실화 2. 학생 참여 · 체험 중심의 학교폭력 예방활동 확대 3. 학교폭력 유형 · 추세 대응 예방활동 강화 4. 전 사회적 협력을 통한 학교폭력 예방문화 조성
학교폭력에 대한 공정하고 교육적인 대응 강화	5. 학교폭력 조기 감지 및 대응체계 강화 6. 학교의 교육적 해결 역량 제고 7. 사안 처리의 공정성 · 전문성 확보
피해학생 보호 및 치유 시스템 강화	8. 피해학생 맞춤형 보호 · 지원체계 강화 9. 사후 지원 강화 및 학교 안팎 협력체계 구축
가해학생 교육 및 선도 강화	10. 가해학생 교육 · 선도 내실화 11. 중대한 학교폭력 가해학생에 대한 엄청 대처
전 사회적 학교폭력 예방 및 대응 생태계 구축	12. 가정의 교육적 역할 강화 13. 지역사회의 역할 및 책무성 강화 14. 전 사회적 대응체계 강화 및 대국민 인식 제고

출처 : 교육부(2020).

(2) 학교폭력 근절 종합대책

정부는 학교폭력문제가 사회이슈로 부각될 때마다 학교폭력에 단호히 대처하기 위한 일환으로 학교폭력 근절 종합대책을 수립해 왔다. 특히 2012년 학교폭력 근절 대책이 수립된 이후, 가해 학생 조치사항을 학생부에 기록하여 보존(초 · 중 5년, 고 10년)하는 등 사소한 괴롭힘도 엄정 대응하는 무관용 원칙을 정립해 왔다. 또한 가 · 피해 학생 간 즉시분리(3일 이내), 학교 전담기구의 사안 조사, 교육지원청 학교폭력대책심의위원회 심의 등의 제도를 마련하였다. 그러나 여전히 학교폭력 발생 수는 줄어들지 않아 계속적인 수정 · 보완이 필요하다. 2023년 '학교폭력 근절 종합대책'의 주요 내용을 살펴보면 다음과 같다(여성가족부, 2024 : 250-251).

첫째, 학교폭력 가해학생에게 엄정한 조치를 내려 모든 학생들에게 '학교폭력에는

반드시 불이익이 따른다'는 인식을 확립한다. 중대한 학교폭력을 일으킨 가해학생에게 내려지는 출석정지(6호), 학급교체(7호), 전학(8호)의 학생부 기록 보존기간을 졸업 후 2년에서 4년으로 연장하여 '학교폭력 시 대학 입학뿐만 아니라 졸업 시까지도 불이익을 받는다'는 경각심을 강화한다. 학교폭력 조치사항은 가해자의 대학 진학 시에도 반영이 확대된다.

둘째, 피해학생에 대한 보호를 강화한다. 학교폭력이 발생하면 학교장은 가·피해학생 즉시분리를 실시하고 그 기간은 '7일 이내'로 한다. 또한 피해학생이 요청하면 학교장이 학교 전담기구의 판단 아래 '긴급조치'로서 '출석정지(6호) 또는 학급교체(7호)'를 할 수 있도록 학교의 피해학생 보호를 강화한다. 학교와 교육(지원)청에 '피해학생 지원 조력인' 제도를 새롭게 도입하여 학교폭력 사안 발생 초기부터 피해학생이 필요로 하는 실질적인 심리상담·의료·법률 서비스를 맞춤형으로 지원한다. 위(Wee) 센터, 상담·심리지원기관, 병·의원 등 피해학생 전문지원기관을 확대하여 피해학생의 접근성을 높인다. 법무부의 마을변호사 제도를 통해 피해학생을 지원한다.

셋째, 교권 강화를 통해 단위학교의 학교폭력 대응력을 제고한다. 학교 현장에서 교사들이 적극적으로 학교폭력 사안에 대응할 수 있도록 시·도교육청에 '학교폭력 제로센터'를 설치·운영한다. 센터는 학교 현장의 사안 처리, 가·피해학생 간 관계 회복, 법률 서비스 등을 지원한다. 또한 학교장 자체 해결 범위를 확대하여 경미한 사안에 대한 교육적 해결을 강화하고 학교가 학교폭력에 적극적으로 대응할 수 있는 환경도 조성한다. 우선, 교원의 정당한 생활지도를 방해하면 교육활동 침해 행위로 규정한다. 또한 교원이 학교폭력을 대응하는 정당한 생활지도과정에서 분쟁이 발생했을 때 교원의 민·형사상 책임은 면제된다. 아울러 교원치유지원센터를 통해 법률상담을 제공하고 배상책임보험을 보장하여 교권을 보호한다. 학교폭력 책임교사의 수업 경감 근거도 마련하기로 하였다.

넷째, 학교의 근본적 변화를 유도하고 견인한다. 학교폭력을 예방하고 근본적으로 해결하기 위해 학생 사회·정서 교육을 지원하고 체육·예술 교육을 확대한다. 메타버스 기반 사이버폭력 예방 프로그램인 '사이버스'를 현장에 확대하고, SNS 등을 통해 사이버폭력을 감지하는 어울림앱(교육부), 사이버 아웃리치(여가부), 스마트 안심드림(방통위), 솔로봇(여가부) 등 앱(App)을 홍보하고 학생들의 활용도를 높여 피해 의

심 학생을 조기에 감지한다(여성가족부, 2024 : 250-253). 2024년도 학교폭력 사안처리 흐름도를 제시하면 |그림 13-1|과 같다.

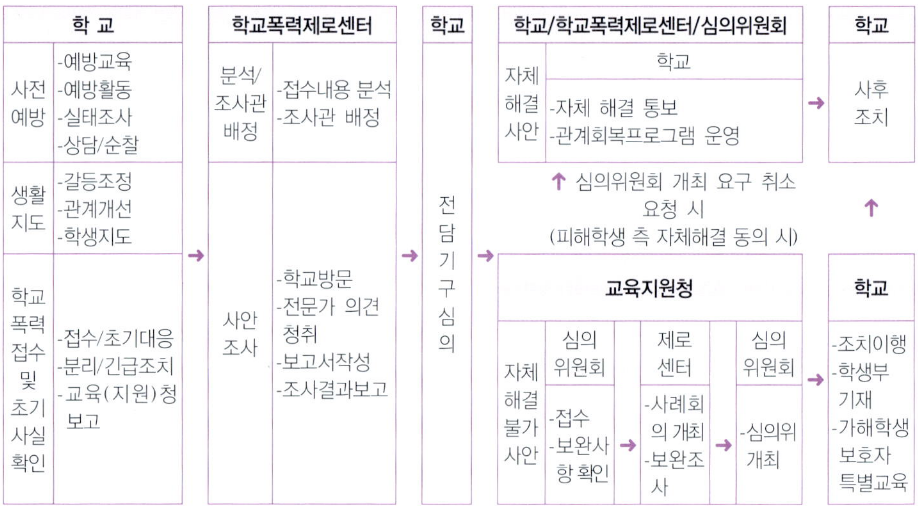

| 그림 13-1 | 학교폭력 사안처리 흐름도

출처 : 교육부 · 이화여자대학교 학교폭력예방연구소(2024 : 8)에서 제시한 그림을 일부 수정하였음.

(3) 도란도란 : 학교폭력 종합정보 홈페이지

도란도란은 학교폭력 종합정보 홈페이지이다(https://doran.edunet.net). 사이버폭력 예방부터 진단, 대응까지 사이버폭력 예방교육 종합서비스를 행하고 있다. 이 사이트에는 사이버폭력의 예방 및 대응방법, 관련법률 및 정책, 사이버어울림 프로그램, 예방교육 자료 및 동영상, 사이버스 체험, 자가진단, 도움기관 안내, 어울림앱 등이 포함되어 있다. 사이버스는 메타버스 기반 사이버폭력 예방 프로그램으로 메타버스 교구 사이버스를 통해 사이버폭력의 6가지 유형을 알아보고 예방 역량 8가지를 키울 수 있도록 체험형식의 방법을 적용하고 있다. 어울림앱은 학교폭력 관련 조사 · 상담 · 신고를 안전하고 신속하게 도와주는 전용 앱이다.

(4) 117 학교폭력 신고센터

117 학교폭력 신고센터는 학교폭력, 여성폭력, 성매매피해자를 위한 긴급지원센

터이다. 전국에서 발생되는 학교폭력 신고를 접수하여 즉시 긴급구조, 수사지시, 법률상담, 연계지원 안내 등의 업무를 한다. 신고센터는 24시간 운영하며, 피해신고 접수 즉시 긴급구조, 수사, 법률상담, 쉼터 연계 등 종합지원이 가능하다.

2) 학교폭력 청소년을 위한 사회적 지원체계의 문제점

선행연구에서 제시된 기존 학교폭력 대응체계의 문제점을 정리하면 다음과 같다(김상곤, 2012; 서양숙, 2011; 이상균·정현주, 2012).

(1) 처벌 및 응보적 중심의 접근

현행 학교폭력에 대한 대응은 주로 처벌로서 사건을 종결하는 응보적 방식이 강하다. 피해학생의 보호를 위해 학급을 교체하거나 전학을 권고하거나 가해학생에 대해 피해학생에 대한 서면 사과, 학교 전학, 학교에서의 봉사, 학내외 전문가에 의한 특별교육이수, 출석정지, 퇴학처분 등의 조치규정 등은 피해학생에 대한 실질적인 보호도 되지 못하는 동시에 가해학생의 의식이나 행동변화를 초래하기도 어렵다는 것이다. 통제와 처벌을 강조하는 불관용정책(zero tolerance)은 문제해결에는 도움이 되지 않으면서 법적 강도만 높여 학생을 잠재적 범죄자로 규정하게 되고 학생, 학부모의 불안을 증가시키며 구성원 상호 간의 경계심 및 관계의 단절을 야기하는 부정적인 현상을 초래할 수 있다.

(2) 예방보다는 사후처리에 치중

학교폭력은 사후처리보다 사전예방이 중요하다고 인식하고 있지만 예방과 관련된 정책은 여전히 빈약하다. 일선 학교에서는 학교폭력 관련 동영상을 시청하거나 전교생을 모아놓고 일회성 특강 등 형식적이고 일회적인 예방교육을 행하고 있어 실효성이 낮다. 인간을 존중하고 공동체 연대라는 평화적인 학교문화와 분위기를 형성하기 위한 다차원적인 개입이 필요하다.

(3) 충분한 준비 없이 적용되는 정책 및 제도

학교폭력의 예방 및 대책을 위해 새로운 기구 및 제도들을 도입하고 있지만 안정적으로 정착하지 못하고 여러 가지 시행착오를 거듭하고 있다. 최근 새롭게 만들어진 것으로는 학교폭력제로센터, 학교폭력 전담조사관, 학교내 전담기구심의, 교육지원청 심의위원회 등이 있다. 학교폭력제로센터는 학교폭력 피·가해학생 간의 관계회복, 피해학생의 치유, 피해학생에 대한 법률자문 등 통합지원 업무를 수행하는 교육(지원)청 내 전담부서이다(교육부·이화여자대학교 학교폭력예방연구소, 2024 : 54). 학교폭력 전담조사관은 교육감이나 교육장에 의해 위촉되어 학교폭력이 발생되면 학교에 방문해 학교폭력 사안조사를 하고 사례회의 등에 참여하고 조사결과 보고서를 작성하는 역할을 담당한다. 그러나 이러한 기구들이 충분한 사전 준비를 통해 학생이나 학교의 특성을 충분히 이해하지 못하고 오히려 학교폭력과 관련한 교사들의 업무부담은 줄어들지 않고 교육적 효과보다는 처벌이 강조될 우려가 있다는 비판도 있다.

(4) 단편적, 소극적 개입

학교폭력은 개인, 가정, 학교, 지역사회가 상호 밀접히 관련되므로 다차원적인 개입이 필요하다. 그러나 학교현장에서의 개입은 가해자나 피해자만을 분리해서 단편적으로 다루고 있을 뿐 가족, 학교, 지역사회 차원의 개입은 이루어지지 못한다. 오히려 학교는 학교폭력 문제가 외부에 드러날 경우 교사 및 학교장의 책임문제 등 여러 가지 문제들을 우려하여 학교폭력을 은폐하려는 경향이 있다.

(5) 주변인이 된 학생 및 학교

학생은 학교폭력의 당사자인 동시에 실제적인 피해자이지만 학교폭력 문제가 외부로 전개되는 과정에서는 해결과정의 중요한 책임주체가 되지 못하고 사건의 주변인으로 전락한다. 성급한 합의시도, 정보의 부재, 미숙한 대처, 의사소통의 실패, 학교의 외면과 책임부정, 학교의 비공식적 처리 관행, 학교의 일방적 소통과 처리 등으로 인해 당사자들의 필요와 욕구에 부합하지 못하며 사건해결 이후에도 심리적 스트레스와 정서적 고통 등 부정적 영향에서 벗어나지 못한다. 피해학생이든 가해학생이든 모두 피해자가 된다.

(6) 학교폭력 관련 정부부처의 협력 부족

학교폭력과 관련한 정부 관련 부처로는 교육부, 방송통신위원회, 법무부, 행정안전부, 보건복지부, 여성가족부, 대검찰청, 경찰청 등이 있다. 관련 부처에서 합동회의를 하고 5년마다 학교폭력예방 및 대책을 위한 계획을 수립하고 있지만 유기적 협력을 위해서는 개선되어야 할 점이 많다.

4. 학교폭력 청소년에 대한 청소년복지 대책

1) 기본 방향

(1) 학교폭력 해결과정에서 청소년의 참여 촉진 및 친인권적 문화 조성

학교폭력의 해결에 있어서는 무엇보다도 청소년들의 인권이 존중되어야 하며 해결과정에서 청소년이 대상화되지 않도록 하는 것이 중요하다. 학교폭력은 학생 간의 폭력 외에도 교장-교사, 교사-학생, 학교-학생, 수도권-지방의 제도화된 폭력과 연결되어 있다. 따라서 진정한 학교폭력의 해결을 위해서는 제도화된 폭력을 없애고 친인권적 학교문화를 조성하는 것이 필요하다.

(2) 가해-피해라는 이분법적 사고 탈피

최근 우리나라에서 전개되고 있는 학교폭력뿐만 아니라 대부분의 청소년문제에 대한 시각은 다분히 '가해-피해의 이분화' 도식 속에서 전개되어 결과적으로 그 대책이란 주로 소수의 문제학생들을 가려내어 엄중한 처벌을 하는 경향이 강하다. 폭력피해를 당한 학생들의 2/3가 가해경험을 가지고 있다는 현실을 감안해 본다면 소수의 문제학생에게 다수의 선량한 학생이 피해를 당한다는 구도는 별로 현실적이지 않다. 따라서 가해학생과 피해학생의 구별이 모호하고 오히려 동일성 원리가 강하며 한 개인에게 피해와 가해가 함께 일어난다는 점을 고려하여 앞으로의 학교폭력 대처방안은 가해유발요인에 대한 효과적인 통제 쪽으로 전환되어야 한다.

(3) 치유 및 예방 강조

이분법적 논리에 기초하여 문제학생과 일반학생을 분리하여 문제학생에 대해 처벌 위주의 대응을 하는 것은 일시적인 충격은 될지 몰라도 근본적인 대책은 되지 못한다. 학교에서 퇴학당한 청소년들의 비행 증가는 이러한 처벌 위주의 대응이 초래하는 폐해를 단적으로 보여주는 것이다. 이것은 또 다른 폭력과 범죄의 재생산을 낳을 수 있고 장기적으로는 이들에 대한 통제를 위한 사회적 비용의 엄청난 증대를 예고한다. 따라서 현재의 단속과 처벌 방식에서 벗어나 보다 근본적인 문제해결을 위해서는 치료적이고 예방적인 차원에서의 대책이 강구되어야 한다. 또한 문제학생을 학교와 사회에서 분리하는 것이 아니라 학교나 사회 내에서 건강하게 적응할 수 있도록 하는 노력이 행해져야 한다.

2) 제도적 차원

(1) 학교 차원의 대책

학교는 일상적으로 갈등이 일어나는 곳이며 학교폭력의 발생 및 해결지점이기도 하다. 학교폭력 문제는 사법기관이나 행정기관이 아닌 단위학교가 중심이 되어 적극적으로 대처해야 한다. 그 이유는 다음과 같다. 첫째, 학교는 학교폭력 문제 해결의 책임주체로서 역할을 해야 한다. 학교폭력은 교육적 지원과 개입이 필요한 학교 내 교육문제이므로 학교의 교육적 책임이 크다. 따라서 기존의 소극적이고 제한된 역할에서 벗어나 교육적 목표와 목적에 맞는 교육방법으로 적극적 소통과 개입을 함으로써 안전한 교육환경을 만들어야 한다.

둘째, 학교는 갈등해결을 위한 구체적인 실천의 장이어야 한다. 인간은 본질적으로 갈등하는 존재이며 갈등은 회피해야 할 두려운 존재가 아니라 우리 생활에 항상 존재하는 것이고 폭력이 아닌 평화로운 방법으로 해결함으로써 서로 승자가 된다(서양숙, 2011 : 35). 학교는 언제든지 갈등이 일어나는 곳이다. 따라서 학교는 학교폭력 문제를 대립과 분열의 위험요소로 다룰 것이 아니라 공동체 구성원으로서 규범을 익히고 책임을 배우며 서로가 협력하여 건강하게 문제를 해결하는 과정을 통해 공동체적 문제해결 역량을 기르는 기회가 될 수 있어야 한다(서정기, 2011 : 180-181).

셋째, 학교폭력은 처벌단속이 약해서 생기는 문제가 아니라 권력과 계급화, 차별적 폭력문제가 만들어 내는 것이다. 학교폭력에 대한 접근에는 피해자와 가해자 사이의 관계회복에 주력하는 '회복적 사법'의 가치를 반드시 담아야 하며 피해자와 가해자 간 진정한 사과와 용서, 이를 통한 관계의 회복 노력, 배려와 존중의 문화를 배워 '차별적 폭력의 문화'를 바꿔내는 작업이 학교에서부터 본격적으로 이루어져야 한다(이호중, 2012).

넷째, 학교폭력을 해결할 수 있는 가장 효율적인 공간이 학교이고 교실이다. 학교폭력은 일상의 삶과 연결되고 이에 대한 접근은 일상생활과 접목되어야 한다(서양숙, 2011 : 36). 학교는 갈등을 처리하는 데만 급급할 것이 아니라 갈등으로 인해 대립하고 불신하는 학교공동체를 원상회복시키는 공간이어야 한다. 현재와 같이 학교 내 갈등을 소송으로만 해결한다면 사회적 비용이 증가할 뿐 아니라 설사 법적 판단으로 사건은 종결될지 모르나 상호 간의 불신과 대립이 커져 법적 판결 이후 교육공동체가 받는 부정적 영향은 여전히 남아 보이지 않는 제2, 제3의 피해가 파생될 수 있다.

다섯째, 즉각적이고 상호 만족하는 갈등해결은 문제를 예방하는 지름길이다. 지금까지 학교폭력은 오랫동안 사회의 사법적 논리에 의해 사안이 처리되어 왔으며 당사자의 실제적 필요와 욕구와 무관하게 처리되어 왔다. 학교폭력 문제로 사법처리 과정을 지나는 학생과 가족을 연구한 서정기(2011 : 182)에 따르면 학교폭력에 따른 갈등해결 과정에서 당사자들이 가장 원하는 것은 물질적 보상이나 처벌이 아니라 자신의 고통에 대한 가해자로부터의 인정 및 진정한 사과와 위로였으며, 더 이상 폭력피해가 재발하지 않는다는 안전에 대한 약속을 원했다. 가해자 역시 일방적으로 주어지는 응보적 처벌을 받는 것이 아니라 자신의 잘못으로 인한 피해 회복에 직접 참여하여 이를 통해 잘못을 용서받고 정상적인 일상생활과 가족과 친구들, 학교의 교사 등과의 관계 회복을 이루기를 희망하였다.

여섯째, 학교 차원의 학교폭력의 처리경험은 학교폭력을 예방하는 동시에 학교의 역량강화의 기회가 되며 학교폭력 발생의 위험요인을 탐색하고 예방하도록 돕는 데 유용하다. 학교는 갈등해결 과정을 통해 학교 안에 폭력을 야기하는 구조적 장애요인을 발견하고 이를 미연에 방지하도록 노력함으로써 잠재적 갈등을 예방하고 해결하는 역량강화의 기회를 가지게 된다.

일곱째, 건강한 학교공동체 확립에 기여할 수 있다. 피해자-가해자 조정을 통해 학교폭력 피해자는 단순히 물질적인 보상을 받는 것이 아니라 또래집단과의 관계 회복, 안전에 대한 약속, 피해의 인정 등 실제적 피해 회복을 이룰 수 있고, 가해학생은 자신이 수용할 수 있는 책임을 지고 난 뒤 학교공동체에 안전하게 재통합될 수 있다. 뿐만 아니라 보호자와 학교 역시 서로에 대해 신뢰를 갖고 학교 공동체 구성원으로서 협력할 수 있는 기회를 갖게 된다.

보다 세부적으로 학교 차원에서 학교폭력 문제해결을 위한 대응책을 제시하면 다음과 같다.

① 평화로운 학교문화의 조성

중요한 문제는 학교폭력이 존재하는 것이 아니라, 학교 내에서 폭력문제를 풀어나갈 수 없는 학교상황이다. 학교가 문제해결 능력을 가지고 있지 않는 상황을 개선하지 않고 학교폭력에 대응하는 것은 실효성이 없다.

학교 및 교육당국은 학교 내 친인권적, 비폭력적 문화를 형성하도록 학교 정책 및 규정의 개선, 학생·교직원·학부모 등 학교 구성원을 대상으로 한 비폭력, 친인권적 교육 강화는 물론 학교 내 학생인권을 강화하는 다양한 실천적·정책적 노력을 강구해야 한다. 학교문화의 개선을 위해서는 학교 내의 자율적 단위들이 역할을 강화할 수 있는 대안이 있어야 한다. 스스로 문제를 제기하고 풀어갈 자치조직의 기능, 학교문화를 민주적으로 바꿀 수 있는 교사들의 역할, 다양한 관심사를 포괄할 수 있도록 하는 학교기능의 강화 등이 필수적이다. 또한 학생자치활동 및 동아리 활성화가 이루어져 학생청소년이 학교 내에서 자기 생활의 주체로 설 수 있도록 해야 한다.

② 학교폭력 예방 및 대응을 위한 인프라 구축

학교폭력 예방 및 대응을 위해서는 학교 내 물리적, 인적, 시스템적 인프라가 구축되어야 한다. 물리적 인프라에는 비상벨, CCTV 등 감시 및 보호를 위한 안전한 환경이 조성되어야 한다. 인적 인프라에는 학교폭력에 대한 전담조직과 적절한 인력 배치가 필요하다. 그중 학교사회복지사의 배치를 통해 학생은 물론 가정, 지역사회와의 연계, 협력을 강화해야 한다. 시스템적으로는 학교 내 신고에서부터 조기개입, 치유, 사후관리시스템이 마련되어야 한다.

③ 친인권적 학교문화 증진을 위한 학교 차원의 다각적인 지원 확대

첫째, 고위험청소년에 대한 적극적인 개입이 필요하다. 남미애(2015)에 따르면 우울이 높을수록, 학교폭력 피해경험이 많을수록 도움요청 의도가 낮았다. 이처럼 전문적인 지원이 필요한 고위기에 있는 청소년들임에도 불구하고 자발적인 동기에 의해 외부 도움을 요청할 가능성이 낮다는 점을 고려해 청소년의 주변인인 가족, 학생, 교사 등에 대한 적극적인 교육 및 안내를 통해 발굴 및 지원이 필요하다고 하겠다.

둘째, 학교폭력 도움요청 의도를 높이기 위한 교육 및 프로그램이 강화되어야 한다. 전술한 바와 같이 학교폭력에 노출되거나 목격한 청소년들의 도움요청은 매우 미미한 실정이다. 이는 친구 간의 갈등이나 학교폭력 문제는 스스로 해결하지 않으면 안 된다는 부담감, 학교폭력을 친구들과의 사소한 갈등문제로 가볍게 다루는 사람들의 인식, 학교폭력 때문에 도움을 요청하는 것을 마치 능력 없는 청소년으로 취급하는 분위기 등이 작용한다. 따라서 학교폭력에 따른 도움요청이 창피스러운 일이나 무가치한 일이 아니며 조기에 문제해결을 위한 중요한 문제해결 전략이라는 점을 청소년은 물론 교사 및 학부모에게 교육을 통해 인식시킬 필요가 있다.

셋째, 학교폭력 도움요청을 방해하는 장애요인을 감소시키는 노력이 필요하다. 남미애(2015)에 따르면 학교폭력 발생 시 청소년들이 외부에 도움을 요청할 의도는 도움요청 시 예상되는 장애요인이 적을수록 높다고 보고하였다. 이는 학교폭력 피해에 많이 노출되고 외부도움에 대한 욕구가 높은 청소년이라고 하더라도 도움을 요청할 자원이 갖추어지지 않거나 비밀보장이나 낙인 문제 등 도움요청 장애요인이 많으면 외부에 도움을 요청하지 않게 됨을 의미한다. 따라서 청소년이 안전하게 도움을 요청할 수 있는 인적·물적 자원 및 시스템이 학교 및 지역사회에 갖추어질 필요가 있으며 도움요청에 대한 비밀보장 및 학교폭력 청소년에 대한 편견이나 낙인을 없애는 노력이 함께 강구되어야 한다.

넷째, 학교폭력 주변인 중 방어자 역할을 강화, 확대하고 방관자나 동조자의 역할을 낮추기 위한 교육 및 실천적 노력이 강화되어야 한다. 남미애와 홍봉선(2015)에 따르면 학교폭력 방어행동에 대한 자기효능감이 높을수록, 학교폭력 피해자에 대한 공감이 높을수록, 인권감수성이 높을수록, 학교문화가 친인권적일수록 방어자 역할을 하는 것으로 나타났다. 반면 학교폭력에 대한 허용적인 태도를 가질수록, 주변의 학교폭력이 심각하다고 느낄수록, 학교폭력 시 도움을 요청하는 데 장애가 많다고 느낄수록 방관자나 동조자의 역할을 하는 것으로 나타났다. 따라서 학교폭력 주변인 중 방어자 역할을 확대, 강화하기 위해서는 청소년의 자아효능감, 공감, 인권감수성 등을 높이기 위한 교육 및 프로그램을 강화해야 한다. 또한 방관자나 동조자 역할을 낮추기 위해 학교폭력은 어떤 이유로든 허용될 수 없다는 단호한 태도를 갖게 하고 청소년의 주변이 학교폭력으로부터 안전할 수 있도록 하며 학교폭력에 대한 도움을 요청할 시 장애요인이 개선될 수 있도록 해야 한다.

(2) 사회 차원의 대책

① 비폭력 지향, 건강한 사회가치관 형성

비폭력 지향의 사회적 분위기와 인간 중심의 가치관을 확산시켜야 한다. 어떤 폭력이든 단호하게 비난하고 비폭력적인 해결과 타협과 양보 등을 높이 평가하는 사회적 분위기와 무엇보다도 인간을 소중하게 생각하는 가치관을 조성해야 한다.

② 유해환경의 규제 및 개선

각종 유해업소, 우범지대, 불법·음란 서적, 매스미디어에 의한 폭력성이나 선정성들을 규제하고 제거해 나가야 한다. 이러한 규제는 정부만의 몫이 아니다. 우리 사회 모두가 자율적으로 정화해야 한다(권이종, 1997). 그중에서도 특히 청소년에게 매스컴의 영향은 거의 절대적인데 TV 방영 시 폭력수준 혹은 폭력물의 방송시간대 제한은 엄격하게 시행되어야 한다. 그리고 인터넷, 영화, 유튜브, 게임 등에서도 폭력이 지나칠 정도로 허용되는 경우가 많은데 TV 못지않게 엄격한 규제가 필요하다.

③ 학교폭력 관련인들을 지원하는 다양한 기관 협력 및 서비스 확충

학교폭력 당사자 및 관련인들이 필요한 경우 즉각적인 도움을 받을 수 있는 다양한 기관 협력 및 서비스들이 확충되어야 한다. 도움요청(help-seeking)이나 도움요청 의도(help-seeking intentions)는 어려움이 생길 때 외부의 도움을 요청하거나 요청할 의향이나 생각을 뜻한다. 위기상황에서 도움요청은 자신을 위기에서 보호하고자 하는 보호전략인 동시에 성공적으로 문제해결을 위한 자발적인 성취행동이며 청소년의 문제해결

능력을 보완하고 개선시킬 수 있는 전략이다(Newman & Goldin, 1990). 선행연구에 따르면 이러한 서비스 이용에는 학교폭력 서비스 인력 및 시설의 존재, 물리·경제적 접근성, 서비스 이용을 촉진하거나 방해하는 사회적 관계, 보건서비스 가격, 지역 특성과 같은 접근요인(enabling factors)이 중요하게 작용한다(Aday & Andersen, 1974; Andersen & Newman, 1973). 남미애(2015)도 학교폭력 도움요청을 위한 장애요인이 적을수록 도움을 요청할 의사가 높다고 하였다. 따라서 가정·학교·정부·사회적 차원에서의 종합적이고 체계적인 협력체계 구축이 필요하다.

④ 건강한 가정 및 지역사회 환경 조성을 위한 지원 확대

학교폭력의 근본적 원인에는 가정 및 학교환경이 영향을 미친다. 따라서 건강한 가정 및 학교 환경 조성을 위한 사회적 지원이 확대되어야 한다. 첫째, 가정이 건강한 자녀양육을 할 수 있는 환경을 조성할 수 있도록 지원이 확대되어야 한다. 자녀양육에 대한 교육 및 상담, 부모교육 등 건강한 가정문화 형성을 위한 다양한 지원이 제공되어야 한다.

둘째, 인권이 존중되고 평화로운 지역사회 분위기 조성이다. 학교폭력은 가정, 학교, 사회의 영향에 의해 일어나는 청소년문제 중의 하나에 불과하다. 올바른 청소년 비행에 대한 대응은 청소년기에 대한 정확한 이해와 철학을 바탕으로 행해져야 한다. 따라서 청소년의 개별성과 존엄성이 고려되면서 그들의 잠재능력이 발휘될 수 있도록 해야 한다. 더불어 사회 전반적으로 친인권적이며 안전하고 평화로운 지역사회 환경 및 여건을 조성하는 것이 필요하다.

3) 실천적 차원

(1) 학교폭력 가해 및 피해청소년을 위한 접근

① 개별적 접근

학교폭력 가해 및 피해청소년들은 제각기 다른 특별한 욕구와 어려움을 가질 수 있기 때문에 청소년 개인을 위한 개별화된 맞춤형 지원이 필요하다. 대체적으로 감정조절훈련, 공감교육, 문제해결 기술, 분노조절, 스트레스 대처훈련 등이 필요하다. 그중 이들 청소년들이 상대적으로 많이 보이는 심리적 특성은 좌절감, 분노나 공격성 등이다. 따라서 이런 분노나 공격성을 적절하게 잘 조절하는 능력이 필요한데 이를 위해서 할 수 있는 접근방법으로는 주장훈련(assertion training), 역할연습(role play), 심리극(psychodrama), 이완훈련, 인지재구조화 등이 있다.

주장훈련은 청소년들이 다른 사람과 이야기를 시작하고, 도움을 요청하고, 다른 사람과 놀이를 시작하고, 협동놀이에 참여하며, 가족토의에 참여하는 주장행동의 능력을 행동시연(behavioral rehearsal)이나 모델링 같은 기법을 활용하여 강화하는 것이다(한국청소년개발원, 1993 : 27).

역할연습이란 자기가 위치한 장면에서 어떤 역할을 선택하여 그것을 연기하는 것을 말하는 것으로서 개인의 행동능력을 발전시키기 위한 이야기 장면으로서 사용된다. 그 목적은 조사, 실험, 역할의 변화, 개선, 훈련 등이다(이근후 · 임계원, 1988 : 188).

심리극이란 어떤 개인이 단순히 자신의 갈등상황에 대해 스스로 말하기보다는 그 상황을 연기(演技)함으로써 자신이 가지고 있는 문제의 심리적 차원을 탐구하도록 돕는 방법으로서 정서적 갈등을 명료화시킬 뿐 아니라 인간의 잠재력을 개발하려는 목적으로도 사용되는 기법이다(이근후 · 임계원, 1988 : 11).

이완훈련은 자기통제기술을 습득할 수 있는 등 일상생활 속에서 경험하게 되는 긴장과 압력을 일시적으로 제거할 수 있는 기법으로서 눈을 감고 이마에 주름이 질 정도로 힘껏 긴장을 하다가 숨을 들이쉬면서 몸 전체를 이완하는 것으로, 머리에서 발끝까지 모든 주요한 근육들이 차례차례 긴장되고 이완될 때까지 긴장과 이완은 계속된다(한국청소년개발원, 1993 : 24). 청소년들이 학교폭력의 긴장과 압력이 제기되는 순간에 이러한 긴장이완의 동작을 하게 되면 능히 그 상황을 스스로 통제할 수 있게 된다. 따라서 필요한 상황에서는 언제든지 이러한 동작을 할 수 있도록 평소에 체득화되어 있어야 한다.

인지재구조화는 청소년의 공격적 행동의 이면에 작용하고 있는 비합리적 사고의 체계, 가치, 사적(私的) 신념을 현실적이고 합리적인 것이 되도록 재교육을 하는 것이다. 예를 들어, 집안이 부유한 친구에게 돈을 좀 나눠 쓰는 일(실제로는 빼앗음)은 나쁜 일이 아니라고 생각하거나 저런 행동을 하는 친구는 맞아야 정신을 차린다고 생각하는 경우이다. 이처럼 비합리적인 생각에 근거해 자신의 폭력적인 행동을 정당화하지 않도록 생각을 합리적으로 바꿀 수 있도록 교육시키는 것이 필요하다.

② 집단적 접근

청소년들은 또래집단 지향성이 있고 자신의 어려운 문제를 동질성이 많은 또래와 의논하기를 바라며 또래와의 상호작용을 가장 활발하게 하기 때문에 청소년은 또래집단의 역동성을 활용하는 프로그램을 적용하는 것이 적절하다(홍봉선, 1997 : 64). 이러한 집단 프로그램은 개인의 문제 해결뿐만 아니라 또래 및 사회적 관계와 환경을 고려한 포괄적인 접근방법이라는 점에서 효과적일 수 있다. 대표적으로 멘토링활동, 사회기술훈련, 자원봉사활동, 집단상담프로그램 등이 해당된다.

③ 회복적 정의의 활용

이미 오래전부터 학교폭력 문제로 고심해 왔던 선진국에서는 행위자만을 처벌하는 기존의 응보적 관점에서 탈피하여 학생, 가정, 학교, 지역사회 등 공동체가 함께 대응하는 회복적 정의를 학교현장에 적용해 오고 있다(Amstutz & Mullet, 2005; Hamilton & Hope, 2011; Hopkins, 2004; Thorsborne & Vinegard, 2009).

회복적 정의는 다음과 같은 가정에 근거한다. 첫째, 사회 구성원인 개인들은 서로 연관되어 상호 의존성을 가지며 사회적 책임을 공유하듯이 비행이나 범죄에 대해서도 피해자 · 행위자, 주변 사람, 지역사회 등이 서로 영향을 주고받기 때문에 이에 대한 책임도 함께 부담해야 한다는 것이다(Umbreit & Armour, 2011). 둘째, 강한 처벌은 가해자로 하여금 반성보다는 분노나 적개심 등 낙인적 수치심을 느끼게 해 재통합을 방해하는 반면 학교, 지역사회 등 공동체가 잘못한 사람을 적절히 수용하면서 잘못에 직면하게 하고 감당할 수 있는 책임을 자발적으로 지게 하면 사회적 재통합이 용이하다는 것이다(Zehr, 2002). 셋째, 잘못된 행동은 성급하게 없애야만 하는 부정적인 사건이 아니라 그 접근과정을 통해 개인과 주변에 긍정적이고 교육적인 결과를 도출할 수 있는 생산적 기회일 수도 있다는 것이다(한국평화교육훈련원, 2014).

학교토대의 회복적 정의는 유형에 따라 다소 차이는 있지만 기본적으로는 학교폭력 피해 · 가해학생은 물론 가족, 친구, 교사, 학교 당국 등 관련된 사람이 서로 직접 만나 중립적 제3자의 도움으로 쌍방의 입장과 경험을 이야기하고 대안을 찾는 것이다. 선행연구에 따르면 학교폭력에 회복적 정의를 적용한 결과 학교폭력으로 인해 영향을 받은 피해자 · 행위자, 가족들이 중립적 제3자의 도움을 받는 안전한 장소에서 피해회복 및 재발방지에 대해 서로 의견을 나누고 각자 감당할 수 있는 책임을 나누어 지기 때문에 피해 및 관계가 회복되고 만족도가 높았다. 또한 합의에 대한 이행률이 높고 재비행률이 낮을 뿐 아니라 학생 및 학교폭력에 대한 공동체의 관심을 증가시킴으로써 환경의 변화까지 유도된다고 한다(Amstutz & Mullet, 2005; Hamilton & Hope, 2011; Hopkins, 2004; Umbreit & Armour, 2011).

우리나라에서 회복적 정의는 소년법, 청소년복지지원법의 주요 개정방향에 포함되었고 피해자 보호나 학교폭력과 관련하여 가정법원, 일부 지역 및 기관, 학교에서도 활용되고 있다. 학교에서는 조정전문기관인 NGO의 도움을 받아 또래조정, 피·가해자 대화모임, 회복적 생활교육, 학교공동체 회복위원회 운영 등을 실시하였다(평화를 만드는 여성회 갈등해결센터, 2014; 한국평화훈련원, 2014).

학교 차원에서 회복적 정의는 일반학생, 주의학생, 문제학생별로 예방적 개입에서부터 집중적 개입까지의 일련의 연속체(Hamilton & Hope, 2011; Morrison, 2006)를 이루며 피라미드 형식을 띤다. 피라미드의 바닥층은 예방적 개입으로 전체 학생들을 대상으로 사회정서적 기술을 개발하여 학교 전체 분위기를 변화시키고자 한다. 중간층은 특정 갈등상황에 노출되어 주의가 필요한 학생들을 대상으로 관계회복에 초점을 두는 것으로 주로 협의모델이나 서클모델을 사용한다. 가장 윗층은 집중적 개입이 필요한 학생들을 대상으로 관계의 재구축을 목적으로 하는 것으로 조정모델이나 가족 및 집단협의모델을 사용한다. Thorsborne과 Vinegard(2009)가 제시한 협의모델 사례를 보면 〈표 13-2〉와 같다. 홍봉선과 남미애(2016)가 학교복지사들과 함께 학교폭력 예방을 위해 학교에 적용한 서클모델 중 문제해결서클 모델의 기본 단계를 소개하면 〈표 13-3〉과 같다.

〈표 13-2〉 학교폭력 협의모델 사례

수업을 마치고 교실을 나오는데 샘이 킬의 발을 걸어 넘어지면서 리아와 부딪혀 리아가 책상에 머리를 부딪히고 그 과정에 렉시아의 계산기가 망가졌다. 이것을 지나가다 본 클락 선생님은 화가 나서 샘을 야단쳤고 이 사실을 안 켄트 선생님은 이 일을 다루기 위해 방과후에 소집단회의를 소집하였다. 회의를 위해 샘, 킬, 리아, 렉시아, 클락 선생님이 초대되었다. 촉진자인 켄트 선생님은 각각의 사람을 만나 회의에 대해 소개하고 자발적으로 참여하겠다는 동의를 받았다. 또한 부모님들에게 연락해서 사건을 설명하고 회의 개최의 이유와 과정, 다루어질 내용, 회의 이후 결과에 대한 보고 등을 이야기하였다. 회의는 30~60분 정도 소요되고 장소는 편안하게 이야기할 방에서 탁자나 테이블과 같은 장애물 없이 원으로 둘러앉았다. 회의에서 다루어진 질문은 미리 회복적 대화에 유용한 질문이라고 선정한 각본을 중심으로 하였다. 먼저 촉진자는 본 회의가 개최된 이유와 규칙에 대해 설명하였고 샘에게 사건과 관련해서 있었던 일, 일로 인한 영향, 현재의 생각이나 느낌을 이야기하도록 하였다. 샘은 며칠 전 킬이 자신에게 장난을 치며 자를 빌려주지 않아 숙제를 제대로 할 수 없어 담임선생님에게 야단맞고 킬에게 화가 나 있었다고 이야기했으며, 리아가 넘어지면서 머리를 다치고 렉시아의 계산기가 망가져 매우 놀랐고 미안하다고 이야기했다. 그 다음 킬, 리아, 렉시아 순으로 샘의 행동으로부터 받은 피해와 생각을 이야기하도록 하였다. 특히 킬은 자를 빌려주지 않은 자신 때문에 샘이 숙제를 하지 못하고 선생님께 야단맞아서 자신에게 화가 나 있는지를 몰랐다고 했다. 리아와 렉시아는 자신들이 금전적, 물질적으로 어떤 피해를 입었는지 설명하고 샘과 킬의 장난으로 학급에서 힘들었다는 것을 이야기했다. 촉진자는 샘에게 다른 사람의 이야기를 들으면서 하고 싶은 말이나 생각을 이야기하도록 하였다. 샘은 자신의 행동으로 킬, 리아, 렉시아가 피해를 입은 것에 대해 사과했고 그런 다음 킬도 사과를 했다. 마지막으로 촉진자는 리아, 렉시아, 담임선생님에게 오늘 회의의 결과로 어떤 일이 일어났으면 좋겠는지를 질문해 피해를 바로잡기 위한 욕구를 파악하였다. 그 결과 모두가 동의하는 합의문이 작성되었다. 합의문에는 다음과 같은 내용이 기록되었다.

- 샘은 자신의 행동에 대해 참석한 모든 사람에게 사과를 했다.
- 킬은 샘을 괴롭힌 것을 사과했고 둘 모두는 앞으로 넘어뜨리고 밀치지 않기로 약속했다.
- 샘과 렉시아는 계산기의 주인인 존네스 씨에게 계산기를 교환할 수 있는지를 알아볼 것이다.
- 샘은 계산기를 변상하기 위해 존네스 씨와 만날 것이다.
- 샘과 킬은 학급에서나 다른 이동 수업시간에 같이 앉지 않을 것이다.
- 켄트는 로커 주변에서 학생들의 행동을 관찰할 것이다.
- 켄트는 4명의 학생들이 합의문을 잘 이행하고 있는지 모니터링하기 위해 매주 학생들을 만날 것이다.
- 클락 선생님과 네 명의 학생은 합의문 내용에 대해 교실에서 다른 학생에게 다시 보고할 것이다.
- 켄트는 합의문을 복사해서 부모들과 학생들 모두에게 보낼 것이다.

〈표 13-3〉 문제해결서클의 기본 단계

단 계		주요 내용 및 운영방법
사전준비		**〈전체 기획〉** - 사건 접수(당사자 신청, 학생 및 교사 면담, 각종 위원회 참여를 통해 파악) - 주제 및 진행 각본 짜기(주제 및 진행 각본 짜기, 대상자 및 진행자 선정) - 참석자(학생, 교사) 선정 - 사전 모임 구성
		〈사전 모임〉 - 문제해결서클이 이루어지기 전에 갈등 관련 당사자 및 관련인(교사, 반장, 주변 학생) 등을 개별적으로 만나 사실관계 확인, 사건에 대한 각자의 입장과 욕구를 듣고 이해함 - 서클의 취지 설명 및 참석에 대한 동의 얻기 - 서클 초대장 보내기
사 정		- 관련 자료 및 정보 수집 - 구체적인 실행 계획 및 각본 수립
실행 (중심 모임)	1단계 : 여는 의식 (10분)	**〈장소 세팅〉** - 좌석 배치, 간식, 토킹스틱 등 준비 - 분위기 조성(배경음악, 서클이나 규칙을 알리는 판넬 설치 등) - 참석자 맞이하기
		〈서클 소개〉 - 진행자 및 참석자 인사, 서클 취지 및 진행방법 설명 - 기본 규칙 소개 - 동의서 받기, 준비단계에서 동의를 구했다고 하더라도 신뢰서클 시작에서도 반드시 확인하는 것이 필요함(자발성 강조)
	2단계 : 입장 나누기 (15분)	**〈피해자 측 입장 말하기〉** - 사건과 관련한 피해자 및 피해자 관련인(친구, 가족 등) 측의 욕구, 감정, 입장에 대해 이야기하도록 함
		〈행위자 측 입장 말하기〉 - 사건과 관련한 행위자 및 행위자 관련인(친구, 가족 등) 측의 욕구, 감정, 입장에 대해 이야기하도록 함
	3단계 : 쟁점 파악 (15분)	- 각자의 입장을 요약, 정리함 - 욕구의 공통점과 상이점, 주요 쟁점사항을 찾음
	4단계 : 책임 나누기 (10분)	**〈대안 찾기〉** - 피해회복 또는 문제해결을 위한 다양하고 구체적인 실천방안 모색
		〈합의하기〉 - 자발적 책임 및 서로 동의하는 해결책 찾기 - 해결책 찾는 일은 당사자의 몫, 진행자는 결정권을 가지고 있지 않음 - 구체적, 실천 가능한 약속 하기 및 합의문 작성
	5단계 : 닫는 의식 (10분)	**〈확인하기〉** - 서클 내 결정된 것에 대한 재확인 - 합의문 후속조치에 대한 안내 및 후속모임 제안(2~4주 내)
		〈마무리〉 - 소감 및 마무리 인사하기 - 다과 시간
평 가		- 자체 평가 및 결과 보고 - 만족도 검사(참여자, 진행자, 실행팀, 의뢰기관 등)
사후지도		- 합의 이행에 대해 점검, 다과 시간

참고문헌

21세기청소년공동체희망 외 25개 시민단체(2005). 학교폭력에 대한 폭력적 대응책 중단과 근본적 대안 촉구를 위한 시민사회단체 기자회견.

강동욱(1999). "학교폭력의 원인에 관한 고찰". 형사정책, 11. 한국형사정책학회.

곽금주(2003). "왕따현상에 관하여". 폭력분과위원회 정책보고서. 청소년보호위원회.

관계부처합동(2014). 3차 학교폭력 예방 및 대책 5개년 계획(2015~2019).

교육부(2015). 2015년 2차 학교폭력 실태조사(보도자료). 2016년 6월 30일 http://if-blog.tistory.com/5942 에서 검색.

_____(2020). 제4차 학교폭력 예방 및 대책 기본계획(안).

_____(2022. 9. 6).「2022년 1차 학교폭력 실태조사 결과 발표」보도자료.

교육부 · 이화여자대학교 학교폭력예방연구소(2024). 학교폭력 사안처리 가이드북.

구본용(1997). "청소년의 집단 따돌림의 원인과 지도방안". 청소년상담연구보고서, 29. 청소년대화의 광장.

구자순(1996). "학원폭력, 어떻게 이해할 것인가?". 때리는 아이 맞는 아이. 청소년대화의 광장.

권유란 · 김성회(2012). "특성화고등학생용 집단따돌림 방관태도 척도 개발". 상담학연구, 13(6), 2715-2732.

권이종(1997)."학교폭력의 발생배경과 지도방안". 청소년문제와 교육의 과제. 한국교육사회학회.

권재기(2011). "집단따돌림 피해경험의 발달양상과 내면화 · 외현화 문제행동의 변화-잠재계층 성장분석(LCGA) · 다집단 성장혼합모형(GMM)을 이용한 종단연구-". 한국아동복지학, 34, 95-126.

김상곤(2012). "폭력없는 학교 만들기 위한 통합적 실천의 방향성 및 학교사회복지사의 역할에 대한 토론". 2012년도 한국학교사회복지학회 춘계정기 학술대회. 한국학교사회복지학회, 78.

김용태 · 박한샘(1997). 따돌리는 아이들, 따돌림 당하는 아이들. 청소년대화의 광장.

김정희 외(1993). 심리학의 이해. 학지사.

김준호 · 박정선 · 김은경(1997). 학교주변 폭력의 실태와 대책. 한국형사정책연구원.

김혜원(2011). "집단따돌림과 집단괴롭힘에 따른 남녀 청소년들의 심리적 건강, 학교인식 및 학교적응에 대한 구조분석". 청소년복지연구, 13(2), 173-198.

남미애(2015). "학교폭력에 대한 도움요청 의도에 영향을 미치는 예측요인 : 부산지역 초 · 중학생을 중심으로". 청소년학연구, 22(7), 95-127

남미애 · 홍봉선(2015). "학교폭력 주변인 역할에 영향을 미치는 요인". 한국아동복지학, 50, 109-144.

박경숙 · 손희권 · 송혜정(1998). 학생의 왕따(집단 따돌림 및 괴롭힘) 현상에 대한 연구. 한국교육개발원.

박종효(2007). "집단따돌림(왕따)에 대한 이해 : 발달경향과 정신건강의 관련성". 한국청소년연구, 18(1), 247-272.

박효정 · 정미경 · 한세리 · 한경아(2005). 학교폭력 실태의 이해와 진단. 한국교육개발원.

배경내(2005). "학교폭력에 관한 인권적 검토". 학교폭력문제, 이렇게 풀자!. 전국교직원노동조합 · 흥사단교육운동본부.

서미정(2006). 또래 괴롭힘 완화요인의 탐색 : 주변또래의 유형 분석을 중심으로. 부산대학교 대학원 박사학위논문.

_____(2008). "방관자의 집단 특성에 따른 또래 괴롭힘 참여 역할행동". 아동학회지, 29(5), 79-95.

서양숙(2011). 학교폭력 문제에 대한 평화교육적 접근. 한국교원대학교 교육대학원 석사학위논문.
서정기(2011). 학교폭력에 따른 갈등경험과 해결과정에 대한 질적 사례연구-회복적 정의에 입각한 피해자-가해자 대화모임을 중심으로-. 연세대학교 대학원 박사학위논문.
손강숙(2014). 학교폭력의 방어자 역할경험에 대한 질적 연구. 아주대학교 대학원 박사학위논문.
송명자(1996). "학원폭력을 유발하는 청소년의 의식과 행동". 부산광역시 아동청소년회관. 아동과 청소년 제12집. 경남 : 현대문화사, 30-31.
신현숙(2014). "공격성과 비방어적 주변인 행동의 관계: 괴롭힘 찬성태도와 위험부담감의 중다매개효과". 청소년학연구, 21(10), 119-146.
신혜섭(2005). "중학생의 학교폭력 유형에 영향을 미치는 변인－가해경험, 피해경험, 가해 · 피해 중복경험에 대한 분석". 청소년학연구, 12(4), 123-149.
심희옥(2005). "또래 괴롭힘과 대인간 행동특성에 관한 횡단 및 단기종단연구 : 참여자 역할을 중심으로". 아동학회지, 26(5), 263-279.
안효영 · 진영은(2014). "또래 괴롭힘 상황에서의 주변인 역할 연구동향 및 과제". 열린교육연구, 22(4), 95-117.
여성가족부(2011). 2011년 청소년유해환경 접촉 종합 실태조사 보고서.
_________(2024). 2023 청소년백서.
원호택(1997). "청소년의 집단 따돌림의 원인과 지도방안". 청소년상담연구보고서, 29. 청소년대화의 광장.
이규미 · 문형춘 · 홍혜영(1998). "상담사례를 통해서 본 왕따현상". 서울청소년상담연구 Ⅲ. 서울특별시청소년종합상담실.
이근후 · 임계원(1988). 사이코드라마. 하나의학사.
이민희 · 이명숙 · 정회욱 · 이춘화(1998). 청소년폭력 대책 모델개발. 한국청소년개발원.
이상균(1999). "중학생 또래 따돌림의 예측요인". 가톨릭대학교 사회복지연구소 월례세미나.
_____(1999). 학교에서의 또래폭력에 영향을 미치는 요인. 서울대학교 대학원 박사학위논문.
_____(2000). "청소년의 도움요청행위와 그 장애요인에 대한 연구". 한국아동복지학, 9(1), 153-175.
이상균 · 정현주(2012). "학교폭력 예방 및 개입을 위한 부모교육프로그램의 필요성". 2012년도 한국학교사회복지학회 춘계정기 학술대회. 한국학교사회복지학회, 21.
이성식(1995). "청소년비행론에 있어서 허쉬의 사회통제이론에 대한 수정된 논의". 형사정책연구, 24, 183-204.
이춘화(1999). 청소년폭력 가해자와 가해집단에 관한 연구. 한국청소년개발원.
이혜영(1999). "집단따돌림 해결을 위한 학교모델". 따돌림 해결을 위한 현장모델 개발 제2회 청소년상담 심포지엄 자료집. 서울특별시청소년종합상담실.
이호중(2012). "학교폭력에 대한 근본적인 대응－공동체의 연대성과 회복적 사법". 학교폭력 청소년사회적 대책 토론회. 서울YMCA시민논단위원회.
전성일(1996). "청소년의 정신적 장애와 폭력의 현상". 청소년육성 어떻게 할 것인가, 제12집. 한국청소년단체협의회.
정제영 · 이승연 · 오인수 · 강태훈 · 류성창(2013). "주변인 대상 학교폭력 예방교육 프로그램 개발 연구". 교육과학연구, 44(2), 119-143.
조정실 · 차명호(2010). 폭력 없는 평화로운 학교 만들기 : 학교폭력, 화해로 이끄는 절차와 대처기술 가이드북. 학지사.
청소년폭력예방재단(1996). 폭력은 싫어요. 청소년폭력예방재단출판사.
________________(2013). 2012년 전국 학교폭력 실태조사 주요 내용. (재) 푸른나무청예단.
청소년폭력예방재단 · 삼성중공업(2008). 학교폭력 실태조사 보고서. 교육과학기술부.
최유진(2013). 괴롭힘 피해상황에서 주변인 행동유형에 따른 피해학생의 대응방식 : 통제욕구, 통제지각 및 대처전략을 중심으로. 이화여자대학교 대학원 석사학위논문.
최윤미(1994). "가학적 성격비행과 지도방안". 청소년의 비행심리와 인성지도. 법무부.
평화를 만드는 여성회 갈등해결센터(2014). 회복적 정의 피해 · 가해 대화모임 조정자 훈련 자료집.
표갑수(1995). 아동·청소년복지론. 청주대학교출판부.
한국교육개발원(1998). 학생의 왕따(집단 따돌림 및 괴롭힘)현상에 관한 연구.
한국청소년개발원(1993). 청소년복지론.
한국청소년연구원(1990). 청소년문제행동 진단을 위한 조사연구(Ⅱ).
한국평화교육훈련원(2014). 회복적 교실, 회복적 학교-회복적 생활교육 워크숍 자료집.
함종한(1992). 청소년학원론. 대한교과서주식회사.
홍금자 · 이경준(1998). "학교폭력의 실정과 학교사회사업가의 개입". 학교사회사업, 1.
홍봉선(1997). 비행청소년 자아개념 강화를 위한 집단사회사업 프로그램 개발과 그 적용에 관한 연구. 부산대학교 대학원 박사학위논문.
_____(1997). "청소년비행과 자아개념의 관련성에 관한 연구". 아동과 청소년, 제13집. 부산광역시아동청소년회관.
_____(1998). "학교폭력청소년의 원조방안에 관한 연구". 청소년학연구. 한국청소년학회.
홍봉선 · 남미애(2009). 청소년복지론. 공동체.
____________(2014). "학교폭력문제해결을 위한 학교 차원의 회복적 사법의 적용". 형사정책, 26(2), 45-79.
____________(2016). "학교폭력 예방을 위한 회복적 정의 실천모형 적용에서의 학교사회복지사의 실행연구". 학교사회복지, 35, 303-337.
Aday, L., & Andersen, R. A.(1974). "A framework for the study of access to medical care". *Health Services Research, 9*, 208-220.
Amstutz, L. S., & Mullet, J. H.(2005). *The Little Book of Restorative Discipline for Schools, Teaching Responsibility : Creating Caring Climates*. PA : Good Books.
Andersen, R. A., & Newman, J. P.(1973). "Societal and individual determinations of medical utilization in the United States". *Mibank Memorial Fund Quarterly, 51*, 95-124.
Barhight, L. R., Hubbard, J. A., & Hyde, C. T.(2013). "Children's Physiological and Emotional Reactions to Witnessing Bullying Predict Bystander Intervention". *Child Development 84*(1), 375-390.
Cho, Y., & Chung, O.(2012). "A Mediated Moderation Model of Conformative Peer Bullying". *Journal of Child & Family Studies, 21*(3), 520-529.
Dubow, E. F., Lovko, K. R., & Kausch, D. F.(1990). "Demographic differences in adolescent health concerns and perceptions of helping agents". *Journal Clinical Child Psychology, 19*, 44-54.

Gini, G., Pozzoli, T., Borghi, F., & Franzoni, L.(2008). "The Role of Bystanders in Students' Perception of Bullying and Sense of Safety". *Journal of School Psychology, 46*(6), 617-638.

Hamilton, M. V., & Hope, L. N.(2011). "Social Work and Restorative Justice : Implication for School System Practice". In Beck, E., Kropf, N. P., & Leonard, P. B.(Eds.), *Social Work and Restorative Justice.* Oxford University Press.

Hazler, R. J.(1996). *Breaking the Cycle of Violence : Interventions for Bullying and Victimization.* Washington, DC : Accelerated Development.

Hopkins B.(2004). *Just Schools : A Whole School Approach to Restorative Justice.* London & Philadelphia : Jessica Kingsley Publishers. http://www.dsgonline.com/mpg2.5//TitleV_MPG_Table_Ind_Rec.asp?id=14

Jenkins, Richard L., & Eve Blodgett Gowdey(1981). *Prediction of Violence.* Springfield : Charles C. Thomas.

Lind M. C., & Shelden R. G.(1992). *Girl, Delinquency, and Juvenile Justice.* California : Brooks/Cole Publish Company.

Mary, P. V. H.(1999). "Women's help-seeking patterns for depression". *Social Work in Health Care, 29*(1), 15-34.

Morrison B.(2006). "School bullying and restorative justice : toward a theoretical understanding of the role of respect, pride and shame". *Journal of Social Issues,* 371-392.

Newman, R. S., & Goldin, L.(1990). "Children's reluctance to seek help with schoolwork". *Journal of Educational Psychology, 82,* 92-100.

Olweus, D.(1996). "Bully/victim problems at school : Facts and effective intervention". *Reclaiming Children and Youth, Spring,* 15-22.

Pöyhönen, V., Juvonen, J., & Salmivalli, C.(2012). "Standing Up for the Victim, Siding with the Bully or Standing by? Bystander Responses in Bullying Situations". *Social Development, 21*(4), 722-741.

Pöyhönen, V., Voeten, M., & Poskiparta, E.(2011). "Bystanders Matter : Associations between Reinforcing, Defending, and the Frequency of Bullying Behavior in Classrooms". *Journal of Clinical Child & Adolescent Psychology, 40*(5), 668-676.

Pozzoli, T., Gini, G., & Vieno, A.(2012). "The Role of Individual Correlates and Class Norms in Defending and Passive Bystanding Behavior in Bullying : A Multilevel Analysis". *Child Development, 83*(6), 1917-1931.

Pronk, J., Goossens, F. A., Olthof, T., De Mey, L., & Willemen, A. M.(2013). "Children's Intervention Strategies in Situations of Victimization by Bullying : Social Cognitions of Outsiders versus Defenders". *Journal of School Psychology, 51*(6), 669-682.

Salmivalli, C., & Poskiparta, E.(2012). "Making Bullying Prevention a Priority in Finnish Schools : The KiVa Antibullying Program". *New Directions for Youth Development, 133,* 41-53.

Seiffge-Krenke, I.(1989). "Problem intensity and the disposition of adolescents to take therapeutic advice". In Brambring, M., Kosel, F., & Kowronek, H.(Eds.), *Children at Risk : Assessment,*

Longitudinal Research and Intervention. N.Y. : Walter de Gruyter.

Thorsborne, M., & Vinegard, D.(2009). *Restorative Justice Pocketbook*. Teacher's Pocketbooks.

Umbreit, M., & Armour, M. P.(2011). *Restorative Justice Dialogue-An Essential Guide for Research and Practice*. New York : Springer Publishing Company.

Waldrop, A., & Resick, P.(2004). "Coping among adult female victims of domestic violence". *Journal of Family Violence, 19*, 291-302.

Chapter 14

학교 밖 청소년

지금까지 우리나라에서 청소년이란 곧 학생을 의미하고 학생이 아닌 청소년은 사회 구성원으로 고려되지 않았다. 그러나 우리나라에서 한 해 3만~5만 명 정도의 학생이 학교를 그만두고 있으며 학교를 다니지 않는 청소년은 약 17만 명에 이른다고 한다. 이는 청소년인구층에서 엄청나게 많은 숫자이다. 청소년을 주변인이라고 한다면 학교 밖 청소년은 주변인 중에 주변인이며 우리 사회의 사각지대에 놓여 있다.

특히 우리 사회에서 학업중단이 문제가 되는 것은 청소년이 학교를 다니지 않는 이유가 청소년 자신들의 자발적인 선택이라기보다는 외부적 요인에 의해 선택될 수밖에 없는 청소년이 많다는 점과, 학교를 그만둔 이후 청소년의 삶이 매우 열악하고 다른 삶을 살 수 있도록 돕는 사회적 지원은 전무하다는 사실이다.

청소년은 학교에서 즐겁게 생활하며 배울 수 있어야 하며 국가와 사회는 청소년의 성장과 발전에 필요한 모든 지원을 제공해야 한다. 설사 청소년과 가족이 학업중단을 선택하였다고 하더라도 그것은 자신의 가치를 적극적으로 실현하기 위한 과정에서 선택한 결정이라는 점에서 존중해야 하며 건강하고 행복한 생활을 할 수 있는 환경을 조성해야 한다.

1. 학업중단과 청소년

1) 학교 밖 청소년의 개념과 유형

(1) 학교 밖 청소년의 개념

학교 밖 청소년이란 여러 가지 이유로 인해 현재 학교를 다니지 않는 청소년을 칭하는 말이다. 유사한 용어로는 중퇴청소년, 학교중도탈락 청소년, 학업중단 청소년, 등교거부 청소년 등이 있는데 혼용되어 사용되고 있다. 중퇴청소년이란 정규학교를 다니다가 비행, 질병, 가사 또는 다른 이유로 졸업을 하지 못하고 도중에 학업을 중단하는 청소년을 의미한다. 중퇴는 자퇴(권고퇴학), 제적(명령퇴학) 등을 포함하는데(표갑수, 1995 : 374), 자퇴와 제적은 본인의 의사에 따른 것인가, 아니면 학교의 명령으로 퇴학당한 것인가에 따른 구분이다. 최근 중퇴처분의 자제를 촉구하는 사회적 요구로 인해 학교에서도 중퇴라는 용어를 사용하고 있지 않으나 권고전학을 종용하여 자퇴 형식을 취하는 중퇴는 여전히 있다.

중도탈락자라는 용어는 탈락이라는 표현 자체가 일탈 또는 패배자를 암시하고 있으며, 당사자들의 자존심이나 처지를 깊이 고려하지 못하고 있다. 또한 그러한 표현은 소위 탈락이라는 현상에 대한 사회적 책임이나 그에 대한 정책적 배려의 필요성에 대한 강조가 덜 담겨 있다(권효신 외, 2001).

등교거부자는 아직 학교를 그만둔 것은 아닌 상태에서 학교에 가지 않는 것을 의미한다(조아미, 2001 : 10). 이 개념은 학교공포증, 무단결석, 학교기피 등과 같이 부정적인 의미로 받아들여지고 있다. 이 외에도 공교육 기회박탈자, 교육권 박탈자라는 용어를 사용하자는 의견도 있다. 이 장에서는 보다 중립적인 의미를 가지고 있다고 생각되는 학교 밖 청소년이라는 용어를 주로 사용하고자 하나 경우에 따라 중퇴라는 용어와 혼용해서 사용하고자 한다.

학교 밖 청소년은 학업중단, 학교중단 청소년에 비해 보다 광범위한 개념으로 사용된다. 학교 밖 청소년은 학업중단 청소년과 비슷하게 학교 재학 중 여러 가지 이유로 휴학이나 자퇴 등의 형식을 통해 학교를 중퇴한 청소년뿐 아니라 학교에 진학하지 않은 비진학 청소년, 학업이 아닌 근로현장에서 종사하고 있는 근로청소년, 무직청소년 등을 모두 포함한다. 또한 일반학교에 재학 중이지는 않으나 독학이나 홈스쿨링, 검정고시 등 다른 경로를 통해 학업을 지속하고 있는 청소년도 포함하는 포괄적인 개념이다(백혜정 · 송미경, 2015 : 13). 우리나라 「학교 밖 청소년 지원에 관한 법률」 제2조에서 정의한 학교 밖 청소년도 9세에서 24세까지의 청소년 중 국가가 규정한 교과과정을 가르치는 정규학교에 다니지 않는 모든 청소년을 포함하고 있어 광범위한 개념으로 정의하고 있다.

(2) 학교 밖 청소년의 유형

학교 밖 청소년의 유형은 다양하다. 송광성 외(1992 : 20)는 학교를 그만두는 동기에 따라 능동형, 도피형, 불가피형으로 구분하고 있다. 즉, 자신이 처한 상황을 적극적으로 극복하기 위해서, 자신이 처한 상황에서 도피하기 위해서 또는 어쩔 수 없는 상황에서 중퇴하는 경우인지에 따른 구분이다.

첫째, '능동형'이란 재학생이 자신이 처한 상황에서 제기되는 문제를 적극적으로 해결하기 위해 중퇴하는 경우이다. 예를 들면, 학업, 취업, 진로준비 등 자신이 목표로 하는 것을 달성하기 위해 학교를 그만두는 경우이다.

둘째, '도피형'이란 학교상황에서 탈출하기 위하여 뚜렷한 대안 없이 학교를 그만두는 경우이다. 자신이 부딪힌 문제를 적극적으로 해결하기 위해 중퇴한 것이 아니라 더 이상 학교에 다니기 싫어서, 학교를 빠져나가 흥미로운 생활을 하고 싶어서 막연히 학교를 중퇴하는 경우이다. 중퇴청소년의 대다수가 도피형으로 분리될 수 있는데, 일단 학교를 떠났지만 대안을 마련하지 못해 시간을 낭비하고 유해환경에 노출되는 경우가 많다.

끝으로 '불가피형'이란 학교를 이탈할 수밖에 없는 상황에서 중퇴한 경우로 집안형편상 계속 학업에 전념할 수 없는 경우, 심각한 비행으로 학교에서 제적을 당한 경우 등이 이에 해당된다. 따라서 '불가피형'은 '능동형'이나 '도피형' 중퇴청소년보다 개인 외적 상황에 크게 구속된다.

허철수(2004)는 학교 밖 청소년의 유형과 특징을 크게 네 가지로 설명하고 있다. 첫째, 적응형이다. 여기에는 진학형, 건전직장 취업형, 취업준비형 등이 해당된다. 둘째, 부적응형이다. 여기에는 법에 저촉되는 행위를 하여 보호 및 관리체제에 소속된 청소년과 보호 및 관리기관에 소속되어 있지는 않지만 가출, 유흥업소 취업, 방치된 청소년들이 포함된다. 셋째, 요치료형이다. 이것은 치료나 요양 중인 청소년이다. 넷째, 자유방임형으로 무목적으로 배회하거나 진학이나 취업에 관심이 없는 형이다.

이처럼 학교 밖 청소년은 여러 유형으로 구분될 수 있으나 이런 구분은 연구목적 등 특정 목적에 맞추어 학교 밖 청소년의 특성을 보다 잘 이해하기 위해 구분한 것일 뿐 이것이 학교 밖 청소년의 실체를 그대로 반영한다고 보기는 어렵다. 실제 어떤 청소년은 2~3가지 유형에 동시에 속할 수도 있고 시간의 흐름에 따라 특정 유형에서 다른 유형으로 전환될 수도 있기 때문이다.

2) 학교 밖 청소년의 원인

청소년들이 학교를 그만두는 원인은 여러 가지 요인들이 밀접히 관련되어 있다. 장석민 외(1988 : 46)는 가정문제, 학교문제, 친구유혹, 건강, 검정고시, 기타 등으로 중퇴의 원인을 구분하고 있다. 그 결과를 개인적인 원인, 가정적인 원인, 학교적인 원인으로 구분하여 살펴보면(복수 선택 합계 206%) 개인적인 원인이 29.7%(친구 꾐 22.4%, 이성문제 7.3%), 가정적인 원인 53.0%(가난 24.9%, 가정불화 12.0%, 취직문제 10.1%, 건강문제 3.2%, 가업문제 2.8%) 그리고 학교적인 원인이 122.9%(공부에 대한 싫증 37.5%, 성적불량 35.6%, 교칙위반 26.5%, 교사에 대한 불만 13.2%, 검정고시 준비 5.7%, 학교 부적응 4.4%)였다.

신현숙과 구본용(2002)은 장기간에 걸쳐서 다양한 변인들이 상호작용하면서 중퇴에 영향을 미친다고 하였다. 즉, 중퇴 관련 변인들이 행동적 범주(예 결석, 징계, 저조한 학교활동 참여), 심리적 범주(예 낮은 포부수준, 낮은 자아존중감, 정서문제), 학업적 범주(예 학습부진), 사회경제적 범주(예 가정의 경제적 어려움, 부모의 낮은 교육수준, 결손가정), 환경적 범주(예 임신, 아르바이트, 열악한 지역사회 환경 등 학교공부와 병행되기 어려운 상황)의 다섯 가지로 구분된다.

학업중단청소년에 대한 10년간의 연구동향을 정리한 김범구(2012)는 학업중단에 영향을 미치는 요인을 위험요인과 보호요인으로 세분화해서 구분하였다. 같은 상황에 있는 청소년이라도 개인, 가정, 학교, 또래 등에 위험요인이 많으면 학업중단을 할 우려가 높은 것으로 나타났다. 반면 개인, 가정, 학교, 또래 등에 보호요인이 작용하면 학업중단을 막거나 학업중단 이후에도 긍정적인 영향을 미치는 것으로 나타났다.

2023년 학교 밖 청소년 실태조사(여성가족부, 2023)에 따르면 학교 밖 청소년들이 학교를 그만둔 가장 큰 이유는 심리 · 정신적 문제(31.4%)였고 그 다음이 원하는 것을 배우려고(27.1%), 부모님의 권유로(22.4%), 시간을 마음대로 쓰고 싶어서(21.8%), 학교 분위기가 맞지 않아서(17.8%)의 순이었다.

이처럼 학생들이 학교를 그만두는 이유에는 조사시기와 관계없이 청소년의 개인적 원인은 물론 가정, 학교 등 사회환경적 측면들이 복합적으로 영향을 미침을 알 수 있다. 결과적으로 학교 밖 청소년의 지원은 학교복학이나 취업지도 이외에도 다양한 심리 · 사회적 지원이 필요함을 엿볼 수 있다.

〈표 14-1〉 학교 밖 청소년의 학업중단 및 적응에 미치는 요인

구 분	학업중단에 영향을 미치는 변인		학업중단 후 적응에 영향을 미치는 변인
	위험요인	보호요인	
개 인	• 불안정한 정서상태 • 낮은 자기조절동기 • 낮은 유능감 • 무기력함 • 은둔형 외톨이	• 하고 싶은 일의 발견 • 문제해결 능력 증진 • 높은 자기이해와 수용 • 자신의 가능성 발견	• 학력/ 졸업장에 대한 인식 변화 • 자기 상황에 대한 인식 • 자신의 결심과 정보탐색 노력
가 정	• 낮은 가정의 경제수준 • 가정 내 갈등 • 낮은 부모의 자율성 지지	• 부모님의 지지 • 적극적인 부모 협조 • 자녀에 대한 높은 이해	• 가족의 권유
학 교	• 학습내용 불만 • 문제아로의 낙인 • 높은 결석빈도 • 학교유형(인문계, 전문계) • 교사에 대한 적대감 • 낮은 학업성취 • 교칙에 대한 거부감 • 학교 및 학업에 대한 거부감	• 동아리활동 • 교사의 적극적 · 협조적 태도 • 학업에 대한 흥미	• 교사의 지원
또 래	• 또래의 괴롭힘 • 자퇴친구 있음	• 새로운 친구관계 형성 • 친구의 관심, 조언	• 친구관계
기 타	• 인터넷 과다사용 • 사회활동에 대한 욕구	• 졸업장의 필요성 인식 • 학업중단 결과 예상 • 사회적 평가에 대한 우려	• 주위 사람들의 권유 • 전문가의 지원

출처 : 김범구(2012 : 325-326).

2. 학교 밖 청소년의 특성과 당면문제

매년 3만~5만여 명의 청소년이 학교를 그만두고 있으며, 학교 밖 청소년은 2022년 기준 16만여 명으로 추산되고 있다(여성가족부, 2024 : 187). 코로나19 이전까지 우리나라의 학교 밖 청소년의 학업중단은 해마다 6만~7만여 명씩 발생하였다(교육부 · 한국교육개발원, 2014). 코로나19 확산 이후 일시적으로 감소하였으나 다시 이전 수준으로 돌아가는 추세이다. 교육부는 국내 학교 밖 청소년 수를 약 17만 명으로 추정하고 있다(서울신문, 2023. 11. 27). 우리나라의 학교 중도탈락자의 비율은 OECD 등 다른 나라에 비해 낮은 편이지만 우리나라의 사회 · 문화적 특성을 고려해 볼 때 그 여파는 치명적이라고 할 수 있다(김규태, 2002; 김성기, 2012).

1) 학교 밖 청소년의 욕구과 특성

(1) 학업중단 이유의 다양성

청소년의 학업중단율은 과거에는 일부 학교에 국한된 문제였지만 최근에는 일반계 고등학교와 외국어 고등학교와 같은 특수목적 고등학교에서도 증가하고 있으며, 특히 외국어 고등학교, 농림업 고등학교, 상업고등학교는 상대적으로 높은 증가세를 보이는 것으로 나타났다. 또한 기초학력미달률이 높을수록, 교원 수가 많을수록, 수준별 이동수업을 할수록, 교원성과상여금 차등지급을 실시할수록 중단율이 높은 것으로 나타났다(이현주 · 김용남, 2012). 또한 취약 · 위기청소년 중 24.2%가 학업중단상태인 것으로 보고되고 있다(배주미 외, 2010). 이를 통해 보면 청소년의 학업중단문제는 위기청소년일수록 더 취약하며 단순한 개인적 차원이 아니라 학교현장 및 교육정책과도 관련됨을 알 수 있다.

청소년들이 학업을 중도에 그만두는 이유가 다양해지고 있다. 과거에는 가정의 경제적 빈곤이 중도탈락의 주 원인이었다면, 비행이나 학교생활 부적응, 유학 및 이민, 검정고시나 취업선택과 같은 자발적 학업중단도 증가하였다(금명자 외, 2004; 남미애, 2005b; 박수민, 1997; 부산광역시, 1996). 특히 일반계 고등학교의 경우에도 품행, 부적응 문제는 감소추세이고 유학, 이민이 크게 증가하였다. 따라서 학교를 그만두는 행위 모두를 문제행동으로 간주하는 것은 바람직하지 않고 다양한 원인에 대한 대처가 필요하다(남미애, 2005b : 84).

(2) 심리 및 정신건강 문제

학교 밖 청소년들은 학교를 그만두기 전후로 여러 가지 심리정서적 문제를 경험하였다. 일부 청소년들은 학교를 그만둔 후에도 건강하고 잘 지내는 청소년도 있지만 일부 청소년들은 소외감과 막막함, 적응상의 어려움을 갖기도 한다. 학교를 그만둔 후 특별한 진로계획이나 하는 일이 없는 청소년의 경우 심리정서적 어려움이 더 클 수 있다. 학교 밖 청소년의 경험과 생활에 대해 심층면접을 한 남미애 외(2013)에 따르면 학교를 그만둔 후 한 달 정도는 즐거웠지만 그 이후는 막막함과 부담감, 두려움이 컸으며 잘 해보려고 다짐을 해보지만 다른 선택을 인정하지 않는 사회에 대한 원망과 좌절감이 생겼다고 하였다. 이것은 신체적 · 심리적 건강 문제를 야기하기도 하였다.

학교 밖 청소년 실태조사를 한 김희진 외(2023)에 따르면 학교 밖 청소년들이 학교를 그만둔 이유로 가장 높은 응답률을 보인 것은 우울과 불안 등 심리 · 정신적 문제(31.4%)였다. 이미 학교생활을 하는 과정에 심리정신적 어려움이 상당히 있었음을 알 수 있다. 일부 청소년의 경우 학교를 그만둔 이후에 우울감을 느끼거나 심지어는 자살생각 및 자살시도를 하는 청소년도 있었다. 이러한 학교 밖 청소년의 우울감 경험이나 자살생각 및 자살시도율은 비슷한 연령대의 일반청소년에 비해 상대적으로 높은 것으로 나타났다. 또한 은둔형 생활을 하는 청소년도 일부 있다.

(3) 사회적 차별 및 배제

청소년을 주변인이라고 한다면 청소년과 중 · 고등학교 학생을 거의 동일하게 생각하는 우리 사회에서 학교 밖 청소년의 위치는 주변인 중의 주변인이다. 따라서 학교 밖 청소년은 청소년들이 발달과정상에 갖는 어려움은 물론 문제아 또는 실패자라는 낙인과 소외감, 좌절감, 사회적 배제 등으로 인하여 이중의 고통을 겪는다.

학교 밖 청소년의 경험과 생활에 대해 심층면접을 한 남미애 외(2013)에 따르면 학교 밖 청소년들이 학업 중단 이유와 상관없이 차갑고 부정적인 사회적 시선을 경험하는 것으로 나타났다. 학교 밖 청소년 실태조사를 한 김희진 외(2023)에 따르면 일상생활에서 다양한 사회적 차별이나 불이득을 받고 있는 것으로 나타났다. 학교를 그만둔 후 청소년들은 버스 승차/ 공원 입장 시 요금을 더 많이 냈거나(10.4%), 공모전 참여 제한(8.5%), 대학진학 시 불이익 등(6.7%)을 받았다고 응답하였다.

(4) 아르바이트 및 일

학교 밖 청소년들은 돈을 벌기 위해 취업을 하거나 아르바이트를 하지만 대부분 임시일용직에 취업하고 있어 취업안정성이 떨어지고, 어린 연령과 낮은 학력으로 정당한 대우를 받지 못하고 노동현장에서 착취를 당하기도 한다. 특히 보다 전문적인 직업훈련의 기회나 학습의 기회가 제공되지 않는다면 이러한 불안전고용 분야에서 일을 계속할 수밖에 없고 이는 결과적으로 빈곤으로 연결될 가능성이 높다(남미애 외, 2013; 이경상 · 박창남, 2006).

김희진 외(2023)에 따르면 조사대상자의 46.3%가 월 10~50만 원의 수입이 있었으며 그중 용돈이 79.8%로 대부분을 차지하였으며 근로 소득은 25.9%인 것으로 나타났다. 반면 현재 갚아야 할 빚이나 채무가 있는 학교 밖 청소년(5.1%)도 있었는데 빚을 진 주된 이유는 생활비(38.1%), 주거비(11.7%), 통신비용(11.3%) 등의 이유였다. 학교 밖 청소년의 아르바이트 경험률은 전체 42.6%였으며 아르바이트 경험이 있는 청소년들이 가장 오래 지속한 일은 주로 식당 주방/ 서빙/ 카운터, 카페 및 주점 서빙이었다. 이런 경향은 과거와 크게 달라지지 않고 열악한 상황이 계속됨을 알 수 있다.

(5) 비행 및 범죄노출 문제

청소년이 학교를 다니지 않는 것에 대해서는 긍정적인 시각도 있으나 대부분 부정적인 관점을 견지한다. Elliot 외(1974)는 긴장 이론의 관점에서 중퇴 후 비행률이 줄어든다고 주장한 반면 Wolfgang 외(1987)는 중퇴 후 비행이 증가하였다고 주장하고 있다. 또한 중퇴는 직업선택의 기회 제한에서부터 실업, 복지에 대한 의존, 비행 행동까지에 이르는 부정적인 결과를 초래한다(Helen, et al., 1997 : 395-415).

중퇴 그 자체가 비행이라고 보기는 어렵다. 더욱이 중퇴청소년 모두를 우범자집단으로 생각하는 것은 잘못된 생각이다. 그러나 학교를 그만둔 이후 비행과 연결되는 경향이 높다(금명자 외, 2004; 남미애, 2005b : 84). 학교를 그만두는 것 자체가 비행은 아니지만 학교를 그만둔 이후 가출을 하거나 유흥업소 취직 등을 통해 유해한 환경에 노출되기 쉽고 급기야는 금전적 어려움, 친구의 유혹 등을 통해 비행에 연결되기도 한다. 더불어 비행 및 범죄의 피해 경험도 증가한다. 김희진 외(2023)에 따르면 학교 밖 청소년은 가출(12.7%), 집단따돌림(4.0%), 사이버 괴롭힘(3.6%), 성희롱(2.4%), 구타(1.8%), 성폭력(1.6%), 금품갈취(1.3%) 등의 경험을 한 것으로 보고하였다.

(6) 가족문제

청소년의 학업중단이나 학업중단 이후 적응은 가족관계 및 가족문제와의 관련성이 크다. 선행연구들에 따르면 청소년들의 학업중단 이유는 부모와의 갈등, 방임이나 학대, 빈곤 등과도 관련이 깊다. 반면 학교를 그만둔 이후 부모와의 관계가 개선되고 더 많은 지지를 받는다는 결과도 있다. 김희진 외(2023)에 따르면 청소년단기쉼터 청소년을 제외한 학교 밖 청소년은 학교를 그만둘 당시보다 현재, 부모(보호자)로부터 정서적 지지와 경제적 지원을 더 받고 있고, 방임과 학대는 감소하였다고 보고하였다. 그러나 이런 변화가 자녀의 학업중단 시기가 장기화되어도 유사한지, 일시적인 것인지에 대해서는 좀더 면밀한 검토가 필요하다.

또한 학교 밖 청소년의 가족도 여러 가지 어려움에 직면한다(남미애 외, 2013). 학교 밖 청소년의 부모는 상당수가 직업이 불안정하고 수입이 낮은 직종에 종사하고 있었으며 자녀로 인해 다양한 심리·사회적 문제를 경험하고 있었다.

(7) 사회적 지지 부족

학교 밖 청소년은 향후 생활에 대해 다양한 욕구를 가지고 있는 데 반해 환경으로부터 적절한 지원을 받지 못하고 있어 재적응이 어렵다(남미애 외, 2013).

남미애 외(2013)에 따르면 '학교를 그만둔 이후 학교 밖 청소년들은 철저히 혼자이다. 주변 사람들은 학교를 그만둔 원인이 학교적응을 하지 못한 청소년에게 있다고 생각하기 때문에 청소년이 혼자 감당해야 한다고 생각하고 있고 청소년 자신도 그런 생각을 별 저항 없이 받아들인다. 점차 놀 사람도 없어지고 의논할 사람도 사라진다. 간섭하던 선생님이 그립고 학교라는 울타리가 그립지만 이젠 어쩔 수 없다고 생각한다. 학교를 그만둔 후 학원도 다니고 아르바이트도 하고 그동안 하지 못한 일들을 시도해 보지만 생각처럼 되지 않고 자신의 목표와 멀어진다. 낮밤이 바뀌고 많은 시간을 어떻게 보내야 할지 막막하다. 일상 속에서 늘 소외와 차별은 그림자같이 따라 다니고 혼자서 덩그러니 세상 밖으로 내던져진 느낌을 갖는다'고 하였다. 외부의 도움이 필요하지만 자신의 꿈을 실현할 수 있는 힘을 북돋워 주는 적절한 도움을 지원받지 못하고 있었다.

(8) 여가 및 일상생활

학교 밖 청소년들은 자기주도적으로 활용할 시간적 여유가 있어 자기계발이나 대안교육 참여, 취업 및 직업훈련, 사회적 활동 등에 참여할 수 있다. 그러나 학교 밖 청소년의 실태를 조사한 김희진 외(2023)에 따르면 학교 밖 청소년이 현재 주로 하는 일은 학교밖청소년지원센터 이용(59.9%), 검정고시 준비(29.4%), 대입(수능) 준비(27.7%), 대안학교 다님(23.5%) 순으로 많았고, 특별히 하는 일이 없다는 응답도 8.5%였다. 또한 학교를 그만둔 후에 경험한 어려움에는 할 일도 없고 무기력함, 교우관계 형성에서의 어려움, 혼자라는 불안 등은 증가 양상인 것으로 나타났다.

학생의 신분일 때보다 시간적 여유는 많지만 학교 밖 청소년을 지원하는 사회, 심리, 문화, 여가 등 다차원적 지원이나 환경이 구축되지 않는다면 학교 밖 청소년들의 일상생활은 더 단조롭고 불규칙적이며 위험에 노출될 가능성도 높다고 하겠다.

(9) 진로 및 미래준비

학교 밖 청소년은 학교를 그만둔 이후 진로 및 미래준비를 위해 다양한 시도와 노력을 한다. 김희진 외(2023)에 따르면 학교를 그만둘 당시 전체 응답자의 69.5%는 검정고시 준비를 계획하였고 29.6%는 대학진학 준비를 할 계획을 가졌다고 하였다. 또한 향후 진로 계획을 조사한 결과 정규학교 복학(대학 진학 포함)(28.2%), 검정고시 준비(12.4%) 순이었다. 반면 진로를 결정하지 못했다는 응답도 1/3 이상 차지하였다. 학교를 그만둔 청소년들 중 과반수 이상은 혼자서 진로를 결정하는 것으로 나타났다. 진로결정이 학교를 그만둔 후 뒤로 미뤄질수록 은둔 기간도 길어지는 경향을 보였다.

2) 학교 밖 청소년 지원이 갖는 의의

학교 밖 청소년에 대한 지원이 사회복지적 차원에서 어떤 의의를 갖는지를 청소년의 복지권 보장, 비행의 확대 및 재발 방지, 사회적 비용 절감, 가족기능의 회복 및 강화, 인적 자원 개발 등으로 나누어 살펴보고자 한다(홍봉선 · 남미애, 2000).

(1) 청소년의 복지권 보장

중퇴는 개인적으로 누구나 누려야 하는 성장과 발달을 위한 교육기회의 박탈을 초래함으로써 '의미 있는 자아'를 형성할 수 있는 기회를 빼앗을 뿐만 아니라 장기적으로는 진로개척에 심각한 문제를 야기해 안정적인 직업을 갖기 어렵게 한다. 이로 인한 낮은 자아개념의 형성과 사회적 기술 결여는 청소년의 삶의 질을 저하시킬 것이다. 다양성이 결여된 교육과정, 학생의 인권이 존중되지 않는 학교환경에 적응하지 못하였다고 해서 무방비 상태인 학교 밖으로 내모는 것은 청소년의 복지권에 위배된다고 하겠다.

특히 우리나라의 경우 교육수준이 사회 · 경제적 계층 형성에 중요한 변수인 학력 위주의 사회이며 진학 이외에는 다른 특별한 대안도 없는 현실을 감안해 볼 때 학교 밖 청소년을 제도권으로 수용하는 노력은 무엇보다도 중요하다. 1989년 UN총회에서 만장일치로 통과된 '아동의 권리에 관한 국제협약'은 국제법의 효력을 가지고 있는 것으로 우리나라에서도 1991년에 협약하여 서명함으로써 협약에 대한 준수가 의무화되었다. 이 법의 내용 중 제28조에는 청소년의 교육권을 보장하고 있는데, 교육의 기회균등권, 고등교육의 기회 부여, 등교고취와 중도탈락 방지 등이 있다.

(2) 비행의 확대 및 재발 방지

학생이 학교라는 최소한의 울타리를 잃게 되면 사회의 오염된 환경에 완전히 노출되어 사회의 비행자로 전락할 우려가 크다. 중퇴 전보다는 중퇴 후 비행이 월등히 증가하였음을 볼 때(김기태 외, 1996 : 185-186; 박수민, 1998 : 31) 중퇴와 비행의 관계는 매우 밀접하다고 하겠다. 비행청소년에 대한 종단연구에 의하면 적절한 조력을 받지 못한 비행청소년은 성인범죄자로 발전될 가능성이 높고, 성인범죄자가 되지 않는다고 하더라도 청소년기에 성취해야 하는 다양한 발달과업을 성취할 기회를 상실하여

성인이 되어서 정신건강상의 문제, 직업 및 진로상의 문제, 행동상의 문제 등을 겪을 가능성이 높은 것으로 보고되고 있다(이숙영 외, 1996 : 7). 따라서 학교 밖 청소년의 비행 확대 및 재발을 방지하기 위해 학교 밖 청소년에 대한 사회적 지원은 필수적이라고 하겠다.

(3) 사회적 비용의 절감

학교부적응 청소년은 학교라는 울타리 안에서 보호받는 것이 사회에서 혹은 다른 기관에서 보호받는 것보다 훨씬 효과적일 뿐만 아니라 경제적 비용 면에서도 보다 효율적이다. 중퇴는 직접적으로는 사회 프로그램 비용의 증대 및 세금의 감소를 야기해 직접적인 국가경제의 부담을 증가시킬 뿐 아니라(Helen, 1997 : 396) 실업, 낮은 임금, 건강문제, 범죄행위, 사회복지 프로그램에의 의존 등으로 인한 간접적 사회비용의 증대도 초래한다(Russell, 1995 : 586).

현재의 학교현실이 학교부적응 청소년의 보호와 지도에 여러 가지 제한점을 가지고 있는 것도 사실이지만, 학교에서의 보호는 청소년과 그 부모에게 부정적인 낙인을 최소화할 뿐 아니라 청소년을 보호 · 지도할 자원의 접근이 용이한 점 등 긍정적인 점이 많다. 따라서 학교부적응 청소년을 학교 내에서 보호하는 것은 사회적 비용의 절감 면에서도 의의가 있다.

(4) 가족기능의 회복 및 강화

학생이 학교를 그만두는 데에는 가족의 영향을 받기도 하지만 자녀의 학업중단은 부모, 가족에게도 엄청난 영향을 준다. 자녀의 학업중단은 가족에게 하나의 위기사건으로 그 부모들은 자녀의 중퇴로 인한 실패감과 절망감으로 인해 상당한 스트레스를 경험하게 한다. 자녀가 학교를 다니지 않게 되면, 많은 부모들은 자신의 삶이 실패한 것으로 단정하여 삶의 의미를 상실하고 근로의욕이 저하된다. 형제들은 중퇴 청소년과 부모의 영향으로 인하여 스트레스를 경험하게 된다.

가족은 자녀의 위기를 해결하는 데 가장 중요한 사회적 지지체계로서 이러한 지지체계는 일상생활의 요구, 상황적 위기 그리고 생의 전환기에 심리적 자원을 동원하고 정서적 부담을 경감시켜 주며 과업을 분담해 주며, 나아가서 금전, 도구, 기술, 인식적 지도를 제공하는 데 기여함으로써 개인의 안녕을 보호하는 데 중요한 역할을 수행한다(이원숙, 1995 : 75). 가족, 특히 부모는 중퇴를 유발하는 출처인 동시에 중퇴를 예방하고 학교에서의 적응을 돕는 지지자이다. 따라서 중퇴청소년 부모와 그 가족에 대한 지지와 원조는 중퇴청소년 문제의 해결 및 예방에 도움이 될 뿐 아니라 더 나아가 가족기능의 회복과 강화에 기여할 것이다(Russell, et al., 1990 : 297).

(5) 인적 자원 개발

21세기 사회에서는 무엇보다 지식과 정보가 중요한 지식기반의 사회이다. 향후 미래 사회가 정보화 사회가 필요로 하는 기술과 지식을 갖춘 인력만을 활용할 가능성이 높음을 감안해 볼 때 현재 학교 밖 청소년은 지식기반 산업에로의 진출이 더욱 힘들 뿐 아니라 오히려 비숙련직 노동의 대다수를 차지하는 학교 밖 청소년은 노동시장에서 배제되는 결과를 초래할 수 있다. 학교 밖 청소년의 인력 활용문제는 개인의 삶의 질과 관련된 매우 중요한 문제이며 범국가적으로 적극적으로 대처해 나가야 할 과제이다. 따라서 21세기 지식기반 사회에서 경쟁력을 확보하기 위한 전략으로 학교 밖 청소년을 무한한 잠재력을 가진 자원으로서 그 위상을 새롭게 인정하고 있으며, 이들의 창조적 활동을 적극 장려해야 한다.

3. 학교 밖 청소년에 대한 청소년복지 실태

1) 학교 밖 청소년을 위한 사회적 지원체계의 현황

(1) 학교 밖 청소년 지원에 관한 법률

학교 밖 청소년을 지원하기 위해 2014년부터 「학교 밖 청소년 지원에 관한 법률」이 제정, 시행 중이다. 법률에는 학교 밖 청소년의 정의, 학교 밖 청소년 지원에 대한 국가와 지방자치단체의 책무, 학교 밖 청소년 지원계획 수립, 학교 밖 청소년 실태조사에 대해 명시하였다. 학교 밖 청소년 지원계획 수립에는 학교 밖 청소년에 대한 사회적 인식 개선, 프로그램 개발 및 지원, 관련 기관 간 협력, 학교 밖 청소년 지원을 위한 재원 확보 및 배분 등에 대해 연도별 계획을 수립하도록 하고 있다. 학교 밖 청소년에 대한 실태조사는 학교 밖 청소년에 대한 현황 및 실태파악, 지원정책 수립을 위한 기초자료로 활용하기 위해 2년마다 실시하고 공표하도록 하였다.

또한 학교 밖 청소년 지원의 전달체계를 구체화하기 위해 여성가족부장관 소속의 학교 밖 청소년 지원위원회, 학교 밖 청소년 지원센터 설치·운영, 관련 기관과의 협조에 대해 제시하였다. 학교 밖 청소년에 대한 지원내용으로 상담지원, 교육지원, 직업체험 및 취업지원, 자립지원, 건강지원을 제시하였다.

(2) 학교 밖 청소년 지원센터 꿈드림

학교 밖 청소년 지원센터는 학교 밖 청소년을 지원하기 위해 「학교 밖 청소년 지원에 관한 법률」에 따라 전국 시·군·구에 설치된 기관이다. 학교 밖 청소년 지원 사업의 목표는 학교 밖 청소년에게 상담·교육·취업·자립지원 등의 서비스를 지원함으로써 학교 밖 청소년이 건강한 사회 구성원으로 성장할 수 있도록 돕는 것이다.

서비스 지원 대상은 9세 이상 24세 이하 청소년으로, 초·중학교 및 이와 동일한 과정을 교육하는 학교에 입학 후 3개월 이상 결석하거나 취학의무를 유예한 청소년, 고등학교 및 이와 동일한 과정을 교육하는 학교에서 제적·퇴학처분을 받거나 자퇴한 청소년, 고등학교 또는 동일한 과정을 교육하는 학교에 진학하지 않은 청소년이다. 꿈드림센터의 지원서비스로는 상담 지원, 교육 지원, 진로·직업지원, 자립 지원, 건강지원 등이 있다.

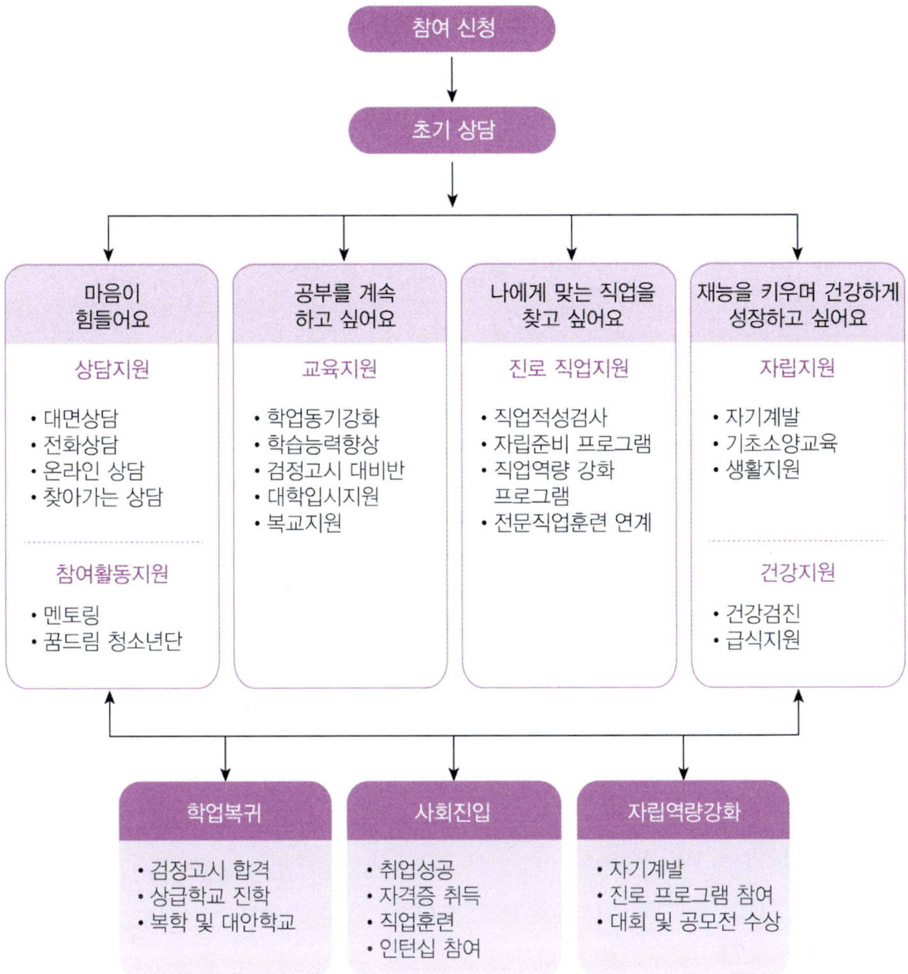

| 그림 14-1 | 꿈드림센터 서비스 흐름도

출처 : 여성가족부 · 교육부(2024).

전국에 센터는 222개소(시 · 도 센터 16개소, 시 · 군 · 구 센터 206개소)가 운영되고 있으며, 전담 인력은 시 · 도 센터별로 6명 이상씩, 시 · 군 · 구 센터별로 2~4명 이상씩 활동하고 있다. 꿈드림센터의 추진체계를 살펴보면 | 그림 14-2 |와 같다. 중앙지원기관인 한국청소년상담복지개발원은 프로그램 개발 · 보급, 시 · 도 및 시 · 군 · 구 센터 사업을 지원하며 학교 밖 청소년 DB를 구축, 관리한다. 시 · 도 센터는 광역 단위 지역협의체를 구성, 운영하며 시 · 도 단위 정책수요 분석 및 사업개발, 시 ·

군 · 구 센터 지역자원연계망 구축사업을 행한다. 시 · 군 · 구 센터는 학교 밖 청소년을 발굴 및 지원하고 학교 밖 청소년 상담, 교육, 직업체험, 취업지원 및 자립지원 프로그램 제공 및 사후관리를 행한다.

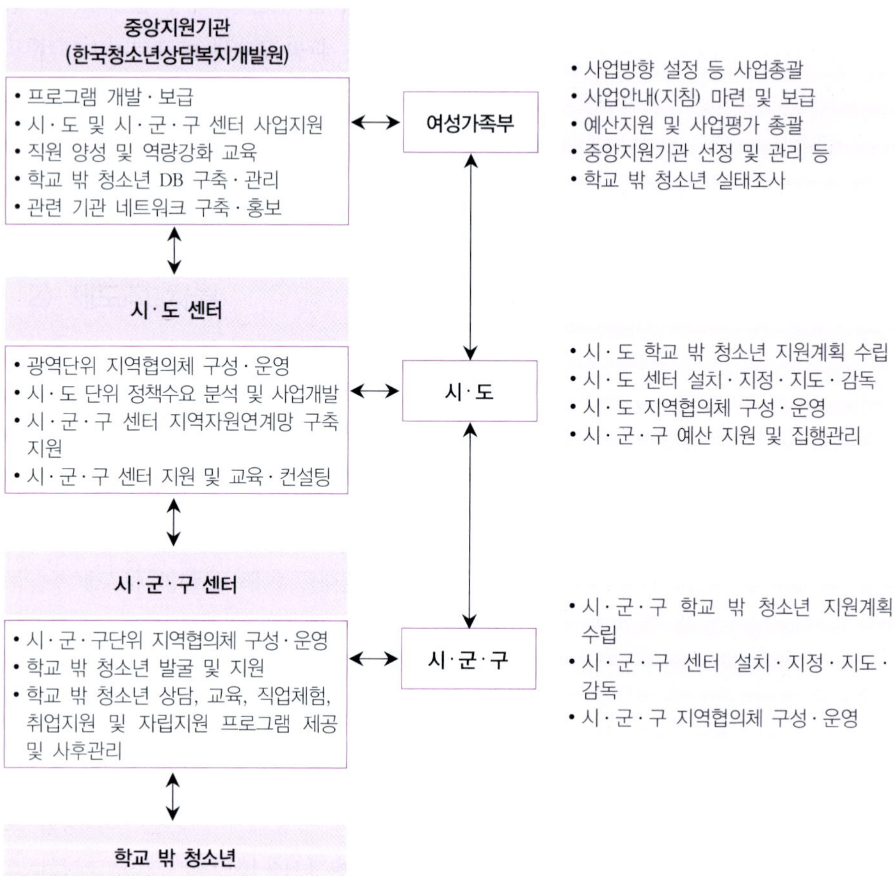

| 그림 14-2 | 학교 밖 청소년 지원센터 추진체계

출처 : 여성가족부(2023 : 578). 2023년도 청소년사업안내.

(3) 내일이룸학교(학교 밖 청소년 직업훈련)

내일이룸학교는 학교 밖 청소년이 원하는 분야의 직업훈련과 자격증을 취득하도록 지원하고, 취업정보와 취업처를 연계해주는 과정이다. 대상은 15~24세 학교 밖 청소년이다. 훈련생 선발 및 훈련과정은 청소년이 훈련기관에 직접 참여를 신청하면 직업적성검사 및 면접을 실시하여 훈련생을 선발한 뒤 예비학교를 거친 후 직업훈련 및 특화 프로그램에 참여, 수료한다. 지원사항은 직업훈련 및 자립장려금, 기숙사, 취업처 연계, 심리상담 등을 제공한다. 신청방법은 훈련기관에 문의(온·오프라인 가능)하거나 정부24(www.gov.kr)에서 온라인 신청을 한다.

2023년 훈련기관은 서울, 인천, 부산, 광주, 경기, 충남, 경북 등에 있는 12개 기관에서 행해졌으며 훈련과정으로는 스마트 크리에이터 실무과정, 플라워/ 플랜테리어, 반려동물전문가, 3D프린트를 활용한 제품설계 과정, 카페베이킹과 바리스타, 빅데이터와 유튜브를 활용한 스마트스토어 제작과 운영 등이 있다(https://www.kdream.or.kr/user/sub/sub04/sub040301.asp).

지원사항

- 무료 직업훈련 및 자립장려금 지원(출석률에 따라 월 30만 원 한도)
- 기숙사(숙식) 제공(기숙사 미보유 기관은 교통비 및 식대 지급)
- 특화프로그램 운영으로 검정고시 및 자격증 취득 지원
- 직업훈련교육 수료 후 취업처 연계 및 취업 정보 제공
- 훈련기관별로 배치된 전담상담사를 통해 심리상담 제공

(4) 위기청소년 특별지원

위기청소년 특별지원은 청소년복지지원법 제14조에 따라 사회적·경제적으로 어려움을 겪는 9세 이상 24세 이하의 위기 청소년에게 생활·건강·학업·상담·자립 등 분야에서의 물품 및 서비스를 제공하여 위기청소년이 건강하게 꿈과 역량을 펼칠 수 있도록 지원하는 사업이다.

신청방법은 청소년 본인이나 보호자 및 지원이 필요한 청소년을 알고 있는 청소년상담사, 사회복지사, 교원 등이 주소지의 행정복지센터에 신청하면 되고, 시·군·구는 청소년복지심의위원회 심의를 거쳐 위기도에 따라 대상자, 기간, 지원 유형을 결정한다. 추후 지속적인 지원이 더 필요하다고 판단되는 경우 1회 연장해 지원받을 수 있고, 학업·자립 지원 경우는 두 번까지 연장해 지원받을 수 있다(여성가족부, 2024 : 197-198). 구체적인 지원 종류 및 내용은 〈표 14-2〉와 같다.

〈표 14-2〉 청소년 특별지원 사업 지원 종류 및 내용

지원종류	지원내용	지원금액	지원방법
생활지원	가. 의복 · 음식물 및 연료비 기타 일상 생활에 필요한 기초생계비 나. 숙식 제공	월 65만 원 이내	매월 1회
건강지원	가. 진찰 · 검사 나. 약제 · 치료재료의 지급 다. 처치 · 수술, 그 밖의 치료 라. 예방 · 재활 마. 입원 · 간호 바. 이송 등 의료목적 달성을 위한 기타 조치사항	연 200만 원 이하	1년 또는 매월
학업지원	가. 초 · 중등교육법 제2조에 따른 학교의 입학금 및 수업료 나. 교과서대 다. 초 · 중등교육법 시행령 제97조 제1항 제1호 · 제98조 제1항 제1호에 따른 중학교졸업학력검정고시 또는 고등학교졸업학력검정고시의 준비 등 학업을 지속하기 위하여 필요한 교육 비용의 지원	월 15만 원 이하 (수업료, 학교운영비) 월 30만 원 이하(검정고시)	월 1회, 분기별, 1년 등
자립지원	가. 지식 · 기술 및 기능 습득을 위한 비용 나. 진로상담 비용(적성 · 흥미 검사 및 상담 비용 포함) 다. 직업체험 비용 라. 취업 알선 및 사후지도 비용	월 36만 원 이하	월 1회, 분기별, 1년 등
상담지원	가. 정신적 · 심리적 치료를 위한 청소년 본인 및 가족의 상담비 및 심리검사비 나. 상담 관련 프로그램 * 집단상담, 특수치료 등 참가비 다. 청소년상담복지센터의 상담지원비는 지원대상이 아님	월 30만 원 이하 심리검사비(연 40만 원) 별도	월 1회, 분기별, 1년 등
법률지원	가. 소송비용 나. 법률상담비용	연 350만 원 이하	1회 지원
활동지원	가. 수련활동비 나. 문화활동비 다. 특기활동비 라. 교류활동비 마. 체육활동비 등	월 30만 원 이하	월 1회, 분기별, 1년 등
기타지원	가. 청소년이 수치심을 느낄 수 있는 외모 및 흉터 등의 교정 나. 청소년의 교복, 체육복 지원 다. 수학여행비 지원 라. 학용품비, 수업준비물 지원 등	(위 제시 내용과 근접한 유형의 지원상한액을 참조하여 지원규모 결정)	월 1회, 분기별, 1년 등

출처 : 여성가족부(2023 : 552-553). 2023년도 청소년사업안내.

2) 학교 밖 청소년을 위한 사회적 지원체계의 문제점

(1) 학교 밖 청소년 관련법의 미비

학교 밖 청소년 지원법은 학교 밖 청소년의 복지 증진을 위해 중요한 역할을 하고 있지만, 보다 실질적이고 통합적인 지원을 위해 지속적인 개정이 필요하다. 구체적인 문제점을 살펴보면 첫째, 지원대상을 학교를 중도에 떠난 청소년으로 한정되며, 위탁교육생, 대안학교 학생, 홈스쿨링 청소년, 학교 밖 청소년의 가족 등은 포함되지 않는 경우가 있어 법의 적용 범위가 제한적이다. 둘째, 학교 밖 청소년 지원을 위해 관련 부처 및 기관 간 협력은 필수적이지만, 현재의 관련 법령에는 부처 간 역할과 책임 분담이 모호하고 협력 체계에 대한 명확한 법적 규정이 부족하다. 셋째, 통합 지원체계가 부족하다. 학교 밖 청소년은 교육이나 학업, 취업 이외에도 다양한 사회적 지원이 필요한데 관련기관 및 지역사회 협력과 관련된 내용이 빈약하다. 넷째, 학교 밖 청소년 지원을 위해서는 학교 밖 청소년의 발생에서부터 정확한 파악을 위한 관련 데이터베이스 구축이 필요한데 이에 대한 법적 내용이 명확하지 않다.

(2) 학교 밖 청소년 관련 데이터베이스 미비

학교 밖 청소년에 대한 실태 및 욕구를 파악하기 위해 학교 밖 청소년에 대한 데이터베이스 구축이 필요하다. 현재는 관련 데이터베이스가 구축되지 못해 정확한 학교 밖 청소년의 수 파악은 물론 학생들이 학교를 왜 그만두려고 하는지, 학교 밖 청소년들은 학교를 떠난 뒤 어떤 생활과 경험을 하는지 등에 대한 정확한 내용을 파악하는 데 어려움이 있다. 정부는 교육부 학적 자료, 여성가족부 학교 밖 청소년 자료, 법무부 출입국 데이터베이스, 고용노동부 근로청소년 자료 등을 활용해 학교 밖 청소년에 대한 기본 데이터를 구축할 필요가 있다. 또한 학교 밖 청소년 정보가 교육청, 여성가족부, 지방자치단체 등 여러 기관에 분산되어 있어, 실시간 정보 공유 및 연계가 힘들고 중복 관리 및 정보 누락의 위험이 있다.

(3) 국가 차원의 통합지원체계 미구축

학교 밖 청소년 지원과 관련해서는 크게 여성가족부, 교육부, 고용노동부, 법무부, 보건복지부 등이 밀접한 관련이 있다. 청소년은 한 명인데 학생이냐 비학생이냐, 위기청소년이냐 비행청소년이냐에 따라 학교 밖 청소년을 지원하는 부처가 매우 상이하고 경우에 따라 서비스 내용이 중첩되어 혼란스럽다. 학교 밖 청소년 지원이 국가 차원에서 통합적으로 이루어질 수 있도록 협력체계가 구축되어야 한다.

(4) 낮은 자원 접근성과 지역적 격차

학교 밖 청소년이 사는 지역에 따라 이용할 수 있는 자원 및 인프라에 불균형이 심하고 특히 도심에 비해 농어촌 및 소외 지역은 접근성이 낮다. 지방정부 간 재정 격차로 지원서비스에도 차이가 있다. 학교 밖 청소년이나 부모들이 지원체계에 대한 정보를 알지 못하거나 복잡한 신청 절차로 인해 서비스 이용에 어려움이 발생한다. 학교 밖 청소년지원센터가 운영되고 있으나 확충될 필요가 있다.

(5) 개별화되고 통합적 지원의 부족

다양한 이유로 학교를 떠난 청소년의 개별적 욕구과 특성을 반영하지 못하고 학업이나 취업 중심의 획일적인 프로그램이 지원되어 다양한 청소년의 욕구를 충족되기 어렵다. 주거, 건강, 심리적 안전망, 문화지원 등은 일부 청소년에게 제공되고 있고 그나마 일시적 지원으로 인해 효과를 거두기 어렵다.

4. 학교 밖 청소년에 대한 청소년복지 대책

1) 기본 방향

(1) 학교 밖 청소년에 대한 시각 전환

학교 밖 청소년에 대한 지원은 시혜가 아닌 권리에 입각한 것이어야 하며, 소비가 아니라 투자 개념으로 전환되어야 한다. 청소년의 욕구에 기초해야 하며 청소년의 자율성을 최대한 존중해야 한다. 청소년들이 누리는 일반적인 권리가 학교 밖 청소년에게도 보장되어야 한다. 학교 밖 청소년과 부모에 대한 시각은 통제적 관점이 아닌 조력적 · 발달적 관점으로 전환해야 한다.[1]

(2) 복지, 노동, 교육, 문화 등의 통합적 지원

학교 밖 청소년은 외부 환경에 크게 영향을 받기 때문에 가족의 노력만으로는 힘들다. 또한 사회와 노동시장에 진입하거나 적응할 수 있는 시기가 아니기 때문에 공적 영역에서 통합적이고 폭넓은 지원정책이 요구된다. 단순한 학업유지나 일자리 제공이 아니라 복지, 노동, 교육, 여가 등의 통합적 지원이 필요하다. 특히 청소년이 원할 때 노동, 복지, 교육, 여가 등의 수평적 이동이 가능하도록 보장하기 위해서는 평생교육시스템의 확충, 취업 전 단계에서 생활에 필요한 기본소득을 보장하는 청소년기초연금의 실시 등이 행해져야 한다. 생활여건의 어려움으로 아르바이트로 용돈벌이를 하려고 하는 경우가 많으므로 올바른 진로지도와 직업체험 및 직업선택 또는 건전한 아르바이트를 할 수 있도록 인프라 구축이 필요하다(남미애 외, 2013 : 263).

(3) 학교 밖 청소년의 라이프 스타일을 고려한 맞춤식 지원

전 세계적으로 청소년에서 성인기로의 이행이 연장되고 있고 개인의 라이프 스타일도 매우 다양해지고 있다. 학교 밖 청소년의 자립시기 및 방법은 개인의 라이프 스타일에 따라 상이할 수 있다. 사회가 정형화된 방법을 고집해서 제시하기보다는 복합하고 다양한 학교 밖 청소년의 개별 욕구 및 특성을 고려하며, 청소년들이 자신의 삶에 맞게 선택할 수 있도록 해야 한다(남미애 외, 2013 : 262).

(4) 학교 밖 청소년 발달 및 다양한 사회 참여 확대를 통한 역량강화

학교 밖 청소년의 지원은 단순한 일자리 연결이 아니라 사회가 필요로 하며 사회구성원으로서 자신의 존재의미를 확인할 수 있는 다양한 활동에 참여함으로써 보다 폭넓은 노동관, 직업관을 형성하도록 하는 기회이자 경험을 제공하는 것이 중요하다. 일반적으로 자산이 많은 사람은 위기도 잘 극복하고 기회도 잘 포착하고 개인적 역량도 잘 발휘할 수 있다. 이를 위해서는 학교 밖 청소년의 신체적 · 심리적 · 사회

1 Erickson(1987 : 102-137)은 비행청소년에 대한 관점을 강제적 접근, 조력적 접근, 발달적 접근으로 나누고 있는데, 강제적 접근이란 청소년을 문제를 일으키는 집단으로 간주하여 사회적 통제를 해나가는 것이며, 조력적 접근은 비행청소년을 여러 가지 위험에 처해 있어 도움이 필요한 아이들로 인식하는 것이며, 발달적 접근은 청소년기의 일탈행동을 청소년기에 나타나는 성장과정의 일부로 보고 처벌이나 제한을 하는 것이 옳지 않다고 보는 견해이다.

적 발달 및 자산증진을 통해 역량강화를 하는 것에 초점을 두는 것이 필요하다(남미애 외, 2013 : 262-263).

(5) 점진적인 자립유예기간의 인정 및 지원

청소년기의 자립은 한 번 만에 달성할 수 있는 것이 아니라 자립과 의존 사이를 반복하면서 통상 20대 후반이나 30대 초에 종료된다. 따라서 학교 밖 청소년의 경우에도 자립 준비하는 시기에 자립과 의존을 반복할 수 있는 안전한 완충지대가 마련될 필요가 있다. 외국의 경험적 연구에 따르면 대체로 학교를 다니면서 장시간 노동시장에 참여하는 것은 청소년에게 해롭다고 한다. 특히 현재와 같이 단순하고 보상이 적은 직종에서 장시간 일을 하면서 학업수행을 제대로 못하고 기술과 교육적 자격을 보장받는 데 실패하는 것이 청소년들에게 질적인 고용을 보장해 줄 것인지는 미지수라는 견해도 있다(문성호, 2003).

자립유예기간을 인정하여 학교 밖 청소년들이 생존의 절박함에서 벗어나 자신의 미래와 진로를 위해 일정 기간 여러 가지 시도와 도전을 해보도록 기다려 주는 것이 필요하다. 이 기간 동안 다양한 진로탐색 및 체험, 장기 해외연수, 인문학 교육, 능력 개발 등 다양한 지원책을 통해서 적응할 수 있는 기반을 제공하고 지속적인 지원을 행해야 한다(남미애 외, 2013 : 262-263).

(6) 성급한 학교복귀, 취업보다는 평생교육의 강화

학교 밖 청소년은 학교를 그만둔 것일 뿐 학업을 포기한 것이 아니다. 기존 학교 밖 청소년 조사결과에 따르면 학교 밖 청소년들은 학업중단 이후 다양한 삶의 궤적을 살아가면서도 학업유지 및 상급학교 진학에 대한 욕구가 높았다. 따라서 평생교육의 주된 대상으로 학교 밖 청소년들이 강조되어야 하고, 지역의 평생교육기관에 학교 밖 청소년에 맞는 다양한 교육과정의 개설 및 부가적인 지원들이 확대되어야 하며, 학교 밖 청소년 지원기관들과 평생교육기관과의 연계가 강화되어야 한다(남미애 외, 2013 : 264).

2) 제도적 차원

학교 밖 청소년은 스스로 진로를 찾고 직업을 구하는 과정에서 많은 시행착오와 좌절을 경험하고 있으며, 여러 사회적 기회에서 소외되고 있다. 이에 따라 학교를 그만둔 청소년에게 학업을 지속할 수 있는 여건을 마련해 주고, 자립에 어려움을 겪는 청소년의 체계적인 자립 준비가 이루어질 수 있도록 지원이 필요하다(여성가족부, 2024 : 187).

(1) 학교 밖 청소년 지원법 개정

학교 밖 청소년의 다양한 욕구에 보다 적극적으로 대응하고 효과적인 지원을 위해 지원법의 개정이 필요하다. 법의 내용에는 청소년이 필요한 경우 학교나 학교 밖에서 필요한 지원을 받을 수 있도록 보다 예방에서부터 학교의 재진입, 사회진출에 이르는 맞춤형 지원 등 포괄적이고 충실한 지원내용이 포함되어야 한다. 또한 지원 대상을 확대하고 통합지원체계를 구축하며 부처 간 업무공조체계를 명확히 하고 연계, 협력을 강화하는 내용이 포함되어야 한다.

(2) 유형별 학교 밖 청소년에 대한 연속적, 다각적 개입

학교 밖 청소년에 대한 개입 및 지원은 유형에 따라 학업중단 이전에서부터 학교 복학 및 사회적응까지 연속적, 다각적으로 이루어져야 한다. 먼저 잠재적 학업중단 청소년에 대한 발견 및 예방을 위한 차별화된 프로그램이 마련되어야 한다. 학교 밖 청소년 중에서 학교복귀를 희망하는 청소년에 대해서는 학교복귀를 지원하는 서비스가 강화되어야 한다. 특히 단위학교에서는 잠재적 학업중단 학생이나 복학생의 학교 재적응을 위해 학교 내 학교생활성공팀(school success team)을 운영하여 학생 및 가족 중심, 학제간 접근, 개별적 지원, 지역사회자원 등을 지원하거나 독립된 프로그램을 개발, 지원해야 한다. 더불어 학교가 아닌 사회에 진입하고자 하는 청소년에게는 이들의 욕구에 맞는 지원이 강화되어야 한다.

(3) 학교 밖 청소년 지원센터의 확충

학교 밖 청소년 지원의 중심역할을 하는 학교 밖 청소년 지원센터가 모든 시 · 도 및 시 · 군 · 구에 설치, 운영되어 청소년의 접근성을 높이는 것이 필요하다. 또한 점차적인 인력충원 및 예산 증가를 통해 실질적인 서비스 제공을 할 수 있도록 해야 한다. 학교 밖 청소년들의 다양한 욕구가 충족될 수 있도록 맞춤형 서비스가 확대되고 학교 밖 청소년들의 전용공간 확보 및 시설 확충을 통해 학교 밖 청소년들에게 문화공간을 제공하고 사회참여를 증진시킬 수 있도록 도모해야 한다.

(4) 국가 차원의 통합지원체계 구축

학교를 떠나버린 이후 학교 밖 청소년을 제도권 안에 들어오도록 하는 것은 매우 어렵다. 우리나라 대부분의 청소년 지원은 학생 중심으로 이루어지기 때문에 청소년이 학생의 신분을 벗어나면 사회적 보호망에서 벗어나기 쉽다. 따라서 청소년의 자기결정권 및 개인정보 보호를 충실히 하면서도 학교 밖 청소년을 파악할 수 있는 방안을 강구해야 한다. 이는 일방적인 관리나 통제 차원이 아니라 청소년이 선택해 자발적으로 이용할 수 있도록 해야 한다. 유관 부처 간 연계 및 협력체계를 마련하고 학교 밖 청소년 지원이 국가 차원에서 통합적으로 이루어질 수 있도록 협력체계가 구축되어야 한다.

(5) 청소년종합정보센터의 설치

청소년들이 지역사회에 활발히 참여하는 구성원이 되고 능동적이며 독립적인 시민이 되는 데 필요한 정보와 자원을 모든 청소년에게 제공하는 청소년종합정보센터를 설립할 필요가 있다. 이 센터는 모든 청소년에게 자원봉사활동, 직업훈련과 취업기회 등 그들의 삶에 영향을 미치는 다양한 범위의 문제들에 대한 정보를 제공하는 기능을 하는 곳이어야 한다(김혁진, 1995 : 159). 정기적으로 복교 및 취업 정보를 제공하고 직업훈련기관에 소개 등 다양한 정보 제공 및 복지서비스를 행할 청소년종합정보센터의 설립이 절실히 요구된다.

(6) 교육복지의 강화 및 학교사회복지사 배치

선진국에서는 교육을 사회적 평등장치로 인식하고 인적 자본 개발이라는 관점에서 관련법을 개혁하고 행 · 재정적 지원을 제공하고 있으며, 교육취약계층을 위해 아동발달 보호와 부모의 양육기술 향상, 빈곤가족의 자활능력 향상이라는 다차원적 접근을 행하고 있으며 학교사회복지사가 배치되어 있다. 우리나라도 교육복지가 제도화되어 모든 사람들을 대상으로 하되 교육취약계층에 최우선순위를 두어야 하며 그 내용에 있어서는 교육의 기회에서부터 교육의 과정, 결과까지의 평등을 포함해야 한다.

특히 일선 학교에는 학교생활을 하는 데 방해되는 문제를 가진 학생을 도와 학생으로서 정상적인 기능을 회복하도록 하는 학교사회복지사가 배치되어야 하며, 특히 실업계에 우선적으로 배치되어야 한다. 학교사회복지사는 중퇴청소년의 학교부적응 문제를 효율적으로 해결할 수 있을 뿐만 아니라 학생의 가정에의 전문적 개입을 가능하게 하며 학교발전에도 크게 기여할 수 있을 것이다. 또한 학교를 둘러싸고 있는 지역사회와의 연계 등에도 상당한 역할을 할 수 있을 것이다.

(7) 교육, 노동, 복지의 통합적, 다차원적 지원 강화

선진국의 경우 직업훈련과 직업교육의 이분법적 패러다임을 지양하고 직업훈련과 교육을 통합적으로 다루고 있다. 특히 영국에서는 1995년에 직업교육을 관할하던 교육부와 직업훈련 및 고용을 관할하던 고용부를 교육고용부로 통합하였을 뿐 아니라 부처 간은 물론 중앙과 지역 차원에서 연계 및 협력이 이루어질 수 있도록 체계를 구축하였다. 최근에는 전담사회복지사를 통해 집중적인 상담은 물론 훈련기간 동안 지속적인 관리를 하도록 하고 기술력이 떨어지거나 동기가 없는 청소년들은 취업알선만으로 취업이 되지 않으므로 직업훈련, 임금보조취업, 창업, 자원봉사 등 다양한 고용증진 프로그램을 종합적으로 제공함으로써 실직 청소년들의 고용증진 성과를 나타내고 있다(정영순, 2002 : 102).

우리나라도 미국이나 영국과 같이 교육과 훈련을 통합한 단일시스템을 구축하기 위해 교육노동부를 설치한다거나 교육부, 고용노동부, 보건복지부가 교육복지 증진의 공동관리체제를 운영할 수 있는 협조체계가 공식적으로 구축되어야 한다(홍봉선, 2004). 또한 중앙부처 간, 중앙부처와 지방자치단체 간, 지방자치단체와 교육청 간의 긴밀한 협력체제가 구축되어야 한다. 중앙수준에서는 교육부, 보건복지부, 문화체육관광부, 고용노동부, 행정안전부 등이, 지역수준에서는 교육청과 지방자치단체 및 관련 기관이 유기적으로 협력할 수 있어야 한다.

(8) 학교 밖 청소년에 대한 데이터베이스 구축 및 연구

학교 밖 청소년의 발생에서부터 이후 실태를 파악하기 위해서는 정확한 학교 밖 청소년 수를 파악하는 것과 더불어 이들에 대한 데이터베이스를 구축해야 한다. 학생들이 학교를 왜 그만두려고 하는지, 학교 밖 청소년들은 학교를 떠난 뒤 어떤 생활과 경험을 하는지 등에 대한 정기적인 실태조사 및 시간의 경과에 따라 이들의 특성과 생활이 어떻게 변화, 유지되는지를 알 수 있도록 종단 조사 등이 행해져야 한다. 데이터베이스에서 구축된 자료의 공유를 통해 실제적인 정책 및 서비스가 이루어지도록 해야 한다.

(9) 촘촘하고 다층의 복지정책의 실시

첫째, 학교 밖 청소년의 소득보장 정책이 강화되어야 한다. 가족 중심형 복지체제가 이전과 같은 기능을 발휘하지 못하는 상황이며 향후 청소년에 대한 가족복지적 지원이 약화될 것으로 예상되는 상황에서 공적 영역에서의 보다 적극적인 지원이 요청된다(강영배, 2008 : 37). 일본의 경우 청소년자립의 문제는 사회보장제도를 통해 접근할 필요가 있으며 특히 청소년기초연금의 실시가 필요하다는 주장이 제시되고 있다. 청소년기초연금이란 취업 전 단계에서 생활에 필요한 기본소득을 보장하는 것이다(남미애 외, 2013 : 264). 최근 우리나라에서도 기본소득, 청년수당 등 소득보장을 위한 다양한 복지정책의 필요성이 대두되었고 일부 시에서는 시범적으로 실시하기도 하였다. 학교 밖 청소년에게 이를 확대하는 것이 필요하다.

둘째, 특별지원사업 대상 자격 및 지원내용의 개선이다. 이 사업은 학교 밖 청소년의 사회·경제적 지원을 위해 실시되고 있지만 자격 요건 및 지원내용이 지나치게 제한적이어서 개선의 여지가 많다. 이를 위해서는 특별지원사업 예산을 증액시키고 자격요건을 완화하고 지원내용을 다양화하는 것이 필요하다.

셋째, 기존 사회복지정책에 배제되었던 학교 밖 청소년을 포함시켜야 한다. 0~17세 시설보호, 가정위탁보호, 소년소녀가장 등 취약계층 대상을 중심으로 운영되는 디딤씨앗통장의 지원 대상을 가정형편이 어려운 학업중단 청소년에게로 확대하는 방안도 가능하다(조규필, 2013 : 81). 미소금융재단의 긴급대출을 통해 1인당 최대 300만 원(연 4.5% 이내)의 검정고시, 입학금, 자립정착금 등의 seed money를 지원하는 방안 등 학교 밖 청소년을 위한 성공지원 계좌제를 운영하는 방안도 고려해야 한다. 보건복지부의 저소득 가정 아동을 위한 학습도우미 파견 바우처, 문화체육관광부의 문화예술, 스포츠, 여행 바우처 등 여러 부처에서 지원하고 있는 취약계층의 바우처 수혜기준을 확대하여 정규학교의 여러 지원에서 소외된 학교 밖 청소년을 위한 서비스를 확대할 필요가 있다(남미애 외, 2013 : 265).

3) 실천적 차원

(1) 학교 밖 청소년 임파워먼트 강화

학교 밖 청소년의 임파워먼트를 강화해야 한다. 학교 밖 청소년 임파워먼트는 청소년 자신에 대한 부정적인 정서를 완화하고 생활 속에서 자아존중감을 갖고 자신의 능력과 자원을 활용하는 긍정적인 대처행동의 유형을 발견, 행동화하도록 비슷한 문제를 가진 집단 구성원과 상호 지지를 통해 협력적인 관계가 개발되는 데 유용하다.

Hegar(1989)는 청소년을 역량강화하기 위한 방안을 다음과 같이 제시하였다. 첫째, 실천가는 청소년의 나이와 능력에 맞는 의사결정 권한과 정보를 제공하여야 한다. 왜냐하면 청소년들은 자신들에게 일어나고 있는 일들에 대하여 말할 기회가 적기 때문에 그들의 삶을 결정할 능력들에 대한 확신을 주어야 한다. 둘째, 사회체계 안에서 불평등하고 잘못되어 있는 부분을 밝힘으로써 자신들에 대한 비난감과 무력감을 최소화해 준다. 셋째, 사회적 상호작용의 중요성을 인식하고 청소년들이 또래 부모, 교사, 상담전문가 등과 사회적 지지망을 형성하도록 한다. 넷째, 상담가가 학생들 스스로 문제를 해결해 나갈 능력을 익히도록 한다(변귀연, 2002 : 55-56 재인용).

(2) 사법처리 과정에 있는 청소년에 대한 개입

사법처리 과정 중 학교제도에서 벗어난 청소년들이 학교에 복귀하여 성공적인 적응을 하도록 돕는 것이 필요하다. 이를 위해서는 첫째, 구금된 청소년이 복귀할 지역학교와 교정시설 간의 연속적 · 통합적 · 교육적 서비스 연결을 만들기 위해 교정시설 내의 교육시스템 및 프로그램을 개선해야 한다. 둘째, 교정시설에서 지역사회로의 진입을 위한 과도기적 개입으로 교정시설과 지역학교가 협력하여 석방 전 전략을 세우고 이에 따라 해당 청소년과 가족에게 시설 내 서비스와 사후지도서비스 모두를 제공해야 한다. 셋째, 학교 재진입을 위한 단계로 해당 청소년의 학교복귀 준비는 물론 학교를 방문해 학교교장 및 직원을 만나 교실배치 및 커리큘럼을 조정한다. 또한 학교에 복학한 청소년이 학교생활을 잘 유지하도록 하기 위해 멘토의 활용과 학교 토대의 보호관찰관[2]을 활용한다(남미애, 2005a : 43).

(3) 다기관 간 협력체계 구축 및 프로그램 개발

학교 밖 청소년에 대한 통합적 협력체계가 구축되어야 한다. 예방에서부터 사후지도까지 이르는 다기관 간 협력 프로그램이 개발되어야 하며 협력기관의 수를 확대하고 협력내용도 단순한 정보제공에서 벗어나 자금제공, 공동사업 협의 등 다차원적인 접근이 행해져야 한다. 특히 관련 기관 간 협력이 체계적, 지속적, 통합적으로 행해지기 위해서는 기관 간 협력에 대한 적절한 관리과정과 전문인력의 확보 등 관리체계가 구축되어야 한다.

(4) 학교 밖 청소년에 대한 다양한 서비스 및 프로그램의 강화

첫째, 자립을 준비하는 학교 밖 청소년에게 자립준비 지원서비스를 제공해야 한다. 개별화된 자립준비 계획(individualized independent plan)이 마련되어야 하며 지속적인 사례관리 및 사후관리가 실시되어야 한다. 특히 자립지원은 스스로 자신의 진로를 선택하고 결정할 수 있도록 하는 것이므로 단편적인 일자리 제공보다는 자립 동기 및 자립을 위한 역량강화 및 자립준비에 초점을 두어야 한다. 자립준비 과정 동안 청소년들의 전진과 후퇴의 반복됨은 실패가 아니라 자신에게 맞는 삶을 찾아가는 중요한 과정이며 바르게 걷기 위한 훈련과정이므로 학교 밖 청소년들의 자립준비에 지원과 관심을 아끼지 않아야 한다.

둘째, 학교 밖 청소년 중심의 실천 및 사회참여 확대를 위한 다각적인 방안이 강

---

2 소년사법처리 과정의 청소년들이 학교에 잘 적응하도록 학교에 보호관찰관을 상주시킨 것으로는 Lehigh County Juvenile Probation과 펜실베이니아의 Allentown 학교가 있다. 청소년법원 소속이면서 학교에 배치된 보호관찰관은 보호관찰기간 또는 집행유예기간 동안 학생의 출석, 학업성취, 비공식적 행동에 대해 모니터링하고 가정방문, 학교체계, 외부의 자원으로부터 학생과 가족을 위해 필요한 개입서비스를 조정한다. 또한 학교는 보호관찰관과 협의하여 학생에게 구조화된 환경을 제공함으로써 보호관찰 목적에 기여하게 한다(Clouser, 1995 : 1-4).

구되어야 한다. 이를 위해 기관의 정책 및 실천에 있어 청소년의 참여를 확대해야 한다. 이용청소년은 기관의 주체이며 파트너이며 시설에의 참여 증대는 청소년의 임파워먼트 강화로 연결될 수 있다. 이용에 있어 보다 많은 자율권을 주고 청소년의 의견을 반영하고 참여할 수 있는 기회를 확대하고 다양한 경험과 실수를 통해 자신에게 적합한 것을 선택할 수 있는 능력을 배양시켜야 한다(남미애 외, 2013 : 325).

셋째, 사회지지 및 문화서비스 강화를 통해 사회·문화적 자산을 늘려야 한다. 학교 밖 청소년들을 위한 문화공간은 턱없이 부족할 뿐 아니라 대부분 상업적인 소비공간이고 퇴폐향락 문화와 관련되기 쉬우며 소외계층 청소년의 경우 문화활동의 참여가 원천적으로 막혀 있어 문화활동의 참여를 포기하거나 아니면 비용 마련을 위해 범죄행동에 가담하는 등 비행과 연결되기도 한다. 특히 청소년 시기에 경험하게 되는 문화격차는 청소년의 정체감 형성에 부정적인 영향을 미침은 물론 사회참여 기회의 박탈로 인해 박탈감과 소외감을 낳고 결국 사회 내부의 갈등을 확대함으로써 사회적 통합을 저해하는 기본적인 원인을 제공할 수 있다. 사회적 지지체계가 빈약한 학교 밖 청소년들을 위해 새로운 지지네트워크를 개발, 연결하여 학교 밖 청소년의 사회·문화적 자산을 확대시켜야 한다(남미애 외, 2013 : 325).

넷째, 안전하고 자유롭게 지낼 수 있는 공간 및 기회의 제공이다. 욕구는 높지만 도움을 요청하지 못하는 청소년이나 NEET청소년, 외부 지역사회와 단절되어 고립된 생활을 하는 청소년들을 보다 적극적으로 발굴, 찾아가 필요한 정보 및 지원서비스를 제공하는 아웃리치를 적극적으로 행해야 한다. 그리고 학교 밖 청소년들이 안전하고 자유롭게 시간을 보내고 쉴 수 있는 공간 및 기회를 제공해야 한다.

다섯째, 학교 밖 청소년의 다양한 욕구에 맞는 진로지도 및 직업훈련 프로그램이 개발, 운영되는 것이 필요하다. 대부분의 취업이나 직업관련 프로그램은 성인에 초점이 맞추어져 있어 자격요건이나 프로그램 내용이 청소년에게 맞지 않는 부분들이 있다. 청소년 욕구와 특성에 근거한 청소년 진로지도 및 직업훈련 교육기관을 발굴, 확대하는 것이 필요하다.

(5) 저소득계층 청소년을 위한 지원강화

부모사망, 이혼 등의 가족의 구조적 결손가정과 가정불화, 방임, 학대 등의 기능적 결손가정에서 중퇴자가 발생되고 있으므로 가정결손을 예방하고 자녀와 부모 간의 관계를 강화하며 부모의 양육능력을 보호, 강화하고 일시적 대리기능을 하여주는 상담과 가정복지서비스가 필요하다. 특히 저소득계층 청소년에 대한 지원이 확대되어야 한다. 김준호 외(1991 : 172)에 따르면 중퇴에 영향을 미치는 가족요인 중 수입이 가장 큰 영향을 미친다는 연구결과를 통해서도 저소득층 가정의 청소년을 위한 대책이 시급함을 유추해 볼 수 있다.

(6) 학교 밖 청소년 부모에 대한 지원

자녀가 학교를 다니지 않게 된 이후 부모들은 자녀지도에 대한 자신감 상실, 부모 및 자녀 간의 관계악화 등 심리적·사회적 문제뿐 아니라 직업의 변경 등의 경제적 문제, 불면증, 대인관계기피증 등의 사회적 문제를 경험하였다. 또한 자녀문제에 도움을 줄 만한 사회적 지지체계도 개발되어 있지 않은 실정이다. 따라서 학교 밖 청소년의 부모에 대한 지원이 있어야 한다. 종전의 단편적인 부모교육에서 벗어나 지속적인 행동변화를 꾀할 수 있도록 청소년기 자녀에 대한 이해와 바람직한 부모역할을 모색할 수 있는 실제적이고 구체적인 부모교육 프로그램의 실시가 필요하다. 약화되어 가는 아버지 역할의 중요성을 인식시키기 위한 직장에서의 부모교육 실시, 부자캠프나 세대 간의 건전한 토론 프로그램이 실시되어야 한다.

참고문헌

교육부 · 한국교육개발원(2014). 교육통계연보.

권효신 외(2001). "학교 중도탈락자 실태 조사연구". 모든 이를 위한 교육 어떻게 할 것인가? – 서울시 중도 탈락 학생을 중심으로 –. 정의로운 사회를 위한 교육운동협의회.

금명자 · 권해수 · 이문희 · 이자영 · 이수림(2004). "학교밖청소년 욕구조사, 학교밖청소년 길찾기". 청소년상담문제연구보고서, 50, 21-44.

김규태(2002). "학업중단 청소년 종합대책". 학업중단 청소년 종합대책 마련을 위한 공청회. 한국교육개발원 · 한국청소년개발원.

김기태 · 류기형 · 최송식 · 최인욱 · 홍봉선 · 남미애(1996). "부산지역 중 · 고등학교 중퇴생의 생활과 욕구에 관한 조사연구". 사회복지연구, 6. 부산대학교.

김범구(2012). "청소년학업중단에 대한 연구동향 분석". 청소년학연구, 19(4), 315-337.

김선아(2010). 학업중단청소년 유형별 현황 및 맞춤형 정책 개발. 한국청소년정책연구원 세미나 자료집.

김성기(2012). "한국과 미국의 학업중단 현황 및 대책에 관한 비교연구". 초등교육연구, 25(2), 141-160.

김준호 · 이동원 · 박미성(1991). 중퇴와 비행의 관계에 대한 연구. 한국형사정책연구원.

김혁진(1995). "영국의 지역 청소년정보센터 설명서". 한국청소년연구, 22('95. 9). 한국청소년학회.

김희진 외(2023). 2023 학교 밖 청소년 실태조사. 여성가족부.

남미애(2005a). "소년사법처리과정 청소년을 위한 미국 소년사법관련 다기관 간 협력에 대한 연구". 교정연구, 26. 한국교정학회.

_____(2005b). "학교밖청소년의 욕구와 사회적 지원방안". 대전광역시학교밖청소년지원센터 해밀 발대식 및 학술세미나. 대전광역시청소년종합상담센터.

남미애 · 성환재 · 오은경 · 배성아(2013). 학교 밖 청소년 실태 및 Care 대책. 대전광역시 청소년상담복지센터.

박수민(1998). "복교를 원하는 중퇴청소년의 학교적응을 위한 지원방안에 관한 연구". 사회복지개발연구, 4(1).

배주미 · 김동민 · 정슬기 · 강태훈 · 박현진(2010). 2010년 전국청소년위기 실태조사. 한국청소년상담원.

백혜정 · 송미경(2015). 학교 밖 청소년 지원 정책 체계화 방안 연구. 한국청소년정책연구원.

변귀연(2002). 집단괴롭힘 피해학생의 역량강화를 위한 집단 프로그램 개발과 효과. 서울대학교 대학원 박사학위논문.

부산광역시(1996). 부산지역 중·고교 중퇴청소년실태조사 연구보고서.

송광성 · 구정화 · 이영아 · 김소희(1992). 정학·퇴학청소년선도방안연구. 한국청소년연구원.

신현숙 · 구본용(2002). "중퇴생, 중퇴 고위험 및 저위험 재학생의 비교 : 개인 및 사회 · 환경 변인들을 중심으로". 교육심리연구, 16(3)(2002. 9). 한국교육심리학회.

여성가족부(2015). 관계부처 합동 학교 밖 청소년 지원대책 발표(내부자료).

_________(2017). 2017년도 청소년사업안내.

_________(2024). 청소년백서.

_________(2024). 학교밖 청소년 실태조사.

여성가족부 · 교육부(2024) 학교 밖 청소년 지원 안내서.
오승근(2009). "학업중단 청소년을 위한 국가정책의 비판적 고찰 : 보건복지가족부의 정책을 중심으로". 미래청소년학회지, 6(4), 1-21.
오혜영 · 지승희 · 박현진 · 이정실(2011). 학업중단청소년 학업복귀 강화 프로그램 개발. 한국청소년상담원.
우수명 · 이지연(2002). 학교밖청소년 기초 실태조사 보고서. 한국교육개발원 미발행보고서.
유성경 · 이소래(1998). 중도탈락학생의 사회적응 상담정책 개발연구Ⅱ : 잠재적 중도탈락학생에 대한 개입체제 개발연구. 청소년대화의 광장.
윤여각(2002). "학업중단 청소년 정책 및 실태 분석". 학업중단 청소년종합대책 마련을 위한 공청회. 한국교육개발원 · 한국청소년개발원.
이경상 · 박창남(2006). "학업중단 이후 첫 번째 아르바이트 참여실태 및 지원방안 : 기관소속 학업중단 청소년을 대상으로". 한국청소년연구, 17(2), 265-289.
이숙영 · 남상인(1997). 중도탈락학생의 사회적응 상담정책개발연구. 청소년대화의 광장.
이용교 · 고성혜 · 이희길(1997). 청소년인권보고서. 인간과 복지.
이원숙(1995). 사회적 망과 사회적 지지이론. 홍익재.
이현주 · 김용남(2012). "고등학교 학업중단율 변화의 지역별, 학교유형별 현황 및 학교 관련요인 탐색". 아시아교육연구, 13(1), 149-185.
장석민 외(1988). 중퇴 및 비진학 청소년의 진로실태에 관한 조사 연구. 한국교육개발원.
정영순(2002). "한국과 영국의 청소년 고용증진정책 비교연구 : 직업훈련 중심". 한국사회복지학, 통권 제49호, 여름호. 나남.
조규필 · 박현진 · 김래선 · 김범구 · 양대희 · 이현진 · 황수진(2011). "학업중단 청소년의 학교 재적응 과정 연구". 중등교육연구, 59(4), 969-1000.
조아미(2002). "청소년의 학교중퇴 의도 결정요인". 청소년학연구, 9(2)(2002. 8). 한국청소년학회.
통계청(1990-2001). 경제활동인구 통계.
표갑수(1993). "중 · 고등학생의 중퇴요인과 대책". 청소년학연구, 1(1).
_____(1995). 아동·청소년복지론. 청주대학교출판부.
한국아동청소년가족포럼(2010). 학업중단 아동과 청소년의 문제점과 해결방안. 정책토론 자료.
한국직업능력개발원(2011). 학교중단 청소년을 위한 진로개발 지원방안.
한국청소년상담원(2010). 2010 학업중단 청소년 지원사업 해밀 추진대책.
허철수(2004). "학교밖청소년을 위한 서비스 자원개발 및 적용". 학교밖청소년 길찾기. 학교밖청소년지원센터 현판식 및 학술세미나. 한국청소년상담원.
홍봉선 · 남미애(1998). "복교를 원하는 부산지역 중퇴청소년 부모의 욕구와 사회적 지원에 관한 연구". 한국아동복지학, 통권 제6호. 한국아동복지학회.
____________(2000). 청소년복지론. 양서원.
____________(2002). 학교밖청소년 기초 실태조사 보고서. 미발행보고서.
홍봉선 · 최인용 · 조영록 · 남미애 · 장수한(1996). 부산지역 중·고교중퇴청소년 실태 조사연구보고서. 부산광역시.
Andre, J. Imich(1994). "Exclusions from school : current trends and issues". *Educational Research, 36* (Spring), 3-11.

Elliot, D. S., & Voss, H. L.(1974). *Delinquency and Drogout*. Lexington, Mass : Lexington Books.

Erickson, M. L.(1987). "Some Epirical Questions concerning the Current Revolution in Juvenile Justice". In L. T. Empey(Ed.), *Future of Childhood and Juvenile Justice*. Charlottesville : University of Virginia Press, 102-137.

Helen E. Garnier, Judith A. Stein, & Jennifer K. Jacobs(1997). "The Process of Dropping Out of High School : a 19-Year Perspective". *American Educational Research Journal, 34*(Summer), 395-419.

Karl L. Alexander, Doris R. Entwisle, & Carrie S. Horsey(1997). "From First Grade Forward : Early Foundations of High School Dropout". *Sociology of Education, 70*(April), 87-107.

Margaret E. Ensminger, & Anita, L. Slusarcic(1992). "Paths to High School Graduation or Dropout : A Longitudinal Study of a First-Grade Cohort". *Sociology of Education, 65*(April), 87-107.

Melissa Roderick(1994). "Grade Retention and School Dropout : Investigating the Association". *American Education Research Journal, 31*(Winter), 729-761.

Rapoport, L.(1965). "The State of Crisis : Some Theoretical Consideration". In H. J. Parad(Ed.), *Crisis Intervention : Selected Readings*. New York : Family Service of America, 123.

__________(1967). "Crisis-Oriented Short Term Casework". *Social Service Review, 41*(1), 38.

Russell W. Rumberger(1995). "Dropping Out of Middle School : A Multilevel Analysis of Students and Schools". *American Educational Research Journal, 32*(Fall), 583-622.

Wolfgang, M., Thornberry, T., & Figlio, R.(1987). *From Boy to Man : From Delinquency to Crime*. Chicago : University of Chicago Press.

Chapter 15

약물남용 청소년

청소년의 약물남용은 청소년의 신경 및 신체조직의 손상, 신체발육의 지연, 신체기능의 부조화를 초래할 뿐만 아니라 환각, 망상, 정신분열증 등 정신장애를 일으킬 수도 있다. 또한 학교생활에서도 무단결석이나 성적저하 등이 나타나며 폭행, 절도, 기물파괴와 기타 비행이나 범죄를 저지를 가능성이 높다는 점에서 사회적 폐해를 초래할 수 있다. 이 장에서는 청소년 약물남용과 관련된 이론 고찰 및 실태파악을 통하여 그 심각성을 재인식함은 물론, 청소년들의 약물남용 문제를 예방하고 해결하는 데 도움이 되는 몇 가지 대책방안을 살펴보고자 한다.

1. 약물남용과 청소년

1) 약물남용의 개념과 종류

약물(藥物, drug)이란 넓은 의미로 보면 생체에 영향을 미치는 물질을 뜻하므로 약물학의 분야는 상당히 광범위하다. 약물에는 의약품과 더불어 의약품이 아니면서 실질적으로 정신(중추신경)에 영향을 미치는 환각제 등을 포함한다. 청소년의 약물남용에 대한 바른 이해를 위해서 우선 약물남용에 대한 개념부터 바르게 이해할 필요가 있다. 인간의 약물사용 행위에 관련된 용어로는 약물사용(drug use) · 약물오용(drug misuse) · 약물남용(drug abuse) 등이 있다.

약물사용이란 의사의 처방 유무에 상관없이 질병치료의 효과가 있고 위험성이 적은 약물을 사용하는 것을 말한다. 즉, 약물 본래의 효과 이외에 다른 효과는 개인이나 사회에 별다른 위험이나 해악을 주지 않는 경우의 약물사용을 말한다.

약물오용이란 처방된 약을 제대로 또는 지시대로 사용하지 않는 경우를 뜻한다. 질병을 치료하기 위하여 처방된 약을 그 용법이나 용량을 지키지 않고 과용하거나 또는 적게 복용함으로써 기대한 효과를 얻지 못하는 경우를 말한다.

약물남용은 한 개인이 어떤 약물을 계속해서 약물의 원래 의도된 목적과는 다른 용도로 사용하거나 혹은 그 개인이 약물사용에 대해서 통제할 수 없는 경우를 의미한다. 약물남용은 의학적 상식, 법규, 사회적 관습으로부터 일탈하여 쾌락추구를 목적으로 약물을 사용하거나 용법보다 과잉으로 약물을 섭취하는 행위를 말한다(윤명숙, 1998 : 231). 한마디로 개인의 가족, 직업 및 기타 사회적 기능수행에 장애를 가져오는 경우이다.

약물남용에는 알코올을 사용하는 것에서부터 아편 유사약물을 강박적으로 사용하는 것에 이르기까지 모든 행동이 포함되는데 남용되는 약물의 종류와 독성을 살펴보면 〈표 15-1〉과 같다.

〈표 15-1〉 약물의 종류·관련 법규 및 독성

구 분	종 류	약리학적 분류	법적 분류	투여 방법	신체적 증상 및 행동	독 성
마 약	Opium Heroin Morphine Codeine Methadine Demerol	중추신경 억제제	마약법	경구, 주사, 코흡입	중추신경 억제로 인한 행복감과 도취감, 신체조정력 상실, 동공축소, 눈물, 콧물, 오한, 발한, 식욕감퇴, 졸림, 수면, 멍청함, 체중감소	정신적 의존(습관성), 신체적 의존(중독성), 내성, 금단증상, 감염, 농양, 파상풍, 간염, 호흡마비, 사망(과량사용 시)
	Cocain	중추신경 흥분제	마약법	주사, 코흡입	흥분, 동공확대, 불안, 초조, 진전(손떨림)	강한 정신적 의존, 정신혼돈, 현기증, 감정억제, 경련, 사망(과량사용 시)
환각제	LSD, DMT DET, STP, LBJ Mescaline Psilocybin Phencyclidine	중추신경 흥분제/억제제	향정신성 의약품 관리법	경구, 주사	용량과 개인에 따라 다양함, 불안초조, 도취감, 감정억제, 동공확대, 착각, 망상, 환각, 지각강화, 지각왜곡, 오심, 구토, 예측불허의 행동, 공허 또는 공포성 정신병적 반응	신체적 의존은 없으며 정신적 의존 잠재성과 내성이 있음, 정신이상 및 영구 정신이상 가능, 예측불허 행위, 제재가 어려운 위험한 행동, 자살, 살해, 플래시백 현상
	대마 Marujuana Hashish	중추신경 흥분제/억제제	대마 관리법	경구, 흡연	투여방법에 따라 효능 다양, 안구충혈, 구강건조, 말이 많음, 웃음, 도취감, 약한 환각, 시간과 공간의 왜곡, 과장된 지각	정신적 의존 가능성이 있으며 내성과 신체적 의존은 없음, 공간왜곡에 의한 사고

흥분제 (각성제)	Amphetamines Benzedrine Dexedrine Methedrine 필로폰	중추신경 흥분제	향정신성 의약품 관리법	경구, 주사	동공확대, 식욕상실, 흥분, 잠이 많음, 손떨림, 흥분성, 코·입술·구강의 건조, 호흡곤란, 과로, 피로, 불면증, 다량 정맥주사 시 망상, 적개심, 공격적 행위, 환각, 공황증, 편집증	고혈압, 심장마비, 뇌손상 가능성, 영양장애, 극도의 피로, 폐렴, 강한 정신적 의존 및 신체적 의존, 내성, 부주의한 행위, 혼수, 사망(과량 사용 시)
억제제 (진정제, 수면제)	Babiturates Phenobarbital Amytal Seconal Nembutal Tuinal	중추신경 억제제	향정신성 의약품 관리법	경구, 주사	동공축소, 취한 행동, 말더듬, 사고산만, 억제, 졸림, 멍청함, 과량 사용 시 무의식, 혼수, 호흡마비로 사망	정신적 의존, 신체적 의존, 오판과 조정력 상실에 의한 위험, 금단증상, 신장장애, 뇌손상, 간장장애, 과량 사용 시 사망(술과 함께 복용 시 상승작용)
신경 안정제	Valium Librium Ativan Quaalude	중추신경 억제제	향정신성 의약품 관리법	경구	중추신경 억제제와 유사한 평온, 즐거움과 안정감, 발한, 감정억제, 정신적 침체, 배뇨장애, 노여움, 긴장, 불안, 정신적 흥분, 언어장애	억제제와 유사, 정신적·신체적 의존, 술, 마약, 수면제와 겸용 시 상승효과, 시각장애, 현기증, 졸림, 금단증상(흥분, 오심, 감정억제, 경련 등)
흡입제 (본드, 가스)	Toluene Hexane Acetone Gasoline Thinner	중추신경 억제제	유해화학 물질 관리법	흡입	술과 유사함, 동공축소, 혼수, 언어장애, 현기증, 도취감, 시각과 청각왜곡, 환각작용, 콧물, 눈물, 침, 근조절장애, 취한 행동, 성냄, 흥분, 졸림, 무의식	정신적 의존, 판단장애로 오는 위험, 공격적 행위, 반사회적 행동, 간장장애, 심장장애, 골수장애, 영구적 뇌손상 가능, 식욕감퇴, 체중저하, 사망
술	Wine Beer Whiskies	중추신경 억제제	청소년 보호법, 미성년자 보호법	경구	음주량과 개인의 정서적 상태에 따라 효과가 다름 위통, 위염, 오심, 구토, 이뇨, 영양장애, 각종 질환, 불안, 긴장, 공포, 호전성	신체적 의존, 정신적 의존, 조정력 상실, 감상적·공격적 상태 등으로 인한 위험, 사망(수면제와 혼용하면 더욱 위험), 위염, 간경화, 췌장염, 반사회적 행동, 뇌손상, 각종 장기손상
담 배	Cigarettes Cigars Pipe-Tobacco Chewing-Tobacco Snuff	중추신경 흥분제	청소년 보호법, 미성년자 보호법	경구	타액증진, 기관지분비증진, 혈압상승, 심박 수 증가, 동공, 용량의 증가로 진전, 구토, 호흡증진이 옴	폐암, 구강암, 후두암, 만성기관지염, 폐기종, 심장질환, 혈관질환, 공기오염

출처 : 문화관광부(1999 : 510).

이 중에서 청소년들이 흔히 사용하는 약물 및 중독증세를 살펴보면 다음과 같다.

(1) 흡입제

흡입제(inhalants)란 각종 휘발성 물질을 말하며 청소년들이 이러한 물질을 코나 입을 통해서 흡입함으로써 환각상태에서 비행과 사고를 일으키고 있다. 남용되고 있는 유기용제(organic solvent)에는 각종 공업용 접착제(본드), 시너, 부탄가스, 가솔린, 라이터 기름, 스프레이 페인트, 헤어스프레이, 아세톤, 아교 등 다양한 종류가 있다.

흡입제가 신체에 미치는 영향으로는 호전적이고 폭력적인 행동, 근육조절 곤란, 오심, 구토, 불분명한 발음, 이중시야, 이명, 경련, 혼수 등이며, 정신에 미치는 영향으로는 어지러움, 흥분, 판단곤란, 혼돈, 환각, 기억상실 등이 나타난다. 흡입제는 장기간 사용할 경우에는 뇌손상, 간장장애, 심장장애, 신장장애, 시력장애, 기억력 상실, 근육마비, 체중감소 등이 나타난다. 또한 흡입제는 갑작스러운 사망을 일으킨다. 만성적 본드 흡입자는 숨쉴 때 악취가 나고, 흡입된 증기로 인하여 비강점막이나 구강점막에 염증이 생기기 때문에 자주 가래를 뱉는다.

(2) 대마초(마리화나)

마리화나(marihuana)는 대마 암그루의 말린 잎과 꽃이 피는 꼭대기 부위를 잘게 썰어 담배처럼 말아서 피운다. 일반적으로 알려진 마리화나의 가장 큰 부작용은 돌발적인 공포와 불안반응이며 이러한 증상은 마리화나의 효력이 소실되는 몇 시간 후에는 사라진다.

마리화나 흡연자는 심박동 수 증가, 눈의 충혈, 입과 목이 마르는 갈증 등을 경험하며 장기간 사용하면 간장장애, 뇌기능의 손실, 상기도 질환, 유전적 결손 등을 일으킬 수 있다. 마리화나가 정신에 미치는 영향으로는 술취한 느낌, 행복감, 억제력 감소, 충동적 행동, 집중력 감소, 감지능력의 변화, 떠 있는 느낌, 지연된 듯한 시간감, 안녕감 또는 두려움, 근심, 자신과 신체가 분리된 느낌, 환각증상 등이다. 마리화나 사용자를 예견할 만한 특징은 없지만 옷에서 마리화나 연기냄새가 나며, 자주 사용하는 청소년이라면 졸리고 창백하게 보일 수 있다.

(3) 필로폰(암페타민류)

암페타민류(amphetamine類)는 중추신경계에 자극을 주어 신체 및 기분에 변화를 일으키는 흥분제(각성제)이며, 암페타민, 덱스트로 암페타민, 메스암페타민(필로폰)이 주요 암페타민류 약물이다. 암페타민이 신체에 미치는 영향으로는 심박동 증가, 혈압 상승, 식욕 저하, 호흡률 증가, 불면, 발한, 갈증, 근육 연축, 경련, 발열, 흉통, 불규칙한 심박동 등이며, 정신에 미치는 영향으로는 피로감 감소, 자신감 증가, 주의력 증가, 활동 증가, 민감성 증가, 불안, 걱정, 불신감, 환각 등이다. 암페타민류를 다량, 빈번하게 사용하면 언어장애, 생각을 어휘로 나타내는 데 어려움을 유발하는 뇌손상이 일어날 수 있으며, 체내에서 암페타민 축적이 증가하여 암페타민 정신병이라 불리는 중독증을 나타내어 폭력적이고 괴상한 행동을 하게 된다. 암페타민 과용으로 죽음을 초래할 수도 있다. 만성 남용자는 홍역의 발진과 유사한 좌창, 치아손상, 잇몸손상, 손톱손상 등의 특징이 나타난다.

(4) 마약(아편)

마약(narcotics)에는 아편과 아편에서 얻어진 모르핀, 코데인, 헤로인, 펜타닐 등이 있다. 아편(opium)성분은 10~15%의 모르핀, 코데인, 파파베린 따위이며, 마취제, 지사제, 진통제로 사용된다. 모르핀(morphine)은 헤로인과 같이 중추신경계와 위장에 주로 효과를 나타내며, 헤로인(heroin)은 불법약물로 오늘날 가장 널리 남용되는 마약이다. 코데인(codeine)은 모르핀의 4분의 1 정도의 진통작용이 있으며, 기침을 진정시키는 진해제(코푸시럽)로 시판되고 있어 구입이 수월, 남용되기 쉬운 약물이다. 펜타닐(fentanyl)은 수술한 환자나 암 환자의 통증 경감을 위해 널리 사용되는 진통제의 하나로 고농도에서는 근육 경직, 호흡 곤란, 혼수상태 등의 증상을 일으킨다.

마약이 신체에 미치는 영향은 동공 축소, 통증 감소, 변비, 가려움, 졸음, 근육 조절력 상실, 수면, 혈압 저하, 호흡 억제, 혼수 등이며, 정신에 미치는 영향으로는 행복감, 불안, 공포, 몽롱, 집중력 상실, 복잡한 추리력 상실, 무관심 등이다. 마약은 상습적으로 남용하면 뇌와 간에 심한 손상을 일으킬 수도 있으며 과량사용 시에는 사망하게 된다.

(5) 진정제(진정 · 수면제, 평온제)

진정제(sedatives)는 중추신경계를 억제하는 약물로 신경을 차분하게 하는 진정효과와 수면작용을 나타내므로 보통 진정 · 수면제라고 부르며, 이들 약물에는 평온제(신경안정제 등)도 포함된다. 평온제(tranquilizers)는 긴장과 불안을 완화시킨다. 모든 진정제 중에서 바르비탈류(barbitals)가 가장 많이 남용되고 있으며, 바르비탈류의 상표명으로는 세코날, 아미탈, 페노바비탈 등이 있으며, 평온제의 상표명으로는 바리움, 아티반, 리브리움 등이 있다.

진정제가 정신에 미치는 영향은 불안감의 감소, 이완된 느낌, 복잡한 추론을 할 수 있는 능력의 감소, 시간과 공간의 왜곡, 기억상실 등이며, 신체에 미치는 영향으로는 졸림, 현기증, 시야몽롱, 수면, 호흡억제, 혈압장애, 혼수상태가 되며 심한 경우에는 사망한다. 술과 진정제를 같이 먹으면 치명적일 수 있다.

(6) 알코올

알코올 성분은 중추신경계 억제효과를 가진 약물이다. 알코올의 양에 따라 자제력이 없어지고 사고력, 주의력, 판단력 등이 없어지며 무의미한 웃음을 웃거나 화낼 일도 아닌 것을 가지고 심히 분노하며, 양이 더 많아지면 걸음걸이가 비틀거리고 의식이 혼미해지며 수의근 반사운동이 마비되어 인사불성이 되고 호흡마비로 죽기도 한다. 또한 알코올은 뇌의 기능을 둔화시키고, 잠을 오게 하며, 마취효과가 있다(호흡중추 마비). 그리고 무엇보다 알코올은 중독성이 강한 습관성 물질이다. 알코올은 뇌조직 괴사, 소뇌작용 억제(방향감 상실-걷고, 뛰고, 말하기가 어려움), 감각의 둔화(위험감지와 반응이 느림), 기억상실, 치매, 인격의 황폐화 등으로 뇌조직에 영향을 미치기도 한다. 특히 처음 술을 입에 댄 연령이 낮을수록 알코올의존 증후가 생기기 쉽다.

(7) 담배

담배(cigarette)는 담뱃잎을 주 재료로 하여 만들어진 흡연제품이다. 중독성이 매우 강하며, 암 · 심장병 · 순환계 질환 등을 유발한다. 담배는 스트레스 해소에 도움을 준다고 잘못 인식되기도 하지만 오히려 장기적으로는 흡연중독으로 인한 강박관념으로 인해 스트레스가 더 증가하게 된다는 것이 학계의 정설이다(중앙일보, 2010. 1. 19). 최근 다양한 맛과 형태로 만들어진 전자담배가 나와 청소년들을 유혹하고 있어 청소년의 전자담배 사용이 급증하는 추세이다.

(8) 기타 약물

카페인(caffeine)은 커피, 홍차 등에 함유되어 있는 알칼로이드(alkaloid)이며 각성제로 사용된다. 콜라 등의 청량 음료수 및 각종 드링크류(피로회복제 등)에도 카페인이 함유되어 있다. 실제로 청소년들이 많이 남용하는 각성제는 카페인이 함유된 약품으로 대표적인 카페인 제제인 타이밍은 한 알에 50mg이나 들어 있다. 각성제는 중추신경을 흥분시켜 일시적으로 수면이나 피로감을 억제하는 효과가 있다. 복용 후에는 피로가 가시고 머리가 맑아지는 느낌이 들며 집중이 잘 된다. 그러나 약효가 떨어지면 코와 입이 마르고 식욕이 감퇴되며, 남용하면 수면장애, 우울증, 무력감이 나타나며 피해망상, 환각까지 온다. 이 밖에도 청소년이 클럽이나 파티에서 자주 사용하는 엑스터시(MDMA), 통증 완화나 ADHD 약물, 식욕억제제 등이 학업스트레스, 다이어트, 긴장 완화 등의 목적으로 잘못 사용되는 경우도 있다.

더욱 위험한 것은 각성제 남용자가 다른 약물을 혼합 사용하는 경우이다. 이런 경우 약물의 상호작용으로 체질에 따라 치명적인 사고를 입을 수 있다. 기침을 진정시키는 데 복용하는 러미라(덱스트로메트로판제)와 알레르기 피부염이나 콧물, 재채기 등의 치료에 쓰이는 아빌(항히스타민제) 등은 약국에서 쉽게 구할 수 있으므로 청소년들이 남용한다. 이 약물은 남용하면 목이 마르고, 식욕상실, 환각과 망상, 혈압상승, 이상한 행동 등이 나타나며, 장기간 복용 시는 중독증상을 일으키며 정신병적 증상을 보인다. 청소년의 약물사용은 성인에 비해 약물사용기간이 짧고 충동, 내성, 금단증상이 성인에 비해 약하며 신체 합병증이 적지만 일단 약물사용을 하게 되면 급속히 중독화될 수 있고 그 영향이 치명적이기 때문에 단기간, 집중적인 개입이 필요하다.

2) 약물이 청소년에게 미치는 영향

청소년들의 약물남용은 성인과 구별되는 독특한 특성을 갖는다. 첫째, 일단 약물남용을 시작하게 되면 빠른 속도로 중독화된다. 둘째, 약한 약물(담배나 술 등)에서 시작하지만 차츰 더 강한 약물로 빠르게 진행되고, 여러 약물을 복합적으로 남용한다. 셋째, 발달과정상의 청소년들이 약물남용 상태에서 쉽게 현실판단 능력이나 자제력을 상실하여 저지르는 높은 공격행위 및 범죄행위들이 많다. 넷째, 청소년기가 정신적 · 신체적으로 급성장하는 시기이므로 약물남용이 장기적인 면에서 성인병 등 각종 질환을 유발한다. 다섯째, 재발률이 성인 약물남용자들보다 높다. 여섯째, 성인에 비해 약물사용 수준을 결정하는 것이 좀 더 어렵다. 일곱째, 성인들보다 개인의 감정적인 이유로 약물을 사용하는 비율이 높다. 여덟째, 청소년은 상상을 잘 하고 자신이 바라는 것을 현실화시키기 위해 더 쉽게 약물을 사용하기 때문에 환각현상의 체계가 더욱 복잡하게 나타난다. 아홉째, 성인보다 더 많이 또래집단의 유혹에 노출되어 있다.

약물남용이 청소년에게 미치는 부정적 영향을 좀 더 구체적으로 살펴보면 신체 및 정신건강, 사회관계, 성인기로의 이행 차원에서 심각한 문제를 야기한다.

(1) 신체건강

첫째, 뇌 발달 및 기능에 손상을 초래할 수 있다. 청소년기의 뇌는 성숙 과정에 있다. 특히 의사결정, 충동 조절을 담당하는 전두엽(frontal lobe)이 발달하는 시기인데, 과다한 약물은 전두엽 발달에 손상을 일으키거나 신경전달물질(도파민, 세로토닌 등)의 균형을 방해하여 감정조절 및 스트레스 대처능력이 약화된다. 심지어는 신경세포를 손상시켜 뇌 손상이 영구화될 수 있다.

둘째, 신체 손상 및 질병을 초래할 수 있다. 약물남용은 위장, 심혈관계, 간, 신장 등에 질병을 일으킬 수 있고 과다 복용 시 급성 중독 위험도 있다.

(2) 정신건강

첫째, 인지 기능을 저하시킨다. 약물사용으로 인해 집중력과 주의력이 저하되고 해마(hippocampus)에 영향을 미쳐 기억력에 손상을 줄 수 있다.

둘째, 행동 및 충동 조절 문제가 생긴다. 약물은 뇌의 전두엽 기능을 억제해 충동적이고 공격적 행동을 유발하고 음주운전, 성적 위험 행동 등의 가능성이 높다.

셋째, 불안과 우울, 기분변화 등 심리적인 불안정을 유발하고 일부 약물은 환각, 망상, 조증 등 조현병 및 정신장애, 공황장애, 양극성 장애 등을 정신병적 증상을 유발할 수 있다.

넷째, 자아정체감 확립을 저해한다. 약물사용으로 인해 의존심이 확대되고 현실 및 자아에 대한 인식이 심각하게 왜곡되며 자신에 대해 부정적 평가를 내린다.

(3) 사회적 관계

첫째, 가족 및 친구관계의 약화이다. 약물사용으로 인해 부모 및 가족 간의 갈등이 심화되고 건전한 또래 관계가 약화, 단절되는 반면 비행친구들과 어울릴 수 있다.

둘째, 학교생활의 부적응이다. 집중력이나 기억력 저하로 공부에 흥미를 잃고 성적이 떨어질 수 있다. 조퇴나 결석이 잦아지고 규율 위반, 싸움, 폭력 등으로 인해 학교에서 징계를 받기도 하고 심지어는 학교를 그만두게 된다.

셋째, 사회적 고립이다. 약물 사용이 알려지면서 주변 사람으로부터의 부정적인 인식, 사회적 지지 약화, 관계단절 등으로 사회적 고립이 될 가능성이 높다.

(4) 성인기로의 이행

약물사용으로 인해 체포되거나 법적 처벌을 받을 가능성이 높고 이로 인해 일을 하거나 직업유지가 어려울 수 있다. 이로 인해 성인으로서 수행해야 할 경제 및 사회활동을 하거나 자립해서 생활하는 데 어려움을 가질 수 있다.

3) 약물남용의 원인

청소년이 약물을 사용하게 되는 동기는 크게 다섯 가지로 분류될 수 있다(장진경, 1998 : 13). 첫째, 실험적 사용으로 인한 호기심, 모험심에서 단기간 동안 적은 양의 약물을 사용한다. 둘째, 사회도구적 동기로서 동년배 집단에서 서로 즐거움을 공유하거나 집단의 한 구성원이 되기 위한 동기에서 약물을 사용하는 경우이다. 셋째, 상황적 사용으로 특정한 상황에서 정서적 혹은 정신적 자극이 필요해서 사용하는 경우이다. 넷째, 심화된 사용으로 일상적인 문제와 스트레스로부터 벗어나기 위해 약물을 장기간 남용하는 경우로 약물사용이 생활의 일부분이 된 경우이다. 다섯째, 강박적 사용으로 약물의 효과 또는 약물이 주는 즐거운 심리적 상태를 유지하기 위해 다량의 약물을 자주 그리고 장기간 사용하는 경우이다.

청소년 약물남용의 동기는 청소년 약물남용자들의 치료적 개입에 주요 요인으로 작용한다. 왜냐하면 약물남용의 동기는 곧 청소년들의 만족되지 못한 욕구이며 추구하고자 하는 욕구이기 때문에 치료적 개입에서 이러한 욕구를 만족시켜 줄 수 있는 긍정적인 대안책을 찾아내는데 이때 약물남용의 동기가 주요 단서가 될 수 있다.

청소년의 약물남용 단계

■ 제1단계 : 실험단계
청소년은 약물을 처음 접해보게 되고, 호기심이나 또래집단의 압력 등으로 약물을 사용하여 그 힘을 경험하게 된다. 이를 통해 약물이 일반적으로 행복한 느낌과 강력한 힘 같은 감정변화를 일으킨다는 것을 배우게 된다. 이런 감정변화는 즐겁기도 하고, 긍정적이고 보상적이다. 특히 이 시기에는 약물사용으로 인한 어떤 감정적인 손상이나 역기능이 거의 없다. 이런 탐색적인 단계는 초기 사용자에게도 약물을 계속 사용하고 싶은 영향력을 미친다.

■ 제2단계 : 규칙적인 사용단계
이 단계에 오면 여러 가지 약물을 시도하고 스트레스 해결을 위해 약물을 사용한다. 또한 약물로 인한 감정변화(예 짜증, 화, 우울, 기분 좋은 느낌 등)가 생기고 약물과 관련된 여러 가지 문제들이 학교생활이나 개인생활 등과 관련되어 생기게 된다. 친구들의 모임에서도 약물을 좀 더 많이 자주 사용하기 시작한다. 그러나 아직은 적절한 조절능력이 있는 상황이다.

■ 제3단계 : 매일매일의 강박적인 단계
이 단계는 의존단계에 도달하기 위해서 약물을 사용하는 것이다. 약물사용으로 인한 인생의 손실(예 학교퇴학, 성적저하, 부모-형제와의 갈등, 친구관계의 어려움 등)로 고통을 겪기 시작하지만 아직은 특정 시간에 주로 약물을 사용한다. 의존이 진행됨에 따라 도덕적인 규범이나 가족의 가치를 저버리고 급격한 감정의 변화(죄책감, 수치심, 외로움, 우울감)를 경험하게 되며, 약물사용의 조절능력 상실을 경험한다. 예측할 수 없는 행동이 지속되며, 감정적인 상처를 피하기 위하여 계속적인 약물복용을 통해서 긍정적인 느낌이나 행복한 느낌을 얻는다. 이에 따라 중독자는 분노와 저항을 느끼기 시작하고 내성이 증가하며, 자신 인생의 사회, 심리, 신체, 금전적인 모든 측면에서 왜곡되기 시작한다. 이를 감추기 위한 방어적인 행동이나 망상이 나타난다. 절도 등 범법행위, 폭력 등 심각한 문제가 생긴다. 이 단계에서 계속적으로 약물을 사용하는 것은 신체적 손상, 심지어는 죽음까지도 불러일으킨다.

■ 제4단계 : 의존단계
행복감을 추구하기 위하여 약물을 사용하기보다는 자신이 경험해 왔던 정상적인-사실은 정상적이 아닌-것들을 경험하기 위하여 약물을 사용하는 치명적인 단계이다. 약물남용에 적합한 친구나 환경을 선호하는 생활양식으로 변화한다. 약물이 일시적인 고통을 경감시키는 데 사용되지만 이미 악화되어버린 모든 역기능들이 자신의 인생 모든 영역을 지배하고 행동이나 생활에 대한 조절력을 상실한다. 만성적인 손상으로 인해서 심한 우울증, 불안 그리고 심각한 금단증상(예 심한 두통, 매스꺼움, 손떨림, 식은땀, 환시, 환청 등)들이 약물사용을 중단하면 나타날 수 있다.

청소년의 약물남용 원인을 설명하는 이론적 근거로는 일탈행위 비교 이론과 통합 이론이 있는데 그 내용을 요약 · 정리하면 다음과 같다(김성이 외, 1996 : 1-3).

(1) 일탈행위 비교 이론

일탈행위 비교이론은 일탈행위의 원인과 과정을 서로 다른 관점에서 설명하는 다양한 이론을 비교하면서 각 이론의 특성과 한계를 분석하는 접근법이다. 대표적인 이론으로는 긴장 이론, 사회통제 이론, 사회학습 이론 등이 있다.

첫째, 긴장 이론(strain theory)이다. 긴장 이론에서는 약물남용을 내적 압력이나 정서적 갈등(불만, 상실감, 좌절감, 열등감, 소외 등)의 표현이라고 하고, 이것을 환경에서의 부적응이나 욕구불만의 산물로 본다. 사회변동과 사회이동에 의한 문화지체 및 불균형에서 약물남용의 동기를 찾아볼 수 있다는 것이다. 초기 이론에서는 약물남용이 사회·경제적 지위가 낮은 계층의 청소년에게 일어날 수 있다고 하였다. 그러나 최근에는 계층과는 무관하고 자신이 지향하는 목적과 이를 성취할 사회적으로 구조화된 수단 간의 모순 속에서 청소년이 욕구의 좌절을 경험하면서 규범을 벗어난 대안, 즉 약물을 선택하게 된다고 결론짓고 있다. 즉, 중산층의 청소년은 자신이 추구하는 욕구의 좌절을 경험할 수 있고 이에 따라 약물남용도 할 수 있다는 것이다.

둘째, 통제 이론(social control theory)이다. 통제 이론은 청소년이 비행이나 범죄를 저지르지 않는 이유를 사회적 유대(애착, 헌신, 참여, 신념)와 자기통제로 설명하고 있다. 이를 청소년 약물남용에 적용하면 사회적 유대가 약한 청소년일수록, 낮은 자기통제력을 가진 청소년일수록 약물남용이 높다는 것이다.

셋째, 사회학습 이론(social learning theory)이다, 사회학습 이론에서는 청소년의 약물남용이 직접적인 사회화, 특히 그중에서도 청소년 또래집단에 의해 기인된다고 본다. 비록 다른 환경에서 다양한 사회화 경험을 한다 할지라도 주로 또래집단에서의 다양한 약물남용의 경험이 강화를 주어 이로 인해 약물사용을 유지하게 된다는 것이다.

(2) 일탈행위 통합 이론

일탈행위 비교 이론은 다양한 관점을 통해 일탈행위를 다각적으로 이해할 수 있다는 장점이 있지만 개별 이론들은 특정 요인만을 강조하기 때문에 복합적인 원인을 설명하기에는 한계가 있다. 기존 이론의 이런 문제점에 대한 대안으로 제시된 것이 통합이론이다. 통합이론에 따르면 청소년의 약물남용은 단일 원인보다는 심리,

사회, 환경적 요인들의 상호작용 결과라고 전제한다. 따라서 하나의 이론이 아닌 여러 가지의 이론을 통합적으로 적용해서 이해하는 것이 필요하다고 주장한다.

Elliott와 그 동료들은 비행과 약물중독과의 관계에 있어 통합 이론을 주장한 대표적인 학자이다. 이들은 사회적 유대, 사회적 학습, 그리고 긴장 이론의 핵심 개념들을 결합하여 청소년의 일탈행동의 발생 원인을 설명한다. 예를 들어, 청소년들이 약물중독에 빠지는 것은 청소년이 가족이나 학교와의 유대가 약화되면 가족 간의 갈등, 학교부적응 등으로 인해 높은 긴장상태에 이르게 되고 이에 따른 스트레스를 해소하기 위해 비행친구들과 어울리게 되고 그 결과 비행친구들의 약물사용이나 일탈을 관찰, 학습하면서 약물사용을 자연스러운 행동으로 받아들이고 자신도 스트레스 해소를 위해 약물 사용을 반복해서 한다는 것이다. 즉, 긴장, 적절하지 못한 사회화, 사회해체는 전통적인 유대관계를 약하게 하고 비행과의 유대를 강화시켜 결과적으로 약물중독에 이르게 된다는 것이다.

2. 약물남용 청소년의 특성과 당면문제

여성가족부가 발표한 청소년 매체이용 및 유해환경 실태조사의 추이를 보면 청소년의 음주나 흡연은 다소 감소되고 있으나 여전히 가장 흔하게 접하는 약물이며 초등학생 때부터 처음 접하는 경향이 높다. 2022년 조사에 따르면 고등학생의 3명 중 1명은 고카페인 음료를 일주일에 한 번 이상 마시고, 중·고등학생은 최근 1년간 식욕억제제(디에타민정) 복용 경험이 0.9%, 진통제(펜타닐패치) 사용 경험은 10.4%로 나타났다.

질병관리청(2023)이 전국 14개 시·도 15개 응급의료기관을 대상으로 실시한 중독 심층 실태조사에 따르면 10대 청소년의 경우 치료약물로 인한 중독 발생 비중이 80.5%로 모든 연령층 가운데 가장 높아 청소년들의 치료약물 오남용 문제가 심각함을 알 수 있다. 식품의약품안전처가 발표한 2023년 마약류 폐해인식 실태조사에 따르면 마약류 물질 중 한 가지 이상을 사용해 봤다고 응답한 청소년은 2.6%로 성인(3.1%)과 큰 차이가 없었으며 또래 친구나 지인 중 향정신성약물을 사용하는 것 같다고 응답한 청소년은 16.1%로 나타났다. 이상의 내용을 보면 청소년의 약물남용 문제가 우려할 수준임을 알 수 있다.

청소년기의 약물사용자는 크게 실험적 사용자집단과 지속적 남용자집단으로 대별된다. 첫째, 실험적 사용자집단은 또래의 압력을 이기지 못했거나 지루하고 따분함, 단순한 호기심, 흥미 추구를 위해 약물을 사용하게 되는데 이들의 대부분은 선배나 친구의 권유에 의해 약물사용을 시작하게 된다. 이들은 약물사용에 대한 압력을 받았을 때 그 유혹을 물리치기 힘들어서 약물을 하는데, 거절할 경우에 발생할 또래로부터의 소외와 멸시가 두렵고 자존심 때문에 경쟁적으로 사용하는 경우도 있다. 때로는 또래를 통해 약물사용의 효과에 대한 과장된 정보를 듣고 호기심이 생겨 사용하게 되기도 한다.

둘째, 지속적 남용자집단은 습관적이고 지속적으로 약물을 사용하는 것을 말한다. 이들은 상승감을 맛보기 위해 상당한 시간과 에너지를 투자하고 약물에 대해 끊임없이 이야기하며 약물에 대한 전문가가 된다. 이들은 일반적으로 개인적인 문제를 가지며 고통과 문제상황에서 피하려고 약물을 찾거나 또는 불안에 대처 또는 벗어나기 위해 약물을 찾는다. 이들은 원초아의 충동적 힘이 강한 데 비해 자아의 현실조정적 역할이 저하되거나 손상된 상태에 있으며 초자아의 기능이 극도로 약화된 상태이다. 따라서 스트레스나 문제상황이 생기면 약물을 사용해 도피적 적응을 하려 한다. 이렇게 지속적으로 약물을 사용하게 되면 약물남용 또래들과 동조하는 사회적 관계를 형성하게 되며 신체적·사회적·법적 문제를 초래하게 된다.

청소년들이 약물에 의존하게 되는 것은 다양한 요인들이 결합하여 나타난 결과라고 볼 수 있다. 이숙영 외(1996 : 21-25) 등 기존에 연구된 내용을 토대로 약물남용 청소년의 일반적인 특성과 욕구를 크게 개인적 특성과 사회·문화적 환경 특성으로 대별하여 제시하면 다음과 같다.

1) 개인적 특성

(1) 성격적 특성

약물남용 청소년들은 일반적으로 자신을 조절하는 근본적인 능력에서 어려움이 있다. 즉, 감정조절 능력의 결여, 자기애적 보호와 연관된 자존심, 내적으로는 자기와 대상의 관계수립이 불완전하게 형성되어 생기는 문제점을 가질 수 있다. 융통성이 없고 미숙한 방어기제와 현실수행 능력 가운데 사고와 판단장애 능력이 결여되어 있을 수 있다.

대상과의 관계에서도 친밀한 대인관계와 경쟁, 성취, 자율성과 관련된 자기애적 경향의 좌절이 약물의존의 선행요인 중의 하나로 알려져 있다. 타인과의 관계에서 편한 마음을 찾지 못한다는 사실과 다른 사람들과 친해지는 것에 대한 두려움, 대인관계에서의 좌절이나 실망 등이 약물사용으로 연결될 수 있으며, 이때 약물은 약물사용자의 결함을 보충시켜 주는 역할을 한다. 학령기 이전에 나타나는 공격성이나 저항성도 약물사용의 예측요인으로 어린 시절부터 다른 아이들과 잘 싸우거나 부모의 말을 잘 안 듣는 아이들이 약물을 남용할 가능성이 높다는 것이다. 또 약물을 사용하는 청소년의 경우 자존감이 낮고, 충동적이며 공격적이고 행동을 잘 억제하지 못하고 성역할에 갈등이 있는 경우가 많다(이숙영 외, 1996 : 21-25).

(2) 사고패턴

약물남용 청소년들은 적절한 현실 판단력이 결여되는 경우가 많다. 상습 복용자들은 약물남용의 위험성을 스스로 무시하고 부정하는 경향이 크다. 전체적인 자아기능의 위축, 혼란, 마술적인 사고 등을 보여 감정조절이나 사고능력에 영향을 미치게 된다. 그 결과 퇴행적인 반응을 유발하여 미개하고 유치한 방어기제를 사용하게 된다. Zinberg 등은 중독자들의 경우 자아의 균형이 잡혀 있지 않으며 자아의 자율성을 유지하기도 어렵고 환경으로부터 다양한 자극마저 상실한 상태라고 주장하였다. 중독자들은 가족이나 타인과의 관계가 몹시 나빴기 때문에 사람들로부터 오직 부정적인 측면만을 받아들인다(이숙영 외, 1996 : 21-25).

(3) 생물학적 특징

똑같은 약물을 사용하였다고 해서 누구나가 다 똑같이 중독상태가 되는 것은 아니다. 사람에 따라서는 훨씬 더 많은 양의 약물을 사용하더라도 중독이 되지 않을 수 있으며 훨씬 적은 양을 더 짧은 기간 사용했더라도 더 빨리 더 심하게 중독에 이를 수 있다. 이는 당사자의 유전적 · 생리적 요인이 작용한다는 증거이다. 알코올을 남용하는 부모 밑에서 자란 아동들이 알코올 남용자가 될 확률은 알코올 남용자가 아닌 부모의 경우에 비해 4~5배가 된다는 연구결과에서도 부모의 약물사용은 자녀의 약물사용과 밀접한 관련이 있음을 알 수 있다.

(4) 정신건강상의 장애

청소년 약물남용과 함께 나타나는 심리적 장애는 주로 우울증, 품행장애, 주의력결핍, 과잉활동장애 그리고 불안장애 등이다. 이런 심리적 문제가 있을 때 경험하는 정서적인 어려움을 피하기 위하여 약물을 복용할 수 있다.

우울증은 우울감을 느끼거나 거의 모든 일에 흥미와 재미가 없어지는 증상이 장기간 지속되는 정신과적 증상이다. 체중 감소, 불면 또는 과면, 초조감, 피로, 무가치감, 주의집중의 어려움, 자살시도 등이 나타난다. 우울감이나 흥미상실에 대처하기 위해 약물을 사용하는 경우도 있다.

품행장애는 약물사용, 절도, 폭행, 방화, 가출 등의 다양한 비행행동이 여러 차례에 걸쳐 반복적으로 나타나는 경우를 말한다. 품행장애에서 흔히 나타나는 행동은 신체적인 공격이다. 다른 사람이나 동물들에게 신체적으로 가혹행위를 하고 타인의 재산을 고의적으로 파괴하며 폭력과 절도도 흔히 나타난다. 특히 청소년의 약물남용은 가출, 유흥장 출입, 무단결석과 같은 비행과 밀접하게 관련되어 있다.

과잉활동장애의 핵심적인 특징은 청소년의 발달적 연령에 부적합한 수준의 지나친 주의집중 결핍, 과잉활동성이다. 충동성이나 과잉활동성은 학령 전에 많이 나타나며 사춘기가 되면 겉으로 드러나는 행동보다는 안절부절못하고 초조해하는 양상을 보인다. 초등학교 고학년부터는 품행장애가 발달하게 되어 사춘기 이후의 청소년의 경우에는 주의력결핍－과잉활동장애가 숨겨지고 주로 품행장애만이 주위 사람들에게 관심의 대상이 되는 경우가 많다. 한편 품행장애의 치료에서는 주의력결핍－과잉활동장애가 있는지를 알아보는 것이 중요한데 이를 위해서는 아동기의 발달사를 물어보는 것이 도움이 될 때가 많다. 즉, 사춘기 이전의 어린 시절에 주의력결핍, 충동성, 과잉활동성과 같은 행동적인 양상을 다른 아이들에 비해 더 많이 보였는지를 물어봄으로써 주의력결핍－과잉활동장애가 숨겨져 있는지를 확인할 수 있다(이은희, 1994 : 15-17).

약물을 남용하는 청소년들에게 빈번하게 나타나는 것으로 자살을 들 수 있다.

Miles에 따르면 청소년 자살에 약물의 사용이 가장 중요한 단일요인이라고 지적한다. 왜냐하면 약물을 사용하는 청소년들은 대체적으로 약물사용에 따른 죄책감과 불안, 인지적·사회적 기술의 부족, 부적응 등의 문제를 많이 나타내고 있다. 이는 약물의 사용이 분노, 외로움, 우울, 권태, 공허감 등의 부정적인 감정들을 다루어 주는 기능을 갖는 것과 관련이 있다. 자살은 우울증 환자에게 흔히 나타나므로 우울증상을 보이는 청소년의 경우는 자살시도의 가능성에 주의를 기울여야 한다. 자살을 시도한 적이 있거나 자살방법에 대한 구체적인 계획이 있는 경우는 자살의 가능성이 높으므로, 자살 가능성을 주위 사람들에게 환기시켜 관찰하고 보호하는 것이 필요하다.

2) 환경적 특성

(1) 가정

청소년의 약물남용 행동을 유발하고 유지시키는 중요한 가정의 특성 중 하나는 부모의 약물남용 행동과 청소년의 약물남용의 관련성을 들 수 있다(김진희, 1998 : 15-18). 부모의 약물남용은 유전적 위험요소로서의 생물학적 측면에서와 환경적 위험요소로서 환경적 측면으로 청소년의 약물남용 문제에 영향을 미칠 수 있다.

생물학적 측면에서 보면 약물남용에 있어 유전적인 영향이 절대적이라는 것을 의미하지는 않으나 적어도 알코올이나 다른 약물사용자의 자녀집단이 약물문제 발달의 생리학적 위험을 더 많이 안고 있다고 한다. 환경적 측면에서 보면 어린 시절 부모나 가족이 약물을 남용하는 가정에서 자랄 때에 청소년들이 부모의 약물사용 행동을 개인적으로 의미 있게 받아들여 부모의 행동을 모델링하게 되면 약물을 시작할 수 있는 위험이 증가한다는 것이다. 김성이 외(1996)에 따르면 부모가 약물을 사용하는 경우와 부모의 약물사용에 대해 긍정적으로 인식하는 경우 청소년의 약물사용이 증가하는 것으로 보고하고 있다.

그 외에도 부모 또는 부모 중의 한 사람이 사별, 이혼, 유기, 실종, 수형, 장기부재 등 구조적 결손가정뿐 아니라 기능적 해체가족의 경우 청소년의 약물사용이 높다는 것이다. 특히 가족 내의 구조와 상호작용 양상은 약물남용을 유발하고 유지시키는 중요한 요인이다.

고등학교 남학생의 약물사용 경험과 가족의 기능적 특성에 관한 김죽향(1993)의 연구와 안양희(1988)에 의하면 약물남용집단이 비사용집단과 비교하여 가족 결속력에서 낮은 점수를 나타냈다. 또한 김성이 외(1989)가 청소년의 약물남용에 영향을 미치는 가족의 특성에 대한 청소년의 지각과 청소년 자신의 약물사용 간의 관련성을 조사한 결과에서도 부모가 화목하지 않다고 지각할수록, 자신의 외출에 대해 부모가 무관심하다고 지각할수록 그리고 자신의 잘못에 대해 부모가 자신의 기분에 따라 야단치거나 무관심하다고 지각할수록 청소년의 약물사용 경험률이 증가한다고 한다. 김진희(1998 : 19)는 약물남용 청소년의 가족이 비사용 청소년의 경우보다 정서적인 친밀감이나 관여도와 같은 가족응집력이 지나치게 높거나 지나치게 부족하여 자율성과 애착의 균형이 적절하지 않다고 한다.

(2) 또래집단

청소년의 약물사용에 관한 연구들은 개인의 약물사용 행동과 그의 친구들의 약물사용 행동에 상당한 일치성이 있다는 것을 일관성 있게 보고하고 있다. 가까운 친구들이 약물을 사용하면 따라하기 쉽고 약물사용을 정당화하거나 긍정적으로 인식하기 쉽다. 또는 친구의 약물사용 권유를 받거나 또래의 인정을 받거나 소속감을 얻기 위해 동조하기도 한다.

(3) 학교

학교는 두 가지 방식으로 청소년의 약물사용에 영향을 주는 것으로 보인다. 우선 학교에서 또래집단에 의해 처음으로 약물에 접하게 되는 경우가 많다. 이 경우 약물사용은 흔히 비행이나 학교규율을 위반하는 행동과 같이 나타난다. 다음으로 학교에서의 적응실패가 약물사용을 유발한다. 긴장 이론을 통해 청소년의 약물남용의 원인을 연구한 바에 의하면 청소년들은 실패에 대한 두려움과 성취압력으로부터 오는 스트레스를 해소하기 위해 약물을 사용한다는 것이다. 장상희(1991 : 255-256)에 따르면 학업과 직업에 대한 열망수준은 높으나 현실적으로 그러한 열망을 성취하는 데 한계를 느끼고 있는 청소년들이 여기에서 벗어나기 위해 약물남용을 하게 된다고 한다.

(4) 지역사회 환경

첫째, 놀이공간의 부족이다. 사회적으로 만족할 만한 여가활동, 취미생활 혹은 오락활동의 기회가 없는 사람들은 시간을 보내거나 지루함을 견디기 위해 약물을 사용할 수 있다. 특히 학교나 직장을 다니지 않고 있는 청소년들의 경우는 할 일이 없는 무료한 시간을 보내기 위해 본드를 비롯한 약물을 사용하는 경우가 많다.

둘째, 대중매체 및 사회문화적 분위기의 영향이다. 영화, 드라마, 인터넷, SNS 등 다양한 미디어에서 약물사용을 여과없이 노출시킴으로써 청소년의 모방심리나 호기심을 자극한다. 약물에 허용적인 사회문화적 분위기도 청소년에게 약물사용을 부추긴다.

셋째, 약물에 쉽게 노출되어 있다. 약물을 쉽게 구입할 수 있을 뿐 아니라 약물에 접할 기회가 많아 청소년들의 약물사용을 부추기게 된다.

3. 약물남용 청소년에 대한 청소년복지 실태

1) 약물남용 청소년을 위한 사회지원체계의 현황

(1) 약물남용 청소년 관련법

약물남용 청소년과 관련된 법으로는 청소년보호법, 마약류 관리에 관한 법률, 청소년 정신건강증진법 등이 있다.

① 청소년보호법

청소년보호법은 청소년에게 유해한 매체물과 약물 등이 청소년에게 유통되는 것과 청소년이 유해한 업소에 출입하는 것 등을 규제하고 청소년을 유해한 환경으로부터 보호·구제함으로써 청소년이 건전한 인격체로 성장할 수 있도록 하기 위해 제정되었다.

주요 내용은 다음과 같다. 첫째, 유해환경으로부터 청소년을 보호하는 것이다. 이를 위해 유해매체물(청소년에게 유해한 영상, 출판물, 음반 등)의 제작·유통 금지, 유해업소(노래방, PC방, 유흥업소 등)의 청소년 출입 제한, 금지, 술 · 담배 판매 금지 등을 규정하였다. 둘째, 청소년의 권익 보호이다. 폭력, 성폭력, 노동 착취 등 청소년에게 피해를 줄 수 있는 행위에 대한 처벌을 규정하였다. 또한 청소년 보호와 관련된 정책을 심의하고 자문하는 기구인 청소년보호위원회의 운영, 피해자 지원을 포함하였다. 셋째, 법 위반 시 사업자에 대한 처벌 및 제재에 대한 내용을 포함한다.

② 마약류 관리에 관한 법률

마약류 관리에 관한 법률은 마약 · 향정신성의약품 · 대마 및 원료물질의 취급 · 관리를 적정하게 하고, 마약류 중독에 대한 치료 · 예방 등을 위하여 필요한 사항을 규정해서 국민보건 향상과 건강한 사회 조성을 위해 제정된 법률이다.

이 중 청소년과 관련된 내용을 살펴보면 첫째, 청소년 마약중독 예방교육과 학교교육의 연계이다. 국가와 지방자치단체는 청소년 마약중독 예방교육과 교육기본법에 따른 학교교육을 연계할 수 있도록 교육 콘텐츠 개발 등 필요한 시책을 대통령령으로 정하는 바에 따라 수립 · 시행하여야 한다고 규정하였다.

둘째, 청소년 대상 마약류 범죄에 대한 가중처벌이다. 청소년에게 마약류를 판매, 제공, 강요하는 행위, 청소년에게 마약류 복용을 강요, 협조하는 경우는 중대한 범죄로 간주되어 가중처벌된다.

셋째, 청소년 마약예방교육의 의무화이다. 국가와 지방자치단체는 청소년보호법 제2조 제1호의 청소년을 대상으로 한 마약류 중독 예방교육을 실시하여야 한다.

넷째, 청소년의 마약류 범죄에 대한 처벌이다. 청소년이 마약류 소지, 사용, 유통, 제조 등의 행위를 할 경우, 성인과 유사한 법적 처벌을 받는다.

다섯째, 마약류 중독 청소년의 보호 및 치료이다. 마약류 중독으로 발견된 청소년은 처벌보다 치료보호를 우선적으로 제공한다. 또한 치료명령을 받은 청소년은 치료보호소, 마약류 중독자 재활센터 등 재활시설에서 심리치료, 재활 프로그램을 지원받는다.

여섯째, 신고 제도 강화이다. 청소년이 마약류 범죄에 연루된 경우, 이를 신고한 사람은 신분 보호와 함께 포상금을 받을 수 있다.

③ 정신건강증진 및 정신질환자 복지서비스 지원에 관한 법률

이 법은 정신질환의 예방 · 치료, 정신질환자의 재활 · 복지 · 권리보장과 정신건강 친화적인 환경 조성에 필요한 사항을 규정함으로써 국민의 정신건강증진 및 정신질환자의 인간다운 삶을 영위하는 데 이바지함을 목적으로 한다. 청소년과 관련된 주요 내용을 살펴보면 첫째, 이 법의 기본이념 중에는 미성년자인 정신질환자는 특별히 치료, 보호 및 교육을 받을 권리를 가진다고 명시하였다. 둘째, 학교의 장 등은 학생의 정신건강에 관한 교육 · 상담과 정신질환 치료와의 연계 등의 정신건강증진 사업을 실시하도록 노력하여야 한다. 셋째, 약물중독 청소년의 상담 및 치료를 도울 수 있는 정신건강복지센터, 중독관리통합지원센터의 설치 및 운영에 대한 근거를 규정하였다.

(2) 한국청소년상담복지개발원 및 청소년 상담복지센터

여성가족부 산하의 한국청소년상담복지개발원은 청소년들의 건강한 성장과 꿈 실현을 위해 다양한 상담 및 복지 서비스를 제공하는 공공기관이다. 전국 청소년상담복지센터, 학교 밖 청소년 지원센터, 청소년복지시설을 총괄하는 중추 기관이다. 청소년 약물남용 예방과 관련된 연구, 프로그램 개발 및 운영 등을 하며 지역 청소년상담복지센터와 연계하여 청소년들에게 상담 및 지원 서비스를 제공한다. 전국 시 · 도 및 시 · 군 · 구에 설치된 240여 개 청소년상담복지센터는 심리 · 정서적 문제(우울 · 불안 등), 위기문제(폭력 · 학대 등)로 도움이 필요한 청소년에게 전문적인 상담을 제공하고, 지역사회 내 청소년 관련 자원을 연계한 보호 · 교육 · 자립 등 맞춤형 서비스를 제공한다. 약물 문제를 가지는 청소년들이 발견될 경우 지역에서 조기에 상담받을 수 있는 곳이다.

(3) 국립정신건강센터 및 지역 정신건강복지센터

보건복지부 산하의 국립정신건강센터는 국민의 정신건강 증진 및 개선을 목적으로 다양한 정신건강사업, 연구 및 정책 지원, 국가트라우마사업, 정신건강 정보 제공 등을 행하고 있다. 그중 청소년의 정신건강 치료, 약물 및 알코올중독 청소년의 치료와 재활을 지원하는 역할도 수행한다. 지역 정신건강복지센터는 지역사회 내 정신질환자의 등록관리, 사례관리, 주간재활(day care), 교육·훈련, 타 기관 연계 등 정신질환자 관리, 재활사업 추진 및 지역주민의 정신건강, 자살예방 등 지역사회 정신건강 증진사업을 수행한다. 약물남용으로 인한 정신건강 문제를 겪는 청소년들에게 상담 및 치료연계 등을 지원할 수 있다.

(4) 중독관리통합지원센터

중독관리통합지원센터는 2000년부터 보건복지부 시범사업으로 시작한 알코올상담센터가 명칭이 변경된 것으로 정신건강복지법 제15조의3에 근거한다. 알코올, 도박, 마약, 인터넷 등 다양한 중독문제에 대한 예방, 조기발견, 상담, 치료, 재활 및 사회복귀를 지원한다. 전국에 총 60개소가 설치, 운영되고 있다.

(5) 한국마약퇴치운동본부(KAADA)

한국마약퇴치운동본부는 약물남용 예방과 재활을 위한 다양한 프로그램을 제공하는 재단법인으로 마약류관리에 관한 법률에 근거한다. 주요 사업으로는 청소년을 중심으로 하는 대국민홍보, 자료개발, 상담, 교육 등 예방 활동과 자원봉사 프로그램, 재활 사업, 국제 협력 등을 행한다. 마약퇴치를 위한 대표적인 민간기구로서 전국에 지부를 두고 있다.

(6) 중독재활센터

중독재활센터는 식약처 소속으로 함께한걸음센터로 불린다. 전국 17개소에 설치, 운영 중이다. 전문가가 마약류 투약사범 중 기소유예자의 재범 방지 및 원활한 사회복귀 지원하기 위해 개별 중독 수준을 평가해 치료 여부를 결정하고 맞춤형 사회재활 프로그램을 제공한다.

2) 약물남용 청소년을 위한 사회지원체계의 문제점

(1) 약물남용 청소년 지원 관련법률의 미비

청소년의 특성을 고려한 청소년 약물남용 예방 및 치료에 관한 법률이 미비하다. 우리나라에서 청소년 약물남용은 불법행위로 규정하고 있고 기본적으로 청소년 약물남용 억제정책을 사용하고 있다. 약물남용 청소년이라는 것이 외부로 노출될 경우 바로 처벌이나 구속으로 연결되기 쉽기 때문에 약물남용 청소년의 발견은 조기에 이루어지기 어렵다. 정부에서 약물남용의 억제를 위하여 약물남용 행위를 처벌하고 해당 약물의 판매행위를 규제하는 데는 나름대로 소기의 성과를 거두었다고 할 수 있다(최영신, 2005 : 70).

그러나 억제나 통제 중심의 접근의 정책은 이미 약물남용으로 어려움을 경험하고 있는 청소년에게 치료나 재활의 기회를 차단하기 쉽고 문제를 음성화시킴으로써 보다 적극적인 예방에 장애요인이 될 수 있다. 또한 기존의 억제정책이 불법적인 약물남용의 감소에는 긍정적으로 작용하고 있으나 음주나 흡연 문제는 오히려 증가추세라는 점을 고려해 볼 때 이러한 접근이 음주나 흡연 문제에 대한 대처로는 적합하지 않아 새로운 지원 및 대책이 필요함을 알 수 있다. 주로 처벌에 치중하고 있고 약물사용 청소년의 조기 발견에서부터 치료, 재활에 이르는 구체적 조치 및 지원내용이 포괄적이지 않고 단편적이다. 경찰, 학교, 보건의료기관 등 관련기관의 연계, 협력에 대한 법률내용도 구체적이지 않다.

(2) 청소년 특성을 고려한 약물남용 청소년 지원에 대한 정책 부족

첫째, 청소년 약물중독을 전담하는 독립된 치료 및 재활기관이 빈약하다. 현재 약물남용 청소년을 위한 사회적 지원은 독립적인 기구나 기관을 중심으로 행해지기보다는 주로 학교, 병원, 청소년상담실, 정신건강센터 등에서 본연의 업무와 병행해서 부분적으로 다루어지고 있는 실정이다.

둘째, 약물중독 예방 사업 및 예방 교육의 문제점이다. 법적으로는 청소년에 대한 예방교육을 강조하고 있고 학교나 지역 차원에서 여러 예방교육이 행해지고 있다. 그러나 일회성 교육, 내용과 방식의 차이, 청소년의 특성 및 욕구를 고려한 맞춤형 교육이 이루어지지 못해 청소년들의 만족도가 낮고 실효성이 낮다.

셋째, 약물중독 청소년에 맞는 치료 및 재활, 사후관리에 대한 장기간, 지속적, 다차원적 정책이 빈약하다. 지역 간 격차로 약물남용 청소년을 지원하고 치료할 기관 및 네트워크가 잘 구축되어 있지 않아 서비스 접근성이 낮다.

(3) 낮은 재정 지원 및 전문 인력 부족

청소년 약물사용의 심각성에 비해 약물남용 청소년 지원에 배정된 예산은 턱없이 낮다. 이로 인해 다양하고 지속적인 프로그램이나 사업을 개발, 운영하는 데 한계가 있다. 약물남용 청소년을 상담, 치료할 전담 전문 인력이 부족하고 이들에 대한 교육, 훈련체계, 처우가 잘 구축되어 있지 않아 전문인력 배치 및 전문적 개입에 어려움이 있다.

(4) 청소년 맞춤 프로그램 및 서비스 부족

주로 성인에 맞추어진 서비스나 획일적인 프로그램이 많고 청소년 약물남용에 특화된 치료 및 재활 프로그램이 빈약하다. 청소년 개인 및 가족의 욕구와 특성을 고려한 맞춤형 프로그램이 부족하고 지속적, 통합적 지원이 잘 되지 못한다. 특히 치료 및 재활 이후 학교나 사회에 복귀했을 때 실질적으로 도움이 되는 지원이 잘 이루어지지 못하는 실정이다.

(5) 통합적 협력체계 미구축

청소년의 약물남용 문제를 근절하기 위해서는 청소년 약물남용 문제를 조기 발견하고, 예방, 치료, 재활까지 이어지는 통합적 지원 체계가 구축되어야 한다. 그러나 지역마다 편차가 크고 협력체계가 잘 작동되지 않는다. 지역사회에서 약물중독에 대한 인식이나 관심이 부족하고 지속적이고 다차원적 기관 간 협력 구축을 위한 실질적 지원이 잘 행해지지 않고 있다.

(6) 약물남용 청소년에 대한 조사 및 모니터링 부족

급속히 변화하는 청소년의 약물사용 문제에 적극적으로 대응하기 위해서는 일반 청소년들의 약물사용 실태에 대한 조사는 물론 약물남용 청소년에 대한 정기적인 조사 및 모니터링 시스템이 구축되어야 한다. 현재는 주로 학생 중심으로 조사가 이루어져 전체 이동 및 청소년에 대한 조사가 지속적으로 이루어지지 않고 모니터링 시스템도 체계적으로 구축되지 못하고 있다.

(7) 약물남용 청소년에 대한 부정적 인식과 편견

지역사회에서 청소년의 약물문제에 대한 관심이 낮다. 약물남용 청소년에 대한 왜곡된 시각이나 편견 등으로 인해 청소년이나 가족들, 주변 사람들이 조기에 도움을 요청하고 치료, 재활에 참여할 수 있도록 하는 것을 방해한다.

4. 약물남용 청소년에 대한 청소년복지 대책

1) 제도적 차원

(1) 청소년약물에 대한 법률의 제정 및 개정

약물을 남용한 청소년에 대한 적절한 제재는 약물남용의 확산을 막는 긍정적인 효과도 있지만 현재와 같이 처벌 위주의 법은 무조건 법적 처벌을 받은 후에 치료가 가능하도록 하고 있기 때문에 원래 법의 목적과 취지가 제대로 살지 못하고 있다. 예를 들어, 실제 약물을 남용하던 청소년이 약물남용을 중단하고 치료를 받고 싶어도 처벌이 두려워 약물남용 사실을 숨기게 되므로 계속해서 약물을 남용하게 될 수 있으며, 처벌받은 청소년이 수용시설에서 다른 청소년으로부터 오히려 더 심화된 약물남용을 배우는 등 부정적인 효과를 초래하기도 한다. 따라서 단순한 처벌이나 통제보다는 궁극적으로 약물남용 청소년의 예방, 조기발견, 조기개입, 치료, 사회복귀, 사후관리로 이어지고 청소년에 적절한 법이 만들어져야 하겠다.

(2) 약물남용대책 전문기구의 구성

이미 선진국의 경우 청소년 약물문제에 대처하기 위해 대통령 산하 주요 부처에 청소년 약물문제를 담당하는 기구나 전담부서를 운영하고 있다. 그러나 우리나라의 경우 청소년 약물정책을 추진하고 평가하는 전담부서나 기구가 없기 때문에 청소년 약물남용 문제에 대해 효과적인 대응을 하지 못하고 있는 실정이다. 따라서 외국의 경우와 같이 약물남용 대책기구를 대통령 또는 국무총리 직속으로 설치하고, 또한 지방자치단체 단위에도 자치단체장 직속으로 약물남용 대책기구를 설치하여 약물남용에 효율적으로 대처할 수 있는 체제를 갖출 필요가 절실하다.

(3) 청소년전용 약물치료센터의 설립

일단 약물을 남용했던 청소년들이 더 이상 약물을 남용하지 않도록 하기 위해서는 체계적이고 전문적인 치료 및 재활 대책이 요구된다. 현재 약물남용 청소년을 위한 치료 및 재활 대책은 약물남용 사실이 밝혀져 소년원에 수용되어 있거나 보호관찰소에서 보호감독을 받고 있는 청소년을 대상으로 한다. 그러나 소년원이나 보호관찰소에 있는 청소년을 대상으로 한 치료 및 재활이 매우 미흡한 수준에 있어서 큰 효과를 기대하기 어려운 실정이다. 그 밖에 약물청소년은 성인이나 다른 질병을 가진 사람들 속에서 치료를 받고 있기 때문에 여러 가지 부작용이 예상된다.

많은 약물남용 청소년의 경우 사회에서 생활해 나가는 데 필요한 사회기술, 대인관계기술, 의사소통, 문제대처기술 면에서 심각한 장애를 경험하고 있다. 뿐만 아니라 치료기간 중 새로운 가족역할 및 정체감에 대한 갈등, 부모 및 가족 간의 의사소통의 문제, 사회적응의 어려움, 분노조절 등의 다양한 문제에 직면하게 되며 약물단절 후 상당수가 재발하는 경우가 있다. 따라서 각 회복단계에 적합한 목표와 개입전략 등 구체적이고 실제적이며 전문적이고 개별적인 접근이 이루어져야 한다. 이를 위해 청소년기의 여러 가지 특성을 고려하여 이미 약물남용 사실이 드러난 어떤 청소년이라도 구속보다는 체계적이고 전문적인 치료 및 재활을 받을 수 있도록 청소년전용 약물치료센터가 설립, 운영되어야 한다.

(4) 청소년 유해환경 정비

청소년들이 약물로부터 유혹당하지 않도록 하기 위해서는 그 원인이 되는 요인들을 사전에 제거함과 동시에 청소년들이 건전하게 활동할 수 있는 터전과 수련거리를 마련해 주어야 한다. 즉, 청소년들에게 유해한 환경을 정비하고 청소년들이 건전하게 성장할 수 있도록 놀이시설과 프로그램을 확대 · 보급하여 건전한 청소년문화를 창달해야 한다.

2) 실천적 차원

(1) 교육 및 예방 활동

청소년의 약물남용을 방지하기 위해 다각적인 차원에서의 교육 및 예방 활동이 행해져야 한다. 대다수의 청소년이 학생임을 감안해 학교 교과과정에 별도의 교육내용이 행해질 필요가 있다. 교육내용은 연령(또는 학년)별로 그리고 약물남용 경험 유무, 청소년의 욕구에 따라 개별화되어야 하며 청소년들이 적극적으로 참여할 수 있는 교육이 행해져야 하겠다. 또한 청소년 약물남용을 막기 위해서는 청소년뿐만 아니라 교사와 학부모를 포함한 일반국민이 약물남용 문제의 심각성을 인식하고 생활주변에서 이러한 문제에 대처할 수 있는 능력을 갖추도록 하는 것이 필요하다.

(2) 다양한 지역사회서비스와의 연계, 협력

약물중독은 생체(bio)－심리(psycho)－사회(social)적인 질병이기 때문에 회복과정이란 그동안 익숙해졌던 중독적인 삶 전체를 변화시키는 것이며, 다방면으로 많은 노력이 필요한 생산적인 과정이다. 약물중독이 만성적이고 진행적이며, 재발이 매우 쉽게 일어나는 병이라는 사실을 감안해 볼 때 단순히 약물사용의 중지만으로 충분하지 않다.

치료와 재활과정에 다양한 서비스 등이 체계적이고 통합적으로 운영되어야 한다. 이를 위해 치료공동체, 중간의 집(half-way house), 직업재활이 필요한 사람들을 위한 직업재활센터와의 연계, 각 지역사회 내의 자조집단(self-help group), 재활시설, 각종 지지서비스 개발 등 다양한 프로그램이 함께 개발되어야 한다. 또한 병원, 학교, 복지관, 상담실, 경찰 등 관련 기관과의 유기적인 협조체계가 구축되어야 한다.

(3) 장기적 관점에서의 관심과 지지

약물남용 문제는 장기적인 관심과 일관성 있는 지지와 접근이 필요하다. 재발과 회복의 과정이 반복될 수 있다. 청소년과 가족이 포기하지 않도록 지지와 지원이 필요하다. 이를 위해 사회복지사는 중독자의 재활에 대한 긍정적·낙관적 견해를 견지하는 것이 중요하다.

(4) 청소년의 욕구 및 특성을 고려한 개별적 · 다차원적 개입

청소년이 약물을 사용하는 이유와 원인은 다양할 수 있다. 따라서 개인적 요인, 가족적 요인, 사회환경적 요인 등 다차원적 사정이 필요하다. 또한 개별 청소년의 욕구와 특성을 고려한 위기개입, 청소년 개인 및 가족, 또래집단, 학교 및 지역사회 수준의 다차원적 개입이 행해져야 한다. 청소년을 대상으로 한 인지행동치료, 동기강화상담, 스트레스 관리, 사회성 교육 등이 행해져야 한다. 더불어 부모교육 및 상담, 또래교육 및 집단상담, 자조모임, 예술, 문화, 스포츠 등을 접목한 활동이나 프로그램, 사례관리 등도 고려될 수 있다. 심한 경우 위기개입과 전문적 치료 및 재활서비스를 받도록 연계할 필요도 있다.

참고문헌

김성이 외(1996). 청소년 약물남용실태와 예방대책 연구. 문화체육부.

김죽향(1993). 고등학교 남학생의 약물사용경험과 가족의 기능적 특성에 관한 연구. 고려대학교 교육대학원 석사학위논문.

김진희(1998). 약물남용 청소년을 위한 부모개입 프로그램 연구. 청소년대화의 광장.

남궁기(1994). "청소년 약물남용의 현황과 치료모형". 청소년범죄연구. 법무부.

문화관광부(1999). 청소년백서.

배주미 · 김동민 · 정슬기 · 강태훈 · 박현진(2010). 2010년 전국청소년위기 실태조사. 한국청소년상담원.

보건복지가족부(2008). 청소년유해환경접촉 종합실태조사.

손경애(1992). 청소년 약물남용의 실태와 대책. 현대사회연구소.

안양희(1988). 고등학교 남학생 가족의 기능적 특성과 정신건강과의 관계 : 서컴프랙스 모형을 중심으로. 연세대학교 대학원 박사학위논문.

여성가족부(2011). 2011년 청소년유해환경 접촉 종합 실태조사 보고서.

__________(2014). 2014년 청소년유해환경 접촉 종합 실태조사.

__________(2022). 2022년 청소년 매체이용 및 유해환경 실태조사.

윤명숙(1998). "청소년과 약물남용". 미8군 마약 및 알콜중독 치료센터 인터넷자료.

이광만 외(2010). 중학교 1학년 과학. 지학사.

이숙영 · 이재규 · 박승민 · 최은영(1996). 약물남용청소년상담 프로그램Ⅱ 개발연구. 청소년대화의 광장.

이은희(1994). 자녀와 더불어 성장하는 부모-약물남용 편. 부산광역시 청소년종합상담실.

장상희(1991). "청소년약물사용의 실태와 그 대책". 아동과 청소년, 제7집. 부산광역시 아동청소년회관.

장진경(1998). "청소년 약물남용 재활교육 프로그램의 모형개발에 관한 연구". 한국가정관리학, 16(3).

정효지 · 박미정 · 서상훈 · 신의진 · 한태룡(2011). 청소년 건강증진 종합대책 방안연구. 여성가족부.

중앙일보(2010. 1. 19). 박민수. 건강을 해치는 지상최악의 거짓말.

최영신(2004). "청소년 약물남용 실태의 추이 분석 : 청소년 문화와 정책적 의미". 청소년학연구, 11(3), 1-22.

______(2005). "비행청소년 약물남용 형태의 변화와 정책적 함의". 형사정책연구, 16(2), 45-73.

허성욱(2006). "청소년 약물남용에 관한 연구". 청소년학연구, 13(2), 1-28.

황성현(2007). "한국과 미국 청소년들의 약물남용에 관한 비교 연구". 한국범죄학, 1(1), 73-90.

Chapter 16

성착취피해 청소년

성매매에 대한 사회적, 문화적 관점은 시대와 사회에 따라 다양하게 변화해 왔으나 청소년을 대상으로 한 성매매는 명백한 성착취 문제이다. 성착취피해 청소년의 연령은 급속히 낮아지고 있을 뿐 아니라 그 형태도 전통적인 형태에서 벗어나 핸드폰, 컴퓨터를 통한 사이버성매매에서부터 원조교제, 명함영업 등 점점 다양화, 음성화되고 있다.

성과 관련된 향락산업에 있어 성적 행위는 성을 사고파는 자발적 행위이거나 성 도덕을 어기는 개인적 결함 차원에서 야기되기보다는 사회구조적 요인에 의해 발생된다는 점에서, 청소년 성착취 문제를 근절하기 위해서는 다각적, 체계적, 통합적인 노력이 필요하다.

1. 성착취와 청소년

1) 성착취의 개념과 유형

우리나라에서는 향락산업과 관련된 성행위를 지칭하는 용어로 매매춘, 매매음, 윤락행위, 성착취 행위 등이 혼용되어 사용되고 있다. 윤락행위는 어휘 자체에서 도덕적 타락이라는 가치를 함유하고 있는 용어이다. 그러나 성을 팔고 사는 행위는 성을 파는 사람만의 문제가 아니라 성을 사는 사람도 함께 관련되어 있는데, 일반적으로 윤락이라는 용어는 성을 파는 여성에 국한해서 사용되는 것이 보편적이었다. 따라서 이는 성을 사는 남성에 대한 가치판단은 유보한 채 여성만을 문제 삼는 것으로 우리 사회에서 남녀의 성윤리 규범을 다르게 인식하는 일반적인 편견이 반영되어 있다고 볼 수 있다.

성매매란 경제적 대가를 받고 성을 파는 행위를 강조한 것으로 성을 파는 행위에 대한 가치판단을 배제한 용어이다. 그러나 이 용어에는 자발성의 의미가 들어 있어 현재 성적 착취고리 안에 살고 있는 사람들을 이해하는 데는 한계가 있다는 지적이 높다.[1]

성착취행위란 성을 사거나 이를 알선하는 행위, 청소년을 이용하여 음란물을 제작, 배포하는 행위 및 성폭력 행위 등을 뜻한다. 성착취행위(sexual exploitation)는 그 현실형태에 따라 알선이나 장소제공 등과 같이 제3자가 개입하는 형태(개입형 성적 착취행위)와 성을 사는 자와 성을 사는 행위의 상대방이 되는 자 간의 성착취행위(비개입형 성적 착취행위)로 나누어 볼 수 있으며, 형식적인 면에서 볼 때 자발적으로 성을 사는 행위의 상대방이 되는 경우와 강요나 기망 또는 위협 등으로 인하여[2] 비자발적으로 성을 사는 행위의 상대방이 되는 경우로 나누어 볼 수 있을 것이다(천진호, 2002).

국제 아동인권 운동에서는 이제 더 이상 아동매춘이라는 용어를 쓰지 않는다. 대신 '상업적 아동 성착취'(Commercial Sexual Exploitation of Children)라는 어렵고도 복잡한 용어를 고안해 내었다. 아이들에 대해서는 성매매라는 것이 성립될 수 없는 불가능한 것이고, 어떤 경우이건 학대이고 착취라는 의미이다. 이 용어는 모두들 눈을 돌

---

1 즉, 자발성에 대해서 이야기하려면 우선 여성이 다양한 대안과 적절한 정보를 가진 상태에서 한 선택인지, 여성이 성적 착취상황에서 자신을 통제할 수 있는지 혹은 자발적으로 선택했다면 포기도 자발적으로 할 수 있는지에 대해 신중히 검토해야 한다. 성매매를 부추기는 사회에서 함께 사는 이들의 공평한 부담이라는 사회적 의무를 담당하여 성매매 현장여성의 탈출과 사회참여 그리고 평등한 삶을 사회 공동의 책임으로 확보해야 한다는 발상의 전환이 있어야 자발성을 이야기할 수 있다. … 자발적인 선택이라고 보여지는 유입경로도 사회가 그들을 거리로 내몰았고 도처에 유혹의 손길이 도사리고 있다는 점에서 유도된 자발성으로 이해해야 하고, … 노예화하는 데 자발적인 동의란 있을 수 없다(김미령, 2001). 특히 성매매, 인신매매에 관한 국제협약들은 어떠한 계약이나 동의 여부에도 불구하고 범죄행위에 개입시켜서는 안 됨을 명백히 하고 있다.

2 "Victims of Trafficking and Violence Protection Act 2000" Sec.103(8)은 "인신매매의 가혹한 형태의 유형"을 "(a) 폭력, 기망, 강요에 의한 상업적 성행위(commercial sex act) 또는 상업적 성행위를 하도록 권유받은 자가 18세 미만인 경우의 성매매(sex trafficking), (b) 비자발적인 예속상태(involuntary servitude), 빚을 갚기 위한 노역 제공, 채무 예속 또는 노예상태로 예속시킬 목적으로 폭력, 사기, 강박을 사용하여 취업, 은닉, 이송, 일자리 제공을 하는 경우를 말한다"라고 규정하면서, Sec.103(2) 내지 (9)에 "인신매매의 가혹한 형태의 유형"에서 사용되는 용어를 상세하게 정의하고 있다.

리고 싶어 하는 아동매춘의 참상을 인종 간에 그리고 부유한 나라와 가난한 나라 사이에서 일어나는 가장 취약한 인권에 대한 극악무도한 범죄로 재인식시키는 데 많은 공헌을 하였다(이경은, 2004). 최근 우리나라의 「아동 · 청소년의 성보호에 대한 법률」에서도 성착취 피해아동 · 청소년이라는 용어를 사용하기 시작했다.

아동 · 청소년 성착취는 아동 · 청소년을 성적으로 학대하거나 상업적 성적 행위에 이용하는 행위를 의미한다. 일반적으로 많이 알려져 있는 아동 · 청소년 성착취의 유형으로는 아동 성착취물 제작 및 유포, 온라인 그루밍, 성매매가 있다. 아동 · 청소년 성착취물 제작 및 유포는 아동 · 청소년을 대상으로 성적 행위를 촬영하여 사진이나 영상 형태로 제작하고 이를 배포하는 행위이다. 온라인 그루밍은 성착취를 목적으로 인터넷 등을 통해 아동 · 청소년과 친밀한 관계를 형성한 후, 성적 대화나 성행위를 하도록 유인하는 것이다. 성매매는 금전적 이익을 목적으로 성행위를 사고파는 행위를 뜻한다.

한국여성인권진흥원의 홈페이지에서는 성매매 · 성착취의 유형을 더욱 세분화해서 9가지로 제시하였다.

첫째, 폭행, 협박, 위계 등 보호감독 관계를 이용하여 성을 파는 행위를 하게 한 경우 등

둘째, 감금 등의 방법으로 성매매를 강요하거나 위계 또는 위력으로 임신중절 등의 행위를 하게 한 경우

셋째, 고용관계 등으로 보호 또는 감독을 받는 사람에게 마약 등을 사용하여 성을 파는 행위를 하게 한 경우

넷째, 영업으로 성매매 알선 등의 광고물을 제작 · 공급하거나 광고를 게재한 경우 등

다섯째, 대가를 지급받는 성매매 알선 등

여섯째, 신고자 등의 신원을 알 수 있는 정보를 인터넷, 방송매체 등에 공개한 경우

일곱째, 성을 파는 행위 등을 하도록 직업 소개, 알선 등을 할 목적으로 광고하는 경우

여덟째, 성매매 행위자

아홉째, 단순 성매매 알선 등

이 장에서는 기본적으로 성착취라는 개념으로 사용하고자 하나 선행연구에서 인용한 글이나 문맥상 불가피한 경우에는 성매매, 성매춘과 혼용하여 사용하고자 한다.

2) 성착취피해의 원인

성매매의 역사가 길다고 하지만 청소년 성착취피해에 대한 연구는 지금까지 소극적으로 다루어져 왔고 주로 비행적 시각이나 실태 중심으로 다루어져 왔다. 최근 청소년 성매매를 설명하는 이론들이 제시되고 있는데, 크게 성매매로의 유입에 대한 이론과 탈성매매에 대한 이론 등으로 대별될 수 있다. 이러한 이론들은 성착취피해 청소년의 욕구 및 당면문제에 대한 다양한 이해를 돕고 더 나아가 우리나라 청소년의 탈성매매 지원을 위해 어떤 노력이 필요한지에 대한 방향모색에 유용하다고 하겠다.

먼저 성매매 유입을 설명하는 이론이다. 청소년들이 성매매에 빠지게 되는 이유나 과정을 설명하는 이론에는 크게 두 가지 모델이 있다(Cusick, 2002). 하나는 또래집단의 네트워크의 결과로 성매매에 휘말려 든다는 이론이다. 이 이론에 따르면 청소년들이 성매매에 연루되는 것은 빈곤과 같은 개인적 경험과 지역적 상황과 같은 구조적 요인에 의한 것이라고 간주한다. 즉, 정서적 취약성과 빈곤, 열악한 생활환경들이 결합되어 성매매에 빠지게 된다고 본다(Melrose, et al., 1999; O'Neill, 1997; Phoenix, 2001).

또 다른 관점은 청소년들은 나이 든, 학대성인에 의해 성착취피해 청소년으로 길러지고 성매매를 하게 된다는 것이다(Barnardos, 1998). 이것은 학대와 희생에 노출되면서 야기되는 것이라고 본다. 즉, 청소년들은 자신을 학대하는 성인에 대해 그 사람이 자신을 사랑한다고 믿거나 자신을 학대하는 성인과 사랑에 빠졌다고 생각한다. 따라서 자신들이 학대성인에 의해 성매매자로 길러지고 있다는 것을 인식하지 못한다. Hester와 Westmarland(2004)는 청소년들이 성매매에 유입되는 것은 친구들에 의해 휩쓸려 들어오기도 하고, 또한 포주 또는 포주처럼 행동하는 파트너에 의해 올가미에 걸려들게 되기도 한다는 것을 확인하면서 두 이론 중 어느 한 이론이 배타적으로 청소년성매매를 설명하는 것이 아니라 두 이론 모두 실제 청소년에게 작용하고 있음을 확인하였다.

다음으로 탈성매매를 설명하는 이론으로 니드와 지지 모델이 있다. 니드와 지지 모델을 개발한 Hester와 Westmarland(2004)는 가정폭력 피해자들의 회복과정을 일련의 단계로 설명한다. 이 중 성착취피해 청소년들은 취약성, 혼돈, 안정화, 이동 등을 경험한다고 주장한다(그림 16-1 참고).

이 이론에 따르면 탈출로의 움직임과 실제 성매매로부터 탈출하는 것은 단선적인 과정이 아니라 매우 길고 복잡한 과정이므로 이 시기에 이용 가능한 다양한 범위의 다기관 간 지지가 필요하다는 것이다. 특히 혼돈에서 안정화 단계까지의 이동은 성매매로의 탈출에서 가장 중요한 시기이다. 이러한 이동을 이끄는 촉발(trigger) 요인으로는 성매매 남성으로부터의 심각한 폭력, 가까운 사람의 사망, 임신, 범죄 피해 등과 같은 심각한 위기의 경험이다. 이러한 경험을 통해 피해 청소년은 문제에 대한 인식 변화를 가지기 시작한다. 따라서 이 시기에 피해 청소년이 위기에서 벗어나고 새로운 삶의 선택을 할 수 있도록 경제, 의료, 주거, 교육, 법률 지원뿐만 아니라 사회적 관계 회복, 전문가 및 지역사회 지지 등 다차원적인 개입이 행해져야 한다는 것이다.

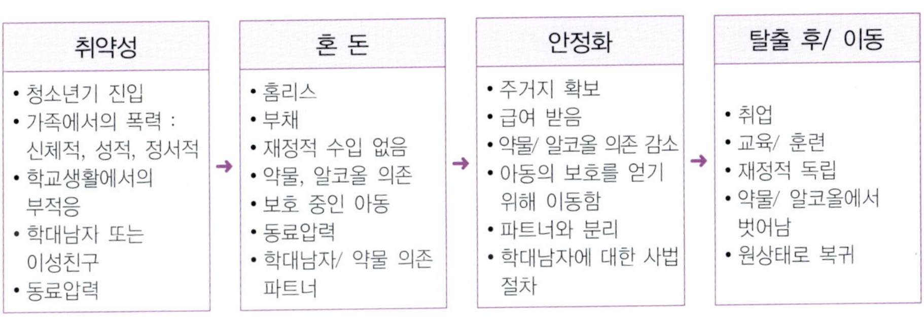

| 그림 16-1 | 니드와 지지 모델

2. 성착취피해 청소년의 특성과 당면문제

1) 성착취피해 청소년의 욕구와 특성

(1) 가정환경

가정환경과 성착취피해 청소년과는 관련성이 깊다. 그중에서도 학대 경험이 중요한 요인으로 작용한다(김준호 · 김은경, 1995; 남미애, 2001; Barrett, 1998; Chesney-Lind &

Shelden, 1992; Greene & Ennett, 1999; Kratcoski & Kratcoski, 1986; McMullen, 1987; Nadon, et al., 1998; Schissel & Fedec, 1999; Seng, 1989; Sibert, 1980; Sibert & Pine, 1981; Siegel & Senna, 2000). Sibert와 Pine(1981)은 조사에서 참여한 성매매경험자의 60%가 어린 시절 성적 학대를 경험하였다고 하였다. Sibert(1980)는 성매매경험이 있는 조사대상자의 60% 정도가 어린 시절 신체적 학대의 경험이 있다고 보고하였고, Bagley와 Young(1987)은 이전에 성매매경험이 있다고 한 조사대상자의 2/3 정도가 어린 시절 성적 피해(고통)와 신체적 학대경험이 있다고 하였다(Nadon, et al., 1998 재인용). Earls와 David(1990)는 여성 성매매 조사대상자의 38%가, 남성 성매매 조사대상자의 60%가 어린 시절 가족으로부터 성적 학대를 받았다고 밝히면서 성적 학대의 발생시기, 가해자 유형(친아버지 혹은 의붓아버지), 학대의 지속기간, 빈도 등이 성매매와 관련이 된다고 보고하였다(Potterat, et al., 1998 재인용).

McMullen(1987)에 따르면 아동기 성적 학대와 성매매는 심리적 관련이 깊다고 한다. 즉, 어린 시절 가족으로부터 학대받은 사람들은 이방인이 자신을 성적 대상으로 사용하거나 학대할 수 있다고 생각하기 쉬우며 성적 학대를 당한 청소년들은 스스로 자신의 성적 존재로서의 가치를 낮게 인식한다는 것이다. 따라서 그들은 자신의 신체에 대한 왜곡된 상을 가지기 쉬우며 자신의 가치는 성적 접촉을 허용할 때만 인정된다고 믿기 때문에 스스로 자신의 성을 상품화해야 한다고 생각한다는 것이다. 또한 그들은 성적 접촉을 통해 성적 대상으로 자신을 사용할 때 비로소 남자를 조정할 능력을 가지게 된다고 생각한다는 것이다.

Schissel과 Fedec(1999)은 52명의 매춘청소년(7명의 남자, 45명의 여자)을 대상으로 조사한 결과 어린 시절 가족외상(신체적 학대, 심리적 학대, 성적 학대, 방임, 가출경험)이 성매매와 깊은 상관관계가 있다고 보고하였다. 특히 성매매 청소년의 경우 가정에서의 학대를 피해 가출하여 길거리로 나오지만 학대와 착취의 고리는 끊어지지 않고 또 다른 고통과 착취로 연결된다고 한다.

이 밖에도 가족으로부터의 소외나 결속감 결여, 부모와의 부정적 관계 등 역기능적인 가족기능이 성매매와 관련된다는 연구가 있다(김준호 · 김은경, 1995; 박정은 외, 1993; Crowley, 1977; MacVicar & Dillon, 1980; Nadon, et al., 1998; Schaffer & DeBlassie, 1984; Silbert, 1980).

성착취피해 청소년의 성매매 이전 생활은 생애 초기부터 가정에서 보호받지 못하고 이리저리 옮겨 다니며 불안정한 생활을 영위하고 폭력의 희생자로 살아온 경향이 있다. 홍봉선과 남미애(2010)의 양적 조사 결과에 따르면 성매매 이전에 조사대상자는 가출(82.7%), 학교부적응(무단결석경험 78.6%, 중퇴경험 64.9%, 학교처벌경험 48.9%), 성관계(77.2%), 성매매를 경험한 친구와의 교제(71.7%), 폭력피해(성폭행경험 51.2%, 가정폭력경험 44.3%, 학교폭력피해경험 40.6%)의 경험을 가지고 있었다. 면접조사에서 성매매 이전 가정생활을 살펴보면 청소년들은 유아기, 아동기 등 생애 초기 단계에서부터 가정이 빈곤, 부모이혼 등으로 인해 해체되거나 안정된 보호를 받지 못하고 아버지, 어머니, 친척집, 시설 등 이리저리 옮겨 다니며 방임된 채 살았다. 또한 가정폭력, 성폭력 등을 직접 당하거나 목격하는 등 폭력의 희생자로 살아왔다.

(2) 진입통로인 가출 경험

성착취피해 청소년들과 가출은 밀접한 관계가 있다(박정은 외, 1993; Greene & Ennett, 1999; Nadon, et al., 1998; Siegel & Senna, 2000). 선행연구에 따르면 가출한 청소년들이 쉽게 의식주를 해결할 수 있고 특별한 기술 없이 쉽게 큰 돈을 벌 수 있게 하는 방법 중 하나가 성매매이다. Boyer와 James(1982)에 따르면 가출청소년이나 집 없는 청소년의 경우 부모로부터 더 이상 보호받지 못하고 가정에서 장기간의 갈등이 발생되면 더 이상 집에 있을 수 없어 가정에서 탈출하게 되고 이들 중 일부 청소년들은 매춘에 개입하게 된다는 것이다. 그러나 이들 청소년들이 매춘을 하게 되는 것은 성관계에 애착을 두어서라기보다는 생존을 목적으로 하는 경우가 많다고 한다(Schissel & Fedec, 1999 재인용).

Greene과 Ennett(1999)은 가출이나 집 없는(homeless) 청소년과 성매매의 관계를 파악하기 위해 전국청소년쉼터에 살고 있는 청소년과 길거리청소년(street youth)을 면담조사하였다. 그 결과 길거리청소년(약 28%)들이 쉼터청소년(약 10%)보다 더 많이 생존적 매춘을 하는 것으로 나타났는데, 이러한 결과에 대해 그는 생존형 성매매가 집 없이 지내는 기간과 가출청소년이 처해 있는 환경과 관련되는 경제적 생존전략이라는 가설을 지지한다고 설명하고 있다.

(3) 학업중단 및 낮은 학력

성착취피해 청소년은 성착취피해 경험을 전후로 학교를 그만두는 경우가 많다.

Nadon 외(1998)에 따르면 성산업에 유입된 청소년들의 대다수가 적절한 교육적 배경이 없기 때문에 취업시장에서 그들의 접근은 제한적일 수밖에 없고, 그 결과 안전하게 소득을 보장받기 위해 쉽게 성매매에 개입한다고 한다. 그러나 이들이 학업성취가 낮거나 학교에 대한 부정적인 태도를 갖는 것은 어린 시절 학교를 중퇴하거나 부모로부터 교육에 대한 적절한 지지를 받지 못한 요인이 크게 작용하고 있음을 강조하였다(Schissel & Fedec, 1999 재인용).

반면 Schissel과 Fedec(1999)의 연구에 따르면 학업성취도나 학교에 대한 태도와 성매매의 관련성은 명확하지 않으나 중퇴와 성매매의 관계는 깊으며, 특히 중퇴생의 학교로의 복귀는 성매매로의 개입률을 월등히 낮게 한다고 밝히고 있다. 민무숙과 김인숙(1999 : 92-93)에 따르면 학업성적, 학교의 민주성, 교사에 대한 애착 정도, 학교생활 만족도 등의 요인들이 낮을수록 여자 청소년의 성비행이 높다고 하였고, 김준호와 김은경(1995)도 학교에 대한 성취도가 낮고 학업에 대한 헌신이 낮고 학교에 대한 부적응이 높을수록 여자 청소년의 성비행이 높다고 하였다.

(4) 낮은 자아존중감

낮은 자아존중감과 성착취피해는 관련이 있다(김준호 · 김은경, 1995; Nadon, et al., 1998; Schissel & Fedec, 1999; Siegel & Senna, 2000; Silbert, 1980). Bracey(1979)는 청소년 성매매는 낮은 자아존중감 때문이라고 주장하고 있는 데 반해, James(1976)는 반대로 낮은 자아존중감은 성매매의 결과라고 해석하고 있다(Schissel & Fedec, 1999 재인용). 김준호와 김은경(1995)의 연구에서는 남자 청소년과 달리 여자 청소년에게서만 낮은 자아존중감과 성비행이 관련된다고 밝히고 있다. 그러나 성매매를 제외한 비행집단과 비교한 Nadon 외(1998)의 연구에서는 집단 간 자아존중감의 차이가 보이지 않았다.

(5) 비행 및 범죄에의 노출

성착취피해 청소년은 약물남용, 폭력이나 비행 등 사회적 위험상황에 더 많이 노출되어 있다(남미애, 2001; Inciardi, et al., 1991; McKeganey & Barnard, 1996; Potterat, et al., 1998; Seng, 1989; Yablonsky, 2000). Inciardi 외(1991)에 따르면 약물남용은 매춘청소년에게서 높다. 특히 어린 시절 경험한 신체적 · 성적 학대나 자신의 생활과 관련된 스트레스성 문제에 대처하기 위한 수단으로 약물이나 알코올에 의존하는 경우, 성매매행위는 계속적인 약물사용을 위한 재정적 지원수단이 된다는 것이다. 일부 성매매 청소년의 경우는 자신의 성매매행위에 대한 굴욕감이나 수치심 등 부정적인 정서를 회피하기 위한 수단으로 약물을 사용하기도 한다는 것이다.

이 외에도 Potterat 외(1998)는 성매매여성과 비교집단의 연구에서 성매매여성이 비교집단보다 약물사용이 더 높으며, 특히 매춘을 하면서 약물사용이 더 증가하였다고 보고하였다. 영국의 아동단체의 조사에 따르면 성매매 청소년은 비행에 더 많이 노출되어 쉽게 비행에 개입되고 경찰에 구속되는 확률이 높다고 한다(Barret, 1998 재인용).

성착취피해 청소년은 성과 관련된 질병에 쉽게 노출되어 성병은 물론 에이즈, 임신 가능성이 매우 높고 임신중절 경험도 높다(Athey, 1991; Chesney-Lind & Shelden, 1992; McKeganey & Barnard, 1996; Nadon, et al., 1998; Schissel & Fedec, 1999). 포주, 노상강도, 약탈자, 약물사용자 등으로부터 성적·신체적 폭력이나 부당한 착취를 당하기 쉽다고 한다(이재순, 1998; Nadon et. al., 1998; Siegel & Senna, 2000). 홍봉선과 남미애(2010)에 따르면 성착취피해 청소년들은 성매매 전후로 금품갈취, 폭행, 절도, 성폭행피해자, 삥 등의 이유로 사법처리 경험을 가지고 있었으며 그중에는 분류심사원에서 지내거나 법원으로부터 보호관찰처분을 받는 등 다른 청소년에 비해 사법과정에 연루되는 경우가 많은 것으로 나타났다.

(6) 경제적 어려움 및 불안정한 생활

청소년들이 성착취피해에 노출되는 것은 잠자리나 음식 등 생존과 관련된 요인, 돈의 필요 등이 강하게 작용하였다. 선행연구들에 따르면 첫 성매매의 주된 이유는 가출한 상태에서 생활비가 없어 성매매를 하게 되는 생존형 성매매가 대다수이다. 주된 스트레스 요인에도 가정의 경제적 문제, 자신의 생활비 문제 등 돈 문제가 상당 비중을 차지하였다. 이들이 주로 기거하는 곳은 자신의 집이 아닌 아는 사람의 집, 친구들과 자취, 쉼터 이용 등 안정된 주거가 아닌 것으로 나타났다. 따라서 생활비 마련 문제가 해결되지 않는 한 성매매의 유혹을 뿌리치기가 쉽지 않을 수 있음을 짐작할 수 있었다.

(7) 위험한 사회에서 견디고 살아가는 능력

성착취의 피해자인 청소년들은 고도의 위험 속에 노출되어 있지만 위험을 최소화하고 자신을 보호하고 생존하기 위한 다양한 전략을 강구하는 것으로 나타났다. 홍봉선과 남미애(2010)에 따르면 성착취피해 청소년들을 돌보는 실무자들을 조사한 결과 성착취피해 청소년들은 기본적으로 일반청소년과 크게 다를 바 없지만 다른 청소년들과 비교해 출발선이 동일하지 않았고 환경적으로 오랜 기간 동안 열악한 환경에 노출되면서 상대적으로 더 어려움에 처해 있다고 인식하였다. 또한 성착취피해 청소년들은 인간미가 풍부하고 집단결속력이 강하며 내재된 힘, 강인함과 생존력이 있고 예술가적 기술이나 탤런트의 기질이 있는 반면, 타인에 대한 불신이 높고 다른 사람에 의해 쉽게 영향받고 깊이 있는 관계를 형성하지 못하며 실천력과 책임감이 부족하고 자신의 상황에 대한 합리적 판단이 다소 미흡함 등의 단점이 있다고 하였다.

청소년의 심층면접 결과에서는 청소년들의 생존전략이 보다 상세히 나타나는데, 조건만남의 횟수가 늘어나면서 조건만남 제시 시 자신에게 유리한 것, 중요한 것을 당당하게 요구하게 되고, 상대 남성과 조건 만남을 맞추기 위해 흥정하기도 하며 조건만남을 할 때에는 안전하게 돈을 벌고 상대 남성의 폭력으로부터 자신을 지키기 위해 상대의 비위도 맞추려고 노력하였다. 또한 외롭거나 어려움이 있을 때 자신을 도와줄 지지망을 만들기 위해 자신과 같이 성매매 경험이 있거나 성착취피해 과정에서 만난 사람들과 어울려 심리적 지지를 얻기도 하고 경우에 따라서는 착취나 이용을 서로 주고받으면서 생존하고 있는 것으로 나타났다(홍봉선·남미애, 2010).

(8) 탈출과 재유입의 반복

성착취피해 청소년들의 대다수는 성매매에서 벗어나고자 하지만 이것은 혼자 힘으로 하기 어렵고 탈출과 재유입이 반복된다. 홍봉선과 남미애(2010)에 따르면 성착취피해 청소년들은 이미 성매매가 옳은 방법이 아니라는 것을 알고 심적 부담감이 상당히 있지만 생활유지를 위해서 자신이 할 수 있는 유일한 방법이 성매매라고 생각하고 불가피한 선택으로 받아들이는 경향이 있었다. 양적 조사 결과에 따르면 성매매생활에서 가장 힘든 점 1순위가 내 인생을 망칠 것 같다는 생각이 들 때(29.6%), 성매매 사실이 알려졌을 때(16.4%)로 나타났는데, 이는 성매매에 대한 심적 갈등과 죄의식이 상당히 내재되어 있음을 알 수 있다.

또한 조사대상자들의 86.4%가 성매매에서 벗어나기 위한 생각을 하고, 실제로 벗어나려고 시도한 응답자도 81.6%나 되었다. 이들이 탈성매매를 시도한 이유에는 성병 및 임신에 대한 두려움과 성매매생활에 대한 두려움 등이 1, 2순위 모두에서 약 50% 정도로 나타나 성매매에 대한 심리적 두려움이 매우 큼을 알 수 있다. 질적 조사결과에 따르면 성매매를 통해 수입이 늘어나면서 돈의 씀씀이가 커지고 돈이 떨어질 때쯤이 되면 쉽게 성매매를 시도하는 과정이 되풀이되기도 한다(홍봉선 · 남미애, 2010).

(9) 성착취를 부추기는 사회적 분위기

사회문화적 요인과 성매매의 관계에 대해서는 박정은 외(1993), 김성경(1999), 서진영(1991), 변화순과 황정임(1998), 남미애(2001)의 연구가 있다. 그들에 따르면 성매매 문제는 여성의 도덕적 문제에서 야기되는 것이 아니라 이를 조장하고 부추기는 환경의 영향이 절대적이며, 특히 우리 사회에 내재되어 있는 사회 · 문화적 요인을 간과해서는 안 된다고 강조한다. 우리 사회 전반의 성문화 및 의식체계(이중적 성윤리, 향락문화, 물질만능주의, 성의 상품화), 청소년하위문화(청소년의 역기능적 성문화와 소비문화), 성산업 업주 및 중간 매개자집단 등 매춘관계를 조장, 강화시키는 강화체계 등이 작용하고 있다는 것이다(김성경, 1999).

2) 성착취피해 청소년 지원이 갖는 의의

인류역사상 가장 오래된 직업 중의 하나로 불리는 성매매에 대한 사회적 시각은 매우 다양하다. 어떤 시기에는 신성한 종교적 행위로 받아들이기도 했는가 하면 도덕적으로 타락한 여성의 문제라는 관점에서부터 여성에 대한 사회적 차별의 전형적인 표현으로 간주하는 시각도 있으며, 심지어는 성매매여성을 성노동자(sex worker)로 칭하면서 성매매를 하나의 직업으로 인정하는 입장도 있다.

UN의 경우 1949년 '인신매매와 매춘으로 인한 착취의 금지에 관한 협약'을 시도로 꾸준히 성매매방지사업을 전개해 왔다. 반면 우리나라의 경우 비교적 최근에 와서야 매춘행위에 대해 단선적인 시각에서 벗어나 특정 여성과 다양한 사회체계 환경과의 복합적인 상호작용의 결과로 보아야 한다는 의견이 강조되었다(김성경, 1999 : 2; 박정은 외, 1993 : 61; 서진영, 1991 : 276). 특히 청소년 성매매에는 가정의 빈곤과 불화,

입시 위주의 교육환경(노 혁, 2000 : 19)뿐 아니라 우리 사회 전반의 성문화 및 의식체계(이중적 성윤리, 향락문화, 물질만능주의, 성의 상품화), 청소년하위문화(청소년의 역기능적 성문화와 소비문화), 성산업 업주 및 중간 매개자집단 등 성매매 관계를 조장, 강화시키는 강화체계 등이 작용하고 있다(김성경, 1999 : 2).

최근 성매매 행위가 향락 아르바이트적 성격이 강하고 자발적인 경향이 높다고 하지만 실제 그것은 진정한 의미에서의 자발이라고 볼 수 없고 사회구조적 제반 요인에 의해 자발적 혹은 비자발적으로 강제되는 경향이 강하다(박미숙, 2000 : 1-2). 특히 자본주의 사회에서 성의 상품화는 단순한 청소년의 일탈행위가 아니라 사회구조의 변화와 청소년이 차지하는 지위의 변동과 위기를 의미한다(노 혁, 2000 : 29). 한마디로 매춘문제는 단지 여성의 도덕적 문제에서 야기되는 것이 아니라 이를 조장하고 부추기는 환경의 영향이 절대적이며, 특히 우리 사회에 내재되어 있는 사회 · 문화적 요인을 간과해서는 안 된다.

현재 한국 사회에서 성을 사고파는 윤락행위 혹은 성매매 행위는 법적으로 전면 금지되어 있음에도 불구하고,[3] 실제로는 처벌받는 자가 드물어 지극히 보편적인 사회현상으로 여겨져 왔다. 소위 '윤락가'라는 특정 지역에서 윤락행위를 하는 매춘여성과 분단이라는 특수한 상황으로 인해 한국군인과 주한미군 군대 주변에 성업하는 소위 '군대매매춘'의 특수한 형태에 종사하는 성매매여성이 존재하며, 이들에 대한 심각한 인권유린 상황은 특수한 경우를 제외하고는 그다지 주목받지 못한 것이 사실이다(안경옥, 2002). 그럼에도 불구하고 성매매여성에 대한 우리 사회의 시각은 국가체제 유지와 존속을 위협하는 범법자, 가해자로 취급하면서 모든 책임을 여성에게 전가해 왔다.

비록 성매매청소년들이 정상적 사회화 과정에서 일시적으로 실패하였으나 이들을 정상적인 사회화로 재편입 또는 통합이 가능한 자로 간주하여 통제의 대상이 아닌 원조의 대상자, 청소년복지와 여성복지 서비스를 제공받을 권리를 가진 자로 파악하여야 한다. 특히 청소년집단은 사회복귀 및 치유 확률이 매우 높아 교육을 통해 완전히 정상인으로 복귀하거나 그 가능성이 매우 큰 집단이다. 비록 성산업에 유입된

3 매춘에 대한 입법유형은 우리나라의 경우처럼 매춘을 범죄행위로 금지하는 전면적 금지주의를 취하는 경우와, 경찰 및 행정당국의 허가에 의해 통제하는 국가통제주의 유형과, 국가에 의한 통제는 없으며 일정한 매춘행위만 금지하는 부분적 금지주의가 있다(이재순, 1998 : 1-6). 예를 들어, 독일이나 영국, 스웨덴 등의 구미 각국에서는 성인 간의 단순매춘을 범죄로 처벌하지 않으며 매춘행위를 정당한 직업으로 인정하고 있다.

청소년이라 할지라도 국가의 의지 및 사회 전체의 힘에 의해 어느 정도까지 효과적인 사회복귀가 가능하다고 하겠다(박미숙, 2000 : 1-2).

이유불문하고 청소년을 대상으로 성을 거래하는 것은 성착취이다. 청소년을 범법자, 가해자가 아닌 피해자, 권리자로 보고 그들의 보호와 사회복귀를 가장 중요한 사회정책으로 다루어야 한다. 1차적으로 성착취피해 청소년의 보호와 지원은 국가, 지방자치단체의 책임이다. 이러한 사회적 지원은 청소년의 성장발달권의 보장 등 청소년복지권 및 여성복지권의 향상, 성매매 확대 및 재범 방지, 여성범죄 방지, 가족복지의 강화 등에 이바지할 것이다.

3. 성착취피해 청소년에 대한 청소년복지 실태

1) 성착취피해 청소년을 위한 사회적 지원체계의 현황

(1) 성착취피해 청소년 지원 관련법

① 아동 · 청소년의 성보호에 관한 법률

「아동 · 청소년의 성보호에 관한 법률」(이하 청소년성보호법)은 각종 청소년 관련 성범죄의 규제와 해결을 위한 법률이다. 청소년의 성을 사는 행위, 성매매를 조장하는 온갖 형태의 중간매개 행위 및 청소년에 대한 성폭력 행위를 하는 자들을 강력하게 처벌하고 성매매와 성폭력 행위의 대상이 된 청소년을 보호, 구제하는 장치를 마련함으로써 청소년의 인권을 보장하고 건전한 사회 구성원으로 복귀할 수 있도록 하는 한편, 청소년을 대상으로 하는 성매매 및 성폭력 행위자의 신상을 공개함으로써 범죄예방 효과를 극대화하여 합리적이고 구체적인 규제와 해결방안을 모색하기 위한 제도(국무총리 청소년보호위원회, 2000)이다.

제1장 총칙을 시작으로 제2장 아동 · 청소년대상 성범죄의 처벌과 절차에 관한 특례, 제3장 아동 · 청소년 대상 성범죄의 신고 · 응급조치와 피해아동 · 청소년의 보호 · 지원, 제4장 성범죄로 유죄판결이 확정된 자의 신상정보 공개와 취업제한, 제5장 보호관찰, 제6장 벌칙 등으로 이루어져 있다. 청소년성보호법에서 성착취피해 청

소년과 관련하여 관심을 가져야 할 조항은 처벌의 대상, 선도보호 그리고 보호·상담·교육 프로그램에 관한 조항이다. 2020년 청소년성보호법 개정에 따라 성착취 피해아동·청소년은 더 이상 대상아동·청소년으로 처벌받지 않고 피해자로 지원받을 수 있게 되었다.

② 성매매방지 및 피해자보호 등에 관한 법률

2004년 3월 22일에 제정된 「성매매방지 및 피해자보호 등에 관한 법률」(이하 성매매피해자보호법)은 성매매를 방지하고 성매매피해자 및 성을 파는 행위를 한 자의 보호와 자립의 지원을 목적으로 하고 있다(제1조). 이 법에는 "국가와 지방자치단체가 성매매를 방지하고 성매매피해자 및 성을 파는 행위를 한 사람의 보호와 자립을 지원하기 위해 법적·제도적 장치를 마련하고 필요한 행정적·재정적 조치를 하여야 한다(제3조)"고 규정함으로써 성매매방지 및 성매매피해자 보호에 대한 국가의 책임을 의무규정으로 명시하고 있다. 또한 지원시설에 관한 조항으로 제9조에서는 지원시설의 종류, 제10조에서는 지원시설의 설치, 제11조에서는 지원시설의 업무를, 제12조에서는 지원시설 입소 등, 제13조에서는 지원시설의 운영을 규정하고 있다.

(2) 성착취피해 청소년 정책 및 행정의 전달체계

① 여성가족부

그동안 성착취피해 청소년 업무는 보건복지부와 여성가족부에서 이원화되어 수행되어 오다가 현재는 여성가족부에 통합되어 운영되고 있다. 여성가족부 내에서 성착취피해 청소년을 담당하는 부서는 크게 폭력예방교육과와 아동청소년성보호과로 대별된다. 폭력예방교육과에서는 성매매방지 및 피해자 보호를 위한 계획의 수립·시행, 성매매방지중앙지원센터의 운영 등에 관한 사항, 성매매피해자 등을 위한 지원시설 및 성매매피해상담소의 지원·육성, 성매매방지 관련 시설 종사자 및 관계기관 담당자 교육 등을 담당한다. 아동청소년성보호과에서는 아동·청소년의 성보호를 위한 시책의 수립·시행, 아동·청소년 성보호 관련 실태에 관한 조사·연구, 아동·청소년 대상 성범죄자 신상정보의 등록·열람 및 취업제한제도의 운영에 관한 사항, 성범죄 가해·피해 아동·청소년의 치료·재활 및 지원에 관한 사항 등을 담당한다.

② 법무부

법무부장관은 범죄피해자보호법 제12조에 근거하여 범죄피해자 보호지원에 관한 기본계획을 5년마다 수립하여야 한다. 법무부 조직 중 성착취피해 청소년 업무를 추진하는 곳은 인권국 내의 인권구조과 및 여성아동인권과와 검찰국의 검찰과에서 주로 담당하고 있다. 법무부 인권구조과는 이러한 업무를 담당할 현장체계로서 중앙범죄피해자지원센터와 각 지역별 범죄피해자지원센터를 운영하고 있다. 범죄피해자지원센터 업무내용을 보면, 피해상담 및 응급조치를 위해 범죄발생 직후부터 전화, 방문, 인터넷, 서면상담을 통해 범죄피해자들이 직면한 문제상담, 범죄발생 직후 현장에서의 피해자 보호, 병원 후송, 신변보호 조치를 수행한다. 이 센터는 성착취피해 청소년과 관련된 직접적인 업무이기보다 지원시설이나 다른 관련 기관에 대한 정보제공 정도의 역할을 수행하는 것으로 나타났다.

(3) 성착취피해 청소년 현장지원체계

① 성착취피해 아동 · 청소년 지원시설

성착취피해 아동 · 청소년 지원시설은 여성가족부 산하의 시설로서 「아동 · 청소년의 성보호에 관한 법률」 제47조의2에 의거한다. 이 지원시설은 성착취 범죄에 대한 신고의 접수 및 상담, 성착취피해 아동 · 청소년의 교육 · 상담 및 지원, 병원이나 지원시설로 데려다 주거나 일시 보호하는 업무, 신체적 · 정신적 치료 · 안정회복과 사회복귀를 돕는 업무, 법정대리인을 대상으로 한 교육 · 상담프로그램 운영, 아동 · 청소년 성착취피해 등에 관한 조사 · 연구 등을 행한다. 현재 전국에 17개소가 설치, 운영 중이다.

지원절차는 경찰이나 검찰의 통지명단, 유관기관, 센터아웃리치 등에 의해 상담이 의뢰되면 지원시설에서는 먼저 긴급지원이 필요한지 여부를 사정해서 긴급지원이 필요하다고 판단될 때에는 긴급구조, 일시보호, 생활지원을 행한다. 긴급지원이 필요하지 않는 사례라고 판단되면 통합지원(상담, 심리, 의료, 교육, 법률, 학업, 진로 및 취업, 연계 등)이 행해진다. 일정 목표가 달성되면 종료가 되고 필요한 경우 사후지도 및 사후모니터링이 행해질 수 있다(한국여성인권진흥원, 2024 : 6-7).

② 성매매피해 상담소

성매매피해 상담소는 성매매피해자 등에 대한 상담 및 현장 방문, 성매매피해자 등의 구조, 의료지원, 법률 지원 등을 통해 성매매피해자의 인권을 보호하고 탈성매매를 지원하는 기관이다. 지원대상은 성매매피해자이며 주요 지원내용으로는 성매매피해자 상담(현장 방문상담 포함), 관련기관·시설 및 자활지원·의료·법률서비스 연계망 구축 및 지원 등을 행한다.

③ 해바라기센터

법률상 명칭인 '성폭력피해자 통합지원센터'인 해바라기센터는 365일 24시간 성폭력, 가정폭력, 성매매, 교제폭력, 스토킹 피해자에게 통합적인 서비스를 제공하는 기관이다. 전국에 40개 센터가 운영되고 있다(통합형 16개, 위기지원형 17개, 아동형 7개). 위기지원형과 통합형은 성폭력·가정폭력·성매매 피해자와 가족을 대상으로 365일 24시간 운영된다. 다만, 위기지원형은 위기상황 대응, 상담, 의료, 수사, 법률지원을 하는 데 반해 통합형은 위기지원형의 지원내용에다 심리지원, 장기 상담과 치료 지원을 추가로 행한다. 아동형은 성폭력피해자와 가족(19세 미만 아동·청소년 및 지적장애인)을 대상으로 지원한다.

④ 온라인 성착취피해 아동·청소년 상담채널 디포유스(d4youth)

이것은 한국여성인권진흥원이 운영하는 아동·청소년 성착취피해 온라인 상담채널이다. 대상은 성착취피해를 입었거나 관련 상담이 필요한 아동·청소년, 보호자, 일반인 등이다. 상담방법은 공식 채널(카카오톡, 라인, 트위터, 인스타그램, 페이스북)에 접속 후 채팅, 메시지 혹은 DM 보내기이다. 상담을 할 경우 이름, 연락처 등의 인증 절차 없이 1:1 익명상담이 가능하다. 상담 및 촬영물 삭제 지원은 부모님이나 보호자 동의가 없어도 신청할 수 있다.

⑤ 국가트라우마센터

국가트라우마센터는 「정신건강증진 및 정신질환자 복지서비스 지원에 관한 법률」에 따라 재난이나 사고로 인해 정신적 충격을 받은 사람들의 심리적 안정과 사회적응을 돕는 국가기관이다. 정신건강 고위험군에게 트라우마 치료프로그램을 제공하여 심리적 회복을 돕고 재난대응인력의 이차 외상 문제해결을 위한 소진관리 프로그램도 제공한다(https://www.nct.go.kr). 특히 트라우마에 대한 교육과 안정화 기법으로 구성된 마음 프로그램 앱(구글 플레이 앱에서 링크할 수 있음)을 무료로 제공하고 외상후 스트레스에 대한 자가진단이 가능하므로 성착취피해 청소년에게 유용할 수 있다.

2) 성착취피해 청소년을 위한 사회적 지원체계의 문제점

(1) 성착취피해 청소년 지원 관련법률의 미비

첫째, 2020년 법개정을 통해 기존 성매매나 대상청소년이 아닌 성매매피해 청소년이라는 용어를 사용하고 있지만 성매매피해 청소년의 개념이 모호하고 아직 성착취피해자로 인식하지 않고 있다. 청소년을 피해자로 칭하고 있지만 전반적으로 처벌적 관점이 여전히 강하다.

둘째, 성매매 알선자나 고객에 대한 처벌은 강화되고 있지만 피해청소년이 되지 않도록 막는 예방 및 지원정책, 지원기관들이 부족하다. 특히 피해청소년의 특성을 고려한 개별화된 지원은 물론 성착취피해 청소년의 조기 발견에서부터 회복, 탈성착취에 이르는 실질적 조치 및 다차원적인 지원내용이 부족하다.

셋째, 관련 부처 간 협력은 물론 경찰, 상담실, 병원, 피해지원시설 등과의 연계, 협력을 위한 체계구축이나 지원내용이 명확치 않다.

(2) 청소년 특성을 고려한 성착취피해 청소년 지원에 대한 정책 부족

첫째, 성착취피해 청소년을 조기에 발견하고 다차원적으로 개입하는 상담소 및 피해지원시설이 보다 확충되어야 한다. 특히 SNS, 모바일 채팅앱, 채팅사이트상에서 발생되는 성착취피해에 보다 적극적으로 대응하기 위해서는 온라인에서의 지원채널 확충이 필요하다.

둘째, 성착취피해를 예방하는 교육 및 홍보가 부족하다. 예방보다는 사후처리에 치중하고 있고 성착취피해를 예방하기 위해 청소년, 부모, 교사, 지역사회를 대상으로 하는 예방교육 및 홍보가 잘 이루어지지 못하고 있다.

셋째, 성착취피해 청소년의 욕구와 특성을 고려한 상담, 트라우마치료, 사회복귀,

사후관리에 대한 장기간, 지속적, 다차원적 정책이 빈약하다. 지역 간 격차로 성착취피해 청소년을 지원할 기관 및 네트워크가 잘 구축되어 있지 않아 청소년들의 서비스 접근성이 낮다.

넷째, 다문화배경을 가진 청소년, 이주가족의 청소년, 지적장애 청소년 등 사각지대에 노출되어 있는 청소년의 발굴 및 지원이 이루어지지 못하고 있다.

다섯째, 성착취피해를 예방하고 피해청소년의 회복을 돕기 위한 사회 환경 개선에 대한 노력은 턱없이 부족하다. 건강한 성문화 조성이나 성착취 근절을 위한 언론, SNS, 지역 커뮤니티를 활용한 공익 광고나 캠페인이 단편적으로 행해진다. 성매매를 조장하는 유해환경 및 디지털 플랫폼 등에 대한 모니터링과 규제가 보다 강화될 필요가 있다.

(3) 낮은 재정 지원 및 전문 인력 부족

성착취피해 청소년관련 예산 및 재정 지원이 턱없이 부족하다. 성착취피해 청소년의 예방 및 회복, 사회복귀, 미래 준비 등에 필요한 전문인력의 배치 및 증원, 지속적, 전문적 서비스 및 프로그램 개발 및 운영에 어려움이 크다. 전문인력 양성을 위한 교육 및 훈련, 슈퍼비전 등이 강화되어야 한다.

(4) 청소년 중심의 맞춤 프로그램 및 서비스 부족

성매매로의 유입과 재유입이 반복되는 청소년의 경우에는 단기적 접근으로는 제대로의 효과를 거두기 어렵다. 성착취피해 청소년 개인 및 가족의 욕구와 특성을 고려한 맞춤형 프로그램이 부족하고 통합적, 지속적 사례관리가 체계적으로 이루어지지 못하고 있다. 특히 청소년의 주거, 교육, 취업, 진로, 자립준비, 건강, 트라우마치료 등 다차원적인 지원이 부족하다. 성착취피해 청소년의 역량강화 및 사회적 참여를 돕는 지원이 빈약하다.

(5) 통합적 협력체계 미구축

성착취피해 청소년의 예방 및 회복, 탈성매매를 위해서는 여성가족부, 보건복지부, 교육부, 법무부, 경찰 등 관련 부처의 연계와 협력이 절대적으로 필요하다. 특히 온라인성착취가 증가하는 상황에서는 방송통신위원회, 과학기술정보통신부는 물론 인터넷 플랫폼 기업과 협력하여 자체 모니터링 시스템 도입 및 책임을 강화하는 노력이 더 강화되어야 한다. 더불어 중앙부처는 물론 지방정부, 기업, 시민단체 등이 협력하여 성착취를 근절하는 캠페인이나 교육 등이 보다 지속적, 체계적으로 행해져야 한다. 그러나 아직 각 부처가 각자의 기능과 업무만 수행하고 있을 뿐 통합적 협력체계는 체계적으로 구축되어 있지 않다.

(6) 성착취피해 청소년에 대한 실태조사 및 모니터링 부족

다양한 형태로 변화하는 성착취피해 문제를 예방하고 실질적, 체계적으로 접근하기 위해서는 성착취피해가 어디서, 어떻게 발생되고 어떤 형태로 이루어지고 변화하는지에 대한 정기적인 조사 및 실태파악이 필요하다. 특히 오프라인은 물론 온라인상의 데이터를 수집하고 분석하는 것이 필요하다. 또한 성착취피해 청소년들이 성매매에 재유입되지 않도록 지속적인 모니터링 및 사후관리가 필요하다.

(7) 성착취피해 청소년 및 성매매에 대한 인식 부족

성매매에 대해 허용적인 사회문화나 인식 부족으로 청소년들에게 노출된 성착취 위험에 대한 이해가 부족하다. 성착취피해 청소년을 비행청소년이나 범죄자로만 생각하는 편견과 낙인이 여전히 높아 피해청소년의 회복이나 사회복귀를 가로막을 가능성이 크다.

4. 성착취피해 청소년에 대한 청소년복지 대책

1) 제도적 차원

(1) 관련법 제·개정

청소년의 특성을 고려하고 청소년의 발달단계에 맞는 성착취피해 청소년에 대한 특별법이 제정되거나 관련법의 개정이 필요하다. 이 법에는 성매매와 관련된 청소년을 피해자적 관점에서 다룬다는 것을 명확히 하기 위해 용어도 성매매피해 청소년에서 성착취피해 청소년으로 공식화하는 것이 필요하다.

또한 피해청소년의 인권 보장을 우선시하고 청소년 중심의 지원이 이루어지도록 명확히 해야 한다. 성착취피해 청소년을 위한 지원기관의 확충, 시설이 아닌 지역사회에서 보호되기를 원하는 청소년들에게 주거 및 교육, 상담 등을 제공하는 주거지원 프로그램, 성착취피해 청소년 보호 및 지원을 위한 CYS-Net 지원체계 확립, 성착취피해 청소년을 위한 특별독립준비금 지원, 성착취피해 청소년 관련 전문가의 자격 및 배치기준, 인터넷성매매 근절을 위한 지원책, 성착취피해 청소년의 조기발견 및 보호를 위한 센터체계와의 연계 · 협력, 사법체계 · 여성가족부 · 보건복지부 · 교육부 등 관련 부처와의 협의체 구성 등에 대한 근거조항이 마련되어야 한다.

(2) 성착취피해 청소년 지원을 위한 전달체계 확립

첫째, 성착취피해 청소년이 탈성매매하도록 돕기 위해서는 청소년의 긍정적 발달을 지원하면서 청소년을 둘러싼 건강한 환경 조성은 물론 청소년의 복지, 교육, 건강, 여가활동 및 문화 등이 총체적으로 다루어져야 한다. 청소년은 성인과 다른 욕구 및 환경에 처해 있으므로 성인과는 다르게 접근되어야 한다.

둘째, 성착취피해 청소년 관련 기관을 위한 지원체계가 필요하다. 성착취피해 관련 기관실무자, 검 · 경찰 사법체계 관련 실무자를 대상으로 성착취피해 청소년에 대한 이해를 높일 수 있도록 교육 및 훈련을 하고, 성착취피해 실태 및 피해청소년에 대한 조사 및 연구를 행하고, 성착취피해 청소년의 특성 및 욕구를 고려한 상담 및 지원기술, 사례관리기술 등을 개발, 보급하는 것이 필요하다. 그 밖에도 학교 및 학생, 학부모를 대상으로 하는 예방교육 등을 실시해야 한다.

셋째, 성착취피해 청소년을 위한 단기보호시설(가칭 징검다리쉼터)을 설치, 운영해야 한다. 성착취피해 청소년을 위한 단기보호시설은 청소년을 단기보호할 뿐 아니라 거리생활이나 시설과 가정을 들락거리면서 불안정한 생활을 해오던 청소년들이 안정화단계(중장기시설, 독립주거 등)로의 진입을 준비하는 곳이어야 한다. 이 시설의 목표는 성착취피해 청소년의 일시 및 단기보호, 가정복귀, 사회복귀이며 표적집단은 단기보호가 필요한 성착취피해 청소년이다. 이용기간은 3개월로 최대 6개월까지 보호 가능하며 조직은 보호팀, 전환생활지원팀, 지역협력팀으로 구성되고 서비스의 내용은 보호, 가족복귀 지원, 사회복귀 지원으로 대별할 수 있다.

마지막으로 현재 여성가족부 산하에 설치, 운영되고 있는 청소년보호중앙점검단(단장 1명, 11명의 단원－보건복지부, 경찰, 대검찰청, 교육부 등)을 강화하여 인터넷을 통한 청소년성매매 단속이 상시 이루어져야 하며, 이 과정에 청소년성매매 관련 기관 실무자들이 함께 참여하여 정보를 공유하고 협력할 수 있어야 한다.

(3) 성착취피해 청소년을 위한 사법처리 과정에서의 지원체계 확립

첫째, 성착취피해 청소년에 대한 시각전환이다. 사법처리 과정에서 성착취피해 청소년은 피의자가 아닌 피해자로 인식되어야 하며 사법처리 과정에 성착취피해 청소년의 인권이 침해되지 않도록 해야 하며 2차 피해가 생기지 않도록 해야 한다.

둘째, 경찰단계에서 조기에 지원할 수 있는 시스템의 구축이다. 상착취피해 청소년은 범죄자가 아니라 법적으로 보호받아야 할 대상이다. 경찰단계에서 성착취피해 청소년을 적극적으로 발견, 지원하는 것이 성매수 남성의 수사와 마찬가지로 주요한 업무로 간주되어 실적에 포함되거나 인센티브가 제공되어야 한다. 또한 경찰은 발견된 청소년들에게 도움을 받을 수 있도록 정보를 제공하고 필요한 서비스나 기관에 연결될 수 있도록 적극적 조치가 필요하다.

셋째, 피해청소년이 사법처리과정을 거치는 동안 필요한 경우 전문상담, 일시보호, 지원기관 연계, 법적 지원 등을 행하고 2차 피해를 방지할 수 있도록 해야 한다. 이를 위해 비공개 조사 및 재판, 청소년이 가해자와 대면하지 않도록 별도의 대기 공간 제공 및 영상 녹화 진술 제도의 활용, 경찰, 검찰, 의료, 상담, 법률 지원이 한곳에서 이루어지는 성폭력피해자 통합지원센터(해바라기센터)의 활용 등이 필요하다.

(4) 예방사업의 확대

청소년가출, 중퇴, 성매매의 예방과 보호를 위한 보다 다각적이며 통합적인 접근이 필요하다. 일선 학교에 성착취와 관련된 주요 정보 및 지침 등이 제공되고 교사들을 대상으로 성착취와 관련된 교육 및 훈련이 이루어져야 한다. 학교를 다니지 않는 청소년들을 위하여 건강, 약물, 흡연, 관계 대처 등에 대해 도움을 줄 수 있는 지원체계를 구축하는 것이 필요하다. 무엇보다도 청소년의 성주체성을 고양시키는 노력이 필요하다(홍봉선, 2002). 또한 교사, 간호사, 응급실, 성건강클리닉 등 최초로 청소년의 위험을 인식할 수 있는 전문가들이 적절하게 반응하고 대처할 수 있도록 하는 정보제공 및 위험에 있는 청소년들을 사정하는 공동사정 틀이 도입되어야 한다.

(5) 지원시설 및 기관의 특성화 및 서비스의 전문화

첫째, 기관 및 시설의 다양화와 특성화이다. 예를 들면, 성착취피해 청소년이면서 지적장애인, 이주배경 청소년, 트라우마 치료가 필요한 청소년, 약물사용, 성폭력으로 임신을 하였거나 임신 중인 청소년 등 다중의 어려움을 가진 청소년을 지원하는 기관 및 시설이 필요하다.

둘째, 성착취피해 청소년을 전담하는 전문인력이 양성되고 배치되어야 한다. 지적장애 및 다중위험 청소년(성폭력+성매매+정신건강)을 주로 다루는 기관에는 입소자에 따른 실무자 수를 차등배치하는 것이 필요하다. 성착취피해 청소년들은 주류서비스에서 제외되기 쉽거나 자신들의 욕구에 맞는 서비스를 발견하기 어려우며 외모에서 성인과 구분이 되지 않아 서비스나 지지를 받기 어렵다. 따라서 직접 전문가가 현장에 가서 성적 위험이 있는 청소년들을 발견하고 신뢰로운 관계 형성을 통해 적절한 서비스로의 의뢰 및 연계 등을 행하는 아웃리치가 활성화되어야 한다.

셋째, 청소년의 주거권 보장을 위한 독립생활 공간의 마련이다. 청소년의 욕구에 맞는 다양한 주거를 마련하기 위해 건설, 주택, 복지 관련 부처가 협력하여 공동예산 지원을 할 수 있다. 일례로 슈퍼바이저가 있는 아파트(supervised apartments), 위탁가정, Host home, Group home, 장애인과 기초생활수급자와 같이 임대아파트 우선공급 자격 부여 등이 해당된다. 또한 취업청소년의 경우는 매월 정기적인 주택적립금을 적립하게 하여 전세자금이나 임대아파트를 배정받을 수 있도록 준비하고 임대아파트 등의 입주권을 부여하여 소액의 월세부담으로 장기적인 주거시설을 마련할 수 있도록 지원하는 것도 하나의 방법이다.

(6) 관련 부처 간, 기관 간 연계 · 협력의 강화

성착취피해 청소년의 예방 및 보호, 지원을 위해서는 관련 부처 간 및 기관 간 통합적이고 지속 가능한 지원 체계를 구축해야 한다. 여성가족부, 교육부, 보건복지부, 경찰청, 고용노동부, 방송통신위원회, 과학기술정보통신부, 지방정부 등과의 협력체계 구축이 필요하다. 특히 온라인성착취를 예방하기 위해 성매매 알선 사이트 및 관련 불법 광고의 실시간 차단 시스템 개발, SNS 및 디지털 플랫폼에서의 모니터링 및 규제 등을 행하는 방송통신위원회, 과학기술정보통신부, 성착취 관련 디지털 플랫폼의 불법 행위 추적 및 단속, 수사 등을 행하는 경찰청 사이버수사대 등과의 협력도 강화될 필요가 있다. 또한 지역 차원에서의 보호와 지원을 위해 성착취피해 청소년 지원시설, 가출청소년쉼터, 경찰, 청소년상담지원센터, 지역사회복지관, 정신건강센터, 학교, 자활기관, 성매매 관련 상담소, 중소기업 및 사회적 기업 등과 연계, 협력할 수 있어야 한다.

2) 실천적 차원

(1) 충분한 심리적 안정과 지지

성착취피해 청소년들에게 충분히 준비되지 않은 상태에서 성급하게 학업이나 직업훈련과 연결시키고자 하는 시도들은 오히려 또 다른 좌절감과 실패감을 준다. 따라서 무엇보다도 심리적 안정에 초점을 두고, 특히 성매매라는 특별한 문제에 초점을 두기보다는 비난하거나 추궁하지 않고 수용적, 공감적 태도를 견지하고 청소년을 전체적(whole) 인간으로서 간주하는 것이 필요하다.

성착취피해 청소년에 대해서는 자립 그 자체보다는 자립능력 향상에 초점이 맞추어져야 한다. 또한 성착취피해 청소년의 탈성매매를 위해서는 청소년의 학업유지 및 성취, 안정된 고용을 촉진하는 다양한 인센티브 개발, 주거보장, 의료서비스 지원 등 혁신적인 시도들을 개발, 적용할 필요가 있다.

(2) 개별적 맞춤서비스와 포괄적 서비스

1대 1 서비스와 포괄적 서비스, 즉 기초생활기술, 학업 및 직업 관련 기술, 직업개발, 금전관리, 건강과 안전, 약물, 알코올, 심리적 어려움, 정신건강, 성건강 등 건강서비스, 주거확보 등이 통합적으로 제공되어야 한다.

(3) 청소년의 임파워먼트 강화

청소년의 자율성, 참여 촉진 및 인권이 강화되어야 하며, 특히 성착취피해 청소년의 임파워먼트 강화가 필요하다. Hegar(1989)는 청소년의 역량을 강화하기 위해서는 먼저 실천가가 청소년의 나이와 능력에 맞는 의사결정권한과 정보를 제공하여야 하며, 사회체계 안에서 불평등하고 잘못되어 있는 부분을 밝혀줌으로써 자신들에 대한 비난감과 무력감을 최소화해 주어야 한다고 한다. 또한 사회적 상호작용의 중요성을 인식하고 청소년들이 또래, 부모교사, 상담전문가 등과 사회적 지지망을 형성하도록 하며 상담가가 전문가로서 해결하는 것보다 학생들 스스로 문제를 해결해 나갈 능력을 익히도록 한다고 하였다(변귀연, 2002 : 55-56 재인용).

(4) 피해청소년 중심의 개별화된 계획 및 실행

피해청소년 중심의 개별화된 사정 및 계획이 행해져야 한다. 또한 강점중심, 청소년중심의 욕구, 청소년의 자기결정권을 최대한 존중하며 청소년의 속도에 맞춰 청소년과 함께 실행해야 한다.

(5) 트라우마 정보 기반의 실천

트라우마 정보 기반의 실천(trauma-informed care)과 인권기반의 실천이 중요하다. 첫째, 피해청소년의 성착취경험으로 인한 트라우마를 다루고 자존감을 회복하도록 돕는다. 둘째, 청소년의 신체적 · 심리적 안전을 확보한다. 시설환경이나 서비스과정이 위협적이거나 강압적이지 않도록 하고 수평적 관계 형성 및 예측 가능한 일과와 규칙을 마련한다. 셋째, 트라우마를 자극할 수 있는 질문이나 표현은 삼가고 서비스과정이나 시설 생활 속에서 재트라우마를 경험하지 않도록 한다.

참고문헌

고복자(1999). “성적 서비스산업현장의 경험을 갖고 있는 청소년사후복귀방안”. 청소년 성적 서비스산업 유입실태와 대책. 제2차 연속토론회. 대한불교청소년교화연합회 인천지부.

국가청소년위원회(2000). 청소년의 성매매에 관한 법률 해설.

______________(2006). 2005년도 청소년 유해환경접촉 종합실태조사.

김미령(2001). “성적 착취고리 안에 있는 여성들의 삶과 꿈”. 기독교사상, 5월호, 64-72.

김성경(1999). “성산업유입청소년의 사회복귀에 대한 대안”. 향락산업에 유입된 10대 청소년성문화의 사회복귀방안. 제5차 연속토론회. 한국교회여성연합회, 2-6.

김은경(2002). 성착취 목적의 인신매매 현황과 법적 대응방안. 한국형사정책연구원.

김준호 · 김은경(1995). 여자청소년의 비행실태에 관한 연구. 한국형사정책연구원.

김준호 · 이순래(1994). 소년수탁시설의 처우실태에 관한 연구. 한국형사정책연구원.

김향초(2007). 미국의 독립생활 프로그램에 대한 이해. 한국청소년쉼터협의회.

남미애(2001). “청소년의 매춘에 영향을 미치는 요인에 관한 연구”. 청소년학연구, 8(1).

_____(2004). “상업적 청소년 성착취 실태 및 사회적 지원방안”. 사회과학논문집, 23(2). 대전대학교 사회과학연구소, 311-343.

_____(2007). 중장기청소년쉼터 발전방안 연구. 한국청소년쉼터협의회(미간행물).

남미애 · 홍봉선(2009). “성매매 청소년 교육수강제에 참여하는 청소년의 현황 및 사회적 피해경험에 관한 연구”. 청소년학연구, 16(2), 63-94.

노 혁(2000). “가출여자청소년의 성상품화방지를 위한 지역사회 협력방안”. 학교사회사업, 3. 한국학교사회사업학회.

문무일(1999). 성소년 성적 서비스산업 유입실태와 대책”. 10대 청소년성문화의 사회복귀방안. 제2차 연속토론회. 불교청소년교화연합회 인천지부.

민가영(2004). “청소년 문화와 성매매”. 청소년 성보호 전문지도자 교육. 청소년보호위원회.

민무숙 · 김인숙(1999). 여학생 비행의 실태와 학교의 대응방안. 한국여성정책연구원.

박미숙(2000). “성산업유인청소년의 사회복귀에 관한 법률적 검토”. 향락산업에 유입된 10대 청소년성문화의 사회복귀방안-제5차 연속토론회. 한국교회여성연합회.

박정은 · 윤영숙 · 서명선(1993). 윤락여성의 사회복귀를 위한 지원방안 연구. 한국여성개발원, 61-100.

배주미 · 김동민 · 정슬기 · 강태훈 · 박현진(2010). 2010년 전국청소년위기 실태조사. 한국청소년상담원.

변화순 · 황정임(1998). 산업형 매매춘에 관한 연구. 한국여성개발원.

보건복지가족부(2008). 2008년도 아동청소년백서.

____________(2009). 2009년도 청소년쉼터 운영지침.

보건복지부 · 청소년보호중앙점검단(2008). 청소년성매매단속사례집.

서진영(1991). 여자는 왜. 동녘, 276.

신은주 외(2014). 탈성매매여성의 자활경험에 따른 성장과 변화. 한국여성인권진흥원.

안경옥(2002). “청소년 성매매를 둘러싼 논의들에 대한 검토”. 형사정책연구, 13(1).

여성가족부(2011). 2011년 청소년유해환경 접촉 종합 실태조사 보고서.

________(2016). 2016 청소년백서.

여성부(2008). 여성권익증진사업 운영지침.

이경은(2004). "우리나라의 아동 · 청소년성보호정책". 청소년 성보호 전문지도자교육-기본 과정. 청소년보호위원회.

이근무 · 유은주(2006). "성매매 여성들의 탈성매매 저해요인에 관한 연구". 한국사회복지학, 58(2), 5-31.

이재순(1998). "향락산업의 청소년고용실태 및 알선, 매개고리 실태". 청소년을 사고파는 향락산업 어떻게 할 것인가. 대한 불교청소년교회연합회 인천지부, 1-6.

이효희(1998). 십대여성의 성적 서비스 경험에 관한 여성주의적 접근. 이화여자대학교 대학원 석사학위 논문.

장혜순(2004). "성매매여성의 재활대책". 청소년 성보호 전문지도자 교육-기본 과정. 청소년보호위원회.

정효지 · 박미정 · 서상훈 · 신의진 · 한태룡(2011). 청소년 건강증진 종합대책 방안연구. 여성가족부.

조흥식 · 김혜련 · 신혜섭 · 김혜란(2000). 여성복지학. 학지사, 333-337.

천진호(2002). "성착취와 성착취형 인신매매에 대한 형사법적 대응과 개선방안". 형사정책연구, 13(4). 청소년보호위원회.

청소년보호위원회(2003). 청소년보호백서.

청소년보호중앙점검단(2008). "2008년 하반기 가출 및 성매수 청소년 구호 실적". 보건복지가족부.

최선화(1996). "부산지역 매춘 및 향락산업을 통해서 본 여성정책". 여성연구논집, 제7집. 신라대학교여성문제연구소.

한국여성인권진흥원(2024). 성착취피해아동 · 청소년 지원센터 2023 연차보고서.

한국청소년상담원(2001). 청소년 위기, 어떻게 해결할 것인가?.

한국형사정책연구원(2002). 성매매 실태 및 경제규모에 관한 전국조사.

한상희(2006). "성매매방지법과 여성인권". 민주법학, 30, 60.

홍봉선(2002). "청소년 성주체성에 관한 연구". 청소년학연구, 9(3). 한국청소년학회, 79-117.

_____(2007). "성매수 청소년을 위한 영국의 개입방향 및 전략에 관한 연구". 형사정책연구, 19(1). 한국형사정책학회, 387-424.

홍봉선 · 남미애(2000). 청소년복지론. 양서원.

___________(2007). 청소년복지론. 공동체.

___________(2010). "성착취피해청소년의 욕구와 사회적 지원방안". 청소년복지연구, 12(1), 1-33.

Athey, J. L.(1991). "HIV Infection Homeless Adolescent". *Childwelfare, Vol. ⅨX, Num 2*, 519-521.

Ayre, P., & Barrett, D.(2000). "Young people and prostitution : An end to the beginning?". *Children and Society, 14*(1), 48-59.

Barnardos(1998). "Whose daughter next?". *Children Abused through Prostitution*. Essex : Barnardos.

Barrett, D.(1998). "Young people and prostitution : Perpetrators in our midst". *International Review of Law, Computers & Technology, 12*(3), 475-487.

Chesney-Lind, M., & Shelden, R. G.(1992). *Girls Delinquncy and Juvenile Justice*. California : Brooks/Cole Publishing Company, 37-39.

Crowley, M. G.(1977). *Female Runaway Behavior and Its Relationship to Prostitution*. San

Houston State University, Houston, Texas.

Cusick, L.(2002). "Youth prostitution : A literature". *Child Abuse Review, 11*(4), 230-251.

Deren, S., Sanchez, J., Shedlin, M., Davis, W. R., Beardsley, M., Des-Jarlais, D., & Farley, M., & Kelly, V.(2000). "Prostitution : a critical review of the medical and social sciences literature". *Women & Criminal Justice, 11*(4), 29-64.

Finkelhor, D., & Asdigian, N. L.(1996). "Risk factors for youth victimization : beyond a lifestyle/ routine activities theory approach". *Violence and Victims, 11*(1), 3-19.

Greene, Jody M., & Ennett, Susan T.(1999). "Prevalence and correlates of survival sex among runaway and homeless youth". *American Journal of Public Health, 89*(9), 1406-1410.

Hester, M., & Westmarland, N.(2004). "Tackling street prostitution : Towards an holistic approach". *Home Office Research, Development and Statistics Directorate.*

Inciardi, J., Pottieger, A. E., Forwey, M. A., Chitwood, D. D., & McBride, D. C.(1991). "Prostitution, Ⅳ drug use, and sex-for-crack exchanges among serious delinquents : Risks for HIV infection". *Criminology, 29*(2), 221-235.

Kratcoski, P. C., & Kratcoski, L. D.(1986). *Juvenile Delinquency.* Englewood Cliffs, New Jersey : Prentice-Hall, 140-141.

MacVicar, K., & Dillon, M.(1980). "Childhood and adolescent development of ten female prostitutes". *Journal of the American Academy of Child Psychiatry, 19*, 145-159.

McKeganey, N., & Barnard, M.(1996). *Sex Work on the Streets-Prostitutes and Their Clients.* Philadelphia : Open University Press, 36-81.

McMullen, R. J.(1987). "Youth prostitution : A balance of power". *Journal of Adolescence, 10*(1), 35-43.

Melrose, M., Barrett, D., & Brodie, I.(1999). "One way street?". *Retrospectives on Childhood Prostitution.* London : The Children's Society.

Nadon, S. M., & Koverola, C., et al.(1998). "Antecedents to prostitution". *Journal of Interpersonal Violence, 13*(2), 206-222.

O'Connell-Davidson, J.(1998). *Prostitution, Power and Freedom.* Cambridge : Polity Press.

O'Neill, M.(1997). "Prostitute women now". In G. Scambler & A. Scambler(Eds.), *Rethinking Prostitution : Purchasing Sex in the 1990s.* London : Routledge.

Pearce, J. J., Galvin, C., & Williams, M.(2000). Finding young women's voices : Researching with young women exploited through prostitution. Paper one presented at the social policy association 33rd annual conference. Roehampton 18th-20th July.

Potterat, J. J., Rothenberg, R. B., Muth, S. Q., Darrow, W. W., & Phillips-Plummer, L.(1998). "Pathways to prostitution : The chronology of sexual and drug abuse milestones". *Journal of Sex Research, 35*(4), 333-341.

Scamber, G., & Scambler, A.(1995). "Social change and health promotion among women sex workers in London". *Health Promotion International, 10*(1), 17-24.

Schaffer, B., & DeBlassie, R. R.(1984). "Adolescent prostitution". *Adolescence, 19*, 689-696.

Schissel, B., & Fedec, K.(1999). "The selling of innocence : The gestalt of danger in the lives of youth prostitutes". *Canadian Journal of Criminology, 41*(1), 33-57.

Seng, M. J.(1989). "Child sexual abuse and adolescent prostitution : A comparative analysis". *Adolescence, 24*, 665-675.

Siegel, L. J., & Senna, J. J.(2000). *Juvenile Delinquency : Theory, Practice, and Law*. CA : Wadsworth/ Thomson Learning, 291-293.

Silbert, M. H.(1980). *Sexual Assault of Prostitutes*. San Francisco : Delancey Street Foundation.

Silbert, M. H., & Pines, A. M.(1981). "Sexual abuse as an antecedents to prostitution". *Child Abuse & Neglect, 5*, 407-411.

Weiner, A.(1996). "Understanding the social needs of adolescent prostitutes. Social needs of streetwalking prostitutes". *Social Work, 41*(1), 97-105.

Yablonsky, L.(2000). *Juvenile Delinqency into the 21st Century*. CA : Wadsworth/Thomson Learning.

www.youth.go.kr/notice/newsstory_view.asp.

Chapter 17

인터넷 과다사용 청소년

인터넷은 남녀노소를 불문하고 현대 사회에서 중요한 생활수단이 되고 있다. 인터넷의 발전은 우리들의 삶의 질 향상에 여러 가지 측면에서 기여하고 있다. 청소년들은 인터넷을 통해 숙제도 하고 친구도 사귀고 다양한 정보를 얻고 새로운 문화를 경험하고 창출하기도 한다. 그러나 단기간의 급속한 인터넷 확산은 여러 가지 역기능을 초래하고 있다. 그중 하나가 인터넷 과다사용이다. 청소년들이 인터넷을 지나치게 사용하거나 중독적으로 몰입함으로써 신체적 증상을 비롯하여 가정 및 학교생활의 어려움, 비행문제, 정신건강 문제 등 다양한 문제가 야기되고 있다.

따라서 이 장에서는 청소년 인터넷 과다사용의 개념과 유형, 인터넷 과다사용의 원인, 인터넷 과다사용 청소년의 당면문제, 우리나라 청소년 인터넷 과다사용의 실태를 살펴보고, 우리나라 청소년 인터넷 과다사용을 예방하고 개선하기 위한 대책을 모색하고자 한다.

1. 인터넷 과다사용과 청소년

1) 인터넷 과다사용의 개념과 유형

(1) 인터넷 과다사용의 개념

인터넷 발전은 정치, 경제, 사회, 문화 등 모든 생활 전반에 혁신적인 변화를 초래하고 있다. 이러한 영향은 청소년에게도 예외일 수 없다. 단지 나이가 어리다는 이유로 현 사회생활에서 여러 가지 장애와 불이득을 경험하는 청소년에게 다음과 같은 인터넷 속성들은 더할 나위 없는 매력적인 요인이 되고 있다. 첫째, 개방성이다. 사이버공간은 성, 연령, 학력, 지위, 인종 등에 상관없이 누구에게나 개방되어 있다. 또한 언제든지 쉽고 편하게 접근할 수 있다. 둘째, 참여성이다. 사이버공간에서는 내가 원할 때 언제든지 능동적이고 자율적으로 참여할 수 있다. 셋째, 익명성이다. 사이버공간에서는 직접 대면하지 않아도 되고 자신의 활동을 제약하는 여러 가지 정보를 직접적으로 밝힐 필요가 없다. 넷째, 저항성이다. 사이버공간에서의 의사소통은 양방향적 의사소통을 하기 때문에 자신의 의견과 다르면 언제든지 의사소통을 차단하거나 저항할 수 있다. 다섯째, 정체성의 변화이다. 사이버공간에서는 자신을 얼마든지 조작할 수 있고 또한 여러 개의 아이디를 만들어 각각 다양한 역할을 수행할 수 있다. 이처럼 인터넷은 청소년에게 다양한 지식과 정보를 제공해 주고, 시간과 공간을 초월해서 다양한 계층과 교류하도록 하며 새로운 문화의 창출이라는 측면에서는 긍정적인 요소가 많다. 그러나 과다하게 사용하거나 지나치게 몰입하게 되면 부정적인 측면도 상당히 존재한다.

인터넷 과다사용과 관련된 개념들로는 인터넷 증후군(Internet Syndrome), 웨바홀리즘(Webaholism), 인터넷 중독 장애(Internet Addiction Disorder), 병리적 컴퓨터 사용(Pathological Computer Use), 인터넷 몰입, 인터넷 과의존 등이 있다. 이들 개념들은 아직 학술적으로 정립된 것이 아니며 뚜렷한 구분 없이 혼용되어 사용되고 있다.

인터넷 중독이라는 용어를 처음 사용한 사람은 Goldberg(1996)이다. 그는 병리적이고 강박적인 인터넷 사용을 인터넷 중독으로 규정하였으나 최근에는 자신의 견해를 수정하여 병리적 컴퓨터 사용(Pathological Computer Use)이라는 용어로 대체하였다. Young(1996)은 인터넷 중독을 약물이나 알코올, 도박에 중독되는 것과 유사한 방식으로 의존, 금단, 내성증상이 동반되는 심리적 장애라고 정의하였다. 그는 DSM-IV의 '병적 도박'의 진단기준을 원용하여 인터넷 중독에 대한 구체적인 진단기준을 소개하였으며 이는 우리나라에서 널리 사용되고 있다.

반면 인터넷 중독이라는 독립된 중독장애로 보기보다는 과도한 컴퓨터 사용의 일종으로 간주하여 인터넷 몰입, 인터넷 과다사용이라는 용어를 사용하는 측도 있다(고제혁, 2001; 박성길 · 김창대, 2003; 송명준 · 권정혜, 2000; 홍경희, 2002). 그 이유는 첫째, 인터넷 중독은 다른 중독과는 다른 특성을 가진다는 것이다. 약물이나 알코올 혹은 병적 도박은 자기파괴적이고 소모적일 뿐이지만, 인터넷은 업무수행, 정보검색, 각종 자료교류, 의사교환과 결정과 같은 우리의 일상생활에 유용한 도구이므로 동일한 중독증상으로 볼 수 없다는 것이다. 둘째, 인터넷 자체가 중독을 유발하기보다는 현실세계에서 문제가 있기 때문에 인터넷에 매몰될 수도 있다는 것이다. 인터넷 중독이 일상생활의 1차적인 문제로 인해 발생하는 부차적인 결과에 지나지 않는다면 인터넷 중독의 실체 자체는 부정되어야 한다는 것이다. 셋째, 인터넷 중독 진단척도의 타당성 문제이다. 현재 국내에서 가장 많이 사용되고 있는 인터넷 중독 진단척도는 Young(1996)의 척도, K-척도 등이 있다. 인터넷 중독에 대한 연구가 활발하게 진행되고 다양한 척도들이 개발되고 있지만 척도의 타당성 문제에 대해서는 여전히 여러 가지 논란이 있다. 또한 인터넷 중독이 다양한 하위영역으로 구성되어 있음에도 불구하고 채팅중독, 섹스중독 등 하위영역에 대한 진단척도 개발이 미흡한 실정이다.

최근에는 인터넷 중독을 보다 포괄적으로 미디어 중독으로 지칭하기도 한다. 미디어 중독자는 미디어 사용에 있어서 자율적 통제능력을 가지지 못할 뿐만 아니라 과도하게 혹은 병적으로 집착하게 된다고 하며, 특히 자율통제 능력의 여부에 초점을 두고 있다(한국정보문화진흥원, 2003). 아직까지 인터넷 중독이 의학적으로 분명하게 규명된 것은 아니지만 알코올이나 도박 중독자들과 비슷하게 강박적 사용과 집착, 내성, 금단, 조절불능, 일상생활의 부적응과 같은 다양한 증상들을 보여주고 있다는 것에 일치된 견해를 보인다.

이상의 내용을 정리해 보면 인터넷 중독이란 물질이나 약물 개입 없이 인터넷사용을 통해 생리적 의존성, 내성, 금단증상 및 일상생활의 부적응과 같은 다양한 문제행동을 나타내는 것이라고 정리할 수 있다. 그러나 여전히 인터넷 중독이라는 개념에 대해서는 학자에 따라 의견이 다양하며 일관된 진단기준이 없는 상태이므로 여러 가지 논란의 여지가 있다.

따라서 이 장에서는 가능한 한 상대적으로 중립적이고 기술적인 인터넷 과다사용이라는 용어를 사용하고자 하나 인용된 글의 경우에만 인터넷 중독이라는 용어를 그대로 사용하고자 한다. 이 장에서 인터넷 과다사용이라는 개념은 절대적이거나 병리적인 중독상태에서부터 중독에 이르지는 않지만 인터넷에 대한 의존행동이 높아 인터넷 사용시간 통제의 어려움과 이로 인하여 일상생활 및 학업에서의 문제를 경험하는 것까지를 포함하는 포괄적인 개념이다.

(2) 인터넷 과다사용의 유형

인터넷 과다사용은 여러 개의 요소들로 구성된 복합적인 개념으로서 하위유형으로 크게 게임중독, 통신(채팅)중독, 인터넷섹스 중독, 스마트폰 중독 등으로 나누어 볼 수 있다. 첫째, 게임중독이다. 가상공간에서의 게임은 고통스럽고 불만족스러운 현실에서 벗어나 환상의 세계로 탈출하도록 하고 또 다른 자신의 캐릭터를 통하여 힘과 지위를 얻고 대리만족감을 느끼게 하며 인간에게 잠재되어 있는 파괴본능을 만족시킬 수 있다. 인터넷 게임 중에서 폭력게임 중독은 모방을 통한 살인이나 폭력범죄와 같은 강력범죄의 한 원인이 되고 있다(이해경, 2002).

둘째, 통신(채팅)중독이다. 인터넷을 통한 채팅은 익명성이 보장되기 때문에 가까운 사람에게는 도저히 드러낼 수 없었던 고민이나 욕망을 솔직히 주고받을 수 있다. 따라서 짧은 시간에 자신의 내면을 노출하여 쉽게 수용된다는 느낌을 받기 쉽고 언제든지 내가 원할 때 새로운 사람들과 만날 수 있어 소외감을 줄일 수 있다. 특히 영화, 드라마 등에서 소개되는 채팅 관련 내용들이 청소년들로 하여금 채팅에 대한 환상을 가지게 한다. 그러나 채팅하면서 사용하는 용어들로 인하여 언어생활에 악영향을 미치거나 채팅하는 과정에서 음란물을 접하거나 성급한 교제로 이어짐으로 인해 성적 문제 등의 어려움에 직면하기도 한다.

셋째, 인터넷섹스 중독이다. 인터넷섹스 중독이란 인터넷 음란사이트를 즐겨 보고 몰두하는 제한적 행위뿐만 아니라 온라인 접촉 시에 비정상적으로 나타나는 성적 몰입과 강박 현상 일체의 행위를 포함한다(이상준, 2003). 여기에는 소프트코어 포르노그래피를 포함한 사이버 포르노그래피, 음란게임물, X등급이미지, 동영상, 음란소설 등은 물론 이성 간의 오프라인상 접촉 제안, 에로틱한 채팅과 메일 등도 포괄한다(김민, 2003). 성에 대한 호기심이 매우 민감한 시기에 있는 청소년들은 쉽게 인터넷 음란물에 빠져들 우려가 있다. 이러한 인터넷섹스 중독 청소년은 성에 대한 왜곡된 인식을 하고 이성을 인간보다는 성의 상품화나 도구적 존재로 인식하기 쉬우며, 강간 등 성적 공상에 몰입하고 급기야는 성비행을 저지를 우려가 있다.

넷째, 스마트폰 중독이다. 스마트폰 중독은 휴대폰을 과도하게 사용함으로 인해 개인의 통제력을 잃고 일상생활 또는 기능 수행에 부정적인 영향을 미치는 것을 의미한다. 스마트폰 사용은 전 연령층에서 높게 사용되고 있는데, 특히 학령기 아동의 스마트폰 사용은 신속한 연락 및 사회관계의 증진 등 긍정적인 영향도 있지만 과다하게 사용함으로 인해 학습능력 저하, 가정 및 학교생활에서의 어려움 등 부작용도 적지 않다.

이상에서 본 바와 같이 인터넷 과다사용은 하위유형에 따라 공통의 요소도 있지만 각기 다른 특징을 가지고 있으며 유형에 따라 청소년에게 상이한 영향을 미치므로 개별적인 접근이 필요하다.

2) 인터넷 과다사용의 원인

청소년들이 인터넷을 과다사용하는 원인에 대해서는 여러 가지 관점들이 존재한다. 첫째, 인터넷 과다사용의 원인을 개인의 심리 내면적 특성에서 찾는 것이다. 인터넷 중독자들은 그렇지 않은 사람들에 비해 자기 효능감이 낮고(송원영, 1998), 자기 통제력이 낮으며(이상준, 2003; 장재홍 외, 2002; 조해연, 2001), 우울성향이 높고(남영옥, 2002; 위지희 · 최규만, 2004; 장재홍 외, 2003; Young, 1998), 충동성이 높으며(김종범, 1999; 송원영, 1998), 자존감이 낮다는 것이다(Young, 1999).

그러나 심리적 부분에 대해 다양한 논의들이 제기되고 있다. 예를 들어, 인터넷 중독 집단이 그렇지 않은 집단에 비해 우울 평균지수가 높은 것은 사실이나 인터넷 중독이 우울적인 성향을 가져오는지 우울적인 성향이 인터넷 중독을 가져오는지에 대해서는 확실한 인과관계를 결정짓기 어렵다는 견해가 있다.

Young(1996)은 인터넷 중독의 원인을 현실에서 충족되지 못하는 사회적 지지, 성적 만족, 새로운 인격 창출, 숨은 성격의 발현, 인정과 영향력 등을 인터넷이 충족시켜 주기 때문이라고 하였다(남영옥, 2002 재인용). 김청택 외(2002)는 인터넷 중독 모형을 제시하면서 인터넷 사용에 대한 긍정적 기대를 가지고 있고 가상적 대인관계에 대한 지향이 높으며 일반적인 정신병리적 성향을 가지고 있는 사람이 인터넷 사용을 하게 되면 인터넷 중독이 될 가능성이 높다고 한다. 일단 이들은 인터넷 사용으로 먼저 일상생활에 장애를 받고 이것이 좀 더 심해지면 인터넷의 중독적 사용으로 인한 일탈행동이 유발되거나 인터넷 사용에 더 빠져들고 인터넷을 하지 않으면 못

견디겠다는 등의 내성 및 금단 현상이 나타난다. 인터넷 사용에 대한 내성과 금단이 심해질수록 이후에는 인터넷이라는 가상공간과 실생활을 구분하는 데 어려움을 느끼는 현실구분 장애를 보이게 된다는 것이다.

Davis(2001)는 병리적 인터넷 사용에 대해 인지-행동 모형을 제안하였다. 그는 인터넷 중독의 원인을 크게 인터넷 중독 증상에서 먼 쪽에서 공헌하는 원인과 보다 가까운 쪽에서 공헌하는 원인으로 구분하고 있다. 먼 쪽에서 공헌하는 원인으로는 인터넷을 접하는 경험, 인터넷을 사용하기 전 개인이 가지고 있는 정신병리 그리고 인터넷을 통한 강화경험(상황적 자극)이 해당된다. 또한 보다 가까운 쪽에서 공헌하는 요인으로는 자기 및 세상에 대한 부정적 생각 그리고 자기 의심, 낮은 자기 효능감, 부정적 자기평가와 관련된 인지적 왜곡 등이 포함되어 있다고 하였다(장재홍 · 신효정, 2003 : 11).

둘째, 인터넷 과다사용의 원인을 파악하기 위해서는 청소년들이 접하는 다차원의 환경과 청소년 간의 상호작용을 이해해야 한다는 견해도 있다. 대표적인 것이 생태체계적 관점에서 인터넷 과다사용의 원인을 설명하는 것이다. 류진아와 김광웅(2004)에 따르면 유기체적 변인으로는 자기통제감, 사회적 효능감, 연령이 낮을수록, 미시체계 변인에서는 부모의 양육태도가 거부-통제력이고 가족의 지지가 낮을수록, 성적이 낮을수록, 또래와 교사의 지지가 낮을수록, 하루 인터넷 이용시간이 많을수록, 가상공간에서 대인관계 효능감이 높을수록 인터넷 중독이 높다고 하였다. 또한 중간체계 변인에서는 인터넷에 대한 부모의 통제가 낮을수록, 부모의 인터넷에 대한 태도가 부정적일수록, 부모의 학업기대가 낮을수록, 외체계 변인에서는 PC방의 가용성이 높을수록, 거시체계 변인에서는 정보사회에 대한 인식이 낮을수록 인터넷 중독이 높았다.

셋째, 인터넷 과다사용을 위험요인과 보호요인으로 구분하는 연구도 있다(남영옥 · 이상준, 2005; 박성길 · 김창대, 2003). 이들은 기존 연구에서 인터넷 과다사용의 원인으로 지목되는 변인들이 실제 원인인지, 결과인지, 인터넷 과다사용과 상관관계를 가지고 있는 변인에 불과한지에 대한 구분이 불가능하다고 본다. 따라서 인터넷 중독과 직접적인 인과성을 보장할 수는 없지만 청소년을 인터넷 과다사용으로 만들 수 있는 위험요소들을 발견하고 이들을 청소년에게 감소시켜 나가고 더 나아가 보호요소들을 확인하여 강화시켜 주는 노력을 한다면 청소년 인터넷 의존이 줄어들 것이라고 생각한다.

남영옥과 이상준(2005)에 따르면 청소년 인터넷 과다사용과 관련된 위험요소로는 우울, 공격성, 인터넷 사용에 대한 부모의 통제, 부모의 과잉보호적 양육태도, 인터넷에 대한 친구의 영향력, PC 접근성 등이 있고 보호요소로는 자기통제력과 자기효능감, 가족지지, 부모의 원만한 부부관계, 부모의 돌봄적 양육행동, 친구지지, 교사지지가 있다.

박성길과 김창대(2003)는 인터넷 중독과 관련된 위험요소를 크게 세 가지 차원으로 구분하였다. 즉, 주변 환경 관련 위험요소, 인터넷 관련 위험요소, 개인 관련 위험요소이다. 먼저 주변 환경 관련 위험요소로는 고위험상황, 접근 용이성, 또래문화, 인터넷 학습, 가족문제가 확인되었으며 인터넷 관련 위험요소로는 콘텐츠의 매력, 취미, 다른 취미생활의 통로 그리고 개인 관련 위험요소로는 성격/ 정신병리, 인터넷을 통한 보상경험, 대인관계의 특성이 포함된다고 하였다. 그 내용을 정리하면 〈표 17-1〉과 같다.

〈표 17-1〉 청소년 인터넷 과다사용 위험요소

위험요소군	위험요소	설 명
주변 환경 요인	또래문화	또래문화의 특성상 특정 친구나 교육관계 등이 인터넷에 빠져들도록 만드는 상황
	접근 용이성 증가	컴퓨터를 구입하거나 인터넷 전용선 설치 등 인터넷에 대한 접근환경이 달라진 경우
	고위험상황	집에 혼자 있거나 방학이나 휴일 등 인터넷 의존의 위험이 증대되는 상황
	인터넷 매개학습	인터넷을 통해 숙제를 하려다가, 웹강의를 듣는 등 인터넷 매개학습의 경우
	가족문제	가족 사이의 부정적인 문제나 가족들이 스트레스원이 되어 인터넷상에서 도피처를 찾는 경우
인터넷 관련	콘텐츠 자체의 매력	재미나 흥미, 호기심 등을 채워주는 게임이나 각종 콘텐츠의 매력
	컴퓨터 관련 취미	홈페이지 만들기, 프로그래밍 등 컴퓨터나 인터넷 관련 취미 등의 영향
	다른 취미생활 통로	홈페이지를 통해 취미생활을 할 수 있는 경우, 연예인 팬클럽이나 축구 마니아 등이 해당됨
개인 요인	성격적 특성	몰입하는 성격 등 개인의 성격적 측면
	대인관계 문제	대인관계의 실패나 문제 등
	보상경험	다른 스트레스를 인터넷을 통해 보상하려 함

출처 : 박성길 · 김창대(2003 : 88).

이상에서 본 바와 같이 청소년 인터넷 과다사용의 원인은 매우 다양하며 심리적 요인과 환경적 요인이 복합적으로 영향을 미친다. 또한 특정 요인보다는 여러 요인이 상호작용하여 영향을 미치며 유형에 따라 영향을 미치는 요인들이 상이할 수 있음을 고려해야 한다.

2. 인터넷 과다사용 청소년의 특성과 당면문제

디지털 기술의 발달, 인터넷 및 스마트폰의 보편화 등으로 인해 인터넷이나 스마트폰 등의 이용시간이 증가하면서 고위험이나 잠재위험군이 꾸준히 증가하고 있고 특히 스마트폰 과의존의 경우 유·아동 등에서 큰 폭으로 증가하고 있다(관계부처 합동, 2022). 선행연구들에 나타난 인터넷 과다사용 청소년의 특성과 당면문제를 정리하면 다음과 같다.

1) 개인적 특성

(1) 현실생활에서 해결되지 않은 복합적인 욕구

성윤숙(2003)은 이용충족 이론에 근거하여 청소년들이 게임에 몰입하거나 중독되는 것은 현실세계에서 채워지지 않는 욕구를 충족하기 위한 것으로 보고 청소년들이 인터넷게임을 하는 동기를 다음과 같이 몇 가지로 설명하고 있다. 첫째, 관계의 욕구이다. 게임은 즐거움을 주고 친구들과의 관계를 유지할 수 있게 하며, 그들이 공유하는 그들만의 문화로서 그들의 우정을 확인하고 유지하는 주요한 촉매제인 것이다.

둘째, 지위향상 욕구이다. 현실에서 공부를 못하거나 친구들 사이에서 인기가 없는 청소년들은 현실세계에서 이루지 못한 자신의 꿈을 현실이 아닌 가상세계의 캐릭터를 통해 실현하기 위해 게임에 몰입하게 된다.

셋째, 한탕주의 욕구이다. 디아블로, 리니지, 뮤와 같은 게임을 하는 청소년들은 게임을 하면서 희귀한 아이템이 많이 떨어져 대박이 터지기를 바라는 한탕주의 욕구를 갖는다. 가상의 돈이나 아이템이 현실적 공간에서 경제적 이득과 연결되기도 한다. 리니지 세계의 캐릭터, 아이템, 아덴(리니지 세계의 돈) 들이 현실세계에서 실제 현금으로 거래가 되는 현상도 나타난다.

넷째, 폭력욕구이다. 청소년기에는 억제하기 힘든 신체적 에너지가 분출되는 시기이다. 그렇기 때문에 자신들이 이러한 폭발하는 힘을 적절히 통제할 방법을 찾게 되는데 그중 하나가 온라인 게임이다. 청소년들은 학교폭력이나 집단따돌림 등을 당하면 이들은 게임의 캐릭터를 일종의 대리복수의 대상으로 여기며 게임의 종류에 상관없이 더 폭력적인 방식으로 게임을 즐긴다.

다섯째, 소비욕구이다. 인터넷게임을 하는 청소년 심리에는 소비사회를 살아가는 현대인들의 소비욕구가 전이되어 있다. 청소년들은 소비욕구를 충족시키기 위하여 온라인 게임을 통하여 비싸게 현금거래되는 좋은 아이템을 얻고자 하고 아이템을 얻게 되면 그것을 팔아 자신들이 가지고 싶은 것을 사고자 한다.

여섯째, 현실도피이다. 사이버공간은 청소년들이 현실공간에서 부딪히게 되는 입시, 대학, 성공 등 모두가 경쟁하지 않으면 안 되는 세상에서 자신의 과중한 임무를 잊을 수 있는 탈출구를 제공한다.

(2) 신체 · 심리적 문제

인터넷 과다사용은 신체적으로는 팔과 어깨, 시력에 문제가 생기고 수면시간이 점점 줄어들며 소화불량, 두통 등 신체적 건강 약화를 초래한다(성윤숙, 2003; 이상주 · 배경희, 2004; 한국문화정보진흥원, 2004; Young, 1996).

심리적으로는 우울과 조울, 외로움을 증가시킨다(김종범, 2000; 윤재희, 1998). 인터넷 중독집단과 비중독집단을 비교한 연구에 따르면 인터넷 중독집단이 더 우울하고 더 외로움을 느끼는 것으로 나타났다(김종범, 2000; 윤재희, 1998; Young, 1996). 그러나 우울 성향이 높은 사람들이 현실공간에서의 대인관계보다는 사적인 공간에 머무를 수 있는 인터넷을 선호하는 경향이 높은 것인지, 인터넷 과다사용으로 인해 우울이 높아진 것인지 논란의 여지가 있다. 또한 인터넷 과다사용은 공격성과 관련이 깊다. 이상주와 배경희(2004)에 따르면 인터넷 중독 청소년은 자기만족감이 낮고 공격심이 높다고 하였으며 김병석과 정은희(2004)는 인터넷 채팅중독 청소년의 공격성 수준이 높고 사회적 지지가 낮을수록 대인문제해결 능력이 낮다고 하였다.

(3) 일상생활에의 장애

인터넷 과다사용 사람들은 거의 매일 빠짐없이 인터넷에 접속하고 인터넷을 하지 않는 동안에도 인터넷을 할 생각만 한다. 심지어는 컴퓨터 모니터 앞에 앉아 식사하고 집이나 직장에서 함께 어울리는 시간이 줄어든다. 또한 이들은 인터넷에 한번 빠지게 되면 자신이 인터넷에 얼마나 오래 있었는가를 망각하게 되는 인터넷 시간 왜곡을 경험하게 된다. 이로 인해 수면시간이 급속히 줄어들고 가정 및 직장생활은 물론 일상생활까지도 지장을 받게 된다(장준오, 2003).

청소년의 인터넷 중독 정도와 학교생활 적응과 만족도는 관계가 깊다(김광수 외, 2002; 안 석, 2000; 이형하, 2003; 한복희, 2001). 그들은 밤 시간에 인터넷을 하기 때문에 학교에서는 잠만 자고 학업에 열중하기 어려우며 집에 가서 과제나 부족한 학업을 보충하는 것이 아니기 때문에 학교성적이 떨어진다. 또한 인터넷을 하느라고 친구나 부모와의 약속을 어기거나 공부 및 일상생활을 소홀히 한다. 김광수 외(2002)에 따르면 인터넷 중독경향이 높을수록 학교생활에 대한 적극성이 낮고 새로운 것에 대한 호기심을 가지고 수업시간에 주의를 기울이며 주어진 과제를 해결하는 능력이 떨어지는 등 학교생활 적응도가 낮다고 하였다. 안 석(2000)은 인터넷을 중독적으로 사용할수록 학업성적이 떨어지며 수업을 빠지게 되고 과제를 하지 못하는 경우가 더 많다고 하였다.

(4) 관계의 문제

청소년기의 대인관계 경험과 능력은 현재 생활적응과 인격형성은 물론 향후 대인관계와 적응에도 영향을 미칠 수 있다. 과다한 인터넷 사용이 인터넷이 사람들로 하여금 사회적으로 고립되게 할 것이고 진정한 사회적 관계로부터 멀어지게 할 것이라는 주장도 있다. Young(1999)은 지나친 인터넷 의존의 결과 학생들이 성적 부진이라든지 부부관계의 악화로 인한 이혼이나 별거, 직장에서 상사와의 갈등이나 해고와 같은 다양한 문제들이 발생할 수 있다고 경고하고 있다.

선행연구에 따르면 사이버공간의 이용이나 경험이 친구관계 및 이성관계 등의 대인관계에 적지 않은 영향을 미친다고 보고하였다(이해경, 2002; 조남규 · 양돈규, 2001). 인터넷을 과다사용하는 청소년들은 또래친구들과의 관계가 점점 소원해지고 다른 취미생활을 갖지 못하고 친밀한 대인관계를 형성하기 어렵다. 귀가해서는 가족과의 관계를 유지시키지 못하고 인터넷에 집중함으로써 친구, 가족 간의 상호관계도 멀어지고 특히 지나친 인터넷 사용으로 인해 부모들과 갈등을 일으킨다.

그러나 인터넷 사용을 통해 대인관계가 감소된다는 의견과 달리 인터넷 사용은 새로운 패턴의 대인관계를 낳기 때문에 대인관계를 감소시키거나 축소시킨다고 결론 내리기는 어렵다는 것을 주장하는 견해도 있다. Katz와 Aspden(1997)의 연구에서 인터넷 사용자와 비사용자의 사회적 참여를 비교하였는데, 인터넷이 사회적 관계와 친구관계를 좀 더 풍성하게 한다고 하였다(황상민 외, 2001 재인용). 이들에 따르면 지리적인 제약과 병이나 스케줄로 인해 초래된 장애들이 인터넷을 통해 극복될 수 있다는 것이다.

(5) 정신건강 문제

인터넷의 익명성, 비대면성 또는 초공간성은 사용자 자신으로 하여금 다중 인격체를 손쉽게 만들어 현실세계와는 다른 별도의 자아가 활동할 수 있는 환상 속에 쉽게 빠질 수 있다. 성장의 시기에 있는 청소년의 경우 병리적 상태가 지속될 경우 심각한 정신병리로 발전될 가능성이 높다.

인터넷 중독은 청소년들의 정신건강에 유의한 영향을 미친다는 연구들이 보고되고 있다. 인터넷 중독 청소년들은 일반청소년에 비해 강박증, 공포불안, 정신증 등의 정신과적 증상 점수를 모두 높게 나타냈으며(권구영 · 이혜자, 2002; 임효정, 2000), Mitchell(2000)은 인터넷 중독이 종종 다른 정신병리로 이환되는데, 인터넷을 과다하게 사용하게 되면 사회적 철회나 우울증 같은 정신병리를 유발할 수 있다고 하였다. Orzack(1996)은 인터넷 중독이 사회공포증, 충동조절장애, 과잉행동장애와 같은 기존의 정신병리를 좀 더 심화시키는 경향이 있다고 보고하기도 하였다(남영옥 · 이상준, 2005 재인용).

(6) 비행문제

디지털 환경의 확산으로 청소년사이버범죄도 증가추세이다. 사이버공간에서 일어나는 청소년 일탈은 크게 성 관련 일탈, 사회규범 해체적 일탈, 개인 권리적 침해 일탈로 구분된다.

성 관련 일탈에는 음란물 접촉(음란채팅 포함), 인터넷 매매춘, 사이버 성폭력, 사이버 스토킹 등이 있다. 사회규범 해체적 일탈은 상대방에 대한 배려 없이 자신의 임의대로 행동하여 상대방에게 정신적·물질적 피해를 주는 일탈이다. 사회규범 해체적 일탈에는 해킹, 바이러스 유포, 자살·폭탄·가출 사이트, 사이버 도박, 인터넷 사기, 스팸메일, 인터넷 중독, 사이버 명예훼손 등이 있다. 이들 일탈은 사회 구성원에 의해 합의된 사회행위의 준거틀을 위반하는 행위로 법의 저촉을 받는 행위이나 실행자들의 상당수는 이를 일탈이라고 여기지 않는 행위들이다. 개인 권리적 침해 일탈은 개인의 신상에 대한 정보를 유출하거나 사생활의 침해 등 사적 권리를 침해하는 것을 말한다. 최근에는 청소년의 사이버폭력, 사이버도박 관련 범죄, 아동·청소년성착취물 제작, 딥페이크 문제가 증가하는 추세이다.

이상과 같이 인터넷 과다사용 청소년의 당면문제를 살펴보았는데 이러한 요소들은 모든 인터넷 과다사용 청소년에게 적용되는 공통적인 요소라기보다는 개별 청소년에 따라 다를 수 있으며 또한 인터넷 과다사용의 정도에 따라 다를 수 있다.

2) 환경적 특성

청소년의 인터넷 과다사용에는 청소년을 둘러싼 환경이 깊숙이 영향을 미친다. 심각한 과다사용까지 이르는 과정에 청소년을 둘러싼 환경이 어떻게 작용하는지를 이해하는 것은 청소년의 인터넷 과다사용을 이해하는 데 중요하다.

(1) 가족

인터넷 과다사용으로 심각한 어려움을 경험하는 청소년의 경우 가족환경과 관련이 깊다. 가족 구성원들 간에 유대감이 약하거나 대화가 부족하거나 단절되는 경우, 부모가 지나치게 방임적이나 통제적인 경우 청소년들은 가정에서 충족받지 못한 심리적 안정감, 소속감, 행복감을 인터넷을 통해 얻고자 한다. 또한 경제적 어려움, 가족불화, 학대 등 가족 내 심각한 갈등이나 스트레스가 많은 경우, 현실적 어려움을 해결할 수 없어 회피하거나 일시적으로라도 위안을 얻고자 인터넷에 몰입할 수 있다. 인터넷 사용에 대한 자기조절능력은 가정에서 오랜 시간 배우고 지도받아 내재화되는데 부모가 인터넷 사용에 대해 무지하거나 지나치게 허용적인 경우에도 과몰입하기 쉽다.

(2) 또래 및 학교

인터넷 과다사용 청소년들의 주변에는 인터넷에 몰입하는 친구들이 많다. 인터넷 게임이나 인터넷 커뮤니티를 즐겨 이용하는 친구들을 통해 자연스럽게 인터넷에 노출되고 게임이나 SNS 사용에 대한 관심사를 공유하고 또래에 동조한다. 반면 친구들과 잘 사귀지 못하거나 소외된 청소년들도 인터넷에 몰입하기 쉽다. 학교나 지역에서 친구들과의 관계가 잘 형성되지 않거나 친구로부터 배제, 따돌림, 폭력피해를 당한 청소년들은 온라인이나 가상공간에서 게임이나 활동을 통해 즐거움, 유대감을 충족시키고자 한다.

학교생활에서 인터넷 사용은 필수적이다. 수업시간은 물론 과제, 방과후 활동 등 어디서나 인터넷이 활용되고 이용도 용이하다. 인터넷을 통해 다양한 학습정보나 자료를 검색이나 수집을 할 수 있고 온라인 강의, 교육 앱의 활용, 협동학습을 통해 학업의 흥미를 높이고 자기주도적 학습을 강화하기도 한다. 또한 온라인 플랫폼을 통해 교사 및 친구 간 피드백 및 소통도 자유롭고 활발해지는 장점이 있다.

반면 인터넷을 접촉하는 순간부터 폭력물, 음란물, 도박성 콘텐츠 등 유해한 환경에 노출되기 쉽고 웹서핑, 게임에 몰두하기도 하며 온라인 커뮤니티나 SNS를 통해 따돌림, 언어폭력, 정서적 폭력 등이 발생하기도 한다. 특히 과다한 입시교육, 성적이나 진로에 대한 압박, 학교부적응 등으로 학교 관련 스트레스가 높은 경우 인터넷은 스트레스를 완화하기 위해 찾는 손쉬운 탈출구가 된다. 학교 차원에서 지속적이고 체계적인 인터넷 사용에 대한 교육이나 적절한 지도가 부족하거나 인터넷 과다사용의 폐해를 막기 위한 노력이 부족할 경우 학교는 오히려 위험한 환경으로 작용할 수 있다.

(3) 온라인 및 지역사회 환경

인터넷 과다사용 청소년들은 온라인 환경 및 지역사회 환경에 많은 영향을 받는다. 온라인 환경에서 끊임없이 생산되는 자극적이고 폭력적인 온라인 콘텐츠는 청소년들을 유혹한다. 유튜브, 웹툰, 온라인 게임, 숏폼 등은 청소년의 뇌에 과다하게 도파민(쾌락호르몬)을 분비시켜 쾌락 보상 회로를 활성화시키고 결국에는 중독에도 이르게 한다.

이런 온라인 환경은 대중매체 및 기업의 상업적 마케팅과 관련이 깊다. 청소년들이 계속해서 온라인을 접촉하고 이용, 소비할 수 있도록 여러 가지 광고와 마케팅 전략을 사용한다. 숏폼(short-form)과 같이 짧은 시간에 몰입할 수 있도록 중독성이 강한 내용이나 자극적인 용어 사용 등을 통해 청소년의 관심을 끌고 알고리즘을 통해 반복적인 사용을 유도한다. 또한 온라인 게임의 유료 아이템, 특정 앱 결제 유도, 광고 등은 청소년의 충동구매를 유발하고 도박이나 빚 문제를 야기하기도 한다.

지역사회 환경도 청소년의 인터넷사용과 관련이 깊다. 청소년들이 방과후나 주말에 쉽고 재미있게 참여할 수 있는 다양한 청소년 관련 프로그램이나 활동이 부족하거나 접근성이 낮은 경우(농어촌 지역이나 지방 중소도시), 청소년을 지원할 지역사회 인프라(청소년 관련 기관이나 시설, 정책 등)가 잘 구축되지 않은 경우, 무료함, 외로움, 고립감 및 스트레스 해소를 위한 창구로 청소년이 쉽게 이용하는 것이 인터넷이다. 이 밖에도 부모의 맞벌이, 경제적 어려움 등으로 가정에서의 보살핌이 부족하거나 지역사회에 유흥업소, PC방 등 유해환경이 많은 경우, 지역사회 내 사회적 지지체계가 빈약한 경우에도 인터넷 과다사용으로 연결될 가능성이 높다.

사회문화 및 분위기도 중요하다. 한국은 세계 최고 수준의 스마트폰 보급률과 초고속 인터넷 인프라를 갖추고 있다. 인터넷이 보편화되면서 온라인에서만 통용되는 신조어, 밈(meme), 특정 행동 양식 등 사이버 문화는 청소년뿐만 아니라 모든 세대로 확대되고 있다. 이런 사이버 문화를 이해하지 못하면 소외되거나 고립될 수 있다는 불안감도 크게 작용한다. 또한 디지털격차도 심화되고 있다. 노인과 청소년 세대는 말할 것 없고 부모 세대와 청소년 세대, 청소년 세대 내에서도 인터넷의 접근성, 활용능력에 격차가 급속도로 벌어지고 있다.

반면 온라인 및 지역사회 환경은 온라인 환경의 폐해를 완충하거나 위험으로부터 청소년을 보호할 수 있는 안전한 지대가 될 수 있다. 인터넷 과다사용 문제를 청소년 개인의 문제로만 다룰 것이 아니라 지역사회가 어떻게 예방하고 함께 건강한 공동체를 형성할 것인지에 더 적극적인 노력과 관심이 필요하다. 특히 청소년들이 디지털 기기 및 인터넷을 건강하게 활용할 수 있는 능력(디지털 리터러시)을 길러주고, 인터넷 이외에도 건전한 대안 활동을 제공하는 사회적 인프라가 구축되어야 한다.

3. 인터넷 과다사용 청소년에 대한 청소년복지 실태

1) 인터넷 과다사용 청소년을 위한 사회적 지원체계의 현황

(1) 인터넷 과다사용 청소년 관련법

인터넷 과다사용 청소년과 관련법으로는 청소년보호법, 게임산업진흥에 관한 법률, 정보통신망 이용촉진 및 정보보호 등에 관한 법률 등이 있다.

첫째, 청소년보호법이다. 이 법은 유해 환경으로부터 청소년을 보호하고 유해 환경의 규제, 처벌에 초점을 두는 법이다. 이 중 인터넷 과다사용 청소년과 관련된 주요 내용으로는 인터넷에서 청소년에게 유해한 콘텐츠(성인물, 도박 등)를 차단하는 기술적 조치의 의무화, 인터넷 사업자에 대한 청소년 보호를 위한 전담 책임자의 배치 의무, 청소년인터넷 중독 예방을 위한 학교 및 지역사회의 예방교육 지원 등이 있다.

둘째, 게임산업진흥에 관한 법률이다. 이 법은 게임산업의 기반을 조성하고 게임물의 이용에 관한 사항을 정하여 게임산업의 진흥 및 국민의 건전한 게임문화를 확립함으로써 국민경제의 발전과 국민의 문화적 삶의 질 향상에 이바지함을 목적으로 한다. 주요 내용으로는 게임산업의 진흥, 게임문화의 진흥, 등급분류 등을 포함한다. 이 중 인터넷 과다사용 청소년과 관련된 주요 내용으로는 게임과몰입의 예방 등(게임과몰입 등의 예방과 치료를 위한 기본계획 수립, 실태조사 및 정책대안 개발, 상담 및 교육 홍보활동, 게임과몰입의 예방을 위한 전문인력 양성 및 기관 지원), 게임과몰입 예방조치(청소년 연령 확인 및 본인인증, 친권자 동의 확보, 게임이용시간 제한 등), 확률형 아이템 정보 공개(게임 내 확률형 아이템의 확률을 투명하게 공개하여 청소년의 과도한 결제 유도 방지), 게임물 이용 교육, 청소년의 권익보호(게임물의 이용자가 입을 수 있는 피해의 예방 및 구제, 유해한 게임물로부터의 청소년 보호 등) 등이 있다.

셋째, 정보통신망 이용촉진 및 정보보호 등에 관한 법률이다. 이 법은 정보통신망의 이용을 촉진하고 정보통신서비스를 이용하는 자를 보호함과 아울러 정보통신망을 건전하고 안전하게 이용할 수 있는 환경을 조성하여 국민생활의 향상과 공공복리의 증진에 이바지함을 목적으로 한다. 이 중 인터넷 과다사용 청소년과 관련된 내용으로는 주로 제5장 정보통신망에서의 이용자 보호 등에서 다루어진다.

구체적인 내용을 보면 방송통신위원회는 정보통신망을 통하여 유통되는 음란·폭력

정보 등 청소년에게 해로운 정보(이하 "청소년유해정보"라 한다)로부터 청소년을 보호하기 위하여 내용 선별 소프트웨어의 개발 및 보급, 청소년 보호를 위한 기술의 개발 및 보급, 청소년 보호를 위한 교육 및 홍보 등 시책 마련을 규정하였다. 그 밖에도 청소년유해매체물의 표시, 청소년유해매체물의 광고 금지, 청소년 보호 책임자의 지정(정보통신서비스 제공자 중 일일 평균 이용자의 수, 매출액 등이 대통령령으로 정하는 기준에 해당하는 자는 정보통신망의 청소년유해정보로부터 청소년을 보호하기 위하여 청소년 보호 책임자를 지정함) 등을 포함한다.

넷째, 청소년복지지원법이다. 이 법은 청소년복지 향상과 관련된 사항을 규정하고 있다. 이 법에서는 인터넷 과다사용 청소년만을 위한 특정한 내용을 제시하고 있지는 않지만 위기청소년 지원, 위기청소년의 상담 및 교육, 위기청소년통합지원정보시스템의 구축 및 운영 등을 인터넷 과다사용 청소년과 관련된 지원 내용을 포함하고 있다.

(2) 스마트폰 · 인터넷 과의존 예방 및 해소 기본계획

이 계획은 지능정보화 기본법 제51조에 의거해 3년마다 과학기술정보통신부장관을 비롯한 관계 중앙행정기관의 장이 협의하여 지능정보서비스 과의존의 예방 및 해소를 위한 계획을 수립한다. 제5차 스마트폰 · 인터넷 과의존 예방 및 해소 기본계획(2022~2024)에 따르면 주요 추진전략은 크게 4가지이다. 맞춤형 과의존 예방 교육 강화, 일상 속 건전한 디지털 문화 확산, 위험군 상담 · 치유 체계 고도화, 과의존 대응력 기반 강화이다. 구체적인 추진과제는 다음과 같다.

〈표 17-2〉 스마트폰 · 인터넷 과의존 예방 및 해소 기본계획의 추진전략 및 추진과제

전략	추진과제
전략 1 맞춤형 과의존 예방 교육 강화	1-1. 부모-자녀 간 소통역량 강화
	☐ 자녀의 디지털 생활을 지도하는 부모교육 확대
	☐ 어린이집, 유치원 등 과의존 예방 교육 내실화
	☐ 자녀와 소통을 위한 부모역량 강화
	1-2. 청소년의 자율적인 조절 역량 강화
	☐ ICT 진로 탐색 등 청소년 자율 조절력 향상 교육 강화
	☐ 과의존 주요 원인별 촘촘한 예방 교육 강화
	1-3. 고령층·성인 예방 교육 프로그램 확충
	☐ 고령층 스마트폰 사용 교육 강화
	☐ 성인·군장병 예방 교육 기반 확충

전략 2 일상 속 건전한 디지털 문화 확산	2-1. 가정·학교·사회 간 연계를 통한 인식 전환
	☐ 가정 내 스마트폰 바른 사용 실천수칙 보급
	☐ 전 국민 대상 인식개선 캠페인 전개
	☐ 학교-지역사회 연계 디지털 선용 프로그램 운영
	2-2. 메타버스를 활용한 건전한 정보이용 실천
	☐ 실감형 미래진로·정보활용 체험센터 운영
	☐ 메타버스 기반 공동체 문제 해결 과제 공모 지원
	2-3. 민간이 주도하는 바른 사용문화 조성
	☐ 지역 내 '사회적 소통' 형성을 위한 협력적 거버넌스 확대
	☐ 민간의 자율적 대응 노력 강화
전략 3 위험군 상담·치유 체계 고도화	3-1. 위험군 조기 발견 및 상담 지원 체계 강화
	☐ 위험군 조기 발견 체계 강화
	☐ 위험군 전문 상담 지원 강화
	3-2. 고위험군 치유프로그램 운영 및 치료지원
	☐ 청소년 치유캠프 및 상설 인터넷 치유학교 운영
	☐ 공존질환 검사 및 치료 협력병원 연계
	3-3. 회복자 관리 강화로 건강한 사회참여 지원
	☐ 상담 회복자 모니터링 및 재발 방지 프로그램 강화
	☐ 민간의 자율적 대응 노력 강화
전략 4 과의존 대응력 기반 강화	4-1. 과의존 환경변화 대응 고도화
	☐ 과의존 진단척도 고도화 및 기초조사 강화
	☐ AI기반 스마트폰 과의존 예방 기술 개발
	4-2. 전문인력 양성 및 상담역량 강화
	☐ 디지털 역기능 지원 전문인력 양성
	☐ 스마트폰 과의존 상담사 역량 강화
	4-3. 법·제도의 효율적 운영
	☐ 스마트폰 과의존 예방 교육 이행률 제고 및 지원 강화
	☐ 건강한 게임 이용을 위한 게임시간 선택제 내실화
	4-4. 국민의 정책 참여 기회 확대 등
	☐ 스마트폰 과의존 시민참여형 과제 운영
	☐ 국민이 주도하는 정책 기획 기회 강화
	☐ 국제 동향 모니터링 및 협력 강화

출처 : 관계부처 합동(2022). 지능정보서비스의 건전한 활용을 위한 스마트폰·인터넷 과의존 예방 및 해소 기본계획(2022~2024).

(3) 국립청소년인터넷드림마을

이것은 인터넷 · 스마트폰 과몰입 청소년을 대상으로 심리 · 정서적 치료 및 상담, 대안활동 등 종합적 · 전문적 치유 프로그램을 제공하는 맞춤형 상설 치유학교이다. 여성가족부에서 설치하고 한국청소년상담복지개발원에서 위탁, 운영하고 있다. 프로그램은 크게 심층 및 일반 프로그램으로 대별된다.

심층 프로그램에는 인터넷 · 스마트폰 과몰입 위험군 청소년 중 전문적 · 체계적 · 집중적 개입이 필요한 청소년을 대상으로 하는 4주(25박 26일), 3주(18박 19일) 프로그램이 있다. 일반 프로그램에는 인터넷 · 스마트폰 과몰입 위험군 및 주의사용자군 청소년, 사이버 도박문제 청소년을 대상으로 하는 2주(11박 12일), 1주(7박 8일) 프로그램이 있다. 국립청소년인터넷드림마을, 청소년상담복지센터, 학교 밖 청소년 지원센터를 통해 연중 신청 가능하며 심리검사 및 면접 등 참가자 선별절차를 거치고 청소년 및 보호자가 동의한 후 최종 입교 판정위원회를 통과하면 입교된다(여성가족부, 2025 : 983-988).

(4) 청소년치료재활센터

이 센터는 정서 · 행동장애로 어려움을 겪는 청소년에게 상담 · 치료 · 보호 · 교육 등 종합적 · 전문적 기숙형 치료재활 서비스를 제공하여 청소년의 일상생활 영위 및 건강한 성장을 지원하고자 한다. 청소년디딤센터라는 명칭을 사용하며 한국청소년상담복지개발원에서 위탁 운영하고 있다. 현재 국립중앙센터와 대구센터 2곳이 운영 중이다. 주요 대상은 정서 · 행동장애로 어려움을 겪는 만 9~18세 청소년(우울증, 불안장애, 품행장애, 주의력결핍 과잉행동장애(ADHD) 등)이며 크게 4주 과정, 16주 과정, 11박 12일 과정 프로그램이 있다(여성가족부, 2025 : 991-995). 구체적인 서비스 절차는 | 그림 17-1 |과 같다.

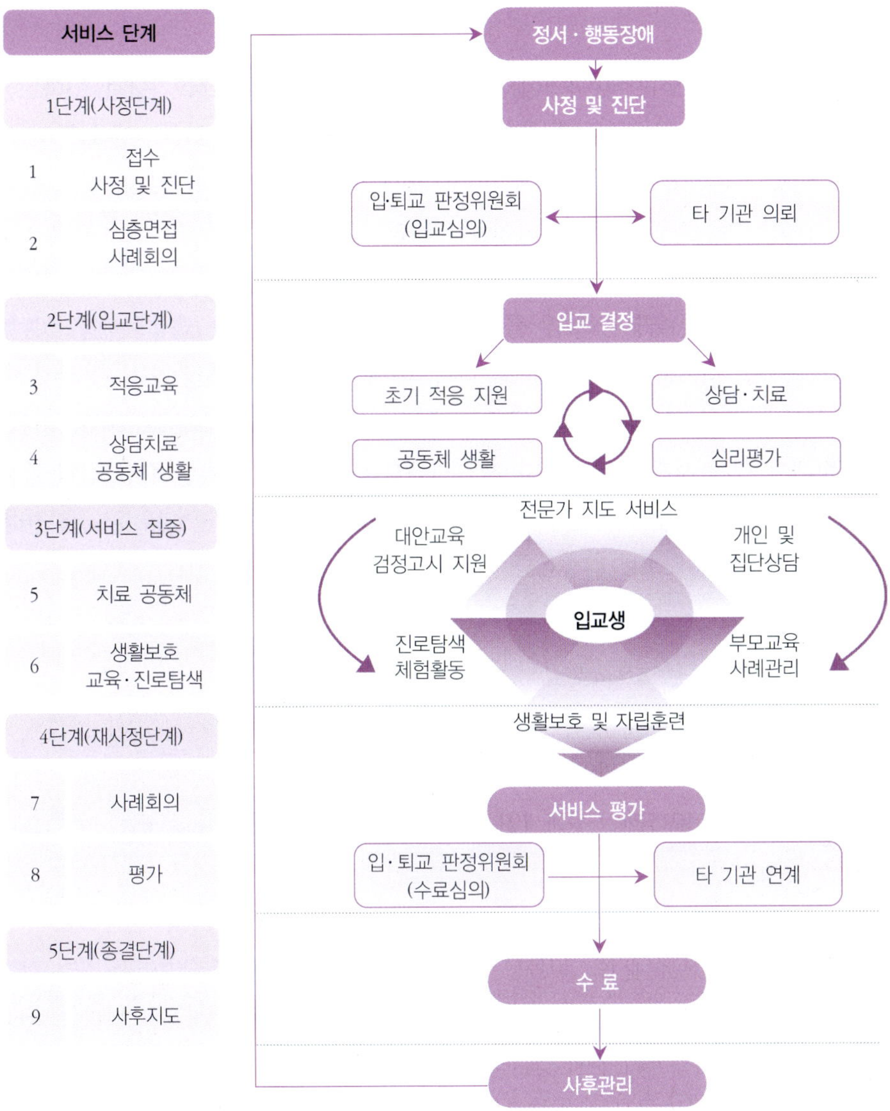

| 그림 17-1 | 국립중앙청소년디딤센터 서비스 지원 체계도

출처 : 여성가족부(2025 : 1000).

(5) 스마트쉼센터

스마트쉼센터는 스마트폰 과의존 예방해소 전문 상담기관으로 건강한 스마트폰 사용을 통해 삶의 균형을 회복할 수 있도록 예방교육, 상담, 실태조사, 캠페인 등 다양한 사업을 추진하고 있다. 한국지능정보사회진흥원에 소속되어 있으며 전국 17개 광역시도에 스마트쉼센터를 설치하여 운영하고 있다.

(6) 관계 부처 및 기관간 협력

스마트폰 및 인터넷 과다사용에 대응하기 위해 정부에서는 중앙 부처 간 중복 업무 최소화 및 정책 효율성 증진을 위한 중앙부처 협의회 개최, 예방에서 치유 서비스 전 과정에서 정책 사각이 발생되지 않도록 중앙정부와 지방자치단체 간 협력 등을 추진한다. 또한 인터넷 과다사용과 관련된 기관들 간의 연계 및 협력도 추진한다.

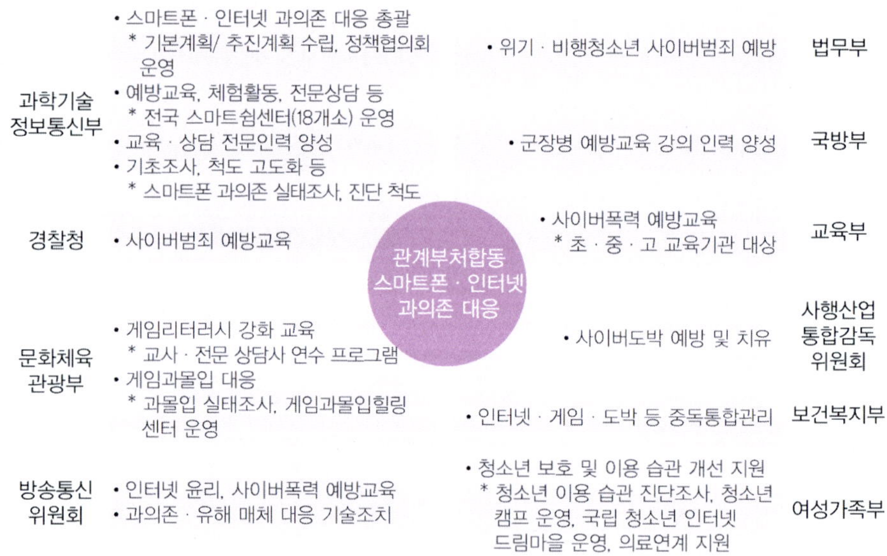

| 그림 17-2 | 정부 부처의 주요 역할 및 협력체계

출처 : 관계부처합동(2022 : 34).

2) 인터넷 과다사용 청소년을 위한 사회적 지원체계의 문제점

(1) 인터넷 과다사용 청소년 지원을 위한 관련법의 미비

첫째, 인터넷 관련 여러 법이 제정되고 있고 각 법마다 인터넷 과다사용에 대한 내용들을 부분적으로 다루고 있으나 인터넷 과다사용 청소년을 지원하는 독립적인 법은 아직 마련되어 있지 않다. 또한 각 법마다 인터넷 과다사용, 인터넷중독, 인터넷과의존 등 상이한 용어와 정의를 사용하고 있어 명확한 기준이 없다.

둘째, 유해 콘텐츠 범위가 제한적이고 청소년의 디지털 권리 보장에 대한 규정이 미흡하다.

셋째, 인터넷 과다사용 청소년 지원을 위한 정기적인 계획수립, 평가, 환류체계 등이 잘 구축되어 있지 않다.

넷째, 각 법마다 교육부, 보건복지부, 과학기술정보통신부, 여성가족부 등 관련부처의 협력을 강조하고 있으나 이 밖에도 기업, 인플루언서, 유튜버, 민간기관, 지역사회 등 다각적인 협력이 구축되어야 한다. 그러나 현재는 협력이라는 이름으로 주요 부처에서 다루는 정책이나 사업만 평면적으로 제시되어 있고 역할분담이나 조정, 협의체 구성, 예산 확보 등에 대한 구체적 내용이 부족하여 실제적 효과를 거두기 어렵다.

다섯째, 인터넷 과다사용 청소년의 예방 및 치료, 청소년디지털 리터러시 향상을 위해 실행할 예산 확보 방안이 명확치 않다.

(2) 인터넷 과다사용 청소년 지원을 위한 정책 및 제도의 문제

첫째, 인터넷 과다사용으로 인한 문제는 급속히 다양한 형태로 변화되고 있지만 이에 대한 정책이나 제도는 사후대책으로 급급하다. 최근 급증하고 있는 인터넷도박, 디지털성폭력, 딥페이크 등은 각기 다른 특성과 문제를 야기하므로 보다 전문적, 체계적인 대책수립이 필요하다.

둘째, 인터넷 및 스마트폰 사용 연령이 점차 낮아지고 다양한 청소년집단에서 사용하고 있다는 점을 고려한다면 생애주기별 대응과 다양한 청소년집단에 대한 맞춤 지원 등이 고려되어야 한다. 그러나 여전히 단편적, 획일적 접근이 이루어지고 있다.

셋째, 예방은 물론 조기에 진단하고 치료하고 통합적으로 지원하는 체계가 구축되어야 하지만 유사한 프로그램이나 서비스가 중복되거나 서비스의 접근성이 낮아 사각지대에 있는 경우도 있다.

넷째, 인터넷 과다사용 청소년을 지원할 전문기관 및 전문인력이 부족하고 이들에 대한 처우 및 근무여건이 안정적이지 않다.

다섯째, 사회 전반에 건강한 디지털 문화가 확산되기 위해서는 디지털 교육 및 인식개선 교육, 캠페인 등이 가정, 학교, 직장, 지역사회와 연계해서 보다 적극적으로 행해져야 하지만 여전히 소극적으로 이루어지고 있다.

(3) 인터넷 과다사용 청소년을 위한 서비스 및 프로그램 문제

첫째, 고위험청소년의 경우 장기적, 지속적 지원이 필요하지만 대부분 서비스들은 단기적인 경우가 많고 사후관리가 제대로 이루어지지 못하는 실정이다.

둘째, 어려움에 있는 청소년을 조기에 발견하고 개입하기 위해서는 진단 척도의 개발, 지역거점기관 선정, 인터넷 아웃리치, 사례관리 등이 보다 적극적으로 행해질 필요가 있다.

셋째, 여러 기관에서 예방교육을 실시하고 있으나 청소년의 흥미와 눈높이에 맞으며 청소년 중심의, 청소년들의 주도적 참여를 유도할 프로그램이 부족하다.

넷째, 회복청소년이 다시 일상으로 복귀하여 건강하게 지낼 수 있도록 지원하기 위해서는 멘토링활동, 여가 및 문화활동, 교육, 의료, 법률, 가족교육 및 상담, 직업준비, 사회지지, 디지털 리터러시 강화 등 포괄적 지원이 지속적, 통합적으로 행해져야 한다. 그러나 인터넷 과다사용 청소년에 대한 부정적 시각, 제한된 인력, 재정적 어려움, 지역자원의 부족 등 어려운 현실 속에서 기관 및 담당자의 노력으로 효과를 지속화하는 것은 쉽지 않다.

4. 인터넷 과다사용 청소년에 대한 청소년복지 대책

1) 기본 방향

첫째, 인터넷 안전망의 구축이다. 지역사회에 사회적 안전망을 구축하듯이 사람들의 생활공간이 된 인터넷에도 청소년들이 안심하고 이용할 수 있고 보호받을 수 있는 안전망 구축이 필요하다.

둘째, 예방 중심의 정책 전환이다. 인터넷 과다사용 청소년에 대한 처벌이나 치료 중심의 접근에서 탈피하여 건강한 디지털 생활을 누리고 사회적 책임감을 갖도록 건강한 디지털 리터러시 교육 강화, 청소년의 역량강화 등 예방 중심의 정책이 강화가 이루어져야 한다.

셋째, 과학적 연구 및 데이터 기반 정책 및 실천의 강화이다. 인터넷 과다사용 청소년과 관련된 예방 및 치유 등을 위해서는 인터넷 과다사용 청소년에 대한 과학적 조사 및 연구, 데이터 수집, 모니터링, 증거 기반 프로그램 설계 등이 필요하다.

2) 제도적 차원

(1) 법적, 제도적 정비

정부는 국민들에게 인터넷 과다사용의 심각성을 알리고 건전한 인터넷문화가 정착될 수 있도록 홍보, 계몽해야 한다. 또한 불건전한 유해사이트들로부터 청소년을 보호하고 청소년들이 재미있게 흥미를 가지고 접촉할 수 있는 유익한 사이트(예컨대 그린사이트)를 개발함으로써 인터넷이 초래할 위험을 최소화하고 청소년의 삶의 질에 긍정적인 영향을 미칠 수 있도록 인터넷환경을 개선하고 정비해야 한다. 인터넷 과다사용의 위험에 있는 청소년들을 예방하고 치료하는 데 필요한 법적 · 제도적 · 재정적 지원을 해야 한다.

(2) 치료기관 설치 및 전문인력 양성

이미 선행연구에서도 나타났듯이 인터넷 과다사용의 유형에 따라 청소년의 특성이 다르고 여러 가지 유형에 동시에 포함하는 청소년들도 있다. 뿐만 아니라 인터넷 과다사용으로 인해 중독적 경향을 가지고 있는 청소년의 수도 적지 않음을 고려해 볼 때 고위험 청소년에 대한 전문적 치료기관 및 전문인력 양성이 필요하다. 교사, 사회복지사, 자원봉사자들에게 인터넷 과다사용 관련 교육 및 훈련을 통해 고위험 청소년에 대해 조기에 개입할 수 있도록 하고, 해당 청소년이 발견되었을 때 지역사회자원과 연결하여 신속하게 개입할 수 있는 네트워크 시스템이 마련되어야 한다.

(3) 청소년 인터넷 안전망 구축을 위한 전담기구의 확충

인터넷에서 위기상황에 노출된 청소년을 돕고 지원하는 인터넷 아웃리치 전담기구가 확대되어야 한다. 선행연구에 따르면 청소년의 일상생활 중 중요한 일부가 되어버린 인터넷은 더 이상 안전한 곳이 아니며, 청소년들은 인터넷을 통해 피해를 당하기도 하고 성매매 및 유사성매매에 주도적으로 참여하여 타인에게 피해를 주기도 한다.

홍봉선과 남미애(2010)에 따르면 인터넷 접촉 후 위기청소년은 물론 일반청소년의 일부는 성매매 위험에 노출되었고 심지어는 인터넷상에서 일반청소년과 위기청소년 모두 유사성매매 가해경험이 결코 적지 않은 것으로 나타났다. 즉, 청소년들은 인터넷 음란물 접촉으로 성매매 피해뿐 아니라 가해까지 경험하는 중복 경험 역시 상당수 있음을 알 수 있다. 따라서 온라인상에서 도움을 요청하는 청소년에게 적합한 지원을 할 뿐 아니라 위험에 노출된 청소년을 발견하고 접근하여 인터넷상의 위험을 조기에 발견, 차단하는 청소년전담 아웃리치가 행해져야 한다.

(4) 인터넷 관련 연구 및 조사

우리나라 청소년의 인터넷 사용 및 과다사용의 실태에 대한 전국적인 조사가 정기적, 지속적으로 행해져야 한다. 잠재적 인터넷 중독군의 심리적 특성이나 컴퓨터 사용패턴에 대한 연구가 수행되어야 하며 인터넷 중독의 위험징후를 인식하고 조기 발견을 위해 사용할 수 있는 척도 개발 및 보급 등 노력이 행해져야 한다.

또한 인터넷 음란물의 특성 및 성매수자의 동향 분석이 행해져야 한다. 선행연구들에 따르면 인터넷은 실제 세상에서 제한되거나 할 수 없는 일탈된 하위문화를 쉽게 형성하도록 하는데, 특히 성매수자로 하여금 노출을 최소화하면서 자신의 성적 욕구를 충족할 수 있도록 다양한 전략을 사용하는 데 이용되기도 한다. 이들은 전혀 성매매라는 말을 사용하지 않고 중립적인 용어를 사용하면서 마치 청소년이 많은 권한을 가지고 있고 자율적으로 참여할 수 있는 것처럼 위장하며, 자신들과 뜻을 같이하는 사람들과 지지그룹을 형성하여 마치 자신들의 관심사를 정당화시키고 자연스러운 행위인 것처럼 위장한다.

Jenkins(2001)에 따르면, 성약탈자들은 다른 일탈집단(조직된 범죄)과 마찬가지로 전통적인 도덕에 전면적으로 도전하지는 않는다. 이들은 주류의 가치에 찬성하면서도 그들의 불법적이거나 사회적으로 비난받을 수 있는 행동을 합리화하거나 중립화시키려고 한다. 이들은 인터넷상의 성착취를 폭력이 아니라 서로 즐거움에 관심을 갖는 진정한 사랑으로 주장한다(Bauserman, 2003 : 219-222). 만약 청소년이나 다른 사람들이 이들의 특성이나 행태, 전략을 알지 못한다면 자신이 어떠한 위험 속에 있는지 알지 못하게 된다. 따라서 급변하는 인터넷 유해환경에 대한 지속적인 조사 및 분석을 통해 인터넷 음란물의 변화 및 특성, 성매수자의 특성 등을 분석하는 것이 필요하다(홍봉선 · 남미애, 2010).

(5) 청소년문화복지 확대

지금까지 우리 사회에서 청소년은 공부하는 존재로만 인정되었지 문화적 존재라는 측면은 덜 강조되었다. 문화는 삶의 총체인 동시에 정체감 형성에 필수적이다. 이제 문화는 중요한 사회적 수단인 동시에 경제적 수단으로 활용되고 있다. 문화격차 문제는 단순히 문화의 접근과 활용만의 문제가 아니라 교육, 경제, 사회참여 등 생활 전반에 걸친 불평등 문제로 연결되고 결국에는 또 다른 문화격차를 초래하여 사회적 갈등을 야기할 수 있다.

청소년들에게 적당하고 충분한 문화생활 및 여가활동의 기회가 제한되어 있는 우리 사회의 상황에서 본다면 매우 흥미롭고 다양한 세계를 제공해 주는 사이버공간은 청소년들에게 매우 매력적인 활동과 놀이의 장이 될 수 있다. 실제로 청소년들의 가치관, 의식구조 및 생활 전반에 걸쳐 직 · 간접적인 영향을 미치는 것으로 나타나고 있다. 지역사회뿐 아니라 사이버상에서도 청소년들이 다양한 문화활동 및 참여를 할 수 있도록 청소년문화복지를 확대해야 한다.

(6) 인터넷의 폐해 및 인식개선을 위한 홍보 강화

인터넷 음란물의 접촉을 비롯하여 인터넷의 적절치 못한 사용은 청소년의 건강에 악영향을 미칠 위험이 높다. 인터넷 음란물은 청소년기의 발달과업 중 가장 중요한 측면인 '성'과 '재미와 즐거움의 욕구'를 동시에 충족시켜 주는 매체로 활용되기도 한다. 이 두 가지 욕구를 동시에 충족시키기가 쉽지 않은 우리나라 현실에서 몇 번의 인터넷 음란물 접속을 통해 이러한 욕구가 충족된다면 청소년 스스로의 의지만으로 매체에서 분리하기란 결코 쉽지 않을 수 있다. 이런 노출위험에의 심각성과 폐해를 부모 및 일반시민에게 바르게 알려 경각심을 일으키고 보다 적극적으로 대응할 수 있도록 하는 것이 필요하다.

3) 실천적 차원

(1) 청소년상담 및 치유활동

인터넷 과다사용의 원인 중 개인의 심리내적 요인이 중요하게 작용한다면 개별 및 집단상담을 통해 억압된 감정과 내적 분노를 표출할 수 있는 기회를 제공해야 한다. 인터넷 사용에 대한 왜곡된 생각이나 비합리적 사고가 있는 경우 이에 대해 합리적 생각과 판단을 할 수 있도록 인지행동적 접근도 필요하다. 이 밖에도 시간관리와 자기조절이 어려운 청소년의 경우 시간관리 및 자기통제력을 강화시키는 개입이 필요하다. 김진숙 외(2000 : 113-118)는 PC중독 상담을 위한 개입을 다음과 같은 단계로 제시하였다.

〈표 17-3〉 인터넷 중독에 대한 상담

1. 문제에 대한 이해
청소년의 문제가 인터넷 중독인지 아닌지를 진단하고 인터넷 중독문제와 관련하여 어떤 적응문제(학교생활, 교우관계, 심리적 장애, 신체건강 등)가 발생되는지를 구체적으로 살펴보아야 한다.

2. 인터넷 중독의 진단
청소년의 인터넷 중독의 정도를 진단해야 한다.

3. PC 사용패턴 파악
컴퓨터 사용일지(log) 등을 활용하여 주로 언제 컴퓨터 게임이나 통신을 시작하는지, 한번 시작하면 얼마나 오래 하는지, 어디서 하는지, 하루 총 사용시간은 얼마인지 등에 대한 구체적인 정보를 확보한다.

4. 인지행동전략
1) 반대로 실행하기 : 클라이언트의 컴퓨터 사용 패턴을 고치기 위해 평소의 패턴을 흩트려 놓고 새로운 사용시간 패턴에 적응하도록 하는 방법이다. 예를 들면, 어떤 클라이언트가 평소에 방과후 집에 돌아오자마자 컴퓨터를 시작하는 습관이 있다면 새로운 스케줄에는 방과후 과제를 먼저 하고 저녁식사를 한 다음 컴퓨터를 사용하도록 시간을 조정한다.
2) 외적 중지자(External Stoppers)의 활용 : 클라이언트가 스스로 컴퓨터 사용을 제한할 수 있도록 해야 할 일이나 반드시 가야 할 장소 등의 외적 중지자를 이용하는 방법이다. 예를 들면, 어떤 클라이언트가 매일 정해진 시간에 학원에 가야 한다면 그 1시간 전에 컴퓨터를 사용하도록 하여 사용시간에 외적인 제한을 두는 것이다.
3) 컴퓨터 사용시간에 대한 구체적인 목표 세우기 : 클라이언트가 스스로 컴퓨터 사용시간에 대해 실질적인 계획을 세우도록 하는 방법이다. 예를 들면, 현재 일주일에 40시간을 사용한다면 20시간으로 정하고 이 시간을 특정한 시간대로 배분한 다음 달력이나 다이어리의 주별 계획표에 적어놓는다.
4) 특정한 응용 프로그램 사용 금지 : 클라이언트에게 가장 문제가 되는 특정 응용 프로그램이 무엇인지 알아보고 이 프로그램 사용을 금지시키는 방법이다.
5) 득과 실을 상기시키는 카드(Reminder Cards) 사용 : 컴퓨터 중독으로 야기되는 다섯 가지 문제와 컴퓨터 사용시간을 줄이거나 특정 응용 프로그램을 절제함으로써 얻는 다섯 가지 유익한 점을 적어 평소에 주머니나 지갑에 넣고 다니게 한다. 그런 다음 컴퓨터를 하고 싶은 충동이 생길 때 꺼내보도록 한다.
6) 그동안 소홀히 한 활동에 대한 목록(Personal Inventory) 만들기 : 클라이언트가 그동안 컴퓨터게임이나 통신에 몰두하느라 시간을 줄이거나 혹은 아예 무시한 활동들을 하나하나 적어 목록을 만들게 하고 중요도에 따른 등급을 정하도록 한다. 이것은 클라이언트로 하여금 PC중독 이전의 삶이 어떠했는지를 진정으로 되돌아보게 한다.

출처 : 김진숙 외(2000 : 113-118).

(2) 인터넷 사용에 대한 청소년의 비판적 사고 및 조절 능력 길러주기

인터넷 사용 그 자체가 바로 청소년의 모든 발달에 부정적인 영향을 미치는 것은 아니다. 더욱이 인터넷 사용을 사전에 완벽하게 차단하는 것은 사실상 불가능하다. 따라서 청소년에게 무조건 인터넷 사용을 막기보다는 어떤 점에서 청소년에게 유해한지, 어떤 부분이 역기능적인지를 정확히 알려주어 청소년들에게 선별할 수 있는 능력을 길러주는 것이 더 필요하다. 특히 인터넷음란물의 경우 무조건 금지한다고 청소년의 성주체성이 향상되는 것이 아니라 인터넷 관련 건강성과 유해성에 대한 바른 이해를 통해 선별능력을 기르고, 이에 바탕하여 음란물을 멀리하거나 조절하여 스스로를 보호할 수 있도록 하는 능력을 기르도록 돕는 것이 필요하다.

(3) 전문적 프로그램의 개발 및 보급

게임중독, 인터넷섹스 중독 등 유형별로 프로그램이 개발, 보급되어야 한다. 앞서 제시하였듯이 하위유형에 따라 공통적인 요인들도 있지만 각 유형에 따라 상이하게 나타나는 요인들에 주목해야 하며 따라서 유형에 따라 차별적인 개입이 필요하다. 더 나아가 새로운 접근의 중독치료 프로그램이 개발되어야 한다.

지금까지의 전통적인 중독상담이 금단증상의 제거와 같은 중독현상의 부정적인 면에만 초점을 맞추어 증상의 제거 쪽에 관심을 가졌다면 몰입감 모델에 따른 중독상담은 중독보다 강력한 새로운 의미의 중독, 즉 건전한 몰입감 경험을 통해 자연스럽게 부정적 현상으로부터 벗어나게 하므로 이러한 접근방법도 시도되어야 한다. 예를 들면, 예술가나 체육인들이 자신의 활동에 몰입함으로써 창조적인 결과를 만들어 내는 것을 볼 수 있다.

(4) 부모교육 및 상담 실시

대다수 청소년들이 인터넷을 사용하는 곳은 주로 가정이다. 일부 연구에 의하면 부모의 무관심이나 감독소홀도 문제가 되지만 부모가 자녀의 인터넷 사용을 지나치게 통제하거나 억제할 때 오히려 인터넷 과다사용이 증가한다는 보고가 있다. 결과적으로 무조건 금지하고 막을 것이 아니라 청소년이 왜 인터넷을 사용하고자 하는지에 대한 바른 이해가 선행되어야 한다. 또한 인터넷 설치와 같은 사소한 문제가 청소년들에게 어떤 영향을 미치는지 제대로 이해하는 것이 필요하며 특히 맞벌이 부부의 경우 부모가 부재중인 시간에 자녀들이 어떻게 지내고 있는지 관심 있게 살펴야 한다.

또한 인터넷 과다사용 청소년을 위한 개입에 있어서 부모상담은 필수이다. 대개 부모들은 인터넷 과다사용의 문제로 자녀와 오랜 씨름과 갈등 끝에 상담을 의뢰하는 경우가 많기 때문에 자녀와 부모의 관계가 극도로 악화되어 있기 쉽고 부모의 경우 심한 좌절감과 무기력, 분노, 불안 등의 감정에 압도되어 있다. 따라서 부모와의 상담에서는 이와 같은 부정적인 감정을 다루고 부모와 청소년이 함께 이 문제를 해결할 수 있도록 해야 한다. 특히 자녀의 컴퓨터 사용의 부정적인 영향과 파생되는 문제에만 집착하지 말고 자녀가 컴퓨터에 집착하게 된 이유와 사이버공간에서 해결하고자 하는 욕구를 공감적으로 이해할 수 있도록 도와주어야 한다.

(5) 예방사업의 강화

인터넷 과다사용에 대한 예방사업은 인터넷에 대한 애착이 형성되기 전에 일반 집단에게 위험성을 알리는 1차 예방과 고위험 집단이 중독에 빠지기 전에 이를 보호하는 2차 예방이 동시에 이루어져야 한다. 이를 위해 학급 단위에서 청소년들이 적극적으로 참여하는 집단상담 형식의 인터넷 예방교육을 실시하는 것이 필요하며 인터넷 몰입의 위험이 있는 청소년을 조기에 발견할 수 있는 프로그램이 행해져야 한다.

또한 농어촌 지역 청소년이나 접근성이 떨어지는 지역을 위해서는 인터넷 과다사용 관련 시청각 교육 프로그램의 개발과 보급이 필요하며 학교 홈페이지에 인터넷 중독 자가진단표나 인터넷 중독에 대한 안내문을 초기화면에 배치해 인터넷 중독에 대한 경각심을 불러일으키는 것이 필요하다.

(6) 인터넷 과다사용에 의한 청소년 피해화 알리기

인터넷 과다사용에 대한 청소년 피해화를 사람들에게 알리는 것이 필요하다. 청소년 피해화(juvenile victimization)에 대한 연구에 따르면 청소년들은 일상생활 속에서 다수의 피해를 경험한다(Finkelhor, 2007; Reid & Sullivan, 2009 : 1001- 1024). 이들 연구에 따르면 청소년은 하나 또는 몇 가지의 분리된 범죄피해를 경험하는 것이 아니라 다수의 반복적인 피해화를 계속 경험한다. 또한 이는 하나의 사건에 의해 발생된다기보다는 그런 특정 조건에 놓여 있기 때문에 계속적으로 유지된다고 한다.

Herman(1992)에 따르면 아동학대 생존자들은 그들이 선택을 할 능력이 있다는 것을 인식하지 못하고 위험에 대한 경고신호를 알지 못하며 재피해화에 더 취약한 곳에 있기 때문에 자기 보호 능력에 심한 결핍을 가진다. 이러한 점은 인터넷음란물 접촉과 성학대, 성매매에 노출된 청소년에게도 발견될 수 있다.

따라서 피해청소년이 자신의 피해를 알지 못하거나 드러내지 못할 가능성이 높다는 점에서 청소년을 돕는 전문가들 및 주변 사람이 인터넷음란물 접촉 후 청소년 피해화를 일반사람들에게 적극적으로 알려 예방하도록 하는 것이 필요하다. 특히 선행 연구들에 따르면 음란물, 성폭력, 가정학대, 아동학대, 성착취는 매우 밀접한 고리로 연결되어 있다. 경우에 따라 아동학대의 피해자가 인터넷 음란물의 피해자가 되기도 하고 가해자가 될 수 있다는 점을 알아야 한다. 경찰과 사회복지사는 아동성학대가 있는 곳에 성인과 아동 음란물 모두를 주목해야 하며 아동 음란물이 있는 곳에 아동 성학대가 발생할 수 있다는 것을 생각할 수 있어야 한다(Itzin, 1997 : 94-106).

참고문헌

고제혁(2001). 사이버공간의 현실지각수준과 인터넷몰입의 상관관계 연구. 연세대학교 교육대학원 석사학위논문.

관계부처 합동(2022). 지능정보서비스의 건전한 활용을 위한 스마트폰·인터넷 과의존 예방 및 해소 기본계획(2022~2024).

권구영·이혜자(2002). "청소년의 인터넷 사용과 정신건강 간의 관계에 관한 연구". 정신보건과 사회사업, 13, 59-86.

김광수·장승현·조병만·임을미(2002). "청소년 인터넷 중독과 학교생활적응의 관계". 공동학술연구논문집. 전주대학교 사범대학교육문제연구소 제4회, 301-333.

김 민(2003). "청소년의 인터넷 중독과 사이버섹스 중독실태에 관한 연구". 한국청소년복지학회 춘계학술대회. 청소년 인터넷사용 및 중독실태와 복지적 접근. 청소년복지학회, 79-144.

김병석·정은희(2004). "인터넷 채팅중독 청소년의 공격성, 사회적 지지 지각, 인지적 대인문제 해결능력 간의 관계". 청소년상담연구, 12(1), 91-99.

김선우(2001). 인터넷 중독의 실태와 영향요인에 관한 연구. 서울대학교 대학원 석사학위논문.

김종범(1999). 인터넷 중독 하위 집단의 특성 연구. 연세대학교 대학원 석사학위논문.

김진숙·최수미·강진구(2000). 청소년PC중독. 한국청소년상담원.

김청택·김동일·박중규·이수진(2002). 인터넷 중독상담 및 예방 프로그램 개발연구. 한국청소년문화센터.

남영옥(2002). "청소년의 인터넷 중독 및 사이버 성중독의 심리사회적 변인과 문제행동 연구". 한국사회복지학, 50, 173-207.

남영옥·이상준(2005). "청소년의 인터넷 중독유형에 따른 위험요인 및 보호요인과 정신건강 비교연구". 한국사회복지학, 57, 3.

류진아·김광웅(2004). "청소년의 인터넷 중독에 영향을 미치는 생태체계 변인". 청소년상담연구, 12(1), 65-80.

미래창조과학부·한국정보화진흥원(2016). 2016년 인터넷 과의존 실태조사.

박성길·김창대(2003). "청소년 인터넷 과다사용의 위험요소 분석". 청소년상담연구, 11(1), 84-95.

성윤숙(2003). "청소년의 온라인게임 몰입과정에 관한 문화기술적 연구". 청소년상담연구, 11(1), 95-115.

송명준·권정혜(2000). "대학생의 인터넷 중독 현황 및 인터넷 중독이 대학생활적응에 미치는 영향". 한국임상심리학회. 하계학술대회발표논문.

송원영(1998). 자기효능감과 자기통제력이 인터넷의 중독적 사용에 미치는 영향. 연세대학교 대학원 석사학위논문.

안 석(2000). 인터넷의 중독적 사용에 관한 연구. 연세대학교 대학원 석사학위논문.

양돈규(2003). "청소년의 인터넷 중독경향에 따른 대인관계활동 및 만족도의 차이". 청소년학연구, 10(3), 481-500.

여성가족부(2011). 2011년 청소년유해환경 접촉 종합 실태조사 보고서.

________(2014). 2014년 청소년유해환경 접촉 종합 실태조사.

________(2017). 2017년도 청소년사업 안내.

__________(2024). 2023 청소년백서.

__________(2025). 2025년도 청소년사업 안내.

위지희 · 최규만(2004). "주의력결핍 과잉행동 청소년의 인터넷 중독성향과 심리 · 사회적 특성". 한국심리학회지 : 임상, 23(2), 397-416.

유영달(2002). "중독상담 프로그램 개발을 위한 몰입감모델의 이론적 시사점". 청소년상담연구, 10(2).

윤재희(1998). 인터넷 중독과 우울, 충동성, 감각추구 성향 및 대인관계의 연관성. 고려대학교 대학원 석사학위논문.

이상주 · 배경희(2004). "인터넷 과잉이용 학생과 보통이용 학생 간의 자존감, 공격성, 우울 비교". 청소년학연구, 11(3), 299-319.

이상준(2003). "인터넷 섹스중독 청소년의 심리사회적 특성과 정신건강 연구". 한국사회복지학, 55, 341-364.

이소영(2000). 게임의 중독적 사용이 청소년의 문제해결 능력 및 의사소통에 미치는 영향. 고려대학교 교육대학원 석사학위논문.

이해경(2002). "청소년들의 음란물, 음란채팅, 폭력게임 중독 경험에 대한 비교분석". 청소년학연구, 9(1), 91-114.

이형초(2001). 인터넷게임 중독의 진단척도 개발과 인지행동치료 효과. 고려대학교 대학원 박사학위논문.

이형하(2003). "인터넷 중독 정도가 도서지역 청소년의 심리정서, 행동, 학업부적응에 미치는 영향". 청소년학연구, 10(4), 263-288.

임효정(2000). 사이버 의존집단과 비의존집단 간의 심리특성 연구. 이화여자대학교 대학원 석사학위논문.

장재홍 · 신효정(2003). 청소년 인터넷 과다사용 예방 프로그램 개발 II. 한국청소년상담원.

장재홍 · 유정이 · 권해수 · 김형수 · 최한나(2002). 청소년의 인터넷 과다사용 예방 프로그램 개발연구. 한국청소년상담원.

장재홍 · 유정이 · 김형수 · 최한나(2003). "중학생의 인터넷 중독 및 인터넷 보상경험에 영향을 주는 심리, 환경적 요인". 상담학연구, 4(2), 237-252.

장준오(2003). "사이버상의 청소년일탈의 실태와 중독". 형사정책연구, 14(4), 통권 제56호.

조남근 · 양돈규(2001). "청소년이 지각한 사회적 지지와 인터넷 중독경향 및 인터넷관련 비행 간의 관계". 한국심리학회지 : 발달, 14(1), 91-111.

조해연(2001). 청소년 인터넷 게임중독과 성격특성변인 연구. 한양대학교 대학원 석사학위논문.

청소년위원회(2005). 청소년 인터넷 실태조사.

최명일(2009). "인터넷음란물 노출에 영향을 미치는 요인과 음란물 노출이 실제 성태도에 미치는 영향에 관한 연구". 한국언론학보, 53(2), 50-69.

한국정보문화진흥원(2004). 인터넷 중독자가진단검사(K-척도)와 예방교육 프로그램.

______________(2008). 인터넷중독 정책동향 및 법제도 연구.

______________(2011). 2011 인터넷중독 실태조사.

______________(2011). 인터넷! 건강한 내 친구 - 인터넷중독 생애주기 상담 프로그램 중학생용.

한복희(2001). 인터넷 중독 정도가 청소년에게 미치는 심리 · 사회적 역기능에 관한 연구. 한남대학교 대학원 석사학위논문.

홍경희(2002). 중학생의 인터넷 과다사용과 가정환경과의 연관성에 관한 연구. 부산대학교 대학원 석사학위논문.

홍봉선 · 남미애(2010). 청소년성문화 의식조사를 통한 청소년성매매 방지대책 연구. 한국여성인권진흥원.

황상민 · 황희영 · 이수진(2001). 인터넷 중독 현황 및 실태조사. 한국정보문화센터.

Bauserman, R.(2003). "Child Pornography Online : Myth, Fact, and Social Control". *The Journal of Sex Research, 40*(2), 219-222.

Finkelhor, D.(2007). "Prevention of sexual abuse through educational programs directed toward children". *Pediatrics, 120*(3), 640-645.

Goldberg, I.(1996). *Internet Addiction.* Electronic message posted to research discussion list. http://www.rider.edu/users/suler/psycyber/supportg-p.html

Herman, J.(1992). *Trauma and Recovery.* New York : Harper Collins.

Itzin, C.(1997). "Pornography and the Organization of Intrafamilial and Extrafamilial Child Sexual Abuse : Developing a Conceptual Model". *Child Abuse Review, 6*, 94-106.

Jenkins, P.(2001). *Pedophiles and Priests : Anatomy of a Contemporary Crisis.* New York : Oxford.

Reid, J., & Sullivan, C. J.(2009). "A Latent Class Typology of Juvenile Victims and Exploration of Risk Factors and Outcomes of Victimization". *Criminal Justice and Behavior, 36*(10), 1001-1024.

Young, K. S.(1996). "Internet Addiction : The emergence of a new clinical disorder". *Cyber Psychology and Behavior, 1*, 237-244.

찾아보기

| 인 명 |

김기환_ 237

Anna Freud_ 35

Bakwin_ 279
Bandura_ 41
Benedict_ 40
Bowlby_ 280
Bronfenbrenner_ 43

Carl Rogers_ 71
Cohen_ 197

Erikson_ 37

Frederich Perls_ 78
Freud_ 34

Gesell_ 32, 34
Goldberg_ 456
Gutierrez_ 45

Hall_ 32
Hester_ 430
Hirschi_ 199
Homer_ 295
Huber_ 175

Kohlberg_ 30, 39

Lemert_ 201

Marcia_ 38
Maslow_ 42
Matza_ 199
Mead_ 40, 202
Merton_ 196

Olweus_ 324, 325

Piaget_ 39

Reiss_ 238
Rogers_ 42
Rubin_ 238

Skinner_ 41
Smith_ 236
Sullivan_ 36
Sutherland_ 200
Sykes_ 199

Trecker_ 115

Westmarland_ 430
William Glasser_ 84

Young_ 456, 459

| 내 용 |

가상청중_ 29
가정_ 46
가정 및 학대 문제_ 301
가정 밖 청소년_ 293
가정 밖 청소년에 대한 관점_ 306
가정 밖 청소년에 대한 청소년복지 대책_ 312
가정 밖 청소년에 대한 청소년복지 실태_ 308
가정 밖 청소년을 위한 사회적 지원체계_ 308
가정 밖 청소년을 위한 사회적 지원체계의 문제점_ 311
가정 밖 청소년의 욕구 및 특성_ 301
가정 밖 청소년의 유형_ 295
가정 밖 청소년의 특성_ 300
가정폭력_ 329
가족 재결합_ 289
가출_ 293
가출 및 부랑 청소년법_ 313
가출의 개념_ 293
가출의 원인_ 298
가출청소년_ 294
가출청소년쉼터_ 308
가출팸_ 306
가해의 부정_ 199
가해청소년_ 333
각성제_ 404
갈등_ 123, 124
갈등범죄_ 188, 189
감각 운동기_ 39
감수성 훈련 프로그램_ 169
강점관점_ 44
강제적 접근_ 385
개방적인 자세 취하기_ 110
개별화_ 31
개별화된 자립준비 계획_ 392
개인적 우화_ 29, 30
개입 단계_ 90, 93
개입활동 계약_ 91
개정 소년법_ 190
거시체계_ 43
건강보장_ 217
건강한 성문화_ 246
건강한 성행위_ 243
게슈탈트_ 78
게슈탈트 형성과 해소의 반복 순환_ 79
게임산업진흥에 관한 법률_ 469
게임중독_ 458
결손가정_ 329
결핍 욕구_ 42
경제적_ 178
경제적, 사회적 및 문화적 권리에 관한 국제규약(A규약)_ 175
계획_ 92
계획과 실천_ 88
고도의 충성심의 호소_ 199
고용 및 주거 문제_ 302

공감_ 76
공감능력_ 335
공격성_ 463
공격에 대응하는 능력_ 110
공격적 성향_ 334
과장하기_ 83
관계형성_ 91
관리체계_ 146
교우관계_ 50
교육·훈련_ 147
교육문제_ 303
교육복지의 강화_ 388
구강기_ 34
구원자_ 113
구조화집단_ 112
구체적 조작기_ 39
국가공인 청소년지도사_ 162
국립정신건강센터 및 지역 정신건강복지센터_ 418
국립중앙청소년치료재활센터_ 472
국립청소년인터넷드림마을_ 472
규칙적인 사용단계_ 408
그룹홈_ 289
금단증상_ 457
기능적 결손가정_ 329
기본적인(basic) 공감_ 76
긴장 이론_ 372, 409
깊은(advanced) 공감_ 76

낙인이론_ 201
남근기_ 35
내성_ 457
내일이룸학교(학교 밖 청소년 직업훈련)_ 380
내적 갈등_ 35
뇌 발달_ 27
누적된 공격성_ 328
능동형_ 367
니드와 지지 모델_ 430

단기쉼터_ 309
단체 중심 수련활동_ 157
단체정신_ 125
단체활동_ 262
담배_ 404
당면문제_ 300, 332
대마초(마리화나)_ 402
대인지향적 도덕성 이론_ 30
대중매체_ 51
대한민국 청소년헌장_ 175
대항문화_ 173
도덕성 퇴행_ 30
도덕성의 발달_ 30
도덕적 상대주의_ 30
도란도란 : 학교폭력 종합정보 홈페이지_ 344
도발적인 피해자_ 338
도움요청_ 352
도움요청 의도_ 352
도입기_ 57
도피형_ 367
동기 고취_ 91
동질적인 집단_ 117
등교거부 청소년_ 366
디딤씨앗통장_ 390
디지털 리터러시 강화_ 476
디지털성폭력_ 475
딥페이크_ 475
딥페이크 문제_ 466
또래 중심 활동_ 261
또래의 압력_ 336
또래집단_ 31
또래폭력_ 324

마리화나(marihuana)_ 402
마약(아편)_ 403
마약류 관리에 관한 법률_ 417
맞닥뜨림_ 89
매인매일의 강박적인 단계_ 408
맹아기_ 56
머물러 있기_ 83
모니터링_ 93, 255
모방행동_ 107
모범 보이기_ 109
모순적 경향성_ 33
모습_ 78
모집_ 147
목격자_ 339
무조건적 존중_ 77
문제 규정_ 92
문제해결서클_ 358
문제해결서클 모델_ 356
문제행동_ 187
문화감수성 증진_ 178
문화격차_ 183
문화교육_ 184
문화민주주의_ 177
문화복지_ 177
문화예술교육 프로그램_ 185
문화의 민주화_ 177
미숙한 문화_ 173
미시체계_ 43
미해결 게슈탈트_ 80
미해결 과제_ 80

바람_ 87
바우처_ 391
반대로 하기_ 83
발달적 접근_ 385
방관자_ 339, 340, 341
방랑성 가출_ 298
방아쇠 효과_ 51, 331
방어기제_ 36
방어자_ 341
배경_ 79
배치_ 148
범죄소년_ 190
범죄학교_ 51, 331
법무부_ 441
법정시설 직원의 수_ 288
변명_ 87
변화를 시도하는 자유_ 107
변화의 지속_ 93
보조금 제도_ 288
보편성_ 107
보호 수준_ 287
보호 수준의 낙후성_ 286
보호요인_ 369
복지권_ 175
봉사활동학습_ 138
부정적인 구성원_ 114
분산적 집단_ 118
불가피형_ 367
비난자에 대한 비난_ 199
비애정적 허용성_ 238
비지시적 상담_ 71
비행문제_ 304
비행문화_ 173
비행중화의 기술_ 199
비행청소년에 대한 관점_ 385
비행하위문화_ 198
비행하위문화론_ 197
빈 의자 기법_ 83

사법처리 과정_ 447
사업형 수련활동_ 157
사이버 도박_ 466
사이버 명예훼손_ 466
사이버 성폭력_ 466
사이버 스토킹_ 466
사이버 참여활동_ 262
사이버도박관련 범죄_ 466
사이버팸_ 306
사이버폭력_ 466
사정_ 92
사정 단계_ 90, 92
사회복지서비스_ 308
사회안전망_ 308
사회적 다양성_ 188
사회적 및 문화적 권리에 관한 국제규약_ 178
사회적 배제_ 371
사회적 지지_ 373
사회적 차별_ 371
사회적 특성_ 31
사회지지_ 306
사회통제론(Theory of Social Control)_ 199
사회학습 이론_ 40, 409
사회학적 관점_ 195
사회환경_ 331
상담_ 68
상담목표_ 71
상담목표와 주요 개념_ 78, 84
상담환경 가꾸기_ 86
상호 적대적인 구성원_ 114
새로운 문화_ 173
생리사회모형_ 236
생리적 의존성_ 457
생물학적 관점_ 192
생물학적 원인론_ 192
생물학적 이론_ 32
생산성_ 123, 126
생식기_ 35
생존을 위한 성행위_ 307
생존형 가출_ 298
생존형 섹스(survival sex)_ 303
생태체계적_ 44
생태체계적 관점_ 44
생태학적 관점_ 236
생태학적 이론_ 43
생활주기적 관점_ 236
생활지도_ 68
서비스 및 프로그램 문제_ 285
서클모델_ 356
선의의 관심 갖기_ 110
성 및 건강문제_ 303
성공지원 계좌제_ 391
성매매_ 428, 429
성매매방지 및 피해자보호 등에 관한 법률_ 440
성매매피해 상담소_ 442
성숙_ 27
성장 욕구_ 42
성적_ 27
성적 주체로서의 청소년_ 233
성주체성_ 234
성착취 행위_ 428
성착취의 개념과 유형_ 427
성착취피해 아동·청소년 지원시설_ 441
성착취피해 청소년_ 427
성착취피해 청소년 지원 관련법_ 439
성착취피해 청소년 현장지원_ 441
성착취피해 청소년에 대한 청소년복지 대책_ 445
성착취피해 청소년에 대한 청소년복지 실태_ 439
성착취피해 청소년을 위한 사회적 지원체계_ 439
성착취피해 청소년을 위한 사회적 지원체계의 문제점_ 443
성착취피해 청소년의 특성과 당면 문제_ 431
성폭력피해자 통합지원센터(해바라기센터)의 활용_ 447
성행동_ 234
성행동 원인_ 236
세계인권선언_ 175, 178
섹스중독_ 457
소년법_ 205
소숙사_ 288
수동적·복종적인 피해자_ 338
스마트쉼센터_ 474
스마트폰 중독_ 458
스마트폰·인터넷 과의존 예방 및 해소 기본계획_ 470
시·군·구 청소년상담복지센터_ 231
시·도 청소년상담복지센터_ 231
시·도 청소년과_ 230
시간체계_ 43
시설 중심 수련활동_ 157
시설보호 청소년_ 273
시설보호 청소년에 대한 청소년복지 대책_ 287
시설보호 청소년에 대한 청소년복지 실태_ 283
시설보호 청소년을 위한 사회적 지원체계_ 283
시설보호 청소년을 위한 사회적 지원체계의 문제점_ 285
시설보호 청소년의 특성_ 279
시설보호의 개념 및 유형_ 273
시설연장 청소년_ 287
시설의 소규모화_ 288
시설종사자의 전문성_ 286
시설코디네이터_ 145
시위성 가출_ 298
시작 단계_ 90, 119
신념(belief)_ 200
신상공개_ 216
신체·생리적 특성_ 27
신체자각_ 82
실종신고_ 314
실험_ 83
실험단계_ 408
실험적 사용자집단_ 411
실현 경향성_ 71
실현적 경향성_ 71
심리극_ 354
심리사회적 발달 이론_ 36
심리상태에 동참하기_ 109
심리치료_ 68
심리학적 관점_ 193
심리학적 원인론_ 193

아노미 이론_ 196
아동·청소년 성착취_ 429
아동·청소년 성착취물 제작_ 429, 466
아동·청소년의 성보호에 관한 법률_ 215, 439
아동복지법_ 205
아동복지시설_ 275
아동복지자립지원센터_ 291
아동양육시설_ 275

아동의 권리선언_ 247
아동의 권리에 관한 국제협약_ 245, 247, 251
아동의 권리에 관한 제네바 선언_ 247
안드로겐_ 27
안전감과 긴장감_ 107
알아차림_ 79, 81
알코올_ 404
암페타민류_ 402
애정적 허용성_ 238
애착_ 199
약물(藥物)_ 399
약물남용_ 399, 400
약물남용 문제_ 304
약물남용 청소년_ 399
약물남용 청소년에 대한 청소년복지 대책_ 422
약물남용 청소년에 대한 청소년복지 실태_ 416
약물남용 청소년을 위한 사회지원체계_ 416
약물남용 청소년을 위한 사회지원체계의 문제점_ 420
약물남용 청소년의 특성과 당면문제_ 410
약물남용의 원인_ 407
약물사용_ 399
약물오용_ 399, 400
약물의 종류와 독성_ 400
약물이 청소년에게 미치는 영향_ 405
양가감정 해소_ 91
언어자각_ 82
에스트로겐_ 27
엘렉트라 콤플렉스_ 36
여성가족부_ 150, 222, 440
여성가족부 청소년가족정책실_ 229, 231
역할연습_ 354
연령기준_ 26
열등의식_ 328
예방적 · 회복적 보호지원_ 218
예상불안_ 120
오리엔테이션_ 119
온라인 그루밍_ 429
온라인 성착취피해 아동 · 청소년 상담채널 디포유스(d4youth)_ 442
온라인성착취_ 448
외체계_ 43
욕구와 감정자각_ 82
욕구좌절-공격 이론_ 328
용기내기_ 109
우리나라 청소년문화의 특성_ 179
우범소년_ 190
위기청소년 지원_ 218
위기청소년 특별지원_ 381
위기청소년통합지원정보시스템_ 218
위탁가정_ 277
위탁보호_ 278
위험요인_ 369
유머_ 89
유스호스텔_ 165
유해환경_ 331
유형_ 157
유희성 가출_ 298
음란물 접촉_ 466
응집성_ 123, 125
의뢰_ 91
의미 있는 타인들_ 43, 72
의존단계_ 408
이별감정_ 128
이완훈련_ 354
이중적 기준_ 238
이지메_ 325
이질적인 집단_ 117
이차적 이탈_ 201
이타심_ 106
인간 중심_ 71
인간 중심 상담_ 71
인격의 황폐화_ 404
인권교육_ 255
인본주의 이론_ 42
인습적_ 39
인습적 수준_ 39
인정과 승인_ 148
인증제_ 166
인지 발달 이론_ 39
인지재구조화_ 354
인지적 접근_ 70
인지적 특성_ 29
인터넷 과다사용 청소년_ 455
인터넷 과다사용 청소년 관련법_ 469
인터넷 과다사용 청소년에 대한 청소년복지 대책_ 477
인터넷 과다사용 청소년에 대한 청소년복지 실태_ 469
인터넷 과다사용 청소년을 위한 사회적 지원체계_ 469
인터넷 과다사용 청소년을 위한 사회적 지원체계의 문제점_ 475
인터넷 과다사용 청소년의 특성과 당면문제_ 462
인터넷 과다사용의 개념_ 455
인터넷 과다사용의 원인_ 459
인터넷 사기_ 466
인터넷 아웃리치_ 476
인터넷 중독_ 456, 457
인터넷도박_ 475
인터넷섹스 중독_ 458
인테이크(intake)_ 90
일시보호시설_ 313
일시쉼터_ 309
일차적 일탈_ 201
일체감_ 125
일탈_ 187, 189
일탈행위_ 187
일탈행위 비교 이론_ 409
일탈행위 통합 이론_ 409
임파워먼트모델_ 44
입양_ 278
입양가정_ 277

자기결정권_ 252
자기노출_ 126
자기노출 촉진_ 123
자기중심적_ 29
자기통제력 결여_ 328
자료 수집 및 사정_ 92
자립생활관_ 291
자립유예기간_ 386
자립지원사업_ 291
자아 인식하기_ 110
자아개념이론_ 201
자아실현을 위한 경향성_ 71
자아정체감_ 29, 38
자아정체감 대 정체 혼미_ 37
자원봉사 리더_ 146
자원봉사 전문가_ 146
자원봉사 준전문가_ 146
자원봉사공급기관_ 143
자원봉사수요기관_ 143

자원봉사자 관리자_ 146
자원봉사조정기관_ 143
자조집단_ 112
작업 단계_ 123
잠복기_ 35
잠재된 오이디푸스 콤플렉스_ 36
재결합계획_ 289
재유입_ 436
저항_ 123, 124
저항감_ 91
적절성_ 228
전개기_ 59
전경_ 79
전두엽_ 28
전문성에 따른 업무 분담의 원칙_ 226
전인습적_ 39
전인습적 수준_ 39
전조작기_ 39
접촉_ 80
접촉차이이론_ 200
정보통신망 이용촉진 및 정보보호 등에 관한 법률_ 469
정서적 문제_ 305
정서적 특성_ 30
정신건강증진 및 정신질환자 복지서비스 지원에 관한 법률_ 418
정신박약자론_ 193
정신분석 이론_ 34
정신분석학적 이론_ 194
정신질환과 범죄_ 194
정의적 접근_ 70
정책과정 참여활동_ 262
정체감 성취_ 38
정체감 유실_ 38
정체감 유예_ 38
정체감 혼미_ 38
제7차 청소년육성기본계획_ 222
조력적 접근_ 385
조사 및 연구의 원칙_ 227
조치비 제도_ 288
존재 욕구_ 42
종결_ 94
종결 단계_ 90, 94, 128
주변인_ 26, 323, 339
주변인청소년_ 339
준비 단계_ 116
중간가정_ 289
중간체계_ 43
중독관리통합지원센터_ 419
중독재활센터_ 419
중심교환소_ 144
중장기쉼터_ 309
중퇴청소년_ 366
중화기술이론_ 198
지금－여기_ 80
지능정보화 기본법_ 470
지방청소년활동지원센터_ 144
지속성_ 229
지속적 남용자집단_ 411
지역사회_ 47
지역사회 참여_ 227
지역 중심 참여활동_ 262
지원체계_ 149
진실성_ 77
진정제(진정 · 수면제, 평온제)_ 403
질문_ 89
질풍노도의 시기_ 34
집 없는 청소년들_ 301
집단 구성원_ 113
집단 회기의 길이와 빈도_ 118
집단과정의 발달단계 구분_ 115
집단괴롭힘_ 324, 325
집단규칙_ 121
집단따돌림_ 324, 325, 337
집단상담_ 104
집단상담의 목표_ 116
집단상담의 시작 단계_ 119
집단심리치료_ 105
집단원의 선발절차_ 118
집단응집력_ 125
집단의 개방성_ 118
집단의 구성_ 117
집단의 구조화_ 119, 121
집단의 크기_ 116
집단의 행동규범_ 121
집단지도_ 103
집단훈련_ 104
집중적 집단_ 118

참만남집단_ 111
참여_ 199
참여 유도_ 90
채팅중독_ 457
책임성(accountability)의 원칙_ 226
책임의 부정_ 199
처우문제_ 286
청소년_ 26
청소년 개별상담_ 67
청소년 개별상담의 개입과정_ 90
청소년 개별상담의 개입전략_ 95
청소년 개별상담의 목표_ 69
청소년 개별상담의 실제_ 97
청소년 서비스 전달체계_ 231
청소년 성 건강권 보장_ 245
청소년 성매매_ 437
청소년 성범죄_ 244
청소년 성정체감_ 234
청소년 성행동에 대한 논쟁_ 237
청소년 알바 십계명_ 255
청소년 약물남용의 동기_ 407
청소년 인터넷 과다사용 위험요소_ 461
청소년 자기결정권_ 245
청소년 자원봉사활동_ 135
청소년 자원봉사활동에 대한 관점_ 136
청소년 자원봉사활동의 개념_ 136
청소년 자원봉사활동의 관리과정_ 146
청소년 자원봉사활동의 구성_ 143
청소년 자원봉사활동의 실제_ 151
청소년 자원봉사활동의 영역_ 142
청소년 자원봉사활동의 유형_ 141
청소년 자원봉사활동의 필요성_ 138
청소년 집단상담의 개념_ 103
청소년 집단상담의 과정_ 115
청소년 집단상담의 구성_ 108
청소년 집단상담의 실제_ 129
청소년 집단상담의 의의_ 106
청소년 피해화_ 483
청소년관련법_ 205
청소년교류활동_ 219
청소년권리_ 247
청소년권리에 대한 관점_ 247
청소년권리의 발달과정_ 249
청소년기본법_ 155, 209
청소년기의 특성_ 26
청소년기초연금_ 390
청소년단체_ 262
청소년문제_ 191
청소년문화권_ 174
청소년문화복지_ 177
청소년문화복지의 개념과 의의_ 176

청소년문화의 개념과 관점_ 172
청소년문화의 집_ 164
청소년문화활동_ 171, 219
청소년문화활동의 구성_ 179
청소년보호법_ 211, 416, 469
청소년보호중앙점검단_ 447
청소년복지_ 55
청소년복지권_ 254
청소년복지시설_ 275
청소년복지심의위원회_ 217
청소년복지의 개념_ 53
청소년복지의 개입전략_ 62
청소년복지의 내용_ 61
청소년복지의 목표_ 61
청소년복지의 발전과정_ 56
청소년복지의 의의_ 55
청소년복지의 특성_ 60
청소년복지지원법_ 217, 275, 470
청소년부모지원_ 218
청소년비행_ 187, 189
청소년비행의 개념과 유형_ 187
청소년비행의 원인에 관한 이론_ 192
청소년비행의 유형_ 191
청소년상담_ 67
청소년상담가_ 108
청소년상담복지센터_ 218, 231
청소년상담의 개념_ 69
청소년성착취_ 215
청소년수련거리_ 165
청소년수련관_ 164
청소년수련시설_ 164
청소년수련시설의 종류_ 164
청소년수련원_ 164
청소년수련활동_ 155, 157, 160, 219
청소년수련활동의 개념_ 155
청소년수련활동의 구성_ 161
청소년수련활동의 실제_ 169
청소년수련활동의 의의와 효과_ 158
청소년수련활동인증제_ 166
청소년쉼터_ 218, 275, 279, 283, 342
청소년야영장_ 165
청소년운영위원회_ 263
청소년육성법_ 205
청소년의 개념_ 23
청소년의 생존, 성장, 발달권_ 251
청소년의 성적 자기결정 능력_ 240
청소년의 성주체성(sexual subjectivity)_ 235
청소년의 시설보호_ 276
청소년의 약물남용 단계_ 408
청소년의 우대 등_ 217
청소년의 의결 표명권_ 252
청소년의 자기결정권_ 252
청소년의 체력검사와 건강진단_ 217
청소년이용시설_ 165
청소년자립지원관_ 218, 275, 279, 283, 310
청소년자원봉사센터_ 144
청소년정책_ 219
청소년정책 관계기관 협의회_ 229
청소년정책의 개념과 의의_ 220
청소년정책의 내용 및 특성_ 222
청소년정책의 의의_ 221
청소년증_ 217
청소년지도자_ 161
청소년참여_ 256
청소년참여위원회_ 262, 263
청소년참여의 개념과 의의_ 256
청소년참여의 발달과정_ 258
청소년참여의 유형_ 260
청소년치료재활센터_ 218, 275, 279, 284, 472
청소년특별회의_ 263
청소년특화시설_ 164
청소년폭력_ 324
청소년행정_ 224
청소년행정의 개념과 원칙_ 225
청소년헌장_ 207
청소년활동 신고제_ 166
청소년활동시설_ 219
청소년활동진흥법_ 155, 218
청소년활동진흥센터_ 231
청소년회복지원시설_ 218, 275, 279, 284
청소년희망센터_ 251
청중 억제_ 340
체계적 기능분담의 원칙_ 225
촉법소년_ 190
추구형 가출_ 295
추방성 가출_ 298
추진체계_ 143
충분히 기능을 발휘하는 사람_ 73
친근한 관계모델_ 236
친인권적 문화_ 347
친인권적 학교문화_ 347
침묵하는 구성원_ 114

카페인_ 404
코데인_ 403
클라이언트 중심_ 71

탈성매매_ 437
탈출_ 436
탈출형 가출_ 295
토의와 논쟁_ 89
통신(채팅)중독_ 458
통제 이론_ 84, 409
통합 조정(coordination)의 원칙_ 226
트라우마 정보 기반의 실천_ 450
특별지원사업_ 390
특수한 성격과 범죄_ 193

펜타닐_ 403
편도체_ 28
평가_ 88, 148
평등성_ 227
포괄성_ 228
폭력피해 경험_ 334
프로그램(종합체계) 중심 수련활동_ 157
피드백_ 107
피해자의 부정_ 199
피해자-가해자 조정_ 349
피해청소년_ 323, 337
피해학생 지원 조력인 제도_ 343
필로폰(암페타민류)_ 402

하위문화_ 173
학교_ 48
학교 밖 청소년_ 365
학교 밖 청소년 지원센터 꿈드림_ 378
학교 밖 청소년 지원에 관한 법률_ 377
학교 밖 청소년에 대한 청소년복지 대책_ 384
학교 밖 청소년에 대한 청소년복지 실태_ 377
학교 밖 청소년을 위한 사회적 지원체계_ 377
학교 밖 청소년을 위한 사회적 지원체계의 문제점_ 383
학교 밖 청소년의 개념_ 366
학교 밖 청소년의 욕구과 특성_ 370
학교 밖 청소년의 원인_ 368

학교 밖 청소년의 유형_ 367
학교사회복지사_ 388
학교중도탈락 청소년_ 366
학교코디네이터_ 145
학교폭력_ 324
학교폭력 가해청소년_ 323
학교폭력 근절 종합대책_ 342
학교폭력 예방 및 대책 기본계획_ 341
학교폭력 전담조사관_ 346
학교폭력 제로센터_ 343
학교폭력 청소년_ 323
학교폭력 청소년에 대한 청소년복지 대책_ 347
학교폭력 청소년에 대한 청소년복지 실태_ 341
학교폭력 청소년을 위한 사회적 지원체계_ 341
학교폭력 청소년을 위한 사회적 지원체계의 문제점_ 345
학교폭력 청소년의 특성_ 332
학교폭력 협의모델 사례_ 357
학교폭력의 개념과 유형_ 324
학교폭력의 원인_ 326
학교폭력제로센터_ 346
학교환경_ 329
학습 이론가_ 40
학업중단 청소년_ 366
한국마약퇴치운동본부(KAADA)_ 419
한국여성인권진흥원_ 429
한국청소년기본계획_ 222
한국청소년상담복지개발원_ 218, 231
한국청소년상담복지개발원 및 청소년 상담복지센터_ 418
한국청소년활동진흥원_ 231
합의범죄_ 188, 189
항문기_ 35
해바라기센터_ 442
해킹_ 466
행동규범_ 122
행동적 접근_ 70
행정안전부_ 150
헌법_ 207
헌신_ 199
현실치료_ 84
현장지원서비스_ 316
협의모델 사례_ 356
협의의 일탈_ 188
형상_ 78
형식적 조작기_ 29, 39
형태_ 78
형태주의 상담_ 78
호르몬의 변화_ 27
혼전 성행위에 관한 도덕적 기준_ 238
화제 독점자_ 113
환경자각_ 82
회복적 정의_ 355
효과_ 160
효과적인 피드백_ 126
후견인_ 315
후인습적_ 39
후인습적 단계_ 39
흡입제_ 401

CYS-Net_ 446

drop-in center_ 313

Erikson의 발달단계_ 37

Freud의 성격 발달 5단계_ 35

Hall의 재현이론_ 33

Kohlberg의 도덕 발달수준_ 40

Sullivan의 발달 이론_ 36

T-집단_ 111

UN 아동권리협약(1989)_ 175, 178

117 학교폭력 신고센터_ 344
1차 성징_ 27

2차 성징_ 27

저/자/약/력

■ 홍봉선
부산대학교 사회복지학과 졸업
부산대학교 대학원 사회복지학과 수료(행정학 박사)
전 부산광역시 청소년종합상담실 수석상담 부장
신라대학교 운영 사직종합사회복지관 관장
The Center for Study of Youth Policy at School of Social Work of University of Pennsylvania의 Visiting Scholar
신라대학교 사회복지학과 교수

■ 남미애
부산대학교 사회복지학과 졸업
부산대학교 대학원 사회복지학과 수료(행정학 박사)
전 부산광역시 청소년종합상담실 상담 부장
California State University Los Angeles 교환교수
현 대전대학교 사회복지학과 교수

청소년복지론 【제6판】

|공저자| 홍봉선 · 남미애

|1판 1쇄| 발행 2007년 3월 5일
|1판 3쇄| 발행 2008년 8월 25일
|2판 1쇄| 발행 2009년 2월 20일
|3판 1쇄| 발행 2010년 7월 25일
|3판 4쇄| 발행 2012년 2월 15일
|4판 1쇄| 발행 2013년 1월 30일
|5판 1쇄| 발행 2018년 1월 5일
|5판 9쇄| 발행 2022년 7월 25일
|6판 1쇄| 발행 2025년 6월 30일

|발행인| 김동훈
|발행처| 공동체

|주 소| 경기도 고양시 일산동구 호수로 358-39, 동문타워 I 905호(백석동)
|전 화| 031)814-3000(대표)
|팩 스| 031)814-3100
|홈페이지| http://www.compub.co.kr
|전자우편| compub@naver.com
|출판등록| 2005년 10월 6일
|등록번호| 제396-2005-36호

|ISBN| 979-11-6725-889-2
정가 26,000원